2016年亚太地区关键指标

（第47期）

亚洲开发银行 著

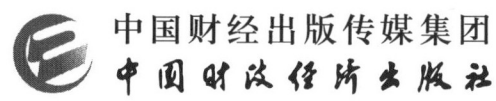

Originally published by ADB in English under the title:
Key Indicators for Asia and the Pacific 2016
ⓒ Asian Development Bank, 2016
All rights reserved.

ⓒ China Financial and Economic Publishing House for this Chinese edition, 2018
Published by arrangement with the Asian Development Bank, Manila.
The quality of the Chinese translation and its coherence with the original text is the sole responsibility of the China Financial and Economic Publishing House. The English original of this work is the only official version.

本书英文原版为亚洲开发银行出版：*Key Indicators for Asia and the Pacific 2016* ⓒ Asian Development Bank, 2016

版权所有

ⓒ中国财政经济出版社，2019年，中文版
根据与位于马尼拉的亚洲开发银行的协议出版。中文译本的质量及其与原版的一致性由中国财政经济出版社保证。英文原版是唯一官方版本。

图书在版编目（CIP）数据

2016年亚太地区关键指标/亚洲开发银行著．—北京：中国财政经济出版社，2018.3
书名原文：Key Indicators for Asia and the Pacific 2016
ISBN 978－7－5095－8059－2

Ⅰ．①2… Ⅱ．①亚… Ⅲ．①亚太经济－经济指标 Ⅳ．①F114.46

中国版本图书馆CIP数据核字（2018）第029033号

责任编辑：孙　腾　　　　　　　　责任校对：杨瑞琦

中国财政经济出版社 出版
URL：http：//www.cfeph.cn
E－mail：cfeph@cfeph.cn
（版权所有　翻印必究）
社址：北京市海淀区阜成路甲28号　邮政编码：100142
营销中心电话：010－88191537　北京财经书店电话：64033436　84041336
北京财经印刷厂印刷　各地新华书店经销
889×1194毫米　16开　23.25印张　400 000字
2019年5月第1版　2019年5月北京第1次印刷
定价：82.00元
图字：01－2018－1527
ISBN 978－7－5095－8059－2
（图书出现印装问题，本社负责调换）
本社质量投诉电话：010－88190744
打击盗版举报热线：010－88191661　QQ：2242791300

前言

《2016年亚太地区关键指标》（以下简称《2016年关键指标》）为本系列的第47期，内容涵盖亚洲开发银行48个本地区成员体的最新经济、金融、社会和环境指标。第一部分选取了一些指标，从可持续发展目标角度，阐述了亚太地区的经济现状；第二部分包括经济、金融、社会和环境发展方面的统计数据；第三部分则展示了亚洲开发银行针对所选部分亚洲经济体在全球价值链中的参与情况而生成的数据。

2015年9月，可持续发展目标在联合国大会正式通过，它是消除贫困、保护地球及保障人类和平与繁荣的通用行动计划。17个可持续发展目标含有169个具体目标和230个指标。本书第一部分使用了其中一些指标的数据，简单介绍了亚太地区的基本情况。讨论部分包括五个主题：人类、地球、繁荣、和平和伙伴关系，每个主题都简要分析了各个指标的关键趋势，突出了亚太地区在可持续发展目标方面的现状。分析表明，尽管亚太地区在实现联合国千年发展目标的过程中成绩斐然，但要解决可持续发展中方方面面的问题，仍然有许多工作要做。第一部分还讨论了追踪可持续发展目标进展情况的官方统计的数据缺口，以及在官方统计编纂中"大数据"所展现的机遇与挑战，其中"大数据"是指使用数字技术交易而产生的数据。

第二部分的区域表呈现了八个主题的统计指标，具体包括：人类，经济与产出，货币、金融与价格，全球化，交通与通信，能源与电力，环境，政府与治理。这些数据更加体现了亚太地区在世界上的重要性与日俱增。目前，该地区人口约占全球总人口的55%，国内生产总值（按购买力平价计算）占全球总值的40%，大约相当于世界商品出口总值的三分之一。虽然其重要性与日俱增，但也存在很多亟待解决的问题。亚太地区仍有12亿人日均收入不足3.10美元，而这个数字往往是中低收入国家的贫困线标准，1.9美元则是极端贫困线标准。目前，亚太地区消耗了世界五分之二的能源，温室气体和其他污染物的排放量还在持续增加，交通堵塞日益严重，稀缺资源的消耗日益增长。

为体现深度贸易统计的重要性，第三部分展示了一系列由亚洲开发银行生成的有关部分亚太经济体在全球价值链中参与情况的关键统计数据。这些数据于2015年版的《关键指标》中首次出现。在日益具有全球分布式生产过程特征的经济环境中，这些数据可以补充传统的贸易统计，抓住跨经济体生产布局的本质。随着中间产品和服务的贸易占国际贸易总额超过一半，这些统计数据对于分析师阐述政策和开展研究等具有重要的借鉴意义。

为帮助读者理解，本书的在线版本中配有一组国别表，涵盖了48个本地区成员体的基本信息，包括以下统计指标：人口、劳动力、国民核算、生产与物价指数、能源、货币与银行业务、政府财政、对外贸易、国际收支差额、国际储备、汇率以及外债。2016年，劳动力和国民核算的相关数据已经更新，提供了更详细的跨经济成分的分类数据，与《联合国国民核算体系（2008年）》保持一致。国际收支差额数据也已更新，契合了国际货币基金组织的《国际收支和国际投资头寸手册（第六版）》。

我们感谢本地区成员体和国际机构的统计合作伙伴为我们提供有关各项指标的最新官方数据，并希望可以继续合作。我们希望《2016年关键指标》仍然会是研究发展问题的宝贵资源，也是广大受众的数据来源，包括政策制定者、相关从业人员、政府官员、研究人员、学生和大众。我们一如既往地欢迎用户在本出版物的内容和结构方面给出反馈（反馈可通过电子邮件发送至 keyindicators@ adb. org）。

中尾武彦（Takehiko Nakao）

亚洲开发银行行长

致谢

《2016年亚太地区关键指标》由亚洲开发银行经济研究和区域合作下属的发展经济与指标处编纂，由 Rana Hasan 统筹监管。

对于所有为经济研究和区域合作提供数据的合作方，无论是本地区成员体还是国际机构，我们在此表示最诚挚的感谢，谢谢它们分享数据，促成了可持续发展目标指标统计表（第一部分）、区域表（第二部分）、全球价值链（第三部分）和国别表。亚洲开发银行驻阿富汗、亚美尼亚、阿塞拜疆、孟加拉国、柬埔寨、中国、格鲁吉亚、印度、印度尼西亚、哈萨克斯坦、吉尔吉斯共和国、老挝、蒙古国、尼泊尔、巴基斯坦、巴布亚新几内亚、斯里兰卡、塔吉克斯坦、泰国、土库曼斯坦、乌兹别克斯坦和越南的代表处分别为本国的数据汇编提供了大力支持。日本代表处、太平洋联络和协调处、菲律宾国别办公室、南太平洋次区域办事处以及东帝汶代表处也提供了帮助。同时，我们也感谢各国政府和其他国际机构持续与我们保持合作。

包括国别表在内的统计表由发展经济与指标处的工作人员和顾问编制，由 Kaushal Joshi、Mahinthan Joseph Mariasingham、Arturo Martinez Jr. 和 Lakshman Nagraj Rao 提供指导，Pamela Lapitan、Melissa Pascua 和 Eric Suan 提供技术支持。研究小组成员包括 Raymond Adofina、Kristine Faith Agtarap、Glenita Amoranto、Nalwino Billones、Eileen Capilit、Clemence Fatima Cruz、Mario Ilagan、Cindy Justo、Jude David Roque、Magnolia San Diego、Iva Sebastian、Orlee Velarde 和 Priscille Villanueva。统计表审校工作由 Ma. Roselia Babalo，、Aileen Gatson 和 Oth Marulou Gagni 协助完成。Erniel Barrios、Arturo Martinez Jr. 和 Lakshman Nagraj Rao 分析了可持续发展目标的各项指标，Kevin Donahue、Arturo Martinez Jr. 和 Lakshman Nagraj Rao 则分析了区域发展趋势。Kaushal Joshi、Mahinthan Joseph Mariasingham、Arturo Martinez Jr. 和 Lakshman Nagraj Rao 负责审核统计表和分析报告。Zhigang Li 和 Mahinthan Joseph Mariasingham 在 Pamela Bayona、Carlos Vincent Chua、Paul Feliciano、Amador Foronda、Janine Elora Lazatin、Julieta Magallanes、Resi Olivares 和 Irene Talam 的协作下制作了全球价值链统计表。Valerie Mercer-Blackman、Niny Khor、Woori Lee、Zhi Wang 和 Chenying Yang 的反馈让全球价值链数据开发项目受益匪浅。Kae Sugawara 编辑了统计表和分析报告。Cherry Lynn Zafaralla 负责最后的出版校对。

Rhommell Rico 设计了本出版物的封面和图片，并组织排版，还为所有传播材料的制备提供了技术支持。Joe Mark Ganaban 和 Joseph Manglicmot 协助了排版工作。信息系统与技术办公室的工作人员提供了数据库管理和技术支持，行政办公室后勤管理处则保障了《2016年关键指标》的及时和顺利出版。对外关系出版组开展了各项合规检查。我们还要感谢 Erik Churchill 和 Karen Lane 在对外关系局的协助下为我们组织宣传活动。

庄巨忠
副首席经济学家兼副主任

目录

统计合作伙伴 …………………………………………………………………………………… 15
用户指南 …………………………………………………………………………………………… 21
亮点推介 …………………………………………………………………………………………… 27

第一部分　可持续发展目标：趋势与表格简介 …………………………………………… 1

可持续发展目标趋势与表格 …………………………………………………………………… 3

1. 人类 …………………………………………………………………………………………… 7
可持续发展目标 1：在世界各地消除一切形式的贫困 …………………………………… 7
可持续发展目标 2：消除饥饿，实现粮食安全、改善营养和促进可持续农业 ………… 10
可持续发展目标 3：确保健康的生活方式，促进各年龄段人群的福祉 ………………… 12
可持续发展目标 4：确保包容、公平的优质教育，促进全民享有终身学习机会 ……… 14
可持续发展目标 5：实现性别平等，增强所有妇女和女童的权能 ……………………… 15
表 2.1：可持续发展目标 1 选定指标——贫困 …………………………………………… 19
表 2.2：可持续发展目标 2 选定指标——营养不良 ……………………………………… 20
表 2.3：可持续发展目标 2 选定指标——农业投入 ……………………………………… 22
表 2.4：可持续发展目标 3 选定指标——母婴健康 ……………………………………… 23
表 2.5：可持续发展目标 3 选定指标——传染性疾病与非传染性疾病、少女生育率与人类死亡率 … 24
表 2.6：可持续发展目标 4 选定指标——儿童早期教育 ………………………………… 26
表 2.7：可持续发展目标 4 选定指标——师资培训与配备 ……………………………… 27
表 2.8：可持续发展目标 5 选定指标——早婚与女性领导 ……………………………… 29

2. 地球 …………………………………………………………………………………………… 30
可持续发展目标 6：确保所有人享有水和环境卫生，实现水和环境卫生的可持续管理 … 30
可持续发展目标 11：建设包容、安全、有灾害抵御能力和可持续的城市和人类居住区 … 33
可持续发展目标 14：保护和可持续利用海洋和海洋资源以促进可持续发展 …………… 34
可持续发展目标 15：保护、恢复和促进可持续利用陆地生态系统，可持续管理森林，防治
　　　　　　　　　荒漠化，制止和扭转土地退化，遏制生物多样性的丧失 ………… 34
表 3.1：可持续发展目标 6 选定指标——水与环境卫生 ………………………………… 36
表 3.2：可持续发展目标 11、14 和 15 选定指标——空气质量，森林、海洋和陆地生态
　　　　系统 ……………………………………………………………………………… 37

3. 繁荣 …………………………………………………………………………………………… 39
可持续发展目标 7：确保人人获得负担得起的、可靠和可持续的现代能源 …………… 39

可持续发展目标 8：促进持久、包容、可持续的经济增长，实现充分和生产性就业，人人
　　　　　　　获得体面工作 ·· 41
可持续发展目标 9：建设有灾害抵御能力的基础设施，促进包容且可持续的工业化，推动创新 ··· 43
可持续发展目标 10：减少国家内部和国家之间的不平等 ··· 44
表 4.1：可持续发展目标 7 选定指标——能源效率与现代可再生能源 ······································· 48
表 4.2：可持续发展目标 8 选定指标——人均经济增长 ··· 49
表 4.3：可持续发展目标 8 选定指标——失业，青年接受教育和获得工作，童工 ······················· 50
表 4.4：可持续发展目标 8 选定指标——获得银行、保险和金融服务 ······································· 52
表 4.5：可持续发展目标 9 选定指标——航空客运和货运 ··· 53
表 4.6：可持续发展目标 9 选定指标——制造业的增长 ··· 54
表 4.7：可持续发展目标 9 选定指标——研发 ··· 55
表 4.8：可持续发展目标 9 选定指标——官方国际支持与中高科技产业的增加值 ······················· 56
表 4.9：可持续发展目标 10 选定指标——家庭收入与消费增长 ··· 57

4. 和平 ··· 58

可持续发展目标 16：促进有利于可持续发展的和平和包容社会，为所有人提供诉诸司法的机会，
　　　　　　　　在各级建立有效、负责和包容的机构 ·· 58
表 5.1：可持续发展目标 16 选定指标——犯罪与出生登记 ··· 61

5. 伙伴关系 ·· 62

可持续发展目标 17：加强执行手段，重振可持续发展全球伙伴关系 ··· 62
表 6.1：可持续发展目标 17 选定指标——发展融资 ··· 65
表 6.2：可持续发展目标 17 选定指标——获得技术和数据通信 ··· 66
表 6.3：可持续发展目标 17 选定指标——是否具备国家统计计划 ·· 67

大数据在官方统计和可持续发展监测中的作用 ·· 68

可持续发展目标——专栏与图表

专栏 1.1：分解可持续发展目标指标的分析方法 ·· 4
专栏 2.1：为何可持续发展目标时代需要投入纵向数据 ·· 10
专栏 2.2：从性别角度衡量资产所有权和企业家精神 ·· 17
专栏 4.1：不平等与减贫关系的复杂性 ·· 46
专栏 7.1：利用夜间灯光衡量社会经济指标 ·· 70
图 1.1：可持续发展目标的 5 个方面 ··· 3
图 2.1：生活在每日 1.9 美元（按 2011 年的购买力平价计算）贫困线以下的人口比例（按次
　　　区划分） ··· 8
图 2.2：生活在国家贫困线以下的人口比例 ·· 8
图 2.3：所选经济体中生活在每日 1.9 美元（按 2011 年的购买力平价计算）贫困线以下的人
　　　口比例（按位置划分） ·· 9
图 2.4a：所选经济体中 15 岁及以上人群的工作贫困发生率（按性别划分）（%） ····················· 9

图 2.4b：所选经济体中 15 岁及以上人群的工作贫困发生率（按年龄段划分）（%） ········· 9

图 2.5：所选经济体中社会救助项目覆盖的人口比例（%） ········· 9

图 2.6：营养不足发生率（%） ········· 11

图 2.7：5 岁以下儿童发育迟缓发生率 ········· 11

图 2.8：所选经济体中发育迟缓发生率（按性别划分）（%） ········· 12

图 2.9：（每 1000 名活婴中）5 岁以下儿童死亡率 ········· 13

图 2.10：所选经济体中小学毕业达到最低数学水平的儿童比例（按性别划分）（%） ········· 15

图 2.11：所选经济体中在无偿家务和照料工作上花费的时间（按性别划分）（%） ········· 16

图 2.12a：所选经济体中 15—49 岁女性在过去一年中遭受过现任或前任亲密伙伴身体暴力的比例（%） ········· 16

图 2.12b：所选经济体中 15—49 岁女性在过去一年中遭受过现任或前任亲密伙伴性暴力的比例（%） ········· 16

图 3.1：享有安全饮用水服务的人口比例（%） ········· 31

图 3.2：享有安全环境卫生服务的人口比例（%） ········· 31

图 3.3：水资源紧张水平：所选经济体中淡水取用量占可用淡水资源的比例（%） ········· 32

图 3.4a：2015 年所选经济体中享有改善饮用水资源的人口比例（按地区划分） ········· 32

图 3.4b：2015 年某些经济体中享有安全卫生设施的人口比例（按地区划分） ········· 32

图 3.5：2014 年居住在贫民区的城市人口比例 ········· 33

图 3.6：城市地区 PM2.5 浓度的平均年度均值（$\mu g/m^3$） ········· 33

图 3.7：2015 年森林面积占土地总面积的比例（%） ········· 35

图 4.1：2012 年用电的人口比例（%） ········· 40

图 4.2：一次能源的能源强度（MJ/ $，2011 PPP GDP，按照 2011 年购买力平价计算的单位 GDP） ········· 40

图 4.3：以 2005 年美元为参数 2013—2014 年实际人均 GDP 的年增长率（%） ········· 41

图 4.4：2014 年或最近一年的失业率（%） ········· 42

图 4.5：所选经济体最近一年 5 – 17 岁童工比例（%） ········· 42

图 4.6：所选经济体的失业率（按性别划分）（%） ········· 43

图 4.7：所选经济体的失业率（按年龄段划分）（%） ········· 43

图 4.8：研发支出占 GDP 的比例（%） ········· 44

图 4.9：社会底层 40% 人口的家庭人均收入或支出增长率（%） ········· 45

图 5.1：最近一年每 10 万人中蓄意谋杀的受害者数量 ········· 59

图 5.2：最近一年 5 岁以下儿童在民政部门进行出生登记的比例（%） ········· 59

图 5.3：部分经济体最近一年性暴力（以刑事备案为准）发生率（每 10 万人中） ········· 60

图 6.1：汇款额占国内生产总值的比例（%） ········· 63

图 6.2：债务还本付息（占商品和服务出口额的百分比） ········· 63

专栏图 4.1.1：1990 年至今均衡分配国家与不均衡分配国家之间贫困率变化比较 ········· 47

专栏图 7.1：世界夜间灯光 ········· 70

专栏图 7.2：省级贫困率与夜间灯光指数值的相关性 ········· 71

专栏图 7.3：菲律宾 2000 年和 2013 年夜间灯光图像 ········· 71

表 7.1：亚太地区与大数据有关倡议一览表 ········· 69

第二部分 区域趋势与表格 75

1. 人类 79
- 表1.1：年中人口 88
- 表1.2：移民与城市化 89
- 表1.3：0—14岁与15—64岁人口（占总人口的百分比）............ 90
- 表1.4：65岁及以上人口与年龄抚养比率 91
- 表1.5：劳动参与率（%）............ 92
- 表1.6：失业率（%）............ 93
- 表1.7：15—24岁人群的失业率（%）............ 94
- 表1.8：农业、工业与服务业的就业（占总就业的百分比）............ 95
- 表1.9：贫困与不平等 98
- 表1.10：人类发展指数 100
- 表1.11：出生时预期寿命（年）............ 101
- 表1.12：出生率、死亡率及生育率 102
- 表1.13：初等教育完成率（%）............ 103
- 表1.14：成人识字率（15岁及以上，%）............ 104
- 表1.15：教育资源 105
- 表1.16：医疗资源（每千人）............ 106
- 表1.17：艾滋病病毒成年携带者估计人数（15岁及以上，单位：千人）............ 107

2. 经济与产出 108
- 表2.1：按购买力平价计算的国内生产总值（当前国际美元，单位：百万）............ 120
- 表2.2：按购买力平价计算的人均国内生产总值（当前国际美元）............ 121
- 表2.3：人均国民总收入，图谱法（当前美元）............ 122
- 表2.4：农业、工业与服务业的增加值（占GDP的百分比）............ 123
- 表2.5：家庭和政府消费支出（占GDP的百分比）............ 124
- 表2.6：资本形成总值与存货变化（占GDP的百分比）............ 125
- 表2.7：商品与服务的进出口（占GDP的百分比）............ 126
- 表2.8：国内储蓄总值（占GDP的百分比）............ 127
- 表2.9：实际国内生产总值的增长率（%）............ 128
- 表2.10：人均实际国内生产总值的增长率（%）............ 129
- 表2.11：农业实际增加值的增长率（%）............ 130
- 表2.12：工业实际增加值的增长率（%）............ 131
- 表2.13：服务业实际增加值的增长率（%）............ 132
- 表2.14：实际家庭最终消费的增长率（%）............ 133
- 表2.15：实际政府消费支出的增长率（%）............ 134
- 表2.16：实际资本形成总值的增长率（%）............ 135
- 表2.17：实际商品与服务出口额的增长率（%）............ 136
- 表2.18：实际商品与服务进口额的增长率（%）............ 137
- 表2.19：农业生产指数的增长率（%）............ 138

表2.20：制造业生产指数的增长率（%） ·· 139

3. 货币、金融与价格 ·· 140
　　　表3.1：消费者价格指数的增长率（%） ··· 150
　　　表3.2：食品类消费者价格指数的增长率（%） ·· 151
　　　表3.3：非食品类消费者价格指数的增长率（%） ·· 152
　　　表3.4：批发价格指数和（或）生产者价格指数的增长率（%） ························· 153
　　　表3.5：国内生产总值平减物价指数的增长率（%） ······································· 154
　　　表3.6：货币供应量（M2）的增长率（%） ··· 155
　　　表3.7：货币供应量（M2）（占GDP的百分比） ··· 156
　　　表3.8：储蓄和定期存款的利率（每年百分比，长期平均值） ························· 157
　　　表3.9：短期国库券收益率与借贷利率（每年百分比，长期平均值） ················ 158
　　　表3.10：银行提供的国内信贷与银行不良贷款 ·· 159
　　　表3.11：证券市场价格指数增长率（%） ··· 160
　　　表3.12：证券市场资本化 ·· 161
　　　表3.13：官方汇率（1美元兑当地货币单位，长期平均值） ···························· 162
　　　表3.14：购买力平价换算系数（1美元兑当地货币单位，长期平均值） ············· 163
　　　表3.15：物价水平指数（购买力平价与官方汇率之比，长期平均值，美国=100） ·· 164

4. 全球化 ·· 165
　　　表4.1：货物贸易差额（占GDP的百分比） ·· 170
　　　表4.2：服务贸易差额（占GDP的百分比） ·· 171
　　　表4.3：经常账目平衡（占GDP的百分比） ·· 172
　　　表4.4：工人汇款与职工报酬收入（百万美元） ··· 173
　　　表4.5：工人汇款与职工报酬收入（占GDP的百分比） ··································· 174
　　　表4.6：外国直接投资净流入（百万美元） ··· 175
　　　表4.7：外国直接投资净流入（占GDP的百分比） ··· 176
　　　表4.8：商品出口（百万美元） ··· 177
　　　表4.9：商品出口的增长率（%） ··· 178
　　　表4.10：商品进口（百万美元） ·· 179
　　　表4.11：商品进口的增长率（%） ·· 180
　　　表4.12：货物贸易额（占GDP的百分比） ·· 181
　　　表4.13：贸易方向：商品出口（占商品出口总额的百分比） ·························· 182
　　　表4.14：贸易方向：商品进口（占商品进口总额的百分比） ·························· 183
　　　表4.15：国际储备和国际储备与进口的比例 ··· 184
　　　表4.16：官方流入发展中成员经济体的资金总额（百万美元） ······················· 185
　　　表4.17：私人流入发展中成员经济体的资金净额（百万美元） ······················· 186
　　　表4.18：发展中成员经济体资源流入净额合计（百万美元） ·························· 187
　　　表4.19：发展中成员经济体的外债总额（百万美元） ··································· 188
　　　表4.20：发展中成员经济体的外债总额（占国民总收入的百分比） ················· 189
　　　表4.21：发展中成员经济体的外债总额（占商品和服务出口及营业收入的百分比）······ 190

表 4.22：总偿债额	191
表 4.23：入境旅游人数（千人）	192
表 4.24：国际旅游收入（百万美元）	193

5. 交通与通信   194

表 5.1：公路指标——公路网（千米）	198
表 5.2：公路指标——车辆	199
表 5.3：公路指标——安全	200
表 5.4：铁路指标	201
表 5.5：铁路客运量和货运量	202
表 5.6：航空运输	203
表 5.7：集装箱港口吞吐量（千标准箱）	204
表 5.8：电话和互联网用户（千人）	205
表 5.9：电话和互联网用户（每 100 人）	206

6. 能源与电力   207

表 6.1：电力生产与电力来源	212
表 6.2：电力消费与电气化	213
表 6.3：能源使用	214
表 6.4：能源生产与进口	215
表 6.5：燃料能源零售价（美元/升）	216

7. 环境   217

表 7.1：农业用地（占土地面积的百分比）	224
表 7.2：森林砍伐与污染	225
表 7.3：淡水资源	227

8. 政府与治理   228

表 8.1：财政收支平衡（占 GDP 的百分比）	235
表 8.2：税收收入（占 GDP 的百分比）	236
表 8.3：政府总收入（占 GDP 的百分比）	237
表 8.4：政府总支出（占 GDP 的百分比）	238
表 8.5：政府经济活动支出（占 GDP 的百分比）	239
表 8.6：创业指标	240
表 8.7：清廉指数	241

区域趋势与表格——专栏与图表

专栏 1.1：1960 年至今亚太地区的人口趋势	84
专栏 2.1：1960 年至今亚太地区所选经济体的经济趋势	118
专栏 3.1：消费者价格指数与生产者价格指数的差异	147

专栏7.1：1960年至今二氧化碳排放趋势 ··· 222
图1.1：2015年人口分布（按全球区域和亚太地区经济体划分）（%） ····························· 79
图1.2：2000年—2015年人口年平均增长率（%） ··· 80
图1.3：亚太地区人口金字塔，每五岁一个年龄群，按性别划分（百万人） ························ 81
图1.4：年龄抚养比率（%） ··· 82
图1.5：2015年最大的城市群（按人口划分）（%） ··· 83
图1.6a：2014年人类发展指数 ·· 83
图1.6b：2000年—2014年人类发展指数年平均增长（%） ··· 83
图2.1：国内生产总值（按购买力平价计算）分布：亚太地区在世界经济中的状况（%） ······ 108
图2.2：国内生产总值（按购买力平价计算）分布：亚太地区有关经济体的状况（%） ········· 109
图2.3：人均国内生产总值（按购买力平价计算）指数（区域平均数＝100） ····················· 110
图2.4：实际国内生产总值的增长率（%） ·· 111
图2.5：2015年商品和服务进出口（占GDP的百分比） ·· 111
图2.6a：服务业增加值（占GDP的百分比） ·· 112
图2.6b：农业增加值（占GDP的百分比） ·· 113
图2.6c：工业增加值（占GDP的百分比） ·· 114
图2.7a：资本形成总值（占GDP的百分比） ·· 115
图2.7b：家庭消费支出（占GDP的百分比） ·· 116
图2.7c：政府消费支出（占GDP的百分比） ·· 116
图2.7d：国内储蓄总额（占GDP的百分比） ·· 117
图3.1a：通货膨胀率（年度百分比变化） ·· 141
图3.1b：食品类通货膨胀率（年度百分比变化） ·· 141
图3.1c：非食品类通货膨胀率（年度百分比变化） ··· 142
图3.2：货币供应量的增长（%） ··· 143
图3.3：银行提供的国内信贷（占GDP的百分比） ·· 144
图3.4：银行不良贷款（占贷款总额的百分比） ··· 144
图3.5a：全球证券市场前十名（股票指数年度百分比变化） ·· 145
图3.5b：亚太地区证券市场前十名（股票指数年度百分比变化） ··· 145
图3.6：美元汇率（年度百分比变化） ·· 146
图4.1：2015年外国直接投资净流入经济体前十名（10亿美元） ··· 165
图4.2：2015年亚太地区外国直接投资净流入经济体前十名（10亿美元） ··························· 165
图4.3：外国直接投资净流入（占GDP的百分比） ·· 166
图4.4：2015年世界各地区占世界出口份额（%）；2015年亚太地区主要出口经济体及其所占
　　　 份额（%） ··· 167
图4.5：工人汇款与职工报酬收入（百万美元） ··· 167
图4.6：所选经济体中外债占国民总收入的份额（%） ··· 168
图4.7：入境旅游人数（千人） ··· 168
图4.8：每位入境游客带来的国际旅游收入（美元） ··· 169
图5.1：亚太地区有关经济体最近一年铁路网比例（%） ·· 194
图5.2：2000年—2014年铁路网密度年均增长（%） ··· 195
图5.3：亚洲等级公路比例（%） ··· 196

图 5.4：2013 年道路交通死亡分布（按车辆类型划分）（%） ······ 196
图 5.5：互联网用户数量（每 100 人） ······ 197
图 6.1：2013 年世界各大地区和亚太经济体能源使用情况（千吨油当量,%） ······ 207
图 6.2：人均电力消费（千瓦时） ······ 208
图 6.3：2000—2013 年能源生产与能源使用的年平均增长（千吨油当量,%） ······ 209
图 6.4：每单位能源使用创造的国内生产总值（常数为：2011 年购买力平价美元/千克油当量） ······ 210
图 6.5：电力生产前十名经济体 2013 年电力来源（%） ······ 211
图 7.1：二氧化碳、甲烷、一氧化二氮及其他温室气体的人均排放量（吨） ······ 218
图 7.2：森林砍伐率（%） ······ 218
图 7.3：农业土地（占土地面积的百分比） ······ 219
图 7.4：可耕土地（占土地面积的百分比） ······ 220
图 7.5：永久基本农田（占土地面积的百分比） ······ 221
图 7.6：人均内部可再生淡水资源（千立方米/年/居民） ······ 221
图 8.1：2015 年财政收支平衡（占 GDP 的百分比） ······ 229
图 8.2：政府总收入（占 GDP 的百分比） ······ 230
图 8.3：税收收入（占 GDP 的百分比） ······ 230
图 8.4：政府总支出（占 GDP 的百分比） ······ 231
图 8.5：2015 年或最近一年政府的医疗卫生支出（占 GDP 的百分比） ······ 232
图 8.6：2015 年或最近一年政府的社会保障与福利支出（占 GDP 的百分比） ······ 232
图 8.7：2015 年或最近一年政府的教育支出（占 GDP 的百分比） ······ 233
图 8.8：成立企业需要的天数 ······ 234
专栏图 1.1.1：1960 年—2015 年全球人口 ······ 84
专栏图 1.1.2：1960 年—2014 年平均预期寿命（按区域划分） ······ 84
专栏图 1.1.3：1960 年—2015 年城市化率（按区域划分）（%） ······ 86
专栏图 2.1：1960 年—2015 年亚太地区占全球国内生产总值的份额 ······ 118
专栏图 3.1.1：生产者价格指数与消费者价格指数的概念差异 ······ 147
专栏图 3.1.2：近年的通货膨胀趋势，消费者价格指数 VS 生产者价格指数 ······ 148
专栏表 1.1：世界各地区抚养比（1960 年—2015 年） ······ 185
专栏表 2.2：1960 年—2015 年亚太地区所选经济体的国内生产总值（以 2010 年美元为参数，单位：百万） ······ 119
专栏表 2.3：1960 年—2015 年亚太地区所选经济体人均国内生产总值年均增长率（%） ······ 119

第三部分　全球价值链

亚洲在国际生产分享安排中不断演进的作用：本地市场的重新崛起 ······ 245

表 3.1a：出口增加值分解——第一产业 ······ 251
表 3.1b：出口增加值分解——低技术制造业 ······ 253
表 3.1c：出后增加值分解——中高技术制造业 ······ 255

表 3.1d：出口增加值分解——商业服务业 ⋯⋯⋯⋯⋯⋯⋯⋯⋯⋯⋯⋯⋯⋯⋯⋯⋯⋯ 257

表 3.1e：出口增加值分解——私人服务业 ⋯⋯⋯⋯⋯⋯⋯⋯⋯⋯⋯⋯⋯⋯⋯⋯⋯⋯ 259

表 3.1f：出口增加值分解——经济总体 ⋯⋯⋯⋯⋯⋯⋯⋯⋯⋯⋯⋯⋯⋯⋯⋯⋯⋯⋯ 261

表 3.2a：各衡量标准下的增加值出口——第一产业 ⋯⋯⋯⋯⋯⋯⋯⋯⋯⋯⋯⋯⋯⋯ 263

表 3.2b：各衡量标准下的增加值出口——低技术制造业 ⋯⋯⋯⋯⋯⋯⋯⋯⋯⋯⋯⋯ 265

表 3.2c：各衡量标准下的增加值出口——中高技术制造业 ⋯⋯⋯⋯⋯⋯⋯⋯⋯⋯⋯ 267

表 3.2d：各衡量标准下的增加值出口——商业服务业 ⋯⋯⋯⋯⋯⋯⋯⋯⋯⋯⋯⋯⋯ 269

表 3.2e：各衡量标准下的增加值出口——私人服务业 ⋯⋯⋯⋯⋯⋯⋯⋯⋯⋯⋯⋯⋯ 271

表 3.2f：各衡量标准下的增加值出口——所有产业 ⋯⋯⋯⋯⋯⋯⋯⋯⋯⋯⋯⋯⋯⋯ 273

表 3.3a：直接和间接增加值出口——第一产业 ⋯⋯⋯⋯⋯⋯⋯⋯⋯⋯⋯⋯⋯⋯⋯⋯ 275

表 3.3b：直接和间接增加值出口——低技术制造业 ⋯⋯⋯⋯⋯⋯⋯⋯⋯⋯⋯⋯⋯⋯ 277

表 3.3c：直接和间接增加值出口——中高技术制造业 ⋯⋯⋯⋯⋯⋯⋯⋯⋯⋯⋯⋯⋯ 279

表 3.3d：直接和间接增加值出口——商业服务业 ⋯⋯⋯⋯⋯⋯⋯⋯⋯⋯⋯⋯⋯⋯⋯ 281

表 3.3e：直接和间接增加值出口——私人服务业 ⋯⋯⋯⋯⋯⋯⋯⋯⋯⋯⋯⋯⋯⋯⋯ 283

表 3.3f：直接和间接增加值出口——经济总体 ⋯⋯⋯⋯⋯⋯⋯⋯⋯⋯⋯⋯⋯⋯⋯⋯ 285

表 3.4：所选经济体各产业的显示性比较优势 ⋯⋯⋯⋯⋯⋯⋯⋯⋯⋯⋯⋯⋯⋯⋯⋯⋯ 287

表 3.5a：2000 年所选经济体各行业的垂直专业化指数 ⋯⋯⋯⋯⋯⋯⋯⋯⋯⋯⋯⋯⋯ 289

表 3.5b：2005 年所选经济体各行业的垂直专业化指数 ⋯⋯⋯⋯⋯⋯⋯⋯⋯⋯⋯⋯⋯ 291

表 3.5c：2008 年所选经济体各行业的垂直专业化指数 ⋯⋯⋯⋯⋯⋯⋯⋯⋯⋯⋯⋯⋯ 293

表 3.5d：2011 年所选经济体各行业的垂直专业化指数 ⋯⋯⋯⋯⋯⋯⋯⋯⋯⋯⋯⋯⋯ 295

表 3.5e：2015 年所选经济体各行业的垂直专业化指数 ⋯⋯⋯⋯⋯⋯⋯⋯⋯⋯⋯⋯⋯ 297

表 3.6a：中国垂直专业化分解 ⋯⋯⋯⋯⋯⋯⋯⋯⋯⋯⋯⋯⋯⋯⋯⋯⋯⋯⋯⋯⋯⋯⋯ 299

表 3.6b：印度尼西亚垂直专业化分解 ⋯⋯⋯⋯⋯⋯⋯⋯⋯⋯⋯⋯⋯⋯⋯⋯⋯⋯⋯⋯ 300

表 3.6c：印度垂直专业化分解 ⋯⋯⋯⋯⋯⋯⋯⋯⋯⋯⋯⋯⋯⋯⋯⋯⋯⋯⋯⋯⋯⋯⋯ 301

表 3.6d：日本垂直专业化分解 ⋯⋯⋯⋯⋯⋯⋯⋯⋯⋯⋯⋯⋯⋯⋯⋯⋯⋯⋯⋯⋯⋯⋯ 302

表 3.6e：韩国垂直专业化分解 ⋯⋯⋯⋯⋯⋯⋯⋯⋯⋯⋯⋯⋯⋯⋯⋯⋯⋯⋯⋯⋯⋯⋯ 303

表 3.6f：中国台北垂直专业化分解 ⋯⋯⋯⋯⋯⋯⋯⋯⋯⋯⋯⋯⋯⋯⋯⋯⋯⋯⋯⋯⋯ 304

表 3.6g：孟加拉国垂直专业化分解 ⋯⋯⋯⋯⋯⋯⋯⋯⋯⋯⋯⋯⋯⋯⋯⋯⋯⋯⋯⋯⋯ 305

表 3.6h：马来西亚垂直专业化分解 ⋯⋯⋯⋯⋯⋯⋯⋯⋯⋯⋯⋯⋯⋯⋯⋯⋯⋯⋯⋯⋯ 306

表 3.6i：菲律宾垂直专业化分解 ⋯⋯⋯⋯⋯⋯⋯⋯⋯⋯⋯⋯⋯⋯⋯⋯⋯⋯⋯⋯⋯⋯ 307

表 3.6j：泰国垂直专业化分解 ⋯⋯⋯⋯⋯⋯⋯⋯⋯⋯⋯⋯⋯⋯⋯⋯⋯⋯⋯⋯⋯⋯⋯ 308

表 3.6k：越南垂直专业化分解 ⋯⋯⋯⋯⋯⋯⋯⋯⋯⋯⋯⋯⋯⋯⋯⋯⋯⋯⋯⋯⋯⋯⋯ 309

表 3.6l：蒙古国垂直专业化分解 ⋯⋯⋯⋯⋯⋯⋯⋯⋯⋯⋯⋯⋯⋯⋯⋯⋯⋯⋯⋯⋯⋯ 310

表 3.6m：斯里兰卡垂直专业化分解 ⋯⋯⋯⋯⋯⋯⋯⋯⋯⋯⋯⋯⋯⋯⋯⋯⋯⋯⋯⋯⋯ 311

表 3.7a：垂直专业化指数：2000 年与 2005 年差额（百分点） ⋯⋯⋯⋯⋯⋯⋯⋯⋯⋯ 312

表 3.7b：垂直专业化指数：2005 年与 2008 年差额（百分点） ⋯⋯⋯⋯⋯⋯⋯⋯⋯⋯ 313

表 3.7c：垂直专业化指数：2008 年与 2011 年差额（百分点） ⋯⋯⋯⋯⋯⋯⋯⋯⋯⋯ 314

表 3.7d：垂直专业化指数：2011 年与 2015 年差额（百分点） ⋯⋯⋯⋯⋯⋯⋯⋯⋯⋯ 315

第四部分　定义 ⋯⋯⋯⋯⋯⋯⋯⋯⋯⋯⋯⋯⋯⋯⋯⋯⋯⋯⋯⋯⋯⋯⋯⋯⋯⋯⋯⋯⋯ 317

统计合作伙伴

《2016年亚太地区关键指标》的编纂与出版离不开合作伙伴的支持、协助与合作。这些合作伙伴或是亚洲开发银行的本地区成员体,或是国际机构、民间组织或非政府组织。它们分享自己的数据、知识、专业技能和其他信息,帮助亚洲开发银行、政策制定者以及其他数据用户更好地了解亚太地区各国的情况,以便制定更好的政策,改善亚太地区人民的生活质量。

本地区成员体

阿富汗	阿富汗中央统计局(http://cso.gov.af/en)
	阿富汗中央银行(http://www.centralbank.gov.af)
	阿富汗财政部(http://mof.gov.af/en)
亚美尼亚	亚美尼亚中央银行(https://www.cba.am/en)
	亚美尼亚国家统计局(http://www.armstat.am/en)
澳大利亚	澳大利亚统计局(http://www.abs.gov.au)
	澳大利亚工业、创新与科学部(http://www.industry.gov.au)
	澳大利亚储备银行(http://www.rba.gov.au)
阿塞拜疆	阿塞拜疆中央银行(http://en.cbar.az)
	阿塞拜疆国家统计委员会(http://www.stat.gov.az)
孟加拉国	孟加拉国银行(http://www.bb.org.bd)
	孟加拉国统计局(http://www.bbs.gov.bd)
	孟加拉国财政部(http://www.mof.gov.bd/en)
不丹	不丹财政部(http://www.mof.gov.bt)
	不丹劳动和人力资源部(http://www.molhr.gov.bt)
	不丹国家统计局(http://www.nsb.gov.bt)
	不丹皇家金融管理局(http://www.rma.org.bt)
文莱	文莱金融管理局(http://www.ambd.gov.bn)
	文莱经济计划与发展部(http://www.depd.gov.bn)
	文莱财政部(http://www.mof.gov.bn/)
柬埔寨	柬埔寨经济财政部(http://www.mef.gov.kh)
	柬埔寨国家银行(http://www.nbc.org.kh)
	柬埔寨国家统计局(http://www.nis.gov.kh)
中国	中华人民共和国国家统计局(http://www.stats.gov.cn/english)
	中国人民银行(http://www.pbc.gov.cn)
	国家外汇管理局(http://www.safe.gov.cn)
库克群岛	库克群岛统计局(http://www.mfem.gov.ck)
	库克群岛财政与经济管理部(http://www.mfem.gov.ck)
斐济	斐济统计局(http://www.statsfiji.gov.fj)
	斐济储备银行(www.rbf.gov.fj)

格鲁吉亚	格鲁吉亚财政部（http：//www.mof.ge）
	格鲁吉亚国家银行（http：//www.nbg.gov.ge）
	格鲁吉亚国家统计局（http：//www.geostat.ge）
中国香港	政府统计处（http：//www.censtatd.gov.hk）
	香港金融管理局（http：//www.hkma.gov.hk）
印度	印度中央统计局（http：//mospi.nic.in）
	印度财政部（http：//finmin.nic.in）
	印度储备银行（http：//www.rbi.org.in）
印度尼西亚	印度尼西亚银行（http：//www.bi.go.id/web）
	印度尼西亚统计局（http：//www.bps.go.id）
	印度尼西亚能源和矿产资源部（http：//www.esdm.go.id）
	印尼国家石油公司（http：//www.barata.co.id）
日本	日本银行（http：//www.boj.or.jp/en）
	日本经济社会研究局（http：//www.esri.go.jp）
	日本海关（http：//www.customs.go.jp/english/）
	日本统计局（http：//www.stat.go.jp/english）
	日本经济贸易产业省（http：//www.meti.go.jp）
	日本财务省（http：//www.mof.go.jp）
哈萨克斯坦	哈萨克斯坦国家经济部统计委员会（前哈萨克斯坦国家统计局）（http：//www.stat.gov.kz）
	哈萨克斯坦国家银行（http：//www.nationalbank.kz）
基里巴斯	基里巴斯国家统计局（http：//www.mfed.gov.ki）
韩国	韩国银行（http：//www.bok.or.kr/eng/engMain.action）
	韩国企划财政部（http：//english.mosf.go.kr）
	韩国国家统计局（http：//kostat.go.kr）
吉尔吉斯共和国	吉尔吉斯共和国国家银行（http：//www.nbkr.kg）
	吉尔吉斯共和国国家统计委员会（http：//www.stat.kg）
老挝	老挝人民民主共和国银行（http：//www.bol.gov.la）
	老挝国家统计局（http：//www.lsb.gov.la）
	老挝财政部（http：//www.mof.gov.la）
马来西亚	马来西亚国家银行（http：//www.bnm.gov.my）
	马来西亚统计局（http：//www.statistics.gov.my）
	马来西亚财政部（http：//www.treasury.gov.my）
马尔代夫	马尔代夫国家统计局（http：//statisticsmaldives.gov.mv/）
	马尔代夫金融管理局（http：//www.mma.gov.mv）
	马尔代夫财政部（http：//www.finance.gov.mv）
马绍尔群岛	马绍尔群岛经济政策、计划和统计局（http：//www.spc.int/prism/country/mh/stats）
密克罗尼西亚	密克罗尼西亚财政及行政部（http：//www.fsmpio.fm/Depts/Finance/finance.htm）
蒙古国	蒙古国银行（http：//www.mongolbank.mn/eng）
	蒙古国国家统计局（http：//en.nso.mn）
缅甸	缅甸中央银行（http：//www.cbm.gov.mm/）
	缅甸中央统计局（http：//www.csostat.gov.mm）

瑙鲁	瑙鲁财政和经济计划部（http://www.naurugov.nr）
	瑙鲁统计局（http://www.spc.int/prism/country/nr/stats）
尼泊尔	尼泊尔中央统计局（http://cbs.gov.np）
	尼泊尔财政部（http://www.mof.gov.np）
	尼泊尔国家银行（http://www.nrb.org.np）
新西兰	新西兰商业、创新和就业部（www.mbie.govt.nz）
	新西兰储备银行（http://www.rbnz.govt.nz）
	新西兰统计局（http://www.stats.govt.nz）
巴基斯坦	巴基斯坦财政、税收、经济事务、统计和私有化部（http://www.ead.gov.pk）
	巴基斯坦财政部（http://www.finance.gov.pk）
	巴基斯坦统计局（http://www.pbs.gov.pk）
	巴基斯坦国家银行（http://www.sbp.org.pk）
帕劳	帕劳财政部预算与规划局（http://palaugov.org/executive-branch/ministries/finance/budgetandplanning）
巴布亚新几内亚	巴布亚新几内亚银行（http://www.bankpng.gov.pg）
	巴布亚新几内亚财政部（http://www.treasury.gov.pg）
	巴布亚新几内亚国家统计局（http://www.nso.gov.pg）
菲律宾	菲律宾中央银行（http://www.bsp.gov.ph）
	菲律宾地方政府财政局（http://www.blgf.gov.ph）
	菲律宾财政局（http://www.treasury.gov.ph）
	菲律宾预算管理部（http://www.dbm.gov.ph）
	菲律宾能源部（http://www.doe.gov.ph）
	菲律宾统计局（http://www.psa.gov.ph）
萨摩亚	萨摩亚统计局（http://www.sbs.gov.ws）
	萨摩亚中央银行（http://www.cbs.gov.ws）
新加坡	新加坡统计局（http://www.singstat.gov.sg）
	新加坡国际企业发展局（http://www.iesingapore.gov.sg）
	新加坡财政部（http://www.mof.gov.sg）
	新加坡人力部（http://www.mom.gov.sg）
	新加坡贸易与工业部（http://www.mti.gov.sg）
	新加坡金融管理局（http://www.mas.gov.sg）
所罗门群岛	所罗门群岛中央银行（http://www.cbsi.com.sb）
	所罗门群岛国家统计局（http://www.statistics.gov.sb）
斯里兰卡	斯里兰卡中央银行（http://www.cbsl.gov.lk）
	斯里兰卡普查和统计局（http://www.statistics.gov.lk）
中国台北	中国台北"中央银行"（http://www.cbc.gov.tw）
	中国台北"预算、核算与统计总局"（http://eng.dgbas.gov.tw）
	中国台北"经济事务部"（www.moea.gov.tw）
	中国台北"财政部"（http://www.mof.gov.tw）
塔吉克斯坦	塔吉克斯坦国家银行（http://www.nbt.tj）
	塔吉克斯坦国家统计委员会（http://www.stat.tj）
泰国	泰国中央银行（http://www.bot.or.th）
	泰国财政部（http://www2.mof.go.th）

	泰国国家经济和社会发展委员会（http：//www.nesdb.go.th/nesdb_en）
	泰国国家统计局（http：//web.nso.go.th）
	泰国能源部能源政策和规划办公室（www.eppo.go.th）
东帝汶	东帝汶中央银行（www.bancocentral.tl/en）
	东帝汶财政部（http：//www.mof.gov.tl）
	东帝汶统计总局（http：//www.statistics.gov.tl）
汤加	汤加国家计划与财政部（http：//www.finance.gov.to）
	汤加国家储备银行（http：//www.reservebank.to）
	汤加统计局（http：//www.spc.int/prism/tonga）
土库曼斯坦	土库曼斯坦中央银行（www.cbt.tm/en）
	土库曼斯坦国家统计委员会（http：//www.stat.gov.tm）
图瓦卢	图瓦卢中央统计局（http：//www.spc.int/prism/tuvalu）
乌兹别克斯坦	乌兹别克斯坦部长内阁（http：//www.gov.uz/en/government）
	乌兹别克斯坦中央银行（http：//www.cbu.uz）
	乌兹别克斯坦财政部（http：//www.mf.uz）
	乌兹别克斯坦国家统计委员会（http：//www.stat.uz）
瓦努阿图	瓦努阿图财政部（https：//doft.gov.vu）
	瓦努阿图储备银行（http：//www.rbv.gov.vu）
	瓦努阿图国家统计局（http：//www.vnso.gov.vu）
越南	越南统计总局（http：//www.gso.gov.vn）
	越南财政部（http：//www.mof.gov.vn）
	越南国家银行（http：//www.sbv.gov.vn）

国际机构、民间组织和非政府组织

东南亚国家联盟

澳大利亚石油学会

CEIC 数据信息有限公司

欧洲复兴开发银行

联合国粮食及农业组织

美国研究生院太平洋与维尔京群岛培训项目

日本能源经济研究所石油信息中心

国际能源署

国际劳工组织

国际货币基金组织

国际电信联盟

独立国家联合体国家间统计委员会

联合国艾滋病规划署

经济合作与发展组织

太平洋共同体秘书处

透明国际

联合国教科文组织统计研究所

联合国儿童基金会

联合国经济和社会事务部
联合国开发计划署
联合国欧洲经济委员会
联合国亚太经济和社会委员会
联合国教育、科学及文化组织
联合国环境规划署
联合国人类住区规划署
联合国人口司
联合国统计司
联合国世界旅游组织
美国人口调查局
美国经济分析局
世界银行
世界卫生组织
世界卫生组织/联合国儿童基金会供水和环境卫生联合监测规划
世界贸易组织

用户指南

《2016年亚太地区关键指标》（简称《2016年关键指标》）结构编排如下。亮点推介部分展示了本书各部分的关键信息。第一部分包括可持续发展目标指标的数据表。这些指标都来自联合国可持续发展目标的全球指标框架，该指标框架于2016年3月获得了联合国统计委员会的批准。《2016年关键指标》包括了尽可能多的指标数据，展示了亚太地区各个经济体的概况。第一部分的表格呈现了相关的可持续发展目标和统计指标数据。此外，本部分最后一节讨论了追踪可持续发展目标进展情况的官方统计的数据缺口，以及在官方统计编纂中"大数据"所展现的机遇与挑战，其中"大数据"是指使用数字技术交易而产生的数据。

第二部分由100个统计表组成，分为八个主题：人类，经济与产出，货币、金融与价格，全球化，交通与通信，能源与电力，环境，政府与治理。每个主题下面含有副主题。第二部分的附表囊括了副主题的指标。此外，第二部分还设置了一些讨论专栏，用以总结亚太地区1960年以来发生的一些主要社会和经济变革。

第一部分的可持续发展目标和第二部分的主题前面都有一段简短的说明，用图表和专栏描述了各经济体的基本情况，主要与选定的目标和选定指标的关键趋势有关。随附的统计表主要展示了亚洲开发银行在亚太地区48个成员经济体的情况。"国家"一词与经济体交互使用，但并不表示有意对任何领土或地区的法律地位或其他地位做出任何评判。大体来讲，依照亚洲开发银行地区部门的运作范围，48个经济体可被分为发展中成员国和发达成员国。其中发达成员国是指澳大利亚、日本和新西兰。根据亚洲开发银行的区域业务范围，其余45个发展中成员国又分为五个群组：中西亚、东亚、南亚、东南亚和太平洋。每个国别群组的经济体按照字母先后顺序排列。有些表中使用的"地区成员体"即指亚洲开发银行的所有48个本地区成员体，包括发展中成员国和发达成员国。指标数据包括最近一年（通常为2015年）的数据，否则为能找到的最新数据，大多数表也包含了较早年份的数据（通常为2000年）。第三部分包括的指标展示了亚太地区经济体在全球价值链中的参与情况，及其在出口方面特有的比较优势。

最后，第四部分定义了可持续发展目标指标和区域表格。本书电子版可以通过亚洲开发银行的官网查阅，网址为www.adb.org/ki-2016，从中可以查看48个本地区成员体各自的数据表。

可持续发展目标指标、区域表和国别表的数据主要来自两个地方：亚洲开发银行在本地区成员体的统计合作伙伴和国际统计机构，尤其是联合国可持续发展目标指标全球数据库。第一部分中的指标数据主要来自该数据库，数据由联合国秘书处的经济和社会事务部搜集统计，数据库则由几个国际机构维护。基于其专业领域和授权，每个国际机构负责数据库中的一个或一系列统计指标。

国际机构编制和发布的数据一般是基于国家数据，即该国编制和发布的数据（包括该国为符合国际标准而调整过的数据）。但是，应当指出的是，国家数据可能是根据国家标准和惯例汇编而成，因此为了符合国际惯例，国际机构经常会对数据做调整。在这种情况下，国际机构发布的数据可能与国家的数据有所不同。在有些情况下，如果找不到某一年或某些年的数据，或者数据来源于该国多个不同的地方（调查、行政数据和其他来源），或数据质量出现问题时，相关国际机构可能会对数据进行评估。某些指标由指定机构定期发布，以便进行全球监测，所以没有相应的国家数据（例如，按2011年购买力平价得出的生活标准低于1.9美元的人口）。在有些情况下，国家和国际机构的数据也许会存在差异，这可能是因为该国最新的数据还没有提供给国际机构，也可能是因为该国刚刚修改了数据。有些数据缺口是可以填补的，即利用通过国际机构资助和开展的抽样调查收集的补充数据或导出数据来填补。例如，许多健康指标就是根据多指标类集调查和人口统计与健康调查获得的数据预估而来。亚行在收集本书所用数据上极尽认真谨慎，力求资料准确、翔实。尽管如此，本书中国际机构的数据可能还是会与各国的数据存在差异。因此，如欲了解国际机构是如何汇编各项指标的，读者可参考各个国际机构数据库的元数据，或者参考可持续发展目标指标全球数据库官网，获取可持续发展目标指标的元数据。通过国际机构功能强大的数据汇报机制收集的参照数据和标准化国家数据应成为全球监测数据库中所有数据的基础，全球指标应与各国统计机构充分协商制定。

从本地区成员体获取的数据也同样具有参考性，因为本地区成员体遵循了联合国和其他有关国际机构推荐的标准统计概念、定义和评估方法。然而，根据各自的具体情况，本地区成员体肯定也开发和使用了自己的概念、定义和估计方法，而这些不一定符合上述推荐国际标准。因此，虽然我们试图用统一的格式呈现数据，但由于本地区成员体使用的统计方法不同，难以做到完全统一。这些不同都在统计表的脚注中注明，或者体现在数据问题和可比性部分。此外，由于缺乏原始数据，有些表格中显示的发展中成员国和本地区成员体的有关总计是指实际总数、平均数或增长率的近似值。不能试图推定缺失的数据。

亚洲开发银行公布的数据不构成任何形式的建议或意见。读者如对数据有任何疑问，请向相关数据来源方询问和寻求建议。

财政年度

本期数据截止日期为 2016 年 9 月。

有 24 个本地区成员体的财政年度与日历年度不一致。凡是按照财政年度汇编的统计数列（例如国民经济核算或政府财政），应写明年份及其对应的时段，具体如下：

本地区成员体	财政年度	年份
阿富汗	2014 年 12 月 21 日—2015 年 12 月 20 日	2015
库克群岛（1990 年后）	2014 年 7 月 1 日—2015 年 6 月 30 日	2015
文莱（2002 年后）		
中国香港		
印度		
日本	2015 年 4 月 1 日—2016 年 3 月 31 日	2015
缅甸		
新西兰		
新加坡		
澳大利亚		
孟加拉国		
不丹		
瑙鲁	2014 年 7 月 1 日—2015 年 6 月 30 日	2015
巴基斯坦		
萨摩亚		
汤加		
尼泊尔	2014 年 7 月 16 日—2015 年 7 月 15 日	2015
老挝（1992 年后）		
马绍尔群岛		
密克罗尼西亚	2014 年 10 月 1 日—2015 年 9 月 30 日	2015
帕劳		
泰国		

符号说明

…	至截止日期未获得相关数据
–	数值等于零
0 或 0.0	数值不到所用计量单位的一半
*	暂定数字/初步数字/预估数字/预算数字
I	表示系列中的分隔
>	大于
<	小于
≥	大于等于
≤	小于等于
na	不适用
%	百分比

计量单位

kg	千克
km	千米
kWh	千瓦时
kt	千吨
ktoe	千吨油当量
m^3	立方米
mj	兆焦耳
teu	标准箱

缩略语

ADB	亚洲开发银行
ADB SDBS	亚洲开发银行统计数据库系统
ARGO	谷歌搜索数据自回归
ASEAN	东南亚国家联盟
BOP	国际收支差额
BPM5	《国际收支手册》第五版
BPM6	《国际收支手册》第六版
CBS	中央统计局
CDR	通话详情记录
CIESIN	国际地球科学信息网络中心

CIF	成本加保险费和运费价格（到岸价格）
CO_2	二氧化碳
CPI	消费者价格指数
DHS	人口统计与健康调查
DMC	发展中成员国
DMSP – OLS	国防气象卫星计划线性扫描业务系统
DOTS	贸易方向统计
EDGE	性别平等的证据与数据
ESCAP	亚洲及太平洋地区经济与社会委员会
FAO	联合国粮农组织
FDI	外国直接投资
FOB	船上交货价格（离岸价格）
FSM	密克罗尼西亚联邦
FVA	国外增加值
GCF	资本形成总值
GDP	国内生产总值
GFC	全球金融危机
GHG	温室气体
GHO	全球卫生观察站
GNI	国民总收入
GVC	全球价值链
GWG	全球工作组
HDI	人类发展指数
IAEG – SDGs	联合国可持续发展目标指标跨机构与专家组
HIV	艾滋病病毒
IDA	国际开发协会
IEA	国际能源署
ILO	国际劳工组织
IMF	国际货币基金组织
ITU	国际电信联盟
J – REIT	日本不动产投资信托基金会
KILM	劳动力市场主要指标
Lao PDR	老挝
LCU	地方货币单位
LFS	劳动力调查
LFS – PUF	劳动力调查公共使用文件
LVC	地方价值链
MDG	千年发展目标
MMA	马尔代夫金融管理局
MOF	财政部
MOLAR	劳动和人力资源部
NBS	国家统计局
NOAA	美国国家海洋和大气局

NPL	不良贷款
NRB	尼泊尔国家银行
NSB	国家统计局
NSO	国家统计局
ODA	政府开发援助
OECD	经济合作与发展组织
PLI	价格水平指数
PPI	生产者价格指数
PPP	购买力平价
PRISM	太平洋地区信息系统
RMA	皇家金融管理局
RMS	结果测量系统
SAE	小域估计
SDG	可持续发展目标
SDSN	可持续发展解决方案网络
SNA	国民经济核算体系
SPC	太平洋共同体秘书处
UNAIDS	联合国艾滋病规划署
UNCTAD	联合国贸易与发展会议
UNDESA	联合国经济和社会事务部
UNDP	联合国开发计划署
UNEP	联合国环境规划署
UNESCO	联合国教育、科学及文化组织
UNFPA	联合国人口基金会
UNHCR	联合国难民署
UNICEF	联合国儿童基金会
UNIDO	联合国工业发展组织
UNODC	联合国毒品和犯罪问题办公室
UNSD	联合国统计司
US	美国
WDI	世界发展指标
WHO	世界卫生组织
WPP	世界人口展望

如果没有特别说明,"$"在本书中指美元。

亮点推介

第一部分　可持续发展目标

2000年，联合国通过了千年发展目标，自那以来，世界发展政策逐步形成，制定了具体的、有时限的和可量化的目标。世界各国齐心协力，在贫困、教育、性别平等、儿童死亡率、孕妇保健、疾病、环境以及全球伙伴关系等具体目标上取得了巨大的成就。2015年联合国千年发展目标议程到期，与1990年相比，生活标准低于贫困线每日1.25美元（按2005年的购买力平价计算）的人口减少了11亿，小学适龄儿童失学人数减少了4000多万，5岁以下儿童的死亡人数减少了700万左右。同样地，亚太地区在联合国千年发展目标上取得了惊人的进展。亚太地区的极端贫困人口减半，不仅达到了千年发展目标，还远远超前于设定的最后期限2015年。此外，亚太地区还成功将没有安全饮用水的人口减半，并在初等教育和中等教育上实现了性别均等。

虽然有很多值得庆祝的地方，但由于在不同目标和不同国家取得的进展不均衡，而且人们在分享进展时拥有的机会也不均等，所以仍然存在很多未完成的目标。因此，联合国于2015年通过了可持续发展目标。可持续发展目标是一项通用行动计划，它以千年发展目标所取得的成就为基础，旨在解决可持续发展过程中的社会、经济和环境问题，确保不让任何人掉队。

2015年是可持续发展目标里程碑式的一年，因为它是各国评估发展的基准。评估依据为17个可持续发展目标、169个具体目标和230个统计指标。《2016年关键指标》中汇编的数据涵盖了指标的一部分，主体为亚太地区的经济体。讨论部分分为五个主题——人类、地球、繁荣、和平和伙伴关系。

人类

与1990年相比，2015年亚太地区的贫困人口减半，成功达到联合国的千年发展目标。虽然贫困人数大大减少，但最新数据显示，仍有3.3亿人口（大约占亚太地区总人口的9.0%）日均生活标准不足1.9美元（按照2011年的购买力平价计算）。此外，该地区有12亿人口生活在每日3.1美元（按2011年的购买力平价计算）的贫困线以下。

若想拥有健康的生活，那么产前、产时和产后需享有基本的医疗服务。2015年，亚太地区的新生儿死亡率约为20‰，相比2000年的35‰有所下降；2015年5岁以下儿童的死亡率约为36‰，相比2000年的70‰也有所下降。

多年以来，亚太地区的营养不良状况也得到了巨大的改善。其中有11个发展中成员国的营养不良发生率减少了至少10个百分点。然而，最新数据显示，亚太地区仍有七分之一的人口营养不良。

儿童早期成长是可持续发展的重要推动力量。最新数据显示，亚太地区学前教育的入学率约为60.0%。数据还显示，2000年至2015年期间，亚太地区至少有四分之三的国家在学前教育上取得了长足的进展。

女性在政治和经济决策过程中的参与也是促进可持续发展的重要组成部分。通常情况下，亚太国家中女性在国家议会中所占的比例约为15%。然而，该地区在很多方面仍然存在较明显的性别差异。数据显示，亚太地区的女性会花费10%—25%的时间做无偿的家务和照料工作，而男性在这方面花费的时间则为2%—11%。

地球

亚太地区90%以上的人口享有改善的饮用水资源，但仍有约3亿人没有改善的饮用水资源。此外，该地区约有15亿人缺乏有安全管理的环境卫生服务。

在大多数可以收集到数据的亚太国家，居住在棚户区的城市人口比例至少为三分之一。

在亚太地区36个有数据的国家中，32个国家的空气污染超过了世界卫生组织设置的最高建议值。

在亚太地区有数据的经济体中，只有澳大利亚、斐济、印度尼西亚、日本、基里巴斯、韩国、菲律宾和所罗门群岛在 2000 年至 2016 年扩大了海洋保护区。

最新数据显示，亚太地区的森林覆盖率不低于 22.2%。

繁荣

就占 GDP 的比例而言，2000 年至 2015 年期间，48 个成员经济体中 16 个经济体的制造业占比增加。

在 18 个有近几年数据的亚太经济体之 11 个中，社会底层 40% 人口的平均收入比一般人口的平均收入增长快。

最新数据显示，亚太地区九成人口享有电力服务。22 个经济体中用电人口的比例至少为大于等于 95%，但仍有 15 个经济体不足 75%。

最新数据显示，亚太地区约七成成年人在银行或其他金融机构拥有自己的账户。

近年来，亚太地区的航空运输成倍增加。2015 年，该地区的客运流量达到约 12 亿人。

和平

亚太地区是世界上谋杀犯罪率最低的地区之一，估计为万分之二点五。

出生登记是保障每个人获得法律承认的第一步。没有正式的出生登记证明，公民便无法享受医疗、教育或劳动市场等服务，从而削弱机构的包容性。全球来看，约有 2.3 亿名 5 岁以下的儿童没有在政府部门登记，其中有一半来自亚太地区。

伙伴关系

2000 年以来，亚太地区大多数经济体的侨汇额都有所上升。

2000 年至 2015 年，在亚太地区的 23 个经济体中，债务还本付息占货物与服务出口额的比例降低了至少 0.2 个百分点。

在 35 个有 2015 年数据的亚太经济体中，大约一半经济体的国家统计计划资金充足，正在实施。

可持续发展目标监测的数据革命

随着发展界欣然接受可持续发展议程，需要为"数据革命"做好准备。通常来说，官方统计的生成常常需要调查、普查和管理数据库，这就需要从创新的和最新的数据来源中获取信息进行补充，以帮助社会解决世界的发展挑战。"大数据"（即使用数字技术交易而产生的数据）为提高官方统计数据的相关性和及时性提供了难得的机会。

发展界需要继续追踪使用大数据的相关倡议，加强对其可扩展性的细致理解。此外，发展界需要与包括私营部门和政府（尤其是国家统计部门）在内的各利益相关方密切合作，解决涉及大数据的各种问题，比如数据质量和方法、利用大数据工作所需技能的开发、技术要求、分享大数据的法律框架等等。

第二部分 区域概览

区域趋势与表格部分由八个主题构成，每个主题下面简短分析了选取指标的主要趋势，并突出了亚太地区的最新发展。讨论也围绕八个主题进行，即人类，经济与产出，货币、金融与价格，全球化，交通与通信，能源与电力，环境，政府与治理。

人类

亚太地区共有 40 多亿人口，占世界总人口近 55%。该地区人口排名前 5 位的经济体包括中国（14 亿人）、印度（13 亿人）、印度尼西亚（2.25 亿人）、巴基斯坦（1.97 亿人）和孟加拉国（1.58 亿人）。

2000 年至 2015 年期间，亚太地区总人口的年增长率为 1.21%。该地区大多数经济体中的人口增长率正在下滑。最新的联合国人口预测显示，到 2050 年，亚太地区占全球人口的比例将由现在的 55% 降至 50%。

大多数亚太地区经济体的人口都相对年轻，因为 65 岁及以上人口所占的比例不超过 15%。但是，随着出生率逐步下降，人口增长放缓，人口老龄化将在未来的几十年内出现。预测表明，到 2050 年，至少有 13 个成员经济体 65 岁及以上人口的比例会达到 20% 左右。例如，在亚太地区发达经济体中，老龄化人口已经非常明显。老龄化问题给政策制定者带来很多挑战，因为它会降低劳动力参与度，增加非经济活动人口的数量，同时老龄群体需要获取社会服务。

亚太地区约有 45% 的人口居住在城市地区。由于城市有更多的就业机会及更好的医疗和教育服务，很多人口正在从农村向城市转移，未来城市人口还会继续扩大。据估计，到 2050 年，亚太地区的城市人口将由现在的 21 亿增长到 34 亿。

依照人类发展指数根据最新数据测定显示，亚太地区有七个经济体（澳大利亚、日本、新西兰、中国香港、韩国、新加坡和中国台北）位于"人类发展指数很高"层次，而阿富汗、缅甸、尼泊尔、巴基斯坦、巴布亚新几内亚和所罗门群岛则是本地区人类发展指数最低的国家。

经济与产出

2015 年，亚太地区生产了全球五分之二的 GDP（按照购买力平价计算）。世界十大经济体中亚太地区占三个：中国、印度和日本。这三大经济体占亚太地区总产出的近 70%。

2000 年以来，亚太地区人均 GDP（按照购买力平价计算）收敛性比较强，但各经济体之间差异仍很明显。例如，新加坡的人均 GDP（在本地区最高）是所罗门群岛（在本地区最低）的 44 倍。

2014 年至 2015 年间，在 41 个有数据的亚太经济体中，21 个的实际 GDP 增长率超过了 3%。GDP 增长速度最快的经济体包括柬埔寨、印度、缅甸、帕劳和乌兹别克斯坦。

最新数据显示，在亚太地区近四分之三的经济体中，服务业占 GDP 的比例超过 50%。

2000 年至 2015 年期间，大多数亚太经济体中，投资支出占 GDP 的比例有所增加。提交数据的经济体中，几乎一半经济体的政府消费支出上升，同时，三分之二以上经济体的家庭消费支出占 GDP 的比例下降。国内储蓄总额与 GDP 的比率在一半以上上报资料的经济体中有所增加。

货币、金融与价格

2015 年，由于国际粮价和油价较低，大多数亚太地区经济体的消费者价格通胀维持在较低水平。

2015 年，除阿塞拜疆、文莱和蒙古国外，所有提交数据的国家都扩大了本国的货币供应量。

2014 年至 2015 年间，不良贷款占贷款总额的比率在大多数有数据的亚太国家都下降了。

2015 年，亚太地区的股票市场整体运作良好：2015 年中国、日本和斐济的股票市场在全球名列前茅。

以美元为基准，亚太地区有两种货币（港币和马尔代夫的拉菲亚）升值，但 2014 年有八种货币升值。

全球化

亚太地区仍然是外国直接投资的最大接收区域。2015 年，全球外国直接投资流量增长至 1.8 万亿美元，而亚太地区超过了 0.5 万亿美元。

亚太地区占全球贸易份额很大（32.2%），略低于欧洲的 35.5%。

最新数据显示，亚太地区发展中成员经济体的外债总额由 2000 年的大约 1.1 万亿美元增长至 4.5 万亿美元。

交通与通信

在所有提交数据的亚太地区成员经济体中，2011 年的平均铁路密度为每 1000 平方千米有 7 千米铁路，超过了拉丁美洲和加勒比地区的平均数，即每 1000 平方千米有 5 千米铁路，但又远远少于欧洲的平均数，即每 1000 平方千米有 50 千米铁路。

2004 年至 2015 年期间，亚太经济体大大提高了公路质量。该地区主干道和一级公路占公路网的比例由 2004 年的 12.4% 提高到 2015 年的 31.8%。

在 37 个提交数据的亚太经济体中，30 个经济体的航空运输量在 2000 年至 2015 年有所增加，同期 35 个经济体的航空旅客人数有所增加。

2000 年至 2015 年期间，可获得数据的每一个本地区经济体移动电话入网率都有所增加，其中三分之二以上的经济体增加了至少 10 倍。

2010 年至 2015 年期间，在 47 个提交数据的经济体中，45 个的固定宽带网络用户增加。然而，亚太地区还有 58% 左右的人口没有网络连接，略高于全球平均数。

能源与电力

随着经济增长，亚太地区的能源生产与使用也在快速增加。最新数据显示，亚太地区的能源使用占全球总量的45%左右。

2000年以来，41个发展中成员经济体中有20个人均电力消耗上升了至少50%。

2000年至2013年期间，在可获得数据的亚太经济体中，四分之三以上提高了能效水平。

在整个亚太地区，煤炭、石油和天然气是电力的主要来源。可再生能源和核能只占一小部分。

环境

多年以来，亚太地区经济飞速发展，这也导致温室气体排放增加。在过去十年中，亚太地区的温室气体总排放量比全球平均增长速度更快。

2013年，在可获得数据的亚太经济体中，三分之一以上的经济体林地总面积有所增加。

2000年至2013年期间，不到一半的亚太经济体在农业用地份额上有所增加。

虽然亚太地区的人口占全球总人口的一半以上，但本地区区内可再生淡水资源占全球总量的比例却不到三分之一。

政府与治理

2015年，大多数亚太经济体都出现了财政赤字，占各自GDP1%—7%不等。

2014年至2015年间，政府总收入占GDP的份额在8个经济体上升了至少一个百分点。另外，税收占GDP的比例在大多数亚太经济体出现了下滑。

2000年以来，政府医疗支出占GDP的份额在三分之二以上的亚太国家有所上升。

在亚太地区发展中成员经济体，开办企业需要的（算术）平均天数由2005年的45天下降至2015年的20天。开办企业的（算术）平均成本占人均国民收入的比例在发展中成员经济体中由2005年的41.4%下降至2015年的17.9%。

第三部分　全球价值链

随着信息、通信和交通技术的进步，企业将生产过程细分，分配到全球各地，由此产生了全球价值链。国际贸易很大一部分都在这样的全球价值链中进行，因此使用传统方法来评估这些交易对就业、收入和GDP增长等指标的影响是不够的。为了更好地了解现代贸易的动态，亚洲开发银行正在制定和分析有关增加值和全球价值链参与的各种有效措施。

2011年至2015年期间，很多亚洲经济体的全球价值链参与大幅下降，这主要是因为中间产品和最终产品的贸易出现了全球下滑。但越南是个明显例外，因为它的很多主要产业都越来越多地融入到了国际生产网络。

有一个趋势是，许多亚洲经济体越来越多地依赖于国内市场发展经济。2008年的全球金融危机似乎负有责任。此外，由于经济的强劲增长和国内收入的上升，国内市场对于货物和服务的需求也快速增长。

包括中国、印度和印度尼西亚在内的很多经济体都将生产过程的其他工序进行了本地化，包括全球价值链的上游和下游，从而增加了其国内增加值和收入。这些与中间产品和最终产品有关的新情况也导致国际总体贸易和增值贸易在近几年下滑。

日本、韩国和中国台北将很多产业的有些工序转移到了本地区新兴经济体，比如泰国和越南。除日本以外，这些经济体与马来西亚是全球价值链参与度最高的亚洲国家，它们很多产业的国外增加值占出口额的比例都超过了30%。

2011年至2015年期间，在产品加工、旅游和运输行业推动下，菲律宾的服务出口出现了强劲增长。其增加值占服务出口总额的90%以上，这是生产过程高度本地化的结果。虽然菲律宾的信息、通信和金融服务规模相对较小，但仍有潜力参与到全球价值链中去。

一些较小的国家只参与了全球价值链一少部分，而且一般是在增值阶段的上游或低端，例如孟加拉国、蒙古国和斯里兰卡。不过，2011年至2015年期间，这三个国家通过把制造业某些较高的增值活动实施本地化，扩大了其国内增加值在出口总额中所占的份额。

第一部分
可持续发展目标：趋势与表格

可持续发展目标趋势与表格简介

联合国千年发展目标为监测社会发展提供了一个全面框架,因为它制定了具体的、有时限的和可量化的目标,多方面消除极端贫困,同时促进性别平等、教育和环境可持续性发展。2015年,联合国千年发展目标议程到期,世界上大部分地区都取得了巨大的成就,尤其是亚太地区,具体可参见《2015年关键指标》。虽然有很多值得庆贺的地方,但由于在不同目标和不同国家取得的进展不均衡,而且人们在分享进展时拥有的机会也不均等,所以仍然存在很多未完成的目标。

2015年9月,联合国大会在纽约总部召开,联合国193个成员国的领导人齐聚于此,通过了可持续发展目标。可持续发展目标是一项通用行动计划,它以千年发展目标所取得的成就为基础,旨在解决可持续发展过程中的社会、经济和环境问题。与千年发展目标一样,可持续发展目标设定了可量化的目标,并计划在2030年前达成(以2015年为基准),其中包括消除贫困,保护地球,并确保所有人享有和平与繁荣。2016年3月,联合国统计委员会第47届会议召开,会议批准了可持续发展目标的全球指标框架。虽然随着更多分析工具和创新数据源的涌现,框架还需进一步完善,但它至少让我们明白,要达到可持续发展目标,我们需要收集哪些数据。

获得批准的可持续发展目标全球指标框架包括17个可持续发展目标、169个具体目标和230个指标。目前所有指标被分为三个级别。第一级指标有清晰明确的方法,有关数据由许多国家定期收集。第二级指标虽然也有明确的方法论,但是很多国家不定期采集数据。第三级指标则没有明确的预估方法和标准。在230个指标中,约40%具有明确的方法,并会定期收集数据。这意味着,国家统计系统在生成和汇编这些数据上面临着非常艰巨的任务。要监测17个可持续发展目标的进展,并保证其可靠性,对数据的要求是很高的,无论是发展中国家还是发达国家,这对于其统计系统来说都是挑战。因此,探讨如何利用新的数据源来汇编可持续发展目标指标的数据至关重要。

《2016年关键指标》第一部分从全球指标框架中选取了一些指标,利用经验数据检查亚太经济体实施可持续发展目标议程的情况。该部分第2节简单描述了如何使用大数据处理可持续发展目标监测过程中出现的一些数据缺口。

第1节 亚太地区的可持续发展目标指标

要将可持续发展的经济、社会和环境维度结合起来,让每个人充分参与到发展进程中去,这是实现可持续发展目标所必须完成的任务之一。为了帮助人类和地球创造更好的未来,推动繁荣、和平与伙伴关系,可持续发展目标制订了一项行动计划(图1.1)。

图1.1 可持续发展目标的5个方面

资料来源:改编自 http://www.un.org/sustainabledevelopment/sustainable-development-goals/.

为确保所有国家都充分了解可持续发展目标的实现情况,监测上述指标至关重要。监测对象应包含多个指标,并且需要定期执行,这样才能改进和调整项目，推动所有国家实现可持续发展目标。联合国可持续发展目标指标跨机构专家组一直试图研究出一个指标系统，用来衡量可持续发展目标的指标系统，目前已开发出 230 个核心指标。由于各个国家具体国情不同，各成员国承诺，会用本国的国家指标和地方指标对这套系统进行补充。一些主题指标也正在开发。

与可持续发展目标相关的指标系统应与政策周期联系起来，后者依次包括政策制定、政策合法化、政策执行、政策评估、政策调整，最后再回到新政策的制定（Hak、Janouskova 和 Moldan，2016 年）。在政策评估阶段，指标的作用对于确保有关策略足以有助于目标的实现极为重要。

秉承"不让一个人掉队"的原则，对于那些专门针对社会弱势群体开发的指标，数据分解是一个非常重要的方面。专栏 1.1 简单介绍了分解可持续发展目标指标的分析方法。

专栏 1.1　分解可持续发展目标指标的分析方法

在千年发展目标的监测框架中，缺乏分类数据是主要问题之一。虽然其收集的数据也能体现各国与其他国家相比在不同社会和经济指标方面的进展，但却没能揭示每个国家内部的不平等现象多年来是如何变化的。因此在衡量各国哪些群体取得巨大进展或哪些群体落后时，这些数据也没法提供足够的实验性证据。从政策角度来讲，这是有问题的，因为在数据有限的情况下，就没有办法制定相应的干预项目，去帮助那些弱势群体。为了解决这个问题，2030 年可持续发展议程秉承"不让一个人掉队"的原则，这就要求在评估特定的可持续发展目标指标时，要考虑到不同的人群，根据收入、性别、民族、地理位置和其他相关因素来进行。

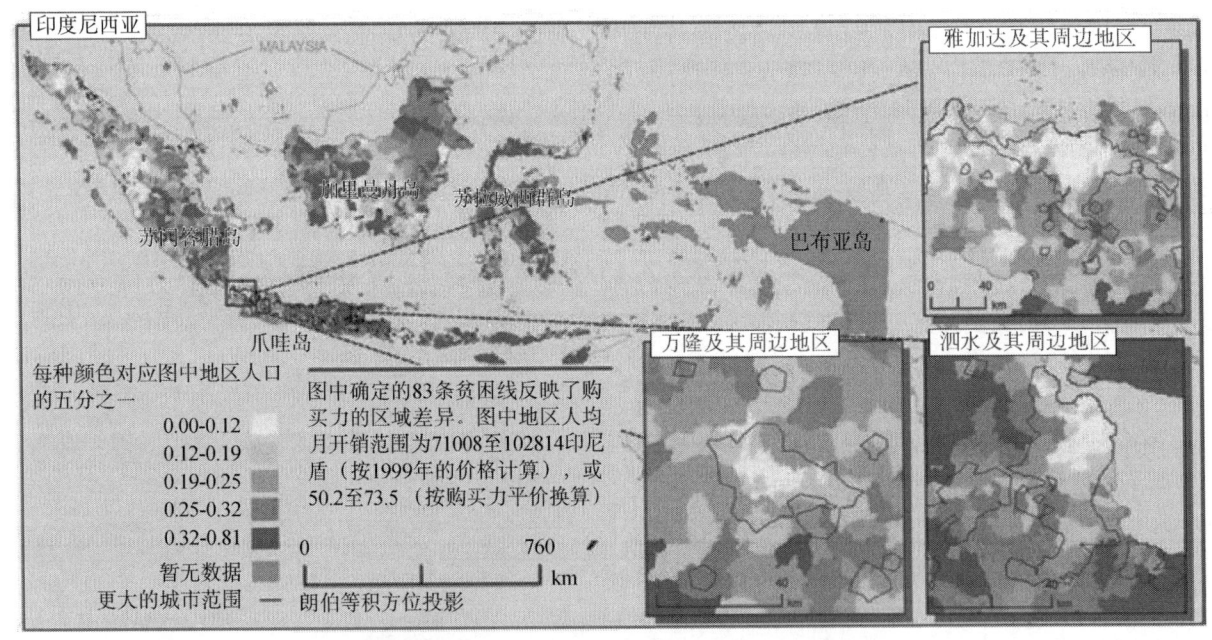

贫困地图样本：2000 年印度尼西亚贫困人数指数

资料来源：Center for International Earth Science Information Network (CIESIN). Columbia University. 2015. Poverty Head Index – Indonesia. Administrative Level 3：Subdistrict [Map]. Poverty Mapping Project. Small Area Estimates of Poverty and Inequality. Palisades. NY; NASA Socioeconomic Data and Applications Center. (SEDAC). Small Area Estimates of Poverty and Inequality. v1 (1991 – 2002). http://dx.doi.org/10.7927/H49P2ZKM.

要提供分解的可持续发展数据，可以采取几种策略，且每种对于分析的精准性和数据的要求都有所不同。如果用调查数据评估指标，那么每个需要评估的分组人口就应在调查中充分体现出来。然而，许多发展中国家的国家统计局由于没有足够的资金来确保样本容量足够大，也就没有办法为不同人口组别进行可靠的评估。另外，有几种小域估计（SAE）法可以从其他数据源"借力"，因为后者的覆盖范围比较广，可以人为地提高调查的有效样本容量。例如，Fay 和 Herriot（1979 年）倡导的传统方法使用最优加权法，将调查和以模型为基础的评估相结合，提高了估计量的精确性。久而久之，更加成熟的小域估计法被研发出来。Elbers、Lanjouw 和 Lanjouw（2003 年）提出系统的方法就是一个例子，现在它被广泛运用到贫困绘图实践中。总体来说，该方法要求根据不同的相关因素，使用调查数据，复归某个特定的收入措施（如家庭支出或收入）。方法还要求调查和人口普查数据中都包括这些相关因素。然后，使用样本外预测推定选取的收入措施，将预估的回归系数运用到人口普查数据中。利用人口普查中推导出来的信息，就可以根据分解的需求去评估贫困措施。不过大多数情况下，很多项目会根据地理位置将贫困数量进行分类。然而，如果能满足数据要求，一些类似的、基于同一种系统方法的小域估计法也可以用来分解其他可持续发展目标的指标。

亚太地区小域贫困估计一览表

国家	分解层级
亚美尼亚	区
阿塞拜疆	区（rayon）
孟加拉国	乡（upazila，分区）
不丹	分区
柬埔寨	社区
斐济	区（tikina）
印度	区
印度尼西亚	村
尼泊尔	区
蒙古国	区（soum）
巴基斯坦	区
巴布亚新几内亚	地方政府区域
菲律宾	自治市
泰国	分区
越南	区

注：近几年，印度在一些邦的地区级贫困评估上开展了很多研究。
此表并没有包括亚太地区所有的小域估计信息。
资料来源：亚洲开发银行汇编自国际发展组织、国家统计机构及其他来源。

但是，在有些情况下，相比传统的小域估计法，探索新的替代办法能更加完美地分解可持续发展目标指标。例如，调查的基准期与人口普查（或其他行政记录）的时间相差甚远，或者并不存在传统的数据收集工具。在这种情况下，大数据或者其他新型的数据也许可以分解评估结果。比如，依据卫星图像产生的夜间灯光数据可以用来分解各个区域的经济产出。Glaeser 等（2015 年）从事的一项研究显示，使用成熟的电脑演算法处理谷歌街景图中的房屋图像，可以预测纽约市的家庭收入。如果世界其他地方不具备传统的贫困绘图工具，同样的方法也可以用来映射其财富与贫困情况。另外，Marchetti、Guisti 和 Pratesi（2016 年）最近的一项研究运用了推特平台上的情感数据（按 iHappy 指数计算），来预测意大利各省食物消费在家庭支出中所占的比例。

如上所示，一些研究已经表明，卫星图像和通过日常方法、社交网站和高通量工具获得的数据都是高密度数据,可以用来预测各种人口特征。由于这些数据通常都是高密度的,或者处于非常细化的级别,可以用它们来为小域估计提供数据源,补充国家统计机构采集的常规数据。

资料来源:

C. Elbers. J. Lanjouw. and P. Lanjouw. 2013. Micro – level Estimation of Poverty and Inequality. Econometrica 71 (1). 355 – 364.

R. Fay and R. Herriot. 1979. Estimates of Income for Small Places. An Application of James – Stein Procedures to Census Data. Journal of American Statistical Association 74 (1979). 269 – 277.

E. Glaeser. S. D. Kominers. M. Luca. and N. Naik. 2015. Big Data and Big Cities. The Promises and Limitations of Improved Measures for Urban Life. NBER Working Paper 21778. Cambridge MA. National Bureau of Economic Research (NBER).

S. Marchetti. C. Guisti. and M. Pratesi. 2016. The Use of Twitter Data to Improve Small Area Estimates of Households' Share of Food Consumption Expenditure in Italy. AStA Wirtschafts – und Sozialstatistisches Archiv 10 (2): 79 – 93.

本节总结了亚行成员国广泛采用的可持续发展目标指标。这里汇编的数据大多来源于联合国经济和社会事务部、联合国统计司的可持续发展目标指标全球数据库(即官方的可持续发展目标数据库)以及国际机构和经济体。

可持续发展目标指标全球数据库汇编的数据可能是各大国际机构根据自己的专业领域和授权直接生成的数据(例如世界银行评估生活在国际贫困线以下的人口比例),也可能是由国际机构赞助和开展的抽样调查数据[例如,通过多指标类集调查(MICS)和人口统计与健康调查(DHS)的数据评估健康指标],也可能是国际机构根据国家统计局和其他部门直接生成的数据汇编的、未经过调整的数据,还可能是国际机构根据国家统计局和其他部门直接生成的数据汇编的、调整过的数据。为了便利国家之间的数据比较,国际机构会调整数据,在没有数据的情况下进行推导,或者如果数据来自不同的地方(例如调查、管理机构或其他来源),国际机构也会进行统一处理。欲知国际机构是如何汇编各项指标数据的,读者可访问可持续发展目标指标全球数据库的官网。

鉴于上述原因,国家统计机构汇编的数据不一定与国际机构汇编的数据一致。因此,本书中展示的数据可能与各国的数据有所不同。

每项指标都附有简短的分析和辅助信息,以图表和专栏的形式呈现,并细分为五个主题:人类、地球、繁荣、和平与伙伴关系。大多数图表中的数据时间节点为2000年至2015年。在接下来的讨论中,根据数据采集情况的不同,可能也会称为起始年(一般指1998年至2007年之中与2000年最接近的一年)和最近一年(一般指离2015年最近的一年)。但由于各国数据采集的情况不尽相同,可能也会有例外。2015年是评估可持续发展目标进展的基准线。然而,在某些情况下,最新的评估数据可能来自2010年以前,这就表示我们缺乏监测可持续发展目标的及时数据。起始年的数据可以帮助我们衡量各国在过去十五年中的发展,也是预测其未来发展的参考资料。

在每个部分的结尾,会简短地讨论目标监测和数据缺口等问题,帮助各国和其他发展合作伙伴了解生成和分析可持续发展目标指标时统计系统需要的资源量。

1. 人类

消除一切形式和表现的贫困与饥饿，让所有人平等和有尊严地在一个健康的环境中充分发挥自己的潜能。

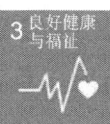

简况

2000 年至 2013 年期间，约有 7.07 亿人摆脱了极端贫困。但亚太地区仍有约 3.3 亿人日均生活标准不足 1.9 美元（按照 2011 年的购买力平价计算），生活在极端贫困线以下。

亚太地区仍有七分之一左右的人口营养不良。

南亚地区 5 岁以下儿童的消瘦率相对较高，6 个发展中成员国中，5 个国家的消瘦率超过了 10%。

最新数据显示，18 个发展中成员国中，5 岁以下儿童受发育迟缓影响的比例为 20% 以上。

最新数据显示，与 2000 年相比，亚太地区的孕产妇死亡数每十万人中减少了 140 人。另外，亚太地区 5 岁以下儿童的死亡率为 36‰。

最新数据显示，亚太地区学前教育的入学率约为 60.0%。

数据显示，亚太地区 15—49 岁的女性中，有 33% 的女性曾受到亲密伙伴的身体暴力，有 34% 的女性遭受过性暴力。

贫困、健康和教育的数据不够精细仍然是达成和监测可持续发展目标进展的巨大挑战。

本部分以前几个可持续发展目标的指标为基础，展示了亚行成员国的数据。可持续发展目标 1—5 主要以人为中心，因为它们号召消除极端贫困和饥饿，推动健康、幸福、优质教育和性别平等，为保障人类尊严创造了条件。

可持续发展目标 1：在世界各地消除一切形式的贫困

根除极端贫困是当今最大的挑战之一，这一点已得到广泛认同。虽然贫困是多维的，但是极端贫困人群普遍都收入低下，无法满足基本需求。

生活在每日 1.90 美元（按 2011 年购买力平价计算）国际贫困线以下的人口比例。 2002 年至 2013 年期间，以日均标准 1.9 美元为贫困线基准，亚太地区约有 7.07 亿人口摆脱了极端贫困。虽然减贫工作取得巨大成就，但最新数据显示，亚太地区仍有约 3.3 亿的人口生活在极端贫困当中，相当于该地区总人口的 9.0% 左右。

亚太地区的极端贫困存在明显的空间特征。例如，南亚地区极端贫困的人口比例为 16.1%，而东亚地区的比例仅为 1.8%（图 2.1）。

生活在国家贫困线以下的人口比例。 不同国家之间的生活成本和对基本必需品的偏好存在较大差异。国家贫困线体现了国家间的背景差异。目标就是在 2030 年以前将贫困人口的比例至少减半。

图 2.2 显示，从 2000 年至最近一年，在 14 个发展中成员国中，生活在国家贫困线以下的人口比例降低了十多个百分点。然而，一半左右（30 个国家中的 14 个）的国家中，生活在贫困线以下人口比例仍然大于 20%。

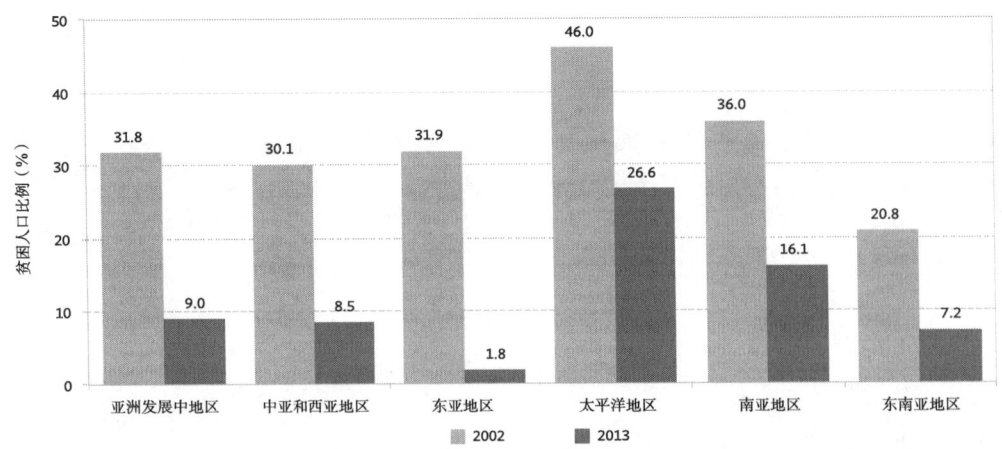

图 2.1　生活在每日 1.9 美元（按 2011 年的购买力平价计算）贫困线以下的人口比例（按次区划分）

资料来源：World Bank. PovcalNet Database. http://iresearch.worldbank.org/PovcalNet/home.aspx（访问时间 2016 年 10 月 4 日）．

公平及其他问题

虽然官方统计显示各国在减贫问题上取得了巨大的成就，但是某些人群的发展却慢于其他群体。例如，亚太地区的预估数据显示，在大多数国家农村人口比城市人口更容易陷入贫困。图 2.3 对比了该地区某些人口大国的农村贫困率和城市贫困率。另外，一些国家的数据显示，工作贫困率会根据性别和年龄变化。例如，在孟加拉国、印度和巴基斯坦，生活在贫困线以下的职场女性比例就高于男性比例。在吉尔吉斯共和国和菲律宾，情况又恰好相反，职场男性生活在贫困以下的比例反而更高（图 2.4a）。另外，在柬埔寨、印度、老挝、巴布亚新几内亚和越南，与 25 岁以上的职场人相比，15—24 岁的年轻职场人更容易陷入贫困（图 2.4b）。

想让更多群体脱贫，需要更高效的规划和更具针对性的干预项目。总体来说，社会救助项目主要是用来帮助最贫困的人群维持生计，并减少经济弱势群体的贫困风险。数据显示，在有些国家，如格鲁吉亚、印度尼西亚、菲律宾、斯里兰卡和越南，社会救助项目的主要对象为弱势群体，因为在这些国家中，社会救助项目中收入最低的五分之一人口所占的比例，要比接受社会救助的总人口比例高得多。

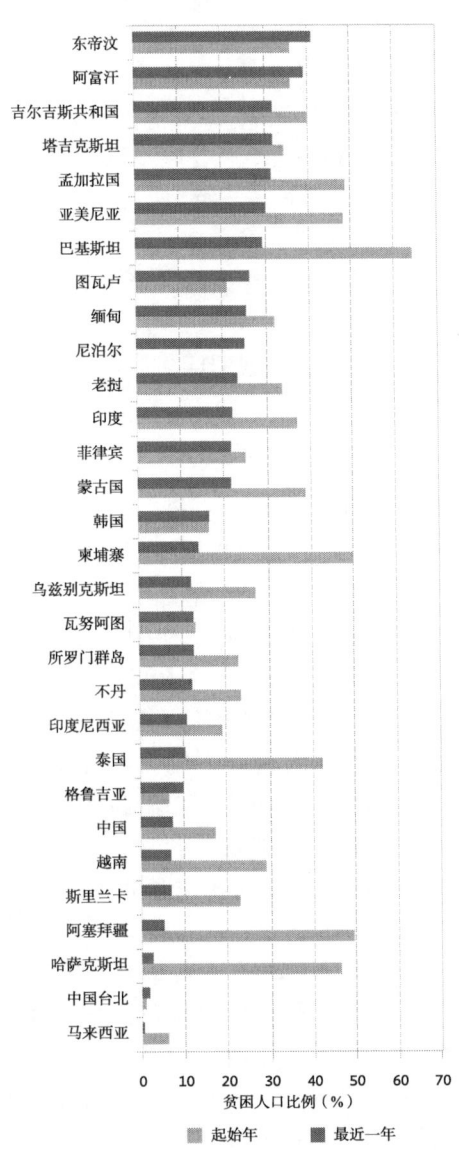

图 2.2　生活在国家贫困线以下的人口比例

注：图中只显示了有最新数据（2010 年及以后）的经济体的信息。

资料来源：表 2.1。

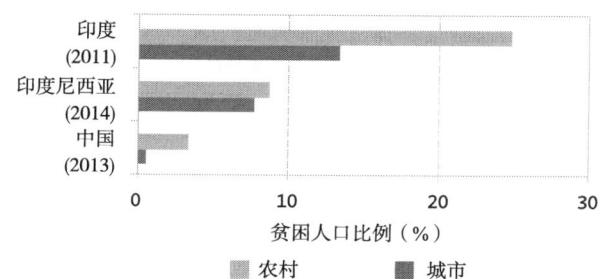

图 2.3　所选经济体中生活在每日 1.9 美元（按 2011 年的购买力平价计算）贫困线以下的人口比例（按位置划分）

资料来源：World Bank. PovcalNet Database. http：//iresearch. worldbank. org/PovcalNet/home. aspx（访问时间 2016 年 10 月 4 日）.

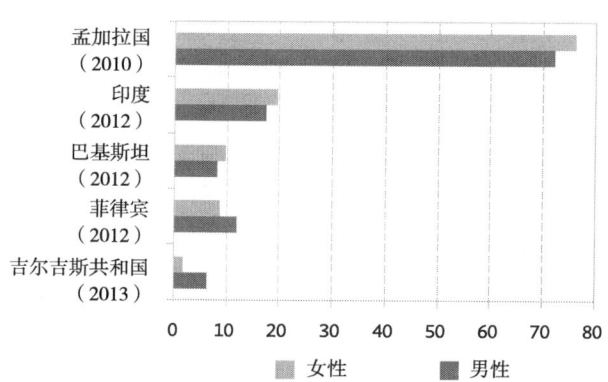

图 2.4a　所选经济体中 15 岁及以上人群的工作贫困发生率（按性别划分）（%）

资料来源：United Nations Statistics Division. Sustainable Development Goal Indicators Global Database. http：// unstats. un. org/sdgs/indicators/database/（访问时间 2016 年 9 月）.

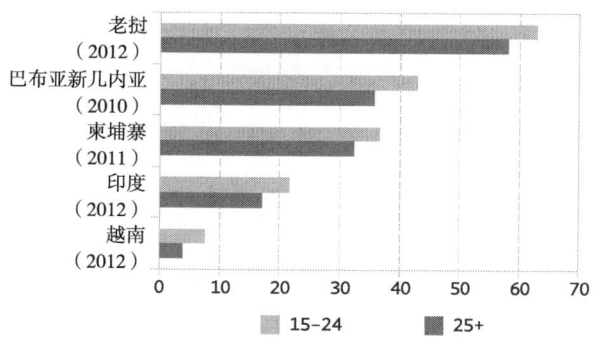

图 2.4b　所选经济体中 15 岁及以上人群的工作贫困发生率（按年龄段划分）（%）

资料来源：United Nations Statistics Division. Sustainable Development Goal Indicators Global Database. http：// unstats. un. org/sdgs/indicators/database/（访问时间 2016 年 9 月）.

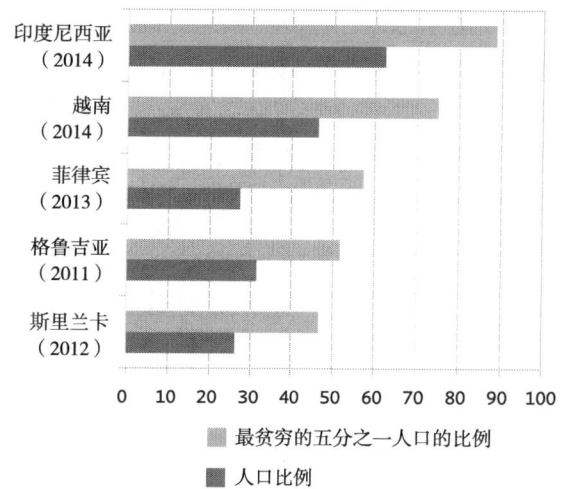

图 2.5　所选经济体中社会救助项目覆盖的人口比例（%）

资料来源：United Nations Statistics Division. Sustainable Development Goal Indicators Global Database. http：// unstats. un. org/sdgs/indicators/database/（访问时间 2016 年 9 月）.

数据缺口

要制定有针对性的干预项目，就必须先准确识别出最弱势的群体。例如，那些成功脱贫的人群可能会因为变故再次陷入贫困，比如丢失工作、家人死亡或生病、价格波动、冲突或者自然灾害。如果可持续发展目标要完全消除贫困，就必须将这些人群重返贫困的风险降到最低。

更加精细的贫困数据应该能鉴别出更容易陷入贫困的人群。然而，现在的数据并未监测致贫和脱贫，因为过去用来衡量贫困的家庭收入与支出大都是横断面调查，没有使用同一批人员样本。因此，传统的贫困测量数据通常呈现了横断面的弱势群体。专栏 2.1 展示了如何利用纵向数据更好地体现贫困（和不平等）。

为确保实现可持续发展目标的干预结果，应该更频繁地对其进行监测。若果真如此，需及时收集贫困数据，这是非常关键的。在这种情况下，根据模型得出的估算可以考虑用于监测目的。例如，时空模型可以用来记录国家贫困指标的动态行为。其中空间部分便于从类似国家或国家内部引入信息，用适当的方法分解时空的贫困措施。使用时空小域估计分解数据时，可将行政数据或替代的数据源（如图像）等作为辅助信息。使用信息和通信科技工具获取数据，或者运用通信等大数据来生成对贫困的小域估计，这些都是更快获取贫困信息的方式，便于制定更切合实际的行动政策。

此外，还需要在可持续发展目标 1 的其他指标中投入更多。纵观各国的数据评估发现，大多数亚太国家只会定期汇编其中几个指标的数据。除此之外，社会保障、扶贫项目的资源调动以及政策框架等指标还需要进一步完善，而且需定期采集数据才能更好地进行监测。

专栏 2.1　为何可持续发展目标时代需要投入纵向数据

贫困和不平等的社会统计一般会根据生活水平的家庭调查推导得出，包括收入、消费以及其他与民生相关的指标数据。在很多发展中国家，尤其是亚太地区的发展中国家，每 3—5 年会进行一次调查，调查会使用不同人群的数据。虽然在特定的调查时段内，横断面调查有助于评估贫困人口比例，但它并不能全面评估贫困的时间动态。

为说明横断面数据在分析贫困时存在的局限性，我们假设一个国家中有两个阶层：穷人和富人。在初期，40% 是富人，60% 是穷人。随着时间的推移，所有穷人都变成了富人，而富人却变成了穷人。从横断面角度看，我们可以说贫困率下滑了 20 个百分点。虽然穷人跟上了发展节奏，但在发展过程中，阶级出现了完全的颠倒，这说明经济机遇的分配非常不均衡。

固定样本数据可以识别出某些群体的特征，例如长期身陷贫困的人群，频繁脱贫和重返贫困的人群，以及成功过渡为中产阶级的人群。不仅如此，它还能追踪各个群体所处的位置。因此，政府可以利用这些数据，针对某个群体或地域，做出更加有效的干预。要在 2030 年以前根除极端贫困（可持续发展目标 1），这是至关重要的一点。

固定样本数据提供的信息细致入微，对于实现其他可持续发展目标也具有重要意义。固定样本数据可以追踪长期边缘化群体的产生因素与环境，这样国家便能确切了解何时不利条件或环境开始影响到家庭，何时这种负面影响变得无法逆转，从而可以更好地防止机会不平等，而不只是去处理负面影响。政府还可以把这些数据运用到政策制定中去，缩小收入差距。这样还能够有助于减少国家内部和国家之间的机会不平等（可持续发展目标 10）。

虽然新的可持续发展目标非常需要固定样本数据，但是大多数长期纵向数据都是工业化国家采集的，单纯是因为这些数据的采集工作成本高、程序复杂。固定样本数据的系统运用可以为亚太地区发展中国家制定政策创造坚实的证据基础，还能帮助它们发起支持可持续发展目标的项目，但有一个前提，那就是它们以及利益相关者都愿意承受采集数据的成本。

好消息是亚太地区越来越多的国家开始进行纵向调查，印度尼西亚和马来西亚的家庭生活调查就是例子。然而，由于这种形式还没有被纳入上述国家的官方统计系统中去，调查并没有定期进行。不过，由于固定样本调查可以依据国家代表性的横断面家庭调查，使用其最新数据，所以成本会大大降低，不至于让很多发展中国家无法负担。

虽然纵向固定样本调查需要更多资金和资源的支持，但是国家政府必须得承认，它们有助于监测我们在实现可持续发展目标进程中的整体进展，形成可持续的、包容性的发展模式，尤其与横断面数据和大数据结合时效果更加显著。

可持续发展目标 2：消除饥饿，实现粮食安全、改善营养和促进可持续农业

据联合国发布的《2016 年可持续发展目标报告》估计，全球至少有 7.9 亿人营养不良。也就是说，九分之一的人没有足够的食物，还在忍受着饥饿。由于营养不良的人更可能出现各种健康问题，导致人们无法或不能完全发挥自身的潜能，因此，目标希望通过推动可持续农业和粮食安全，在 2030 年前消除饥饿与营养不良。

营养不足发生率。 目前，亚太地区有七分之一的人口营养不足。虽然大多数成员国的比例低于 10.0%，但是有 14 个国家的比例大于 10.0%。在所分析的国家中，塔吉克斯坦的比例最高（33.2%），东帝汶（26.9%）和阿富汗（26.8%）紧随其后。

图 2.6 显示，2000 年以来，营养不足发生率在亚太国家呈下降趋势。11 个发展中成员国的发生率下降了十多个百分点，即阿富汗、亚美尼亚、

阿塞拜疆、柬埔寨、老挝、蒙古国、缅甸、尼泊尔、泰国、东帝汶和越南。

5 岁以下儿童的消瘦率。儿童身体消瘦会阻碍其成长为有生产力的个体。一般来说，消瘦、营养不良和疾病会影响儿童成长为健康成年人。而可持续发展目标 2 就是要在 2030 年前消除营养不良。

表 2.2 显示，在有最近一年数据的 31 个发展中成员国中，9 个国家 5 岁以下儿童的消瘦率超过了 10%。其中 5 个国家来自南亚，相比其他地区，该地区的消瘦率是最高的。但不丹是个例外，因为其比率仅为 5.9%。东亚地区的消瘦率相对较低，位于 1.0% 至 2.3% 之间。

5 岁以下儿童发育迟缓发生率。发育迟缓和消瘦都是衡量儿童营养不良的常用指标。数据显示，发育迟缓对儿童的影响比消瘦还要严重。表 2.2 显示，5 岁以下儿童发育迟缓发生率比消瘦率要高。在 18 个有最近一年数据的经济体中，5 岁以下儿童中发育迟缓的比例至少为十分之二。

虽然 5 岁以下儿童发育迟缓发生率在大多数亚太国家都超过了 20%，但是自 2000 年以来，17 个国家的比例有所下降（图 2.7）。

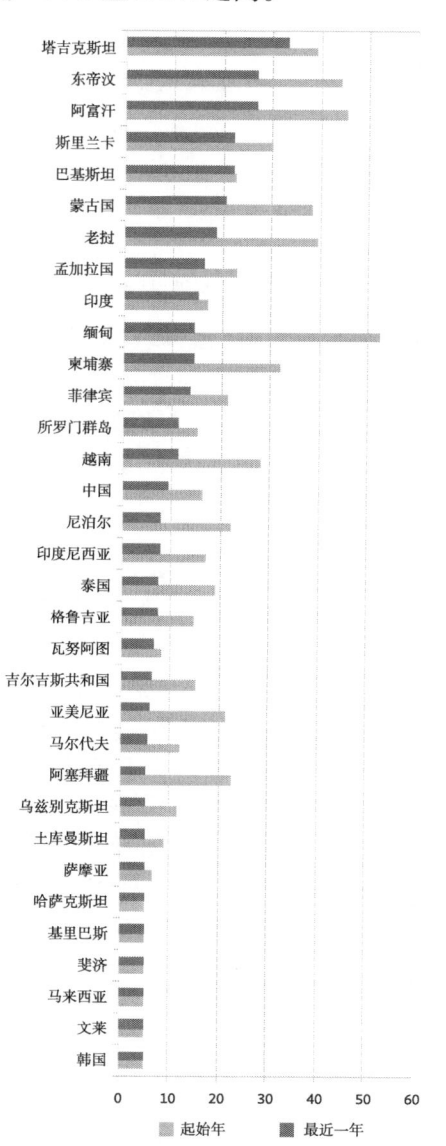

图 2.6 营养不足发生率（%）

注：阿塞拜疆、乌兹别克斯坦、土库曼斯坦和萨摩亚最新一年的数据低于 5%。哈萨克斯坦、基里巴斯、斐济、马来西亚、文莱和韩国起始年和最近一年的数据均低于 5%。

资料来源：表 2.2。

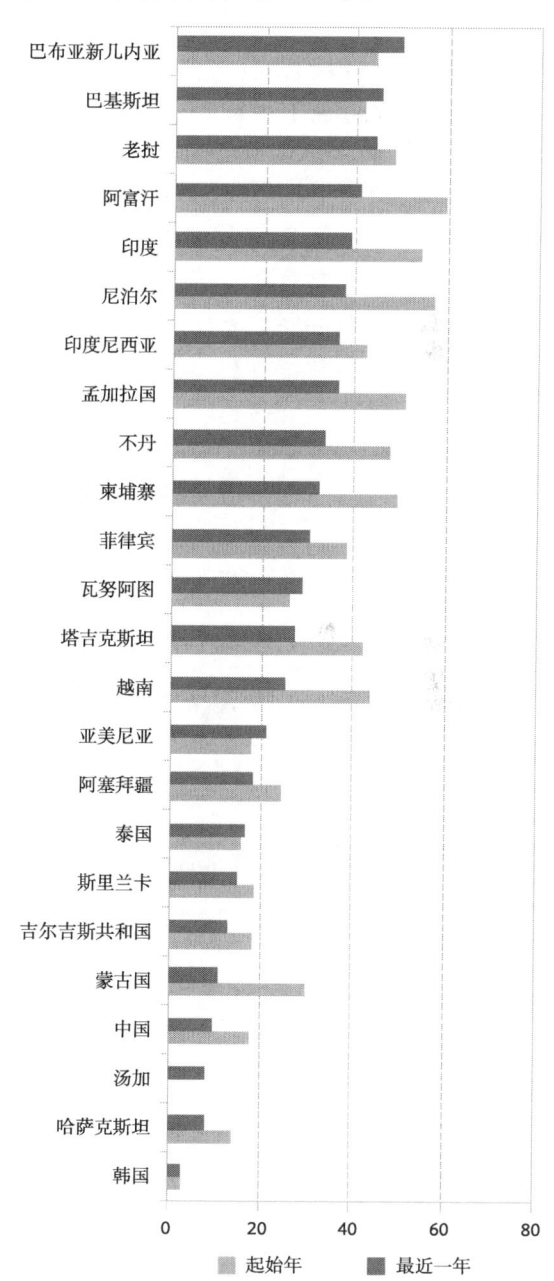

图 2.7 5 岁以下儿童发育迟缓发生行率（%）

注：图中只显示了有最新数据（2010 年及以后）的经济体的情况。

资料来源：表 2.2。

5 岁以下儿童的超重率。与发育迟缓和消瘦一样，肥胖也会导致儿童在成长过程中出现健康问题。

2000 年以来，在 28 个有起始年和最新一年数据的成员国中，8 个国家 5 岁以下儿童的超重率有所下滑。但是，9 个发展中成员国的超重率仍然保持在 10% 以上。表 2.2 展示了亚太地区成员国的超重率。

公平及其他问题

对于长期面临极端天气和自然灾害的国家来说，减少饥饿并保持在千年发展目标阶段取得的成就是非常困难的。同时，公平问题还存在于每个国家内部。例如，在亚太地区大多数成员经济体（蒙古国、斯里兰卡和塔吉克斯坦除外），男童发育迟缓的风险要比女童高。这种性别不均等在柬埔寨、吉尔吉斯共和国、老挝、巴基斯坦和巴布亚新几内亚尤其明显。另外，男童超重的情况会比女孩普遍。在各项与健康有关的指标上，城市与农村也存在不均等现象。特别是，在大多数有数据的经济体中，农村儿童发育迟缓的发生率要比城市高得多，如孟加拉国、柬埔寨、印度、尼泊尔和巴基斯坦。

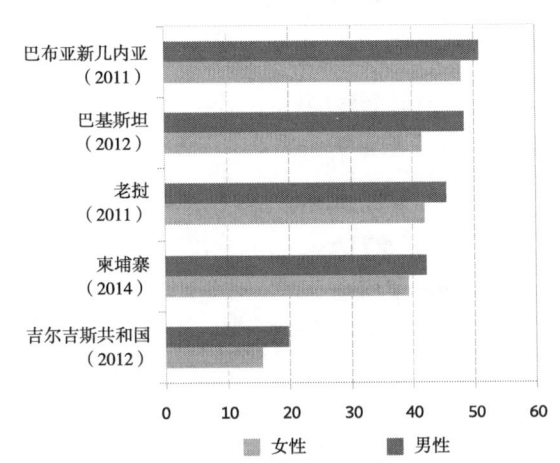

所选经济体中儿童发育迟缓发生率（按性别划分）（%）

资料来源：United Nations Statistics Division. Sustainable Development Goal Indicators Global Database. http://unstats.un.org/sdgs/indicators/database/（访问时间 2016 年 9 月）.

数据缺口

粮食安全可以从多个维度来估量，例如粮食消费、粮食获取和粮食利用。粮食供应可以通过可持续农业或者非生产国家与生产国家之间的双边协议实现。粮食的获取可以通过可持续生产和公平有效的粮食分配实现。粮食消费首先会缓解饥饿问题，如果持续下去，还能提高食物营养。可持续发展目标 2 追踪粮食生产、粮食安全和食物营养等环节。该目标有八个具体目标，但是亚太地区通常只会定期收集五个指标的数据。没有专门针对粮食安全的指标，只有一个可持续农业替代性指标。

虽然 2015 年以前有关营养和饥饿的数据都已经收集起来，但是很多目标下相关指标的数据并未定期采集。这就导致我们无法综合分析亚太地区的粮食安全情况。

农村基础设施的用途非常多样化，它使大众可以分享科研成果，推动可持续农业生产，获取资源促进生产力，将农产品与消费者联系起来，让农村的利益相关者能从农业以外的其他渠道获得收入。所有这些问题最终都要归结为对国家动态粮食安全行为的了解。农村基础设施的指标填补了可持续发展目标 2 的数据缺口。

缺乏弱势项目的指标数据，如小规模农业生产的生产力，是很难评估粮食安全的。这些小规模农业生产者至少能够解决家庭成员的粮食问题。分类数据的缺乏也可能会进一步加剧边缘人群的粮食安全问题。

可持续发展目标 3：确保健康的生活方式，促进各年龄段人群的福祉

专业医护人员接生的比例。表 2.4 展示了对所有亚太地区成员经济体的估计。在过去 15 年中，虽然专业医护人员接生的比例在亚太地区大多数地方有所上升，但是最新数据显示，有些国家的生产风险仍然很高。这些国家包括东帝汶（专业医护人员接生的比例仅为 29.3%）、老挝（41.5%）、孟加拉国（42.1%）、阿富汗（45.2%）、印度（52.3%）、巴基斯坦（52.1%）、巴布亚新几内亚（53.0%）以及尼泊尔（55.6%）。

每十万名活婴的产妇死亡率。产妇死亡由多种因素造成，包括产前产后的护理质量、医疗设施的质量、接生人员的专业程度、妇女的健康状况以及妇女的整体福祉。可持续发展目标 3 希望在 2030 年前，能将每十万名活婴的产妇死亡人数降到 70 以下。

表 2.4 显示了对所有亚太地区成员经济体在每

十万名活婴产妇死亡情况的估计。截至 2015 年，亚太地区的产妇死亡率为每十万名活婴产妇死亡 123 人。产妇死亡率最高的地区是太平洋群岛（191），其次是中亚和西亚地区（174）和南亚地区（174）。东南亚（110）和东亚地区（27）的死亡率相对较低。根据最新数据，亚太地区产妇死亡率最高的 5 个国家分别为阿富汗（396）、尼泊尔（258）、巴布亚新几内亚（215）、东帝汶（215）和老挝（197）。

每 1000 名活婴中新生儿死亡率。产妇身体状态差，或者医疗条件（包括医疗设施和医护人员）不充分，都会导致新生儿死亡。可持续发展目标 3 希望把新生儿的死亡率降到每 1000 名活婴中 12 个以下。

截至 2015 年，亚太地区新生儿死亡率最高的发展中成员国依次为巴基斯坦（46）、阿富汗（36）、老挝（30）、印度（28）和缅甸（26）。表 2.4 展示了亚太地区成员经济体的新生儿死亡率。

在过去 15 年中，新生儿死亡率呈下降趋势。在三个发达成员国中，新西兰每 1000 活婴的死亡人数为三个，澳大利亚为两个，日本则低至一个。

每 1000 名活婴中 5 岁以下儿童死亡率。虽然亚太地区 2015 年 5 岁以下儿童的死亡率估计为 36‰，但是很多国家已经达到了可持续发展目标，即 25‰。例如，5 岁以下儿童死亡率在几乎一半的亚太地区成员经济体已经在 25‰ 以下。在东南亚地区，只有柬埔寨、印度尼西亚、老挝、缅甸和菲律宾超过了 25‰。按照次区划分，中西亚 5 岁以下儿童死亡率最高，为 71‰。死亡率相对较低的地区有太平洋（51‰）、南亚（46‰）、东南亚（27‰）和东亚（11‰）。另外，发达国家的死亡率比发展中国家的死亡率低至少三倍。图 2.9 概括了 2000 年以来 5 岁以下儿童死亡率的变化情况。

每 10 万人中肺结核患病率。肺结核患病率在亚太地区居高不下。肺结核患病率最高的国家依次为东帝汶（498）、基里巴斯（497）、巴布亚新几内亚（417）、印度尼西亚（399）和柬埔寨（390）。不过，除 10 个国家以外，肺结核患病率普遍下降。实际上，2000 年以来，肺结核的患病率下滑了至少 30 个百分点。

每 1000 名未受感染者中新增艾滋病毒感染例数。亚太地区的艾滋病病毒感染率各地不一样。2000 年至 2015 年期间，数据显示，中亚和西亚地区的新增感染例数呈上升趋势，而东南亚的大部分地区（印度尼西亚和菲律宾除外）则在下降。

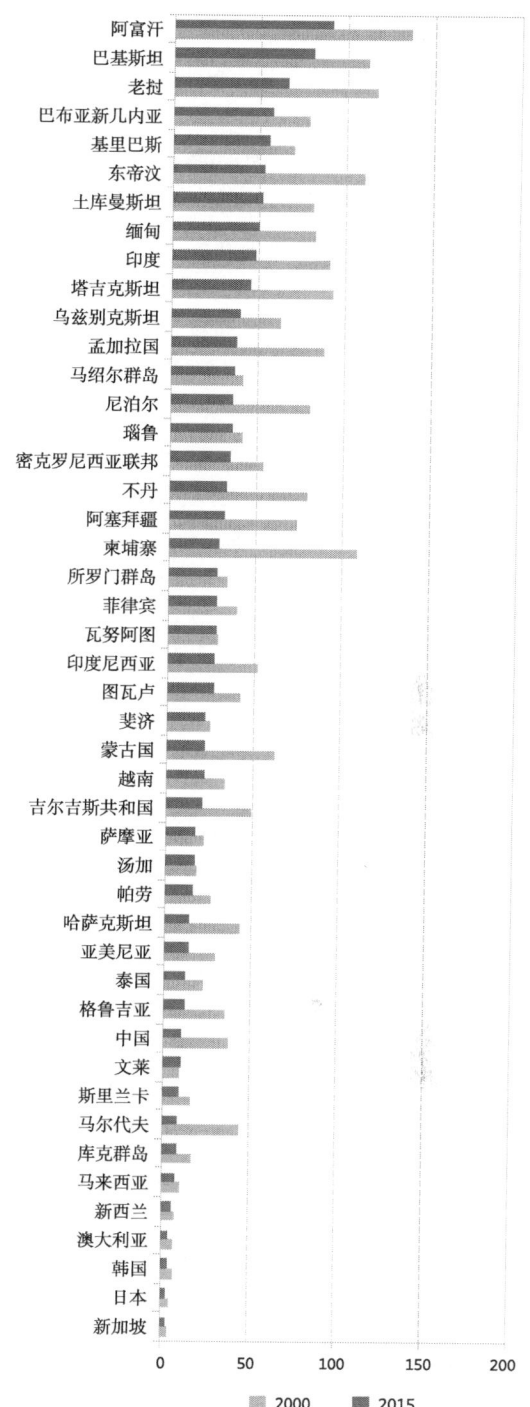

图 2.9 （每 1000 名活婴中）
5 岁以下儿童死亡率

资料来源：表 2.4。

特别是，艾滋病发病率在阿塞拜疆、格鲁吉亚、印度尼西亚、哈萨克斯坦、吉尔吉斯共和国、巴基斯坦、菲律宾以及斯里兰卡大幅上升。另外，柬埔寨、马来西亚、缅甸、尼泊尔、泰国和乌兹别克斯坦的新增感染例数大幅下降。截至 2015 年，每 1000 名未受感染者中艾滋病毒感染例数最多的国家依次为巴布亚新几内亚（0.36）、印度尼西亚（0.29）、格鲁吉亚（0.28）、缅甸（0.24）以及哈萨克斯坦（0.21）。

心血管疾病、癌症、糖尿病或慢性呼吸道疾病的死亡率。这些疾病的死亡率在所有亚太国家都下降了。这四种疾病都是非传染性疾病，2000年至2012年期间，其死亡率下降最多的国家为韩国（-44.7%）、马尔代夫（-43.6%）、新加坡（-36.2%）和新西兰（-32.6%）。相比之下，菲律宾（20.4%）、巴基斯坦（5.1%）、土库曼斯坦（4.0%）、缅甸（3.1%）以及越南（1.3%）等国的死亡率却有所上升。截至2012年，非传染性疾病（即心血管疾病、癌症、糖尿病或慢性呼吸道疾病）死亡率负担最高的国家依次为土库曼斯坦（40.8%）、哈萨克斯坦（33.9%）、蒙古国（32.0%）、乌兹别克斯坦（31.0%）、斐济（30.8%）和阿富汗（30.5%）。

公平及其他问题

资源利用不断加大为改善对高质量医疗服务的获取创造了条件，从而在实现千年发展目标中与健康有关的具体目标上取得巨大进步，例如艾滋病、肺结核和儿童死亡率都出现减少或下降。然而，改善人类健康仍然是非常重要的目标，因此对于可持续发展政策的形成也具有重要的意义。

取得的进步在国家内部不均衡，有些群体由于无法享受医疗服务，罹患可预防疾病的风险比较高。因此，对于这部分弱势群体，需要在实证研究的基础上，出台更具针对性的干预政策。此外，需要加强对底层人民的关注，利益相关者应团结一致，提供持续且强有力的资金支持，在促进各地区和各领域实现包容性的和平等的健康成果。

另外，有些决策者和利益相关者批评千年发展目标将关注点和资源集中在特定的与健康有关的目标的实现，而忽略了对更广泛的医疗系统的支持，而后者才能更加全面地解决健康问题（世界卫生组织，2016年）。吸取这种"集中问题"的教训，就要为投资更广泛的医疗系统提供激励措施。拥有一个更具综合性的医疗系统也很重要，因为这是亚太地区在人口、流行病和健康条件等方面的要求。系统思考健康问题（即在健康组织和治理，筹资，物质资源和人力资源，以及服务交付等方面追求和实现效率和效果）是加快实现健康发展目标的重要步骤，可以产生更具针对性的政策，实现更多可持续成果。

数据缺口

可持续发展目标3有13个具体目标，但是亚太经济体只收集其中6个目标的数据。除了根据模型推导的数据外，行政数据和个人生成的数据库（即病历、交易历史和网络搜索）都能用来补充现有的数据。这些还能用于建设早期预警设备，跟进危害健康和福祉的因素。各种指标的数据需要分解（例如农村与城市、男性与女性、财富值），便于为最弱势群体制定各种各样的干预策略。

即使对于流行病，也只有肺结核的数据在定期采集。有些是因为没有确定的指标，有些则只是因为没有定期采集，其中就包括非传染性疾病的死亡率、药物滥用、事故死亡率、性与生殖健康服务、全民医疗覆盖率、有害化学物质导致的死亡率、世界卫生组织框架下的烟草控制、疫苗与药物的研发、医疗融资与医护人员的招募，以及早期预警、风险抑制和国内外健康风险的管理。各个年度的国家健康调查、健康档案数据库以及甚至社交媒体数据库（如"谷歌趋势"）都可以用来根据某些数据挖掘算法为其他目标开发指标。

可持续发展目标4：确保包容、公平的优质教育，促进全民享有终身学习机会

一个广泛共识是，技能发展是包容性增长的重要动力（亚洲开发银行，2015年）。虽然每个人都应在一生中不断发展自身的技能，但是技能发展的基础应该从童年时期就开始奠定。可持续发展目标4强调终身学习的机会，而且更强调各种培训的结果。

有组织学习（小学正式入学年龄前1年）的参与率。最新数据显示，亚太地区成员体的学前教育参与率约为60%。此外，58.1%的国家参与率超过了70%。数据还显示，从起始年至最近一年，四分之三的国家在这方面取得了显著的成绩。老挝（从9.5%提高至50.4%）、巴基斯坦（从57.6%提高至94.5%）、孟加拉国（从30.1%提高至59.9%）、澳大利亚（从52.5%提高至80.3%）和越南（从69.2%提高至94.7%）效果尤其显著。

很多东南亚国家的学前教育参与率与发达成员国相似。不过，有些经济体的参与率仍然很低，其中包括阿塞拜疆、柬埔寨、缅甸、萨摩亚以及塔吉克斯坦，这些国家的儿童学前教育参与率甚至不足三分之一。2000 年至 2015 年期间，虽然学前教育的参与率大大提高，但是在 2030 年前，仍需紧密监测学前教育。表 2.6 展现了各成员经济体的学前教育参与情况。

学前教育师资培训。虽然学前教育不是正规教育的一部分，但是学前教师的培训仍然非常重要，因为他们会影响儿童的发展。

在有些经济体，很多学前教育师资没有获得必要的培训。例如，在中亚和西亚地区，尤其是吉尔吉斯共和国，只有 46.2% 的学前老师受过正规培训。在东南亚地区，缅甸的比例仅为 48.4%，文莱的比例则为 64.4%。在太平洋地区，所罗门群岛（59.5%）和库克群岛（69.7%）受过正规培训的老师比例相对较低。瑙鲁的比例相对较高，为 82.1%，而萨摩亚、汤加和瓦努阿图早已达到 100%。表 2.7 展示了各成员经济体的学前师资培训情况。

初等教育受训教师比例。在有数据的亚太成员经济体中，初等教育受训教师比例最低的国家为孟加拉国（57.7%）、瓦努阿图（60.5%）和所罗门群岛（64.6%）。另外，受训比例高达 100% 的国家包括柬埔寨、斐济、哈萨克斯坦、蒙古国、菲律宾、塔吉克斯坦、泰国、乌兹别克斯坦以及越南。表 2.7 展示了本地区各成员经济体的大致情况。

初中和高中教育受训教师比例。虽然很多经济体都没有收集初中和高中教育的比例数据，但实证研究显示，初中教育中至少有 60% 的老师受过正规训练，高中教育的比例则至少为 34%。在 27 个上报数据的经济体中，9 个经济体初中和高中教育的受训教师比例都为 100%——其中四个来自太平洋地区（斐济、巴布亚新几内亚、萨摩亚和图瓦卢）；三个来自东南亚地区（柬埔寨、菲律宾以及越南）；还有东亚的蒙古国和中西亚地区的乌兹别克斯坦。然而，初中教育受训教师比例最低的国家为孟加拉国（59.6%），高中教育的最低比例则来自基里巴斯（33.6%）。表 2.7 展示了本地区各成员经济体的大致情况。

公平及其他问题

虽然通过千年发展目标，儿童教育在世界各地取得了巨大的进步，尤其是基础教育的入学率得到了显著提升，但是可持续发展目标还存在着其他的公平问题。例如，最新数据显示，在泰国和格鲁吉亚，达到最低数学水平的女孩比例比男孩比例要高得多（图 2.10），而在澳大利亚，情况又恰恰相反。其中一部分原因来自学习动力的不同，因此在研究男孩和女孩是否为高等教育做好准备时，考虑到性别因素是非常有用的。

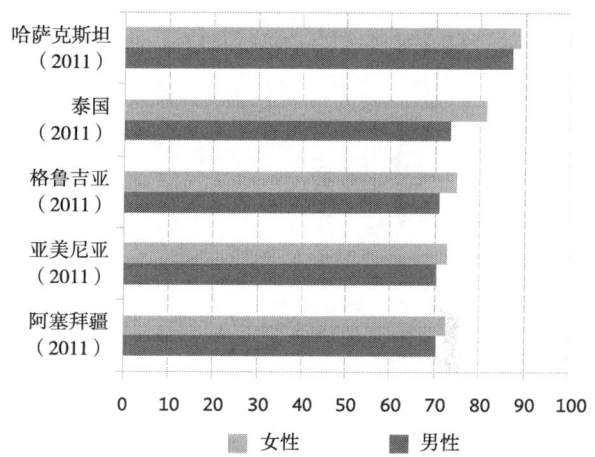

图 2.10 所选经济体中小学毕业达到最低数学水平的儿童比例（按性别划分）（%）

资料来源：United Nations Statistics Division. Sustainable Development Goal Indicators Global Database. http://unstats.un.org/sdgs/indicators/database/（访问时间 2016 年 9 月）.

可持续发展目标 5：实现性别平等，增强所有妇女和女童的权能

性别平等和妇女权能与文化息息相关，也是发展研究中最具挑战性的话题。女性在政治、经济决策过程中的话语权是推动可持续发展的重要动力，可持续发展目标也将持续致力于推进性别平等。

在 20—24 岁的女性中 15 岁前及 18 岁前结婚或同居的比例。结婚过早会限制女性发挥自身的潜力，相应地，也会影响女性的经济前景。数据显示，15 岁前结婚或同居的女性比例在几乎所有成员经济体低于 5%，但在有数据的 24 个经济体的 19 个中，20—24 岁的女性中超过 10% 在 18 岁以前结婚或同居。

女性在国家议会所占席位比例。表 2.8 展示了亚太经济体女性在国家议会中所占的比例。在发达经济体中，澳大利亚和新西兰的女性在议会占有席位的比例相对较高。此外，最新数据显示，日本女性在国家议会所占席位的比例为 9.5%。在

发展中成员经济体，女性在国家议会所占席位比例最高的国家为东帝汶（38.5%）、尼泊尔（27.5%）、阿富汗（27.7%）、菲律宾（27.2%）和哈萨克斯坦（26.2%），而比例最低的国家则为所罗门群岛（2.0%）、巴布亚新几内亚（2.7%）以及斯里兰卡（4.9%）。

在无偿家务和照料工作上花费的时间。数据显示，男性和女性在无偿家务和照料工作上花费的时间大不相同。在亚太地区，女性会花10%—25%的时间做无偿的家务和照料工作，而男性的比例仅为2%—11%。（图2.11）

权，与之相比，可持续发展目标5涵盖的范围更广，它还包括消除对女性的暴力，铲除文化障碍，促进女性性健康和生殖健康，承认无偿家务的价值等等。虽然取得了显著的进展，但是数据缺口依然存在。在可持续发展目标5的14个指标中，只有四个属于第一层。其他指标大都还未建立起数据收集的标准，因此，也没有定期采集数据。不过，为了解决数据缺口的问题，不断有人提出新倡议。专栏2.2就讨论了其中一个倡议。

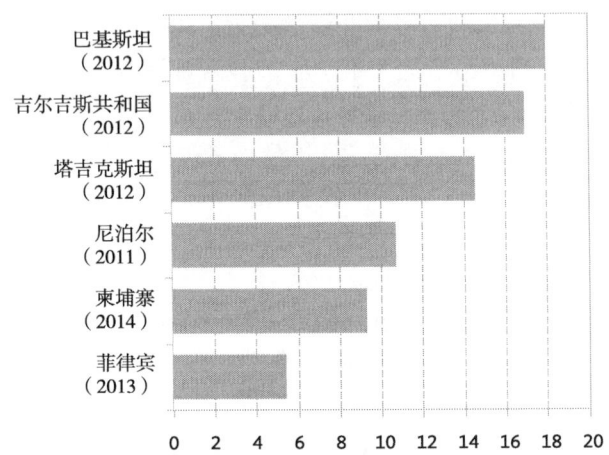

图2.12a　所选经济体中15—49岁女性在过去一年中遭受过现任或前任亲密伙伴身体暴力的比例（%）

注：图中只显示了有最近数据（2010年及以后）的国家的信息。

资料来源：United Nations. 2015. *The World's Women 2015: Trends and Statistics.* New York.

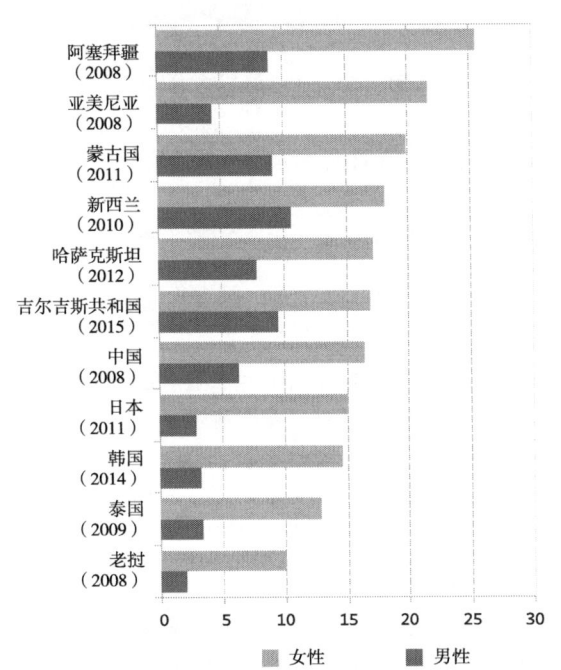

图2.11　所选经济体中在无偿家务和照料工作上花费的时间（按性别划分）（%）

注：图中只显示了有最近数据（2008年及以后）的国家的信息。

资料来源：United Nations Statistics Division. Sustainable Development Goal Indicators Global Database. http://unstats.un.org/sdgs/indicators/database/（访问时间2016年9月）。

15—49岁妇女在过去一年中遭受过现任或前任亲密伙伴身体暴力或性暴力的比例（%）。实验数据显示，在亚太地区有些经济体，15—49岁的女性中18.0%（尼泊尔）的人遭受过身体暴力，而7.7%（巴基斯坦）的女性遭受过性暴力。图2.12a和图2.12b展示了有关经济体的最新数据。

数据缺口

千年发展目标3致力于推动性别平等和女性赋

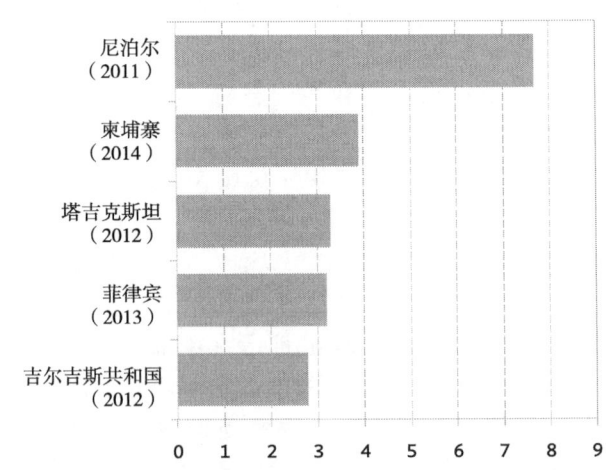

图2.12b　所选经济体中15—49岁女性在过去一年中遭受过现任或前任亲密伙伴性暴力的比例（%）

注：图中只显示了有最近数据（2010年及以后）的国家的信息。

资料来源：United Nations. 2015. *The World's Women 2015: Trends and Statistics.* New York.

专栏 2.2 从性别角度衡量资产所有权和企业家精神

与联合国千年发展目标一样,可持续发展目标强调全球行动,增强统计能力,解决监测过程中的数据要求,促进具有性别包容性的社会经济发展。虽然在教育和职业统计上,数据根据性别分解的情况有很大进步,但是由于经济资源分配不均,性别数据的采集和质量仍然存在着很大的缺口。为了抓住数据统计中的性别维度,联合国统计司和联合国促进性别平等和增强妇女权能署与包括亚洲开发银行在内的其他发展伙伴联手,发布了性别平等的证据与数据(EDGE),这是一项性别统计的全球倡议,旨在建立标准的定义和数据采集指导方针,生成及时可靠的性别分类数据,用来衡量企业家精神、资产所有权,以及其他社会经济发展成果。

从性别角度衡量资产所有权和企业家精神的调查是 EDGE 倡议的一部分,它旨在收集实证证据,在现有经济资源的基础上,促进对于性别不平等的更深刻理解。此外,它还可能会填补分类数据(即根据位置、年龄、宗教、民族、教育和职业分类的信息)的信息缺口。就资产方面而言,传统的数据采集方式主要以家庭为单位,EDGE 则以个人为单位,因此能够更加精确地分析个人的资产和权利情况。这样就能判定个人和家庭的资产状况(也就是说,资产是个人独有还是家庭共同所有);资产是如何获得的,包括资产的价值和使用;谁有转赠和(或)转卖资产的权利;谁能最终决定其经济使用;以及谁能获得资产的收入。

在两种情况下,家庭成员可以算作资产的所有人。第一种就是家庭成员在接受采访时声称自己是所有人。这叫作自我指定所有权法(self-assigned ownership approach)。第二种是指一个及以上的家庭成员在接受采访时承认别人为所有人。这叫作最具包容性法(most inclusive approach)。在这两种情况下,后者对于所有权的定义更宽泛,而且考虑了很多受访者的信息。前者只是采访了某个特定的家庭成员,并且以她/他的言论全权为准。考虑到数据的有效性以及资产所有权的复杂性,这两种调查方法都在实践中有所运用。此外,尽管各类资产通过调查手段进行了记录,但还要考虑上报所有权、存档所有权和经济所有权这三种类型所有权之间的区分。由于其独特性,这样会优于其他调查的效果。记录上述三种所有权时,要提问以下问题:哪位成员是资产所有人(上报)?资产文件上的所有人是谁(存档)?如果资产要出售,哪位成员会参与出售决定(经济)?

除了所有权种类的不同以外,EDGE 调查还会采集独有和共同所有资产等信息。知道资产是个人独有还是与他人共同所有有利于了解家庭内部的社会和经济动态。

EDGE 调查的创新之处在于会以个人为单位收集资产所有权的数据,但这个方法同时也体现了某些问题。尤其有一点,家庭内部成员对于资产所有人可能会存在不同的认知。对于资产所有的形式,他们的理解也不尽相同。例如,假设某个家庭有三位成员,分别为 A、B 和 C。简单起见,我们就先集中讨论某一类资产,即住房。专栏表的数据显示了各家庭成员上报的所有权类别和形式。横轴对应成员上报的信息,纵轴则对应每个成员如何看待其他成员的所有权状态。因此,成员 A 表示自己是房屋唯一的所有人,并表示成员 B 和成员 C 有权决定是否售卖房屋,但他们并不是上报或存档的所有人。另外,B 认为自己与 A 共同拥有房屋,而 C 却表示,并不是 B 与 A 共同拥有,而是自己与 A 共同拥有。如果我们根据自我指定法来衡量所有权类型与形式的分配,我们就必须得假设所有信息是真实的。如果我们再看看不同种类的资产,例如土地,情况就更加复杂了,因为在采访时,很难直接判别各位家庭成员是否在指同一块土地。另外一个难点在于有些家庭成员可能掩盖某些资产的存在。

	关于所有权状况的样本 EDGE 调查数据		
家庭成员	A	B	C
A	上报、存档、经济、个人独有	经济	经济
B	上报、存档、经济、共同所有	上报、经济、共同所有	上报、经济、共同所有
C	上报、经济、共同所有	经济	上报、经济、共同所有

由于受访者在上报资产和判定所有权的时候会存在认知上的差别，且上报的资产也有可能重复，因此需要更加精密的方法来清查固定资产。联合国统计司目前正在筹备一套指导方针，希望从性别角度衡量资产所有权和企业家精神，并有望在明年的联合国安理会上推出。亚洲开发银行和各国统计局曾在格鲁吉亚、蒙古国和菲律宾试点进行 EDGE 调查，同时，其他一些国家也与其他机构合作，进行了其他与 EDGE 相关的调查，积累了丰富的经验，这对于方针的制定具有重要的参考意义。

表 2.1：可持续发展目标 1 选定指标——贫困

到 2030 年，在全球所有人口中消除极端贫困，极端贫困的衡量标准是生活在国际贫困线以下。

到 2030 年，按各国标准界定的陷入各种形式贫困的各年龄段男女和儿童至少减半。

本地区成员经济体	1.1.1生活在国际贫困线以下的人口比例[a]（%）		1.2.1生活在国家贫困线以下的人口比例（%）	
	起始年	最近一年	起始年	最近一年
发展中经济体				
中亚和西亚地区				
阿富汗	...	...	36.3 (2007)	39.1 (2014)
亚美尼亚	19.3 (2001)	2.3 (2014)	48.3 (2001)	30.0 (2014)
阿塞拜疆	2.7 (2001)	0.5 (2008)	49.6 (2001)	5.0 (2014)
格鲁吉亚	21.0 (2000)	9.8 (2014)	6.4[b] (2007)	10.1 (2015)
哈萨克斯坦	10.5 (2001)	0.0 (2013)	46.7 (2001)	2.7 (2015)
吉尔吉斯共和国	42.2 (2000)	1.3 (2014)	39.9 (2006)	32.1 (2015)
巴基斯坦[c]	28.7 (2001)	6.1 (2013)	64.3 (2001)	29.5 (2013)
塔吉克斯坦	54.4 (1999)	19.5 (2014)	34.3 (2013)	32.0 (2015)
土库曼斯坦	42.3 (1998)	...	...	...
乌兹别克斯坦	68.1 (2000)	66.8 (2003)	27.5 (2001)	12.8 (2015)
东亚地区				
中国	40.5[d] (1999)	1.9[d] (2013)	17.2[e] (2010)	7.2[e] (2014)
中国香港	...	...	...	...
韩国	...	...	16.5 (2012)	16.3 (2014)
蒙古国	10.6 (2002)	0.2 (2014)	38.8 (2010)	21.6 (2014)
中国台北	...	...	0.7[f] (2000)	1.5[f] (2014)
南亚地区				
孟加拉国	33.7 (2000)	18.5 (2010)	48.9 (2000)	31.5 (2010)
不丹	35.2 (2003)	2.2 (2012)	23.2 (2007)	12.0 (2012)
印度	38.2[d] (2004)	21.2[d] (2011)	37.2 (2004)	21.9 (2011)
马尔代夫	10.0 (2002)	7.3 (2009)	23.0 (2002)	15.0[h] (2009)
尼泊尔[c]	46.1 (2003)	15.0 (2010)	...	25.2 (2010)
斯里兰卡[c]	8.3 (2002)	1.9 (2012)	22.7 (2002)	6.7 (2012)
东南亚地区				
文莱	...	...	...	...
柬埔寨	18.6 (2004)	2.2 (2012)	50.2 (2004)	14.0 (2014)
印度尼西亚	39.8[d] (2000)	8.3[d] (2014)	19.1[i] (2000)	10.9[j] (2016)
老挝	26.1 (2002)	16.7 (2012)	33.5 (2002)	23.2 (2012)
马来西亚	0.4 (2004)	0.3 (2009)	6.0 (2002)	0.6 (2014)
缅甸	...	...	32.1 (2005)	25.6 (2010)
菲律宾	18.4 (2000)	13.1 (2012)	24.9 (2003)	21.6 (2015)
新加坡	...	...	...	...
泰国	2.6 (2000)	0.0 (2013)	42.3 (2000)	10.5 (2014)
越南[c]	38.8 (2002)	3.1 (2014)	28.9 (2002)	7.0 (2015)
太平洋地区				
库克群岛	...	...	...	28.4[k] (2006)
斐济[c]	5.5 (2002)	4.1 (2008)	39.8[k] (2002)	35.2[k] (2008)
基里巴斯	14.1 (2006)	...	21.8[k] (2006)	...
马绍尔群岛	...	...	...	...
密克罗尼西亚联邦	11.4 (2005)	17.4 (2013)	27.9[k] (1998)	31.4[k] (2005)
瑙鲁	...	...	25.1[k] (2006)	...
帕劳	...	...	24.9[k] (2006)	...
巴布亚新几内亚	...	39.3 (2009)	...	39.9[l] (2009)
萨摩亚	...	0.8 (2008)	22.9 (2002)	26.9[k] (2008)
所罗门群岛	45.6 (2005)	...	22.7[k] (2006)	12.7[k] (2013)
东帝汶	44.2 (2001)	46.8 (2007)	36.3[k] (2001)	41.8 (2014)
汤加	2.8 (2001)	1.1 (2009)	16.2[k] (2001)	22.5[k] (2009)
图瓦卢	...	2.7 (2010)	21.2[k] (2005)	26.3[k] (2010)
瓦努阿图	...	15.4 (2010)	13.0[k] (2006)	12.7[k] (2010)
发达经济体				
澳大利亚	1.4 (2001)	0.7 (2010)	...	...
日本	...	0.4 (2008)	...	...
新西兰	...	...	...	...

... = 至截止日期未获得相关数据；0.0 = 数值不到所用计量单位的一半。

a 澳大利亚、日本和马来西亚的数据以收入为准，其他国家以消费为准。贫困线为每日 1.9 美元（2011 的购买力平价）。

b 表示建档的贫困情况。低于中位消费水平 60% 为相对贫困，2004 年和 2015 年相对贫困人口的比例分别为 24.6% 和 20.1%。

c 上述国家的收入与支出调查时间有所重叠，表中采用了世界银行的世界发展指标，使用调查的起始年份作为贫困评估的参考时间。

d 农村和城市的加权平均数。

e 仅指农村地区。

f 指低收入人口占总人口的百分比。

g 2003 年的估值是以世界银行的 PovcalNet 数据库为基础。还有一组数据来自于联合国统计司的可持续发展目标指标全球数据库，同年比例为 24.9%。

h 指 2009 年和 2010 年的贫困估值。

i 参考时间为 2000 年 2 月。

j 参考时间为 2016 年 3 月。

k 数据指生活在基本需求贫困线以下的人口比例。

l 指按照巴布亚新几内亚贫困线上限标准的贫困比例。

资料来源：World Bank. PovcalNet Database. http：//iresearch.worldbank.org/PovcalNet/povDuplicateWB.aspx（accessed 4 October 2016）；United Nations. Sustainable Development Goals Indicators Global Database. http：//unstats.un.org/sdgs/indicators/database/（2016 年 7 月）；World Bank. World Development Indicators. http：//databank.worldbank.org/data/reports.aspx? source = world – development – indicators（访问时间 2016 年 4 月 26 日）。

表 2.2　可持续发展目标 2 选定指标——营养不良

到 2030 年，消除一切形式的营养不良，包括到 2025 年实现 5 岁以下儿童发育迟缓和消瘦问题相关国际目标，解决青春期少女、孕妇、哺乳期妇女和老年人的营养需求。

本地区成员经济体	2.1.1 营养不良发生率（%）起始年[b]	2.1.1 营养不良发生率（%）最近一年[c]	2.2.1 5 岁以下儿童发育迟缓发生率[a]（%）起始年	2.2.1 5 岁以下儿童发育迟缓发生率[a]（%）最近一年
发展中经济体				
中亚和西亚地区				
阿富汗	45.2	26.8	59.3 (2004)	40.9 (2013)
亚美尼亚	21.4	5.8	17.7 (2000)	20.8 (2010)
阿塞拜疆	22.5	<5.0	24.1 (2000)	18.0 (2013)
格鲁吉亚	14.8	7.4	16.1 (1999)	11.3 (2009)
哈萨克斯坦	<5.0	<5.0	13.9 (1999)	8.0 (2015)
吉尔吉斯共和国	15.2	6.0	18.1 (2006)	12.9 (2014)
巴基斯坦	22.4	22.0	41.5 (2001)	45.0 (2012)
塔吉克斯坦	38.8	33.2	42.1 (2000)	26.8 (2012)
土库曼斯坦	9.0	<5.0	28.1 (2000)	18.9 (2006)
乌兹别克斯坦	11.5	<5.0	25.3 (2002)	19.6 (2006)
东亚地区				
中国	16.2	9.3	17.8 (2000)	9.4 (2010)
中国香港	...	...	...	...
韩国	<5.0	<5.0	2.5 (2003)	2.5 (2010)
蒙古国	38.2	20.5	29.8 (2000)	10.8 (2013)
中国台北	...	...	...	...
南亚地区				
孟加拉国	23.1	16.4	50.8 (2000)	36.1 (2014)
不丹	...	...	47.7 (1999)	33.6 (2010)
印度	17.0	15.2	54.2 (1999)	38.7 (2014)
马尔代夫	11.8	5.2	31.9 (2001)	20.3 (2009)
尼泊尔	22.2	7.8	57.1 (2001)	37.4 (2014)
斯里兰卡	29.9	22.0	18.4 (2000)	14.7 (2012)
东南亚地区				
文莱	<5.0	<5.0	...	19.7 (2009)
柬埔寨	32.0	14.2	49.2 (2000)	32.4 (2014)
印度尼西亚	17.2	7.6	42.4 (2000)	36.4 (2013)
老挝	39.2	18.5	48.2 (2000)	43.8 (2011)
马来西亚	<5.0	<5.0	20.7 (1999)	17.2 (2006)
缅甸	52.4	14.2	40.8 (2000)	35.1 (2009)
菲律宾	21.3	13.5	38.3 (1998)	30.3 (2013)
新加坡	...	...	4.4 (2000)	...
泰国	19.0	7.4	15.7 (2006)	16.3 (2012)
越南	28.1	11.0	43.4 (2000)	24.9 (2014)
太平洋地区				
库克群岛	...	...	...	...
斐济	<5.0	<5.0	7.5 (2004)	...
基里巴斯	<5.0	<5.0	...	...
马绍尔群岛	...	...	...	...
密克罗尼西亚联邦	...	...	...	...
瑙鲁	...	...	24.0 (2007)	...
帕劳	...	...	...	...
巴布亚新几内亚	...	...	43.9 (2005)	49.5 (2010)
萨摩亚	6.6	<5.0	6.4 (1999)	...
所罗门群岛	15.0	11.3	32.8 (2007)	...
东帝汶	43.9	26.9	55.7 (2002)	57.7 (2009)
汤加	...	...	...	8.1 (2012)
图瓦卢	...	...	10.0 (2007)	...
瓦努阿图	8.1	6.4	25.9 (2007)	28.5 (2013)
发达经济体				
澳大利亚	<5.0	<5.0	2.0 (2007)	...
日本	<5.0	<5.0	...	7.1 (2010)
新西兰	<5.0	<5.0	...	...

（转下页）

表 2.2（续）

本地区成员经济体	2.2.2a 5岁以下儿童营养不良（消瘦）发生率ᵃ（%）		2.2.2b 5岁以下儿童营养不良（超重）发生率（%）	
	起始年	最近一年	起始年	最近一年
发展中经济体				
中亚和西亚地区				
阿富汗	8.6 (2004)	9.5 (2013)	4.6 (2004)	5.4 (2013)
亚美尼亚	2.5 (2000)	4.2 (2010)	16.0 (2000)	16.8 (2010)
阿塞拜疆	9.0 (2000)	3.1 (2013)	6.2 (2000)	13.0 (2013)
格鲁吉亚	3.1 (1999)	1.6 (2009)	17.9 (1999)	19.9 (2009)
哈萨克斯坦	2.5 (1999)	3.1 (2015)	5.3 (1999)	9.3 (2015)
吉尔吉斯共和国	3.4 (2006)	2.8 (2014)	10.7 (2006)	7.0 (2014)
巴基斯坦	14.2 (2001)	10.5 (2012)	4.8 (2001)	4.8 (2012)
塔吉克斯坦	9.4 (2000)	9.9 (2012)	6.7 (2005)	6.6 (2012)
土库曼斯坦	7.1 (2000)	7.2 (2006)	4.5 (2006)	...
乌兹别克斯坦	8.9 (2002)	4.5 (2006)	11.1 (2002)	12.8 (2006)
东亚地区				
中国	2.5 (2000)	2.3 (2010)	3.4 (2000)	6.6 (2010)
中国香港	...	...	...	...
韩国	0.9 (2003)	1.2 (2010)	6.2 (2003)	7.3 (2010)
蒙古国	7.1 (2000)	1.0 (2013)	12.7 (2000)	10.5 (2013)
中国台北	...	...	...	...
南亚地区				
孟加拉国	12.5 (2000)	14.3 (2014)	0.9 (2000)	1.4 (2014)
不丹	2.5 (1999)	5.9 (2010)	3.9 (1999)	7.6 (2010)
印度	17.1 (1999)	15.1 (2014)	2.9 (1999)	1.9 (2006)
马尔代夫	13.4 (2001)	10.2 (2009)	3.9 (2001)	6.5 (2009)
尼泊尔	11.3 (2001)	11.3 (2014)	0.7 (2001)	2.1 (2014)
斯里兰卡	15.5 (2000)	21.4 (2012)	1.0 (2000)	0.6 (2012)
东南亚地区				
文莱	...	2.9 (2009)	...	8.3 (2009)
柬埔寨	16.9 (2000)	9.6 (2014)	4.0 (2000)	2.0 (2014)
印度尼西亚	5.5 (2000)	13.5 (2013)	1.5 (2000)	11.5 (2013)
老挝	17.5 (2000)	6.4 (2011)	2.7 (2000)	2.0 (2011)
马来西亚	15.3 (1999)	...	5.5 (1999)	...
缅甸	10.7 (2000)	7.9 (2009)	2.4 (2000)	2.6 (2009)
菲律宾	8.0 (1998)	7.9 (2013)	1.9 (1998)	5.0 (2013)
新加坡	3.6 (2000)	...	2.6 (2000)	...
泰国	4.7 (2006)	6.7 (2012)	8.0 (2006)	10.9 (2012)
越南	6.1 (2000)	6.8 (2014)	2.5 (2000)	3.5 (2014)
太平洋地区				
库克群岛	...	...	...	...
斐济	6.3 (2004)	...	5.1 (2004)	...
基里巴斯	...	...	...	...
马绍尔群岛	...	...	...	...
密克罗尼西亚联邦	...	...	...	...
瑙鲁	1.0 (2007)	...	2.8 (2007)	...
帕劳	...	...	...	...
巴布亚新几内亚	4.4 (2005)	14.3 (2010)	3.4 (2005)	13.8 (2010)
萨摩亚	1.3 (1999)	...	6.2 (1999)	...
所罗门群岛	4.3 (2007)	...	2.5 (2007)	...
东帝汶ᵈ	13.7 (2002)	18.9 (2009)	5.7 (2002)	5.8 (2009)
汤加	...	5.2 (2012)	...	17.3 (2012)
图瓦卢	3.3 (2007)	...	...	6.3 (2007)
瓦努阿图	5.9 (2007)	4.4 (2013)	4.7 (2007)	4.6 (2013)
发达经济体				
澳大利亚	- (2007)	...	7.7 (2007)	...
日本	...	2.3 (2010)	...	1.5 (2010)
新西兰	...	...	...	...

... = 至截止日期未获得相关数据；- = 数值等于零；0.0 = 数值不到所用计量单位的一半。

a 据世界卫生组织表示，为了使数据具有代表性，并能覆盖0—5岁的儿童，他们对数据进行了调整，所以可能与上报的调查结果有些许差别。有些国家的数据则需要进一步分析。详情请参考儿童营养不良数据集的注释栏。

b 数据指1999—2001年三年的平均数。

c 数据指2014—2016年三年的平均数。

d 在联合国统计司的可持续发展目标数据库中，东帝汶只有2013年2.2.1指标的数据（50.2%）、2.2.a指标的数据（11.0%）和2.2.b指标的数据（1.5%），而且这些数据需要再分析。

资料来源：United Nations. Sustainable Development Goals Indicators Global Database. http：//unstats. un. org/sdgs/indicators/database/（2016年7月）；Food and Agriculture Organization of the United Nations. FAOSTAT. http：//faostat. fao. org/download/D/FS/E（2016年8月）；World Bank. World Development Indicators. http：//databank. worldbank. org/data/reports. aspx？source＝world－development－indicators（2016年4月）；World Health Organizat ion. Joint Child Malnutrition Estimates－Levels and Trends（2016 Edition）. http：//www. who. int/nutgrowthdb/estimates 2015/en/（访问时间2016年9月28日）。

表 2.3　可持续发展目标 2 选定指标——农业投入

到 2030 年，通过加强国际合作等方式，增加对农村基础设施、农业研究和推广服务、技术开发、植物和牲畜基因库的投资，以增强发展中国家，特别是最不发达国家的农业生产能力。

本地区成员经济体	2.a.2农业领域的官方流入总量（官方发展援助及其他官方流入）	
	2000[a]	2014[b]
发展中经济体		
中亚和西亚地区		
阿富汗	5.0	408.6
亚美尼亚	15.4	17.2
阿塞拜疆	81.3	38.4
格鲁吉亚	39.9	27.8
哈萨克斯坦	4.3	6.2
吉尔吉斯共和国	89.1	16.1
巴基斯坦	67.9	351.4
塔吉克斯坦	25.6	27.2
土库曼斯坦	0.0	0.1
乌兹别克斯坦	0.3	54.7
东亚地区		
中国	355.0	307.5
中国香港	...	...
韩国	...	...
蒙古国	4.4	20.5
中国台北	...	...
南亚地区		
孟加拉国	389.8	349.8
不丹	6.4	13.4
印度	251.5	1,013.3
马尔代夫	0.0	1.6
尼泊尔	83.8	87.3
斯里兰卡	56.7	51.5
东南亚地区		
文莱	...	...
柬埔寨	176.2	129.4
印度尼西亚	229.2	314.7
老挝	31.1	74.8
马来西亚	9.7	3.4
缅甸	2.1	78.9
菲律宾	384.8	99.8
新加坡	...	...
泰国	32.0	22.5
越南	121.0	278.3
太平洋地区		
库克群岛	0.0	0.3
斐济	1.2	7.3
基里巴斯	8.1	3.3
马绍尔群岛	3.3	0.7
密克罗尼西亚联邦	9.8	0.9
瑙鲁	0.2 (2003)	0.9
帕劳	0.2	0.6
巴布亚新几内亚	65.8	33.2
萨摩亚	3.0	2.3
所罗门群岛	3.9	7.2
东帝汶	9.9	32.2
汤加	0.3	1.1
图瓦卢	7.4 (2001)	0.9
瓦努阿图	4.3	4.6
发达经济体		
澳大利亚	...	...
日本	...	...
新西兰	...	...

... = 至截止日期未获得相关数据；0.0 = 数值不到所用计量单位的一半。

[a] 数据表示流入承诺（以 2014 年百万美元为常数），但瑙鲁除外，后者的数据指总支出（以 2014 年百万美元为常数）。

[b] 数据指总支出（以 2014 年百万美元为常数）。

资料来源：United Nations. Sustainable Development Goals Indicators Global Database. http：// unstats. un. org/sdgs/indicators/database/（访问时间 2016 年 7 月 21 日）.

表 2.4 可持续发展目标 3 选定指标——母婴健康

到 2030 年，全球孕产妇每 10 万例活产的死亡率降至 70 人以下。

到 2030 年，消除新生儿和 5 岁以下儿童可预防的死亡，各国争取将新生儿每 1 000 例活产的死亡率至少降至 12 例，5 岁以下儿童每 1 000 例活产的死亡率至少降至 25 例。

本地区成员经济体	3.1.1孕产妇死亡率（每10万例活产）[a]		3.1.2专业医护人员接生的比例（%）		3.2.1五岁以下儿童死亡率（每1000例活产）[a]		3.2.2新生儿死亡率（每1000例活产）[a]	
	2000	2015	2000	2014	2000	2015	2000	2015
发展中经济体								
中亚和西亚地区	**365**	**174**			**106**	**71**	**52**	**37**
阿富汗	1,100	396	14.3 (2003)	45.2	137	91	45	36
亚美尼亚	40	25	96.8	99.5 (2010)	30	14	16	7
阿塞拜疆	48	25	84.1	97.2 (2011)	74	32	33	18
格鲁吉亚	37	36	95.7	99.9	36	12	21	7
哈萨克斯坦	65	12	98.3	99.9 (2011)	44	14	20	7
吉尔吉斯共和国	74	76	98.6	98.4	49	21	22	12
巴基斯坦	306	178	23.0 (2002)	52.1 (2013)	112	81	60	46
塔吉克斯坦	68	32	71.1	87.4 (2012)	93	45	30	21
土库曼斯坦	59	42	97.2	99.5 (2006)	82	51	31	23
乌兹别克斯坦	34	36	95.6	99.9 (2006)	63	39	29	20
东亚地区	**57**	**27**			**36**	**11**	**21**	**5**
中国	58	27	96.6	99.9	37	11	21	6
中国香港	3 (2014)	2	100.0 (2005)	…	…	…	…	…
韩国	16	11	100.0 (2003)	…	6	3	2	2
蒙古国	161	44	96.6	98.9	63	22	26	11
中国台北	8	7 (2014)	…	…	…	…	…	…
南亚地区	**377**	**174**			**90**	**46**	**44**	**27**
孟加拉国	399	176	13.9	42.1	88	38	43	23
不丹	423	148	23.7	74.6 (2012)	80	33	33	18
印度	374	174	42.5	52.3 (2008)	91	48	45	28
马尔代夫	163	68	70.3 (2001)	95.5 (2012)	44	9	26	5
尼泊尔	548	258	11.9	55.6	81	36	39	22
斯里兰卡	57	30	96.0	98.6 (2007)	16	10	10	5
东南亚地区	**199**	**110**			**49**	**27**	**21**	**13**
文莱	31	23	99.9 (2009)	99.7 (2013)	9	10	5	4
柬埔寨	484	161	31.8	89.0	108	29	36	15
印度尼西亚	265	126	66.3 (2003)	87.4 (2013)	52	27	22	14
老挝	546	197	19.4	41.5 (2012)	118	67	43	30
马来西亚	58	40	96.6	99.0	10	7	5	4
缅甸	308	178	57.0 (2001)	70.6 (2010)	82	50	37	26
菲律宾	124	114	59.8 (2003)	72.8 (2013)	40	28	17	13
新加坡	18	10	99.7 (2004)	…	4	3	2	1
泰国	25	20	99.3	99.6 (2012)	23	12	13	7
越南	81	54	69.6	93.8	34	22	16	11
太平洋地区	**346**	**191**			**73**	**51**	**28**	**22**
库克群岛	…	…	98.0 (2001)	100.0 (2009)	17	9	9	4
斐济	42	30	99.0	99.6 (2013)	25	22	14	10
基里巴斯	166	90	63.0 (2005)	79.8 (2009)	71	56	29	24
马绍尔群岛	…	…	86.2 (2007)	90.1 (2011)	41	36	19	17
密克罗尼西亚联邦	153	100	87.7 (2001)	100.0 (2009)	54	35	26	19
瑙鲁	…	…	97.4 (2007)	…	41	35	25	23
帕劳	…	…	100.0 (2002)	100.0	27	16	15	9
巴布亚新几内亚	342	215	41.0	53.0 (2006)	79	57	30	25
萨摩亚	93	51	80.8 (2009)	82.5	22	18	12	10
所罗门群岛	214	114	85.5 (2007)	…	33	28	14	12
东帝汶	694	215	23.7 (2002)	29.3 (2010)	110	53	37	22
汤加	97	124	95.3	97.9 (2012)	18	17	8	7
图瓦卢	…	…	100.0 (2002)	97.9 (2007)	43	27	25	18
瓦努阿图	144	78	74.0 (2013)	89.4 (2013)	29	28	16	12
发达经济体	**10**	**5**			**5**	**3**	**2**	**1**
澳大利亚	9	6	100.0 (2003)	…	6	4	4	2
日本	10	5	99.8 (2004)	…	5	3	2	1
新西兰	12	11	96.6 (2001)	…	7	5	4	3
发展中经济体	**269**	**125**			**71**	**36**	**35**	**20**
成员经济体	**263**	**123**			**70**	**36**	**35**	**20**
全球	**341**	**216**			**76**	**43**	**31**	**19**

… = 至截止日期未获得相关数据。

a 地区总数为根据每年活产数推出的加权平均数。新生儿和五岁以下儿童的死亡人数来自联合国儿童基金会的全球数据库。总数是只为上报数据的经济体推出的。关于孕产妇死亡率，东亚地区的总数不包括中国台北。

资料来源：指标 3.1.1：World Health Organization. *Trends in Maternal Mortality*：1990 to 2015 *Estimates by WHO，UNICEF，UNFPA，World Bank Group and the United Nations Population Division*；中国香港：http：//www.chp.gov.hk/en/data/4/10/27/110.html（访问时间 2016 年 9 月 28 日）. 中国台北：http：//eng.dgbas.gov.tw/public/data/dgbas03/bs2/yearbook_eng/y066.pdf. 指标 3.1.2：United Nations. Sustainable Development Goals Indicators Global Database. http：//unstats.un.org/sdgs/indicators/database/（访问时间 2016 年 7 月 21 日）and World Development Indicators. http：//databank.worldbank.org/data/reports.aspx?source=world-development-indicators（访问时间 2016 年 4 月 26 日）；指标 3.1.1 和指标 3.1.2：United Nations International Children's Emergency Fund. Global Databases http：//www.data.unicef.org（访问时间 2016 年 9 月 1 日）.

表 2.5　可持续发展目标 3 选定指标——传染性疾病与非传染性疾病、少女生育率与人类死亡率

到 2030 年，消除艾滋病、结核病、疟疾和被忽视的热带疾病等流行病，抗击肝炎、水传播疾病和其他传染病。

到 2030 年，通过预防、治疗及促进身心健康，将非传染性疾病导致的过早死亡减少三分之一。

本地区成员经济体	3.3.1新增艾滋病毒感染例数（每1000名未受感染者中）		3.3.2肺结核患病率（每十万人中）		3.3.3疟疾的患病率（每一千人中）		3.4.1心血管疾病、癌症、糖尿病或慢性呼吸道疾病导致的死亡率（%）	
	2000	2015	2000	2014	2000	2013	2000	2012
发展中经济体								
中亚和西亚地区								
阿富汗	0.02	0.03	190	189	142.8	15.7	33.4	30.5
亚美尼亚	0.12	0.14	61	45	...	...	31.5	29.7
阿塞拜疆	0.05	0.12	681	77	17.9	-	32.0	23.3
格鲁吉亚	0.07	0.28	254	106	11.3	-	25.0	21.6
哈萨克斯坦	0.06	0.21	177	99	...	...	42.0	33.9
吉尔吉斯共和国	0.05	0.16	244	142	6.7	...	34.2	28.6
巴基斯坦	0.01	0.09	275	270	43.3	12.8	19.5	20.5
塔吉克斯坦	0.17	0.19	219	91	18.3	0.0	30.3	28.8
土库曼斯坦	...	...	208	64	...	...	39.3	40.8
乌兹别克斯坦	0.32	0.01	99	82	5.6	-	32.9	31.0
东亚地区								
中国	...	...	109	68	0.1	0.0	23.1	19.4
中国香港	...	...	110	74	...	...	...	...
韩国	...	...	80	86	2.8	0.2	16.9	9.3
蒙古国	-	0.02	253	170	...	...	39.6	32.0
中国台北	...	...	...	...	...	...	...	...
南亚地区								
孟加拉国	-	0.01	225	227	364.9	68.7	18.7	17.5
不丹	...	...	402	164	27.5	0.1	23.8	20.5
印度	...	...	216	167	40.4	23.7	28.7	26.3
马尔代夫	...	...	64	41	...	...	28.3	16.0
尼泊尔	0.32	0.05	163	158	10.8	1.2	26.0	21.6
斯里兰卡	0.01	0.03	66	65	107.0	-	23.4	17.6
东南亚地区								
文莱	...	...	80	62	...	...	18.4	16.8
柬埔寨	0.82	0.05	575	390	252.9	10.6	20.1	17.7
印度尼西亚	0.07	0.29	449	399	44.7	41.8	25.8	23.1
老挝	...	...	330	189	101.1	29.8	29.2	24.2
马来西亚	0.55	0.17	78	103	16.3	3.2	25.0	19.6
缅甸	0.84	0.24	411	369	60.4	45.0	23.6	24.4
菲律宾	0.01	0.06	368	288	3.4	0.4	23.1	27.9
新加坡	...	...	52	49	...	...	16.5	10.5
泰国	0.52	0.11	241	171	12.0	6.5	19.5	16.2
越南	0.34	0.16	197	140	9.3	0.9	17.2	17.4
太平洋地区								
库克群岛	...	...	7	12	...	...	...	...
斐济	...	...	53	67	...	...	33.4	30.8
基里巴斯	...	...	372	497	...	...	...	...
马绍尔群岛	...	...	81	335	...	...	...	...
密克罗尼西亚联邦	...	...	279	195	...	...	...	...
瑙鲁	...	...	46	73	...	...	...	...
帕劳	...	...	135	42	...	...	...	...
巴布亚新几内亚	0.87	0.36	418	417	270.3	185.1	28.4	26.4
萨摩亚	...	...	23	19	...	...	...	...
所罗门群岛	...	...	185	86	476.3	75.4	26.0	24.1
东帝汶	...	...	498 (2002)	498	336.7	89.7	29.9	23.8
汤加	...	...	31	14	...	...	...	...
图瓦卢	...	...	357	190	...	...	...	...
瓦努阿图	...	...	110	63	127.4	31.3	...	...
发达经济体								
澳大利亚	0.05	0.05	6	6	...	...	13.0	9.4
日本	...	...	35	18	...	...	11.5	9.4
新西兰	...	...	11	7	...	...	15.9	10.7

（转下页）

表 2.5（续）

本地区成员经济体	3.6.1道路交通事故死亡率（每10万人中）		3.7.2少女生育率（10—14岁和15—19岁），各年龄段每1000名女性中		3.9.1家庭或外部空气污染导致的死亡率（每十万人中）		3.9.2不安全水源、卫生环境和卫生问题导致的死亡率（每十万人中）
	2000	2013	2000	2013	2000	2012	2012
发展中经济体							
中亚和西亚地区							
阿富汗	15.7	15.5	146.0 (2003)	51.9 (2011)	...	113.0	34.6
亚美尼亚	20.6	18.3	32.8	22.7	...	125.0	1.1
阿塞拜疆	7.9	10.0	28.7	47.2	...	68.0	2.1
格鲁吉亚	10.5	11.8	39.9	41.5	...	292.0	0.2
哈萨克斯坦	14.1	24.2	31.1	36.4	...	93.0	1.2
吉尔吉斯共和国	12.0	22.0	33.6	42.1	6.7	- (2013)	1.8
巴基斯坦	14.8	14.2	55.0 (2004)	44.0 (2011)	43.3	12.8 (2013)	20.7
塔吉克斯坦	19.7	18.8	37.3	54.0 (2011)	18.3	0.0 (2013)	7.5
土库曼斯坦	18.0	17.4	26.1	21.0 (2006)	...	73.0	5.8
乌兹别克斯坦	9.7	11.2	20.9	29.5 (2010)	5.6	- (2013)	2.4
东亚地区							
中国	18.0	18.8	6.0	6.2 (2011)	...	163.0	0.4
中国香港	...	...	4.3	2.7	...	...	...
韩国	26.4	12.0	2.6	1.7	2.8	0.2 (2013)	0.2
蒙古国	18.7	21.0	27.6	26.7 (2014)	...	132.0	3.1
中国台北	...	...	...	...	...	...	...
南亚地区							
孟加拉国	14.3	13.6	134.0	113.0	...	68.0	6.0
不丹	16.5	15.1	61.7	28.4 (2012)	...	60.0	7.1
印度	16.3	16.6	51.0	28.1	...	130.0	27.4
马尔代夫	2.9	3.5	28.9	13.7 (2012)	...	21.0	0.6
尼泊尔	16.9	17.0	106.0 (2003)	71.0	10.8	1.2 (2013)	12.9
斯里兰卡	18.3	17.4	30.8	20.3 (2008)	107.0	- (2013)	3.4
东南亚地区							
文莱	16.3	8.1	31.8	16.6 (2008)	...	0.2	-
柬埔寨	17.8	17.4	52.0 (2003)	57.0	...	71.0	5.6
印度尼西亚	15.2	15.3	54.0	48.0 (2010)	...	84.0	3.7
老挝	14.0	14.3	96.0	94.0 (2010)	101.1	29.8 (2013)	13.9
马来西亚	26.6	24.0	12.0	12.7 (2012)	16.3	3.2 (2013)	0.4
缅甸	21.8	20.3	22.7	22.0	60.4	45.0 (2013)	10.5
菲律宾	9.9	10.5	55.0 (2001)	57.0 (2012)	3.4	0.4 (2013)	5.1
新加坡	6.7	3.6	7.7	2.7	...	21.0	0.1
泰国	37.7	36.2	33.1	60.0 (2012)	12.0	6.5 (2013)	1.9
越南	23.6	24.5	25.0	36.0	9.3	0.9 (2013)	2.0
太平洋地区							
库克群岛	5.6	24.2	47.0 (2001)	56.0 (2011)	...	10.0	...
斐济	9.6	5.8	34.8 (2002)	27.5 (2008)	...	77.0	3.0
基里巴斯	8.5	2.9	70.8	49.0 (2010)	...	48.0	15.9
马绍尔群岛	17.3	5.7	71.9 (2002)	85.0 (2011)	...	26.0	7.6
密克罗尼西亚联邦	16.8	1.9	58.5	32.6 (2010)	...	41.0	9.7
瑙鲁	19.9	19.9	113.8	105.3 (2011)	...	2.9	...
帕劳	15.6	4.8	25.9	27.0 (2010)	...	0.9	4.8
巴布亚新几内亚	17.3	16.8	70.0	65.0 (2004)	270.3	185.1 (2013)	12.4
萨摩亚	16.6	15.8	33.6 (2001)	39.2 (2011)	...	32.0	3.7
所罗门群岛	18.7	19.2	82.0	62.0 (2008)	476.3	75.4 (2013)	10.4
东帝汶	17.1	16.6	78.3 (2001)	51.0 (2008)	336.7	89.7 (2013)	10.3
汤加	15.3	7.6	18.7	30.0 (2011)	...	30.0	4.8
图瓦卢	21.2	20.3	48.9	42.0 (2007)	...	18.0	...
瓦努阿图	15.7	16.6	66.0 (2009)	78.0 (2011)	127.4	31.3 (2013)	7.3
发达经济体							
澳大利亚	9.5	5.4	17.8	14.2	...	0.4	0.0
日本	12.3	4.7	5.4	4.4	...	24.0	0.1
新西兰	12.1	6.0	27.9	19.1 (2014)	...	0.5	0.6

... = 至截止日期未获得相关数据；- = 数值等于零；0.0 = 数值不到所用计量单位的一半。

资料来源：United Nations. Sustainable Development Goals Indicators Global Database. http://unstats.un.org/sdgs/indicators/database/（访问时间2016年7月）；World Health Organization. Global Health Observatory (GHO) data. http://www.who.int/gho（访问时间2016年9月）.

表 2.6　可持续发展目标 4 选定指标——儿童早期教育

到 2030 年，确保所有男童女童获得优质幼儿发展、看护和学前教育，为他们接受初级教育做好准备。

本地区成员经济体	4.2.2 有组织学习的参与率（小学正式入学年龄前 1 年）a （%）					
	2000			2014		
	总计	女性	男性	总计	女性	男性
发展中经济体						
中亚和西亚地区						
阿富汗	...	...	...	...	...	...
亚美尼亚	...	...	...	...	...	...
阿塞拜疆	15.7	16.0	15.4	20.5	21.0	20.2
格鲁吉亚	50.0 (2004)	53.3 (2004)	47.0 (2004)	53.1 (2007)	57.1 (2007)	49.7 (2007)
哈萨克斯坦	75.7 (2001)	76.5 (2001)	74.8 (2001)	94.6 (2015)	100.0 (2015)	89.6 (2015)
吉尔吉斯共和国	42.1	42.9	41.3	67.4	68.6	66.2
巴基斯坦	57.6 (2004)	56.1 (2004)	59.0 (2004)	94.5	88.5	100.0
塔吉克斯坦	12.1	7.9	8.7	11.8 (2015)	11.1 (2015)	12.5 (2015)
土库曼斯坦	...	...	...	...	...	...
乌兹别克斯坦	36.6 (2008)	37.1 (2008)	36.1 (2008)	33.4 (2011)	33.8 (2011)	33.0 (2011)
东亚地区						
中国	...	...	...	...	...	...
中国香港	92.6 (2002)	93.5 (2002)	91.7 (2002)	99.2 (2011)	98.3 (2011)	100.0 (2011)
韩国	...	...	...	98.8 (2013)	98.8 (2013)	98.8 (2013)
蒙古国	50.4 (2000)	51.9 (2000)	49.0 (2000)	71.0 (2012)	71.2 (2012)	70.8 (2012)
中国台北	...	...	...	...	...	...
南亚地区						
孟加拉国	30.1 (2009)	30.6 (2009)	29.6 (2009)	59.9 (2011)	59.6 (2011)	60.3 (2011)
不丹	4.6 (2000)	4.5 (2000)	4.7 (2000)	...	...	...
印度	...	...	...	...	...	...
马尔代夫	69.5	70.0	69.1	80.2 (2007)	80.4 (2007)	80.0 (2007)
尼泊尔	77.9 (2011)	82.2 (2011)	73.9 (2011)	80.7 (2015)	80.6 (2015)	80.9 (2015)
斯里兰卡	...	...	...	...	...	...
东南亚地区						
文莱	99.5 (2005)	99.1 (2005)	100.0 (2005)	99.6	100.0	99.3
柬埔寨	12.9	13.1	12.7	32.7	31.6	33.6
印度尼西亚	79.2 (2005)	78.5 (2005)	80.0 (2005)	99.3	98.7	100.0
老挝	9.5	9.8	9.1	50.4	51.1	49.8
马来西亚	77.2	...	...	95.9	...	...
缅甸	5.0 (2006)	5.0 (2006)	5.1 (2006)	22.9	23.4	22.5
菲律宾	24.0 (2001)	23.8 (2001)	24.1 (2001)	42.2 (2009)	43.0 (2009)	41.4 (2009)
新加坡	...	...	...	...	...	...
泰国	99.1 (2006)	100.0 (2006)	98.2 (2006)	99.7 (2011)	99.4 (2011)	100.0 (2011)
越南	69.2	...	...	94.7 (2013)	...	...
太平洋地区						
库克群岛	98.4 (2013)	100.0 (2013)	96.8 (2013)	94.1	100.0	88.4
斐济	48.6 (2004)	50.2 (2004)	47.1 (2004)	49.7 (2006)	50.6 (2006)	48.8 (2006)
基里巴斯	...	...	...	...	...	...
马绍尔群岛	62.1 (2002)	62.4 (2002)	61.9 (2002)	...	...	...
密克罗尼西亚联邦	...	...	...	...	...	...
瑙鲁	89.4 (2007)	78.5 (2007)	100.0 (2007)	71.2	82.3	61.6
帕劳	...	...	...	90.8	81.1	100.0
巴布亚新几内亚	...	...	...	...	...	...
萨摩亚	39.0	43.5	34.9	29.5	32.2	27.1
所罗门群岛	...	...	...	...	...	...
东帝汶	58.5 (2013)	61.9 (2013)	55.3 (2013)	63.5	67.8	59.4
汤加	...	...	...	...	...	...
图瓦卢	...	...	...	...	...	...
瓦努阿图	...	...	...	...	...	...
发达经济体						
澳大利亚	52.5 (2001)	53.2 (2001)	51.9 (2001)	80.3 (2013)	80.4 (2013)	80.3 (2013)
日本	97.3	...	...	95.7 (2013)	...	...
新西兰	89.6	89.1	90.1	92.9	93.6	92.1

... = 至截止日期未获得相关数据；0.0 = 数值不到所用计量单位的一半。

a 包括参与早期儿童教育和学前教育。

资料来源：United Nations Educational, Scientific, and Cultural Organization Institute for Statistics. Data Centre. http：//www.uis.unesco.org/datacentre/Pages/default.aspx（访问时间 2016 年 8 月）.

表 2.7　可持续发展目标 4 选定指标——师资培训与配备

到 2030 年，大幅增加合格教师的配备，具体做法包括在发展中国家，特别是最不发达国家和发展中小岛国家开展师资培训方面的国际合作。

本地区成员经济体	4.c.1.a学前教育中至少接受过最低组织性师资培训的教师比例（占教师总数的百分比）		4.c.1.b初等教育中至少接受过最低组织性师资培训的教师比例（占教师总数的百分比）	
	2000	2015	2000	2015
发展中经济体				
中亚和西亚地区				
阿富汗	...	...	...	...
亚美尼亚	97.1 (2002)	79.7 (2012)	66.7 (2004)	77.5 (2005)
阿塞拜疆	79.2	85.2 (2014)	99.9	99.6 (2014)
格鲁吉亚	99.1	96.6 (2003)	94.7	94.6 (2009)
哈萨克斯坦	...	100.0 (2014)	100.0 (2014)	100.0
吉尔吉斯共和国	32.1	46.2 (2011)	46.3	72.0 (2012)
巴基斯坦	...	...	78.0 (2004)	84.0 (2014)
塔吉克斯坦	91.3 (2001)	100.0	81.6 (2001)	100.0
土库曼斯坦	...	...	...	...
乌兹别克斯坦	100.0 (2006)	100.0 (2011)	100.0 (2006)	100.0 (2011)
东亚地区				
中国	...	...	...	...
中国香港	...	...	87.5	96.4 (2014)
韩国	...	...	...	...
蒙古国	100.0	93.6 (2012)	100.0	100.0 (2014)
中国台北	...	...	...	...
南亚地区				
孟加拉国	...	...	53.4 (2005)	57.7 (2011)
不丹	93.8	...	94.8	91.5 (2008)
印度	...	...	...	...
马尔代夫	47.2	73.2 (2014)	66.5	86.1 (2014)
尼泊尔	72.7 (2008)	87.5	15.4 (2001)	94.4
斯里兰卡	...	...	82.1 (2010)	80.2 (2013)
东南亚地区				
文莱	64.4 (2005)	64.38 (2014)	84.5 (2005)	87.4 (2014)
柬埔寨	98.1 (2001)	100.0 (2014)	95.9 (2001)	100.0 (2014)
印度尼西亚	...	...	...	...
老挝	83.1	90.6 (2014)	76.7	98.3 (2014)
马来西亚	98.6 (2011)	100.0 (2014)	97.9	98.6 (2014)
缅甸	50.3 (2006)	48.4 (2014)	62.7	99.5 (2014)
菲律宾	...	...	...	100.0 (2013)
新加坡	...	...	96.1 (2007)	94.3 (2009)
泰国	...	...	...	100.0 (2014)
越南	50.5	97.8 (2014)	80.0	100.0 (2014)
太平洋地区				
库克群岛	60.9 (2005)	69.7 (2014)	79.2 (2007)	89.2 (2014)
斐济	...	...	97.8 (2008)	100.0 (2012)
基里巴斯	...	...	93.9 (2005)	85.4 (2008)
马绍尔群岛	100.0 (2002)	...	...	...
密克罗尼西亚联邦	...	...	...	...
瑙鲁	77.5 (2006)	82.1 (2007)	...	74.2 (2007)
帕劳	...	...	...	...
巴布亚新几内亚	...	...	...	...
萨摩亚	...	100.0 (2014)	...	...
所罗门群岛	61.3 (2011)	59.5 (2014)	58.0 (2010)	64.6 (2014)
东帝汶	...	...	...	...
汤加	...	100.0 (2012)	99.6 (2013)	97.1 (2014)
图瓦卢	...	74.6 (2014)	...	...
瓦努阿图	...	100.0 (2007)	100.0 (2007)	60.5 (2013)
发达经济体				
澳大利亚	...	...	...	...
日本	...	...	...	...
新西兰	...	...	...	...

（转下页）

表 2.7（续）

本地区成员经济体	4.c.1.c 初中教育中至少接受过最低组织性师资培训的教师比例（占教师总数的百分比）		4.c.1.d 高中教育中至少接受过最低组织性师资培训的教师比例（占教师总数的百分比）	
	2000	2015	2000	2015
发展中经济体				
中亚和西亚地区				
阿富汗	...	...	...	...
亚美尼亚	...	...	...	...
阿塞拜疆	...	...	...	...
格鲁吉亚	76.8	94.6 (2009)	93.0	94.8 (2009)
哈萨克斯坦	...	...	...	...
吉尔吉斯共和国	...	...	71.8 (2003)	84.6 (2010)
巴基斯坦	...	...	...	...
塔吉克斯坦	94.0	...	93.6 (2002)	92.1 (2004)
土库曼斯坦	...	...	...	...
乌兹别克斯坦	...	...	100.0 (2006)	100.0 (2011)
东亚地区				
中国	...	...	...	...
中国香港	...	...	...	...
韩国	...	...	...	...
蒙古国	100.0	100.0 (2007)	100.0	100.0 (2006)
中国台北	...	...	...	...
南亚地区				
孟加拉国	36.8	59.6 (2013)	22.4	56.2 (2013)
不丹	93.5 (2005)	90.2 (2008)	...	72.2 (2008)
印度	...	...	...	...
马尔代夫	76.3	92.8 (2014)	54.3 (2002)	...
尼泊尔	32.6	80.6	28.5 (2002)	83.0
斯里兰卡	...	72.1 (2013)	...	82.1 (2011)
东南亚地区				
文莱	...	94.0 (2014)	85.2 (2005)	87.8 (2013)
柬埔寨	99.7 (2001)	100.0 (2014)	99.1 (2001)	99.8 (2007)
印度尼西亚	...	...	...	...
老挝	98.5	99.5 (2014)	95.6	99.9 (2014)
马来西亚	...	...	...	...
缅甸	62.1	93.2 (2014)	97.1	95.2 (2014)
菲律宾	...	...	...	100.0 (2013)
新加坡	94.4 (2007)	91.6 (2009)	95.0 (2007)	91.7 (2009)
泰国	...	...	...	...
越南	86.3	100.0 (2014)	...	...
太平洋地区				
库克群岛	...	...	96.7 (2005)	90.6 (2013)
斐济	...	100.0 (2012)	94.8 (2008)	100.0 (2012)
基里巴斯	83.6 (2005)	86.7 (2014)	43.1 (2005)	33.6 (2008)
马绍尔群岛	...	...	...	...
密克罗尼西亚联邦	...	...	...	...
瑙鲁	...	...	...	36.4 (2007)
帕劳	...	...	...	...
巴布亚新几内亚	...	...	...	100.0 (2012)
萨摩亚	...	...	71.9 (2009)	100.0 (2014)
所罗门群岛	...	70.8 (2010)	70.8 (2010)	84.6 (2013)
东帝汶	...	...	...	...
汤加	...	...	...	65.1 (2013)
图瓦卢	...	...	...	100.0 (2013)
瓦努阿图	...	66.7 (2013)	...	...
发达经济体				
澳大利亚	...	...	...	...
日本	...	...	...	...
新西兰	...	...	...	...

... = 至截止日期未获得相关数据。

资料来源：United Nations. Sustainable Development Goals Indicators Global Database. http://unstats.un.org/sdgs/indicators/database/（访问时间 2016 年 7 月）；United Nations. Economic and Social Commission for Asia and the Pacific（ESCAP）Online Statistical Database http://www.unescap.org/statdb/DataExplorer.aspx（访问时间 2016 年 4 月）；World Bank. World Development Indicators. http://databank.worldbank.org/data/reports.aspx? source=world-development-indicators（访问时间 2016 年 4 月）.

表 2.8　可持续发展目标 5 选定指标——早婚与女性领导

消除童婚、早婚、逼婚及割礼等一切有害行为。

确保妇女全面有效参与各级政治、经济和公共生活的决策，并享有进入以上各级决策领导层的平等机会。

本地区成员经济体	5.3.1 20—24岁女性结婚或同居的比例（％）				5.5.1 女性在国家议会所占席位的比例（％）	
	15岁以前		18岁以前			
	起始年	最近一年	起始年	最近一年	2000	2015
发展中经济体						
中亚和西亚地区						
阿富汗	...	...	...	32.8 (2013)	27.3 (2005)	27.7
亚美尼亚	...	- (2010)	...	7.2 (2010)	3.1	10.7
阿塞拜疆	...	1.9 (2011)	...	11.0 (2011)	10.5 (2001)	16.9
格鲁吉亚	...	1.1 (2010)	...	14.0 (2010)	7.2	11.3
哈萨克斯坦	...	0.3 (2011)	...	6.1 (2011)	10.4	26.2
吉尔吉斯共和国	...	0.9 (2014)	...	11.6 (2014)	2.3	19.2
巴基斯坦	...	2.8 (2013)	...	21.0 (2013)	21.1 (2002)	20.6
塔吉克斯坦	...	0.1 (2012)	...	11.6 (2012)	15.0	19.0
土库曼斯坦	0.6 (2006)	...	7.3 (2006)	...	26.0	25.8
乌兹别克斯坦	0.3 (2006)	...	7.2 (2006)	...	7.2	16.0
东亚地区						
中国	...	...	...	...	21.8	23.6
中国香港	...	...	...	...	...	...
韩国	...	...	...	...	5.9	16.3
蒙古国	...	0.1 (2010)	...	4.7 (2010)	10.5	14.5
中国台北	...	...	...	...	...	...
南亚地区						
孟加拉国	...	18.1 (2013)	...	52.3 (2013)	9.1	20.0
不丹	...	6.2 (2010)	...	25.8 (2010)	9.3	8.5
印度	18.2 (2006)	...	47.4 (2006)	...	9.0	12.0
马尔代夫	...	0.3 (2009)	...	3.9 (2009)	6.0	5.9
尼泊尔	...	10.4 (2014)	...	36.6 (2014)	5.9	29.5
斯里兰卡	1.7 (2007)	...	11.8 (2007)	...	4.4 (2002)	4.9
东南亚地区						
文莱	...	...	...	...	...	...
柬埔寨	...	1.9 (2014)	...	18.5 (2014)	7.4	20.3
印度尼西亚	...	...	...	13.6 (2013)	8.0	17.1
老挝	...	8.9 (2012)	...	35.4 (2012)	21.2	25.0
马来西亚	...	...	...	...	10.4	10.4
缅甸	...	...	...	...	4.3 (2010)	12.7
菲律宾	...	2.0 (2013)	...	15.0 (2013)	11.3	27.2
新加坡	...	...	...	...	4.3	23.9
泰国	...	3.8 (2012)	...	22.1 (2012)	4.8	6.1
越南	...	0.9 (2014)	...	10.6 (2014)	26.0	24.3
太平洋地区						
库克群岛	...	...	...	...	...	...
斐济	...	...	...	...	5.7 (2001)	16.0
基里巴斯	...	2.8 (2009)	...	20.3 (2009)	4.9	8.7
马绍尔群岛	5.6 (2007)	...	26.3 (2007)	...	3.0	9.1
密克罗尼西亚联邦	...	...	...	...	-	-
瑙鲁	1.9 (2007)	...	26.8 (2007)	...	- (2001)	5.3
帕劳	...	...	...	...	-	-
巴布亚新几内亚	2.1 (2006)	...	21.3 (2006)	...	1.8	2.7
萨摩亚	...	0.7 (2014)	...	10.8 (2014)	8.2	6.1
所罗门群岛	3.1 (2007)	...	22.4 (2007)	...	2.0	2.0
东帝汶	...	3.0 (2009)	...	18.9 (2009)	26.1 (2003)	38.5
汤加	...	0.3 (2012)	...	5.6 (2012)	-	-
图瓦卢	- (2007)	...	9.9 (2007)	...	-	6.7
瓦努阿图	...	2.5 (2013)	...	21.4 (2013)	-	-
发达经济体						
澳大利亚	...	...	...	...	23.0	26.7
日本	...	...	...	...	7.3	9.5
新西兰	...	...	...	...	30.8	31.4

...＝至截止日期未获得相关数据。

资料来源：United Nations. Sustainable Development Goals Indicators Global Database. http：//unstats. un. org/sdgs/indicators/database/（访问时间 2016 年 4 月）；Inter‐Parliamentary Union. Women in National Parliaments. http：//www. ipu. org/wmn‐e/classif‐arc. htm（访问时间 2016 年 9 月）。

2. 地球

阻止地球退化，包括以可持续的方式进行消费和生产，管理地球的自然资源，在气候变化问题上立即采取行动，使地球能够满足今世后代的需求。

> **简况**
>
> 在亚太地区，十分之九的人口享有改善的饮用水资源，三分之二的人口享有改善的卫生环境。
> 2000 年以来，大多数亚太经济体的淡水提取率有所上升。
> 在亚太地区有数据的 36 个经济体中，32 个经济体的空气污染超过了世界卫生组织建议的最高值。
> 2000 年至 2015 年期间，在 46 个上报数据的经济体中，17 个经济体的森林覆盖面积有所上升。

随着环境挑战不断加剧，如气候变化、日益频繁的自然灾害、全球食物与水源安全问题等等，可持续发展目标将环境的可持续性纳为脱贫和实现包容性发展的中心支柱之一。可持续发展目标 6、11、14 和 15 尤其以地球为中心，旨在保证生态完整性，支持人类的可持续发展。本部分讨论几个有数据的相关指标。

可持续发展目标 6：确保所有人享有水和环境卫生，实现水和环境卫生的可持续管理

水、卫生环境和互补性资源与环境有着显而易见的联系。特别是，水资源的不充分利用会给原本就有限的水资源造成压力。另外，较差的卫生环境会危及人类健康和福祉。可持续发展目标 6 希望能实现水和环境卫生的可持续管理。

享有安全饮用水服务的人口比例。最新数据显示，亚太地区 93.3% 的人口享有改善的饮用水资源。但是，在有些国家，如阿富汗、基里巴斯、蒙古国、巴布亚新几内亚，这个比例仅为三分之二甚至更低。不过，2000 年以来，大多数国家的比例都所有提升，尤其是阿富汗（82.8%）、柬埔寨（81.6%）、老挝（66.4%）、东帝汶（32.3%）、越南（26.1%）、瓦努阿图（24.7%）、塔吉克斯坦（23.9%）、缅甸（21.1%）以及斯里兰卡（20.0%）。图 3.1 展示了亚太经济体的有关情况。

享有安全环境卫生服务的人口比例。亚太地区只有不到三分之二（63.8%）的人口享有改善的环境卫生。例如，在东亚地区，享有安全环境卫生服务的人口比例为 77.2%；东南亚为 72.2%；中亚和西亚为 68.5%；南亚为 42.8%，太平洋群岛则为 31.7%。但是，在这些地区中，有些国家的比例甚至不到一半（图 3.2），其中包括巴布亚新几内亚（18.9%）、所罗门群岛（29.8%）、阿富汗（31.9%）、印度（39.6%）、基里巴斯（39.7%）、东帝汶（40.6%）、柬埔寨（42.4%）以及尼泊尔（45.8%）。

水资源紧张水平：淡水取用量占可用淡水资源的比例。图 3.3 利用获得的 2010 年及以后的数据对上报数据的亚太经济体淡水取用量占可用淡水资源比例的估算。其中亚美尼亚（37.9%）、阿塞拜疆（34.5%）以及印度（33.9）是本地区水资源紧张水平最高的国家。

表 3.1 则展示了早年的数据。从数据中能发现，地区之间和地区内部都存在明显的不均衡。例如，在发达成员体中，日本的比例为 18.9%，这比澳大利亚的 3.9% 和新西兰的 1.6% 要高得多。而在中亚和西亚地区，除格鲁吉亚以外，其他国家都超过了 18.0%。在东亚地区，韩国（41.9%）和中国（21.2%）的比例相对较高。在南亚地区，印度和斯里兰卡的比例分别为 33.9% 和 24.5%。另外，大多数东南亚国家的比例不超过 17.0%。

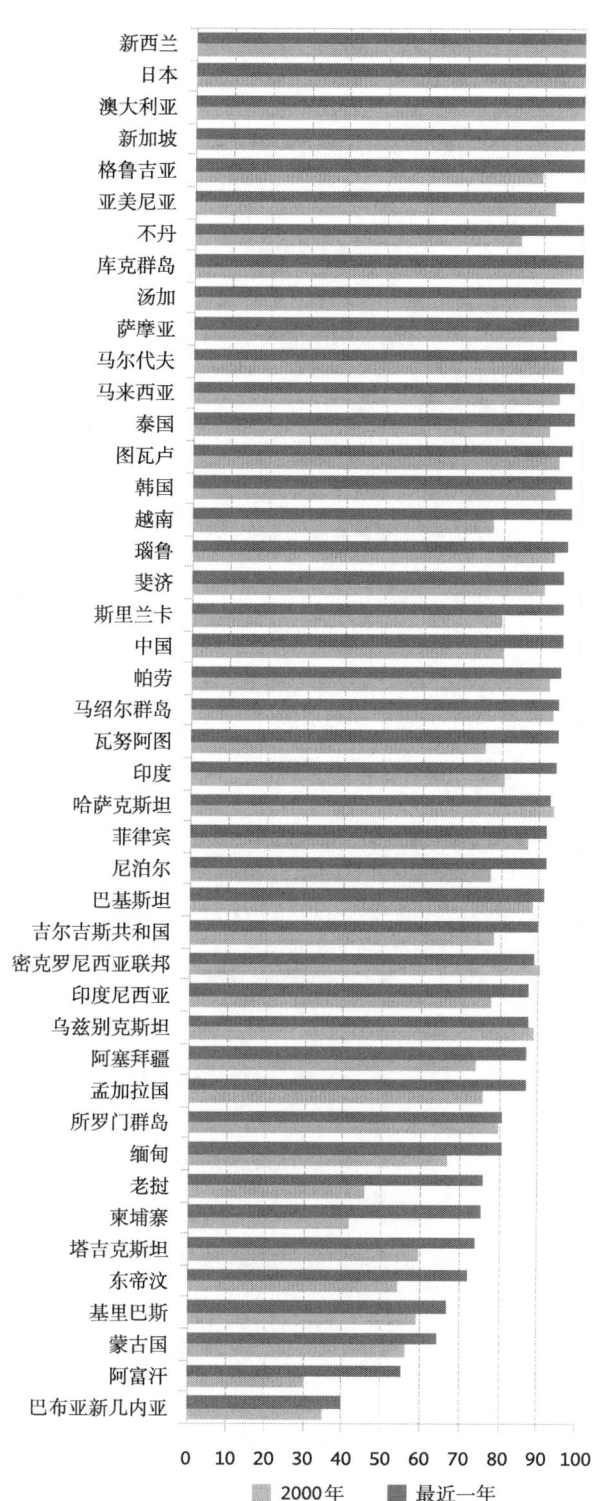

图 3.1 享有安全饮用水服务的人口比例（%）

注：图中只显示了有最近数据（2010 年及以后）的经济体的信息。

资料来源：表 3.1。

公平及其他问题

改善对清洁用水和卫生设施的获取和使用会

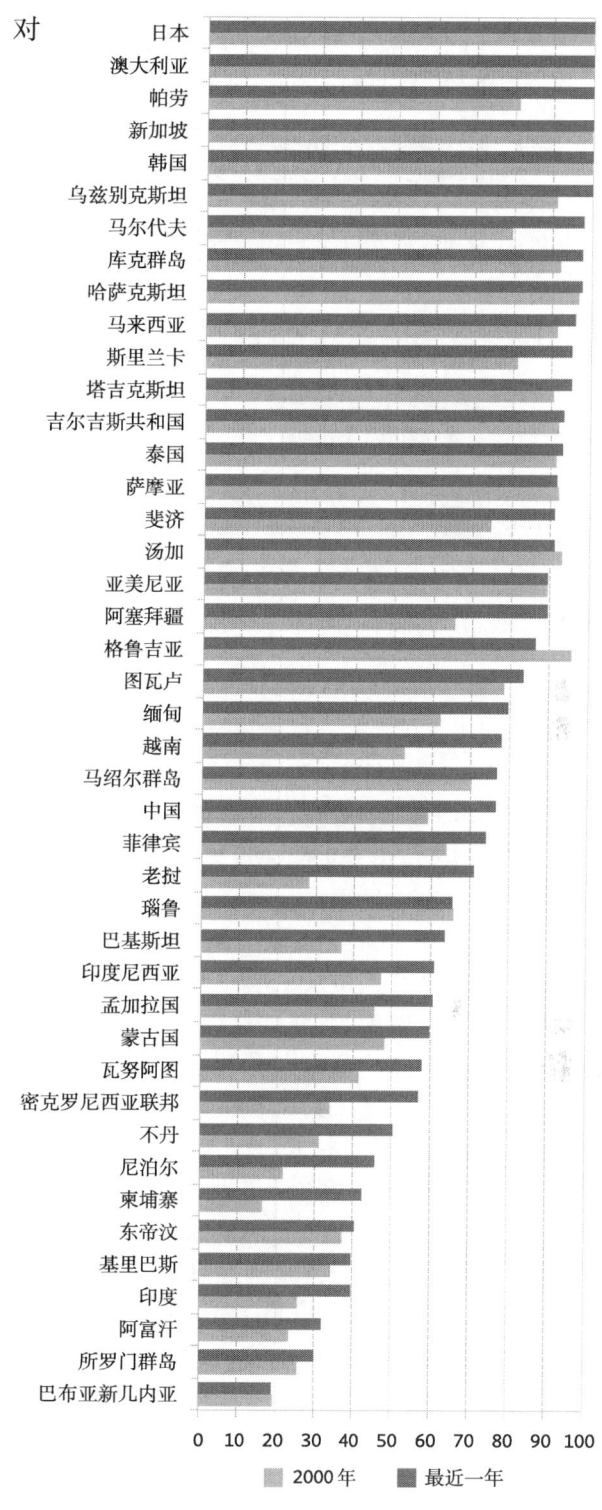

图 3.2 享有安全环境卫生服务的人口比例（%）

注：图中只显示了有最近数据（2010 年及以后）的经济体的信息。

资料来源：表 3.1。

许多社会经济指标（如贫困、健康和生产力）产生乘数效应。但是，相对其他人群，有些群体可能更难获取这些基础服务。例如，在基里巴斯、

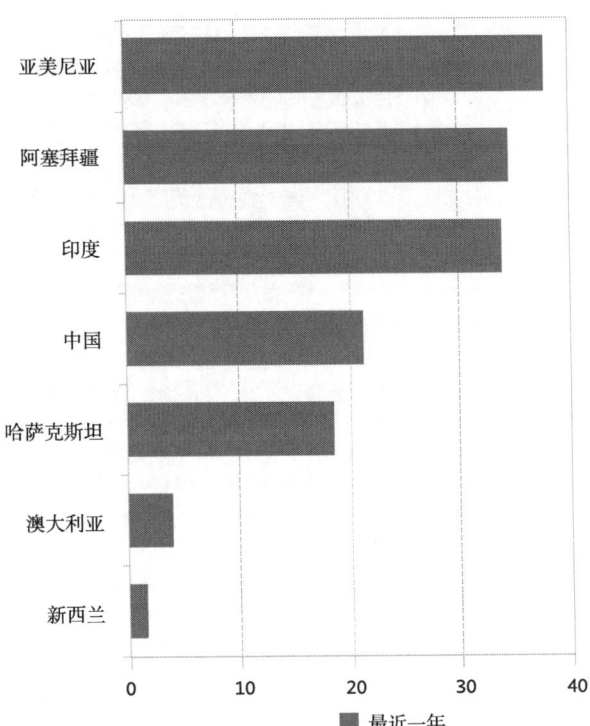

图 3.3 水资源紧张水平：所选经济体中淡水取用量占可用淡水资源的比例（%）

注：图中只显示了有最近数据（2010 年及以后）的经济体的信息。

资料来源：表 3.1。

巴布亚新几内亚和东帝汶，享用改善饮用水的人口比例在农村和城市相差非常大，而在不丹、柬埔寨和所罗门群岛，享用安全环境卫生服务的人口比例在农村和城市也有着相当大的差距（图3.4a 和 3.4b）。随着农村人口流入城市，城市地区的水和环境卫生设施更加紧张。无法获取干净水源和环境卫生设施的人更有可能患上疾病，如霍乱、伤寒和肝炎。这些健康问题还会花掉病患的积蓄。因此，需要立刻找到最划算和最适合环境可持续发展的做法，来提供安全的水和环境卫生服务。

数据缺口

水资源等自然资源的可持续性很大程度上依赖于基准信息，而后者是提取管理框架的基础。一个全面的水资源数据库需要定期更新，这样不仅能为水资源的可持续管理提供参考依据，还能同时为环境卫生的管理提供参考。

总的来说，可持续发展目标 6 下面的很多具体目标现在还没有数据采集系统，尤其是与水质量、

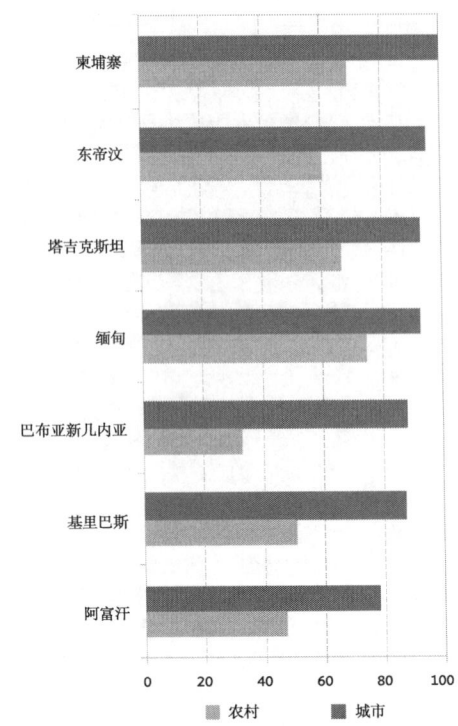

图 3.4a 2015 年所选经济体中享有改善饮用水资源的人口比例（按地区划分）

资料来源：United Nations Statistics Division. Sustainable Development Goal Indicators Global Database. http：//unstats. un. org/sdgs/indicators/database/（访问时间 2016 年 8 月）.

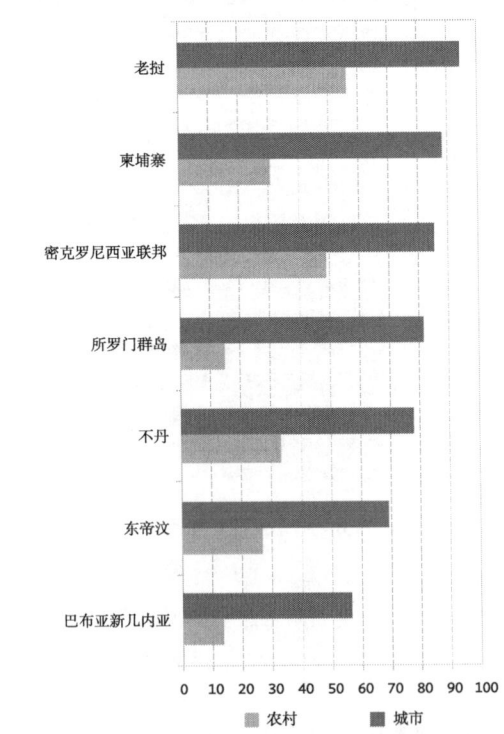

图 3.4b 2015 年所选经济体中享有安全卫生设施的人口比例（按地区划分）

资料来源：United Nations Statistics Division. Sustainable Development Goal Indicators Global Database. http：//unstats. un. org/sdgs/indicators/database/（访问时间 2016 年 8 月）.

使用效率、水资源管理以及水生态系统保护与修复相关的目标。为了加强当地社区在改善水与环境卫生管理中的参与度，未来可能会以社区为基础，建立起一套各指标上报系统，用于测量本目标所取得的具体成就。

可持续发展目标 11：建设包容、安全、有灾害抵御能力和可持续的城市和人类居住区

住房与环境是人类福祉的重要维度。研究显示，儿童的成长环境对其长期经济竞争力有着重要的影响。考虑到住房和环境投资对经济前景的重要作用，应该将其与经济政策的发展联系起来。

居住在贫民窟和非正规居民区或住房条件简陋的城市人口比例。在大多数上报数据的亚太经济体，至少有三分之一的城市人口住房条件简陋。最新数据显示，最高的比例出现于阿富汗（62.7%）、孟加拉国（55.1%）、柬埔寨（55.1%）以及尼泊尔（54.3%）（图3.5）。然而，也有数据显示，居住在城市贫民区的人口比例大幅下降。例如，在孟加拉国，2000年其生活在城市贫民区的人口比例为87.3%。柬埔寨、尼泊尔、蒙古国和越南也取得了巨大的进展。

PM2.5浓度的平均年度均值。长期生活于空气高度污染的环境是人类健康的主要威胁。从全球来看，数百万过早死亡与周围空气污染相关。世界卫生组织设定的安全标准空气污染指数最高为 $10\mu g/m^3$。但是，在36个有数据的亚太经济体中，32个经济体超过了这个标准。在这32个经济体中，21个经济体的空气污染指数至少是世界卫生组织标准的2.5倍。空气污染水平低于世界卫生组织所设最高数额的国家包括澳大利亚、文莱、密克罗尼西亚联邦以及新西兰（图3.6）。

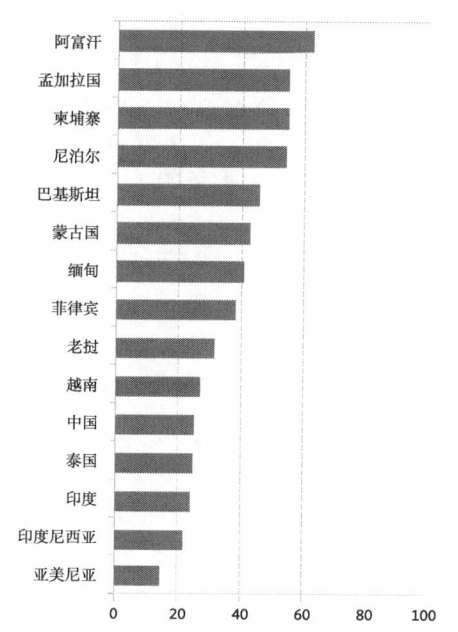

图3.5　2014年所选经济体中居住在贫民区的城市人口比例

资料来源：United Nations Statistics Division. Sustainable Development Goal Indicators Global Database. http://unstats.un.org/sdgs/indicators/database/（访问时间2016年8月）.

图3.6　城市地区PM2.5浓度的平均年度均值（$\mu g/m^3$）

资料来源：表3.2。

公平及其他问题

在接下来的几年中,虽然城市地区才是发展中经济体经济增长的所在地,但还是有很多问题亟待解决。例如,首都的城市人口愈加密集,会导致农村移民居住在贫民区,或者居住在条件跟贫民区差不多的其他地方。另外,次级城市也会面临着其他挑战,例如落后的基础设施不能满足市场需要(联合国开发计划署,2013 年)。如果快速的城市化进程完全不受抑制,那么居住在简易房的人口数量,以及面临火灾隐患、简陋卫生设施、污染和犯罪的人口数量可能会急剧上升。

数据缺口

污染指标并未定期更新。实际上,很多国家都没有定期采集数据。建设包容、安全、有灾害抵御能力和可持续的城市和人类居住区有赖于一个高效的、可确保减污项目和政策规定充分的监测系统。对于那些缺少数据的国家,可持续性可能降低标准,更糟糕的是,如果在后期才发现问题,很多损害就可能无法修复。

可持续发展目标 14:保护和可持续利用海洋和海洋资源以促进可持续发展

海洋占地球表面积的四分之三,海洋健康对于保证生态平衡具有重要意义。海洋的作用不容损害——不仅是在食物供应上,而且在更重要的气候调节方面,这样才能保证海洋在物理、化学以及生物过程中的平衡状态。此外,海洋和海洋资源的保护与可持续利用对于来自海洋的食物和天气系统的平衡也非常重要。

海洋区域中保护区范围。为保证海洋资源的可持续性,应合理划分海洋保护区,以保证其多样性,并持续将食物链与海洋连接起来。

表 3.2 展示了有数据经济体的海洋保护区情况。最高比例出现于菲律宾(47.1%)、新西兰(44.4%)和基里巴斯(36.4%)。2000 年至 2016 年期间,在所有有数据的亚太经济体中,只有印度尼西亚、菲律宾、澳大利亚和日本扩大了海洋保护区的范围。

可持续发展目标 15:保护、恢复和促进可持续利用陆地生态系统,可持续管理森林,防治荒漠化,制止和扭转土地退化,遏制生物多样性的丧失

农业和其他人类活动对于陆地生态系统有着深远的影响,导致生物多样性丧失、土地退化,甚至荒漠化。

森林面积占土地总面积的比例。森林是维护生物多样性、管理可持续水资源以及缓解极端天气危害性后果的关键基础。

最新数据显示,亚太地区约 22.2% 的陆地面积被森林覆盖。东亚和东南亚森林占土地总面积的比例分别为 30.9% 和 28.6%。另外,中亚和西亚的比例为 2.6%。

图 3.7 显示了各个国家和地区的森林覆盖情况。在亚太地区发达经济体中,森林占土地总面积的比例最高的是日本,为 68.5%,最低的是澳大利亚,为 16.2%。在东南亚,老挝的森林覆盖率最高,为 81.3%,新加坡最低,为 23.4%。在东亚,覆盖率最高的是韩国和中国台北。在南亚,除孟加拉国和马尔代夫以外,其他国家的覆盖率都超过了 23.0%。然而,在中亚和西亚地区,除格鲁吉亚以外,所有国家的森林覆盖率都不到 20.0%。

数据缺口、公平和其他问题

虽然森林覆盖的数据比较充足,但是本目标下面其他指标的数据却寥寥无几,例如推动各类森林的可持续化管理,阻止沙漠化,修复土地和土壤退化,减少自然生态环境的退化,推动遗传资源的利用及其利益的公平分享,非法狩猎,外来物种入侵以及生物多样性等指标。缺少数据或缺少陆地生态系统监测框架会危及生态系统的完整性。

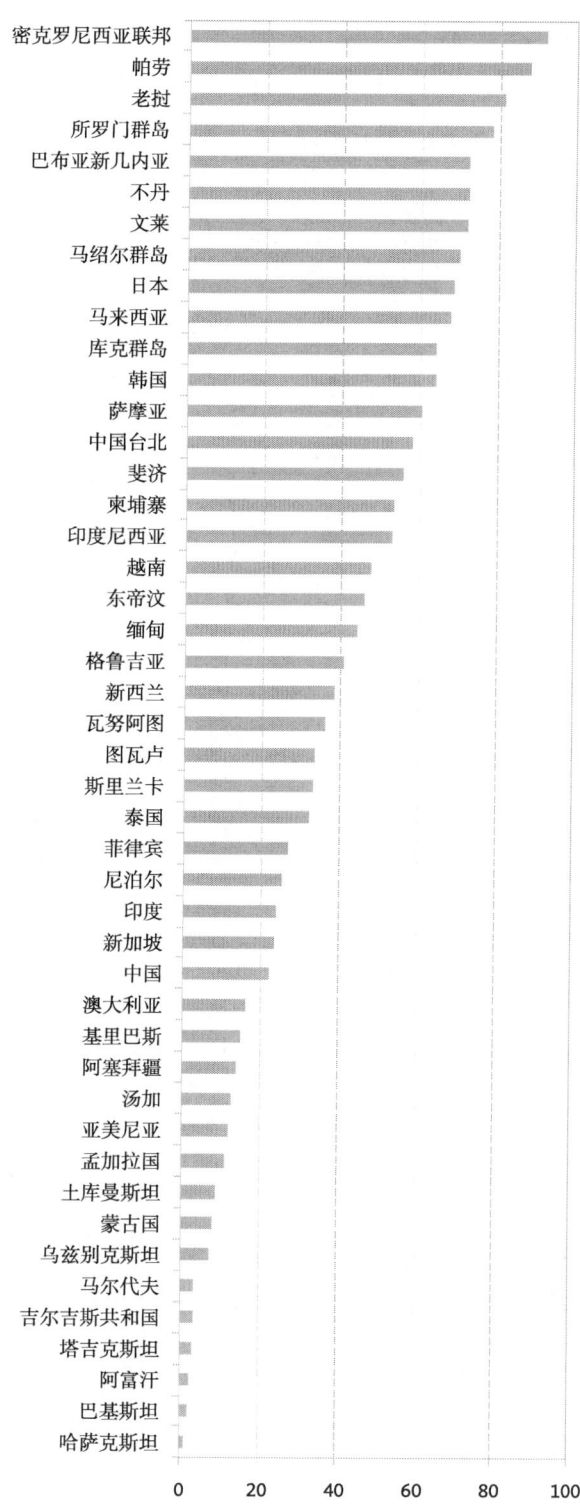

图 3.7　2015 年森林面积占土地总面积的比例（%）

资料来源：表 3.2。

表 3.1 可持续发展目标 6 选定指标——水与环境卫生

到 2030 年，人人普遍和公平获得安全和负担得起的饮用水。
到 2030 年，人人享有适当和公平的环境卫生和个人卫生，杜绝露天排便，特别注意满足妇女、女童和弱势群体在此方面的需求。
到 2030 年，所有行业大幅提高用水效率，确保可持续取用和供应淡水，以解决缺水问题，大幅减少缺水人数。

本地区成员经济体	6.1.1享有安全饮用水服务的人口比例（%）		6.2.1享有安全环境卫生服务（包括使用肥皂和水的洗手设备）（%）		6.4.2水资源紧张水平：淡水抽取量占可用淡水资源的比例（%）		6.a.1属政府协调支出计划一部分的与水和环境卫生有关的官方发展援助额（百万美元）	
	2000	2015	2000	2015	起始年	最近一年	2000	2014
发展中经济体								
中亚和西亚地区								
阿富汗	30.3	55.3	23.4	31.9	31.0 (2000)	...	4.9	66.9
亚美尼亚	92.6	100.0	89.3	89.5	22.3 (2002)	37.9 (2012)	11.8	41.9
阿塞拜疆	74.1	87.0	65.6	89.3	29.0 (2002)	34.5 (2012)	23.7	38.0
格鲁吉亚	89.3	100.0	95.7	86.3	2.9 (2005)	2.9 (2008)	0.8	61.5
哈萨克斯坦	93.8	92.9	96.8	97.5	17.2 (2002)	18.4 (2010)	8.1	0.0
吉尔吉斯共和国	78.4	90.0	91.8	93.3	42.7 (2000)	32.6 (2006)	0.5	24.3
巴基斯坦	88.5	91.4	36.9	63.5	69.9 (2000)	74.4 (2008)	4.5	50.9
塔吉克斯坦	59.6	73.8	90.4	95.0	53.2 (2000)	51.1 (2006)	4.3	30.3
土库曼斯坦	59.6	60.4 (2006)	62.3	62.7 (2006)	100.6 (2000)	112.5 (2004)	0.0	0.3 (2011)
乌兹别克斯坦	88.7	87.3 (2012)	90.9	100.0	110.0 (2001)	100.6 (2005)	2.4	95.6
东亚地区								
中国	80.3	95.5	58.8	76.5	19.5 (2005)	21.2 (2013)	584.5	164.9
中国香港	...	...	...	...			...	...
韩国	93.4	97.6 (2012)	100.0	100.0	41.8 (2002)	41.9 (2005)		
蒙古国	56.3	64.4	48.2	59.7	1.6 (2006)	1.6 (2009)	0.3	18.4
中国台北	...	...	...	...				
南亚地区								
孟加拉国	76.0	86.9	45.4	60.6	2.9 (2008)	...	87.5	181.0
不丹	83.9	100.0	31.0	50.4	0.4 (2008)	...	0.2	5.1
印度	80.6	94.1	25.6	39.6	31.9 (2000)	33.9 (2010)	182.8	398.9
马尔代夫	95.2	98.6	79.4	97.9	15.7 (2008)	...	0.6 (2001)	5.1
尼泊尔	77.1	91.6	21.7	45.8	4.5 (2000)	4.5 (2006)	67.4	73.2
斯里兰卡	79.7	95.6	81.2	95.1	24.6 (2000)	24.5 (2005)	34.2	126.8
东南亚地区								
文莱	...	...	...	...	0.5 (2006)	...		
柬埔寨	41.6	75.5	16.3	42.4			1.9	43.2
印度尼西亚	77.9	87.4	47.1	60.8	3.7 (1990)	5.6 (2000)	92.6	87.7
老挝	45.5	75.7	28.0	70.9	1.0 (2005)	...	42.1	31.0
马来西亚	94.1	98.2	91.2	96.0	1.6 (2000)	1.9 (2005)	394.6	68.3
缅甸	66.6	80.6	61.9	79.6	2.8 (2000)	...	1.6	14.6
菲律宾	87.1	91.8	63.8	73.9	16.5 (2006)	17.0 (2009)	22.1	15.4
新加坡	100.0	100.0	99.7	100.0				
泰国	91.9	97.8	91.3	93.0	13.1 (2007)	...	78.4	25.7
越南	77.4	97.6	52.9	78.0	9.3 (2005)	...	191.5	437.3
太平洋地区								
库克群岛	99.9	99.9	92.1	97.6			0.4	2.4
斐济	90.7	95.7	74.6	91.1	0.3 (2000)	0.3 (2005)	0.5	4.1
基里巴斯	58.9	66.9	34.2	39.7			0.7 (2001)	5.6
马绍尔群岛	93.1	94.6	70.1	76.9			0.0 (2003)	1.1
密克罗尼西亚联邦	90.1	89.0	33.6	57.1			0.0 (2003)	1.8
瑙鲁	93.0	96.5	65.7	65.6			0.0 (2005)	0.1
帕劳	92.2	95.3 (2011)	81.0	100.0			0.0 (2003)	0.6
巴布亚新几内亚	35.1	40.0	19.2	18.9	0.0 (2000)	0.0 (2005)	14.4	5.0
萨摩亚	93.3	99.0	92.2	91.5			0.3	15.2
所罗门群岛	79.7	80.8	25.5	29.8			2.4	5.1
东帝汶	54.3	71.9	37.4	40.6	14.3 (2004)	...	4.4	12.4
汤加	98.6	99.6	93.0	91.0			10.4	1.6
图瓦卢	94.0	97.7	78.4	83.3 (2013)			0.6 (2002)	0.2
瓦努阿图	75.8	94.5	41.7	57.9			0.6 (2003)	4.7
发达经济体								
澳大利亚	100.0	100.0	100.0	100.0	4.4 (2001)	3.9 (2013)	...	...
日本	100.0	100.0	100.0	100.0	20.9 (2001)	18.9 (2009)	...	...
新西兰	100.0	100.0	...	...	1.5 (2006)	1.6 (2010)	...	...

... = 至截止日期未获得相关数据；0.0 = 数值不到所用计量单位的一半。

a 联合国显示的是该指标多年的数据。例如，2002 是指 1998 年 - 2002 年，2007 是指 2003 年 - 2007 年，以此类推。原始来源为农业与水信息系统（AQUASTAT），系统展示了具体数据的具体年份。因此，前者的年份在这里也有所体现。

资料来源：United Nations. Sustainable Development Goals Indicators Global Database. http://unstats.un.org/sdgs/indicators/database/（访问时间 2016 年 7 月）；Food and Agriculture Organization of the United Nations. AQUASTAT. http://www.fao.org/nr/water/aquastat/main/index?stm（访问时间 2016 年 8 月）；World Health Organization and United Nations Children's Fund（UNICEF）. Joint Monitoring Programme for Water Supply and Sanitation. http://www.wssinfo.org/（访问时间 2016 年 8 月）；Organisation for Economic Co - operation and Development. Creditor Reporting System. http://stats.oecd.org/Index.aspx?DataSetCode=CRS1（访问时间 2016 年 8 月）.

表 3.2 可持续发展目标 11、14 和 15 选定指标——空气质量，森林、海洋和陆地生态系统

到 2030 年，减少城市的人均负面环境影响，包括特别关注空气质量，以及城市废物管理等。

到 2020 年，通过加强抵御灾害能力等方式，可持续管理和保护海洋和沿海生态系统，以免产生重大负面影响，并采取行动帮助它们恢复原状，使海洋保持健康，物产丰富。

到 2020 年，根据国内和国际法，并基于现有的最佳科学资料，保护至少 10% 的沿海和海洋区域。

到 2020 年，禁止某些助长过剩产能和过度捕捞的渔业补贴，取消助长非法、未报告和无管制捕捞活动的补贴，避免出台新的这类补贴，同时承认给予发展中国家和最不发达国家合理、有效的特殊和差别待遇应是世界贸易组织渔业补贴谈判的一个不可或缺的组成部分。

本地区成员经济体	11.6.2城市地区PM2.5浓度的平均年度均值(μg/m³)	14.5.1海洋保护区占海洋区域的比例(%)	
	2014	2000	2016
发展中经济体			
中亚和西亚地区			
阿富汗	64.0	...	...
亚美尼亚	25.0	...	...
阿塞拜疆	26.0	...	...
格鲁吉亚	23.0	...	...
哈萨克斯坦	22.0	...	...
吉尔吉斯共和国	16.0	...	...
巴基斯坦	69.0	–	–
塔吉克斯坦	51.0	...	...
土库曼斯坦	26.0	–	–
乌兹别克斯坦	39.0	–	–
东亚地区			
中国	62.0	3.5	3.5
中国香港[a]	...	...	...
韩国	28.0	–	7.1
蒙古国	33.0	–	–
中国台北[b]	...	...	...
南亚地区			
孟加拉国	90.0	33.3	33.3
不丹	39.0	–	–
印度	74.0	4.2	4.2
马尔代夫	...	...	...
尼泊尔	76.0	–	–
斯里兰卡	29.0	...	...
东南亚地区			
文莱	5.0	–	–
柬埔寨	25.0	–	–
印度尼西亚	18.0	7.5	12.8
老挝	34.0	...	...
马来西亚	17.0	...	...
缅甸	57.0	–	–
菲律宾	28.0	29.4	47.1
新加坡	17.0	...	...
泰国	28.0	...	...
越南	29.0	7.7	7.7
太平洋地区			
库克群岛	...	–	–
斐济	11.0	–	5.9
基里巴斯	...	–	36.4
马绍尔群岛	...	–	–
密克罗尼西亚联邦	8.0	...	...
瑙鲁	...	...	...
帕劳	...	...	...
巴布亚新几内亚	12.0	12.5	12.5
萨摩亚	...	–	–
所罗门群岛	...	–	–
东帝汶	15.0	–	7.7
汤加	...	–	–
图瓦卢	...	...	...
瓦努阿图	13.0	...	...
发达经济体			
澳大利亚	6.0	29.4	33.6
日本	13.0	32.6	34.8
新西兰	5.0	44.4	44.4

（接下页）

表 3.2（续）

本地区成员经济体	15.1.1森林面积占陆地总面积的比例（%）		15.5.1红色名录指数	
	2000	2015	2000	2016
发展中经济体				
中亚和西亚地区				
阿富汗	2.1	2.1	0.8	0.8
亚美尼亚	11.8	11.8	0.9	0.8
阿塞拜疆	10.6	13.8	0.9	0.9
格鲁吉亚	39.7	40.6	0.9	0.9
哈萨克斯坦	1.3	1.2	0.9	0.9
吉尔吉斯共和国	4.5	3.3	1.0	1.0
巴基斯坦	2.7	1.9	0.9	0.9
塔吉克斯坦	3.0	3.0	1.0	1.0
土库曼斯坦	8.8	8.8	1.0	1.0
乌兹别克斯坦	7.3	7.3	1.0	1.0
东亚地区				
中国	18.8	22.1	0.8	0.8
中国香港[a]	…	…	1.0	1.0
韩国	64.8	63.7	0.8	0.8
蒙古国	7.5	8.1	1.0	1.0
中国台北[b]	58.1	58.1 (2014)	…	…
南亚地区				
孟加拉国	11.3	11.0	0.8	0.8
不丹	68.4	72.3	0.8	0.8
印度	22.0	23.8	0.8	0.7
马尔代夫	3.3	3.3	0.9	0.9
尼泊尔	27.2	25.4	0.8	0.8
斯里兰卡	35.0	33.0	0.7	0.6
东南亚地区				
文莱	75.3	72.1	0.9	0.8
柬埔寨	65.4	53.6	0.9	0.8
印度尼西亚	57.8	53.0	0.8	0.8
老挝	71.6	81.3	0.8	0.8
马来西亚	65.7	67.6	0.8	0.7
缅甸	53.0	44.2	0.9	0.8
菲律宾	23.6	27.0	0.7	0.7
新加坡	23.4	23.4	0.9	0.9
泰国	33.3	32.1	0.9	0.8
越南	37.8	47.6	0.8	0.8
太平洋地区				
库克群岛	64.0	64.0	0.8	0.8
斐济	53.7	55.7	0.7	0.7
基里巴斯	15.0	15.0	0.8	0.8
马绍尔群岛	70.2	70.2	0.9	0.8
密克罗尼西亚联邦	91.4	91.9	0.8	0.7
瑙鲁	–	–	0.8	0.8
帕劳	86.1	87.6	0.9	0.8
巴布亚新几内亚	72.6	72.5	0.9	0.8
萨摩亚	60.4	60.4	0.8	0.8
所罗门群岛	81.0	78.1	0.9	0.9
东帝汶	57.4	46.1	0.9	0.9
汤加	12.5	12.5	0.7	0.7
图瓦卢	33.3	33.3	0.9	0.8
瓦努阿图	36.1	36.1	0.7	0.7
发达经济体				
澳大利亚	16.8	16.2	0.9	0.8
日本	68.3	68.5	0.8	0.8
新西兰	38.5	38.6	0.7	0.6

… = 至截止日期未获得相关数据；– = 数值等于零。

a 中国香港的森林覆盖率包括在中国的数据内。

b 中国台北的森林覆盖率不包括金门县和连江县。

资料来源：Food and Agriculture Organization of the United Nations；United Nations. Sustainable Development Goals Indicators Global Database. http：//unstats. un. org/sdgs/indicators/database/（访问时间 2016 年 7 月 21 日）；World Bank；中国台北数据来自经济体．

3. 繁荣

让所有人都过上繁荣和充实的生活，在与自然和谐相处中实现经济、社会和技术进步。

简况

在大多数亚太地区经济体，80%以上的人口能够用上电。但是2012年该地区有至少4亿人还未通电。

在有些亚太经济体，就业方面仍然存在着很明显的性别不平等。

在18个有近几年数据的亚太经济体之11个中，社会底层40%人口的平均收入比一般人口的平均收入增长快。

通过国际社会和国内社会的共同努力，越来越多的人摆脱了极端贫困，同时也急需持续提高人们的生活水平。因此，促进共同繁荣是可持续发展的重要主题。尤其是，可持续发展目标7、8、9、10旨在为所有人提供富裕和满意的生活。本部分会讨论某些指标的数据，聚焦资源的合理利用，提高人们的生活水平。

可持续发展目标7：确保人人获得负担得起的、可靠和可持续的现代能源

能源是工业发展的必备品。它帮助人们完成家务，提供多种娱乐方式，并带来其他居家便利，总体来说提高了人们的生活水平。

用电人口比例。2012年，亚太地区十分之九左右的人口用上了电。在22个亚太经济体中（亚美尼亚、澳大利亚、阿塞拜疆、中国、格鲁吉亚、中国香港、印度尼西亚、日本、哈萨克斯坦、韩国、吉尔吉斯共和国、马来西亚、马尔代夫、新西兰、萨摩亚、新加坡、塔吉克斯坦、泰国、汤加、土库曼斯坦、乌兹别克斯坦和越南），几乎所有人（95%—100%）都用上了电。另外，蒙古国、巴基斯坦、菲律宾和斯里兰卡的用电率约为87%—94%，而在19个经济体中（阿富汗、孟加拉国、不丹、文莱、柬埔寨、密克罗尼西亚联邦、斐济、印度、基里巴斯、老挝、马绍尔群岛、缅甸、尼泊尔、帕劳、巴布亚新几内亚、所罗门群岛、东帝汶、图瓦卢和瓦努阿图），至少还有五分之一的人没用上电。总的来说，2012年亚太地区共有至少4亿人没有用上电。图4.1展示了上报数据的亚太经济体的情况。

可再生能源占终端能源消耗的比例。有些能源资源会被耗尽，而有些则会对环境造成负面影响。科学家们也一直在搜寻各种可再生能源资源，各国应该增加商业上可行的可再生能源产出。可持续发展目标7希望在2030年以前，大幅度提升可再生能源在全球能源结构中的比例。

在不丹、老挝和尼泊尔，80%以上的终端能源消耗来自可再生能源。在另外一些国家，如柬埔寨、缅甸、巴布亚新几内亚、所罗门群岛、斯里兰卡和塔吉克斯坦，有一半以上的能源消耗为可再生能源。但是，在大多数国家，2000年以来，可再生能源占终端能源消耗的比例有所下降。

以一次能源和GDP衡量的能源强度。图4.2显示了各国的能源强度。目前，能源强度最高的国家有不丹（11.8MJ/$，2011 PPP GDP）、帕劳（11.3MJ/$，2011 PPP GDP）、巴布亚新几内亚（10.5MJ/$，2011 PPP GDP）、土库曼斯坦（15.5MJ/$，2011 PPP GDP）以及乌兹别克斯坦（11.9MJ/$，2011 PPP GDP）。在其他发展中经济体，能源强度位于1.6MJ/$（2011 PPP GDP）至9.3MJ/$（2011 PPP GDP）之间。另外，三个发达成员国的能源强度平均约为5MJ/$（2011 PPP GDP）。

些指标，尤其是研发指标，如洁净可再生能源的识别与发展需要开发。此外，为了提供更好的现代可持续能源服务，应扩大基础设施，升级科技手段，而后两者都可以通过扩大单位陆地面积的栅极电容（grid capacity）和栅极长度（grid length）来实现。

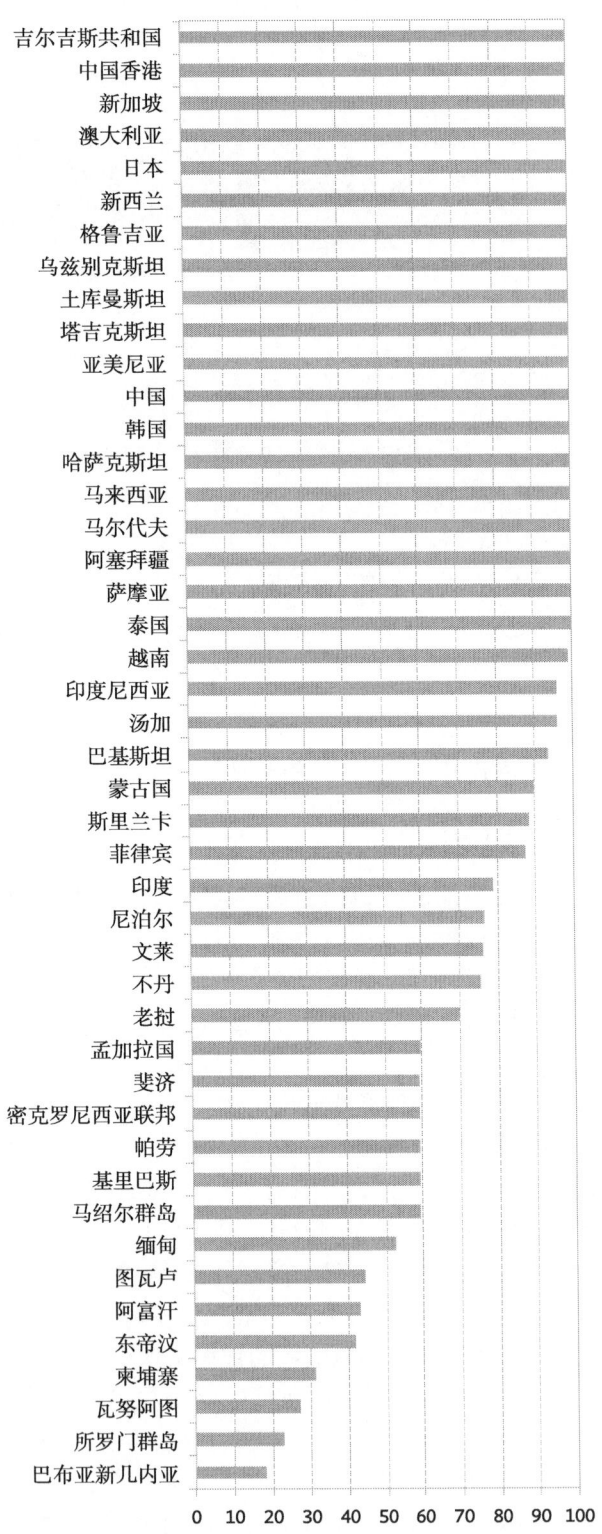

图 4.1　2012 年用电人口比例（%）

资料来源：表 4.1。

（GDP = 国内生产总值，MJ = 兆焦，PPP = 购买力平价）

图 4.2　一次能源的能源强度
（MJ/ \$ 2011 PPP GDP，按照 2011 年购买力平价计算的单位 GDP）

注：阿富汗的起始年为 2002 年，其余经济体的起始年皆为 2000 年。最近一年为 2012 至 2013 年不等。

资料来源：表 4.1。

数据缺口、公平及其他问题

某些指标目前的数据没有定期更新。而另一

可持续发展目标 8：促进持久、包容、可持续的经济增长，实现充分和生产性就业，人人获得体面工作

虽然经济增长对于国家进步非常关键，但是经济增长的包容性也同样重要，因为它能保证增长公平惠及社会基层。促进充分的生产性就业，确保人人有体面工作，这是促进包容性经济增长的主要渠道之一，即社会底层的人也被纳入其中。

实际人均 GDP 的年增长率。可持续发展目标 8 确保各国根据本国具体情况维持人均经济增长率，特别是至少将最不发达国家国内生产总值年增长率维持在 7%。[①]

在亚太地区的发展中经济体中，2014 年的平均年增长率为 3.9%。南亚增长率相对较高，为 5.6%，其次是东亚，为 4.3%，然后是中亚和西亚，为 3.7%。东南亚和太平洋地区的平均增长率分别为 3.4% 和 2.4%。2014 年，大多数亚太发展中经济体人均 GDP 年增长率都位于 -3.7% 至 12.0% 之间。另外，三个发达经济体的人均 GDP 平均年增长率大约上升了 1.3%。图 4.3 显示了所有上报数据国家的基本情况。

实际从业人员人均 GDP 增长率最高的依次为土库曼斯坦（7.9%）、缅甸（6.8%）、中国（6.7%）、斯里兰卡（6.3%）以及乌兹别克斯坦（6.1%）。与发达成员国澳大利亚（2.1%）、日本（0.3%）和新西兰（1.2%）相比，这些国家的增长率要高得多（表 4.2）。

失业率。可持续发展目标 8 希望到 2030 年实现充分和生产性就业，人人获得体面工作。

图 4.4 显示了各个数据的成员经济体。失业率最高的国家依次为基里巴斯（30.6%）、瑙鲁（23.0%）、亚美尼亚（17.6%）、格鲁吉亚（12.4%）以及马尔代夫（11.7%）。另外，失业率最低的国家依次为柬埔寨（0.1%）、缅甸（0.8%）、泰国（0.8%）、文莱（1.7%）和越南（1.9%）。

5—17 岁童工的比例。童工比例最高的国家依次为尼泊尔（37.4%）、阿富汗（29.4%）、吉尔吉斯共和国（25.8%）、柬埔寨（19.3%），童工比例最低的国家则为不丹（2.9%）和亚美尼亚（3.9%）（图 4.5）。表 4.3 还展示了早些年的数据。

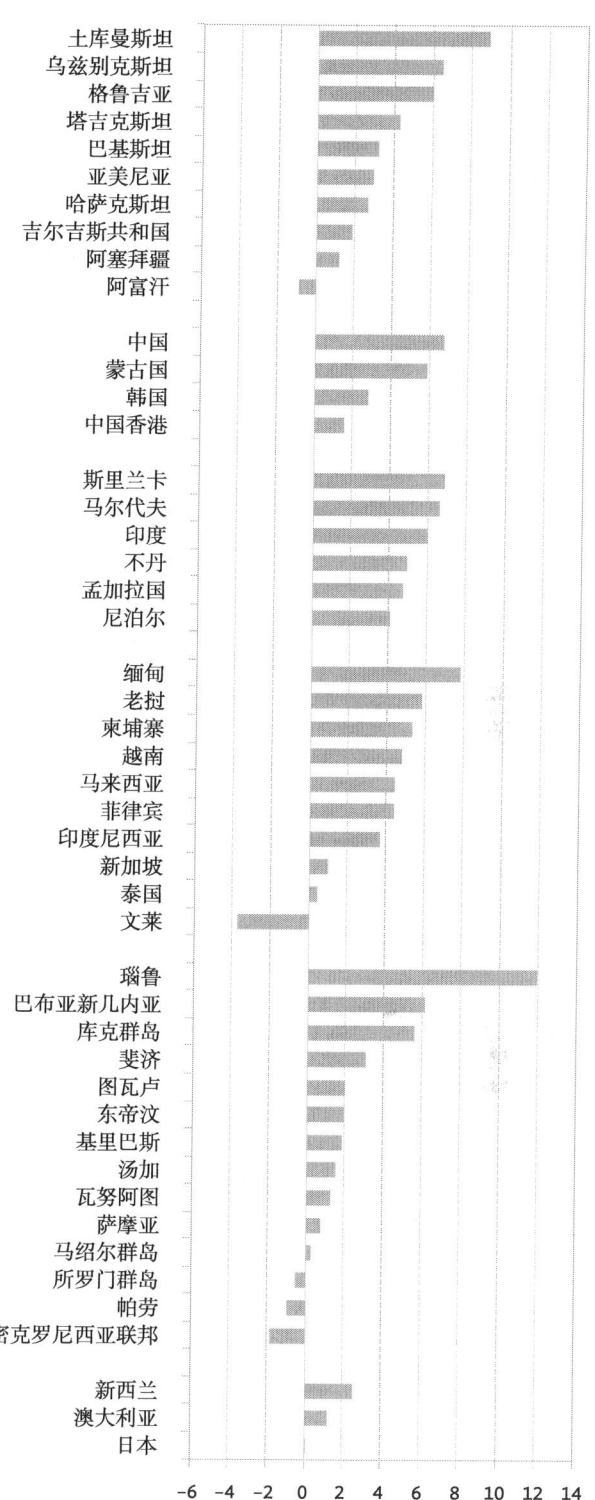

图 4.3　以 2005 年美元为参数 2013—2014 年实际人均 GDP 的年增长率（%）

资料来源：表 4.2。

---

① 此处的数据来自联合国可持续发展目标指标全球数据库。亚太地区各经济体的更新数据请参见第二部分：区域趋势与表格。

图 4.4　2014 年或最近一年的失业率（%）

注：图中只显示了有最新数据（2010 年及以后）的经济体的信息。
资料来源：表 4.3。

每 10 万人中商业银行支行和 ATM 机的数量。最新数据显示，在亚太地区的发达成员经济体，每 10 万名成年人中商业银行的数量位于 29.1—34.1 之间。在发展中成员经济体，这个数字位于 1.8 至 71.5 之间。与其他经济体相比，有些经济体的数量较高，如蒙古国（71.5）和乌兹别克斯坦（37.9）。与其他地区相比，中西亚、南亚和东南亚的数量则普遍较低。

同时，最新数据显示，在发达成员经济体，每 10 万成年人中 ATM 机的数量位于 70.9 至 160.0 之间。在亚太地区的发展中经济体，这个范围为 1.0 至 280.8 之间。与其他经济体相比，韩国（280.0）和泰国（111.3）的 ATM 机数量更多。

在银行或其他金融机构拥有账户的成年人比例。2011 年以来，在银行或其他金融机构拥有账户的成年人比例在大多数亚太经济体上升了超过 8

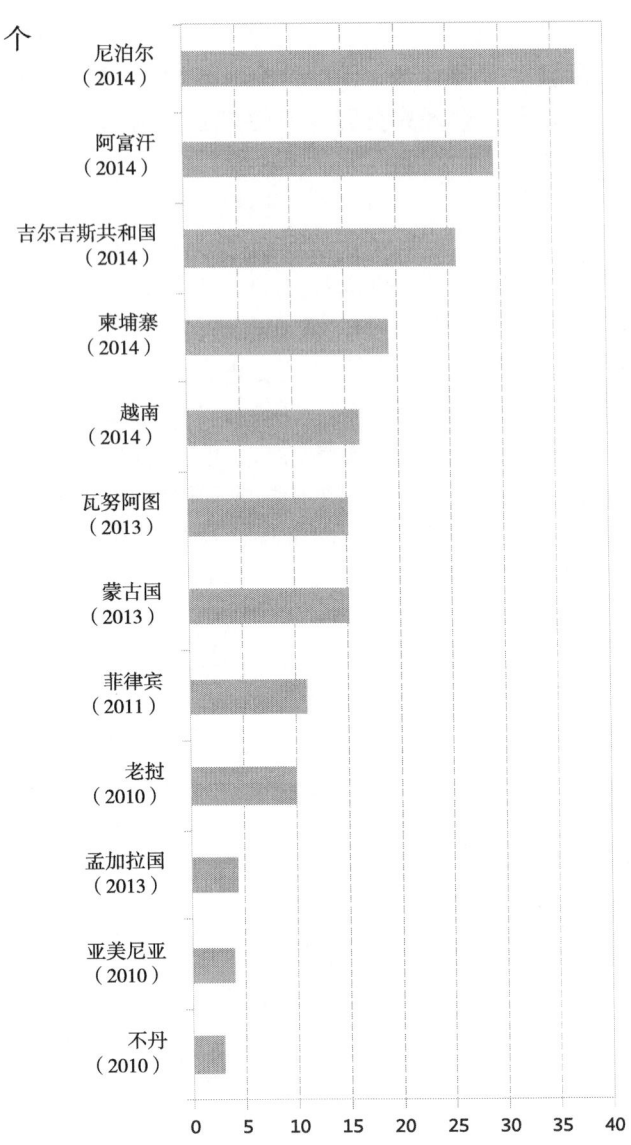

图 4.5　所选经济体最近一年 5 – 17 岁童工比例（%）

注：图中只显示了有最新数据（2010 年及以后）的经济体的信息。
资料来源：表 4.3。

百分点。在东亚地区，这一比例为接近 90% 以上，东南亚和南亚地区的比例则在 50% 以上，中亚和西亚地区的比例偏低，为 26%。

公平及其他问题

亚太地区的很多成员经济体在应对保证每个人拥有足够的优质生产性工作的挑战。但是，经验数据显示，在很多国家，女性仍然更容易失业。例如，在斯里兰卡，女性的失业率比男性高 17 个百分点。在瑙鲁，这一差距为 14.2 个百分点，在基里巴斯为

14.6个百分点。另外，在马尔代夫和塔吉克斯坦，男性的失业率更高。此外，有些国家需要努力降低青年失业率。例如，在亚美尼亚和基里巴斯，15—24岁人群的失业率明显高于25岁及以上人群的失业率。

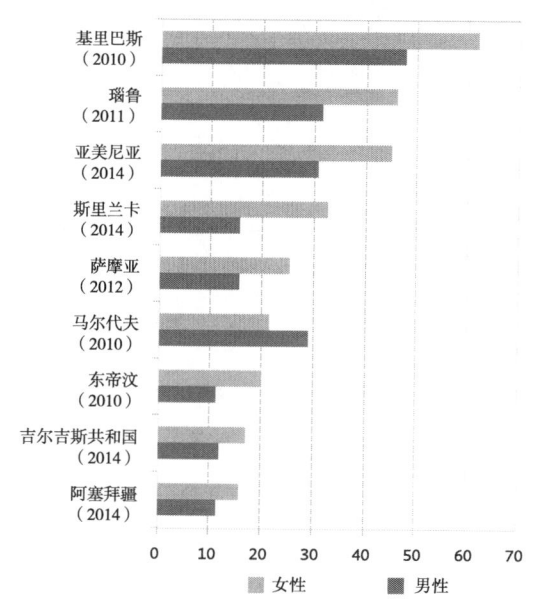

图4.6 所选经济体中的失业率（按性别划分）（%）

资料来源：United Nations Statistics Division. Sustainable Development Goal Indicators Global Database. http：//unstats.un.org/sdgs/indicators/database/（访问时间2016年9月）.

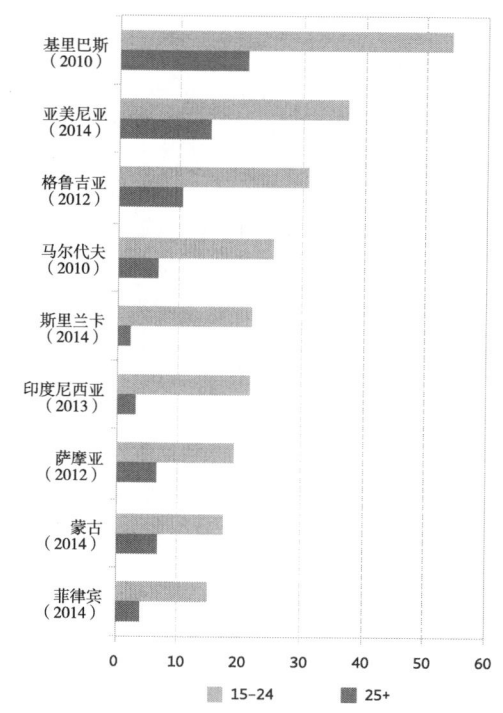

图4.7 所选经济体中的失业率（按年龄段划分）（%）

资料来源：United Nations Statistics Division. Sustainable Development Goal Indicators Global Database. http：//unstats.un.org/sdgs/indicators/database/（访问时间2016年9月）.

数据缺口

制定有效政策推动包容性经济增长需要细化GDP、失业率及其他社会经济指标的数据。虽然很多国家都有可持续发展目标8的大多数相关数据，包括经济增长和失业等指标，但是这些数据通常都是高度聚合级数据。在第二部分，我们举例说明如何使用非传统类型数据，尤其是卫星图像，来监测有关可持续发展目标8的进展。

可持续发展目标9：建设有灾害抵御能力的基础设施，促进具有包容性和可持续的工业化，推动创新

维持社会经济发展和增强社会权能取决于向智能基础设施引入更多的投资。智能基础设施不仅是为了更好地提供基础服务，还应刺激能产生收入的活动，这样才能走环境友好的工业化道路。为了达到这一目标，所有人都应吸取发达国家和发展中国家的经验，分配更多资源到与智能基础设施有关的研发上来。

航空客运量和货运量。2014年，共有11亿航空旅客往返于亚太地区。从次区来看，东亚的客流量为5.43亿人次，占亚太地区总流量的48.1%；东南亚的客流量为2.794亿人次，占总流量的24.7%；南亚的客流量为9150万人次，占总流量的8.1%；中亚和西亚的客流量为1890万人次，占总流量的1.7%；太平洋地区的客流量则为430万人次，占比不足1%。

2014年，亚太地区的空中货物运输量达到了181亿吨，相比2000年的127亿吨上升了42.6%。2014年，东亚的空中货物运输量为103.4亿吨，占亚太地区总量的57.3%，位居第一；东南亚和南亚分别位居第二和第三，占比分别为19.8%和5.0%。2000年至2014年期间，南亚（154.7%）的空中货物运输量上升了一倍以上，中西亚（95.6%）和东亚（95.2%）也几乎增加了一倍。

人均制造业增加值。以2010年美元为参照，2015年大多数亚太地区成员经济体的制造业人均增加值位于8.71美元至9292.02美元之间。2000年至2015年期间，制造业人均增加值在缅甸（943%）、中国（313%）、越南（252%）、柬埔寨（250%）、土库曼斯坦（226%）、格鲁吉亚（212%）、老挝（199%）、瑙鲁（199%）、孟加拉国（172%）和不丹（132%）都显著增加。

制造业增加值在 GDP 中所占的比例。2000 年至 2015 年期间，在 48 个亚太成员经济体中，16 个经济体的制造业增加值在 GDP 中所占的比例有所上升，其中在以下经济体显著上升：缅甸上升了 13.6 个百分点，瑙鲁上升了 8.6 个百分点，越南上升了 6.9 个百分点。目前，制造业占经济产出总量相对份额最高的国家和地区为中国（32.8%）、韩国（29.0%）、泰国（28.3%）、印度尼西亚（24.6%）、马来西亚（23.9%）、瑙鲁（23.7%）、中国台北（23.0%）、菲律宾（22.5%）、缅甸（22.1%）以及越南（20.3%）。

2000 年至 2015 年期间，中亚和西亚六个经济体的制造业在 GDP 中的比例下降幅度最大，分别为阿富汗、亚美尼亚、阿塞拜疆、吉尔吉斯共和国、塔吉克斯坦和乌兹别克斯坦，其下降幅度都在 4.2 到 9.9 个百分点之间。同时，在 14 个太平洋经济体中，七个经济体的制造业增加值在 GDP 中的比例最低，分别为库克群岛、马绍尔群岛、密克罗尼西亚联邦、帕劳、东帝汶、图瓦卢以及瓦努阿图，其比例都在 0.2% 至 4.0% 之间。

研发支出在 GDP 中所占的比例。亚太地区发达经济体和中高收入经济体研发支出在 GDP 中所占的比例在本地区经济体中最高（图 4.8），其中包括韩国（4.3%）、日本（3.6%）、澳大利亚（2.2%）、新加坡（2.2%）、中国（2.0%）、马来西亚（1.3%）和新西兰（1.2%）。在其他经济体，研发支出占各自 GDP 的比例均低于 1%。2000 年以来，中国香港、印度、尼泊尔、巴基斯坦和泰国的比例有所上升。

数据缺口、公平及其他问题

虽然有迹象表明智能基础设施投入在很多国家总体正在上升，但是在某些偏远地区，关键基础设施与首都城市和中心城区相比仍然薄弱。除了加大基础设施的投入以外，政府还可以营造经济环境，吸引非政府参与者发挥积极作用，保证人人都能享受到基础设施带来的经济效益。

可持续发展目标 10：减少国家内部和国家之间的不平等

减少高度的社会和经济不平等从各个角度来

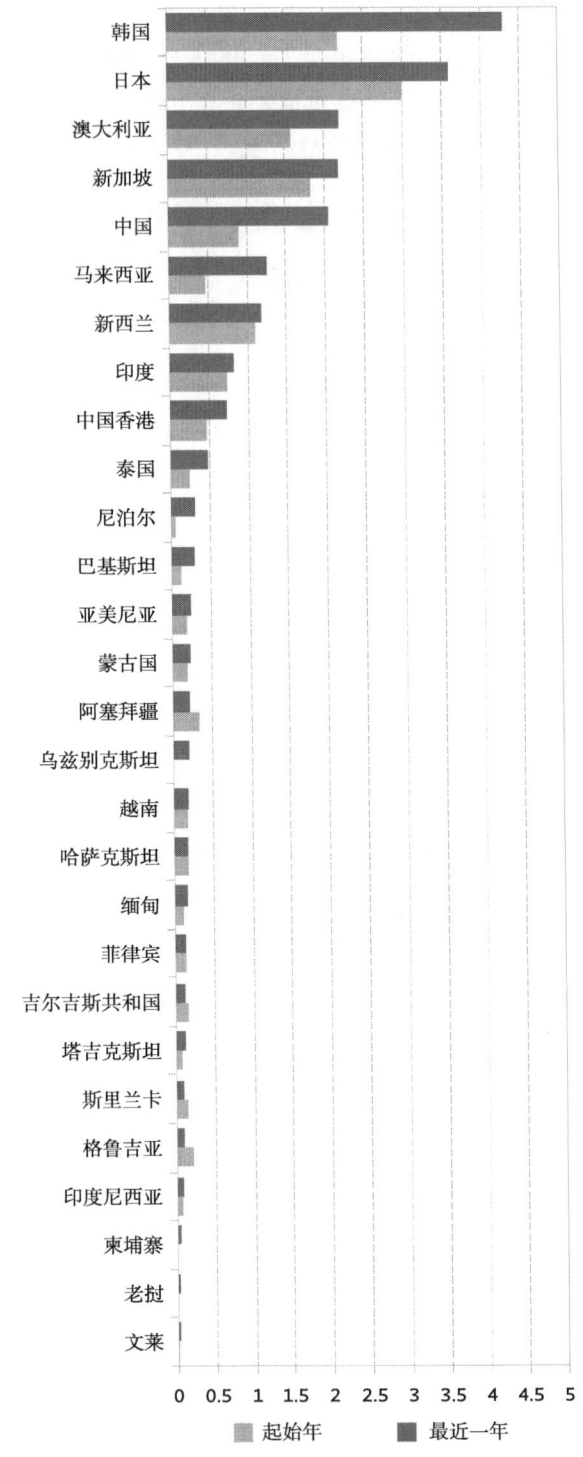

图 4.8 研发支出占 GDP 的比例（%）

资料来源：表 4.7。

说都是有益的。例如，在不平等程度较低的情况下，人们拥有平等的经济机会，社会底层的人们更容易充分发挥自身的经济潜力。在不平等程度较低的情况下，无法享受经济发展成果的人群中出现的社会冲突也会更少。可持续发展目标 10 希望抑制高度不平等对长期社会经济发展的潜在威胁。

平均家庭人均收入或支出的年增长率，以及社会底层40%人口的平均家庭人均收入或支出的年增长率。图4.9展示了全部人口和社会底层40%人口的家庭人均收入或支出的增长率。2000年至2015年期间，全部人口家庭人均收入或支出年增长率最高的依次为哈萨克斯坦（8.9%）、柬埔寨（8.5%）、尼泊尔（7.5%）、中国（7.2%）、不丹（6.5%）、越南（6.2%）、泰国（4.8%）、澳大利亚（4.4%）、巴基斯坦（3.8%）、印度尼西亚（3.8%）和印度（3.2%）。另一方面，社会底层40%人口的家庭人均收入或支出年增长率最高的依次为中国（7.9%）、越南（7.8%）、哈萨克斯坦（7.6%）、不丹（6.5%）、澳大利亚（4.7%）、尼泊尔（4.1%）、柬埔寨（4.1%）、泰国（4.0%）、印度（3.7%）以及印度尼西亚（3.4%）。有趣的是，经验数据显示，有些经济体社会底层40%人口的家庭人均收入或支出的增长快于平均数，但是减贫工作却比较缓慢（专栏图4.1.1）。

公平及其他问题

并不是每个人都能公平地受益于经济发展。如果不平等现象比较严重，就表示各群体从经济发展中获益的程度不同。如果原本贫困者收入增长比富人快，就会出现收入收敛现象。但是，在执行项目和干预时，政策制定者应特别谨慎，不要为了减少不平等现象，而忽视对其他可持续发展目标的影响。专栏4.1讨论了这一问题，检查了不同国家在可持续发展目标1和10中的表现。

数据缺口

虽然高度不平等现象会威胁到经济发展的可持续性，但是一直以来，社会经济专家也表示，不能片面地将不平等视作是负面的概念。例如，他们表示，如果在不同技能组合的人群或发挥不同作用的人群中产生不平等，按照精英管理原则，可以将之视作是正面的。另一方面，"负面的"

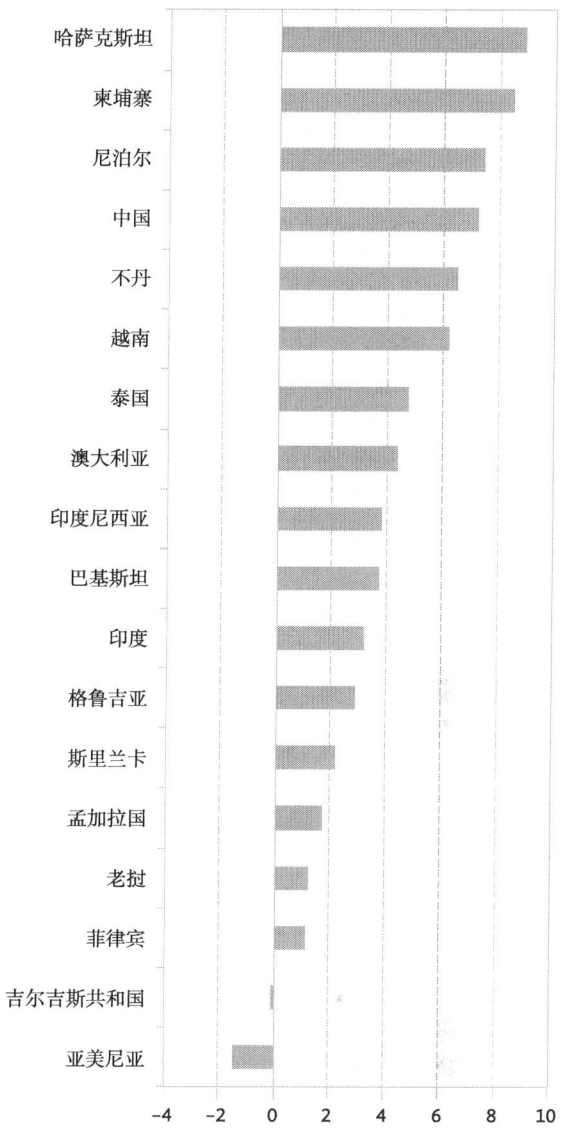

图4.9 社会底层40%人口的家庭人均收入或支出增长率（%）

资料来源：表4.9。

不平等是指社会经济差异由性别、民族、家庭背景或其他与生俱来的不可抗因素导致的。虽然"正面的"和"负面的"不平等具有上述区别，但是传统意义的不平等是指所有的不平等，也就是说"正面的"和"负面的"都是其一部分。如果对不平等进行分解，就能更彻底地对其进行评估。

专栏 4.1 不平等与减贫关系的复杂性

亚太地区在发展上取得了巨大的进步:贫困人数大幅度减少,享有干净饮用水的人口增加,初等教育接近普及。但是该地区在减少不平等上没有进展。

国家内部的贫富差距继续拉大,因此联合国在 2015 年提出了可持续发展目标 10,希望减少国家内部和国家之间的不平等。

为了监测目标进展,可持续发展目标记录了社会底层 40% 人口的收入增长,以及国家的平均增长,并跟进了两者的差距。此举是建立在一种假设上,即如果社会底层 40% 人口的收入增长比国家的平均增长更快,那么底层人口也可以赶上其他人,这样便能公平分配经济机会。

根据世界银行 PovcalNet 数据库的数据,我们对 26 个数据充分的亚行成员国进行了分析,时段为 1990 年至今。分析发现,抗击贫困与减少不平等之间可能有个权衡利弊的问题。

专栏图 4.1.1 显示了有数据的 26 个发展中成员国以每日 1.9 美元(按 2011 年购买力平价计算)和每日 3.10 美元(按 2011 年购买力平价计算)贫困线衡量的贫困率的变化情况。根据底层 40% 人口的收入增长是否快于平均收入,图中也做了区分。如果底层人口收入增长快,则属于"均衡"分配;如果底层人口收入增长慢,则属于"不均衡"分配。数据显示,减贫进展快的国家往往存在更明显的不平等问题,符合可持续发展目标 10 中的表述。即使使用 3.1 美元贫困线或其他不平等衡量标准,如帕尔玛比值,结果也是一致的。

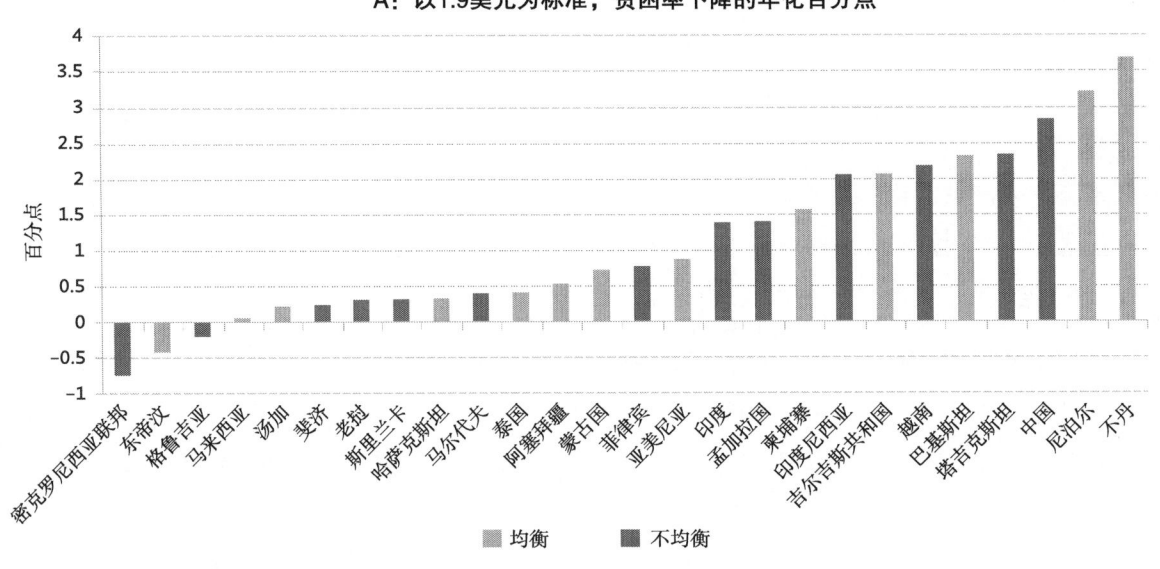

注:y 轴对应贫困率下降的年化百分点。正值表示贫困率下降,负值则表示贫困率上升。

资料来源:World Bank. PovcalNet Database. http://iresearch.worldbank.org/PovcalNet/home.aspx. (访问时间 2016 年 10 月).

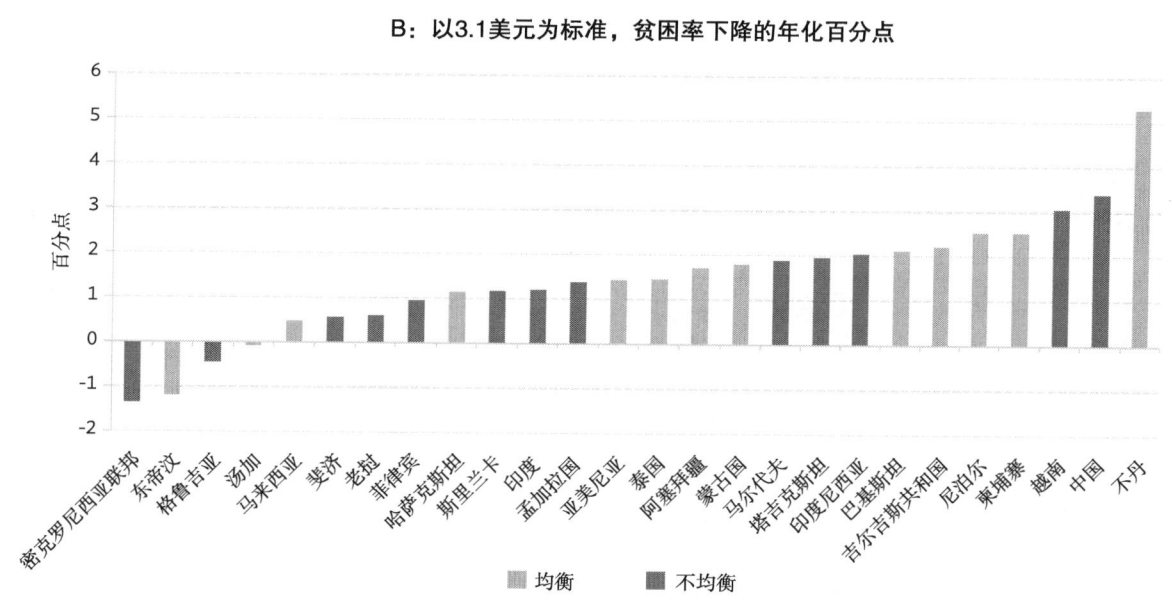

专栏图 4.1.1　1990 年至今均衡分配国家与不均衡分配国家之间贫困率变化比较

注：y 轴对应贫困率下降的年化百分点。正值表示贫困率下降，负值则表示贫困率上升。
资料来源：World Bank. PovcalNet Database. http://iresearch.worldbank.org/PovcalNet/home.aspx.

实际上，平均收入增长率最高（通常也存在严重的不平等）的国家贫困率下降幅度也最大。在孟加拉国、中国、印度尼西亚以及越南，数百万人口成功脱贫，因为上述发展中成员国的平均收入增长率也非常高。例如，20 世纪 90 年代以来，中国的人均收入以 7% 的速度逐年增长，而越南和印度尼西亚在同一时段则分别以 6% 和 3% 的速度逐年增长。

因此，仅仅根据收入增长的分配进行评估，而不考虑对其他可持续发展目标的影响，例如消除贫困（可持续发展目标 1），这样会有问题的。在有些情况下，可以想象，仅仅依靠可持续发展目标 10，平均收入和社会底层 40% 人口收入都下降的国家有可能会被认为发展前景良好，仅仅因为前者比后者的下降幅度更快。

从中国、印度、印度尼西亚和越南的例子中，我们可以发现，凡是减贫工作取得巨大成功的国家，其平均收入增长也很快——即使社会上层 60% 人口的收入增长快于底层 40% 人口。另一方面，在菲律宾等国家，由于社会上层 60% 人口的收入增长并没有明显快于底层 40% 人口，其平均收入——及国家贫困率——都没有明显变化。

毫无疑问，不平等是一个亟待解决的重要发展问题，因此必须将其纳入可持续发展目标中。但是，也要意识到贫困率与不平等可能存在一定的取舍关系，同时也不能遗漏掉其他发展维度，例如让穷人享有更多优质的工作、服务以及基础设施。

表 4.1　可持续发展目标 7 选定指标——能源效率与现代可再生能源资源

到 2030 年，确保人人都能获得负担得起的、可靠的现代能源服务。

到 2030 年，大幅增加可再生能源在全球能源结构中的比例。

到 2030 年，将全球的能源效率提高一倍。

本地区成员经济体	7.1.1用电人口比例（%）		7.2.1可再生能源占终端能源消耗的比例（%）		7.3.1一次能源的能源强度（MJ/$，2011 PPP GDP）	
	2000	2012	2000	2012	2000	2013
发展中经济体						
中亚和西亚地区						
阿富汗	37.5	43.0	59.5	10.8 (2011)	1.4 (2002)	4.6 (2012)
亚美尼亚	98.0	100.0	7.2	6.6	9.4	5.4
阿塞拜疆	96.0	100.0	2.1	2.9	13.2	3.7
格鲁吉亚	99.9	100.0	47.3	28.7	8.3	5.2
哈萨克斯坦	97.0	100.0	2.5	1.4	9.7	8.4
吉尔吉斯共和国	100.0	100.0	35.2	22.5	9.6	9.3
巴基斯坦	79.5	93.6	50.4	45.5	5.5	4.4
塔吉克斯坦	99.0	100.0	62.4	58.0	12.3	5.2
土库曼斯坦	99.6	100.0	–	–	25.9	15.5
乌兹别克斯坦	99.7	100.0	1.2	2.4	35.0	11.9
东亚地区						
中国	98.0	100.0	29.2	18.4	10.5	7.9
中国香港	100.0	100.0	0.6	1.1	2.5	1.6
韩国	98.0	100.0	0.7	1.6	8.1	6.7
蒙古国	82.7	89.8	5.7	3.2	9.0	7.1
中国台北	...	...	...	...	...	...
南亚地区						
孟加拉国	32.0	59.6	59.4	38.3	3.5	3.2
不丹	68.5	75.6	95.5	90.0 (2011)	21.9	11.8 (2012)
印度	62.3	78.7	52.4	39.0	7.0	5.0
马尔代夫	96.4	100.0	9.3	3.2 (2011)	4.3	4.7 (2012)
尼泊尔	72.8	76.3	88.3	84.7	9.3	7.1
斯里兰卡	80.7	88.7	64.2	60.9	3.3	2.0
东南亚地区						
文莱	69.4	76.2	–	0.0	4.0	4.4
柬埔寨	16.6	31.1	81.1	72.6	8.5	5.6
印度尼西亚	87.6	96.0	45.2	37.1	5.3	3.7
老挝	46.3	70.0	91.2	86.5 (2011)	5.7	2.6 (2012)
马来西亚	96.4	100.0	8.2	6.8	5.5	5.4
缅甸	47.0	52.4	80.2	78.7	9.4	3.2 (2012)
菲律宾	71.3	87.5	34.9	29.4	5.1	3.0
新加坡	100.0	100.0	0.3	0.5	3.8	2.6
泰国	82.5	100.0	22.0	23.0	5.2	5.6
越南	89.1	99.0	58.0	35.6	5.8	5.5
太平洋地区						
库克群岛	...	...	...	...	...	...
斐济	52.5	59.3	13.4	12.2 (2011)	4.2	3.7 (2012)
基里巴斯	52.5	59.3	11.1	2.9 (2011)	3.8	5.4 (2012)
马绍尔群岛	52.5	59.3	...	...	...	...
密克罗尼西亚联邦	52.5	59.3	...	...	...	...
瑙鲁	...	...	...	...	...	...
帕劳	52.5	59.3	3.3 (2001)	2.7 (2011)	7.8	11.3 (2012)
巴布亚新几内亚	11.0	18.1	66.4	53.4 (2011)	10.4	10.5 (2012)
萨摩亚	89.4	100.0	49.5	23.2 (2011)	4.4	5.0 (2012)
所罗门群岛	15.7	22.8	86.9	67.2 (2011)	8.3	5.9 (2012)
东帝汶	34.5	41.6	52.8 (2002)	38.3 (2010)	...	...
汤加	85.8	95.9	2.5	1.1 (2011)	3.6	3.1 (2012)
图瓦卢	37.5	44.6	...	...	...	...
瓦努阿图	19.1	27.1	68.8	34.2 (2011)	4.2	5.3 (2012)
发达经济体						
澳大利亚	100.0	100.0	8.4	8.4	6.7	5.5
日本	100.0	100.0	3.9	4.5	5.3	4.2
新西兰	100.0	100.0	28.9	30.8	6.6	5.5

... = 至截止日期未获得相关数据；– = 数值等于零；0.0 = 数值不到所用计量单位的一半；GDP = 国内生产总值；MJ = 兆焦；PPP = 购买力平价。

资料来源：指标 7.1.1 和指标 7.2.1：United Nations. Sustainable Development Goals Indicators Global Database. http://unstats.un.org/sdgs/indicators/database/（访问时间 2016 年 7 月 21 日）。指标 7.3.1：最新一年数据为 2013 年的经济体，亚洲开发银行使用国际能源署的能源平衡数据和世界银行的 GDP 数据得出的估值；其他经济体：United Nations. Sustainable Development Goals Indicators Global Database. http://unstats.un.org/sdgs/indicators/database/（访问时间 2016 年 7 月 21 日）。

表 4.2　可持续发展目标 8 选定指标——人均经济增长

根据本国具体情况维持人均经济增长率，特别是至少将最不发达国家国内生产总值年增长率维持在 7%。

本地区成员经济体	8.1.1实际人均GDP年增长率，以2005年的美元为参数（%）		8.2.1实际从业人员人均GDP的年增长率（%）	
	2000	2014	2000	2015
发展中经济体				
中亚和西亚地区				
阿富汗	-8.7	-0.9	...	...
亚美尼亚	6.5	3.0	7.6	-0.4
阿塞拜疆	10.1	1.2	6.7	1.4
格鲁吉亚	3.1	6.0	-3.9	4.3
哈萨克斯坦	10.6	2.7	8.2	1.0
吉尔吉斯共和国	4.1	1.9	5.2	2.1
巴基斯坦	1.9	3.2	4.5	1.2
塔吉克斯坦	6.8	4.3	7.7	2.6
土库曼斯坦	4.3	8.9	7.9	7.9
乌兹别克斯坦	2.6	6.5	2.7	6.1
东亚地区				
中国	7.8	6.8	7.9	6.7
中国香港	6.2	1.6	4.9	1.6
韩国	8.2	2.8	4.4	1.5
蒙古国	0.2	5.9	...	...
中国台北	...	...	...	...
南亚地区				
孟加拉国	3.9	4.8	1.9	3.7
不丹	5.7	5.0	...	...
印度	2.2	6.0	3.0	4.2
马尔代夫	2.5	6.6	...	...
尼泊尔	4.2	4.1	...	...
斯里兰卡	5.3	6.9	2.2	6.3
东南亚地区				
文莱	0.8	-3.7	...	...
柬埔寨	6.4	5.3	5.6	5.5
印度尼西亚	3.5	3.7	3.7	3.3
老挝	4.1	5.8	...	...
马来西亚	6.4	4.5	3.4	2.3
缅甸	12.4	7.8	10.6	6.8
菲律宾	2.2	4.4	6.7	4.0
新加坡	6.2	1.0	5.1	1.2
泰国	3.3	0.5	2.4	2.8
越南	5.6	4.8	2.2	4.8
太平洋地区				
库克群岛	13.8	5.6	...	...
斐济	-2.3	3.1	...	...
基里巴斯	10.1	1.9	...	...
马绍尔群岛	5.0	0.3	...	...
密克罗尼西亚联邦	5.0	-1.9	...	...
瑙鲁	-6.8	12.0	...	...
帕劳	-1.3	-1.0	...	...
巴布亚新几内亚	-4.9	6.2	...	...
萨摩亚	6.6	0.8	...	...
所罗门群岛	-16.5	-0.5	...	...
东帝汶	12.8	2.0	...	...
汤加	2.6	1.6	...	...
图瓦卢	12.8	2.1	...	...
瓦努阿图	3.1	1.3	...	...
发达经济体				
澳大利亚	0.9	1.2	0.7	2.1
日本	2.1	0.1	3.0	0.3
新西兰	1.7	2.5	2.5	1.2

... = 至截止日期未获得相关数据；GDP = 国内生产总值。

资料来源：United Nations. Sustainable Development Goals Indicators Global Database. http：//unstats.un.org/sdgs/indicators/database/（访问时间 2016 年 7 月 21 日）.

表 4.3　可持续发展目标 8 选定指标——失业，青年接受教育和获得工作，童工

到 2030 年，所有男女，包括青年和残疾人实现充分和生产性就业，有体面工作，并做到同工同酬。

到 2020 年，大幅减少未就业和未受教育或培训的青年人比例。

本地区成员经济体	8.5.2失业率（按性别划分）（%）					
	2000			2014		
	总计	女性	男性	总计	女性	男性
发展中经济体						
中亚和西亚地区						
阿富汗	...	...	...	8.2 (2011)	16.5 (2011)	6.4 (2011)
亚美尼亚	16.4 (2008)	18.6 (2008)	14.4 (2008)	17.6	19.5	15.8
阿塞拜疆	11.8	12.7	10.9	4.9	5.8	4.0
格鲁吉亚	10.8	10.5	11.1	12.4	10.5	14.0
哈萨克斯坦	10.4 (2001)	12.0 (2001)	8.9 (2001)	5.2 (2013)	5.9 (2013)	4.6 (2013)
吉尔吉斯共和国	12.6 (2002)	14.3 (2002)	11.2 (2002)	8.1	9.5	7.0
巴基斯坦	7.2	15.8	5.5	5.9 (2015)	9.0 (2015)	5.0 (2015)
塔吉克斯坦	...	...	...	11.5 (2009)	10.5 (2009)	12.3 (2009)
土库曼斯坦	...	...	...	...	...	...
乌兹别克斯坦	...	...	...	...	...	...
东亚地区						
中国	...	...	...	...	...	...
中国香港	4.9	4.0	5.6	3.3 (2015)	3.1 (2015)	3.4 (2015)
韩国	4.4	3.6	5.0	3.6 (2015)	3.6 (2015)	3.7 (2015)
蒙古国	6.2 (2002)	6.2 (2002)	6.2 (2002)	7.9	7.3	8.5
中国台北	...	...	...	...	...	...
南亚地区						
孟加拉国	3.3	3.3	3.2	4.3 (2013)	7.2 (2013)	3.0 (2013)
不丹	1.9 (2001)	3.2 (2001)	1.3 (2001)	2.6	3.5	1.9
印度	4.3	4.3	4.3	3.6 (2012)	4.2 (2012)	3.4 (2012)
马尔代夫	14.4 (2006)	23.8 (2006)	7.9 (2006)	11.7 (2010)	13.8 (2010)	10.4 (2010)
尼泊尔	2.1 (2008)	2.0 (2008)	2.3 (2008)	3.0	3.4	2.6
斯里兰卡	7.7	11.4	5.9	4.4	7.3	2.9
东南亚地区						
文莱	...	...	...	1.7 (2011)	2.4 (2011)	1.3 (2011)
柬埔寨	2.5	2.8	2.1	0.1	0.1	0.1
印度尼西亚	6.1	6.7	5.7	5.9	6.3	5.8
老挝	1.4 (2005)	1.4 (2005)	1.3 (2005)	...	...	...
马来西亚	3.0	3.1	3.0	2.9	3.2	2.7
缅甸	...	...	...	0.8 (2015)	0.9 (2015)	0.7 (2015)
菲律宾	11.2	11.5	11.0	6.3 (2015)	5.8 (2015)	6.6 (2015)
新加坡	3.7	3.5	3.9	2.8	3.0	2.6
泰国	2.4	2.3	2.4	0.8	0.8	0.9
越南	2.3	2.1	2.4	1.9	1.8	1.9
太平洋地区						
库克群岛	...	...	...	...	...	...
斐济	4.7 (2004)	6.0 (2004)	4.1 (2004)	8.6 (2007)	12.9 (2007)	6.4 (2007)
基里巴斯	14.7 (2005)	18.2 (2005)	12.3 (2005)	30.6 (2010)	34.1 (2010)	27.6 (2010)
马绍尔群岛	...	...	...	4.7 (2011)	4.5 (2011)	4.9 (2011)
密克罗尼西亚联邦	22.8 (2002)	29.7 (2002)	17.0 (2002)	23.0 (2011)	25.5 (2011)	21.4 (2011)
瑙鲁	...	...	...	...	...	...
帕劳	...	...	...	...	...	...
巴布亚新几内亚	2.9	1.3	4.3	...	...	...
萨摩亚	5.0 (2001)	6.2 (2001)	4.4 (2001)	8.7 (2012)	10.3 (2012)	7.8 (2012)
所罗门群岛	...	...	...	...	...	...
东帝汶	9.9 (2001)	13.7 (2001)	8.0 (2001)	3.1 (2010)	4.8 (2010)	2.8 (2010)
汤加	5.2 (2003)	7.4 (2003)	3.6 (2003)	...	...	...
图瓦卢	6.5 (2002)	8.6 (2002)	4.9 (2002)	...	...	...
瓦努阿图	...	...	...	5.5 (2009)	6.2 (2009)	4.9 (2009)
发达经济体						
澳大利亚	6.3	6.1	6.5	6.1 (2015)	6.1 (2015)	6.1 (2015)
日本	4.7	4.5	4.9	3.4 (2015)	3.1 (2015)	3.6 (2015)
新西兰	6.1	6.0	6.3	5.8 (2015)	6.3 (2015)	5.3 (2015)

（转下页）

表 4.3（续）

本地区成员经济体	8.6.1未接受教育或培训或未获得工作的青年人（15—24岁）比例（%）		8.7.1童工（5—17岁）比例（%）	
	2000	2014	2000	2014
发展中经济体				
中亚和西亚地区				
阿富汗	...	...	...	29.4
亚美尼亚	42.1 (2011)	40.9 (2013)	...	3.9 (2010)
阿塞拜疆	19.5 (2005)	...	6.5 (2007)	...
格鲁吉亚	...	...	18.4 (2005)	...
哈萨克斯坦	...	...	2.2 (2006)	...
吉尔吉斯共和国	10.6 (2007)	21.2 (2013)	...	25.8
巴基斯坦	...	...	...	...
塔吉克斯坦	38.2 (2007)	...	10.0 (2005)	...
土库曼斯坦	...	...	...	...
乌兹别克斯坦	...	...	...	...
东亚地区				
中国	...	...	...	...
中国香港	7.4 (2009)	6.6 (2013)	...	...
韩国	18.5 (2008)	18.8 (2011)	...	...
蒙古国	18.5 (2006)	1.5 (2013)	...	15.2 (2013)
中国台北	...	...	...	...
南亚地区				
孟加拉国	31.5 (2002)	40.3 (2013)	...	4.3 (2013)
不丹	...	...	...	2.9 (2010)
印度	26.1 (2004)	27.2 (2010)	11.8 (2006)	...
马尔代夫	...	56.4 (2010)	...	...
尼泊尔	...	9.2 (2013)	...	37.4
斯里兰卡	22.9 (2010)	0.5 (2012)	...	2.5 (2009)
东南亚地区				
文莱	...	...	...	...
柬埔寨	21.1 (1998)	7.8 (2012)	...	19.3
印度尼西亚	29.6 (2008)	24.1 (2013)	...	6.9 (2009)
老挝	...	...	...	10.1 (2010)
马来西亚	0.9 (2012)	1.1 (2013)	...	...
缅甸	...	...	...	...
菲律宾	24.7 (2009)	24.8 (2012)	...	11.1 (2011)
新加坡	16.9 (2009)	18.9 (2010)	...	...
泰国	13.7 (2009)	13.8	8.3 (2006)	...
越南	11.3 (2012)	9.3 (2013)	...	16.4
太平洋地区				
库克群岛	...	...	...	...
斐济	...	...	...	...
基里巴斯	...	...	...	...
马绍尔群岛	...	...	...	...
密克罗尼西亚联邦	...	...	...	...
瑙鲁	...	...	...	...
帕劳	...	...	...	...
巴布亚新几内亚	...	...	...	...
萨摩亚	...	38.2 (2012)	...	...
所罗门群岛	...	...	...	...
东帝汶	...	...	4.2 (2002)	...
汤加	...	...	...	...
图瓦卢	...	...	...	...
瓦努阿图	...	...	...	15.2 (2013)
发达经济体				
澳大利亚	10.1 (2002)	9.8 (2012)	...	...
日本	4.4 (2009)	3.9 (2013)	...	...
新西兰	11.6 (2004)	11.9 (2013)	...	...

... ＝至截止日期未获得相关数据；GDP ＝国内生产总值。

资料来源：International Labour Organization. Key Indicators of the Labour Market（KILM）2015. 9th Edition，Table 10c. http：//www.ilo.org/global/statistics－and－databases/WCMS_ 424979/lang－－en/index.htm（2016年9月）；United Nations. Sustainable Development Goals Indicators Global Database. http：//unstats.un.org/sdgs/indicators/database/（访问时间2016年7月21日）.

表4.4 可持续发展目标8选定指标——获得银行、保险和金融服务

加强国内金融机构的能力，鼓励并扩大全民获得银行、保险和金融服务的机会。

增加向发展中国家，特别是最不发达国家提供的促贸援助支持，包括通过《为最不发达国家提供贸易技术援助的强化综合框架》提供上述支持。

本地区成员经济体	8.10.1每十万成人中商业银行支行及ATM机数量				8.10.2在银行或其他金融机构有账户划拥有移动货币服务提供商的成人（15岁及以上）比例（%）		8.a.1贸易援助的承诺数额与支付数额（单位：百万美元）[a]	
	商业银行支行		ATM机					
	2004	2015	2004	2015	2011	2014	2006	2014
发展中经济体								
中亚和西亚地区							**4,357**	**9,989**
阿富汗	0.4	2.4	0.0	1.0	14.4	12.2	2,167	2,195
亚美尼亚	10.8	21.7 (2014)	3.0	56.7 (2014)	18.6	21.8	382	446
阿塞拜疆	6.5	10.7 (2014)	17.0 (2006)	35.1 (2014)	18.5	30.7	160	187
格鲁吉亚	9.3	…	1.9	56.8	39.8	47.5	513	514
哈萨克斯坦	3.7	3.0	10.0	71.6	47.5	59.0	80	72
吉尔吉斯共和国	5.1	7.9 (2014)	0.6	24.8 (2014)	6.0	20.9	146	439
巴基斯坦	7.7	9.7 (2014)	0.8	7.5 (2014)	13.1	10.4	688	4,735
塔吉克斯坦	5.0	6.5 (2013)	0.6 (2005)	10.4 (2013)	3.6	16.0	126	303
土库曼斯坦	…	…	…	…	0.7	2.2	2	13
乌兹别克斯坦	38.8	37.9	1.0	10.7	24.9	45.2	92	1,085
东亚地区							**1,516**	**829**
中国	…	8.0 (2014)	9.6 (2006)	54.4 (2014)	75.6	83.6	1,323	586
中国香港	23.5	22.7 (2014)	…	49.7 (2011)	92.9	97.1	…	…
韩国	16.8	17.1	208.3	280.8	94.8	95.7	…	…
蒙古国	40.0	71.5 (2014)	…	58.6 (2014)	81.2	93.7	193	243
中国台北	…	…	…	…	…	…	…	…
南亚地区							**4,586**	**12,618**
孟加拉国	6.9	8.2 (2014)	0.1	9.3 (2014)	39.8	34.5	903	2,790
不丹	14.4	15.5 (2014)	0.5	22.2 (2014)	…	38.9	48	151
印度	9.0	12.8 (2014)	2.3 (2005)	17.8 (2014)	40.5	58.6	2,684	7,317
马尔代夫	10.3	12.1 (2014)	7.4	26.9 (2014)	…	…	3	72
尼泊尔	2.6	8.4 (2014)	…	8.8 (2014)	32.6	41.1	350	975
斯里兰卡	8.7	18.6 (2014)	9.2 (2007)	17.0 (2014)	76.5	85.4	598	1,314
东南亚地区							**5,239**	**9,696**
文莱	21.2	20.7	35.3	78.6	…	…	…	…
柬埔寨	2.3 (2006)	5.7 (2014)	0.0 (2005)	10.9 (2014)	5.6	15.3	318	985
印度尼西亚	5.2	11.0 (2014)	8.6	49.5 (2014)	26.0	45.3	1,647	1,185
老挝	…	2.9 (2014)	…	19.9 (2014)	31.2	…	247	470
马来西亚	14.1	10.9	27.2	52.1	77.1	84.1	62	14
缅甸	1.8	3.3 (2014)	…	1.6 (2014)	…	27.0	34	1,113
菲律宾	8.2	8.7 (2014)	10.3	23.4 (2014)	37.1	37.1	412	444
新加坡	11.7	9.4 (2014)	47.9	59.5 (2014)	99.3	96.5	…	…
泰国	7.8	12.6 (2014)	19.9	111.3 (2014)	78.5	82.3	320	419
越南	…	3.9 (2014)	1.4	23.8 (2014)	29.5	39.5	2,199	5,067
太平洋地区							**559**	**1,257**
库克群岛	…	…	…	…	…	…	1	34
斐济	9.3	12.2 (2014)	19.0	44.5 (2014)	…	…	22	28
基里巴斯	…	5.7 (2013)	…	14.3 (2013)	…	…	11	65
马绍尔群岛	12.0	17.7 (2014)	3.0 (2007)	5.9 (2014)	…	…	2	11
密克罗尼西亚联邦	12.3	14.7 (2014)	3.1	14.7 (2014)	…	…	22	80
瑙鲁	…	…	…	…	…	…	23	4
帕劳	…	…	31.2 (2007)	47.6	…	…	9	5
巴布亚新几内亚	1.9	1.8 (2014)	3.8 (2006)	8.2 (2014)	…	…	238	492
萨摩亚	17.6	21.7	12.1	41.7	…	…	12	110
所罗门群岛	7.5	4.1	1.5	11.9	…	…	75	155
东帝汶	1.2	5.0 (2014)	…	5.3 (2014)	…	…	46	111
汤加	24.1	21.2 (2013)	22.5	27.2 (2013)	…	…	9	50
图瓦卢	…	…	…	…	…	…	8	53
瓦努阿图	19.6	22.6 (2014)	4.9	34.8 (2014)	…	…	78	57
发达经济体								
澳大利亚	30.7	29.1 (2014)	133.8	160.0 (2014)	99.7	99.2	…	…
日本	34.6	34.1	124.3	127.6	96.4	97.5	…	…
新西兰	35.0	29.6	59.1	70.9	99.4	99.9	…	…

… = 至截止日期未获得相关数据；0.0 = 数值不到所用计量单位的一半；ATM = 自动取款机。

a 官方贸易援助的承诺总额（受助方）以及官方贸易援助的支付总额（受助方）。

资料来源：指标8.10.1：International Monetary Fund. IMF Financial Access Survey Database. http：//data. imf. org/? sk = E5DCAB7E - A5CA -4892 - A6EA - 598B5463A34C（访问时间2016年8月）；指标8.10.2和指标8. a.1：United Nations. Sustainable Development Goals Indicators Global Database. http：//unstats. un. org/sdgs/indicators/database/（访问时间2016年7月21日）。

表 4.5　可持续发展目标 9 选定指标——空运旅客与货物运输量

发展优质、可靠、可持续和有抵御灾害能力的基础设施,包括区域和跨境基础设施,以支持经济发展和提升人类福祉,重点是人人可负担得起并公平利用上述基础设施。

本地区成员经济体	9.1.2 航空货运量 (千吨)		9.1.2 航空客运量 (旅客数量)	
	2000	2014	2000	2014
发展中经济体				
中亚和西亚地区				
阿富汗	10,514.0	134,368.0	149,705.0	2,144,208.9
亚美尼亚	3,830.0	3,227.8 (2010)	298,232.0	704,753.0 (2010)
阿塞拜疆	40,600.0	10,318.4	545,800.0	1,770,192.0
格鲁吉亚	1,100.0	208.6	117,521.0	196,589.0
哈萨克斯坦	5,011.0	16,184.5	461,283.0	4,918,574.1
吉尔吉斯共和国	2,229.0	111.7	240,954.0	712,285.9
巴基斯坦	100,609.0	165,305.0	5,293,541.0	5,559,595.5
塔吉克斯坦	1,274.0	153.0	168,006.0	312,685.8
土库曼斯坦	4,960.0	995.9	1,283,780.0	57,281.4
乌兹别克斯坦	19,570.0	40,235.7	1,744,510.0	2,545,935.0
东亚地区				
中国	1,884,521.0	5,907,105.9	61,891,807.0	390,878,784.0
中国香港	1,330,362.0	2,167,753.1	14,377,973.0	37,455,220.0
韩国	2,106,801.0	2,311,971.4	34,331,368.0	59,067,351.2
蒙古国	3,029.0	6,699.9	253,917.0	683,225.2
中国台北	1,338.2	2,221.7	48,407,000.0	55,357,000.0
南亚地区				
孟加拉国	40,178.0	98,425.9	1,331,369.0	3,116,217.4
不丹	2,069.0 (2005)	768.7	34,425.0	302,158.1
印度	244,208.0	686,779.4	17,303,059.0	82,751,554.9
马尔代夫	6,839.0	224.0 (2005)	315,108.0	81,945.0 (2005)
尼泊尔	9,136.0	10,954.8	643,332.0	517,541.9
斯里兰卡	55,365.0	114,208.1	1,755,567.0	4,756,137.6
东南亚地区				
文莱	29,177.0 (2000)	21,225.7	863,547.0	1,087,699.8
柬埔寨	5,408.0 (2005)	2,836.6	168,810.0 (2005)	1,089,788.3
印度尼西亚	181,432.0	747,177.4	9,916,365.0	94,504,086.1
老挝	1,369.0	1,331.3	210,847.0	1,310,119.9
马来西亚	447,003.0	630,537.7	16,560,793.0	47,555,552.8
缅甸	1,625.0	4,146.7	437,600.0	1,272,290.3
菲律宾	143,122.0	165,326.5	5,756,288.0	30,932,992.8
新加坡	2,014,269.0	1,137,149.0	16,704,341.0	32,883,396.8
泰国	512,489.0	649,035.0	17,392,091.0	44,039,176.2
越南	45,992.0	225,333.4	2,877,894.0	24,703,605.2
太平洋地区				
库克群岛	2,455.4 (2010)	3,548.0	77,557.6 (2010)	87,303.0
斐济	18,678.0	28,658.0	586,043.0	1,248,767.9
基里巴斯	...	...	...	...
马绍尔群岛	206.0	297.0 (2005)	16,109.0	25,789.0 (2005)
密克罗尼西亚联邦	...	...	...	...
瑙鲁	799.0	4,757.0	160,587.0	34,576.8
帕劳	...	...	...	...
巴布亚新几内亚	14,027.0	16,932.8	1,099,772.0	2,074,021.3
萨摩亚	1,198.0	53.8	164,142.0	76,946.4
所罗门群岛	582.0	1,044.9	75,262.0	330,451.6
东帝汶	...	...	...	...
汤加	0.0	0.0 (2004)	51,615.0	75,416.0 (2004)
图瓦卢	...	...	...	...
瓦努阿图	977.0	1,356.9	101,503.0	320,226.6
发达经济体				
澳大利亚	433,393.0	316,076.1	32,577,569.0	67,686,801.2
日本	2,855,581.0	2,325,844.0	109,123,312.0	110,544,000.0
新西兰	130,155.0	168,163.6	10,781,314.0	15,050,502.2

... = 至截止日期未获得相关数据;0.0 = 数值不到所用计量单位的一半。

资料来源:United Nations. Sustainable Development Goals Indicators Global Database. http://unstats.un.org/sdgs/indicators/database/ (访问时间 2016 年 7 月 21 日);中国台北:"预算、核算与统计总局",2015 年,《统计年鉴(2014 年)》,南投市。

表 4.6 可持续发展目标 9 选定指标——制造业的增长

促进包容和可持续工业化，到 2030 年，根据各国国情，大幅提高工业在就业和国内生产总值中的比例，使最不发达国家的这一比例翻番。

本地区成员经济体	9.2.1.a 制造业增加值占GDP的比例（%）		9.2.1.b 人均制造业增加值（以2010年美元为参数）		9.2.2 制造业就业占总就业的比例（%）	
	2000	2015	2000	2015	2000	2013
发展中经济体						
中亚和西亚地区						
阿富汗	17.2	11.2	45.1	75.2	20.9	18.0
亚美尼亚	15.3	11.1	210.3	421.3	8.8	8.3
阿塞拜疆	9.6	5.3	158.2	330.9	4.6	5.0
格鲁吉亚	9.5	11.7	127.2	396.8	5.9	4.4
哈萨克斯坦	13.0	10.3	594.1	1,150.4	7.6	6.4
吉尔吉斯共和国	23.2	14.6	149.9	151.9	9.1	7.0
巴基斯坦	10.1	12.6	80.8	145.9	12.5	13.0
塔吉克斯坦	27.2	17.3	114.0	147.3	6.3	3.8
土库曼斯坦	12.8	14.1	300.2	980.0	17.3	21.8
乌兹别克斯坦	25.3	18.4	204.3	355.2	16.9	16.9
东亚地区						
中国	28.6	32.8	490.6	2,025.3	12.2	11.9
中国香港	3.8	1.4	841.0	503.7	10.4	3.6
韩国	22.7	29.0	3,511.6	7,400.2	20.3	16.7
蒙古国	5.5	5.0	76.3	175.3	5.6	6.0
中国台北	24.6	23.0	3,613.2	4,725.2	...	...
南亚地区						
孟加拉国	13.7	18.7	67.0	181.9	7.0	12.2
不丹	7.6	7.9	92.3	213.8	3.2	6.0
印度	13.3	12.7	103.8	227.2	10.5	12.1
马尔代夫	5.3	3.0	225.8	275.4	21.8	9.7
尼泊尔	8.1	5.5	38.4	38.8	6.0	6.4
斯里兰卡	20.1	18.0	318.0	583.2	16.2	17.5
东南亚地区						
文莱	14.1	12.5	4,574.0	3,832.1	5.3	5.2
柬埔寨	11.5	16.9	49.0	171.6	7.0	10.7
印度尼西亚	26.7	24.6	543.7	898.1	13.0	13.3
老挝	8.1	10.9	50.9	152.2	1.6	1.8
马来西亚	27.0	23.9	1,817.9	2,490.9	22.5	16.8
缅甸	8.5	22.1	23.3	243.1	8.6	10.6
菲律宾	23.7	22.5	381.9	587.8	10.0	8.3
新加坡	20.4	18.9	6,949.3	9,292.0	21.0	13.2
泰国	28.6	28.3	994.8	1,628.0	13.6	13.9
越南	13.4	20.3	95.2	335.2	9.2	14.0
太平洋地区						
库克群岛	3.5	3.1	444.6	406.4	...	...
斐济	12.8	12.1	439.1	500.0	8.3	8.5
基里巴斯	5.0	5.1	90.5	83.1	...	...
马绍尔群岛	1.9	1.7	48.2	60.7	...	...
密克罗尼西亚联邦	1.8	0.4 (2014)	...	...	...	...
瑙鲁	15.1	23.7	859.2	2,569.8		
帕劳	3.2	1.4	325.1	160.3	...	...
巴布亚新几内亚	5.8	5.7	70.2	111.3	1.1	1.1
萨摩亚	13.5	7.0	345.4	232.0	...	...
所罗门群岛	4.9	7.2	52.5	104.7	8.7	6.6
东帝汶	2.0	0.2	16.8	8.7	3.1	6.7
汤加	7.1	6.3	234.6	234.6	...	...
图瓦卢	0.8	1.0	25.4	37.9	...	...
瓦努阿图	4.1	4.0	117.3	113.5	...	...
发达经济体						
澳大利亚	9.4	6.1	4,642.7	3,797.6	11.8	7.7
日本	17.5	18.8	7,082.9	8,382.3	14.3	16.0
新西兰	14.0	10.5	4,109.8	3,803.2	14.1	9.9

.... = 至截止日期未获得相关数据；GDP = 国内生产总值。

a 指标 9.2.1.a 和 9.2.1.b 的数据由联合国统计司根据 GDP、制造业增加值和人口数据计算得出，又由联合国工业发展组织发布在国际工业统计年鉴中。（http：//www.unido.org/publications/flagship-publications/international-yearbook-of-industrial-statistics.html）。

资料来源：United Nations. Sustainable Development Goals Indicators Global Database. http://unstats.un.org/sdgs/indicators/database/（访问时间 2016 年 7 月 21 日）；World Bank. World Development Indicators. http://databank.worldbank.org/data/reports.aspx? source=world-development-indicators（访问时间 2016 年 4 月 26 日）。

表 4.7 可持续发展目标 9 选定指标——研发

在所有国家，特别是发展中国家，加强科学研究，提升工业部门的技术能力，包括到 2030 年，鼓励创新，大幅增加每 100 万人口中的研发人员数量，并增加公共和私人研发支出。

本地区成员经济体	9.5.1研发支出占GDP的比例（%）		9.5.2研究人员（全职）（每100万人中）	
	2000	2014	起始年	最近一年
发展中经济体				
中亚和西亚地区				
阿富汗	...	...	...	...
亚美尼亚	0.18	0.24 a	...	...
阿塞拜疆	0.34	0.21	...	...
格鲁吉亚	0.22	0.10 b	562 (2013)	585 b (2014)
哈萨克斯坦	0.18	0.17 (2013)	405 (2007)	734 (2013)
吉尔吉斯共和国	0.16	0.13	...	...
巴基斯坦	0.13	0.29 c (2013)	83 (2005)	167 c (2013)
塔吉克斯坦	0.09 (2001)	0.12 (2013)	...	...
土库曼斯坦	...	...	...	...
乌兹别克斯坦	...	0.20	...	534 d (2011)
东亚地区				
中国	0.90	2.05	547 (2000)	1,113 (2014)
中国香港	0.46	0.73 (2013)	1,139 (2000)	3,136 (2013)
韩国	2.18	4.29	2,345 (2000)	6,899 (2014)
蒙古国	0.19	0.23 a	...	...
中国台北				
南亚地区				
孟加拉国	...	...	...	...
不丹	...	...	...	...
印度	0.74	0.82 (2011)	110 (2000)	157 (2010)
马尔代夫	...	...	...	...
尼泊尔	0.05 (2008)	0.30 (2010)	61 (2002)	...
斯里兰卡	0.14	0.10 (2013)	135 (2000)	111 (2013)
东南亚地区				
文莱	0.02 (2002)	0.04 (2004)	288 (2002)	286 (2004)
柬埔寨	0.05 (2002)		18 (2002)	...
印度尼西亚	0.07 e	0.08 (2013)	213 (2000)	90 (2009)
老挝	0.04 (2002)		16 (2002)	...
马来西亚	0.47	1.26	274 (2000)	2,052 (2014)
缅甸	0.11	0.16 (2002)	12 (2001)	17 (2002)
菲律宾	0.14 (2002)	0.14 (2013)	71 (2003)	221 (2013)
新加坡	1.82	2.19	4,245 (2000)	6,665 (2013)
泰国	0.24	0.48	279 (2001)	974 (2014)
越南	0.18 (2002)	0.19 (2011)	114 (2002)	...
太平洋地区				
库克群岛	...	...	...	...
斐济	...	...	...	...
基里巴斯	...	...	...	...
马绍尔群岛	...	...	...	...
密克罗尼西亚联邦	...	...	...	...
瑙鲁	...	...	...	...
帕劳	...	...	...	...
巴布亚新几内亚	...	...	...	...
萨摩亚	...	...	...	...
所罗门群岛	...	...	...	...
东帝汶	...	...	...	...
汤加	...	...	...	...
图瓦卢	...	...	...	...
瓦努阿图	...	...	...	...
发达经济体				
澳大利亚	1.58	2.20 f (2013)	3,454 (2000)	4,531 (2010)
日本	3.00	3.58	5,151 (2000)	5,386 (2014)
新西兰	1.10 (2001)	1.17 (2013)	2,644 (2001)	4,009 (2013)

... = 至截止日期未获得相关数据；GDP = 国内生产总值。

a 只有部分数据。

b 仅限高等教育。

c 工商企业和私有非营利机构除外。

d 高估或基于高估数据。

e 从从一份本地区出版物中摘录的部分数据。

f 国家估计或基于国家估计。

资料来源：United Nations Educational, Scientific and Cultural Organization Institute for Statistics. Data Centre. http://www.uis.unesco.org/DataCentre/Pages/default.aspx（访问时间 2016 年 8 月）。

表 4.8　可持续发展目标 9 选定指标——官方国际支持与中高科技产业的增加值

向非洲国家、最不发达国家、内陆发展中国家和小岛屿发展中国家提供更多的财政、技术和技能支持，以促进其开发有抵御灾害能力的可持续基础设施。

支持发展中国家的国内技术开发、研究与创新，包括提供有利的政策环境，以实现工业多样化，增加商品附加值。

本地区成员经济体	9.a.1基础设施官方流入总额（以2014年百万美元为参数）		9.b.1中高科技产业增加值占总附加值的比例[c]（%）	
	2000[a]	2014[b]	2000	2013
发展中经济体	**11,916.9**	**21,144.3**		
中亚和西亚地区	**1,243.6**	**5,724.8**		
阿富汗	0.4	556.1	...	...
亚美尼亚	136.6	207.1	0.1	0.0
阿塞拜疆	23.3	504.4	0.2	0.1
格鲁吉亚	144.0	367.4	0.2	0.2
哈萨克斯坦	244.2	1,274.9	0.1	0.2
吉尔吉斯共和国	98.4	144.5	0.1	0.0
巴基斯坦	526.5	2,180.9	0.3	0.3
塔吉克斯坦	17.7	155.9	0.0	...
土库曼斯坦	1.8	23.8	...	...
乌兹别克斯坦	50.8	309.8	...	...
东亚地区	**2,592.5**	**2,340.5**		
中国	2,467.6	2,131.2	0.4	0.4
中国香港	...	...	0.4	0.3
韩国	...	...	0.6	0.6
蒙古国	124.9	209.3	0.0	0.1
中国台北	...	...	...	...
南亚地区	**4,273.6**	**6,272.9**		
孟加拉国	701.9	1,041.1	0.2	0.1
不丹	34.0	71.3	...	...
印度	3,313.7	4,352.7	0.4	0.4
马尔代夫	13.0	4.2	...	...
尼泊尔	124.9	220.7	0.1	0.1
斯里兰卡	86.1	582.9	0.1	0.1
东南亚地区	**3,517.3**	**6,318.8**		
文莱	...	...	0.0	0.0
柬埔寨	48.0	212.6	–	–
印度尼西亚	120.1	1,305.6	0.4	0.4
老挝	79.9	71.4	...	...
马来西亚	575.8	10.7	0.5	0.4
缅甸	0.0	104.9	...	...
菲律宾	813.0	526.6	0.4	0.4
新加坡	...	...	0.8	0.8
泰国	705.6	400.4	0.4	0.4
越南	1,175.0	3,686.6	0.2	0.3
太平洋地区	**290.1**	**487.4**		
库克群岛	1.1	13.5	...	...
斐济	0.2	10.0	0.1	0.1
基里巴斯	1.7	38.6	...	...
马绍尔群岛	3.1	38.4	...	...
密克罗尼西亚联邦	4.8	6.2	...	...
瑙鲁	0.0 (2002)	1.5	...	...
帕劳	0.2	3.6	...	...
巴布亚新几内亚	245.6	196.8	0.1	0.1
萨摩亚	3.2	26.7	...	...
所罗门群岛	10.4	30.2	...	...
东帝汶	2.9	52.9	...	...
汤加	5.6	29.3	0.2	0.2
图瓦卢	0.1 (2002)	16.6	...	...
瓦努阿图	11.2	23.0	...	...
发达经济体	...	...		
澳大利亚	...	...	0.3	0.3
日本	...	...	0.5	0.6
新西兰	...	...	0.1	0.2

... = 至截止日期未获得相关数据；– = 数值等于零；0.0 = 数值不到所用计量单位的一半。

a 承诺数额。

b 总支付数额。

c 估值来自联合国统计司。

资料来源：United Nations. Sustainable Development Goals Indicators Global Database. http：//unstats. un. org/sdgs/indicators/database/（访问时间 2016 年 7 月）。

表 4.9　可持续发展目标 10 选定指标——家庭收入与消费增长

到 2030 年，逐步实现和维持最底层 40% 人口的收入增长，并确保其增长率高于全国平均水平。

本地区成员经济体	10.1.1.a 社会底层40%人口家庭人均支出或收入的增长率[a]（%）	10.1.1.b 家庭人均支出或收入的增长率[a]（%）
发展中经济体		
中亚和西亚地区		
阿富汗	...	...
亚美尼亚	-1.5 (2008-2013)	-1.1 (2008-2013)
阿塞拜疆	...	...
格鲁吉亚	2.9 (2008-2013)	2.6 (2008-2013)
哈萨克斯坦	8.9 (2009-2013)	7.6 (2009-2013)
吉尔吉斯共和国	-0.1 (2008-2012)	-2.4 (2008-2012)
巴基斯坦	3.8 (2004-2010)	2.7 (2004-2010)
塔吉克斯坦	...	...
土库曼斯坦	...	...
乌兹别克斯坦	...	...
东亚地区		
中国	7.2 (2005-2010)	7.9 (2005-2010)
中国香港	...	...
韩国	...	...
蒙古国	...	...
中国台北	...	...
南亚地区		
孟加拉国	1.7 (2005-2010)	1.4 (2005-2010)
不丹	6.5 (2007-2012)	6.5 (2007-2012)
印度	3.2 (2004-2011)	3.7 (2004-2011)
马尔代夫	...	...
尼泊尔	7.5 (2003-2010)	4.1 (2003-2010)
斯里兰卡	2.2 (2006-2012)	1.7 (2006-2012)
东南亚地区		
文莱	...	...
柬埔寨	8.5 (2007-2012)	4.1 (2007-2012)
印度尼西亚	3.8 (2011-2014)	3.4 (2011-2014)
老挝	1.2 (2007-2012)	2.0 (2007-2012)
马来西亚	...	...
缅甸	...	...
菲律宾	1.1 (2006-2012)	0.4 (2006-2012)
新加坡	...	...
泰国	4.8 (2008-2012)	3.9 (2008-2012)
越南	6.2 (2004-2010)	7.8 (2004-2010)
太平洋地区		
库克群岛	...	...
斐济	...	...
基里巴斯	...	...
马绍尔群岛	...	...
密克罗尼西亚联邦	...	...
瑙鲁	...	...
帕劳	...	...
巴布亚新几内亚	...	...
萨摩亚	...	...
所罗门群岛	...	...
东帝汶	...	...
汤加	...	...
图瓦卢	...	...
瓦努阿图	...	...
发达经济体		
澳大利亚	4.4 (2003-2010)	4.7 (2003-2010)
日本	...	...
新西兰	...	...

... = 至截止日期未获得相关数据。

a 使用 PovcalNet 数据库（http：//iresearch.worldbank.org/PovcalNet），按购买力平价计算，根据实际人均消费或收入平均值得出。孟加拉国、柬埔寨和老挝的数据按照 2005 年的购买力平价计算，其他上报数据的成员经济体均按照 2011 年购买力平价计算。上报数据根据消费得出，澳大利亚除外，其收集的是收入数据。

资料来源：World Bank. Global Database of Shared Prosperity. http：//www.worldbank.org/en/topic/poverty/brief/global-database-of-shared-prosperity（访问时间 2016 年 8 月 26 日）。

4. 和平

推动创建没有恐惧与暴力的和平、公正和包容的社会。没有和平，就没有可持续发展；没有可持续发展，就没有和平。

简况

全球范围内，每十万人中大约有 5.3 人是蓄意谋杀行为的受害者。亚太地区的蓄意谋杀犯罪率为十万分之 2.5，是全球比例最低的地区之一。

在发达经济体，在政府部门进行出生登记的比例为 100%，而大多数中亚和西亚经济体的比例也接近于 100%。南亚的不丹和马尔代夫比例也非常高，超过了 90%。在东南亚地区，这一比例超过三分之二；在太平洋地区，基里巴斯、马绍尔群岛和汤加的出生登记率则超过 90%。

武装冲突与暴力会对人民的生活产生长久的破坏性影响。例如，最新数据显示，全世界约有 5000 万人因为暴力和武装冲突而无家可归（联合国难民署，2014 年）。可持续发展议程承认，和平是可持续发展的重要支柱。因此，可持续发展目标 16 希望通过增强机构维护政治稳定和法治的能力，促进和平，抑制暴力的无休无止。本部分考查拥有亚行成员经济体有关数据的、可持续发展目标 16 下面的几个指标。

可持续发展目标 16：促进有利于可持续发展的和平和包容社会，为所有人提供诉诸司法的机会，在各级建立有效、负责和包容的机构

每 10 万人中蓄意谋杀的受害者数量。 全球范围内，每 10 万人中，约有 5.3 人是蓄意谋杀的受害者。亚太地区的蓄意谋杀犯罪率为 10 万分之 2.5，是全球比例最低的地区之一。① 南亚所有经济体的蓄意谋杀受害者发生率均低于 10 万分之 5。蓄意谋杀受害者发生率最低（不到 10 万分之 1）的经济体在亚太地区也有一些，其中包括文莱、中国、中国香港、印度尼西亚、日本、韩国、马尔代夫、新西兰以及新加坡（图 5.1）。然而，发生率最高的经济体在本地区也有，其中包括图瓦卢（20.3）、巴布亚新几内亚（10.8）、菲律宾（9.9）、巴基斯坦（7.8）、蒙古国（7.5）、基里巴斯（7.5）、哈萨克斯坦（7.4）、老挝（7.1）以及阿富汗（6.6）。

5 岁以下儿童在民政部门进行出生登记的比例。 联合国统计司可持续发展目标指标全球数据库的元数据显示，出生登记是保障每个人受法律承认的第一步。没有正式的出生登记证明，公民便无法享受医疗、教育或劳动市场等服务，同时还会削弱各个机构的包容性。考虑到其重要作用，可持续发展目标 16 希望为所有人提供法律身份，包括出生登记。

图 5.2 展示了 5 岁以下儿童在政府部门进行出生登记的比例，且只显示了具有 2010 年或以后数据的经济体的情况。亚太地区发达经济体的出生登记比例均为 100%，而大多数中亚和西亚经济体的比例也接近于 100%（阿富汗除外）。在南亚地区，不丹和马尔代夫的出生登记率超过了 90%。在东南亚地区，菲律宾、泰国和越南也超过了 90%。太平洋的汤加的出生登记率也相当高。表 5.1 展示了早年的数据。

在过去 12 个月内遭受身体暴力、心理暴力或性暴力的人口比例。 根据最新数据，图 5.3 显示了亚太各经济体每 10 万人中性暴力的发生率。马尔代夫（163.2）、澳大利亚（87.5）和新西兰（83.2）的发生率最高。发生率最低（低于十万分

---

① 本地区的总数是根据每 10 万人中蓄意谋杀的受害者数量进行人口加权的平均值。人口数据来源于联合国毒品和犯罪问题办公室以及联合国经济和社会事务部人口司的《世界人口展望：2015 年修订版》。

么就不只是国内问题了。因此，冲突不断的国家应积极参与，解决产生暴力和不安全因素的根本原因，这一点是非常重要的。此外，它们还应积极推动多边行动，保证世界上最边缘化的群体也享有同样的公平与安全。

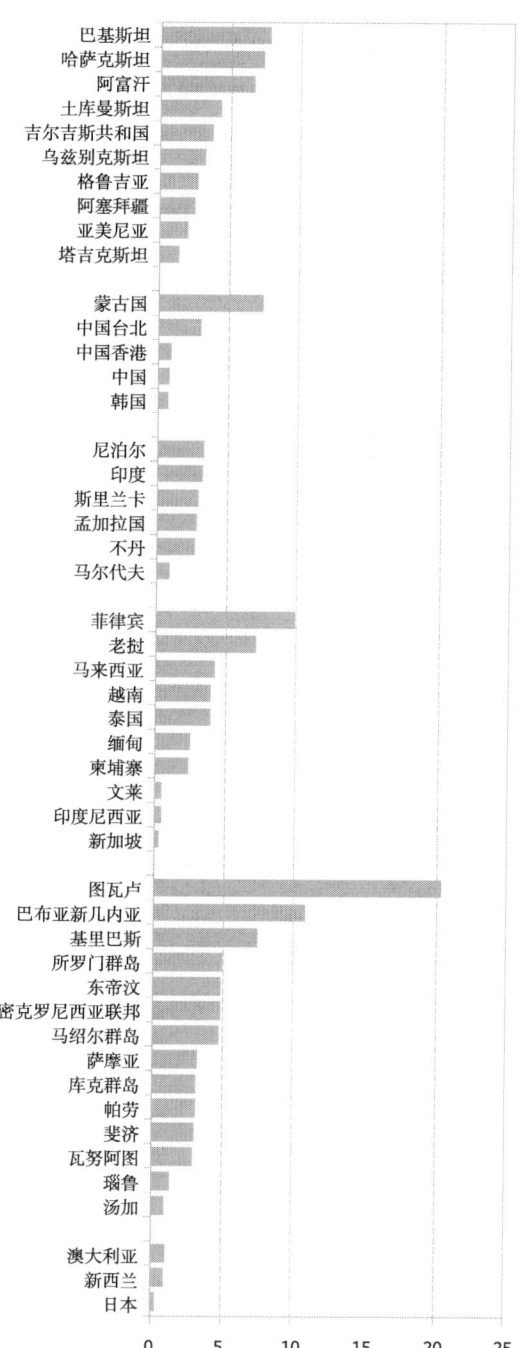

图 5.1　最近一年每 10 万人中蓄意谋杀的受害者数量

资料来源：表 5.1。

之二）的经济体有缅甸（0.7）、吉尔吉斯共和国（1.3）、泰国（1.8）以及菲律宾（1.9）。

公平及其他问题

武装冲突会引发一系列国内问题。例如，在很多冲突不断的国家，如果不结束无休止的暴力循环和不安全感，几乎不可能大幅度减少极端贫困人口。但是，当冲突蔓延到国家边境以外，那

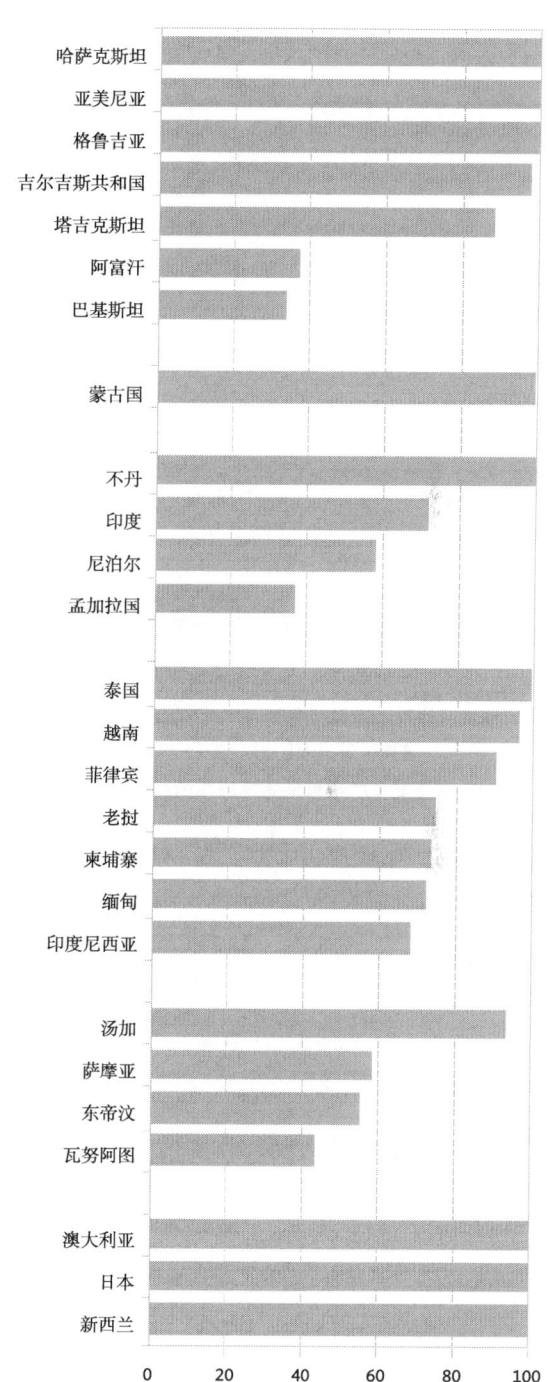

图 5.2　最近一年 5 岁以下儿童在民政部门进行出生登记的比例（%）

注：图中只显示了有最新数据（2010 年及以后）的经济体的信息。

资料来源：表 5.1。

各经济体最近一年性暴力（以刑事备案为准）发生率（每10万人中）

注：图中只显示了有最新数据（2010年及以后）的经济体的信息。"性暴力"是指强奸与性侵犯，其中也包括儿童性侵。各国提供的数据可能并不是严格根据联合国毒品和犯罪问题办公室的定义得出的。

资料来源：UNODC. Homicide Database. https://data.unodc.org/（访问时间2016年10月11日）.

数据缺口

用于监测可持续发展目标16的数据非常稀少，也没有定期采集。虽然各国政府和专业的政府间机构在解决这样的数据缺口中具有重要作用，但是非政府机构（如民间团体组织和研究所）也能通过提供补充数据发挥关键作用（可持续发展解决方案网络，2016年）。

表 5.1 可持续发展目标 16 选定指标——犯罪与出生登记

在世界各地大幅度减少一切形式的暴力和相关死亡率。

到 2030 年，为所有人提供法律身份，包括出生登记。

本地区成员经济体	16.1.1 蓄意谋杀的受害数量（每10万人中）		16.9.1 5岁以下儿童在政府部门进行出生登记的比例（%）	
	2000	2012	2006	2014
发展中经济体				
中亚和西亚地区				
阿富汗	4.1 (2009)	6.6	6.0 (2003)	37.4 (2011)
亚美尼亚	2.7 (2004)	2.0 (2013)	96.0 (2005)	99.6 (2010)
阿塞拜疆	2.8	2.5 (2014)	93.6	...
格鲁吉亚	5.0	2.7 (2014)	92.0 (2005)	99.6 (2013)
哈萨克斯坦	15.5	7.4 (2013)	99.0	99.7 (2011)
吉尔吉斯共和国	8.7	3.7 (2014)	95.7	97.7
巴基斯坦	6.4	7.8	26.6 (2007)	33.6 (2013)
塔吉克斯坦	3.1 (2006)	1.4 (2013)	88.0 (2005)	88.4 (2012)
土库曼斯坦	...	4.3	95.5	...
乌兹别克斯坦	...	3.2	99.9	...
东亚地区				
中国	2.0 (2002)	0.8	...	...
中国香港	0.6	0.9 (2013)	...	...
韩国	0.9 (2011)	0.7 (2014)	...	...
蒙古国	13.9 (2003)	7.5 (2014)	98.0 (2005)	99.3 (2013)
中国台北	5.1	3.0 (2011)	...	...
南亚地区				
孟加拉国	2.5	2.8 (2014)	10.0	37.0 (2013)
不丹	2.0 (2008)	2.7 (2014)	...	99.9 (2010)
印度	4.5	3.2 (2014)	41.1	71.9
马尔代夫	0.1 (2007)	0.9 (2013)	73.0 (2000)	92.5 (2009)
尼泊尔	2.7	3.3	35.0	58.1
斯里兰卡	6.8 (2003)	2.9 (2013)	97.2	...
东南亚地区				
文莱	0.9 (2003)	0.5 (2013)	...	...
柬埔寨	3.3 (2001)	2.4	66.4 (2005)	73.3
印度尼西亚	1.0	0.5 (2014)	55.0 (2002)	68.5 (2013)
老挝	...	7.1	72.0	74.8 (2012)
马来西亚	2.2 (2001)	4.3	...	...
缅甸	2.1 (2001)	2.5	64.9 (2003)	72.4 (2010)
菲律宾ª	7.4	9.9 (2014)	83.0 (2000)	90.2 (2010)
新加坡	0.9	0.3 (2014)	...	...
泰国	8.2	3.9 (2014)	99.5	99.4 (2012)
越南	1.2 (2001)	4.0	92.7 (2005)	96.1
太平洋地区				
库克群岛	...	3.1	...	...
斐济	2.6 (2007)	3.0	...	...
基里巴斯	7.1 (2008)	7.5	92.0 (2008)	93.5 (2009)
马绍尔群岛	...	4.7	...	95.9 (2007)
密克罗尼西亚联邦	...	4.8	...	...
瑙鲁	...	1.3	82.6 (2007)	...
帕劳	...	3.1	...	...
巴布亚新几内亚	8.7	10.8	...	...
萨摩亚	8.7 (2009)	3.2 (2013)	47.7 (2009)	58.6
所罗门群岛	4.4 (2004)	4.9	80.0 (2007)	...
东帝汶	2.4 (2004)	4.9	53.0 (2003)	55.2 (2010)
汤加	1.0	1.0	...	93.4 (2012)
图瓦卢	- (2002)	20.3	49.9 (2007)	...
瓦努阿图	...	2.9	43.0 (2007)	43.4 (2013)
发达经济体				
澳大利亚	1.9	1.0 (2014)	100.0 (2012)	100.0 (2015)
日本	0.6 (2003)	0.3 (2014)	100.0 (2012)	100.0 (2015)
新西兰	1.3	0.9 (2014)	100.0 (2012)	100.0 (2015)

... = 至截止日期未获得相关数据； - = 数值等于零。

a 2009 年，菲律宾国家警察局实施了一套新的犯罪申报系统，将 2009 年的犯罪数据作为未来研究和比较的基线。因此，2009 年的犯罪数据不可以与之前（2008 年及以前）的数据作比较，因为参数发生了变化。

资料来源：指标 16.1.1：对于起始年和联合国可持续发展目标指标全球数据库中没有数据的经济体，资料来源为 United Nations Office of Drugs and Crime. Homicide Database. https：//data. unodc. org/（访问时间 2016 年 8 月 19 日）；最近一年数据来自 United Nations. Sustainable Development Goals Indicators Global Database. http：//unstats. un. org/sdgs/indicators/database/（访问时间 2016 年 7 月 21 日）. 指标 16.9.1：起始年和联合国可持续发展目标指标全球数据库中没有数据的经济体，World Bank. World Development Indicators. http：//databank. worldbank. org/data/reports. aspx? source = world - development - indicators（访问时间 2016 年 8 月 19 日）；最近一年，数据来自 United Nations. Sustainable Development Goals Indicators Global Database. http：//unstats. un. org/sdgs/indicators/database/（访问时间 2016 年 7 月 21 日）。

5. 伙伴关系

动用必要的手段来执行这一议程，本着加强全球团结的精神，在所有国家、所有利益攸关方和全体人民参与下，恢复全球可持续发展伙伴关系的活力，尤其注重满足最贫困最脆弱群体的需求。

简况

在过去 15 年中，大多数成员经济体的汇款额占 GDP 的比例有所提升，其中 27 个经济体的年增长率超过了 0.05 个百分点。

2000 年至 2015 年期间，在亚太地区 23 个经济体，债务还本付息占货物和服务出口额的比例有所下降，其中包括印度、哈萨克斯坦、吉尔吉斯共和国以及巴布亚新几内亚。

在亚太地区，2014 年获得官方发展援助净额最高的国家是阿富汗、越南、巴基斯坦、印度和孟加拉国。

在 35 个有数据的亚太经济体中，19 个经济体的国家统计计划资金充足，并且正在实施。

到 2030 年实现可持续发展目标需要全球各方密切合作。对于低收入经济体来说，由于其能力有限，无法调动国内的公共资源，官方发展援助仍然会是它们的主要资源。此外，官方发展援助也可以促进汇集其他资源，促进能力建设。本部分展示了亚行本地区成员经济体的官方发展援助数据和可持续发展目标 17 的其他指标数据。

可持续发展目标 17：加强执行手段，重振可持续发展全球伙伴关系

汇款额占 GDP 的比例。 最新数据显示，汇款额占 GDP 比例最高的国家包括尼泊尔（32.2%）、塔吉克斯坦（28.8%）、汤加（26.3%）、吉尔吉斯共和国（25.7%）以及萨摩亚（17.6%）（图 6.1）。在过去十五年（2000 年至 2015 年）中，增长率最高的国家为尼泊尔（每年 2.0 个百分点），塔吉克斯坦（每年 1.7 个百分点）和吉尔吉斯共和国（每年 1.7 个百分点）紧随其后。此外，汇款额占 GDP 比例有所下降的国家包括澳大利亚、柬埔寨、哈萨克斯坦、基里巴斯、韩国、马绍尔群岛、新西兰、巴布亚新几内亚、泰国、汤加、图瓦卢以及瓦努阿图。在有 2014 年或是 2015 年数据的前十个经济体中，三个经济体的汇款额有所下降：图瓦卢每年下降 1.3 个百分点，马绍尔群岛每年下降 0.36 个百分点，汤加每年下降 0.4 个百分点。

债务还本付息占商品和服务出口额的比例。 图 6.2 展示了债务还本付息在货物和服务出口中的分布情况。数据显示，在过去 15 年中，该比例在大多数有数据的经济体有所下降。印度、哈萨克斯坦、吉尔吉斯共和国和巴布亚新几内亚的年下降率超过了 0.5 个百分点。另一方面，亚美尼亚和不丹则每年增加 0.5 个百分点。债务还本付息占货物和服务出口额比例最高的五个经济体是亚美尼亚（21.6%）、巴基斯坦（20.3%）、斯里兰卡（11.9%）、不丹（10.7%）和格鲁吉亚（9.4%）。

官方发展援助净额。 在亚太地区，2014 年获得官方发展援助净额最高的国家是阿富汗、越南、巴基斯坦、印度以及孟加拉国。[①]

是否具备国家统计计划。 国家统计计划有利于促进国家统计系统的综合发展。在联合国统计司的可持续发展目标指标全球数据库中可以查到 2015 年数据的 35 个经济体中，约一半资金充足，并且正在实施。有几个经济体 2015 年国家统计计划不存在，还有一些经济体要么国家统计计划已经过期，要么在等待批准。根据最新数据，表 6.3 总结了亚太各经济体是否具备国家统计计划的情况。

---

① 详情请参见区域表 4.16。

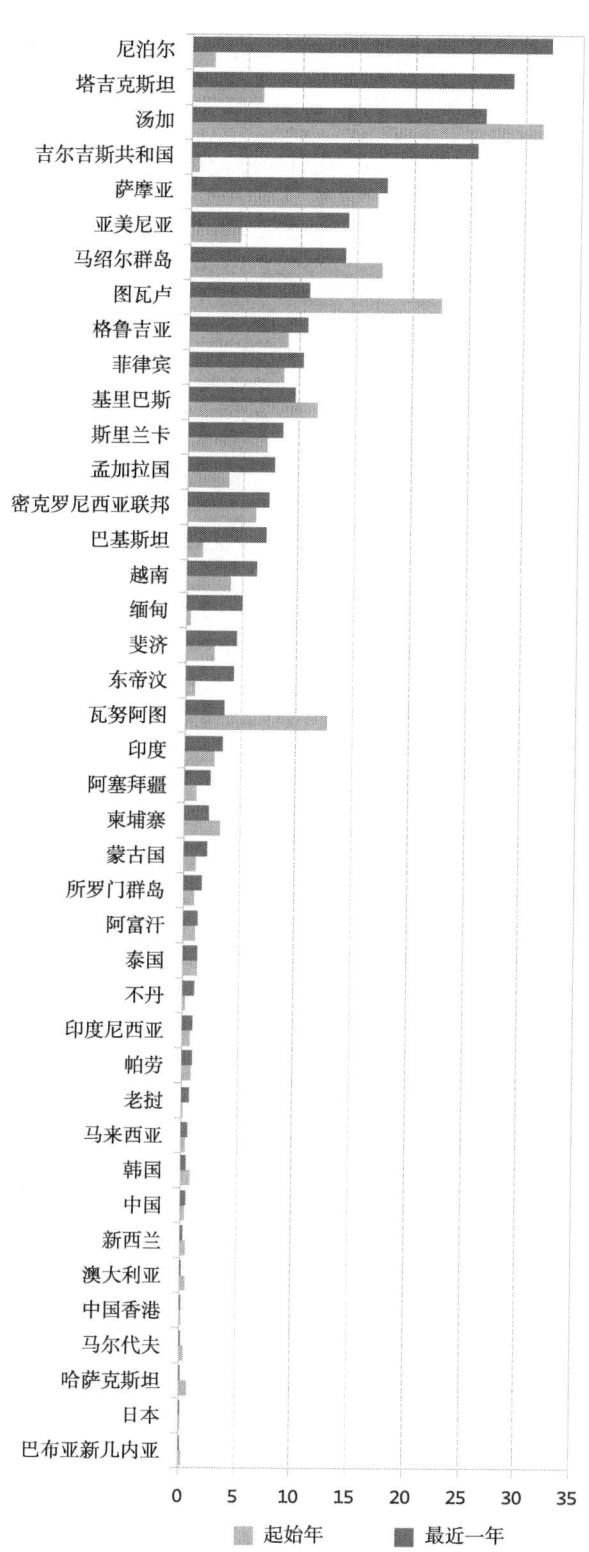

图 6.1 汇款额占国内生产总值的比例（%）
资料来源：表 6.1。

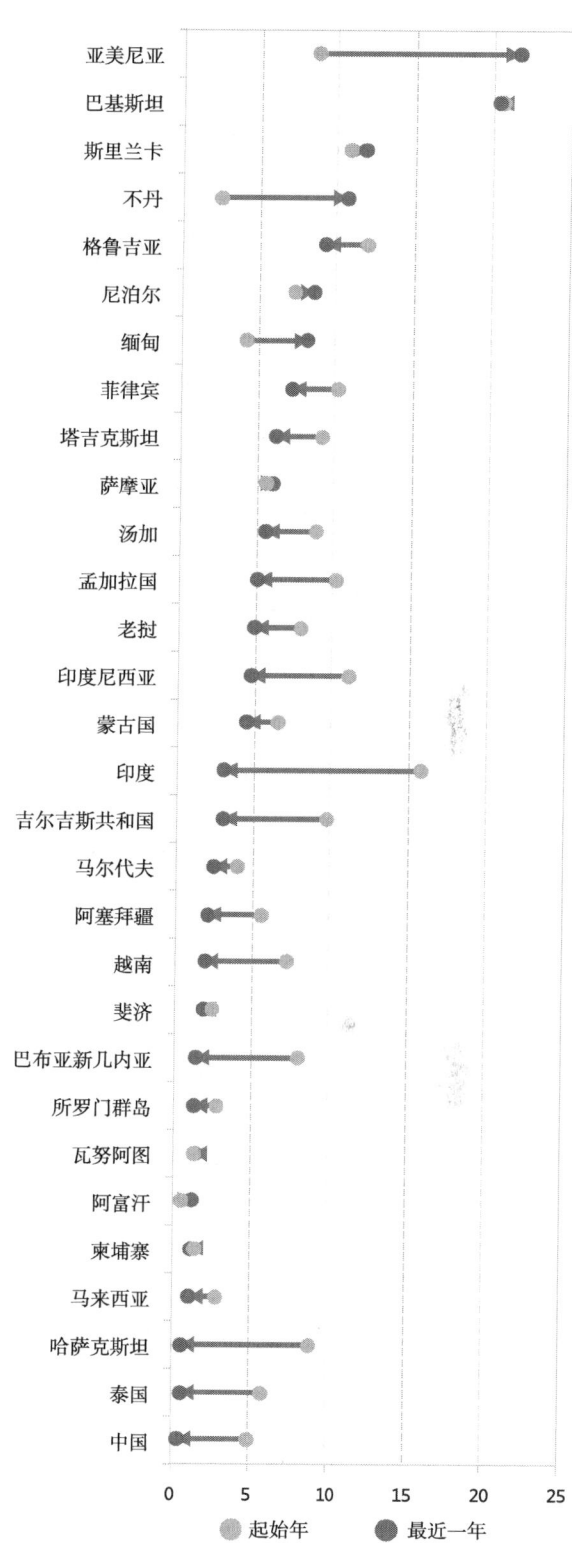

图 6.2 债务还本付息（占商品和服务出口额的百分比）
资料来源：表 6.1。

公平及其他问题

在联合国千年发展目标期间，大多数发展援助都是由发达国家流入发展中国家，但在接下来的几年中，发展中国家之间的官方发展援助流入可能会增加。这样的形式有利于制定更好的、更符合发展中国家国情的公共政策，推进社会融合。然而，可持续发展议程仍然需要更加创新和多样化的资金来源，需要将公共融资、民间融资和内外联合融资结合起来。

数据缺口

伙伴关系主题的很多指标数据都没有，即使有数据量也很少，而且没有定期更新。此外，由于某些领域缺乏量化的目标，大幅度增加了监测可持续发展目标 17 的难度。

表6.1 可持续发展目标17 选定指标——发展融资

从多渠道筹集额外财政资源用于发展中国家。

通过政策协调，酌情推动债务融资、债务减免和债务重组，以帮助发展中国家实现长期债务可持续性，处理重债穷国的外债问题以减轻其债务压力。

本地区成员经济体	17.3.2换算成美元的汇款额（占GDP的比例）		17.4.1债务还本付息（占货物和服务出口额的比例）	
	2000	最近一年	2000	2013
发展中经济体				
中亚和西亚地区				
阿富汗	1.0 (2008)	1.3 (2014)	0.5 (2005)	1.2
亚美尼亚	4.6	14.1 (2015)	8.8	21.6
阿塞拜疆	1.1	2.4 (2015)	5.5	2.1
格鲁吉亚	9.0	10.6 (2015)	12.1	9.4
哈萨克斯坦	0.7	0.1 (2014)	8.8	0.6
吉尔吉斯共和国	0.7	25.7 (2015)	9.8	3.0
巴基斯坦	1.5	7.2 (2015)	20.8	20.3
塔吉克斯坦	6.4 (2002)	28.8 (2015)	9.2 (2002)	6.2 (2012)
土库曼斯坦	...	...	...	...
乌兹别克斯坦	...	...	...	...
东亚地区				
中国	0.4	0.4 (2015)	4.9	0.3
中国香港	0.1	0.1 (2015)	...	...
韩国	0.9	0.5 (2015)	...	...
蒙古国	1.1	2.1 (2014)	6.5	4.5
中国台北	...	...	...	...
南亚地区				
孟加拉国	3.7	7.9 (2015)	10.2	5.1
不丹	0.3 (2006)	1.0 (2015)	2.5 (2006)	10.7
印度	2.7	3.4 (2014)	15.8	3.1
马尔代夫	0.4	0.1 (2015)	4.0	2.5
尼泊尔	2.0	32.2 (2015)	7.3	8.6
斯里兰卡	7.1	8.5 (2015)	10.9	11.9
东南亚地区				
文莱	...	...	...	...
柬埔寨	3.3	2.2 (2014)	1.4	1.1
印度尼西亚	0.7	1.0 (2014)	11.1	4.7
老挝	0.0	0.8 (2015)	7.9	4.9
马来西亚	0.4	0.6 (2015)	2.8	1.1
缅甸	0.4 (2012)	5.0 (2015)	4.2	8.2
菲律宾	8.6	10.3 (2015)	10.2	7.2
新加坡	...	...	...	...
泰国	1.3	1.3 (2015)	5.8	0.5
越南	4.0	6.3 (2011)	7.2	1.9
太平洋地区				
库克群岛	...	...	...	...
斐济	2.6	4.6 (2014)	2.4	1.8
基里巴斯	11.6 (2006)	9.6 (2014)	...	...
马绍尔群岛	17.2 (2005)	14.0 (2014)	...	...
密克罗尼西亚联邦	6.3 (2009)	7.3 (2014)	...	...
瑙鲁	...	...	...	...
帕劳	0.8 (2005)	0.9 (2014)	...	...
巴布亚新几内亚	0.2	0.1 (2014)	8.0	1.4 (2012)
萨摩亚	16.7	17.6 (2014)	5.5 (2004)	6.1
所罗门群岛	1.0	1.6 (2015)	2.8	1.3
东帝汶	0.8 (2006)	4.4 (2015)	...	...
汤加	31.5 (2001)	26.3 (2014)	8.9 (2001)	5.6 (2012)
图瓦卢	22.6 (2005)	10.7 (2014)	...	...
瓦努阿图	12.7	3.5 (2014)	1.4	1.2
发达经济体				
澳大利亚	0.5	0.2 (2015)	...	...
日本	0.0	0.1 (2015)	...	...
新西兰	0.5	0.2 (2015)	...	...

... = 至截止日期未获得相关数据；0.0 = 数值不到所用计量单位的一半。

资料来源：United Nations. Sustainable Development Goals Indicators Global Database. http://unstats.un.org/sdgs/indicators/database/（2016年7月）；World Bank. World Development Indicators. http://databank.worldbank.org/data/reports.aspx? source = world – development – indicators（访问时间2016年9月3日）.

表 6.2　可持续发展目标 17 选定指标——享有科技与数据通信服务

促成最不发达国家的技术库和科学、技术和创新能力建设机制到 2017 年全面投入运行，加强促成科技特别是信息和通信技术的使用。

本地区成员经济体	17.6.2每千名居民中安装固定网络宽带的人数	
	起始年	2015
发展中经济体		
中亚和西亚地区		
阿富汗	0.01 (2004)	0.05
亚美尼亚	0.00 (2001)	95.78
阿塞拜疆	0.12 (2002)	197.60
格鲁吉亚	0.09 (2001)	146.35
哈萨克斯坦	0.07 (2003)	130.49
吉尔吉斯共和国	0.01 (2002)	37.06
巴基斯坦	0.09 (2005)	9.53
塔吉克斯坦	0.00 (2003)	0.70
土库曼斯坦	0.02 (2008)	0.56
乌兹别克斯坦	0.11 (2003)	35.66
东亚地区		
中国	0.02 (2000)	185.61
中国香港	65.02 (2000)	319.36
韩国	84.17 (2000)	402.50
蒙古国	0.02 (2001)	71.17
中国台北	10.44 (2000)	242.60
南亚地区		
孟加拉国	0.30 (2007)	24.10
不丹	2.98 (2008)	35.55
印度	0.05 (2001)	13.35
马尔代夫	0.67 (2002)	64.74
尼泊尔	0.04 (2006)	10.64
斯里兰卡	0.02 (2001)	31.00
东南亚地区		
文莱	5.59 (2001)	79.95
柬埔寨	0.00 (2002)	5.33
印度尼西亚	0.02 (2000)	10.89
老挝	0.00 (2003)	5.19
马来西亚	0.17 (2001)	89.50
缅甸	0.00 (2005)	3.50
菲律宾 a	0.13 (2001)	33.99
新加坡	17.61 (2000)	264.50
泰国	0.03 (2001)	92.42
越南	0.01 (2002)	81.38
太平洋地区		
库克群岛	- (2001)	130.90 (2013)
斐济	8.51 (2005)	14.26
基里巴斯	3.56 (2005)	1.11
马绍尔群岛	24.39 (2013)	18.87
密克罗尼西亚联邦	0.06 (2003)	31.37
瑙鲁	...	94.76 (2010)
帕劳	3.74 (2004)	57.49
巴布亚新几内亚	0.46 (2008)	1.97
萨摩亚	0.18 (2004)	11.00
所罗门群岛	0.44 (2004)	2.43
东帝汶	0.01 (2003)	0.88
汤加	0.11 (2002)	18.89
图瓦卢	5.18 (2004)	100.85
瓦努阿图	0.08 (2003)	16.28
发达经济体		
澳大利亚	6.30 (2001)	278.52
日本	6.80 (2000)	304.87
新西兰	1.21 (2000)	315.46

... = 至截止日期未获得相关数据；- = 数值等于零；0.0 = 数值不到所用计量单位的一半。

a 原始指标指"每百名居民中安装固定网络宽带的人数"。

资料来源：United Nations. Sustainable Development Goals Indicators Global Database. http：//unstats. un. org/sdgs/indicators/database/（访问时间 2016 年 7 月 21 日）；International Telecommunication Union. World Telecommunication/ICT Indicators Database. http：//www. itu. int/en/ITU-D/Statistics/Pages/stat/default. aspx（访问时间 2016 年 6 月 6 日）。

表6.3 可持续发展目标17 选定指标——是否具备国家统计计划

加强向发展中国家，包括最不发达国家和小岛屿发展中国家提供的能力建设支持，大幅增加获得按收入、性别、年龄、种族、民族、移徙情况、残疾情况、地理位置和各国国情有关的其他特征分类的高质量、及时和可靠的数据。

本地区成员经济体	17.18.3是否具备国家统计计划
发展中经济体	
中亚和西亚地区	
阿富汗	A (2015)
亚美尼亚	A (2015)
阿塞拜疆	A (2011)
格鲁吉亚	D (2015)
哈萨克斯坦	...
吉尔吉斯共和国	D (2015)
巴基斯坦	B (2015)
塔吉克斯坦	A (2015)
土库曼斯坦	D (2015)
乌兹别克斯坦	E (2015)
东亚地区	
中国	D (2012)
中国香港	...
韩国	...
蒙古国	A (2015)
中国台北	...
南亚地区	
孟加拉国	A (2015)
不丹	D (2015)
印度	A (2015)
马尔代夫	A (2015)
尼泊尔	A (2015)
斯里兰卡	A (2015)
东南亚地区	
文莱	...
柬埔寨	A (2015)
印度尼西亚	D (2015)
老挝	A (2015)
马来西亚	...
缅甸	E (2015)
菲律宾	A (2015)
新加坡	...
泰国	A (2012)
越南	A (2015)
太平洋地区	
库克群岛	...
斐济	E (2015)
基里巴斯	A (2015)
马绍尔群岛	D (2015)
密克罗尼西亚联邦	D (2015)
瑙鲁	...
帕劳	...
巴布亚新几内亚	E (2015)
萨摩亚	A (2015)
所罗门群岛	E (2015)
东帝汶	A (2015)
汤加	D (2015)
图瓦卢	E (2015)
瓦努阿图	A (2015)
发达经济体	
澳大利亚	...
日本	...
新西兰	...

... = 至截止日期未获得相关数据。

A 国家统计计划资金充足，且正在实施。

B 国家统计计划拟定完成，在等待批准。

C 国家统计计划过期或没有计划，目前正在设计或策划。

D 国家统计计划过期。

E 国家统计计划不存在。

资料来源：United Nations. Sustainable Development Goals Indicators Global Database. http：//unstats.un.org/sdgs/indicators/database/（访问时间2016年10月22日）.

大数据在官方统计和可持续发展监测中的作用

简介

以证据为基础制定政策，数据的作用非常关键。目前，新型数据不断增加，形式也愈加多样化，其中包括卫星图像及其他数字图像、数字记录、机器生成的数据、社交媒体数据、网络汇编数据以及消费者数据库，它们的出现会推动形成更加全面、包容和有活力的问题解决网络时代，让每个人都能参与到决策进程中来（Sachs, 2012年），这种机会是前所未有的。在支持可持续发展议程的同时，我们也需要筹备一场"数据革命"，不仅仅局限于常用的调查、普查以及管理数据库，还要用创新的、最先进的数据源信息进行补充，解决世界上的可持续发展挑战。

数据革命需要无缝整合各方数据，包括国家统计系统汇编的数据，以及其他数据生产者从公立或私立机构搜集的信息。因此，这可能需要改变数据生产者运营核心业务的某些方面。而国家统计系统面临的主要挑战则是增强与大数据对接的能力。另一方面，私营部门已经具备分析大数据的技术知识，对它们来说，挑战是双重的。第一，私营数据生产者需要保护自身的利益，同时还要把数据当做公共事业，做好保密措施，因此它们要在两者中找到平衡；第二，它们还需要严格遵循通用的统计框架，保证其生产的数据的质量及可比性。本部分简要介绍大数据给我们社会带来的机遇和挑战。更具体地说，本部分就我们如何能够正确前行，以便利用大数据汇编官方统计资料和监测可持续发展目标提供一些见解。

什么是大数据？

一般来讲，大数据是指人们利用电脑、社交媒体、移动电话、照片、卫星图像、传感器及其他类型的数字技术进行数字交易所产生的类型的数据。大数据有三个主要来源：人类信息、过程介导数据和机器生成的数据。人类信息包括来自社交网络、个人文件、搜索引擎、视频、移动数据内容、用户生成地图、邮件等来源的数据。过程介导数据是指来自传统业务系统的数据，如公共机构（包括病历）产生的数据；以及工商业务（商业交易、银行记录、电商、信用卡和优惠卡）产生的数据。机器生成的数据可能包括固定传感器（家、天气、交通、科学、安全以及监督）和移动传感器（移动手机位置和电脑系统数据，如日志和博客）。在所有情况下，大数据有五个特点：容量大、速度快、种类多、真实性高以及可变性大。

大数据汇编一直在快速发展。实际上，由于很多采集数据的实体内存有限，大数据的采集也受到了限制。但是，随着新的信息技术的持续发展，以及网络周边设备的激增，如嵌入式传感器、智能手机和平板电脑，数据的提取和内存能力对于大数据汇编的影响越来越小（Villars、Eastwood 和 Olofson，2011 年）。同样地，大数据的分析也在蓬勃发展。实际上，现有的文献提供了很多分析工具，例如正则化回归、模型选择和确认、分类以及降维，这些都能用来分析数据（Wu 与 Kumar，2009 年）。

另一方面，"大数据"一词也指更加广泛的生态系统，系统中各种机构在大数据的生成、存储、检索、分析和使用上扮演着不同的角色。虽然私营部门是大数据的主要使用者，但是大数据应该发挥更大的作用，即在接下来的几年中，对官方统计的传统数据来源进行补充。因此，各方应理解其潜在的好处，同时也要知道使用这些新数据源的限制，这是非常重要的。下面就讨论这个问题。

大数据与官方统计

有些例子可以说明大数据对于汇编官方统计是有用的。例如，荷兰中央统计局使用移动手机的位置数据，生成了日间人口和旅游统计的替代措施。此外，他们使用社交媒体信息的数据开发了一个消费信任度的替代指标。他们还根据网页提取的价格信息，测算通货膨胀[①]。此外，荷兰中央统计局还使用交通环路检测数据来测量车流量和交通密度。[②] 另一方面，澳大利亚统计局一直在探索大数据的可能应用，如在建立抽样框架或登记、全部或部分替代数据、推导遗失数据项以及数据确认中的应用（Tam 与 Clarke，2015 年）。在亚太地区，也有很多在官方统计中使用大数据的例子。例如，中国、日本和韩国在价格统计（包括价格指数）中运用了网络提取的数据。另一方面，菲律宾在基础设施投资决策中使用了众包数据，斯里兰卡在城市管理中也运用了众包数据。韩国利用移动手机的呼叫记录监测日常人口迁移。印度尼西亚还用这种呼叫记录来监测价格，推动货运和物流决策。卫星图像和遥感图像在中国用于测量粮食生产，在巴基斯坦用于追踪贫困，在印度用于监测农村电气化，在新加坡则用于监测污染指数。专栏 7.1 通过又一个例子说明卫星图像（特别是夜间灯光）如何被用以开发衡量各类社会经济指标的替代措施。总的来说，目前有许多探讨大数据在官方统计中的潜在应用、限制和约束的倡议。为了进一步推进这些倡议，探索大数据的其他新领域，世界银行与联合国统计司联合创建了一个"官方统计大数据全球工作组"。目前工作组详细汇总了与大数据和各种官方统计相关的项目，保存在其大数据详细目录中。

表 7.1　　　　　　　　　　　　亚太地区与大数据有关倡议一览表

经济体	机构或部门	大数据项目
澳大利亚	联合国"全球脉动"计划	利用在线搜索数据评估人口迁移流动
孟加拉国	世界银行	利用大数据预测抗洪能力和加强灾害抵御能力
中国	国家统计局	将网络提取的价格数据运用于电商的价格指数
		农田粮食调查：使用卫星和航空遥感进行农业统计
		银行间零售交易数据比较：利用信用卡数据验证零售销售额
		将大数据运用于公路与水路的运输统计
		生产资料的在线价格变动
		大数据企业统计指标
	世界银行	使用大数据分析，探索医疗保险的利用模式，监测中国的医疗成本
	联合国开发计划署与百度	使用大数据支持中国的电子废物管理

[①] 详情请参见 Struijs, Braaksma and Daas（2014）。
[②] 详情请参见 Daas et al（2015）。

续表

经济体	机构或部门	大数据项目
日本	日本总务省	用网络提取数据和扫描数据进行价格统计
韩国	韩国国家统计局	在线价格指数
		人口的日常迁移：使用移动呼叫记录追踪人口迁移
印度	世界银行	空中追踪灯光2.0版，或从太空监测农村电气化
		实时预测技能需求与供应：分析印度就业门户网站Babajob的大数据
	联合国"全球脉动"计划	通过分析社交媒体和新闻内容，了解防疫意识和认知
印度尼西亚	世界银行	运用大数据促进货运和物流决策
		利用移动电话数据进行国家、地区和地理编码平均价格管理
		利用大数据预测低收入学校环境中学生的表现
	联合国"全球脉动"计划	利用社交媒体了解大众对防疫的认知水平
		挖掘民众对于加强地方政府决策的反馈数据
	国际劳工组织和联合国"全球脉动"计划雅加达实验室	利用社交媒体追踪印度尼西亚工作场所对女性的歧视
巴基斯坦	世界银行	运用高清卫星图像和检测算法，更好地追踪巴基斯坦的贫困情况
菲律宾	世界银行	菲律宾OpenRoads项目：将地理空间道路网数据与通过移动电话采集的、带有位置标签的社交数据连接起来，提高菲律宾在基础设施投资中的实时决策水平
新加坡	新加坡统计局	综合环境系统：使用环境感测系统和数据分析获取实时环境信息
		人口测量：使用各方的管理数据预测人口
斯里兰卡	世界银行	把众包地理空间数据用以更新和修正权威国家测绘资料
	LIRNEasia智囊团	将移动网络大数据作为科伦坡交通和城市规划的工作依据
越南	世界银行	利用大数据预测低收入学校环境中的学生成绩

资料来源：联合国大数据全球工作组项目清单；联合国亚太经济和社会委员会。

专栏7.1　利用夜间灯光衡量社会经济指标

夜间灯光数据就是一个新型信息源的良好例子，如今，它被越来越多地运用到各种研究中，显示大数据可以用于监测可持续发展目标。

专栏图7.1　世界夜间灯光

资料来源：NASA。

什么是夜间灯光？

美国国家海洋和大气管理局的国防气象卫星计划线性扫描业务系统采集了世界各地夜间灯光的卫星图像，范围在北纬65度到南纬65度之间，时间为当地时间的晚上8:30至晚上10点。图像的每个像素代表一平方千米的地面面积，数字0~63则用于测量光源的强度。为了清除云层、闪烁雪花和短暂光亮产生的噪音，原始数据经过了二次处理。如欲查看汇编的年度数据，请访问美国国家气象局地球物理数据中心的网站：http://ngdc.noaa.gov/eog/index.html。

利用夜间灯光数据获取社会经济指标的替代衡量

原则上讲，夜间灯光是很多经济生产和消费活动的一种重要反映，例如货物与人的运输、户外照明、楼宇房屋灯光装置以及大众传播媒体消费（Pinkovskiy和Sala-i-Martin，2015年）。因此，下述现象已不足为奇，即一些研究发现，夜间灯光或光度数据与经济活动措施息息相关，其中包括涉及GDP的因素，也包括基于非GDP的社会经济指标，例如人口规模、就业和贫困（如Chen与Nordhaus，2010年、2011年；Gosh等，2010年；Pinkovskiy与Sala-i-Martin，2015年）。

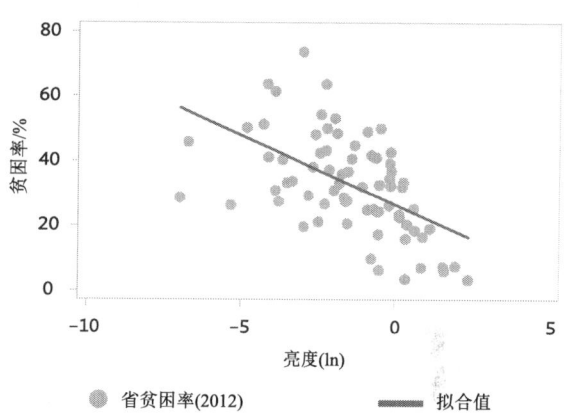

专栏图7.2　省级贫困率与夜间灯光指数值的相关性

资料来源：亚行根据菲律宾统计局汇编的贫困数字和夜间灯光数据所做的估算。

统计系统薄弱的国家可以根据夜间灯光数据，估算有关指标的情况。此外，夜间灯光也可以用于空间分析，由于每个像素只代表很小的一块区域，可以将数据分解得非常细化。例如，Lo（2001年）表示，可以利用夜间灯光数据准确估算出中国省级、市级以及县级的城镇人口。当社会经济指标呈现出不一致的数据时，夜间亮度数据还能充当证实工具。例如，Pinkovskiy与Sala-i-Martin（2015年）认为，当基于调查获得的收入数据和通过GDP计算出的数据冲突时，夜间亮度数据会成为有效的证实工具。他们表示，"夜间灯光和收入估值的关联度，与指定收入测量和希望测量的真实收入之间的关联度直接相关"。

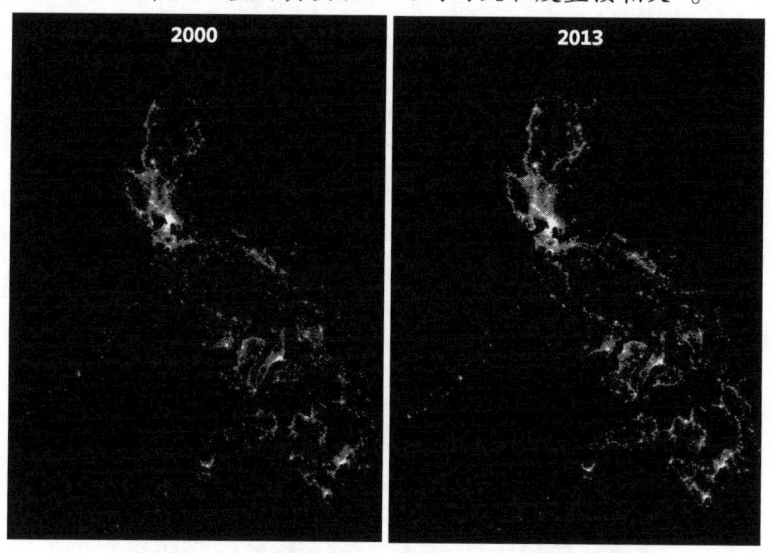

专栏图7.3　菲律宾2000年和2013年夜间灯光图像

资料来源：亚行根据美国国家海洋和大气管理局的数据所做的计算。Version 4 DMSP-OLS Nighttime Lights Time Series. http://ngdc.noaa.gov/eog/dmsp/downloadV4composites.html（访问时间2016年1月18日）。

在一项持续研究中，亚洲开发银行经济研究和区域合作部的工作人员一直在探索将夜间灯光数据用于测量基础设施项目影响力的可行性。为此，他们随机选取了一些道路工程，在工程执行前、执行中和执行后，对其周边5千米、10千米和15千米半径内的照明值进行了分析。初步结果显示，在同一参考时段内和"类似"区域范围内，相比没有道路工程的区域，有工程的区域照明值增幅更大。然后，可以利用GDP措施、减贫措施和扶助就业措施等与照明值之间的关联度在项目实施前后对这些措施进行估计。

虽然利用夜间灯光可以得到传统社会经济指标的替代指标，但这个方法也不是没有局限性。例如，由于旧卫星被新卫星所取代，每年的数据可能会出现不一致的情况。此外，由于照明值分布为右删失数据，所以对于达到最高值63的区域，无法衡量其经济增长或其他社会经济指标的暂时性变化。不过，讨论夜间灯光与社会经济指标之间的关系有利于促进政策制定，因为这一新数据源可以与官方统计中的传统数据源互补。

资料来源：

X. Chen and W. Nordhaus. 2010. The Value of Luminosity Data as a Proxy for Economic Statistics. *NBER Working Paper* 16317. Cambridge MA：National Bureau of Economic Research（NBER）.

——. 2011. Using Luminosity Data as a Proxy for Economic Statistics. *Proceedings of the National Academy of Sciences of the United States of America* 108（21）：8589–8594.

T. Ghosh, R. L. Powell, C. D. Elvidge, K. E. Baugh, P. C. Sutton, and S. Anderson. 2010. Shedding Light on the Global Distribution of Economic Activity. *The Open Geography Journal* 3：148–161.

C. P. Lo. 2001. Modeling the Population of China Using DMSP Operational Linescan System Nighttime Data. *Photogrammetric Engineering & Remote Sensing* 67：1037–1047.

M. Pinkovskiy and X. Sala-i-Martin. 2015. Lights, Camera, ... Income!：Estimating Poverty Using National Accounts, Survey Means, and Lights. *NBER Working Paper* 19831. Cambridge MA：National Bureau of Economic Research（NBER）.

虽然大多数研究都在讨论应用大数据加强官方统计汇编的可行性，并且取得了可喜的成绩，但是在决定大规模推广这样的倡议之前，还有很多问题需要思考。第一，需要谨慎考虑费用问题和统计输出的可持续性。第二，使用有些类型的大数据时，如众包数据和网络提取数据，自选择性偏差和代表性问题也是需要解决的问题，因为很多人没有连网。第三，要在官方统计中使用大数据，还需要考虑元数据系统的编纂与产生（Ploug，2013年）。对此，联合国统计司正带头规范大数据的正式概念定义及其分类与标准，这样才能具备国际可比性。此外，有一些领域还需要深入研究，尤其是大数据分析需要新的统计方法，且不能过分依赖于统计显著性的传统概念。大数据分析还应为解决其内在特征性问题提供分析工具，如异质性、噪声累积、伪相关和偶然内生变量。

除了上述挑战，要将大数据运用到官方统计的汇编中，还需要解决体制性障碍。例如，私营部门持有数据的分享应该具备明确的指导方针，而且要在与公共部门（尤其是国家统计局）密切磋商的前提下，进行谨慎开发与检查。除此之外，还需要发展国家统计局使用大数据的能力，并继续开发新的手段，促进大数据融入国家统计系统。

大数据与可持续发展目标

前面部分总体讨论了大数据在官方统计中的各种应用。本部分特别总结我们如何利用大数据监测可持续发展目标，并着重介绍大数据能够在弥补可持续发展目标数据缺口上发挥重要作用的三个主题：分类、及时性以及替代指标的开发。

正如前面所指出的，可持续发展目标推崇"不让一个人掉队"的原则，这需要将统计数据按照群体分类。但是，现存的数据采集机制，即使是第一级指标，通常也没有这样分类。因此，需要探索新的数据源在方法上如何补充传统的数据采集策略，以促进数据的分类。大数据也许能提供更加细化的社会和地理空间数据，降低采集上述数据的成本。例如，呼叫记录和过程介导可以提供更加细化的贫困指标数据，对官方统计进行补充。如果使用恰当的数据挖掘算法，性别和时间地点指标也能从上述数据库生成，并能辅助生成贫困率和其他指标的数据，按照各种标准进行分类。同样地，移动技术也能用于边缘群体的采样，这对于传统数据采集方法来说是难以实现的。

用大数据补充传统数据，汇编可持续发展目标指标，这还有可能提高数据发布的及时性。即使是第一级指标，受调查和普查频率的限制，定期更新一直以来都是很困难的。有几种类型的大数据可以补充"繁荣"主题下指标的官方统计，比如从传统业务系统生成的大数据。以大数据作为外生因素基于模型的估值可以用于更新商业调查和（或）普查年之间的指标。类似的模型方法还能用于建立早期预警系统，定期（例如每年）监测可持续发展目标的进展。例如，谷歌趋势数据被用于预测流行性感冒的发生率（Yang、Santillana 与 Kou，2015 年）。同样的方法还能用于预测艾滋病或肺结核的患病率，补充亚太各国稀缺数据。

大数据可望在开发可持续发展目标第三级指标的替代措施上发挥关键作用。例如，可以通过与"厄尔尼诺南方涛动"（El Niño Southern Oscillation）数据等全球气候指标相结合开发可持续发展目标 13（气候行动）的一些指标，来探索固定删失数据（天气）的使用。同样地，移动删失数据能够用于可监测可持续发展目标 12（负责的消费与生产）的潜在指标。特别是，在生成指数的过程中，不同来源的数据被结合在一起，这一过程与目标也很相关，可以被视作是各种指标的潜在因素。这些潜在因素能够通过主成分分析或稀疏主成分分析提取。

小结

本部分展示了大数据在汇编官方统计和可持续发展目标指标中的几种应用。整体来讲，结果是鼓舞人心的，并强调了大数据的运用范围很广。然而，还是需要指出一些重要的问题。"大数据"并非官方统计和可持续发展目标指标的所有数据缺口的解决方案。实际上，大数据并不一定总是正确的数据，因为在有些情况下，它会引入一些有偏差和虚假关联的数据源，导致错误的结论。其次，要充分理解大数据的分析结果，只有成熟的技术和数据挖掘算法是不够的，需要将行业专业知识与突出的硬件和软件能力相结合。

在发展界愈益认识到使用大数据增强官方统计的相关性和及时性的优势的同时，还应有意识地努力解决涉及大数据的各种问题，比如数据质量和方法、利用大数据工作所需技能的开发、技术要求、分享大数据的法律框架、使用大数据的原则，等等。为此，发展界需要继续追踪使用大数据的相关倡议，以加强对其可扩展性的细致理解。此外，发展界需要与包括私营部门和政府（尤其是国家统计局）在内的各利益相关方密切合作。

参考文献

Asian Development Bank. 2015. *Key Indicators for Asia and the Pacific 2015*. Manila.

P. Daas, M. Puts, B. Buelens, and P. van den Hurk. 2015. Big Data as a Source of Official Statistics *Journal of Official Statistics* 31(2): 249–262.

T. Hak, S. Janouskova, and B. Moldan. 2016. Sustainable Development Goals: A Need for Relevant Indicators. *Ecological Indicators* 60: 565–573.

N. Ploug. 2013. New Forms of Data for Official Statistics. In Proceedings of the 59th World Statistics Congress of the International Statistical Institute, 25-30 August, Hong Kong, China. The Hague, Netherlands: International Statistical Institute.

J. Sachs. 2012. From Millennium Development Goals to Sustainable Development Goals. *The Lancet* 379: 2206–2211.

P. Struijs, B. Braaksma, and P. Daas. 2014. Official Statistics and Big Data. *Big Data and Society*, April-June 2014: 1–6.

Sustainable Development Solutions Network (SDSN). 2016. Measuring Peaceful, Just and Inclusive Societies: SDG16 Data Initiative.

S. Tam and F. Clarke. 2015. Big Data, Official Statistics and Some Initiatives by the Australian Bureau of Statistics. *International Statistical Review* 83(3): 436–448.

United Nations Development Programme (UNDP). 2013. *Strategy Paper: Sustainable and Inclusive Urbanization in Asia Pacific*. New York.

United Nations High Commissioner for Refugees (UNHCR). 2014. Global Trends 2013. Geneva.

R. Villars, M. Eastwood, and C. Olofson. 2011. Big Data: What It Is and Why You Should Care. IDC White Paper. Framingham, MA: International Data Corporation.

World Health Organization (WHO). 2015. *Health in 2015: From MDGs to SDGs*. Geneva.

X. Wu and V. Kumar. 2009. Top 10 Data Mining Algorithms. New York: Chapman and Hall/CRC Press.

S. Yang, M. Santillana, and S. Kou. 2015. Accurate Estimation of Influenza Epidemics Using Google Search Data via ARGO. Proceedings of the National Academy of Sciences 112: 14473–14478.

第二部分
区域趋势与表格

区域趋势与表格简介

《2016年亚太地区关键指标》包含100个总结亚洲开发银行亚太地区成员经济体在社会、经济和环境发展方面的区域趋势的统计表。这些统计表分为八个主题：人类，经济与产出，货币、金融与价格，全球化，交通与通信，能源与电力，环境，政府与治理。

每个主题都简要分析了选定指标的关键趋势，并突出了几个副主题的重要进展。其数据模式体现于表格和图像中，后两者比较了亚洲开发银行成员经济体最近一年（如2015年）的指标数据。一般来讲，为了区分区域、次区以及国家趋势，最近一年的指标会与前一年（如2015年与2014年）作比较，或与更早的年份（如2015年与2000年）作比较。

人类指标强调人口趋势，包括人口规模与增长；出生、死亡与生育率；年龄抚养比率；国际移民、城市化与就业；医疗与教育资源。本部分还含有贫困与不平等的数据，包括衡量国家收入分配的基尼系数以及人类发展指数，后者将一系列经济社会统计结合到指数中，反映了每个国家的整体经济福祉。本主题的一些重要内容在前文"可持续发展目标主题：人类"（该主题寻求消除贫困和其他形式的社会经济劣势）中的数据分析中也做了讲述。

经济与产出的表格相关内容包括GDP及经济增长；从国民核算提取的相关统计，如国民总收入、增加值、消费支出、资本形成、进出口和国内储蓄总额；生产指标。这一主题按购买力平价计算GDP，并利用得出的数据比较区域内及全世界的相对大小。本部分也讨论了2000年以来农业、工业和服务业占GDP比例的变化，哪些经济体消费更多，以及哪些经济体资本投资更多，是否为未来的经济增长做好准备。

货币、金融与价格展示了通货膨胀的最新数据和其他货币与金融统计。其中包括货币供应数据、利率、银行借款、官方汇率以及股票市场。本主题集中讨论了三个内容：由于国际粮油价格走低，大多数亚太经济体出现的适度消费价格通货膨胀；2014—2015年大多数区域货币相对美元的不良贬值；不良银行贷款和股票市场运转情况的趋势。

全球化关注对外贸易、国际收支平衡、国际储备、资本流动、外债及旅游。地区内与地区间的贸易扩大是全球化的重要方面，劳动力和资本的国际流动亦然。本主题讨论了商品进出口的趋势；服务出口在某些区域经济体中日益重要的地位；官方贷款和赠款净额；私有资本净流入。更多有关全球价值链的详细统计表格在第三部分提供。

交通与通信的数据涵盖了公路与铁路网络、航空运输量、集装箱港口吞吐量以及机动车导致的伤亡等方面。此外，还包括移动与固定电话用户数以及宽带网络覆盖率。本部分讨论了如下主题：亚太地区公路网络的更新和铁路网络的扩张，汽车保有量及道路交通事故死亡率的增加，移动电话和宽带网络用户的激增。

能源与电力的数据涉及以下领域：产能、一次能源的供应与使用以及电力的消耗与生产。讨论集中关注了能源的需求趋势，并有如下发现：亚太地区的大型发电厂对于煤炭的依赖性越来越强；亚太地区的消耗大国越来越依赖于能源进口；大多数亚太经济体的能源效率有所提高，但在某些经济体，矿物燃料的补贴仍在增加；随着工业化和家庭电气化，亚太地区的发电率呈现大幅度上升趋势。

环境包括土地使用、森林资源以及空气与水污染等相关指标。本主题讨论了温室气体的排放，尤其是农业对于该方面的影响、森林采伐和淡水资源。之前在可持续发展目标地球主题下讨论过的某些数据也包括了本主题中的某些指标。

政府与治理的数据涉及政府税收、财政收支平衡、医疗与教育服务支出以及社会保障与福利支出等领域。此外，其数据还包括每个国家注册新公司所需要的时间与成本，以及透明国际清廉指数的最新全球排名。讨论集中分析了亚太地区的整体趋势，涉及的领域包括财政绩效、政府支出重点和税收；创业所需时间与成本的降低；腐败现象的持久性。

2016年时值亚洲开发银行成立50周年，本报告中的专栏展示了很多数据，总结了亚太地区在过去50年中的一些主要社会与经济转变。为此，对于采用一致方法论并形成足够数量的数据系列的选定统计指标，我们也讨论了其统计趋势。

1. 人类

> **简况**
>
> 亚太地区的人口占世界总人口的 55%，世界人口最多的两个国家都位于亚太地区，即中国和印度。
>
> 2000 年至 2015 年期间，亚太地区成员经济体总人口的年增长率为 1.21%。
>
> 在接下来的几十年中，亚太地区的老龄化人口可能会影响劳动力参与率，为政策制定者带来预算方面的挑战。
>
> 在约一半的亚太经济体大多数人口生活在城市地区。
>
> 联合国开发计划署的人类发展指数显示，2000 年以来，大多数亚太经济体的生活水平有所提高，但是程度各不相同。

关键趋势

亚太地区人口占世界总人口的一半以上。2015 年，亚洲开发银行 48 个本地区成员体的总人口为 40.5 亿，占世界总人口的 55.1%。随后依次为非洲、欧洲、北美洲、南美洲、西亚和其他地区，占世界总人口的比例分别为 16.1%、11.1%、7.8%、5.7%、3.3% 和 0.9%。2015 年，南亚超过东亚成为亚太地区人口最多的区域，占该地区总人口的 36.8%。同年，东亚占亚太地区人口比例为 36.0%，其次为东南亚（15.5%）、中亚和西亚（7.5%）和太平洋地区（0.3%）。同时，澳大利亚、日本和新西兰三个发达国家的人口占亚太地区总人口的比例共为 3.8%（图 1.1）。

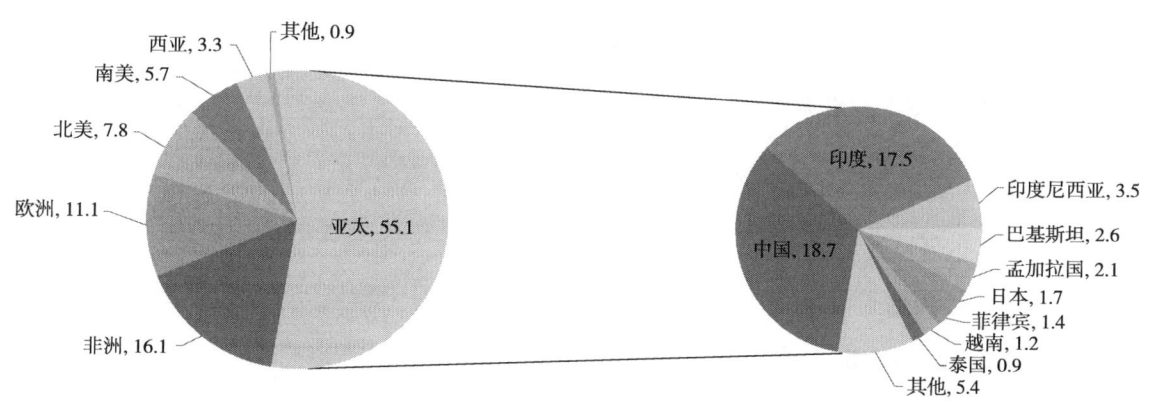

图 1.1　2015 年人口分布（按全球区域和亚太地区经济体划分）（%）

注：西亚地区的数据经过了调整，不包含亚美尼亚、阿塞拜疆和格鲁吉亚的人口，但亚太地区包括上述三个国家的数据。
资料来源：表 1.1。

世界上人口最多的两个国家都在亚太地区，即中国（14亿人）和印度（13亿人）。2015年，两国占世界总人口的比例分别为18.7%和17.5%。2015年，亚太地区的其他三个人口大国为印度尼西亚（2.25亿人）、巴基斯坦（1.97亿人）以及孟加拉国（1.58亿人）（图1.1）。

联合国预测，世界人口在2050年将达到97.3亿人，其中48亿人（49.4%）居住在亚太地区[①]。

2000年至2015年期间，亚太地区成员经济体总人口的年增长率为1.21%。图1.2展示了2000—2015年该地区各经济体的人口年平均增长率。东亚地区的高收入及中高收入国家平均增长率相对较低，不超过1.0%。在中亚和西亚地区，阿富汗、巴基斯坦和塔吉克斯坦在考查期的增长率均超过2.0%，但亚美尼亚等国家的增长率则非常低，甚至出现了人口负增长。巴布亚新几内亚是太平洋地区人口增长率最高的国家，为3.1%，但马绍尔群岛和帕劳则是负增长。在东南亚地区，除泰国和缅甸外，其他国家在考查期内人口年平均增长率都高于1.0%。在亚行发达成员经济体中，日本的人口增长勉强为正值，仅为0.02%。

2000年至2015年期间，亚太地区的人口平均以1.21%的速度逐年增长。而非洲、欧洲、北美洲、南美洲、西亚和世界其他地区的人口年平均增长率则分别为2.54%、0.22%、1.06%、1.22%、2.29%和0.58%。[②]

在未来几十年，亚太地区的老年人口可能对政策制定者带来挑战。人类寿命延长和生育率下降将持续对本地区人口结构的组成造成重要影响。图1.3显示了2000年、2015年和2050年的本地区人口金字塔。每一条带对应某一性别和年龄组的预计人口规模，其中深色带和浅色带分别表示2015年的男性和女性人口。浅色线表示2000年的预计人口规模，深色线表示2050年的预计人口规模。表格中显示的模式表明，2050年本地区人口中相当大的一部分将由年龄超过65岁的人构成。到2050年，历史上将首次出现亚洲年龄超过65岁的人口数量与低于15岁的人口数量大致相等的情况（Smith和Majmundar，2012）。然而在那之前，年龄结构相对较年轻的国家应该会获益于劳动年龄人口的增加，因此抚养比率也会下降。图1.4显示了2000年至2015年间各本地区成员经济体的抚养比是如何变化的。除了斯里兰卡，所有发展中

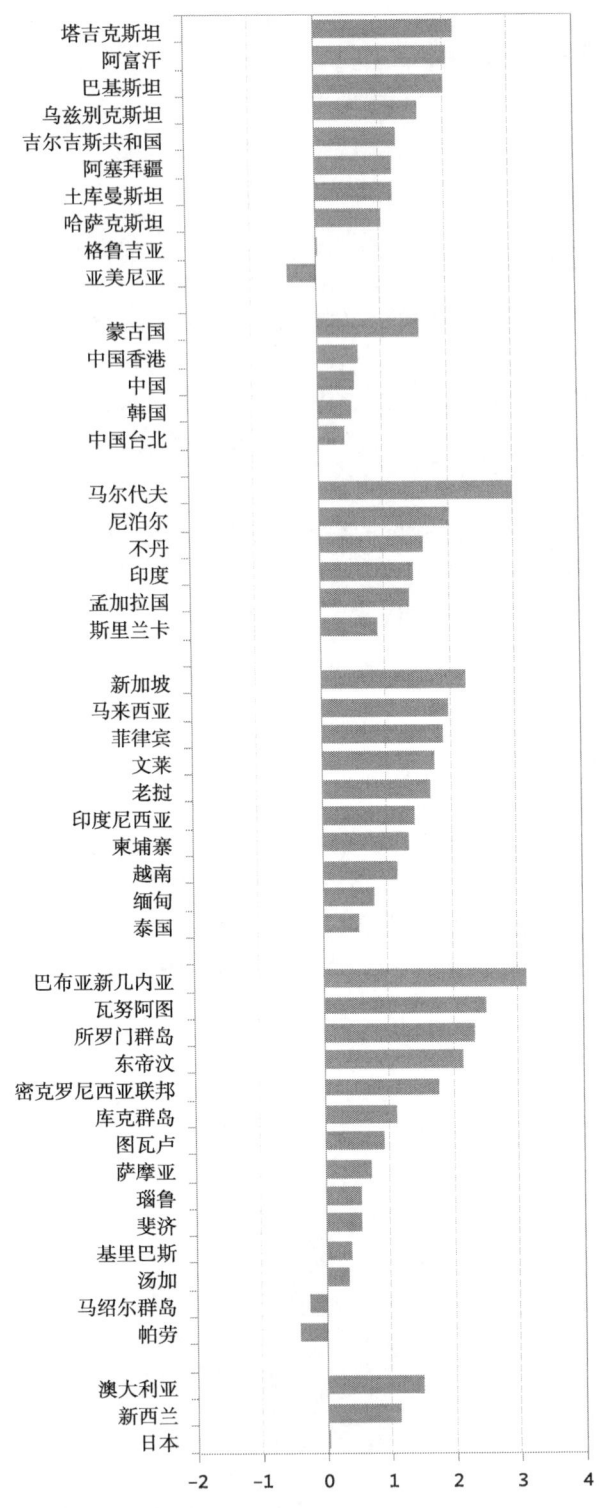

图1.2 2000年—2015年人口年平均增长率（%）

资料来源：表1.1。

---

① 这些数据依据联合国对亚洲开发银行本地区成员国的估计，其中包括澳大利亚、日本和新西兰（联合国经济和社会事务部，2015年）。

② 同上。

成员经济体的抚养比率在考查期内都下降了。另一方面，斯里兰卡和发达国家（澳大利亚、日本和新西兰）的抚养比率上升。在发达成员经济体，平均寿命延长和生育率下降使得年龄在65岁以上的人口数量占比扩大（Smith 和 Majmundar，2012）。斯里兰卡抚养比率的增加可能是因为早年间的分裂主义冲突（结束于2009年）导致其生育率低于地区平均值（表1.12）。总的来说，老年人口增长推动了抚养比率上升，从而对政府造成了财政挑战，包括劳动人口相对较少导致税收较少，以及老年人医疗支出增加，而且还可能降低生产力，使得长期经济增长速度下降（Pettinger，2012）。

在约半数亚太经济体中，主要大多数人口生活在城市地区。 根据最新数据，亚太地区总人口约45%居住在城市地区。与世界其他地区相比，亚太地区城市人口比例大大低于欧洲（73.6%）、拉丁美洲和加勒比海地区（79.8%）和北美（81.6%），仅略高于非洲（40.4%）（UNDESA，2014）。然而，2015年，全球30个最大城市中，亚太地区占16个（图1.5）。

本地区成员体城市人口的比例在2000年至2015年间增长了9个百分点。而且，10个中亚和西亚经济体中的7个、东亚的全部5个经济体、南亚的全部6个经济体、10个东南亚经济体中的8个、14个太平洋经济体中的11个以及全部3个发达经济体的城市人口占总人口比例都增加了（表1.2）。①

由于人口从农村向城市地区迁移在很大程度上是因为城市的就业机会更多，更易获得包括医疗和教育在内的服务（Amare 等，2012），所以城市人口有望在未来还会不断增加。具体而言，全球城市人口预计将从2015年的40亿增长到2050年的63亿，其中亚太地区将继续占世界城市人口的大约一半（Amare 等，2012）。

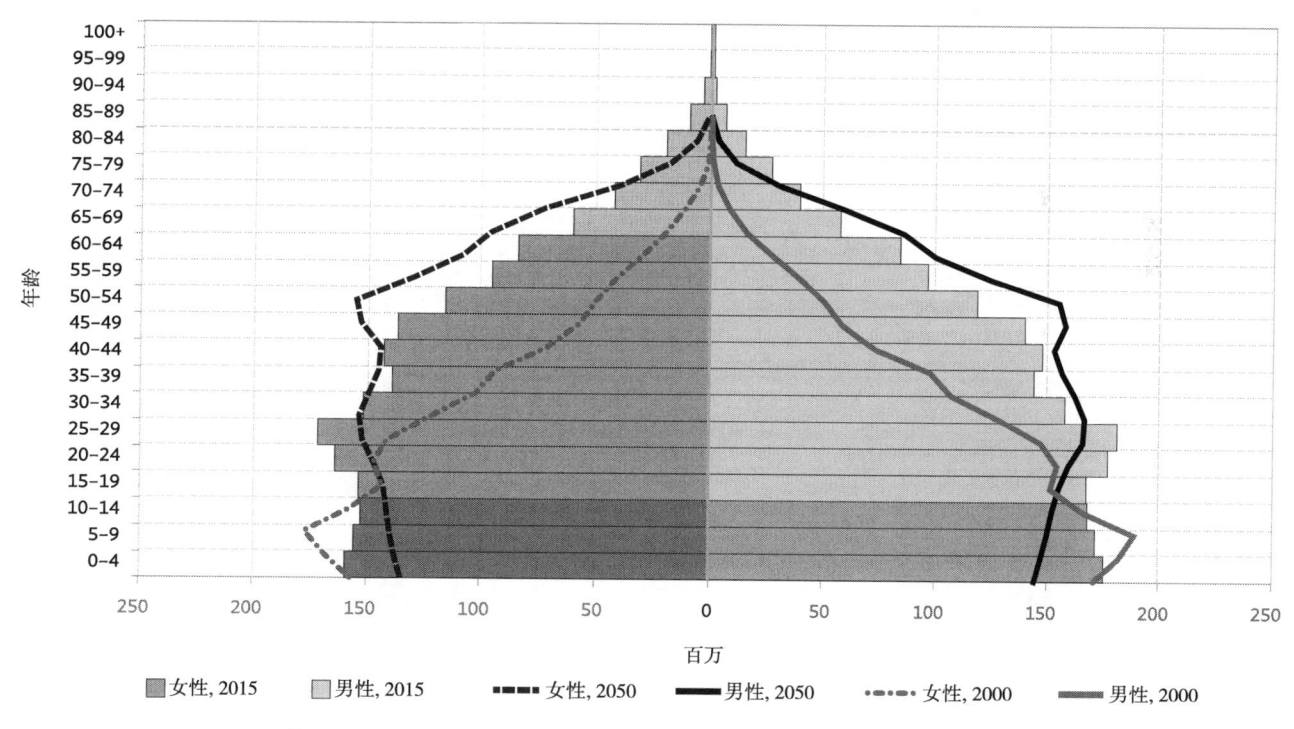

图1.3 亚太地区人口金字塔（按五岁年龄段和性别划分）（百万人）

资料来源：United Nations Department of Economic and Social Affairs, Population Division. 2016. World Population Prospects: The 2015 Revision. https://esa.un.org/undp/wpp.

---

① 2000年已实现完全城市化的3个经济体（中国香港、瑙鲁和新加坡）在考查期内城市化率未发生变化。

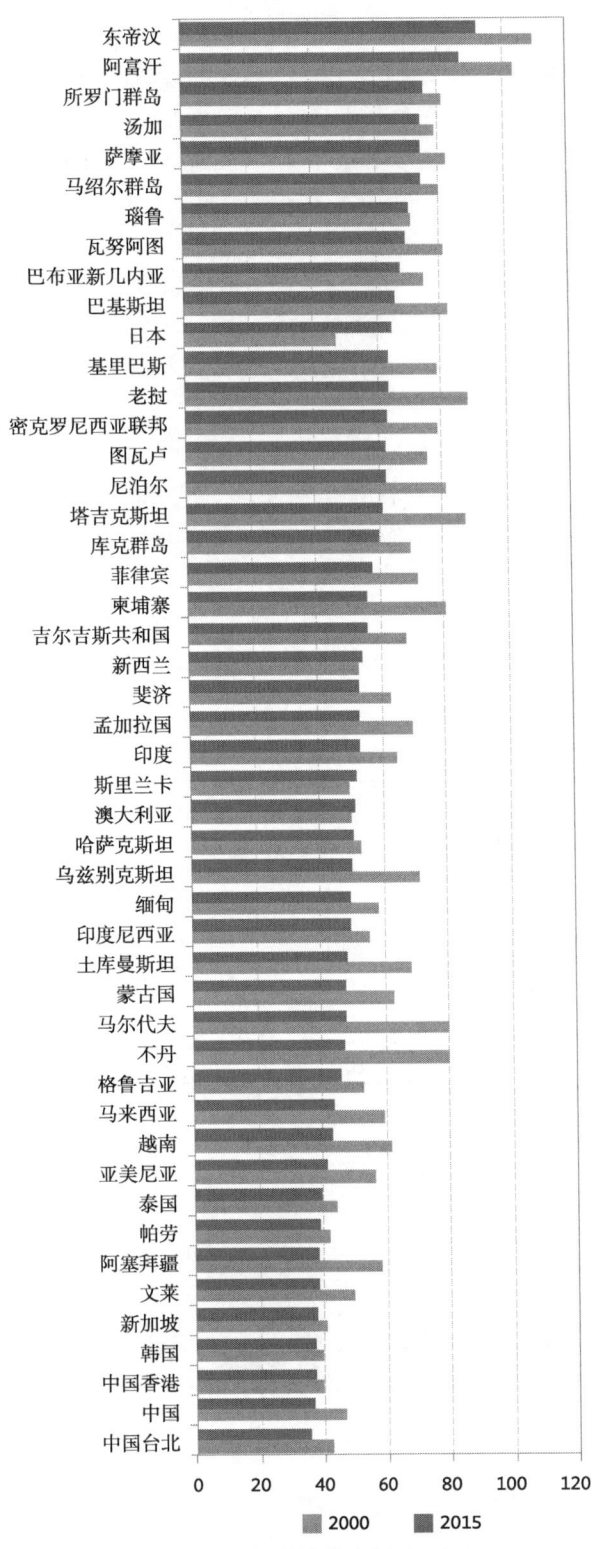

图1.4　年龄抚养比例（%）
资料来源：表1.4。

2000年—2015年间，本地区的劳动参与率变化参差不齐。中亚和西亚与南亚大约70%的经济体以及东南亚50%的经济体的劳动参与率增加了，相反，东亚大约60%的经济体和太平洋地区大约70%的经济体的劳动参与率下降了（表1.5）。发达成员经济体中，澳大利亚和新西兰的劳动参与率上升，而日本下降了。

2000年—2015年间，本地区近60%的经济体失业率下降。失业率下降最剧烈的经济体有：哈萨克斯坦（8个百分点）、阿塞拜疆（6.8个百分点）、密克罗尼西亚联邦（5.8个百分点）、菲律宾（4.9个百分点）（表1.6）。值得注意的是，从可获得的数据来看，7个东南亚经济体在考查期内失业率有所下降，这可能是因为1997/1998年亚洲金融危机的余波产生了持续高失业率的基数效应。

亚太地区大多数经济体的生活质量［以人类发展指数（HDI）衡量］自2000年以来有了不同程度的改善。① 图1.6a展现了2014年亚太各经济体的HDI。一方面，澳大利亚、日本和新西兰这些发达经济体以及中国香港、韩国和新加坡这样的高收入经济体的HDI在2014年位居前列。另一方面，阿富汗、缅甸、尼泊尔、巴基斯坦、巴布亚新几内亚和所罗门群岛的HDI在亚太地区最低。

图1.6b呈现了2000年—2014年间有关经济体的HDI年度平均增长情况。从图表的趋势来看，在各次区内，2014年HDI最低的经济体年平均增长最快，比如中亚和西亚的阿富汗和巴基斯坦，东亚的中国和蒙古国，南亚的孟加拉国和尼泊尔，东南亚的柬埔寨和缅甸，以及太平洋地区的巴布亚新几内亚。

---

① 人类发展指数（HDI）是由联合国开发计划署计算的涵盖世界188个经济体的指数。它包含了3个关于人类幸福的重要方面：预期寿命，平均受教育年数和预期受教育年数，人均国民总收入。

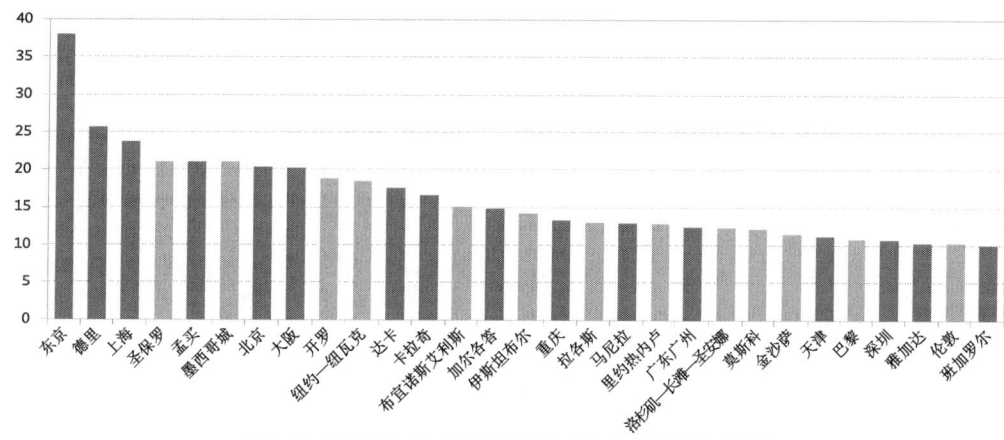

图 1.5　2015 年最大的城市群（按人口划分）（%）

注：城市群是指人口超过 1000 万的城市地区。资料来源：United Nations Department of Economic and Social Affairs, Population Division, 2014. World Urbanization Prospects: The 2014 Revision. http://esa.un.org/undp/wup（访问时间 2016 年 8 月 29 日）

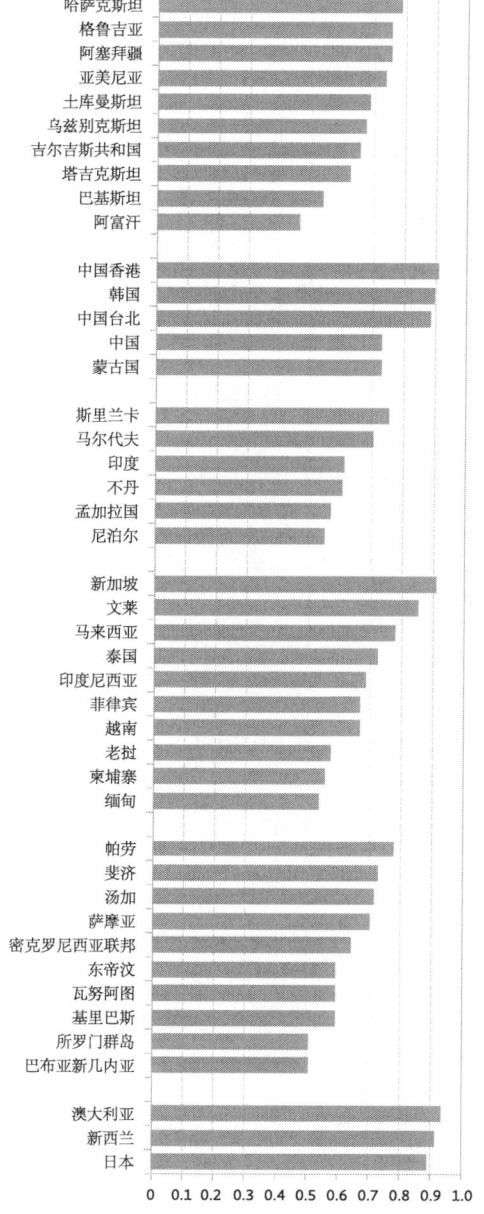

图 1.6a　2014 年人类发展指数

资料来源：表 1.10。

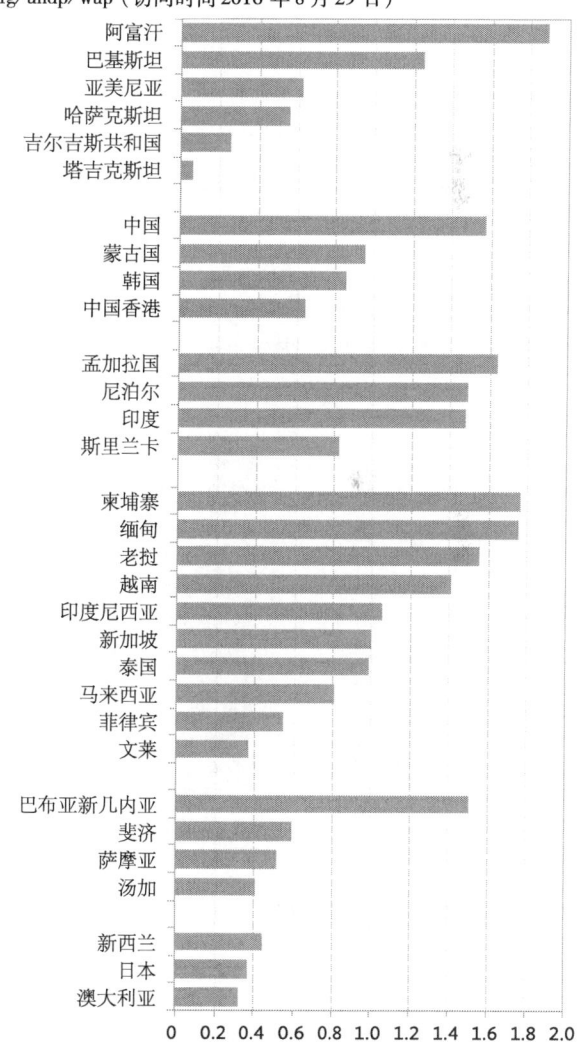

图 1.6b　2000 年—2014 年人类发展指数年平均增长（%）

资料来源：表 1.10。

专栏 1.1　1960 年至今亚太地区的人口趋势

亚太地区成员经济体的人口已从 1960 年的 16 亿增长至 2015 年的 40 亿。 从 1960 年开始，本地区人口以 1.7% 的年度平均速率增长，并且预计直到 2040 年，每年将增长至少 0.35%（见专栏图 1.1.1）。总的来说，至 2040 年，亚太地区人口预期将是 1960 年的 3 倍（UNDESA，2015）。[①]

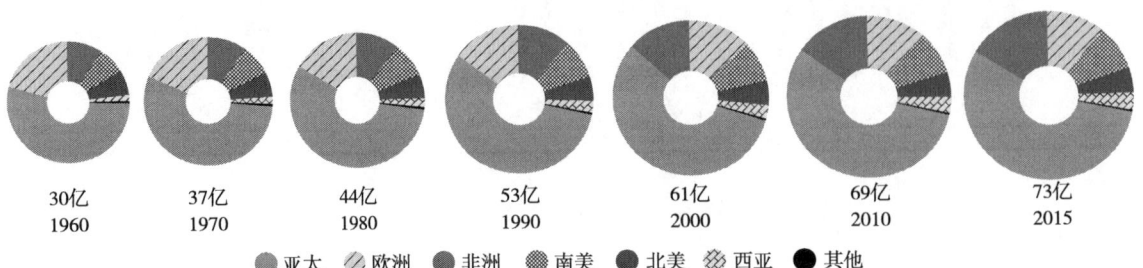

专栏图 1.1.1　1960 年—2015 年全球人口

资料来源：亚行利用世界银行的数据所做的估计。世界发展指标。
http://data.worldbank.org/data-catalog/world-development-indicators/（访问时间 2016 年 7 月）

中国和印度的人口突破 10 亿大关。 中国人口于 1982 年达到 10 亿人，而印度也于 1998 年增至 10 亿（UNPD，2015）。自 1960 年起，中国人口以每年 1.32% 的速度增长，印度则以每年 1.96% 的速度增长。最新预计表明，两国的人口总数约占本地区目前人口总数的 66.1%，比 1960 年时的占比 68.7% 下降了 2.6 个百分点。目前，亚太地区人口占全球总人口的 55.1%。本地区占全球人口比例轻微下降的部分原因是中国和印度的出生率下降和非洲人口增加。

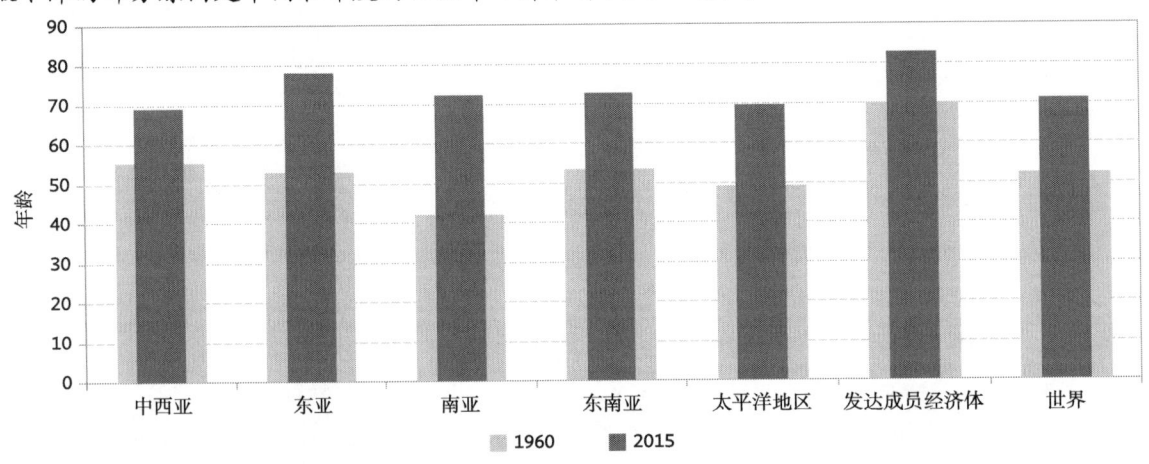

专栏图 1.1.2　1960 年—2014 年平均预期寿命（按区域划分）

资料来源：亚行利用世界银行的数据所做的估计。世界发展指标。
http://data.worldbank.org/data-catalog/world-development-indicators/（访问时间 2016 年 7 月）

目前，亚太地区新生儿预期寿命为 71 岁，比 20 世纪 60 年代的数值增加 25 岁。 从 20 世纪 60 年代开始，新一代亚洲人比他们的长辈们寿命要长。而且，亚太地区的一些经济体是世界上平均预期寿命最长的，比如日本、中国香港、新加坡和澳大利亚。事实上，从 1960 年以来，日本和中国香港在亚太地区平均寿命排名中一直都位列前五；1976 年，新加坡第一次跻身前五。2014 年，中国香港、日本和新加坡的平均预期寿命分别是 84 岁、83.6 岁和 82.6 岁。而亚太地区发展中经济体的平

---

① 这些数字系依据 2015 年修订的中位变差预测。

均预期寿命也从 1960 年的 45 岁增长至目前的 70 岁。

根据 2013 年全球疾病负担研究报告（Global Burden of Disease 2013），亚太地区从 1960 年以来在延长平均寿命方面取得的进步与全球发展是一致的，包括传染病的死亡率下降、高收入国家的心血管疾病死亡率降低以及低收入国家的儿童死亡率降低。

过去 50 年来亚太地区的抚养比降低了将近 40%。1960 年—2015 年，亚太部分地区的抚养比稳步下降，大部分经济体甚至超过了世界平均下降率（26.8%）。从 1960 年以来，阿塞拜疆、文莱、中国香港、韩国、马来西亚、新加坡和泰国的下降率最高，超过了 50%。亚太地区的抚养比已从 1960 年的预计每百人负担 76.3 人降低至每百人负担 46.9 人。而且，2015 年，亚太地区是世界上抚养比最低的地区（专栏表 1.1）。

专栏表 1.1　　　　　世界各地区抚养比（1960 年—2015 年）

（每 100 名劳动年龄人口）

地区	1960	1980	2000	2015
非洲	85.1	91.6	84.7	79.1
亚太	76.3	72.2	56.1	46.9
欧洲	56.7	54.0	48.4	50.0
南美	85.7	78.7	60.1	50.0
北美	66.9	51.2	50.1	50.5
西亚	86.6	91.7	71.5	51.5
全球	73.6	71.5	58.7	52.3

资料来源：亚行利用世界银行的数据所做的估计。世界发展指标。http://data.worldbank.org/data-catalog/world-developmentindicators/（访问时间 2016 年 7 月）；2000 年和 2015 年的世界数字来源：表 1.4。

目前世界一半以上的人口生活在城市地区，亚太地区占城市总人口的 48.4%。2007 年，史上首次全球超过一半的人口（50.1%）居住在城市地区，而且到 2020 年该数字将达到 56.2%，到 2050 年达到 66.4%（UNDESA，2014）。目前，亚太地区大约有 21.4 亿人口，即 48.3% 的本地区人口生活在城市地区。

亚太地区内城市化程度各有不同。例如，1960 年城市人口占比最低（16.9%）的东亚，从最新数据来看现在是城市化程度最高的地区，有 56.8% 的人口居住在城市。这主要是因为中国的城市人口迅速增加。东南亚的城市化进展也很快，城市人口从 1960 年的 18.6% 增加至 2015 年的 47.7%。印度尼西亚的城市人口在过去五年也迅速增加。另一方面，其他次区的城市化水平略有上升。比如，太平洋地区的城市化人口预计占总人口的 20.3%。

2013 年全球疾病负担研究报告显示，从绝对项讲，亚太城市人口在 1990 年首次超过 10 亿，2015 年接近 18.7 亿，预计到 2040 年还将增加 10 亿城市居民。中国是亚太地区城市人口最多的国家，目前大约有 7.79 亿。印度和印度尼西亚分别以 4.19 亿和 1.37 亿城市人口紧随其后。

虽然城市化能够创造更多经济机会，从而有利于减少贫困，但它也会导致贫民窟的增加、非正规就业、恶化的生活条件以及气候变化带来的隐患（Mathur，2013）。管理亚太地区的城市化需要促进包容性增长，这种增长会影响城市贫困人口的生活，推进绿色解决方案的运用，如通过火车、轻轨或地铁来连接大城市和卫星城，而不是通过公路；再如保护资源并通过使用可再生资源和智能电网来提升能源效率（ADB，2012）。

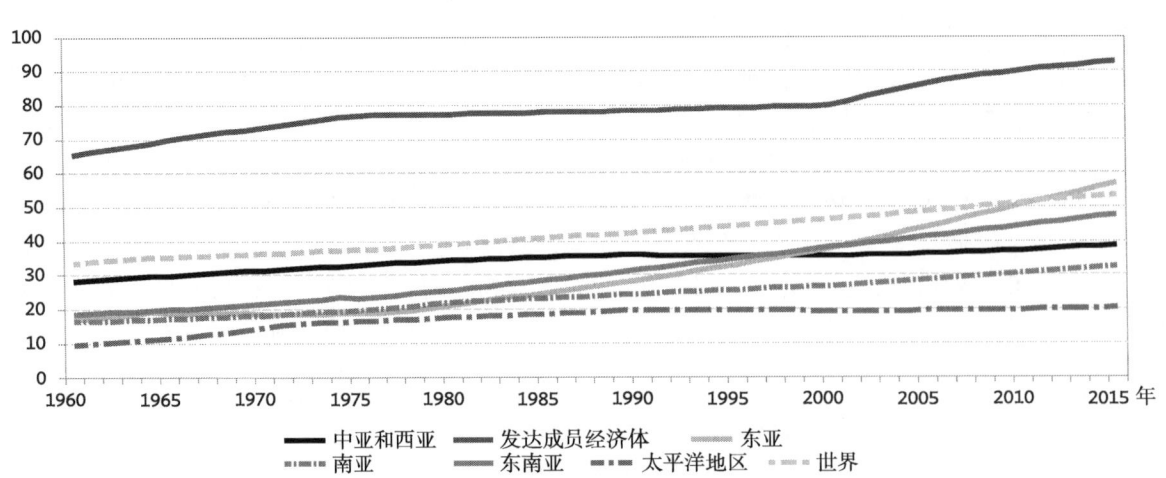

专栏图 1.1.3　1960 年—2015 年城市化率（按区域划分）（%）

资料来源：亚行利用世界银行的数据所做的估计。世界发展指标。http：//data. worldbank. org/data - catalog/world - development - indicators/（访问时间 2016 年 7 月）。Asian Development Bank（ADB）. 2012. *Key Indicators for Asia and the Pacific* 2012：*Special Chapter on Green Urbanization in Asia.* Manila.

Global, Regional, and National Age - Sex Specific All - Cause and Cause - Specific Mortality for 240 Causes of Death, 1990 - 2013：A Systematic Analysis for the Global Burden of Disease Study 2013. *The Lancet* 385（9963）：117 - 171. http：//www. thelancet. com/pdfs/journals/lancet/PIIS0140 - 6736（14）61682 - 2. pdf.

O. P. Mathur. 2013. *Urban Poverty in Asia.* Manila：Asian Development Bank.

United Nations Department of Economic and Social Affairs（UNDESA），Population Division. 2014. World Urbanization Prospects. https：//esa. un. org/unpd/wup/（访问时间 2016 年 9 月 3 日）.

——2015. World Population Prospects. https：//esa. un. org/unpd/wpp/（访问时间 2016 年 9 月 3 日）.

World Bank. 2016. World Development Indicators. http：//data. worldbank. org/data - catalog/world - development - indicators/（访问时间 2016 年 7 月）.

数据问题和可比性

人口数据或是基于人口动态登记记录，或是基于人口普查和调查。在许多发展中经济体中，人口动态经济记录不完整，所以无法用于统计。在大部分经济体中，人口普查每10年进行一次。这样，增长率可能相对更可靠。联合国经济和社会事务部人口司采用了生育率、死亡率和国际人口迁移的未来趋势来预测直到2100年的人口数量。采用的中期人口生育变化数据假设，2005年—2010年每位女性生育2.1个孩子以上。

城市人口的统计数据是根据各经济体自己的定义来编写的，因为对于城市地区的定义并没有公认的国际标准。城市化水平使用国家估算值。若没有国家估算值，则使用《世界城市化展望》（*World Urbanization Prospects*）中的数据。

关于医生数量和医疗资源的数据由国际卫生组织编纂，而关于学生、教师和教育资源的数据则由联合国教科文组织统计机构从各国获取信息再进行汇编。

家庭调查是获取劳动力数据的最佳途径，但是并没有在所有经济体中进行这些调查。部分是依据企业调查和失业登记记录补充的普查数据。失业登记记录有时并不完整，而且可能仅指正规就业，而经济活动不健全的问题可能也无从得知。

关于艾滋病毒携带者人数的估值是基于联合国艾滋病规划署（UNAIDS）关于HIV/AIDS估计、建模和预测的参照组做出的。除估值外，还显示了被称作"合理性界限"（plausibility bounds）的范围，该范围越大，估值的不确定性越强。

参考文献

M. Amare, L. Hohfeld, S. Jitsuchon, and H. Waibe. 2012. Rural–Urban Migration and Employment Quality: A Case Study from Thailand. *ADB Economics Working Paper Series*. No. 209. Manila: Asian Development Bank.

T. Pettinger. 2012. Implications of Higher Dependency Ratio. EconomicsHelp.org. http://www.economicshelp.org/blog/5066/economics/implications-of-higher-dependency-ratio-2/.

J. P. Smith and M. Majmundar, eds. 2012. *Aging in Asia: Findings from New and Emerging Data Initiatives*. Washington, DC: National Academies Press.

United Nations Department of Economic and Social Affairs (UNDESA), Population Division. 2014. *World Urbanization Prospects: The 2014 Revision*. https://esa.un.org/unpd/wup/.

——. 2015. *World Population Prospects: The 2015 Revision*. https://esa.un.org/unpd/wpp/.

表 1.1　年中人口

本地区成员经济体	人口（百万人）				人口增长率（%）			
	2000	2005	2010	2015	2000	2005	2010	2015
发展中经济体								
中亚和西亚地区	**231.7**	**251.6**	**279.0**	**305.3**	**1.8**	**1.0**	**2.0**	**1.8**
阿富汗[a]	21.0	23.6	26.0	28.6	1.4	1.5	2.0	1.8
亚美尼亚	3.2	3.1	3.0	3.0	-0.3	-0.6	-0.7	-0.3
阿塞拜疆	8.1	8.5	9.1	9.7	1.1	1.2	1.2	1.2
格鲁吉亚[c, d]	4.4	4.3	4.4	3.7	-0.8	0.1	1.2	…
哈萨克斯坦	14.9	15.1	16.3	17.5	-0.3	0.9	1.4	1.5
吉尔吉斯共和国[a]	4.9	5.1	5.4	5.9	1.4	1.2	0.3	2.1
巴基斯坦	140.0	154.0	173.5	191.7	2.3	1.9	2.1	1.9
塔吉克斯坦	6.2	6.9	7.6	8.6	2.1	2.1	2.2	2.4
土库曼斯坦	4.5	4.7	5.0	5.4	1.2	1.1	1.3	1.3
乌兹别克斯坦	24.7	26.2	28.6	31.3	1.4	1.2	2.9	1.8
东亚地区	**1,345.7**	**1,387.8**	**1,423.2**	**1,459.0**	**0.8**	**0.6**	**0.5**	**0.5**
中国[a]	1,267.4	1,307.6	1,340.9	1,374.6	0.8	0.6	0.5	0.5
中国香港	6.7	6.8	7.0	7.3	0.9	0.4	0.7	0.9
韩国	47.0	48.1	49.4	50.6	0.8	0.2	0.5	0.4
蒙古国	2.4	2.5	2.7	3.0	1.3	1.1	1.8	2.2
中国台北	22.2	22.7	23.1	23.5	0.8	0.4	0.3	0.3
南亚地区	**1,189.6**	**1,290.5**	**1,382.6**	**1,491.0**	**1.6**	**1.5**	**1.4**	**1.3**
孟加拉国	129.3	138.6	148.6	157.9	1.4	1.5	1.4	1.2
不丹	0.6	0.6	0.7	0.8	1.3	1.3	1.8	1.6
印度[a]	1,019.0	1,106.0	1,186.0	1,283.0	1.8	1.5	1.4	1.2
马尔代夫	0.3	0.3	0.4	0.5	1.5	3.3	2.3	3.7
尼泊尔	21.0	25.3	26.3	28.0	3.0	2.3	1.4	1.4
斯里兰卡	19.4	19.6	20.7	21.0	1.3	0.9	1.0	0.9
东南亚地区	**515.4**	**550.1**	**589.7**	**626.1**	**1.5**	**1.3**	**1.9**	**1.3**
文莱	0.3	0.4	0.4	0.4	2.5	1.8	1.8	1.3
柬埔寨	12.5	13.3	14.1	15.1	1.3	1.3	1.3	1.3
印度尼西亚	206.3	219.9	238.5	255.2	1.2	1.3	2.7	1.3
老挝	5.1	5.6	6.0	6.5	2.0	2.0	1.5	1.4
马来西亚	23.5	26.0	28.6	31.0	2.5	2.1	1.8	1.3
缅甸[a]	47.7	50.0	51.7	52.5	1.2	0.8	0.7	0.9
菲律宾	76.8	84.7	92.3	101.0	2.3	1.9	1.7	1.7
新加坡	4.0	4.3	5.1	5.5	1.7	2.4	1.8	1.2
泰国	62.2	64.1	65.9	67.2	1.1	0.6	0.6	0.3
越南	77.1	81.9	86.9	91.7	1.4	1.2	1.1	1.1
太平洋地区[b]	**8.0**	**9.1**	**10.4**	**11.8**	**3.6**	**2.6**	**2.7**	**2.7**
库克群岛	18.0	21.5	23.7	18.8	9.1	5.9	4.9	1.1
斐济	802.0	827.0	850.7	869.5	0.6	0.7	0.6	0.4
基里巴斯	84.5	92.5	103.1	109.7	1.7	1.8	2.1	1.3
马绍尔群岛	51.2	51.2	52.9	54.0	0.8	1.4	1.2	0.4
密克罗尼西亚联邦[a]	107.0	105.6	102.8	102.3	0.2	-0.3	-0.5	0.2
瑙鲁	10.1	9.5	9.7	10.9	1.0	-2.2	1.9	2.0
帕劳	18.9	19.8	18.3	17.6	0.3	0.8	-1.9	1.2
巴布亚新几内亚	5,190.8	6,051.7	7,055.4	8,225.6	3.3	3.1	3.1	3.1
萨摩亚	175.1	178.7	186.4	193.5	0.9	0.3	0.8	0.8
所罗门群岛	418.6	470.1	528.0	592.9	2.3	2.3	2.3	2.3
东帝汶	779.0	945.4	1,066.4	1,245.0	1.2	1.8	2.7	2.7
汤加	99.1	101.2	102.8	104.0	0.4	0.4	0.2	0.2
图瓦卢	9.5	10.3	11.1	10.8	1.3	3.1	0.5	0.2
瓦努阿图	191.7	217.8	245.4	277.5	2.7	2.6	2.7	2.4
发达经济体	**149.7**	**152.1**	**154.5**	**155.3**	**0.2**	**0.2**	**0.3**	**0.2**
澳大利亚	19.0	20.2	22.0	23.8	1.2	1.2	1.6	1.4
日本	126.8	127.8	128.1	127.0	0.2	0.0	0.0	-0.1
新西兰	3.9	4.1	4.4	4.6	0.6	1.1	1.1	1.9
发展中成员经济体[c]	**3,290.4**	**3,489.1**	**3,684.9**	**3,893.8**	**1.3**	**1.1**	**1.2**	**1.0**
本地区成员体[c]	**3,440.1**	**3,641.2**	**3,839.3**	**4,048.6**	**1.2**	**1.0**	**1.1**	**1.0**
全球	**6,126.6**	**6,519.6**	**6,929.7**	**7,349.5**	**1.3**	**1.2**	**1.2**	**1.2**

0.0 = 数值不到所用计量单位的一半。

  a. 人口数字指格鲁吉亚和吉尔吉斯共和国1月1日、阿富汗5月1日、密克罗尼西亚联邦9月30日、印度和缅甸10月1日、基里巴斯11月7日、中国12月30日的数据。

  b. 太平洋地区发展中经济体的人口数字以千为单位，而亚太地区人口总数涉及太平洋地区的数字以百万为单位。

  c. 仅就上报数据的经济体而言。

  d. 2015年人口预测基于2014年的人口普查。前些年的数据有待 GeoStat 修正。

资料来源：各经济体；United Nations Population Division, Department of Economic and Social Affairs. World Population Prospects, the 2015 Revision. https://esa.un.org/unpd/wpp/（访问时间2016年8月）。

表 1.2　移民与城市化

本地区成员经济体	国际净移民率[a] (每千人)			城市人口 (占总人口百分比)			
	2000–2005	2005–2010	2010–2015	2000	2005	2010	2015
发展中经济体							
中亚和西亚地区							
阿富汗	7.3	-5.2	3.1	20.0	20.3	21.9	23.4
亚美尼亚	-9.5	-9.1	-0.7	64.8	64.0	63.5	63.6
阿塞拜疆	0.3	-2.2	-0.3	51.1	52.5	53.0	53.1
格鲁吉亚	-13.4	-13.3	-14.4	52.0	52.2	53.0	57.2
哈萨克斯坦	0.6	-0.4	1.9	56.5	57.1	54.5	56.8
吉尔吉斯共和国	-6.9	-2.9	-4.0	34.7	34.8	34.1	33.7
巴基斯坦	-1.2	-1.6	-1.2	33.9	34.0	36.3	39.2
塔吉克斯坦	-3.0	-1.8	-2.9	26.6	26.4	26.4	26.4
土库曼斯坦	-5.0	-2.3	-1.0	45.9	47.0	48.4	50.0
乌兹别克斯坦	-3.6	-2.2	-1.4	37.2	36.1	51.4	50.7
东亚地区							
中国	-0.3	-0.3	-0.3	36.2	43.0	50.0	56.1
中国香港	-1.2	1.3	4.2	100.0	100.0	100.0	100.0
韩国	1.0	1.7	1.2	79.6	81.3	81.9	82.5
蒙古国	-1.2	-1.1	-1.1	56.6	61.9	69.2	68.6
中国台北[b]	...	...	...	55.8	57.7	59.3	60.9
南亚地区							
孟加拉国	-2.5	-4.8	-2.8	23.1	24.2	25.3	34.2
不丹	11.5	4.9	2.7	21.0	30.9	34.8	38.9
印度	-0.4	-0.5	-0.4	27.7	28.8	29.9	31.0
马尔代夫	-0.1	-0.0	-0.0	27.0	35.0 (2006)	40.5	...
尼泊尔	-7.5	-7.8	-2.7	14.1	14.6	16.6	18.5
斯里兰卡	-4.7	-5.2	-4.7	14.6 (2001)	15.1	18.2 (2012)	19.2
东南亚地区							
文莱	1.3	1.3	1.0	71.2	73.5	75.5	77.2
柬埔寨	-0.6	-4.3	-2.0	16.0 (2001)	17.7	20.0	20.7
印度尼西亚	-0.8	-1.0	-0.6	42.0	45.9	49.9	53.7
老挝	-6.3	-3.9	-3.6	22.0	27.4	33.1	38.6
马来西亚	4.0	4.8	3.1	62.9	66.5	71.0	74.3
缅甸	-5.6	-5.8	-1.8	27.0	28.9	31.4	29.2
菲律宾	-2.7	-4.1	-1.4	48.0	46.6	45.3	44.4
新加坡	20.7	18.8	14.9	100.0	100.0	100.0	100.0
泰国	3.4	-2.6	0.3	31.1	32.5	42.0	44.5 (2013)
越南	-1.9	-2.0	-0.4	24.2	27.1	30.5	33.9
太平洋地区							
库克群岛	...	...	...	66.9	71.9	73.5	74.5
斐济	-15.1	-6.8	-6.6	47.9	49.9	51.8	53.7
基里巴斯	-4.6	-1.2	-4.0	47.5	49.1	54.1	57.1
马绍尔群岛	...	...	...	68.4	69.9	71.3	72.7
密克罗尼西亚联邦	-24.1	-23.1	-15.7	22.3	22.3	22.3	22.4
瑙鲁	...	...	...	100.0	100.0	100.0	100.0
帕劳	...	...	...	70.0	77.7	83.4	87.1
巴布亚新几内亚	–	–	–	13.2	13.1	13.0	13.0
萨摩亚	-17.7	-16.8	-13.4	22.0	21.2	20.1	19.1
所罗门群岛	-2.2	-4.8	-4.3	15.8	17.8	20.0	22.3
东帝汶	0.0	-20.5	-8.9	24.3	26.3	29.5	32.8
汤加	-16.4	-16.0	-15.4	23.0	23.2	23.4	23.7
图瓦卢	...	...	...	46.0	49.7	54.8	59.7
瓦努阿图	-0.5	1.0	0.5	21.7	23.1	24.6	26.1
发达经济体							
澳大利亚	5.8	10.7	8.9	87.2	88.0	88.7	89.4
日本	1.0	0.7	0.6	78.6	86.0	90.5	93.5
新西兰	6.7	2.9	0.3	85.7	86.1	86.2	86.4

... = 至截止日期未获得相关数据；0.0 = 数值不到所用计量单位的一半。

a 指年均值。

b 对于城市人口而言，指大于等于 10 万人的居民聚居地。

资料来源：各经济体；United Nations Population Division, Department of Economic and Social Affairs. World Urbanization Prospects, the 2014 Revision – Data Query. https：//esa.un.org/unpd/wup/DataQuery/（访问时间 2016 年 8 月）.

表 1.3　0—14 岁与 15—64 岁人口（占总人口的百分比）[a]

本地区成员经济体	0-14岁				15-64岁			
	2000	2005	2010	2015	2000	2005	2010	2015
发展中经济体								
中亚和西亚地区								
阿富汗	48.6	47.6	47.6	44.0	49.2	50.2	50.1	53.5
亚美尼亚	25.9	21.9	20.5	18.4	64.1	66.5	68.9	70.8
阿塞拜疆	31.1	26.0	22.7	21.9	63.3	67.6	71.3	72.5
格鲁吉亚	21.9	18.3	16.9	17.3	65.6	67.0	68.8	68.6
哈萨克斯坦	27.6	24.6	24.2	26.7	65.5	67.7	69.0	66.5
吉尔吉斯共和国	35.0	31.1	30.0	31.4	59.6	63.3	65.5	64.4
巴基斯坦	41.1	38.2	36.2	35.0	54.8	57.6	59.4	60.5
塔吉克斯坦	42.9	38.4	35.5	34.8	53.6	57.9	61.1	62.2
土库曼斯坦	36.3	32.7	29.2	28.2	59.4	62.7	66.6	67.6
乌兹别克斯坦	36.8	32.1	29.1	28.5	58.5	62.8	66.2	66.8
东亚地区								
中国	25.1	20.1	17.4	17.2	68.3	72.4	74.3	73.2
中国香港	17.2	14.1	12.1	12.0	71.8	73.7	75.0	73.0
韩国	21.0	18.5	16.2	14.0	71.7	72.3	72.7	72.9
蒙古国	34.8	28.9	27.0	28.2	61.5	67.3	69.2	67.7
中国台北	21.1	18.7	15.6	14.0 (2014)	70.3	71.6	73.6	74.0 (2014)
南亚地区								
孟加拉国	37.1	34.5	32.1	29.4	59.1	61.3	63.2	65.6
不丹	40.6	34.1	30.1	26.9	55.6	61.8	65.4	68.1
印度	34.7	32.8	30.9	28.8	60.9	62.4	64.0	65.6
马尔代夫	40.7	33.5	28.7	27.5	55.6	62.0	66.4	67.8
尼泊尔	41.0	39.8	37.2	32.7	55.2	55.8	57.9	61.8
斯里兰卡	26.8	25.6	25.4	24.6	67.0	67.6	67.2	66.1
东南亚地区								
文莱	30.5	27.7	25.3	23.1	67.1	69.3	71.2	72.5
柬埔寨	41.6	37.1	33.3	31.6	55.3	59.5	62.9	64.3
印度尼西亚	30.7	29.9	28.9	27.7	64.6	65.3	66.2	67.1
老挝	43.3	40.5	37.0	34.8	53.1	55.8	59.3	61.4
马来西亚	33.3	30.1	27.3	24.5	62.8	65.5	67.8	69.6
缅甸	31.9	30.7	29.8	27.6	63.3	64.4	65.2	67.1
菲律宾	38.5	37.1	33.6	31.9	58.3	59.5	62.2	63.5
新加坡	21.5	19.1	17.3	15.5	71.2	72.6	73.6	72.8
泰国	24.0	22.2	19.2	17.7	69.5	70.1	71.9	71.8
越南	31.7	27.2	23.7	23.1	61.9	66.3	69.8	70.2
太平洋地区								
库克群岛	34.7	31.4	28.0	27.8	59.1	61.3	64.0	62.6
斐济	35.0	30.5	29.0	28.7	61.5	65.4	66.2	65.4
基里巴斯	40.6	37.0	35.2	35.2	55.9	59.5	61.3	61.3
马绍尔群岛	42.3	41.3	41.8	39.8	55.5	56.5	55.9	57.5
密克罗尼西亚联邦	40.3	38.8	36.9	34.1	56.0	57.2	59.3	61.6
瑙鲁	40.1	37.1	35.6	39.5	58.6	61.2	63.1	58.8
帕劳	23.9	24.1	20.5	19.7	70.7	70.2	73.7	72.1
巴布亚新几内亚	40.2	39.9	39.0	37.1	57.3	57.5	58.3	59.8
萨摩亚	40.7	39.6	38.3	37.3	54.8	55.6	56.7	57.5
所罗门群岛	41.9	41.3	40.7	39.5	55.3	55.7	56.0	57.1
东帝汶	50.0	48.2	41.3	42.4	47.7	49.2	54.5	52.0
汤加	38.3	38.0	37.4	36.8	56.0	55.9	56.7	57.4
图瓦卢	37.1	34.3	32.0	32.7	57.0	60.1	62.7	61.7
瓦努阿图	41.5	39.7	38.2	36.5	55.2	57.0	57.9	59.3
发达经济体								
澳大利亚	20.8	19.8	19.0	18.7	66.8	67.3	67.5	66.3
日本	14.6	13.8	13.3	12.9	68.2	66.3	63.8	60.8
新西兰	22.7	21.6	20.5	20.2	65.5	66.4	66.5	64.9
发展中成员经济体[b]	30.7	27.7	25.6	24.6	63.9	66.4	68.0	68.3
本地区成员体[b]	30.0	27.2	25.2	24.2	64.1	66.4	67.9	68.1
全球	30.2	28.0	26.7	26.1	63.0	64.7	65.7	65.7

a 从 2011 年开始，联合国人口司基于人口中位生育率（2005—2010 年普查显示平均每位女性生育 2.1 个孩子以上）预测了各国的人口。

b 仅就上报数据的经济体而言。

资料来源：United Nations Department of Economic and Social Affairs, Population Division. World Population Prospects, The 2015 Revision. https：//esa. un. org/unpd/wpp/（访问时间 2016 年 6 月）；库克群岛、基里巴斯、马绍尔群岛、瑙鲁、帕劳和图瓦卢：Statistics for Development Division. http：//sdd. spc. int/en/（访问时间 2015 年 6 月）；中国台北："预算、核算与统计总局"发布的《统计月报》：http：//eng. dgbas. gov. tw/mp. asp？mp＝2（访问时间 2016 年 8 月）．

表1.4 65岁及以上人口与年龄抚养比率

本地区成员经济体	65岁及以上人口（占总人口百分比）				年龄抚养比			
	2000	2005	2010	2015[a]	2000	2005	2010	2015[a]
发展中成员经济体								
中亚和西亚地区	**4.5**	**4.7**	**4.6**	**4.6**	**77.8**	**69.9**	**64.9**	**62.5**
阿富汗	2.2	2.2	2.3	2.5	103.3	99.1	99.5	87.0
亚美尼亚	10.0	11.6	10.5	10.8	55.9	50.4	45.1	41.3
阿塞拜疆	5.6	6.4	5.9	5.6	57.9	48.0	40.2	38.0
格鲁吉亚	12.5	14.6	14.3	14.0	52.5	49.1	45.4	45.7
哈萨克斯坦	6.8	7.7	6.8	6.7	52.6	47.7	44.9	50.3
吉尔吉斯共和国	5.5	5.6	4.5	4.2	67.9	57.9	52.6	55.3
巴基斯坦	4.1	4.3	4.4	4.5	82.5	73.7	68.4	65.3
塔吉克斯坦	3.5	3.7	3.3	3.0	86.7	72.7	63.5	60.9
土库曼斯坦	4.3	4.6	4.1	4.2	68.4	59.4	50.0	47.9
乌兹别克斯坦	4.7	5.1	4.7	4.7	70.9	59.2	51.0	49.7
东亚地区	**6.7**	**7.6**	**8.4**	**9.7**	**46.1**	**38.1**	**34.7**	**36.6**
中国	6.7	7.5	8.2	9.6	46.4	38.1	34.5	36.6
中国香港	11.0	12.2	12.9	15.1	39.3	35.7	33.3	37.0
韩国	7.3	9.2	11.1	13.1	39.5	38.4	37.6	37.2
蒙古国	3.7	3.7	3.8	4.0	62.5	48.5	44.4	47.6
中国台北	8.6	9.7	10.7	12.0 (2014)	42.3	39.7	35.8	35.1 (2014)
南亚地区	**4.4**	**4.7**	**5.1**	**5.6**	**64.9**	**60.6**	**56.6**	**52.6**
孟加拉国	3.8	4.3	4.7	5.0	69.2	63.2	58.3	52.5
不丹	3.8	4.1	4.5	5.1	79.9	61.7	52.9	46.9
印度	4.4	4.8	5.1	5.6	64.3	60.2	56.3	52.4
马尔代夫	3.7	4.5	4.9	4.7	79.9	61.3	50.6	47.4
尼泊尔	3.8	4.4	5.0	5.5	81.1	79.2	72.8	61.8
斯里兰卡	6.2	6.9	7.3	9.3	49.2	48.0	48.7	51.2
东南亚地区	**4.9**	**5.2**	**5.5**	**5.9**	**57.8**	**54.1**	**50.0**	**48.1**
文莱	2.4	3.0	3.5	4.4	49.1	44.3	40.4	38.0
柬埔寨	3.1	3.4	3.7	4.1	80.8	67.9	58.9	55.6
印度尼西亚	4.7	4.8	4.9	5.2	54.8	53.2	51.1	49.0
老挝	3.6	3.7	3.7	3.8	88.3	79.1	68.5	62.8
马来西亚	3.8	4.4	4.9	5.9	59.1	52.7	47.4	43.6
缅甸	4.8	4.9	5.0	5.4	57.9	55.3	53.4	49.1
菲律宾	3.2	3.4	4.2	4.6	71.6	68.1	60.7	57.6
新加坡	7.3	8.2	9.0	11.7	40.4	37.7	35.8	37.4
泰国	6.6	7.7	8.9	10.5	44.0	42.6	39.1	39.2
越南	6.4	6.6	6.5	6.7	61.5	50.9	43.3	42.5
太平洋地区	**2.7**	**2.9**	**3.3**	**3.7**	**77.0**	**74.8**	**71.1**	**68.7**
库克群岛	6.2	7.3	8.0	9.6	69.3	63.1	56.2	59.8
斐济	3.4	4.1	4.8	5.8	62.5	53.0	51.1	52.8
基里巴斯	3.6	3.5	3.5	3.5	79.0	68.0	63.1	63.2
马绍尔群岛	2.1	2.2	2.3	2.7	80.0	76.9	78.8	74.0
密克罗尼西亚联邦	3.7	4.0	3.8	4.4	78.7	74.8	68.8	62.4
瑙鲁	1.3	1.7	1.3	1.7	70.7	63.4	58.5	70.0
帕劳	5.4	5.7	5.8	8.2	41.9	42.5	35.7	38.7
巴布亚新几内亚	2.5	2.6	2.8	3.0	74.5	73.9	71.6	67.1
萨摩亚	4.5	4.8	5.1	5.2	82.5	79.5	76.4	74.0
所罗门群岛	2.8	3.0	3.3	3.4	81.0	79.5	78.6	75.1
东帝汶	2.3	2.6	4.3	5.6	109.6	103.4	83.6	92.3
汤加	5.7	6.0	5.9	5.9	78.7	78.8	76.3	74.3
图瓦卢	5.9	5.6	5.3	5.6	75.4	66.5	59.5	61.9
瓦努阿图	3.3	3.3	3.9	4.2	81.2	75.4	72.9	68.7
发达成员经济体	**16.4**	**18.7**	**21.3**	**24.3**	**47.2**	**50.4**	**55.3**	**61.9**
澳大利亚	12.4	12.9	13.5	15.0	49.7	48.6	48.2	50.9
日本	17.2	19.8	22.9	26.3	46.6	50.7	56.8	64.5
新西兰	11.8	12.0	13.0	14.9	52.7	50.6	50.4	54.0
发展中成员经济体[b]	5.4	5.9	6.4	7.1	56.5	50.6	47.0	46.3
本地区成员体[b]	5.9	6.4	7.0	7.7	56.1	50.6	47.4	46.9
全球	6.8	7.3	7.6	8.3	58.7	54.6	52.3	52.3

a 从2011年开始，联合国人口司基于人口中位生育率（2005年—2010年普查显示平均每位女性生育2.1个孩子以上）预测了各国的人口。

b 仅就上报数据的经济体而言。

资料来源：United Nations Department of Economic and Social Affairs, Population Division. World Population Prospects, The 2015 Revision. https：//esa. un. org/unpd/wpp/（访问时间2016年6月）；库克群岛、基里巴斯、马绍尔群岛、瑙鲁和图瓦卢：Pacific Community, Statistics for Development Division. http：//sdd. spc. int/en/（访问时间2015年6月）；中国台北："预算、核算与统计总局"发布的《统计月报》：http：//eng. dgbas. gov. tw/mp. asp? mp = 2（访问时间2016年8月）。

表 1.5 劳动参与率（%）

本地区成员经济体	2000	2005	2010	2011	2012	2013	2014	2015
发展中经济体								
中亚和西亚地区								
阿富汗[a]	50.6	51.7	51.3	51.5	51.7	52.1	52.4	52.5
亚美尼亚	61.4	57.7	61.2	63.0	62.7	63.4	63.1	62.5
阿塞拜疆	77.6	68.4	64.8	64.5	64.5	64.6	65.1	65.4
格鲁吉亚	65.2	64.0	64.2	65.2	66.9	66.2	66.5	67.8
哈萨克斯坦	66.0	69.4	71.2	71.6	71.7	71.7	70.7	71.1
吉尔吉斯共和国	64.9	64.9	64.1	64.8	64.2	62.5	62.7	62.9
巴基斯坦	42.8	43.7	45.9	45.7	45.7	45.7	45.5	45.2
塔吉克斯坦	56.3	55.0	50.3	49.4	48.9	48.6	47.8	48.0
土库曼斯坦[b]	60.5	60.5	60.6	60.9	61.2	61.5	61.8	62.0
乌兹别克斯坦	59.0	59.2	60.6	60.9	61.1	61.4	61.6	61.8
东亚地区								
中国[c]	77.5	73.5	70.9	70.9	70.9	71.0	71.0	70.9
中国香港	61.4	60.9	59.6	60.1	60.5	61.2	61.1	61.2
韩国	61.2	62.0	61.0	61.1	61.3	61.5	62.4	62.6
蒙古国	62.9	63.5	61.6	62.5	63.5	61.9	62.1	61.5
中国台北	57.7	57.8	58.1	58.2	58.4	58.4	58.5	58.7
南亚地区								
孟加拉国	54.9	58.5 (2006)	59.3	...	...	57.1	...	...
不丹	56.5 (2001)	60.4	68.6	67.4	64.4	65.3	62.6	63.1
印度[d]	37.6	39.2	37.4 (2009)	...	...	...	...	...
马尔代夫[e]	54.3	62.4	65.7	66.2	66.6	67.1	67.6	68.0
尼泊尔	85.8	84.6	83.4	83.3	83.2	83.1	83.0	83.0
斯里兰卡	50.3	49.3	48.6	53.0	52.6	53.8	53.3	53.8
东南亚地区								
文莱	67.9 (2001)	...	...	68.9	...	...	65.6	...
柬埔寨	65.2	74.6 (2004)	87.0	87.5	84.2	83.0	82.6	...
印度尼西亚	67.8	66.8	67.7	66.8	67.8	66.8	66.6	65.8
老挝	79.9 (2001)	66.6	...	...	...	...	...	...
马来西亚	65.4	63.3	63.7	64.5	65.6	67.3	67.6	67.9
缅甸[f]	63.6 (2001)	65.0	66.1	66.0	66.3	66.9	67.0	64.7
菲律宾	64.9	65.1	64.1	64.6	64.2	63.9	64.6	63.7
新加坡[g]	63.2	63.0	66.2	66.1	66.6	66.7	67.0	68.3
泰国	71.5	72.5	72.3	71.7	71.8	71.1	70.3	69.8
越南	49.6	52.5	77.4	77.0	76.8	77.5	77.5	77.8
太平洋地区								
库克群岛	69.0 (2001)	70.2 (2006)	...	71.0	...	...	...	...
斐济	57.4	56.2	54.9	54.8	54.7	54.6	54.4	54.3
基里巴斯	80.9	63.6	59.3	...	...	...	...	...
马绍尔群岛	...	...	...	...	...	...	...	...
密克罗尼西亚联邦	58.6	...	57.3	...	...	...	...	...
瑙鲁								
帕劳	67.5	69.1	...	...	68.1	...	...	77.4
巴布亚新几内亚	72.2	72.9	71.7	71.3	70.8	70.6	70.3	70.3
萨摩亚	50.6 (2001)	49.8 (2006)	...	41.3	...	...	...	...
所罗门群岛	...	...	62.7 (2009)	...	...	...	...	...
东帝汶	56.0 (2001)	60.2 (2004)	41.7	...	...	...	30.6	...
汤加	...	...	...	...	...	...	...	...
图瓦卢	58.2 (2002)	...	...	...	59.4	...	...	...
瓦努阿图	77.0	73.6	71.0	71.1	71.1	71.1	71.0	71.0
发达经济体								
澳大利亚	63.1	64.4	65.4	65.4	65.1	64.9	64.7	64.9
日本	62.4	60.4	59.6	59.3	59.1	59.3	59.4	59.6
新西兰	65.2	67.7	68.0	68.3	68.0	68.2	68.9	69.0

... = 至截止日期未获得相关数据。

a 包括年龄在 10—59 岁的人口。

b 劳动力数据系列包括未登记的个人。

c 指参与社会劳动、获得报酬或赚取收入的个人。

d 通过使用劳动人口总数和总人口数计算得出。

e 2000 年的数据指年龄大于等于 12 岁的人，2006 年的数据指年龄大于等于 15 岁的人。数字仅包括当地人口。

f 2014 年的数据来自 2014 年人口和家庭普查结果，可能无法与之前年份的数据作比较。

g 单指新加坡当地居民。

资料来源：各经济体；International Labour Organization. Key Indicators of the Labour Market Online. 9th Edition. http：//www.ilo.org/kilm（访问时间 2016 年 6 月）；基里巴斯、瑙鲁和图瓦卢：Secretariat of the Pacific Community. National Minimum Development Indicator Database. http：//www.spc.int/nmdi/（访问时间 2016 年 6 月）。

表 1.6 失业率（%）

本地区成员经济体	2000	2005	2010	2011	2012	2013	2014	2015
发展中经济体								
中亚和西亚地区								
阿富汗[a]	3.4 (2001)	3.4 (2004)	...	...	...	...	...	...
亚美尼亚	11.7	8.2	19.0	18.4	17.3	16.2	17.6	18.5
阿塞拜疆	11.8	7.3	5.6	5.4	5.2	5.0	4.9	5.0
格鲁吉亚	10.3	13.8	16.3	15.1	15.0	14.6	12.4	12.0
哈萨克斯坦	12.9	8.1	5.8	5.4	5.2	5.2	5.0	5.0
吉尔吉斯共和国	7.5	8.1	8.6	8.5	8.4	8.3	8.0	7.6
巴基斯坦	7.8	7.7	5.6	5.9	5.9	6.2	6.0	5.9
塔吉克斯坦	2.7	1.9	2.1	2.3	2.4	2.3	2.4	2.3
土库曼斯坦[b]	10.3	10.4	10.4	10.3	10.3	10.2	10.1	10.0
乌兹别克斯坦	0.4	0.3	0.1	0.1	0.1	0.0	0.0	...
东亚地区								
中国[c]	3.1	4.2	4.1	4.1	4.1	4.1	4.1	4.1
中国香港	4.9	5.6	4.3	3.4	3.3	3.4	3.3	3.3
韩国	4.4	3.7	3.7	3.4	3.2	3.1	3.5	3.6
蒙古国	4.6	3.3	9.9	7.7	8.2	7.9	7.9	7.5
中国台北	3.0	4.1	5.2	4.4	4.2	4.2	4.0	3.8
南亚地区								
孟加拉国	4.3	4.2 (2006)	4.5	...	...	4.3	...	...
不丹	...	3.1	3.3	3.1	2.1	2.9	2.6	2.5
印度[d]	2.7	3.1	2.5 (2009)	...	...	...	...	...
马尔代夫[e]	2.0	5.5 (2006)	11.7	...	...	...	5.2	...
尼泊尔	2.1	2.8	2.6	3.5	2.6	3.3	3.1	3.1
斯里兰卡	7.6	7.4	4.9	4.2	4.0	4.4	4.3	4.7
东南亚地区								
文莱	7.2 (2001)	...	...	9.3	...	...	6.9	...
柬埔寨	2.5	...	0.4	0.2	0.2	0.3	0.2	...
印度尼西亚	6.1	11.2	7.1	7.5	6.1	6.2	5.9	6.2
老挝	5.0 (2001)	1.4	33.0	...	...	...	...	...
马来西亚	3.0	3.5	3.3	3.1	3.0	3.1	2.9	3.1
缅甸[f]	4.0 (2001)	4.0	4.0	4.0	4.0	4.0	3.9	0.8
菲律宾	11.2	7.8	7.4	7.0	7.0	7.1	6.6	6.3
新加坡[g]	4.4	4.2	2.8	2.7	2.6	2.6	2.6	2.6
泰国	3.6	1.8	1.0	0.7	0.7	0.7	0.8	0.9
越南	2.3	4.7	2.7	2.0	1.8	1.7	1.9	2.1
太平洋地区								
库克群岛	13.1 (2001)	8.9 (2006)	...	8.2	...	...	...	...
斐济	7.8	4.6	8.9	9.0	9.0	9.4	8.3	7.7
基里巴斯	1.6	6.1	30.6	...	...	...	...	...
马绍尔群岛	30.9	30.9	...	...	3.2	32.6	...	...
密克罗尼西亚联邦	22.0	...	16.2	...	...	...	...	...
瑙鲁	22.7 (2002)	...	...	...	22.9	...	...	...
帕劳	2.3	4.2	...	...	...	4.1	...	...
巴布亚新几内亚	...	...	...	1.4	...	...	...	...
萨摩亚	4.9 (2001)	...	...	5.7	...	...	...	...
所罗门群岛	...	...	6.3 (2009)	...	...	...	...	...
东帝汶	...	7.2 (2004)	3.6	...	...	...	11.0	...
汤加	...	...	...	...	6.4	...	...	...
图瓦卢	...	...	...	...	...	39.6	...	...
瓦努阿图	6.5 (2002)	6.5	...	...	...	...	...	...
	5.3	5.1	4.3	4.3	4.3	4.3	4.5	4.3
发达经济体								
澳大利亚	6.3	5.0	5.2	5.1	5.2	5.7	6.1	6.1
日本	4.7	4.4	5.1	4.6	4.3	4.0	3.6	3.4
新西兰	6.1	3.8	6.5	6.5	6.9	6.2	5.8	5.8

... = 至截止日期未获得相关数据；0.0 = 数值不到所用计量单位的一半。

a 包括年龄在 10—59 岁的人口。

b 劳动力数据系列包括未登记的个人。

c 指参与社会劳动、获得报酬或赚取收入的个人。

d 通过使用劳动人口总数和总人口数计算得出。

e 2000 年的数据指年龄大于等于 12 岁的人，2006 年的数据指年龄大于等于 15 岁的人。数字仅包括当地人口。

f 2014 年的数据来自 2014 年人口和家庭普查结果，可能无法与之前年份的数据作比较。

g 单指新加坡当地居民。

资料来源：各经济体；International Labour Organization. Key Indicators of the Labour Market Online. 9th Edition. http://www.ilo.org/kilm（访问时间 2016 年 6 月）；库克群岛、基里巴斯、马绍尔群岛、瑙鲁、帕劳、巴布亚新几内亚、萨摩亚、所罗门群岛、汤加和图瓦卢：Secretariat of the Pacific Community. National Minimum Development Indicator Database. http://www.spc.int/nmdi/（访问时间 2016 年 6 月）。

表 1.7　15—24 岁人群的失业率（%）

本地区成员经济体	总计		女性		男性	
	2000	2015	2000	2015	2000	2015
发展中经济体						
中亚和西亚地区						
阿富汗	21.2	19.9	20.3	20.8	21.3	19.7
亚美尼亚	36.1	37.2	40.5	42.9	31.4	32.5
阿塞拜疆	28.0	14.3	28.9	15.9	27.1	12.8
格鲁吉亚	20.9	29.8	20.3	32.1	21.4	28.6
哈萨克斯坦	14.1	5.1	15.5	5.9	12.9	4.4
吉尔吉斯共和国	13.7	14.6	15.4	17.7	12.4	12.8
巴基斯坦	13.4	10.7	29.5	14.4	11.2	9.6
塔吉克斯坦	18.6	16.8	13.4	13.9	22.3	18.6
土库曼斯坦	19.3	19.5	20.3	20.7	18.7	18.8
乌兹别克斯坦	19.9	19.8	21.4	21.5	19.0	18.8
东亚地区						
中国	10.1	12.1	8.5	11.1	11.5	12.8
中国香港	11.1	9.5	10.4	8.3	11.8	10.8
韩国	10.8	10.4	8.7	9.6	13.0	11.3
蒙古国	10.7	14.7	11.0	15.9	10.5	13.9
中国台北	7.1	11.5	6.0	11.0	7.9	11.9
南亚地区						
孟加拉国	9.3	11.6	9.0	12.1	9.6	11.3
不丹	4.4	9.2	5.0	9.9	3.9	8.5
印度	9.9	9.7	10.1	10.2	9.9	9.6
马尔代夫	24.4	27.9	23.1	25.4	25.2	29.9
尼泊尔	3.4	5.1	2.8	4.0	4.0	6.3
斯里兰卡	24.0	20.2	31.2	29.3	20.2	15.3
东南亚地区						
文莱	8.6	5.7	9.4	6.4	8.0	5.3
柬埔寨	3.8	0.8	2.8	0.6	5.0	1.0
印度尼西亚	18.1	19.3	18.4	21.0	18.0	18.3
老挝	4.3	4.0	3.4	3.1	5.5	5.1
马来西亚	8.5	10.4	8.5	11.6	8.5	9.6
缅甸	13.3	12.1	14.3	13.2	12.1	11.0
菲律宾	23.0	15.7	25.6	17.5	21.5	14.6
新加坡	6.2	7.3	7.6	9.3	4.7	5.5
泰国	6.9	4.7	6.3	5.5	7.4	4.2
越南	4.6	5.3	4.4	5.8	4.8	4.8
太平洋地区						
库克群岛	19.9 (2006)	15.5 (2011)	20.4 (2006)	15.3 (2011)	19.4 (2006)	15.6 (2011)
斐济	17.0	18.2	22.4	23.9	14.0	14.8
基里巴斯	...	54.0 (2010)	...	61.8 (2010)	...	47.6 (2010)
马绍尔群岛	62.6 (1999)	50.0 (2011)	67.0 (1999)	50.0 (2011)	59.8 (1999)	50.0 (2011)
密克罗尼西亚联邦	...	11.3 (2010)	...	10.4 (2010)	...	12.2 (2010)
瑙鲁	58.2 (2006)	45.5 (2011)	65.9 (2006)	54.4 (2011)	51.7 (2006)	40.7 (2011)
帕劳	11.9 (2005)	...	10.5 (2005)	...	12.8 (2005)	...
巴布亚新几内亚	5.8	6.7	6.3	7.1	5.3	6.2
萨摩亚	9.5	14.1	12.4	18.7	8.3	12.4
所罗门群岛	...	...	...	...	...	...
东帝汶	15.9	15.7	19.6	21.6	13.3	12.3
汤加	11.4	11.7	14.6	14.6	9.6	9.7
图瓦卢	...	63.7 (2012)	...	...	...	...
瓦努阿图	9.7	8.8	10.1	9.4	9.3	8.3
发达经济体						
澳大利亚a	12.2	13.5	11.5	12.5	13.0	14.5
日本b	8.7	5.3	7.4	5.2	9.9	5.4
新西兰c	13.6	14.4	12.4	14.8	14.7	14.1

... = 至截止日期未获得相关数据。

a 不包括泽维斯湾地区。

b 数据为月度平均估算值。

c 不包括查塔姆群岛、南极领地和其他较小的离岸岛屿。

资料来源：International Labour Organization. *Key Indicators of the Labour Market*. 9th Edition. http：//www.ilo.org/kilm（访问时间 2016 年 6 月）；The Secretariat of the Pacific Community. 2004. *Pacific Islands Regional Millennium Development Goals Report*. Noumea，New Caledonia；Secretariat of the Pacific Community. National Minimum Development Indicator Database（v2.0）. http：//www.spc.int/nmdi/（访问时间 2016 年 8 月）.

表1.8 农业、工业与服务业的就业（占总就业的百分比）[a]

本地区成员经济体	农业			
	2000	2005	2010	2015
发展中经济体				
中亚和西亚地区				
阿富汗	69.6 (2001)	69.6 (2004)	...	...
亚美尼亚	44.4	46.2	38.6	35.3
阿塞拜疆	39.1	38.7	38.2	36.4
格鲁吉亚	52.8 (2001)	54.3	52.2	48.6
哈萨克斯坦	31.4	31.9	28.3	18.0
吉尔吉斯共和国	53.1	38.5	31.2	29.3
巴基斯坦	48.4	43.0	45.1	42.3
塔吉克斯坦	65.0	67.5	65.9	64.9
土库曼斯坦[b]	47.6	48.2 (2004)	...	...
乌兹别克斯坦	34.4	29.1	26.8	27.7
东亚地区				
中国[c]	50.0	44.8	36.7	28.3
中国香港	0.3	0.3	0.0	0.0
韩国	10.6	7.9	6.6	5.2
蒙古国	48.6	39.9	33.5	28.5
中国台北	7.5 (2001)	5.9	5.2	5.0
南亚地区				
孟加拉国	50.8	48.1 (2006)	47.5	77.6 (2013)
不丹	46.5 (2001)	43.6	59.4	58.0
印度	59.9	56.1	53.2 (2009)	...
马尔代夫[d]	13.7	15.9 (2007)	4.3	10.4 (2014)
尼泊尔	...	...	65.6 (2011)	...
斯里兰卡[e]	36.0	32.8	32.5	28.5 (2014)
东南亚地区				
文莱	...	...	...	...
柬埔寨	73.7	60.3	72.3	64.3 (2014)
印度尼西亚	45.3	44.0	38.3	32.9
老挝	82.7 (2001)	76.3	72.2	...
马来西亚	16.7	14.6	13.6	12.5
缅甸	...	...	...	...
菲律宾	37.1	35.7	33.2	29.2
新加坡[f]	0.1	0.1	0.2	0.1
泰国	44.2	38.6	38.2	32.3
越南	65.1	55.1	49.5	44.0
太平洋地区				
库克群岛	7.2 (2001)	4.9 (2006)	4.3 (2011)	...
斐济	1.5	1.1	1.7	...
基里巴斯[g]	...	2.7	22.1	1.9 (2014)
马绍尔群岛	20.5	...	11.0	...
密克罗尼西亚联邦	52.2	...	...	...
瑙鲁	...	...	...	...
帕劳	7.1	7.8	...	...
巴布亚新几内亚	...	...	...	...
萨摩亚	39.9 (2001)	35.4 (2006)	37.0 (2011)	...
所罗门群岛	...	...	41.5 (2009)	...
东帝汶	...	...	51.0	40.5 (2013)
汤加	...	27.9 (2006)	...	...
图瓦卢	...	...	...	...
瓦努阿图	...	...	...	...
发达经济体				
澳大利亚	4.8	3.6	3.2	2.6
日本	5.1	4.4	4.0	3.6
新西兰	8.8	6.9	6.7	6.1

（转下页）

表 1.8（续）

本地区成员经济体	工业			
	2000	2005	2010	2015
发展中经济体				
中亚和西亚地区				
阿富汗	6.2 (2001)	6.2 (2004)	...	...
亚美尼亚	20.6	15.9	17.4	15.9
阿塞拜疆	12.1	12.4	13.7	14.1
格鲁吉亚[b]	5.8 (2001)	3.8	6.5	6.7
哈萨克斯坦	18.2	17.9	18.7	20.6
吉尔吉斯共和国	10.5	17.6	21.1	20.9
巴基斯坦	11.6	13.8	13.4	15.5
塔吉克斯坦	9.1	8.7	7.9	6.7
土库曼斯坦[b]	13.0	13.8 (2004)	...	...
乌兹别克斯坦	12.7	13.2	13.2	22.3
东亚地区				
中国[c]	22.5	23.8	28.7	29.3
中国香港	19.6	14.4	11.2	11.4
韩国	20.4	26.6	24.9	25.1
蒙古国	14.1	16.8	16.2	20.3
中国台北	36.6 (2001)	36.4	35.9	36.0
南亚地区				
孟加拉国	13.1	14.6 (2006)	17.6	...
不丹	5.6 (2001)	17.2	6.6	9.6
印度	16.3	18.8	21.5 (2009)	...
马尔代夫[d]	19.0	27.9 (2007)	9.4	18.8 (2014)
尼泊尔	...	...	9.8 (2011)	...
斯里兰卡[e]	23.6	25.4	24.6	26.5 (2014)
东南亚地区				
文莱	...	...	...	...
柬埔寨	7.0	9.7	9.2	9.0 (2014)
印度尼西亚	17.4	18.8	19.3	21.8
老挝	8.7 (2001)	...	8.1	...
马来西亚	32.5	29.7	27.8	27.5
缅甸	...	...	...	...
菲律宾	16.2	15.4	15.0	16.2
新加坡[f]	25.7	21.7	21.8	17.2
泰国	20.2	22.4	20.8	23.7
越南	13.1	17.6	21.0	22.7
太平洋地区				
库克群岛	6.0 (2001)	14.2 (2006)	11.7 (2011)	...
斐济	30.8	30.8	23.9	25.5 (2014)
基里巴斯[g]	...	3.2	16.1	...
马绍尔群岛	7.8	...	0.7	...
密克罗尼西亚联邦	...	...	...	...
瑙鲁	...	...	...	...
帕劳	0.7	2.6	...	...
巴布亚新几内亚	...	...	...	...
萨摩亚	19.7 (2001)	21.8 (2006)	12.2 (2011)	...
所罗门群岛	...	...	13.0 (2009)	...
东帝汶	...	...	8.8	12.7 (2013)
汤加	...	27.8 (2006)	...	...
图瓦卢	...	...	...	...
瓦努阿图	...	...	...	...
发达经济体				
澳大利亚	21.5	21.1	21.0	19.4
日本	31.2	27.5	25.4	24.6
新西兰	12.6	22.4	20.6	21.6

（转下页）

表 1.8（续）

本地区成员经济体	服务业			
	2000	2005	2010	2015
发展中经济体				
中亚和西亚地区				
阿富汗	24.2 (2001)	24.2 (2004)	...	...
亚美尼亚	35.0	37.8	44.0	48.8
阿塞拜疆	48.7	48.8	48.1	49.6
格鲁吉亚[i]	41.4 (2001)	41.9	41.3	44.7
哈萨克斯坦	50.5	50.2	53.0	61.4
吉尔吉斯共和国	36.5	43.9	47.7	49.8
巴基斯坦	40.0	43.2	41.5	42.3
塔吉克斯坦	26.0	23.9	26.3	28.4
土库曼斯坦[b]	39.4	38.0 (2004)	...	...
乌兹别克斯坦	52.8	57.7	59.9	50.0
东亚地区				
中国[c]	27.5	31.4	34.6	42.4
中国香港	79.8	85.1	88.8	88.1
韩国	69.0	65.4	68.5	69.7
蒙古国	37.2	43.3	50.2	51.3
中国台北	55.9 (2001)	57.7	58.8	59.0
南亚地区				
孟加拉国	36.2	37.6 (2006)	35.3	22.4 (2013)
不丹	47.9 (2001)	39.2	33.7	32.4
印度	23.7	25.1	25.3 (2009)	...
马尔代夫[d]	67.3	56.2 (2007)	...	70.8 (2014)
尼泊尔	...	...	24.6 (2011)	...
斯里兰卡[e]	40.3	41.8	42.9	45.0 (2014)
东南亚地区				
文莱	...	...	...	...
柬埔寨	19.3	30.0	18.6	26.6 (2014)
印度尼西亚	37.3	37.3	42.3	45.3
老挝	8.6 (2001)	...	19.7	...
马来西亚	50.8	55.6	58.7	60.0
缅甸	...	...	...	...
菲律宾	46.7	48.1	51.8	54.6
新加坡[f]	74.2	78.2	77.9	82.7
泰国	35.6	39.0	41.0	44.0
越南	21.8	27.3	29.5	33.2
太平洋地区				
库克群岛	86.7 (2001)	80.9 (2006)	84.0 (2011)	...
斐济	67.7	68.1	74.4	72.6 (2014)
基里巴斯[g]	...	30.7	61.8	...
马绍尔群岛	72.3	...	88.2	...
密克罗尼西亚联邦	...	...	...	...
瑙鲁	...	...	...	...
帕劳	92.2	89.6	...	...
巴布亚新几内亚	...	...	...	...
萨摩亚	40.4 (2001)	42.8 (2006)	50.9 (2011)	...
所罗门群岛	...	...	44.8 (2009)	...
东帝汶	...	...	39.8	46.7 (2013)
汤加	...	44.3 (2006)	...	...
图瓦卢	...	...	...	...
瓦努阿图	...	...	...	...
发达经济体				
澳大利亚	73.7	75.3	75.9	77.9
日本	63.7	68.1	70.5	71.8
新西兰	...	70.7	72.6	72.3

... = 至截止日期未获得相关数据；0.0 = 数值不到所用计量单位的一半。
a 由于数据可获得性有限，所以有的数值总计可能不等于 100。
b 劳动力数据系列包括未登记的个人。
c 指参与社会劳动、获得报酬或赚取收入的个人。
d 2000 年的数据指年龄大于等于 12 岁的人，2006 年的数据指年龄大于等于 15 岁的人。数字仅包括当地人口。
e 有些数据未相加的原因：(i) 2005 年及 2011 年—2013 年的数据包括所有岛屿；(ii) 2013 年的数据不包括北部省份；(iii) 2004 年的数据不包括穆莱蒂武和基利诺奇地区；(iv) 2006 年—2010 年及 2003 年之前的数据不包括北部和东部省份。
f 仅指新加坡居民。
g 指现金支付的工作和无报酬村务工作。2005 年，工业的就业数据仅包括有报酬（现金支付）工人。
h 包括矿业；制造业；电力、燃气、蒸汽和冷气供应；供水；污水、垃圾处理和整治。
i 包括建筑和服务活动。
j 包括电力、燃气、蒸汽和冷气供应；供水；污水、垃圾处理和整治；建筑和服务活动。
资料来源：各经济体。

表 1.9 贫困与不平等

本地区成员经济体	生活在每日1.90美元（以购买力平价计算）贫困线以下的人口比例（%）[a]		生活在每日3.10美元（以购买力平价计算）贫困线以下的人口比例（%）[a]	
	2000	最近一年	2000	最近一年
发展中经济体				
中亚和西亚地区				
阿富汗	...	...	...	...
亚美尼亚	19.3 (2001)	2.3 (2014)	53.1 (2001)	14.6 (2014)
阿塞拜疆	2.7 (2001)	0.5 (2008)	16.3 (2001)	2.5 (2008)
格鲁吉亚	21.0	9.8 (2014)	45.1	25.3 (2014)
哈萨克斯坦	10.5 (2001)	0.0 (2013)	31.2 (2001)	0.3 (2013)
吉尔吉斯共和国	42.2	1.3 (2014)	75.7	17.5 (2014)
巴基斯坦[b]	28.7 (2001)	6.1 (2013)	70.0 (2001)	36.9 (2013)
塔吉克斯坦	54.4 (1999)	19.5 (2014)	86.1 (1999)	56.7 (2014)
土库曼斯坦	42.3 (1998)	...	69.1 (1998)	...
乌兹别克斯坦	68.1	66.8 (2003)	88.7	87.8 (2003)
东亚地区				
中国	40.5[c] (1999)	1.9[c] (2013)	67.2[c] (1999)	11.1[c] (2013)
中国香港	...	...	...	...
韩国	...	...	...	...
蒙古国	10.6 (2002)	0.2 (2014)	33.6 (2002)	2.7 (2014)
中国台北	...	...	...	...
南亚地区				
孟加拉国	33.7	18.5 (2010)	70.1	56.8 (2010)
不丹[d]	35.2 (2003)	2.2 (2012)	60.9 (2003)	13.3 (2012)
印度[b]	38.2[c] (2004)	21.2[c] (2011)	73.5[c] (2004)	58.0[c] (2011)
马尔代夫	10.0 (2002)	7.3 (2009)	36.5 (2002)	23.3 (2009)
尼泊尔[b]	46.1 (2003)	15.0 (2010)	73.8 (2003)	48.4 (2010)
斯里兰卡[b]	8.3 (2002)	1.9 (2012)	33.9 (2002)	14.6 (2012)
东南亚地区				
文莱	...	...	...	...
柬埔寨	18.6 (2004)	2.2 (2012)	53.3 (2004)	21.6 (2012)
印度尼西亚	39.8[c] (2000)	8.3[c] (2014)	78.5[c] (2000)	36.4[c] (2014)
老挝[b]	26.1 (2002)	16.7 (2012)	61.7 (2002)	46.9 (2012)
马来西亚	0.4 (2004)	0.3 (2009)	2.3 (2004)	2.7 (2009)
缅甸	...	...	...	...
菲律宾	18.4	13.1 (2012)	43.1	37.6 (2012)
新加坡	...	...	...	...
泰国	2.6	0.0 (2013)	17.0	0.9 (2013)
越南[b]	38.8 (2002)	3.1 (2014)	69.3 (2002)	12.0 (2014)
太平洋地区				
库克群岛	...	...	...	...
斐济	5.5 (2002)	4.1 (2008)	21.9 (2002)	18.5 (2008)
基里巴斯	14.1 (2006)	...	34.7 (2006)	...
马绍尔群岛	...	...	...	...
密克罗尼西亚联邦	11.4 (2005)	17.4 (2013)	28.5 (2005)	39.4 (2013)
瑙鲁	...	...	...	...
帕劳	...	...	...	...
巴布亚新几内亚[b]	...	39.3 (2009)	...	64.7 (2009)
萨摩亚	...	0.8 (2008)	...	8.4 (2008)
所罗门群岛[b]	45.6 (2005)	...	69.3 (2005)	...
东帝汶	44.2 (2001)	46.8 (2007)	72.8 (2001)	80.0 (2007)
汤加	2.8 (2001)	1.1 (2009)	7.6 (2001)	8.2 (2009)
图瓦卢[b]	...	2.7 (2010)	...	16.3 (2010)
瓦努阿图	...	15.4 (2010)	...	38.8 (2010)
发达经济体				
澳大利亚	1.4 (2001)	0.7 (2010)	1.4 (2001)	1.0 (2010)
日本	...	0.4 (2008)	...	0.7 (2008)
新西兰	...	...	...	...

（转下页）

表 1.9（续）

本地区成员经济体	很高收入20%与最低收入20%之比		基尼系数	
	2000	最近一年	2000	最近一年
发展中经济体				
中亚和西亚地区				
阿富汗	...	...	...	...
亚美尼亚	5.7 (2001)	4.7 (2013)	0.354 (2001)	0.315 (2013)
阿塞拜疆	6.0 (2001)	2.3 (2005)	0.365 (2001)	0.166 (2005)
格鲁吉亚	8.6	8.2 (2013)	0.405	0.400 (2013)
哈萨克斯坦	6.2 (2001)	3.7 (2013)	0.353 (2001)	0.264 (2013)
吉尔吉斯共和国	4.7	3.9 (2012)	0.310	0.274 (2012)
巴基斯坦	4.3 (2001)	4.1 (2010)	0.305 (2001)	0.296 (2010)
塔吉克斯坦	5.2 (2003)	4.7 (2009)	0.327 (2003)	0.308 (2009)
土库曼斯坦	6.2 (1993)	7.7 (1998)	0.354 (1993)	0.408 (1998)
乌兹别克斯坦	6.1	5.8 (2003)	0.361	0.353 (2003)
东亚地区				
中国	8.9 (2002)	10.1 (2010)	0.426 (2002)	0.421 (2010)
中国香港	...	...	...	...
韩国	...	5.4 (2014)	0.307 (2012)	0.302 (2014)
蒙古国	5.4 (2002)	5.4 (2012)	0.329 (2002)	0.338 (2012)
中国台北	5.6	6.1 (2014)	0.326	0.336 (2014)
南亚地区				
孟加拉国	4.9	4.7 (2010)	0.331	0.320 (2010)
不丹[d]	278.2 (2003)	6.8 (2012)	0.695 (2003)	0.387 (2012)
印度[b]	4.9 (2004)	5.4 (2011)	0.334 (2004)	0.339 (2009)
马尔代夫	46.6 (1998)	6.7 (2009)	0.627 (1998)	0.368 (2009)
尼泊尔[b]	7.7 (2003)	5.0 (2010)	0.433 (2003)	0.328 (2010)
斯里兰卡[b]	7.1 (2002)	6.4 (2012)	0.407 (2002)	0.386 (2012)
东南亚地区				
文莱	...	...	...	...
柬埔寨	5.6 (2004)	4.4 (2012)	0.355 (2004)	0.308 (2012)
印度尼西亚	4.2 (2002)	5.7 (2010)	0.297 (2002)	0.356 (2010)
老挝[b]	5.4 (2002)	6.3 (2012)	0.347 (2002)	0.379 (2012)
马来西亚	11.0 (2004)	11.3 (2009)	0.461 (2004)	0.463 (2009)
缅甸	...	...	...	...
菲律宾	9.7	8.4 (2012)	0.462	0.430 (2012)
新加坡	...	...	...	...
泰国	8.1	7.0 (2012)	0.428	0.393 (2012)
越南[b]	6.1 (2002)	7.0 (2012)	0.373 (2002)	0.387 (2012)
太平洋地区				
库克群岛	...	...	...	...
斐济[b]	7.4 (2002)	8.2 (2008)	0.396 (2002)	0.428 (2008)
基里巴斯	...	7.2 (2006)	...	0.376 (2006)
马绍尔群岛	...	...	...	...
密克罗尼西亚联邦	39.5	...	0.612	...
瑙鲁	...	...	...	...
帕劳	...	...	...	...
巴布亚新几内亚[b]	27.0 (1996)	10.4 (2009)	0.6 (1996)	0.439 (2009)
萨摩亚	...	7.9 (2008)	...	0.427 (2008)
所罗门群岛[b]	...	10.5 (2005)	...	0.461 (2005)
东帝汶	6.4 (2001)	4.6 (2007)	0.376 (2001)	0.316 (2007)
汤加	...	6.9 (2009)	...	0.381 (2009)
图瓦卢[b]	...	...	...	...
瓦努阿图	...	6.6 (2010)	...	0.372 (2010)
发达经济体				
澳大利亚	5.9 (2001)	5.9 (2010)	0.341 (2001)	0.349 (2010)
日本	...	5.4 (2008)	...	0.321 (2008)
新西兰	5.2 (2011)	5.3 (2012)	0.323 (2011)	0.333 (2012)

... = 至截止日期未获得相关数据；0.0 = 数值不到所用计量单位的一半。

a 除澳大利亚、日本和马来西亚的数据是基于收入外，其余数据基于消费。

b 最初年份或最近一年的家庭收入调查的年份重叠。为与世界发展指标数据库保持一致，上表的调查起始年指贫困估值的基准年。

c 为城市人口和农村人口的加权平均数。

d 2003 年的估值基于世界银行的 PovcalNet 数据库作出。替代估值来自联合国统计司的可持续发展目标指标全球数据库，等于 24.9%（同年）。

资料来源：World Bank. PovcalNet Database Online. http：//iresearch. worldbank. org/PovcalNet/index. htm（访问时间 2016 年 10 月）；World Bank. World Development Indicators Online. http：//data. worldbank. org/data‐catalog/world‐development‐indicators（访问时间 2016 年 6 月）；OECD Database on Income Distribution and Poverty. http：//www. oecd. org/social/inequality‐and‐poverty. htm（访问时间 2016 年 6 月）；中国台北："预算、核算与统计总局"，http：//eng. dgbas. gov. tw/mp. asp？mp = 2（访问时间 2016 年 9 月）；亚行估计；各经济体．

表 1.10　人类发展指数

本地区成员经济体	2000	2005	2010	2011	2012	2013	2014	2014年排名[a]
发展中经济体								
中亚和西亚地区	**0.571**	**0.617**	**0.649**	**0.654**	**0.660**	**0.664**	**0.667**	
阿富汗	0.334	0.399	0.448	0.456	0.463	0.464	0.465	171
亚美尼亚	0.648	0.695	0.721	0.723	0.728	0.731	0.733	85
阿塞拜疆	0.640	0.688	0.741	0.742	0.745	0.749	0.751	78
格鲁吉亚	0.672	0.711	0.735	0.740	0.747	0.750	0.754	76
哈萨克斯坦	0.679	0.746	0.766	0.772	0.778	0.785	0.788	56
吉尔吉斯共和国	0.593	0.614	0.634	0.639	0.645	0.652	0.655	120
巴基斯坦	0.444	0.495	0.522	0.527	0.532	0.536	0.538	147
塔吉克斯坦	0.535	0.579	0.608	0.612	0.617	0.621	0.624	129
土库曼斯坦	...	...	0.666	0.671	0.677	0.682	0.688	109
乌兹别克斯坦	0.594	0.625	0.655	0.661	0.668	0.672	0.675	114
东亚地区	**0.706**	**0.773**	**0.810**	**0.816**	**0.822**	**0.826**	**0.829**	
中国	0.588	0.641	0.699	0.707	0.718	0.723	0.727	90
中国香港	0.825	0.871	0.898	0.902	0.906	0.908	0.910	12
韩国	0.821	0.858	0.886	0.891	0.893	0.895	0.898	17
蒙古国	0.589	0.649	0.695	0.706	0.714	0.722	0.727	90
中国台北[b]	...	0.846	0.873	0.874	0.879	0.882	0.882	...
南亚地区	**0.539**	**0.575**	**0.617**	**0.625**	**0.629**	**0.634**	**0.638**	
孟加拉国	0.468	0.505	0.546	0.559	0.563	0.567	0.570	142
不丹	...	...	...	...	...	...	...	132
印度	0.496	0.539	0.586	0.597	0.600	0.604	0.609	130
马尔代夫	0.603	0.638	0.683	0.690	0.695	0.703	0.706	104
尼泊尔	0.451	0.480	0.531	0.536	0.540	0.543	0.548	145
斯里兰卡	0.679	0.712	0.738	0.743	0.749	0.752	0.757	73
东南亚地区	**0.612**	**0.645**	**0.679**	**0.684**	**0.689**	**0.692**	**0.696**	
文莱	0.819	0.836	0.843	0.847	0.852	0.852	0.856	31
柬埔寨	0.419	0.491	0.536	0.541	0.546	0.550	0.555	143
印度尼西亚	0.606	0.635	0.665	0.671	0.678	0.681	0.684	110
老挝	0.462	0.501	0.539	0.552	0.562	0.570	0.575	141
马来西亚	0.723	0.731	0.769	0.772	0.774	0.777	0.779	62
缅甸	0.425	0.478	0.520	0.524	0.528	0.531	0.536	148
菲律宾	0.623	0.640	0.654	0.653	0.657	0.664	0.668	115
新加坡	0.819	0.841	0.897	0.903	0.905	0.909	0.912	11
泰国	0.648	0.684	0.716	0.721	0.723	0.724	0.726	93
越南	0.575	0.616	0.653	0.657	0.660	0.663	0.666	116
太平洋地区	**0.586**	**0.603**	**0.630**	**0.633**	**0.634**	**0.634**	**0.636**	
库克群岛	...	...	...	...	...	...	...	...
斐济	0.678	0.694	0.717	0.720	0.722	0.724	0.727	90
基里巴斯	...	0.575	0.588	0.585	0.587	0.588	0.590	137
马绍尔群岛	...	...	...	...	...	...	...	...
密克罗尼西亚联邦	0.603	0.622	0.638	0.640	0.641	0.639	0.640	123
瑙鲁	...	...	...	...	...	...	...	...
帕劳	0.743	0.759	0.767	0.770	0.775	0.775	0.780	60
巴布亚新几内亚	0.424	0.452	0.493	0.497	0.501	0.503	0.505	158
萨摩亚	0.649	0.679	0.696	0.698	0.700	0.701	0.702	105
所罗门群岛	0.446	0.482	0.494	0.501	0.504	0.505	0.506	156
东帝汶	0.468	0.505	0.600	0.611	0.604	0.601	0.595	133
汤加	0.671	0.693	0.713	0.716	0.717	0.716	0.717	100
图瓦卢	...	...	...	...	...	...	...	...
瓦努阿图	...	0.572	0.589	0.590	0.590	0.592	0.594	134
发达经济体	**0.876**	**0.894**	**0.905**	**0.908**	**0.910**	**0.912**	**0.913**	
澳大利亚	0.898	0.912	0.927	0.930	0.932	0.933	0.935	2
日本	0.857	0.874	0.884	0.886	0.888	0.890	0.891	20
新西兰	0.874	0.895	0.905	0.907	0.909	0.911	0.913	9

... = 至截止日期未获得相关数据。

a 联合国开发计划署《2015 年人类发展报告》分类的 188 个国家的排名。

b 从中国台湾统计部门获得。

资料来源：United Nations Development Programme. 2015. *Human Development Report* 2015. http：//hdr. undp. org/en（访问时间 2016 年 6 月）；中国台北："预算、核算与统计总局"，http：//eng. stat. gov. tw/ct. asp? xItem = 25280&ctNode = 6032&mp = 5（访问时间 2016 年 8 月）.

表 1.11 出生时预期寿命（年）

本地区成员经济体	男女合计 2010	男女合计 2014	女性 2010	女性 2014	男性 2010	男性 2014
发展中经济体						
中亚和西亚地区						
阿富汗	59.0	60.4	60.2	61.6	57.8	59.2
亚美尼亚	74.2	74.7	77.9	78.6	70.7	70.9
阿塞拜疆	70.5	70.8	73.6	74.0	67.4	67.7
格鲁吉亚	74.0	74.7	77.7	78.4	70.5	71.2
哈萨克斯坦	68.3	71.6	73.3	75.9	63.5	67.1
吉尔吉斯共和国	69.3	70.4	73.5	74.5	65.3	66.5
巴基斯坦	65.2	66.2	66.1	67.2	64.3	65.3
塔吉克斯坦	68.6	69.6	72.0	73.2	65.3	66.2
土库曼斯坦	65.0	65.6	69.3	69.9	60.9	61.5
乌兹别克斯坦	67.9	68.3	71.3	71.8	64.6	65.0
东亚地区						
中国	75.0	75.8	76.6	77.3	73.5	74.3
中国香港	83.0	84.0	86.0	86.9	80.1	81.2
韩国	80.6	82.2	84.1	85.5	77.2	79.0
蒙古国	67.6	69.5	71.9	73.9	63.6	65.3
中国台北	79.2	79.9 (2013)	82.6	83.4 (2013)	76.1	76.9 (2013)
南亚地区						
孟加拉国	70.1	71.6	71.2	72.9	69.0	70.4
不丹	67.9	69.5	68.2	69.7	67.6	69.2
印度	66.5	68.0	67.7	69.5	65.4	66.6
马尔代夫	76.2	76.8	77.3	77.8	75.2	75.8
尼泊尔	68.0	69.6	69.4	71.1	66.6	68.2
斯里兰卡	74.3	74.8	77.9	78.2	70.9	71.5
东南亚地区						
文莱	77.6	78.8	79.4	80.7	75.9	77.0
柬埔寨	66.4	68.2	68.6	70.3	64.3	66.2
印度尼西亚	68.1	68.9	70.3	71.0	66.1	66.9
老挝	64.3	66.1	65.7	67.5	63.0	64.8
马来西亚	74.2	74.7	76.5	77.1	71.9	72.4
缅甸	64.9	65.9	67.0	68.0	62.9	63.9
菲律宾	67.8	68.3	71.2	71.8	64.5	64.9
新加坡	81.5	82.6	84.0	84.9	79.2	80.5
泰国	73.7	74.4	77.1	77.9	70.4	71.1
越南	75.0	75.6	80.0	80.5	70.2	71.0
太平洋地区						
库克群岛	74.5	75.4	77.4	78.3	71.7	72.6
斐济	69.4	70.1	72.4	73.2	66.5	67.2
基里巴斯	65.3	66.0	68.5	69.2	62.3	62.8
马绍尔群岛	71.5	72.6	73.7	74.8	69.4	70.4
密克罗尼西亚联邦	68.6	69.1	69.5	70.1	67.8	68.1
瑙鲁	65.0	66.4	68.4	69.8	60.9	62.3
帕劳	71.5	72.6	74.8	76.0	68.4	69.4
巴布亚新几内亚	62.0	62.6	64.1	64.8	59.9	60.5
萨摩亚	72.4	73.5	75.7	76.8	69.3	70.4
所罗门群岛	67.1	67.9	68.4	69.4	65.8	66.5
东帝汶	67.3	68.3	68.8	70.1	65.9	66.5
汤加	72.2	72.8	75.2	75.8	69.3	69.9
图瓦卢	64.4	65.8	66.5	68.1	62.4	63.7
瓦努阿图	70.8	71.9	72.9	74.0	68.9	69.9
发达经济体						
澳大利亚	81.7	82.3	84.0	84.3	79.5	80.3
日本	82.8	83.6	86.3	86.8	79.6	80.5
新西兰	80.7	81.4	82.7	83.3	78.8	79.6
全球	**70.5**	**71.5**	**72.6**	**73.6**	**68.4**	**69.4**

资料来源：World Bank. World Development Indicators Online. http：//data. worldbank. org/data - catalog/world - development - indicators（访问时间2016年8月）；库克群岛、马绍尔群岛、瑙鲁、帕劳和图瓦卢：US Census Bureau Online. http：//www. census. gov/（访问时间2016年8月）；中国台北："预算、核算与统计总局"发布的《社会指标》，http：//eng. dgbas. gov. tw/mp. asp？mp = 2（访问时间2016年8月）。

表 1.12　出生率、死亡率及生育率

本地区成员经济体	大概出生率（每千人）		大概死亡率（每千人）		总生育率（每位女性生育）	
	2000	2014	2000	2014	2000	2014
发展中经济体						
中亚和西亚地区						
阿富汗	48.3	34.2	12.1	8.2	7.5	4.8
亚美尼亚	13.2	13.2	8.5	9.2	1.7	1.5
阿塞拜疆	14.5	17.9	5.8	5.8	2.0	2.0
格鲁吉亚	12.0	13.5	10.0	11.5	1.6	1.8
哈萨克斯坦	14.7	23.1	10.1	7.6	1.8	2.7
吉尔吉斯共和国	19.8	27.7	7.0	6.1	2.4	3.2
巴基斯坦	32.0	29.2	8.7	7.4	4.6	3.6
塔吉克斯坦	30.6	30.6	7.8	5.6	4.0	3.5
土库曼斯坦	23.7	21.1	7.7	7.8	2.8	2.3
乌兹别克斯坦	21.4	23.3	5.5	4.9	2.6	2.2
东亚地区						
中国	14.0	12.4	6.5	7.2	1.4	1.6
中国香港	8.1	8.6	5.1	6.2	1.0	1.2
韩国	13.3	8.6	5.2	5.3	1.5	1.2
蒙古国	19.3	23.9	7.7	6.1	2.1	2.7
中国台北	13.8	9.0	5.7	7.0	1.7	1.2
南亚地区						
孟加拉国	27.6	19.8	6.9	5.4	3.2	2.2
不丹	27.6	17.7	8.8	6.2	3.6	2.0
印度	26.5	20.0	8.7	7.3	3.3	2.4
马尔代夫	22.8	21.2	4.7	3.8	2.9	2.1
尼泊尔	32.1	20.5	8.5	6.4	4.0	2.2
斯里兰卡	18.5	15.9	7.0	6.8	2.2	2.1
东南亚地区						
文莱	21.9	16.0	3.0	3.0	2.3	1.9
柬埔寨	28.1	24.1	9.4	6.1	3.8	2.6
印度尼西亚	21.5	20.0	7.3	7.2	2.5	2.5
老挝	31.9	26.7	9.8	6.8	4.3	3.0
马来西亚	22.5	16.8	4.4	4.9	2.8	1.9
缅甸	24.3	17.8	9.1	8.3	2.9	2.2
菲律宾	29.6	23.6	6.2	6.7	3.8	3.0
新加坡	11.8	9.8	3.9	4.7	1.5 (1999)	1.3
泰国	14.4	10.8	6.9	7.9	1.7	1.5
越南	17.5	17.2	5.5	5.8	2.0	2.0
太平洋地区						
库克群岛	23.1	14.7	6.3	7.8	3.2	2.3
斐济	24.7	20.1	6.1	6.9	3.1	2.6
基里巴斯	30.6	28.8	7.6	7.0	4.1	3.7
马绍尔群岛	35.0	26.4	5.3	4.2	4.4	3.2
密克罗尼西亚联邦	29.9	23.5	6.3	6.2	4.3	3.2
瑙鲁	27.9	26.2	7.2	5.9	3.5	2.9
帕劳	14.5	13.1 (2013)	6.5	11.0 (2013)	2.4 (1995)	2.0 (2005)
巴布亚新几内亚	34.8	28.5	9.1	7.7	4.5	3.8
萨摩亚	30.6	25.6	6.1	5.4	4.5	4.1
所罗门群岛	35.6	29.9	7.7	5.8	4.7	4.0
东帝汶	42.6	37.8	9.8	6.9	7.1	5.1
汤加	28.3	24.8	6.3	6.0	4.3	3.7
图瓦卢	24.6	23.7	10.8	8.9	3.6	3.0
瓦努阿图	32.4	26.5	6.2	4.7	4.4	3.3
发达经济体						
澳大利亚	13.0	12.9	6.7	6.5	1.8	1.9
日本	9.4	8.0	7.7	10.0	1.4	1.4
新西兰	14.7	12.7	6.9	6.9	2.0	1.9
全球	**21.6**	**19.3**	**8.5**	**7.7**	**2.7**	**2.5**

资料来源：World Bank. World Development Indicators Online. http：//data. worldbank. org/data - catalog/world - development - indicators（访问时间 2016 年 6 月）；库克群岛、马绍尔群岛、瑙鲁和图瓦卢：US Census Bureau Online. http：//www. census. gov/（访问时间 2016 年 8 月）；中国台北："预算、核算与统计总局"发布的《社会指标》，http：//eng. dgbas. gov. tw/mp. asp？mp = 2（访问时间 2016 年 8 月）.

表 1.13 初等教育完成率[a] （%）

本地区成员经济体	男女合计		女性		男性	
	2000	2014	2000	2014	2000	2014
发展中经济体						
中亚和西亚地区						
阿富汗	29.6 (1993)	...	15.1 (1993)	...	42.8 (1993)	...
亚美尼亚	93.7 (2002)	100.1 (2008)	94.7 (2002)	106.1 (2008)	92.8 (2002)	95.4 (2008)
阿塞拜疆	89.5	98.1	85.5	97.6	93.8	98.6
格鲁吉亚	98.1	116.5	97.9	116.9	98.4	116.0
哈萨克斯坦	92.7	113.0 (2015)	92.8	113.0 (2015)	92.7	113.0 (2015)
吉尔吉斯共和国	93.5	105.0	92.9	104.4	94.1	105.6
巴基斯坦	64.5 (2005)	73.7	53.7 (2005)	67.0	74.7 (2005)	80.0
塔吉克斯坦	91.3	99.6 (2015)	96.0 (2009)	99.4 (2015)	99.5 (2009)	99.7 (2015)
土库曼斯坦	...	...	...	...	...	...
乌兹别克斯坦	94.4	95.7 (2011)	101.2 (2001)	94.8 (2011)	...	96.5 (2011)
东亚地区						
中国	91.9 (1997)	...	89.7 (1997)	...	94.0 (1997)	...
中国香港	94.2 (1996)	99.4	...	98.8	...	100.0
韩国	103.6	103.2 (2013)	104.1	102.8 (2013)	103.1	103.6 (2013)
蒙古国	87.0	109.9	89.3	108.2	84.6	111.4
中国台北	...	...	...	...	...	...
南亚地区						
孟加拉国	64.4 (2005)	73.5 (2011)	66.9 (2005)	78.6 (2011)	62.0 (2005)	68.7 (2011)
不丹	51.0	97.0	47.3	102.8	54.5	91.4
印度	71.8	96.2 (2013)	63.5	99.0 (2013)	79.3	93.7 (2013)
马尔代夫	177.7 (2001)	114.4 (2009)	183.6 (2001)	108.5 (2009)	172.0 (2001)	120.0 (2009)
尼泊尔	67.2	105.7 (2015)	57.2	111.2 (2015)	77.0	100.5 (2015)
斯里兰卡	107.3 (2001)	98.0	106.6 (2001)	96.9	107.9 (2001)	99.1
东南亚地区						
文莱	116.0	100.6	113.0	100.3	118.7	100.8
柬埔寨	51.1 (2001)	96.3	45.9 (2001)	96.3	56.1 (2001)	96.3
印度尼西亚	93.8 (2001)	102.9	94.2 (2001)	100.1	93.4 (2001)	105.6
老挝	67.5	100.3	61.6	99.0	73.2	101.6
马来西亚	95.0 (1999)	102.4	...	...	...	...
缅甸	76.5	85.1	74.2	86.0 (2010)	78.7	82.7 (2010)
菲律宾	100.4 (2001)	101.0 (2013)	105.4 (2001)	105.0 (2013)	95.5 (2001)	97.3 (2013)
新加坡	...	...	...	...	...	...
泰国	84.9	93.6	84.3	92.9	85.5	94.2
越南	99.0	106.2	96.6	108.3	101.3	104.3
太平洋地区						
库克群岛	87.9 (1999)	103.5	85.9 (1999)	104.9	89.8 (1999)	102.1
斐济	95.0	102.9 (2013)	93.9	103.1 (2013)	96.0	102.8 (2013)
基里巴斯	99.0	112.4	95.1	119.8	102.7	105.5
马绍尔群岛	92.5 (1999)	99.8 (2011)	84.2 (1999)	103.9 (2011)	100.4 (1999)	95.9 (2011)
密克罗尼西亚联邦	...	...	...	...	...	...
瑙鲁	87.0 (2001)	112.4	90.1 (2001)	97.3	84.3 (2001)	128.3
帕劳	104.5 (2004)	95.5	...	93.9	...	96.9
巴布亚新几内亚	55.1	78.6 (2012)	50.5	72.4 (2012)	59.5	84.4 (2012)
萨摩亚	94.0	100.5	95.5	98.1	92.7	102.8
所罗门群岛	72.5 (1994)	87.3	...	87.7	...	86.9
东帝汶	83.2 (2008)	98.4	82.7 (2008)	99.9	83.7 (2008)	96.9
汤加	106.8 (2001)	110.9 (2013)	105.2 (2001)	106.4 (2013)	108.2 (2001)	115.1 (2013)
图瓦卢	101.7 (2001)	93.2	108.3 (2001)	98.1	96.1 (2001)	89.0
瓦努阿图	92.1	93.8 (2013)	94.4	97.8 (2013)	89.9	90.2 (2013)
发达经济体						
澳大利亚	...	...	...	...	...	...
日本	102.4	102.1 (2012)	102.3	102.0 (2012)	102.5	102.2 (2012)
新西兰	...	...	...	...	...	...

... = 至截止日期未获得相关数据。

a 初等教育最高年级的新入学总数，不论年龄，表示为理论上进入初等教育最高年级总人数的百分比。

资料来源：UNESCO Institute for Statistics. http：//data.uis.unesco.org/Index.aspx（访问时间 2016 年 8 月）.

表1.14 成人识字率（15岁及以上，%）

本地区成员经济体	男女合计 2000	男女合计 2015	女性 2000	女性 2015	男性 2000	男性 2015
发展中经济体						
中亚和西亚地区						
阿富汗	...	38.2	...	23.9	...	51.5
亚美尼亚	99.4 (2001)	99.8	99.2 (2001)	99.7	99.7 (2001)	99.8
阿塞拜疆	98.8 (1999)	99.8	98.2 (1999)	99.7	99.5 (1999)	99.9
格鲁吉亚	99.7 (2002)	99.8	99.6 (2002)	99.7	99.8 (2002)	99.8
哈萨克斯坦	99.5 (1999)	99.8	99.3 (1999)	99.8	99.8 (1999)	99.8
吉尔吉斯共和国	98.7 (1999)	99.5	98.1 (1999)	99.4	99.3 (1999)	99.6
巴基斯坦	42.7 (1998)	56.4	29.0 (1998)	42.7	55.3 (1998)	69.6
塔吉克斯坦	99.5	99.8	99.2	99.7	99.7	99.8
土库曼斯坦	98.8 (1995)	99.7	98.3 (1995)	99.6	99.3 (1995)	99.8
乌兹别克斯坦	98.6	100.0	98.1	100.0	99.2	100.0
东亚地区						
中国	90.9	96.4	86.5	94.5	95.1	98.2
中国香港	...	...	...	...	...	...
韩国	...	98.0 (2008)	...	97.6 (2008)	...	98.3 (2008)
蒙古国	97.8	98.4	97.5	98.6	98.0	98.2
中国台北	...	...	...	...	...	...
南亚地区						
孟加拉国	47.5 (2001)	61.5	40.8 (2001)	58.3	53.9 (2001)	64.6
不丹	52.8 (2005)	63.9	38.7 (2005)	55.1	65.0 (2005)	71.1
印度	61.0 (2001)	72.2	47.8 (2001)	63.0	73.4 (2001)	80.9
马尔代夫	96.3	99.3	96.4	98.9	96.2	99.8
尼泊尔	48.6 (2001)	64.7	34.9 (2001)	54.8	62.7 (2001)	75.8
斯里兰卡	90.7 (2001)	92.6	89.1 (2001)	91.7	92.3 (2001)	93.6
东南亚地区						
文莱	92.7 (2001)	96.7	90.2 (2001)	95.4	95.2 (2001)	97.8
柬埔寨	67.3 (1998)	78.3	57.0 (1998)	72.3	79.5 (1998)	85.0
印度尼西亚	90.4 (2004)	95.4	86.8 (2004)	93.8	94.0 (2004)	97.1
老挝	69.6	79.9	58.5	72.8	81.4	87.2
马来西亚	88.7	94.6	85.4	93.1	92.0	96.2
缅甸	89.9	93.1	86.4	91.2	93.9	95.2
菲律宾	92.6	96.6	92.7	97.0	92.5	96.2
新加坡	92.5	96.8	88.6	95.0	96.6	98.6
泰国	92.6	94.0	90.5	92.6	94.9	95.4
越南	90.2	94.5	86.6	92.8	93.9	96.3
太平洋地区						
库克群岛	...	...	...	...	...	...
斐济	...	...	...	...	...	...
基里巴斯	...	...	...	...	...	...
马绍尔群岛	...	98.3	...	98.2	...	98.3
密克罗尼西亚联邦	...	...	...	...	...	...
瑙鲁	...	...	...	...	...	...
帕劳	97.0 (2004)	99.5	96.5 (2004)	99.6	97.4 (2004)	99.5
巴布亚新几内亚	57.3	63.4	50.9	61.8	63.4	65.1
萨摩亚	98.5 (2004)	99.0	98.2 (2004)	99.1	98.8 (2004)	98.9
所罗门群岛	76.6 (1999)	...	69.0 (1999)	...	83.7 (1999)	...
东帝汶	37.6 (2001)	64.1	30.0 (2001)	59.5	45.3 (2001)	68.5
汤加	98.9 (1996)	99.4	99.0 (1996)	99.4	98.8 (1996)	99.3
图瓦卢	...	...	...	...	...	...
瓦努阿图	74.0 (1999)	85.1	...	83.7	...	86.5
发达经济体						
澳大利亚	...	...	...	...	...	...
日本	...	...	...	...	...	...
新西兰	...	...	...	...	...	...

... = 至截止日期未获得相关数据。

资料来源：UNESCO Institute for Statistics. http：//www.uis.unesco.org/Pages/default.aspx（访问时间2016年9月）.

表 1.15 教育资源

本地区成员经济体	小学学生与教师比		中学学生与教师比	
	2000	2015	2000	2015
发展中经济体				
中亚和西亚地区				
阿富汗	42.3 (2006)	45.7 (2013)	31.6 (2007)	...
亚美尼亚	20.3 (2001)	19.3 (2007)	...	...
阿塞拜疆	18.7	12.6 (2014)	...	...
格鲁吉亚	16.8	9.1 (2014)	7.5	7.2 (2014)
哈萨克斯坦	18.7 (2001)	16.2	11.0 (2006)	7.5
吉尔吉斯共和国	24.1	25.3 (2014)	13.3	11.3 (2014)
巴基斯坦	33.0	46.5 (2014)	24.2 (2003)	21.0 (2012)
塔吉克斯坦	21.8	22.3	16.4	15.4 (2011)
土库曼斯坦	...	...	...	...
乌兹别克斯坦	21.4	15.6 (2011)	11.5	13.3 (2011)
东亚地区				
中国	22.2 (2001)	16.2 (2014)	17.1	14.3 (2014)
中国香港	21.5	13.8 (2014)	18.8 (2001)	13.6 (2014)
韩国	32.1	16.9 (2013)	21.0	15.6 (2013)
蒙古国	32.6	27.2 (2014)	19.9	13.7 (2014)
中国台北	19.0	12.7 (2014)	17.6	14.6 (2014)
南亚地区				
孟加拉国	47.0 (2005)	40.2 (2011)	38.4	35.2 (2013)
不丹	41.1	26.7 (2014)	28.1 (2005)	14.3 (2014)
印度	40.0	32.3 (2013)	33.6	30.8 (2013)
马尔代夫	22.7	12.0 (2014)	15.3	...
尼泊尔	38.0	23.1	30.2	28.6
斯里兰卡	26.3 (2001)	23.7 (2014)	17.3 (2011)	17.3 (2012)
东南亚地区				
文莱	13.7	10.3 (2014)	10.9	9.1 (2014)
柬埔寨	50.1	44.6 (2014)	18.5	28.9 (2007)
印度尼西亚	22.1	16.6 (2014)	14.6	15.5 (2014)
老挝	30.1	25.2 (2014)	21.3	18.3 (2014)
马来西亚	19.6	11.4 (2014)	18.4	11.7 (2014)
缅甸	32.8	27.6 (2014)	31.9	31.8 (2014)
菲律宾	35.3	31.4 (2013)	36.4 (2001)	27.0 (2013)
新加坡	20.4 (2007)	17.4 (2009)	17.0 (2007)	14.9 (2009)
泰国	20.8	15.4 (2014)	24.0 (2001)	19.9 (2011)
越南	29.5	19.2 (2014)	...	...
太平洋地区				
库克群岛	17.8	16.6 (2014)	13.9	13.9 (2014)
斐济	28.1	28.0 (2012)	20.2	19.3 (2012)
基里巴斯	31.7	26.4 (2014)	21.0 (2001)	17.4 (2008)
马绍尔群岛	16.9 (2002)	...	16.7 (2002)	14.9 (2003)
密克罗尼西亚联邦	...	...	...	...
瑙鲁	21.5	39.5 (2014)	17.4	22.8 (2014)
帕劳	15.7	...	15.1	...
巴布亚新几内亚	35.4	36.2 (2001)	...	27.4 (2012)
萨摩亚	24.0	30.2 (2010)	21.2	21.5 (2010)
所罗门群岛	19.9 (2010)	20.3 (2014)	10.1	25.9 (2012)
东帝汶	61.9 (2001)	31.4 (2011)	28.0 (2001)	24.3 (2011)
汤加	22.1	21.9 (2014)	14.6	11.4 (2014)
图瓦卢	19.7	19.2 (2004)	...	...
瓦努阿图	22.5	22.8 (2013)	24.7	15.1 (2001)
发达经济体				
澳大利亚	...	...	...	...
日本	20.7	16.7 (2013)	14.0	11.7 (2012)
新西兰	18.4	14.4 (2014)	15.5	14.0 (2014)

... = 至截止日期未获得相关数据。

资料来源：UNESCO Institute for Statistics Data Centre Online. http：//www. uis. unesco. org/Pages/default. aspx（访问时间 2016 年 9 月）；中国台北："预算、核算与统计总局"发布的《统计月报》网络版，http：//eng. dgbas. gov. tw/mp. asp？mp = 2（访问时间 2016 年 6 月）．

表 1.16　医疗资源（每千人）

本地区成员经济体	医生 2000	医生 2015	医院床位 2000	医院床位 2015
发展中经济体				
中亚和西亚地区				
阿富汗	0.19 (2001)	0.27 (2013)	0.40 (2001)	0.50 (2012)
亚美尼亚	2.99	2.70 (2013)	5.47	3.90 (2012)
阿塞拜疆	3.61	3.40 (2013)	8.68	4.70 (2012)
格鲁吉亚	4.73	4.27 (2013)	4.77	2.60 (2012)
哈萨克斯坦	3.29	3.62 (2013)	7.19	7.20 (2012)
吉尔吉斯共和国	2.82	1.97 (2013)	7.40	4.80 (2012)
巴基斯坦	0.64	0.83 (2010)	0.70 (2003)	0.60 (2012)
塔吉克斯坦	2.22	1.92 (2013)	6.54	5.50 (2011)
土库曼斯坦	4.18 (2002)	2.39 (2010)	4.90 (2004)	4.00 (2012)
乌兹别克斯坦	2.95	2.53 (2013)	5.33	4.40 (2010)
东亚地区				
中国	1.25	1.94 (2012)	2.52	3.80 (2011)
中国香港	...	...	...	...
韩国	1.30	2.14 (2012)	6.10	10.30 (2009)
蒙古国	2.63 (2002)	2.84 (2011)	7.50 (2002)	6.80 (2012)
中国台北	1.50	2.10 (2014)	5.68	6.89 (2014)
南亚地区				
孟加拉国	0.23 (2001)	0.36 (2011)	0.30 (2001)	0.60 (2011)
不丹	0.05 (2004)	0.26 (2012)	1.60 (2001)	1.80 (2012)
印度	0.55	0.70 (2012)	0.69 (2002)	0.70 (2011)
马尔代夫	0.78	1.42 (2010)	1.70	4.30 (2009)
尼泊尔	0.05 (2001)	0.21 (2004)	0.20 (2001)	5.00 (2006)
斯里兰卡	0.43	0.68 (2010)	2.90	3.60 (2012)
东南亚地区				
文莱	1.01	1.44 (2012)	2.60	2.80 (2012)
柬埔寨	0.16	0.17 (2012)	0.60 (2001)	0.70 (2011)
印度尼西亚	0.16	0.20 (2012)	0.60 (2002)	0.90 (2012)
老挝	0.29	0.18 (2012)	0.90 (2002)	1.50 (2012)
马来西亚	0.70	1.20 (2012)	1.80 (2001)	1.90 (2012)
缅甸	0.30	0.61 (2012)	0.70	0.60 (2006)
菲律宾	0.59	1.15 (2004)	1.00 (2001)	1.00 (2011)
新加坡	1.40 (2001)	1.95 (2013)	2.90 (2001)	2.00 (2011)
泰国	0.37	0.39 (2010)	2.20	2.10 (2010)
越南	0.53 (2001)	1.19 (2013)	2.40 (2001)	2.00 (2010)
太平洋地区				
库克群岛	...	...	2.10 (2004)	2.10 (2009)
斐济	0.45 (2003)	0.43 (2010)	1.50 (2004)	1.30 (2011)
基里巴斯	0.23 (2004)	0.38 (2010)	2.70 (2009)	2.70 (2010)
马绍尔群岛	0.47	0.44 (2010)	2.80	3.20 (2009)
密克罗尼西亚联邦	0.60	0.18 (2010)	3.50 (2004)	5.00 (2010)
瑙鲁	0.77 (2004)	0.71 (2010)	5.90 (2006)	4.80 (2010)
帕劳	1.58	1.38 (2010)	...	...
巴布亚新几内亚	0.05	0.06 (2010)	3.30	0.00 (2005)
萨摩亚	0.28 (2003)	0.48 (2010)	2.20 (2003)	1.30 (2012)
所罗门群岛	0.13 (2003)	0.22 (2010)	5.90 (2010)	5.90 (2010)
东帝汶	0.00 (2001)	0.07 (2011)	3.20 (2001)	2.60 (2010)
汤加	0.50	0.56 (2010)	5.60 (2001)	5.60 (2001)
图瓦卢	0.55 (2002)	1.09 (2010)	3.10 (2001)	1.70 (2008)
瓦努阿图	0.14 (2004)	0.12 (2010)		
发达经济体				
澳大利亚	2.50	3.27 (2011)	7.80	3.90 (2010)
日本	2.01	2.30 (2010)	14.70	13.70 (2009)
新西兰	2.20	2.74 (2010)	6.20 (2002)	2.30 (2011)

... = 至截止日期未获得相关数据；0.0 = 数值不到所用计量单位的一半。

资料来源：World Bank. World Development Indicators Online. http：//data. worldbank. org（访问时间 2016 年 8 月）；中国台北："预算、核算与统计总局"发布的《统计月报》网络版，http：//eng. dgbas. gov. tw/mp. asp？ mp = 2（访问时间 2016 年 6 月）。

表 1.17 艾滋病病毒成年携带者估计值[a]（15 岁及以上，每千人）

本地区成员经济体	成年人		女性	
	2000	2015	2000	2015
发展中经济体				
中亚和西亚地区				
阿富汗	1.8	6.7	0.5	1.9
亚美尼亚	1.0	3.6	0.2	0.7
阿塞拜疆	1.4	10.6	0.4	3.1
格鲁吉亚	1.9	9.6	0.7	2.1
哈萨克斯坦	4.0	22.9	0.6	7.1
吉尔吉斯共和国	0.8	8.0	0.2	2.6
巴基斯坦	8.6	99.5	2.3	29.6
塔吉克斯坦	5.0	15.8	2.1	5.4
土库曼斯坦	...	...	...	...
乌兹别克斯坦	20.3	32.1	4.5	9.7
东亚地区				
中国	...	...	...	...
中国香港	...	...	...	...
韩国	...	...	...	...
蒙古国	0.0	0.4	0.0	0.1
中国台北	...	...	...	...
南亚地区				
孟加拉国	1.0	9.3	0.2	3.2
不丹	...	...	...	...
印度	1,949.2	1,979.1	674.8	794.0
马尔代夫	...	...	...	...
尼泊尔	22.6	37.8	6.7	14.2
斯里兰卡	0.6	4.1	0.2	1.3
东南亚地区				
文莱	...	...	...	...
柬埔寨	114.5	70.1	45.1	37.0
印度尼西亚	41.5	675.5	9.3	246.9
老挝	...	...	...	...
马来西亚	99.4	91.1	3.7	12.7
缅甸	187.1	215.3	44.5	77.2
菲律宾	2.6	42.1	0.9	4.5
新加坡	...	...	...	...
泰国	616.0	434.0	176.5	179.7
越南	101.1	250.2	15.3	76.5
太平洋地区				
库克群岛	...	...	...	...
斐济	...	...	...	...
基里巴斯	...	...	...	...
马绍尔群岛	...	...	...	...
密克罗尼西亚联邦	...	...	...	...
瑙鲁	...	...	...	...
帕劳	...	...	...	...
巴布亚新几内亚	23.2	36.9	12.6	21.3
萨摩亚	...	...	...	...
所罗门群岛	...	...	...	...
东帝汶	...	...	...	...
汤加	...	...	...	...
图瓦卢	...	...	...	...
瓦努阿图	...	...	...	...
发达经济体				
澳大利亚	15.3	26.8	1.2	2.8
日本	...	...	...	...
新西兰	...	...	...	...

... = 至截止日期未获得相关数据；0.0 = 数值不到所用计量单位的一半。

[a] 估算值由联合国艾滋病规划署采用未来研究所（Future Institute）开发的 Spectrum 工具和估计和"估计和预测程序包"（Estimates and Projections Packages）计算得出．（www.futuresinstitute.org）．

资料来源：UNAIDS. AidsInfo Online Database. http：//www.aidsinfoonline.org/devinfo/libraries/aspx/home.aspx（访问时间 2016 年 6 月）．

2. 经济与产出

> **简况**
> - 2015 年，亚太地区经济产出占全球国内生产总值（GDP）（以购买力平价计算）的五分之二。
> - 2014 年至 2015 年，在 41 个可获得数据的亚太经济体中，有 21 个经济体的实际 GDP 增长超过 3%。
> - 亚太地区将近四分之三的经济体服务行业占 GDP 的比重超过 50%。
> - 2000 年以来，在超过三分之二报告数据的本地区经济体中，家庭消费支出占 GDP 的百分比下降，而在超过半数的经济体中，政府消费支出占 GDP 的比重上升。

关键趋势

2015 年，亚太地区经济产出占全球国内生产总值（GDP）（以购买力平价计算）的五分之二。 图 2.1 将全球划分为了 7 个地区。通过使用购买力平价，各经济体的 GDP 被转化为统一币值，以消除价格水平的差异。亚太地区既有发达成员体，也有发展中成员体。估算值表明，地区占全球的 GDP 份额在 2015 年上升到了 40.5%，在 2000 年到 2015 年之间增加了近 11%。同期，欧洲在全球 GDP 中所占的份额下降了 4.9%，降至 22.6%，而北美洲所占份额降低到了 19.5%，降低了 6.4%。

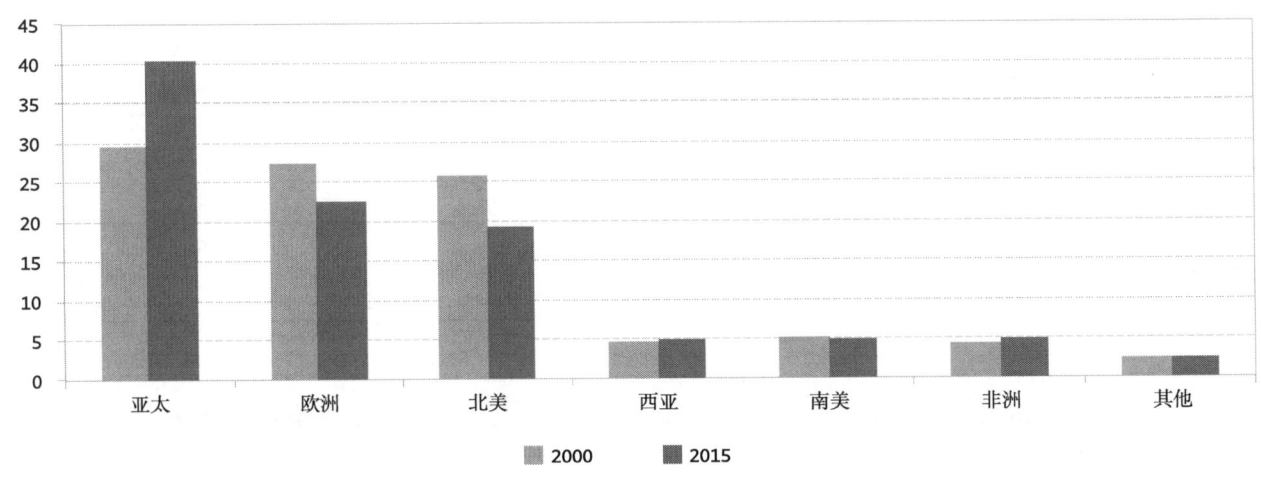

图 2.1　国内生产总值（按购买力平价计算）分布：亚太地区在世界经济中的状况（%）

资料来源：表 2.1；World Bank. World Development Indicators Online. http：//data.worldbank.org/（访问时间 2016 年 9 月）.

中国和印度在亚太地区总 GDP 中占大约 60%。图 2.2 显示了中国贡献了该地区 GDP 的 42%，印度为 17.2%。而在 2008 年，印度超过了日本，以购买力平价计算成为地区第二大经济体。①

在亚太地区，各经济体的人均 GDP 差异明显。图 2.3 以指数形式显示了以购买力平价计算的人均 GDP，包括了 2000—2005 年间 35 个经济体的数据。该地区所有上报数据的经济体的平均值等于 100，用纵线表示。条柱在纵线左侧的经济体的人均 GDP 低于当年的地区平均值，条柱在纵线右侧的经济体的人均 GDP 高于当年的地区平均值。

2015 年，按购买力平价计算新加坡人均 GDP 在亚太地区排名第一，比排名最后的所罗门群岛高 44 倍，比地区平均值高 7 倍。此外，澳大利亚、文莱、中国香港、日本、韩国和中国台北的人均 GDP 比 2015 年的地区平均水平至少高 3 倍。同时，七个经济体在 2015 年或有数据的最近一年的人均 GDP 比地区平均水平低一半。

在几个人口最多的发展中成员体中，2015 年，只有中国的人均 GDP 高于地区平均水平。孟加拉国、印度、印度尼西亚和巴基斯坦的人均 GDP 低于地区平均值。2009 年，中国首次超越地区平均水平，而从 2010 年开始，印度尼西亚持续处于地区平均值以下。

2014 年至 2015 年间，在 41 个可获得数据的亚太经济体中，有 21 个经济体的实际 GDP 增长超过 3%。图 2.4 展现了 2013 年至 2014 年和 2014 至 2015 年亚太地区经济体的实际 GDP 增长速度。2014 到 2015 年，本地区 3 个发达经济体中，日本经济增速略有提高（从 -0.0% 增至 0.5%），而澳大利亚和新西兰的增速都有所下降，分别从 2.5% 降至 2.3% 和从 3.6% 降至 2.4%。总体而言，2015 年，亚太地区只有不到三分之一的经济体 GDP 增长加速。

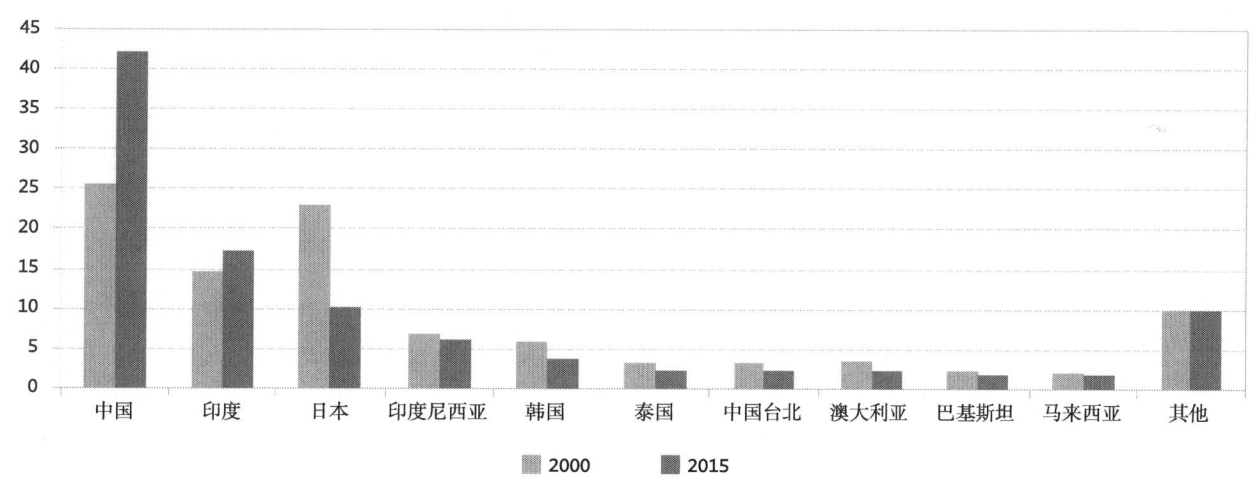

图 2.2　国内生产总值（按购买力平价计算）分布：亚太地区有关经济体的状况（%）

资料来源：表 2.1 及 World Bank. World Development Indicators Online. http://data.worldbank.org/（访问时间 2016 年 9 月）.

---

① 不包括发达经济体，中国和印度的 GDP 占亚太地区发展中经济体 GDP 的近 70%。

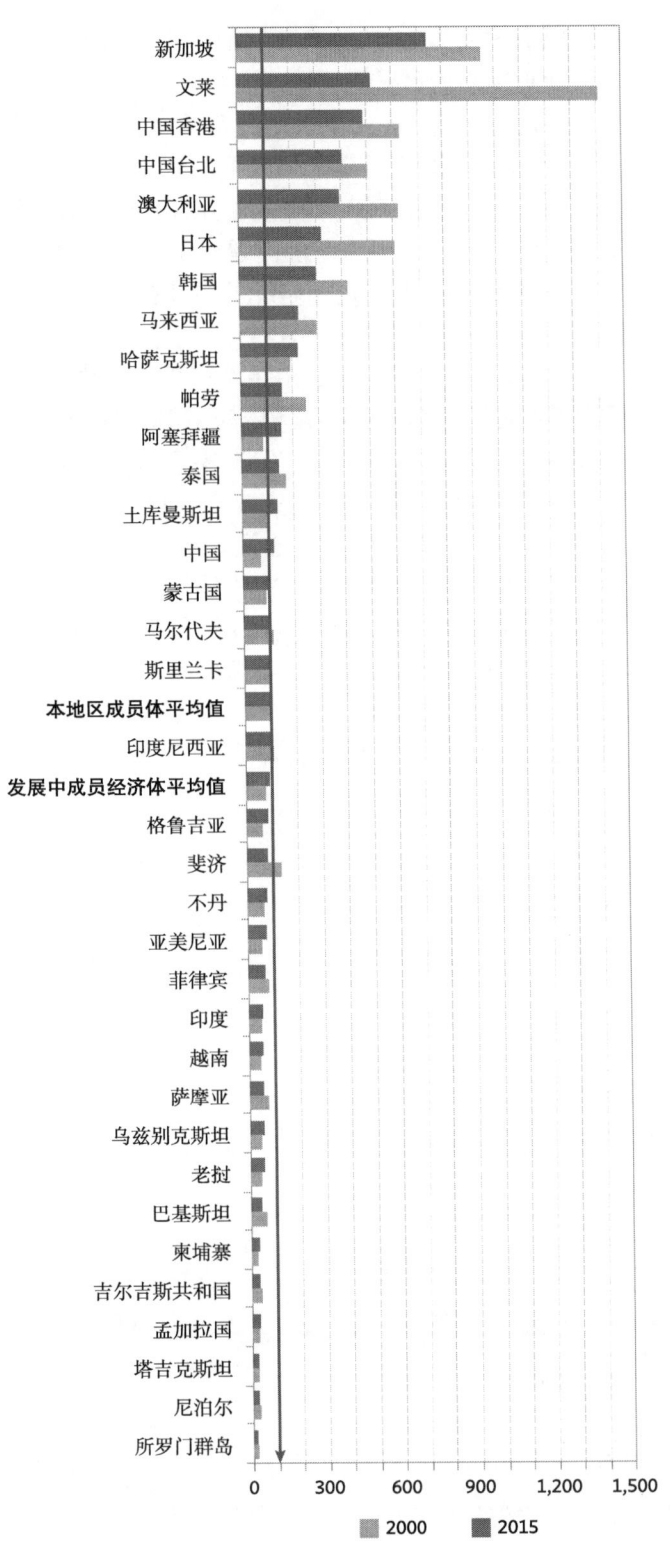

图2.3 人均国内生产总值（按购买力平价计算）指数（区域平均数=100）

资料来源：表2.2.

2015年，在供给侧服务和需求侧私人消费带动下，印度的经济增速从前一年的7.2%提高至7.6%。同年，印度尼西亚的经济增长放缓，从5.0%降至4.8%，这是因为私人消费增长放缓；而韩国的经济增速也因外部需求疲软而从3.3%降至2.6%。

在本地区其他地方，有7个经济体的增长加速：马绍尔群岛（从-0.9%增至0.6%）、密克罗尼西亚联邦（从-2.4%增至3.7%）、帕劳（从4.3%增至9.4%）、萨摩亚（从1.9%增至2.8%）、所罗门群岛（从2.0%增至2.9%）、汤加（从2%增至3.4%）以及图瓦卢（从2.2%增至3.6%）。

贸易在亚太地区许多发展中经济体仍是一项重要业务。在38个有相关数据的发展中经济体，有13个经济体2015年或有数据的最近一年的商品和服务出口总值超过GDP的50%（见图2.5），有26个经济体总进口超过GDP的30%。新加坡和中国香港是本地区仅有的两个进出口总量完全超过GDP的经济体。澳大利亚、日本和新西兰三个发达经济体的出口占GDP比例和进口占GDP比例均低于30%。本地区的外贸依存度（按商品出口占GDP比例衡量）从2000年至2015年稳定地维持在50%左右。

图 2.4 实际国内生产总值的增长率（%）

资料来源：表 2.9。

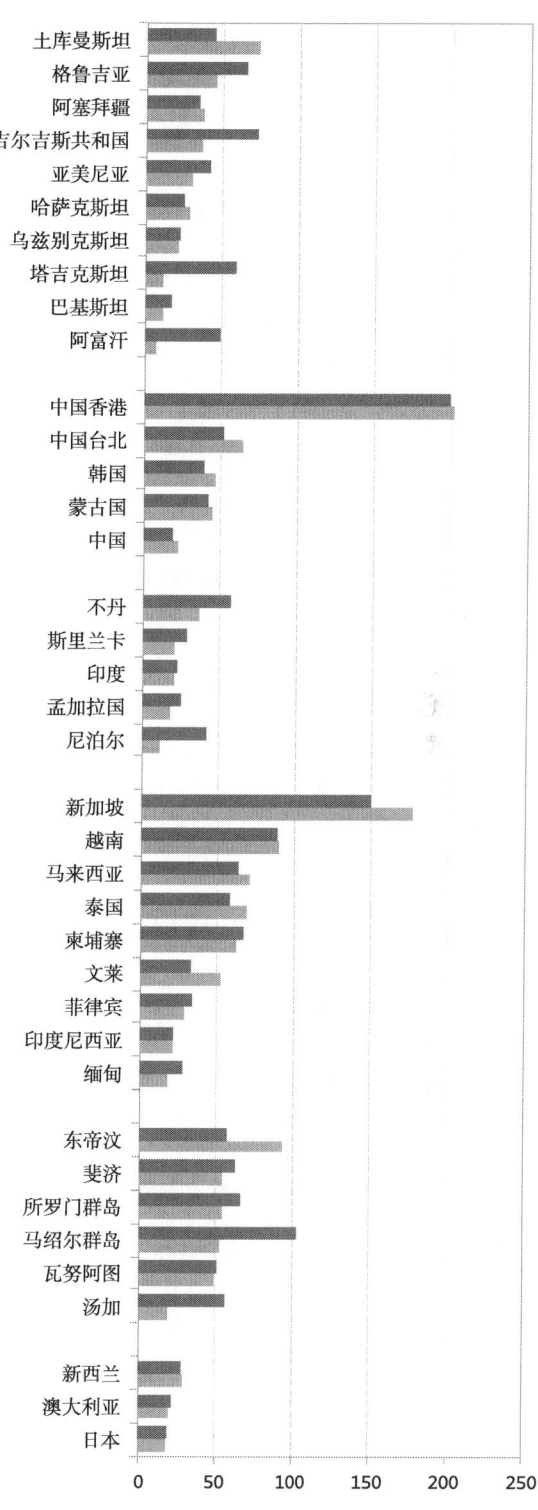

图 2.5 2015 年商品和服务进出口（占 GDP 的百分比）

资料来源：表 2.7。

在亚太地区将近四分之三的经济体中，服务业占 GDP 的比例在 50% 以上。2000 年至 2015 年（或有数据的最近一年），48 个经济体中有 39 个服务业占 GDP 的百分比增加了（图 2.6a）。收入增加和流向城市的人口增加使得对以下服务行业的需求增加：通信、交通、零售和医疗。经济体的结构性变化以及农业、制造业的劳动力密集度降低将更多工人引向了服务行业，这些服务行业通常都是劳动密集型的。

2015 年，中国 GDP 中服务业所占份额预计为 50%，而印度的服务业占 GDP 份额预计为 53.2%。GDP 中服务业贡献率最低的几个经济体包括大部分的东南亚经济体（尤其是文莱和缅甸），中亚和西亚的几个经济体（特别是阿塞拜疆和土库曼斯坦），不丹、柬埔寨、老挝、瑙鲁和东帝汶。

中国香港的经济是由贸易、金融和旅游业主导的，2014 年，服务业在其 GDP 中占 92.7%。2015 年（或有数据的最近一年），在澳、日、新 3 个发达成员经济体中，服务业占 GDP 的比重大约为 70%。

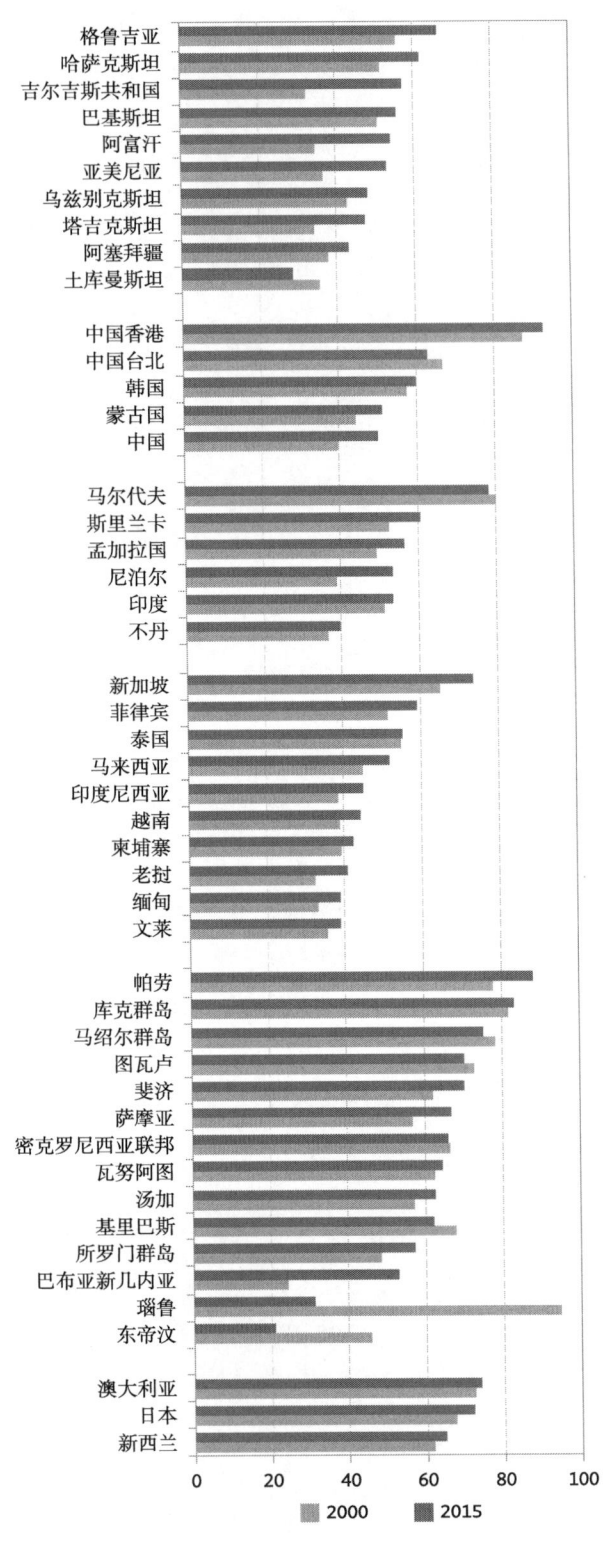

图 2.6a 服务业增加值（占 GDP 的百分比）

资料来源：表 2.4。

2000 年至 2015 年（或有数据的最近一年），亚太地区有 40 个经济体的农业占 GDP 的份额减少。随着服务业在亚太地区大部分经济体中越来越重要，农业创造的 GDP 份额逐渐减少。2000 年，17 个经济体中，农业创造的 GDP 份额超过 25%。2015 年，只有 7 个经济体的农业对 GDP 的贡献率超过 25%。图 2.6b 显示了本地区所有上报数据的经济体的估算值。

2000 年至 2015 年，48 个经济体中有 21 个工业占 GDP 的比重增加。2015 年，东帝汶的工业增加值占 GDP 的比例最高，从 2000 年的 31.1% 增至 72.5%（图 2.6c）。以下几个经济体的增长也十分明显：瑙鲁（从 –1.8% 增至 66.2%）、缅甸（从 9.7% 增至 34.5%）和土库曼斯坦（从 41.8% 增至 63.0%）。以下几个国家的跌幅最大：巴布亚新几内亚（从 40.7% 跌至 27.0%）、塔吉克斯坦（从 38.4% 跌至 28.0%）和亚美尼亚（从 38.3% 跌至 28.2%）。

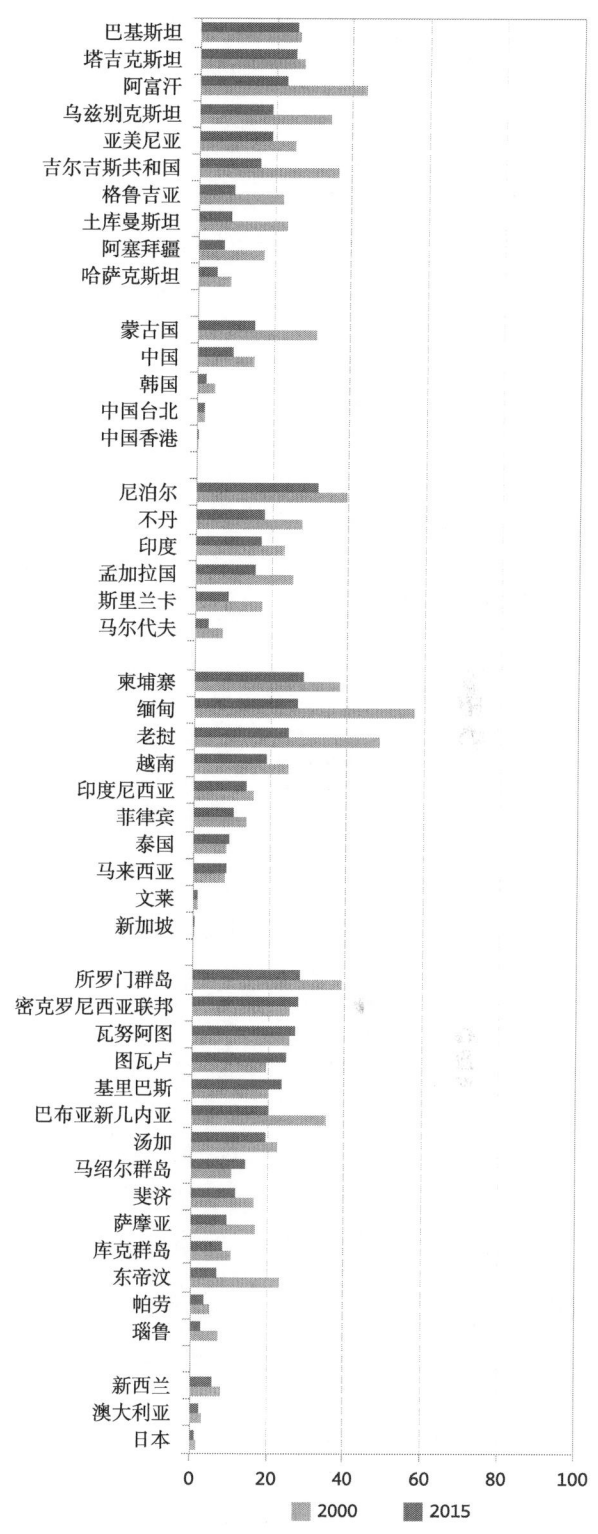

图 2.6b 农业增加值（占 GDP 的百分比）

资料来源：表 2.4。

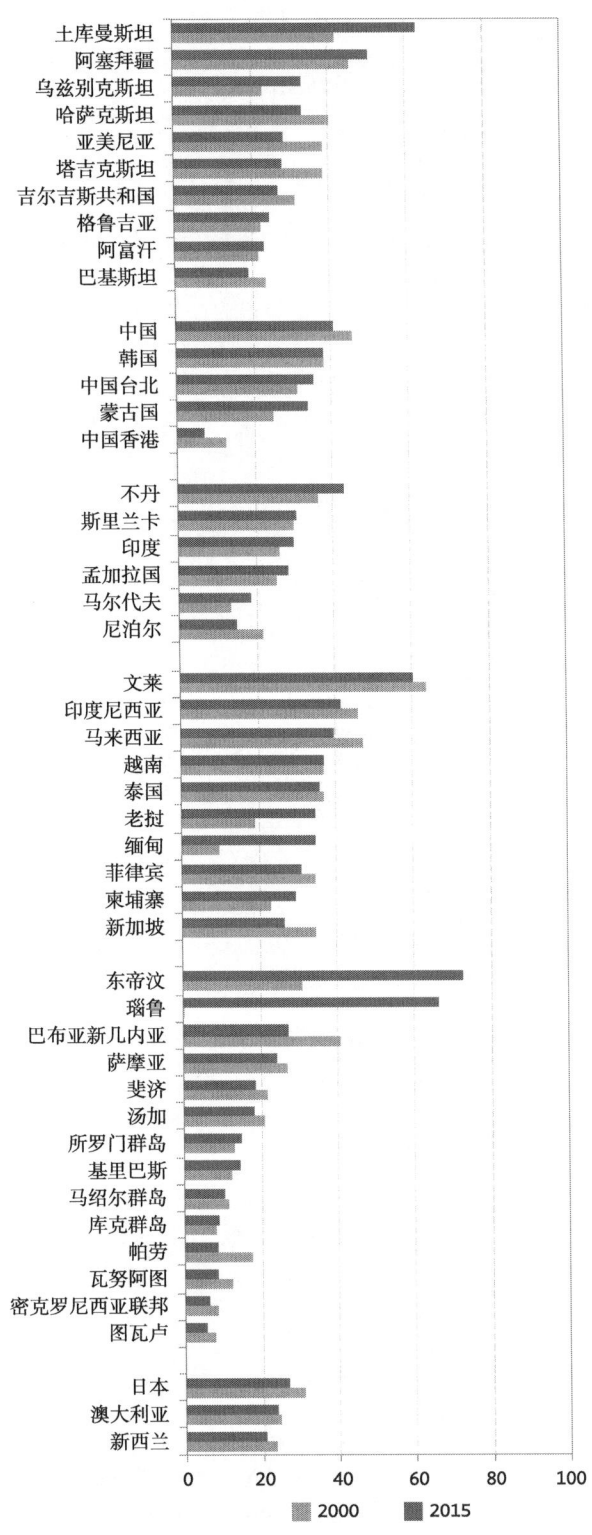

自2000年起，亚太地区的大部分经济体投资支出占GDP的比重都增加了。 图2.7a表明，2000年至2015年（或有数据的最近一年），四分之三上报数据的经济体（37个中的27个）的资本形成总额占GDP比重上升了。资本形成包括在建筑、耐用设备、良种家畜及果园、知识产权产品上的固定资本投资，以及存货变化（欧洲委员会等，2008年）。2015年或有数据的最近一年，资本形成占GDP比重最高的经济体有不丹（57.7%）、土库曼斯坦（47.2%）和中国（44.9%）。2015年，除巴基斯坦的资本形成总额占GDP比重最低（15.1%）外，南亚和中亚和西亚的所有上报数据的经济体的国内资本形成总额占GDP的比重都有所增加。

2015年，其他国内资本形成总额占GDP比重最低的上报数据的经济体有东帝汶（15.2%）、马绍尔群岛（16.3%）和斐济（18.4%）。

图2.6c 工业增加值（占GDP的百分比）

资料来源：表2.4。

自2000年起，在超过三分之二上报数据的本地区经济体中，家庭消费支出占GDP的百分比下降。 2000年至2015年，在38个有相关数据的经济体中，有26个的家庭消费占GDP的比重下降。2000年至2015年（或有数据的最近一年），人口最多的几个发展中经济体的私人消费占GDP比重都下降了，中国从47.1%下降至39.1%，印度从64.6%下降至59.5%，印尼从61.7%降至55.9%（见图2.7b）。汤加的家庭消费占GDP比重最大（101.9%），土库曼斯坦的最小（15.1%）。2000年至2015年，吉尔吉斯共和国的私人消费占GDP份额增加最多（22.5%）。

自2000年起，在大约半数上报数据的经济体中（37个中有19个），政府消费支出占GDP的比重上升。 2015年（或有数据的最近一年），在37个经济体中有19个政府消费占GDP比重上升。太平洋地区6个上报数据的经济体中有5个政府消费支出占GDP比重超过了除文莱（25.1%）以外的所有发展中经济体（图2.7c），这5个经济体是马绍尔群岛（50.9%）、所罗门群岛（33.2%）、东帝汶（22.7%）、斐济（20.3%）和汤加（19.4%）。同时，这一比重最低的经济体有孟加拉国（5.4%）、柬埔寨（5.5%）和越南（6.3%）。2015年，本地区三个发达经济体的政府消费占GDP比重分别为：日本，20.4%；澳大利亚，18%；新西兰，18.7%。

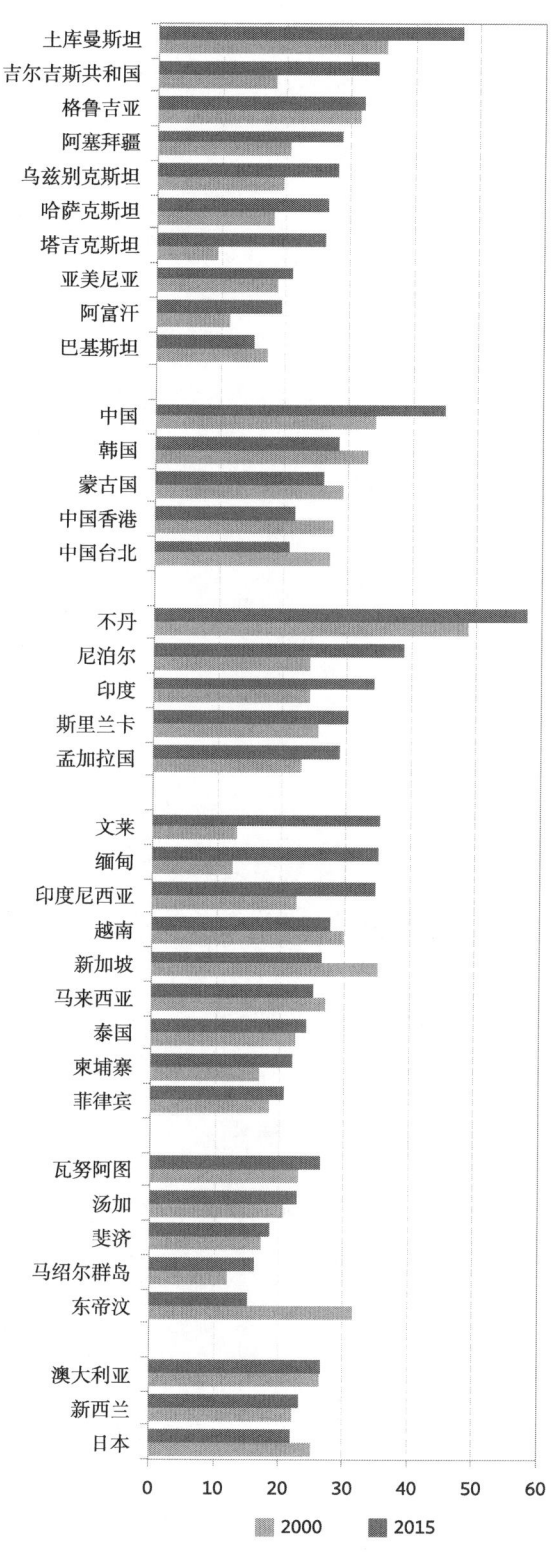

图2.7a 资本形成总值（占GDP的百分比）

资料来源：表2.6。

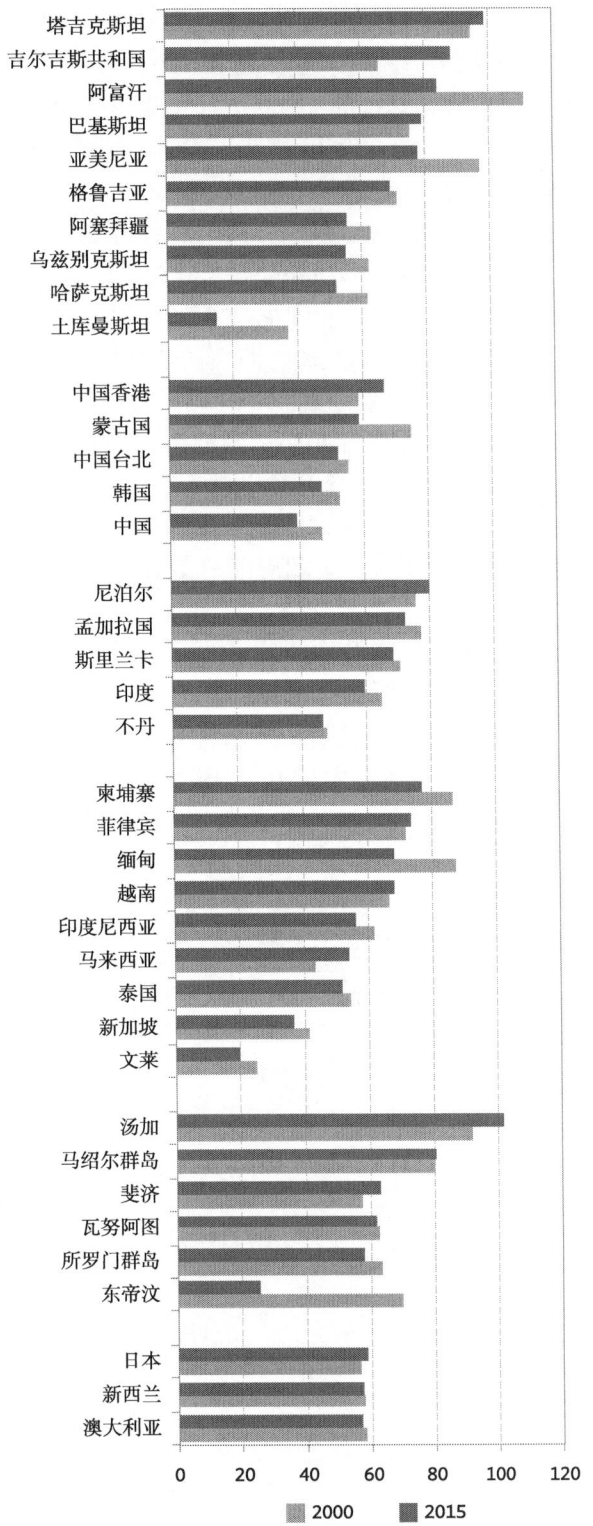

图 2.7b　家庭消费支出（占 GDP 的百分比）

资料来源：表 2.5。

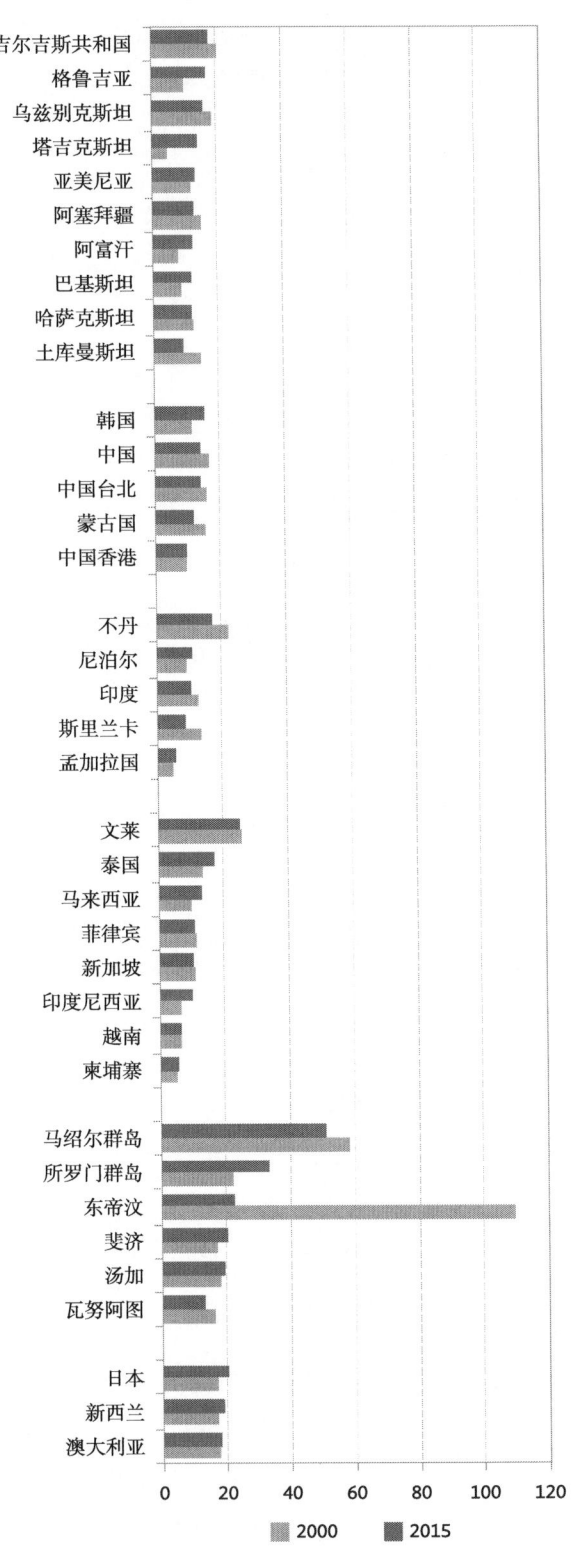

图 2.7c　政府消费支出（占 GDP 的百分比）

资料来源：表 2.5。

从 2000 年开始，亚太地区超过半数的经济体的国内储蓄总额占 GDP 比重增加。 2000 年至 2015 年，在 37 个有相关数据的本地区经济体中，23 个国内储蓄总额占 GDP 比重上升。

2015 年（或有数据的最近一年），土库曼斯坦的国内储蓄占 GDP 比例最高，为 76.1%；马绍尔群岛的最低，为 -32.8%（图 2.7d）。土库曼斯坦该比例的增长也最快，从 48.4% 增长了 27.7 个百分点。另一方面，东帝汶下降最多，从 31.8% 降至 -7.8%，降低了 39.6 个百分点。在所有上报数据的东亚、南亚和发达经济体中，只有中国香港、日本和尼泊尔的国内储蓄总额占 GDP 的比例下降了。

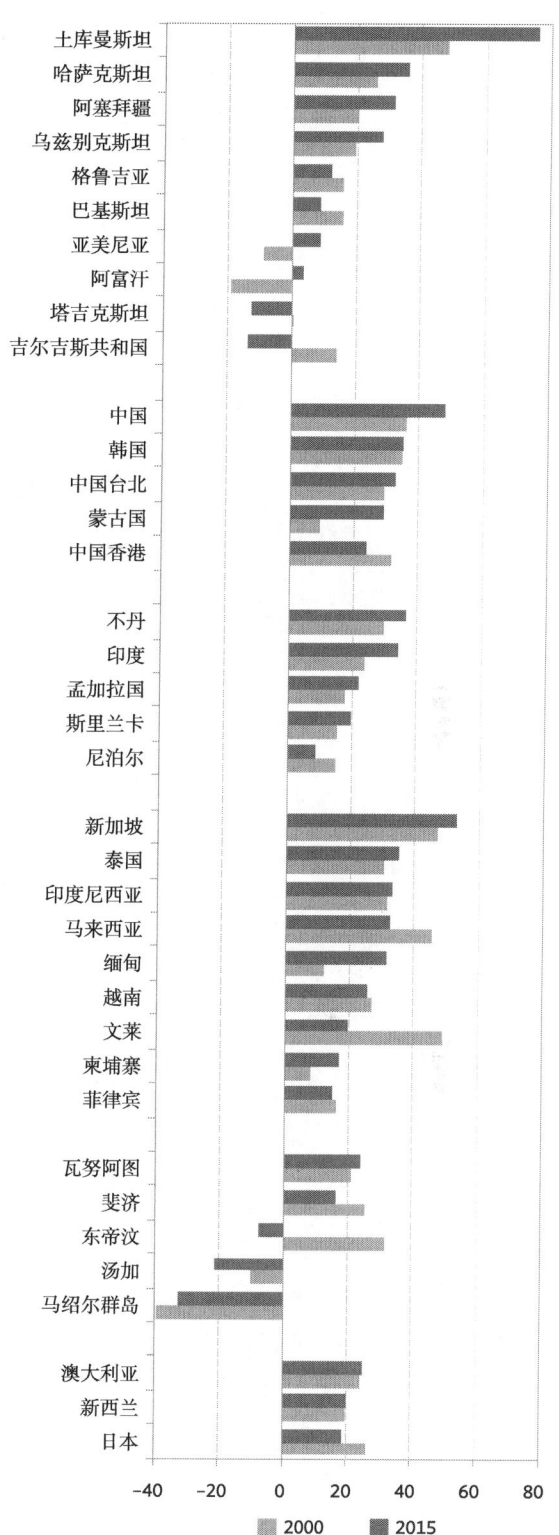

图 2.7d　国内储蓄总额（占 GDP 的百分比）

资料来源：表 2.8。

专栏 2.1　1960 年至今亚太地区所选经济体的经济趋势

过去 50 年来，亚太地区占全球 GDP 的比重逐渐上升。本地区占全球 GDP 的份额（用 2010 年美元表示）从 1960 年的 12.7% 增至 2015 年的 31%。同时，在过去的 50 年间，本地区的份额在 1995 年至 2000 年略有下滑，2005 年略有上升，从 23.2% 增至 24.8%。这可能是因为 1997 年的亚洲金融危机，导致一些亚洲经济体的 GDP 增速放缓（专栏图 2.1）。

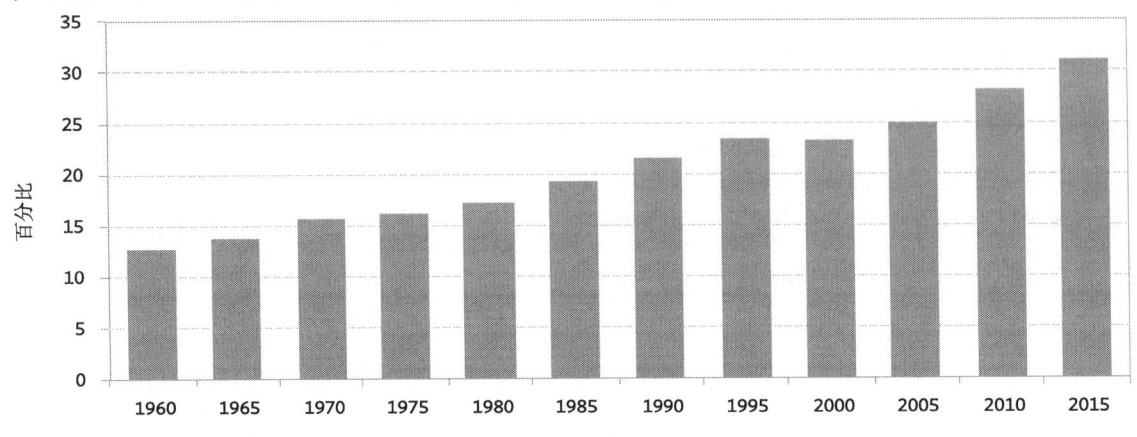

专栏图 2.1　1960 年—2015 年亚太地区占全球国内生产总值的份额

注：GDP 以 2010 年美元计。应注意的是，本地区占全球 GDP 百分比若以购买力平价计算可能会有变化。例如，以 2011 年若以购买力平价计算的亚太地区占全球 GDP 百分比约为 40%。基于 2011 年购买力平价的估计值仅从 1990 年开始才可获得。

资料来源：World Bank. World Development Indicators. http://data.worldbank.org/data-catalog/world-development-indicators（访问时间 2016 年 10 月 5 日）.

过去几十年来，澳大利亚、中国、印度、日本、韩国和新西兰都在推动地区经济发展中发挥了重要的作用。重建后，日本再次成为了经济强国，在第二次世界大战结束后的数十年里，它引导地区经济进入了发展恢复期。20 世纪 60 年代期间，日本的战后经济扩张，年均人均 GDP 增长 9.1%，而到 20 世纪 70 年代，增长减速至 2.9%（专栏表 2.2 和专栏表 2.3）。1969 年，日本的 GDP 为 1.89 万亿美元，是澳大利亚、中国、印度和韩国经济总和的两倍以上。

在下一个地区经济浪潮中，韩国也实现了类似的经济成就。20 世纪 70 年代，通过促进生产，推动那些日本为转向增加值更高产业而退出的行业的生产和出口，韩国的年均增速达到 8.6%（Rodrik, 2008）。

20 世纪 70 年代后期，中国推行了国内市场改革和贸易开放政策。20 世纪 80 年代，中国经济开始腾飞（Kau 和 Marsh, 1993）。中国人均 GDP 在 20 世纪 80 年代的年均增长速度为 8.2%，90 年代年均增速为 8.8%，21 世纪头 10 年年均增速最高达到 9.6%。

印度逐渐开始经济改革（1991 年达到高潮）后，通过贸易体制自由化和解除大部分的制造业进口限制，21 世纪头 10 年平均每年人均 GDP 增长率为 5.1%，2010 年—2015 年为 6%（Sen, 2008）。

20 世纪 60 年代到 70 年代期间，澳大利亚的平均每年人均 GDP 增长率略有下滑，从 2.8% 降至 1.7%。从 20 世纪 80 年代到 2010 年之前，一直相对稳步增长，而在 2010—2015 年间，再次减速，主要是受到了其最大的贸易伙伴中国增速放缓的影响。

自 20 世纪 60 年代开始，新西兰经济相对稳步增长，增速为 1.3%~1.5%，2010 年—2015 年间增速为 1.4%。

专栏表 2.2　　1960 年—2015 年亚太地区所选经济体的国内生产总值
（以 2010 年美元为参数，单位：百万）

经济体	20世纪60年代	20世纪70年代	20世纪80年代	20世纪90年代	21世纪头10年	2010—2015
澳大利亚	303,582	424,667	590,318	814,595	1,119,653	1,301,251
中国	154,662	313,672	792,927	2,050,825	5,459,247	8,797,998
印度	200,368	265,398	460,913	806,012	1,549,482	2,367,206
日本	1,889,639	2,814,916	4,312,785	4,980,754	5,251,308	5,669,563
韩国	55,997	151,966	344,979	652,418	1,027,729	1,266,580
新西兰	...	69,283	84,539	111,125	144,602	167,575

... = 未获得数据。

注：每十年的最后一年为参考年。GDP 值以 2010 年美元表示。

资料来源：World Bank. World Development Indicators Online. http：//data. worldbank. org/（访问时间 2016 年 8 月）and Organisation for Economic Co－operation and Development. National Accounts Statistics. http：//www. oecd－ilibrary. org/economics/data/oecd－national－accounts－statistics_ na－data－en（访问时间 2016 年 8 月）.

专栏表 2.3　　1960 年—2015 年亚太地区所选经济体中人均国内生产总值年均增长率（%）

经济体	20世纪60年代	20世纪70年代	20世纪80年代	20世纪90年代	21世纪头10年	2010—2015
澳大利亚	2.83	1.7	1.86	2.07	1.84	0.98
中国	1.24	5.36	8.2	8.77	9.63	7.75
印度	1.78	0.6	3.34	3.74	5.09	5.96
日本	9.11	2.92	3.74	1.18	0.44	1.44
韩国	5.5	8.62	7.3	5.68	4.11	3.06
新西兰	...	1.44	1.42	1.28	1.51	1.37

... = 未获得数据。

资料来源：World Bank. World Development Indicators Online. http：//data. worldbank. org/（访问时间 2016 年 8 月）and Organisation for Economic Co－operation and Development. National Accounts Statistics. http：//www. oecd－ilibrary. org/economics/data/oecd－national－accounts－statistics_ na－data－en（访问时间 2016 年 8 月）.

资料来源：

Asian Development Bank（ADB）. 2016. Asian Development Outlook 2016. Manila.

M. Kau and S. Marsh. 1993. China in the Era of Deng Xiaoping：A Decade of Reform. New York：East Gate.

D. Rodrik. 2008. Normalizing Industrial Policy. Working Paper No. 3. Washington, D. C.：World Bank.

K. Sen. 2008. Trade Policy, Inequality, and Performance in Indian Manufacturing. New York：Routledge.

数据问题和可比性

本主题的指标源自按照联合国国民经济核算体系标准（SNA）编写的国民经济核算。这些指标可能与某一经济体或某些经济体的情况并不完全一致，因为各经济体的数据编写框架各不相同，且随着各国国家统计局逐渐开始采用 2008 年的 SNA 框架，方法有所变化。此外，各经济体的参考时期、价格评估方法也不尽相同。有些经济体采用日历年编写国民经济核算，有些经济体采用各自的财政年来编写。一些统计局较小的经济体不能及时提供估算值。

参考文献

European Commission, International Monetary Fund, Organisation for Economic Co-operation and Development, United Nations, and World Bank. 2009. System of National Accounts 2008. New York. http://unstats.un.org/unsd/nationalaccount/docs/SNA2008.pdf.

表 2.1　按购买力平价计算的国内生产总值（当前国际美元，单位：百万）

本地区成员经济体	2000	2005	2010	2011	2012	2013	2014	2015
发展中经济体								
中亚和西亚地区								
阿富汗	...	26,954	46,549	51,634	58,333	63,079	65,497	64,558
亚美尼亚	7,116	14,219	18,896	20,193	22,045	23,144	24,274	25,252
阿塞拜疆	28,446	60,162	141,499	144,514	152,500	163,055	167,775	171,214
格鲁吉亚	11,445	18,312	25,902	28,346	30,701	32,259	34,305	35,610
哈萨克斯坦	122,353	225,094	334,937	366,465	390,384	419,759	444,147	453,981
吉尔吉斯共和国	8,054	10,895	14,893	16,106	16,388	18,473	19,532	20,413
巴基斯坦	356,490	510,952	715,834	750,693	791,333	839,356	893,568	952,066
塔吉克斯坦	6,163	10,990	16,539	17,287	18,934	20,675	22,416	23,980
土库曼斯坦	18,749	27,498	48,601	58,014	65,641	73,516	82,420	85,199
乌兹别克斯坦	48,288	70,587	117,120	131,147	144,434	159,046	171,863	187,668
东亚地区								
中国	3,681,134	6,588,188	12,358,726	13,810,256	15,154,696	16,585,177	18,082,915	19,524,345
中国香港	179,707	248,257	331,082	354,188	366,846	384,162	400,801	413,447
韩国	850,052	1,165,894	1,505,299	1,559,447	1,611,273	1,640,377	1,685,033	1,748,777
蒙古国	8,846	13,603	20,488	24,526	28,055	31,834	34,909	36,068
中国台北	480,625	657,933	893,930	947,053	984,435	1,022,476	1,080,093	1,097,915
南亚地区								
孟加拉国	151,207	213,938	364,141	395,684	429,253	462,484	498,583	536,567
不丹	1,608	2,644	4,577	5,040	5,393	5,598	6,001	6,504
印度	2,105,370	3,273,787	5,312,240	5,781,844	6,219,189	6,740,178	7,347,139	7,987,761
马尔代夫	...	2,282	3,781	4,195	4,379	4,659	5,043	5,556
尼泊尔	28,486	38,000	52,654	55,504	59,274	63,018	68,105	70,556
斯里兰卡	84,448	112,586	168,798	186,763	207,597	218,145	232,546	246,117
东南亚地区								
文莱	19,587	24,379	30,717	32,480	33,804	33,739	29,852	25,013
柬埔寨	13,260	23,268	35,370	38,652	42,222	45,580	50,275	54,352
印度尼西亚	973,477	1,377,638	2,003,952	2,171,519	2,344,875	2,515,534	2,685,309	2,842,241
老挝	9,413	15,005	22,953	26,229	28,775	31,425	35,825	38,595
马来西亚	299,738	424,426	581,370	624,786	671,123	714,066	769,367	815,829
缅甸	...	...	182,941	197,077	215,424	237,382	260,564	282,371
菲律宾	261,127	367,107	513,962	543,769	590,802	642,578	693,559	742,260
新加坡	164,855	235,069	358,220	388,311	409,978	436,142	457,758	471,631
泰国	458,573	671,429	887,632	913,511	997,611	1,041,268	1,067,028	1,107,790
越南	151,084	255,657	382,113	414,339	444,114	475,825	512,581	552,297
太平洋地区								
库克群岛	...	...	...	...	...	...	...	...
斐济	4,530	5,707	6,562	6,493	6,721	7,196	7,822	8,167
基里巴斯	118	144	169	176	188	211	224	...
马绍尔群岛	124	156	181	184	193	201	198	...
密克罗尼西亚联邦	270	313	342	354	362	355	348	...
瑙鲁	...	...	...	...	...	...	...	...
帕劳	207	263	249	267	280	278	295	325
巴布亚新几内亚	7,912	9,891	21,250	22,897	24,974	26,593	...	...
萨摩亚	532	797	1,020	1,099	1,082	1,096	1,148	1,164
所罗门群岛	371	686	952	988	1,008	1,129	1,097	1,142
东帝汶	1,152	4,550	9,014	11,558	12,541	10,653	8,135	...
汤加	358	459	510	534	547	540	553	...
图瓦卢	23	26	31	34	35	36	37	...
瓦努阿图	416	486	683	705	731	757	787	...
发达经济体								
澳大利亚	505,141	664,044	862,945	932,989	968,139	1,051,307	1,077,877	1,082,380
日本	3,290,079	3,889,582	4,323,768	4,388,645	4,558,488	4,662,925	4,649,481	4,739,545
新西兰	82,990	106,148	136,049	143,508	145,755	164,744	170,016	...
发展中成员经济体[a]	10,545,715	16,710,234	27,536,678	30,104,862	32,588,472	35,193,054	37,949,727	40,636,731
本地区成员体[a]	14,423,924	21,370,007	32,859,441	35,570,004	38,260,856	41,072,030	43,847,101	46,458,656

... = 至截止日期未获得相关数据。

a 仅就上报数据的经济体而言。

资料来源：亚行估计。

表 2.2　按购买力平价计算的人均国内生产总值（当前国际美元）

本地区成员经济体	2000	2005	2010	2011	2012	2013	2014	2015
发展中经济体								
中亚和西亚地区								
阿富汗	...	1,142	1,790	1,948	2,160	2,294	2,331	2,257
亚美尼亚	2,209	4,519	6,206	6,669	7,290	7,658	8,054	8,404
阿塞拜疆	3,523	7,078	15,628	15,754	16,415	17,309	17,599	17,742
格鲁吉亚	2,580	4,237	5,839	6,343	6,826	7,332	9,204	9,589
哈萨克斯坦	8,221	14,861	20,521	22,134	23,249	24,641	25,689	25,883
吉尔吉斯共和国	1,648	2,117	2,749	2,940	2,952	3,262	3,381	3,463
巴基斯坦	2,547	3,319	4,126	4,239	4,379	4,553	4,753	4,966
塔吉克斯坦	996	1,604	2,171	2,216	2,370	2,534	2,685	2,805
土库曼斯坦	4,165	5,792	9,639	11,361	12,689	14,029	15,530	15,851
乌兹别克斯坦	1,959	2,698	4,100	4,470	4,851	5,259	5,588	5,996
东亚地区								
中国	2,904	5,039	9,217	10,250	11,192	12,189	13,220	14,203
中国香港	26,963	36,438	47,135	50,086	51,274	53,449	55,346	56,592
韩国	18,083	24,220	30,465	31,327	32,223	32,664	33,417	34,549
蒙古国	3,704	5,363	7,481	8,802	9,880	10,981	11,781	11,916
中国台北	21,665	28,946	38,630	40,833	42,304	43,799	46,151	46,794
南亚地区								
孟加拉国	1,169	1,544	2,450	2,643	2,831	3,009	3,200	3,398
不丹	2,702	4,164	6,577	7,116	7,483	7,637	8,053	8,591
印度	2,066	2,960	4,479	4,739	5,036	5,388	5,799	6,226
马尔代夫	...	6,741	9,606	10,323	10,426	10,723	11,207	11,911
尼泊尔	1,354	1,502	2,006	2,095	2,207	2,316	2,469	2,524
斯里兰卡	4,362	5,731	8,164	8,949	10,164	10,600	11,196	11,739
东南亚地区								
文莱	60,303	68,004	79,414	82,568	84,553	83,060	72,475	59,956
柬埔寨	1,064	1,746	2,504	2,702	2,914	3,106	3,382	3,610
印度尼西亚	4,720	6,266	8,402	8,974	9,554	10,110	10,649	11,138
老挝	1,850	2,669	3,799	4,279	4,628	4,982	5,598	5,945
马来西亚	12,760	16,295	20,336	21,498	22,742	23,637	25,143	26,317
缅甸	...	...	3,536	3,781	4,100	4,480	5,061	5,384
菲律宾	3,401	4,335	5,566	5,773	6,169	6,597	7,000	7,350
新加坡	40,928	55,105	70,562	74,910	77,174	80,779	83,690	85,209
泰国	7,368	10,482	13,465	13,796	15,004	15,598	15,925	16,476
越南	1,959	3,121	4,396	4,717	5,003	5,304	5,650	6,022
太平洋地区								
库克群岛	...	...	...	...	...	...	...	...
斐济	5,649	6,901	7,714	7,601	7,833	8,348	9,036	9,393
基里巴斯	1,401	1,561	1,637	1,690	1,778	1,971	2,066	...
马绍尔群岛	2,427	3,039	3,424	3,461	3,626	3,761	3,683	...
密克罗尼西亚联邦	2,526	2,967	3,327	3,452	3,543	3,475	3,406	...
瑙鲁	...	...	...	...	...	...	...	...
帕劳	10,926	13,248	13,608	14,867	15,923	15,993	16,953	18,502
巴布亚新几内亚	1,524	1,634	3,012	3,147	3,329	3,438	...	...
萨摩亚	3,038	4,461	5,473	5,849	5,717	5,748	5,977	6,016
所罗门群岛	887	1,460	1,714	1,828	1,823	1,995	1,894	1,927
东帝汶	1,479	4,812	8,453	10,584	11,213	9,027	6,712	...
汤加	3,614	4,534	4,958	5,178	5,293	5,213	5,330	...
图瓦卢	2,406	2,520	2,782	3,245	3,249	3,340	3,428	...
瓦努阿图	2,171	2,234	2,782	2,801	2,830	2,861	2,905	...
发达经济体								
澳大利亚	26,546	32,911	39,168	41,763	42,596	45,477	45,944	45,505
日本	25,938	30,441	33,761	34,335	35,736	36,618	36,572	37,332
新西兰	21,512	25,677	31,271	32,735	33,065	37,087	37,700	...
发展中成员经济体a	3,274	4,859	7,474	8,048	8,627	9,221	9,869	10,466
本地区成员体a	4,279	5,951	8,560	9,132	9,730	10,342	10,960	11,518

... = 至截止日期未获得相关数据。

a 仅就上报数据的经济体而言。

资料来源：亚行估计。

表 2.3　人均国民总收入，图谱法（当前美元）

本地区成员经济体	2000	2005	2010	2011	2012	2013	2014	2015
发展中经济体								
中亚和西亚地区								
阿富汗	220	250	520	570	720	730	670	630
亚美尼亚	660	1,520	3,370	3,420	3,760	3,930	4,020	3,880
阿塞拜疆	610	1,270	5,370	5,530	6,290	7,350	7,600	6,560
格鲁吉亚	750	1,410	3,000	3,300	3,870	4,240	4,490	4,160
哈萨克斯坦	1,260	2,950	7,440	8,410	10,220	12,290	12,490	11,580
吉尔吉斯共和国	280	450	850	880	1,040	1,220	1,260	1,170
巴基斯坦	490	740	1,080	1,150	1,260	1,360	1,400	1,440
塔吉克斯坦	170	320	730	790	890	1,000	1,350	1,240
土库曼斯坦	600	1,600	4,110	4,790	5,660	6,690	7,530	7,510
乌兹别克斯坦	630	530	1,300	1,510	1,700	1,910	2,070	2,150
东亚地区								
中国	930	1,750	4,300	5,000	5,870	6,710	7,400	7,820
中国香港	26,930	28,890	33,620	35,690	36,320	38,520	40,320	41,000
韩国	10,750	17,800	21,320	22,610	24,630	25,860	26,970	27,440
蒙古国	470	900	2,000	2,600	3,670	4,370	4,260	3,830
中国台北	14,675	17,644	20,034	20,909	21,901	22,620	23,347	23,041
南亚地区								
孟加拉国	420	540	780	870	950	1,010	1,080	1,190
不丹	780	1,220	1,990	2,170	2,320	2,340	2,370	2,370
印度	450	730	1,260	1,400	1,500	1,520	1,560	1,590
马尔代夫	3,400	3,560	5,360	5,840	5,950	6,000	6,470	6,670
尼泊尔	230	310	540	610	690	720	730	730
斯里兰卡	880	1,220	2,430	2,860	3,360	3,490	3,650	3,800
东南亚地区								
文莱	14,800	23,290	44,947	42,983	43,329	45,629	42,972	36,783
柬埔寨	300	460	750	810	880	960	1,020	1,070
印度尼西亚	560	1,220	2,530	3,010	3,580	3,740	3,630	3,440
老挝	280	460	1,000	1,120	1,300	1,490	1,640	1,730
马来西亚	3,420	5,250	8,280	9,080	10,200	10,850	11,120	10,570
缅甸	...	...	...	...	...	...	1,280	...
菲律宾	1,220	1,520	2,750	2,640	3,000	3,340	3,500	3,540
新加坡	23,670	28,370	44,790	48,530	51,300	54,470	55,330	52,090
泰国	1,990	2,770	4,610	5,000	5,610	5,830	5,780	5,620
越南	400	680	1,270	1,390	1,550	1,740	1,900	1,980
太平洋地区								
库克群岛	5,545	8,475	9,790	12,997	15,060	16,207	17,167	16,735
斐济	2,230	3,590	3,650	3,610	4,020	4,660	4,870	4,800
基里巴斯	1,390	1,760	1,990	2,060	2,520	2,870	3,110	3,230
马绍尔群岛	2,850	3,570	3,720	3,880	3,940	4,250	4,390	...
密克罗尼西亚联邦	2,210	2,550	2,870	3,050	3,220	3,280	3,200	...
瑙鲁	...	2,520	5,565	7,770	10,178	...	...	...
帕劳	5,890	9,250	8,910	9,310	9,670	9,760	10,650	12,180
巴布亚新几内亚	620	700	1,270	1,520	1,820	2,040	2,240	...
萨摩亚	1,600	2,370	3,230	3,590	3,860	3,960	4,050	3,930
所罗门群岛	1,010	900	910	1,120	1,520	1,830	1,830	1,940
东帝汶	810	910	2,770	3,630	3,940	3,680	2,670	1,920
汤加	2,030	2,500	3,550	3,830	4,210	4,300	4,260	...
图瓦卢	2,710	3,740	4,720	5,080	5,650	5,840	5,720	...
瓦努阿图	1,430	1,780	2,690	2,860	2,950	3,200	3,160	...
发达经济体								
澳大利亚	21,110	30,310	46,530	50,130	59,810	65,500	64,620	60,070
日本	34,980	39,140	41,980	45,190	47,830	46,340	41,900	36,680
新西兰	14,070	25,520	29,340	31,850	36,440	39,170	41,370	40,080

... = 至截止日期未获得相关数据。

资料来源：World Bank. World Development Indicators Online. http：//data. worldbank. org（访问时间2016年9月）；亚行根据有关经济体数据采用图谱法作出的估计：文莱（2010—2015）；库克群岛（2000—2015）；瑙鲁（2005—2012）；中国台北（2000—2015）。

表 2.4 农业、工业与服务业的增加值（占 GDP 的百分比）[a]

本地区成员经济体	农业 2000	2005	2010	2015	工业 2000	2005	2010	2015	服务业 2000	2005	2010	2015
发展中经济体												
中亚和西亚地区												
阿富汗	43.7 (2002)	35.2	28.8	22.9	21.7 (2002)	26.0	21.3	22.9	34.6 (2002)	38.8	49.8	54.2
亚美尼亚	25.1	20.6	18.8	19.0	38.3	44.7	36.3	28.2	36.5	34.6	45.0	52.8
阿塞拜疆	17.1	9.8	5.9	6.8	45.3	63.3	64.3	50.2	37.5	26.9	29.8	43.0
格鲁吉亚	21.9	16.7	8.4	9.2	22.4	26.8	22.2	24.5	55.7	56.5	69.4	66.3
哈萨克斯坦	8.6	6.6	4.7	5.0	40.1	39.2	41.9	33.2	51.3	54.2	53.4	61.8
吉尔吉斯共和国	36.6	31.3	18.7	15.9	31.3	22.0	28.2	26.9	32.1	46.7	53.1	57.1
巴基斯坦	25.9	21.5	24.3	25.5	23.3	27.1	20.6	19.0	50.7	51.4	55.1	55.5
塔吉克斯坦	27.3	23.8	21.8	25.0	38.4	30.7	27.9	28.0	34.3	45.6	50.3	47.1
土库曼斯坦	22.9	18.8	14.5	8.5 (2014)	41.8	37.6	48.4	63.0 (2014)	35.2	43.6	37.0	28.6 (2014)
乌兹别克斯坦	34.4	29.5	19.8	19.0 (2013)	23.1	29.1	33.4	33.2 (2013)	42.5	41.4	46.8	47.8 (2013)
东亚地区												
中国	15.0	12.1	9.9	9.3	45.6	47.0	46.4	40.7	39.5	40.9	43.7	50.0
中国香港	0.1	0.1	0.1	0.1 (2014)	12.6	8.7	7.0	7.2 (2014)	87.3	91.3	93.0	92.7 (2014)
韩国	4.4	3.1	2.5	2.3	38.1	37.5	38.3	38.0	57.5	59.4	59.3	59.7
蒙古国	30.9	22.1	13.1	14.8	25.0	36.2	37.0	34.1	44.1	41.7	50.0	51.1
中国台北	2.0	1.6	1.6	1.8	31.3	32.3	33.8	35.4	66.7	66.1	64.6	62.8
南亚地区												
孟加拉国	25.5	20.1	17.8	15.5	25.3	27.2	26.1	28.2	49.2	52.6	56.0	56.4
不丹	27.4	23.2	17.5	17.7 (2014)	36.0	37.3	44.6	42.9 (2014)	36.6	39.5	37.9	39.4 (2014)
印度	23.0	18.8	18.2	17.0	26.0	28.1	27.2	29.7	51.0	53.1	54.6	53.2
马尔代夫	6.9 (2001)	7.5	4.1	3.4 (2014)	13.2 (2001)	14.9	14.9	18.5 (2014)	79.9 (2001)	77.7	81.0	78.1 (2014)
尼泊尔	39.6	35.2	35.4	31.8	21.5	17.1	15.1	14.9	38.9	47.7	49.5	53.3
斯里兰卡	17.6	11.8	9.5	8.7	29.9	30.2	29.7	30.7	52.5	58.0	60.9	60.6
东南亚地区												
文莱	1.0	0.9	0.7	1.1	63.7	71.6	67.4	60.2	35.3	27.5	31.9	38.7
柬埔寨	37.9	32.4	36.1	28.2	23.0	26.4	23.2	29.4	39.1	41.2	40.8	42.3
印度尼西亚	15.6	13.1	14.3	14.0	45.9	46.5	43.9	41.3	38.5	40.3	41.8	44.7
老挝	48.5	36.7	30.6	24.8 (2014)	19.1	23.5	29.8	34.7 (2014)	32.4	39.8	39.6	40.5 (2014)
马来西亚	8.3	8.4	10.2	8.6	46.8	46.9	40.9	39.6	44.9	44.7	48.9	51.8
缅甸	57.2	46.7	36.8	26.7	9.7	17.5	26.5	34.5	33.1	35.8	36.7	38.7
菲律宾	14.0	12.7	12.3	10.3	34.5	33.8	32.6	30.8	51.5	53.5	55.1	58.9
新加坡	0.1	0.1	0.0	0.0	34.8	32.4	27.6	26.4	65.1	67.6	72.3	73.6
泰国	8.5	9.2	10.5	9.1	36.8	38.6	40.0	35.7	54.7	52.2	49.4	55.1
越南	24.5	19.3	21.0	18.9	36.7	38.1	36.7	37.0	38.7	42.6	42.2	44.2
太平洋地区												
库克群岛	10.3	6.9	4.9	8.1	8.3	9.6	8.5	8.9	81.4	83.5	86.6	83.0
斐济	16.5	14.1	11.0	11.5 (2014)	21.6	19.2	20.9	18.7 (2014)	61.9	66.8	68.1	69.9 (2014)
基里巴斯	20.0	23.5	24.6	23.5 (2014)	12.2	7.5	10.3	14.6 (2014)	67.8	69.0	65.0	62.0 (2014)
马绍尔群岛	10.4	9.2	15.6	14.3	11.4	9.2	11.6	10.6	78.2	81.6	72.9	75.1
密克罗尼西亚联邦	25.3	24.2	26.7	27.8	8.7	5.7	7.8	6.5	66.1	70.2	65.5	65.8
瑙鲁	7.2 (2004)	7.8	4.3	2.6 (2012)	-1.8 (2004)	-6.5	47.8	66.2 (2012)	94.6 (2004)	98.7	47.9	31.2 (2012)
帕劳	4.8	4.3	4.5	3.4	17.4	16.6	10.8	8.7	77.8	79.1	84.7	87.9
巴布亚新几内亚	35.2	34.0	20.3	20.2 (2013)	40.7	44.3	33.6	27.0 (2013)	24.1	21.7	46.0	52.8 (2013)
萨摩亚	16.7	12.3	9.1	9.2	26.8	30.6	25.9	24.2	56.6	57.2	65.0	66.6
所罗门群岛	38.9 (2004)	32.8	30.4	28.0 (2014)	12.9 (2004)	9.6	13.3	15.0 (2014)	48.2 (2004)	57.6	56.3	57.0 (2014)
东帝汶[b]	23.3	7.4	4.5	6.7 (2014)	31.1	76.6	81.8	72.5 (2014)	45.7	16.0	13.7	20.8 (2014)
汤加	22.2	20.0	18.2	19.4 (2014)	20.7	19.0	20.0	18.2 (2014)	57.1	61.0	61.8	62.4 (2014)
图瓦卢	19.4	21.6	27.6	24.5 (2012)	7.8	11.5	5.7	5.6 (2012)	72.8	66.9	66.7	70.0 (2012)
瓦努阿图	25.4	24.1	21.9	26.8 (2014)	12.2	8.5	13.0	8.7 (2014)	62.3	67.4	65.0	64.5 (2014)
发达经济体												
澳大利亚	3.1	2.9	2.2	2.3	24.7	24.6	25.2	23.8	72.2	72.5	72.6	73.9
日本	1.6	1.2	1.2	1.2 (2014)	31.1	28.1	27.5	26.9 (2014)	67.3	70.6	71.3	72.0 (2014)
新西兰	7.8	4.5	6.6	5.6	23.6	23.9	21.2	21.1	61.8	64.3	64.4	64.9

... = 至截止日期未获得相关数据；0.0 = 数值不到所用计量单位的一半；GDP = 国内生产总值。

a 以目前价格计算的占 GDP 的份额。
b 2000 年以后石油生产的处理反映 2008 年国民经济核算体系关于常驻单位的概念。

资料来源：各经济体。

表 2.5 家庭和政府消费支出（占 GDP 的百分比）[a]

本地区成员经济体	家庭支出 2000	家庭支出 2005	家庭支出 2010	家庭支出 2015	政府支出 2000	政府支出 2005	政府支出 2010	政府支出 2015
发展中经济体								
中亚和西亚地区								
阿富汗	111.2 (2002)	115.7	97.4	84.1	7.7 (2002)	10.0	14.0	12.3
亚美尼亚	97.1	75.5	82.0	78.1	11.8	10.6	13.1	13.1
阿塞拜疆	63.0	41.6	38.9	55.8	15.1	10.5	10.9	12.5
格鲁吉亚	71.1 (2003)	64.6	72.3	69.2	9.8 (2003)	17.3	21.1	16.5
哈萨克斯坦	61.9	49.9	45.4	52.2	12.1	11.2	10.8	11.6
吉尔吉斯共和国	65.7	84.5	84.6	88.2	20.0	17.5	18.1	17.5
巴基斯坦	75.4	76.9	79.7	79.2	8.6	7.8	10.3	11.8
塔吉克斯坦	94.6	81.1	84.7	98.8 (2014)	4.8	14.6	11.3	13.9 (2014)
土库曼斯坦	37.1	46.6	5.1	15.1 (2012)	14.5	13.2	9.5	8.9 (2012)
乌兹别克斯坦	61.9	46.7	49.0	55.2	18.7	17.6	15.8	15.9
东亚地区								
中国	47.1	40.5	35.7	39.1	16.8	14.2	13.1	14.1
中国香港	58.6	57.5	61.4	66.3	9.4	9.2	8.9	9.7
韩国	52.5	50.7	48.6	47.1	11.3	13.3	14.5	15.2
蒙古国	75.1	55.2	55.2	58.8	15.3	12.1	12.7	11.9
中国台北	55.1	56.1	53.1	52.3	15.7	15.3	14.9	13.9
南亚地区								
孟加拉国	77.5	74.4	74.1	72.4	4.6	5.5	5.1	5.4
不丹	47.7	40.4	43.8	46.4 (2014)	21.9	21.9	20.0	16.9 (2014)
印度	64.6	58.3	56.0	59.5	12.6	10.9	11.4	10.6
马尔代夫	...	...	...	...	...	...	...	...
尼泊尔	75.9	79.5	78.6	80.2	8.9	8.9	10.0	11.0
斯里兰卡	70.9	69.0	68.5	68.6	13.7	13.1	8.5	8.8
东南亚地区								
文莱	24.8	22.5	14.7	19.8	25.8	18.4	22.2	25.1
柬埔寨	86.7	84.3	81.3	77.1 (2014)	5.2	5.8	6.3	5.5 (2014)
印度尼西亚	61.7	64.4	56.2	55.9	6.5	8.1	9.0	9.8
老挝	...	...	...	...	...	...	...	...
马来西亚	43.8	44.2	48.1	54.1	10.2	11.5	12.6	13.1
缅甸[b]	87.7	86.9	67.3	68.2	...	...	...	...
菲律宾	72.2	75.0	71.6	73.8	11.4	9.0	9.7	11.0
新加坡	41.5	39.1	35.5	36.7	10.7	10.2	10.2	10.4
泰国	54.1	55.8	52.1	51.6	13.6	13.7	15.8	17.2
越南	66.5	65.5	66.6	68.0	6.4	5.5	6.0	6.3
太平洋地区								
库克群岛	...	...	...	...	...	...	...	...
斐济	57.2	77.0	72.3	63.1 (2014)	17.3	15.9	15.0	20.3 (2014)
基里巴斯	...	...	...	...	...	...	...	...
马绍尔群岛	80.4 (2004)	79.8	83.0	80.7 (2013)	58.2 (2004)	58.1	53.8	50.9 (2013)
密克罗尼西亚联邦	...	...	...	...	...	...	...	...
瑙鲁	...	...	...	...	...	...	...	...
帕劳	...	...	...	...	...	...	...	...
巴布亚新几内亚	44.6	48.0	...	...	16.6	16.1	...	...
萨摩亚	...	...	...	...	...	...	...	...
所罗门群岛	63.4 (2003)	63.2	60.2	58.0 (2014)	21.9 (2003)	45.7	40.8	33.2 (2014)
东帝汶[c]	69.9	22.1	14.3	25.3 (2014)	109.6	13.3	21.4	22.7 (2014)
汤加	91.9	100.9	98.1	101.9 (2014)	18.2	15.5	18.1	19.4 (2014)
图瓦卢	...	...	...	...	...	...	...	...
瓦努阿图	62.4	65.8	60.6	61.6 (2014)	16.4	13.2	17.5	13.2 (2014)
发达经济体								
澳大利亚	58.1	57.9	55.4	56.9	17.7	17.4	18.0	18.0
日本	56.5	57.8	59.2	58.6	16.9	18.4	19.7	20.4
新西兰	58.0	58.2	58.1	57.4	17.0	17.9	19.5	18.7

... = 至截止日期未获得相关数据；GDP = 国内生产总值。

a 以目前价格计算的占 GDP 的份额。
b 家庭消费数据包括政府消费。
c 2000 年以后石油生产的处理反映 2008 年国民经济核算体系关于常驻单位的概念。

资料来源：各经济体。

表 2.6 资本形成总值与存货变化（占 GDP 的百分比）[a]

本地区成员经济体	存货变化				资本形成总值			
	2000	2005	2010	2015	2000	2005	2010	2015
发展中经济体								
中亚和西亚地区								
阿富汗	...	-12.4 (2008)	5.3	26.5	11.3 (2002)	21.8	17.5	19.4
亚美尼亚	0.2	0.7	-0.6	0.0	18.6	30.5	32.9	21.0
阿塞拜疆	-2.5	0.2	-0.1	0.1	20.7	41.5	18.1	28.7
格鲁吉亚	4.7 (2003)	5.4	2.3	3.6	31.3 (2003)	33.5	21.6	32.1
哈萨克斯坦	0.8	3.0	1.0	5.0	18.1	31.0	25.4	26.4
吉尔吉斯共和国[b]	1.7	0.2	-0.7	-3.9	18.3	16.2	28.1	34.2
巴基斯坦	1.4	1.6	1.6	1.6	17.2	19.1	15.8	15.1
塔吉克斯坦	2.0	0.5	-0.6	0.3 (2014)	9.4	11.6	23.8	26.2 (2014)
土库曼斯坦[c]	...	...	...	...	35.4	22.9	52.9	47.2 (2012)
乌兹别克斯坦	-4.4	4.5	-0.8	1.9	19.6	26.5	26.6	28.1
东亚地区								
中国	1.0	0.9	2.6	1.6	34.0	40.9	47.0	44.9
中国香港	1.1	-0.3	2.1	-1.0	27.6	21.1	23.9	21.7
韩国	1.3	1.3	1.5	-0.6	32.9	32.2	32.0	28.5
蒙古国	3.8	9.6	7.6	8.0	29.0	37.5	42.1	26.2
中国台北	0.9	0.3	1.3	0.1	27.2	24.5	25.0	20.8
南亚地区								
孟加拉国[c]	...	...	...	...	23.0	24.5	26.2	28.9
不丹	-1.8	-0.0	0.5	-0.7 (2014)	48.7	52.0	61.7	57.7 (2014)
印度	0.7	2.8	3.5	1.7	24.3	34.7	36.5	34.2 (2014)
马尔代夫	...	...	...	...	...	...	...	...
尼泊尔	5.0	6.5	16.1	11.0	24.3	26.5	38.3	38.8
斯里兰卡	0.6	2.8	5.9	3.5	25.4	26.1	30.4	30.1
东南亚地区								
文莱	0.1	0.0	0.2	0.2	13.1	11.4	23.7	35.2
柬埔寨	-1.4	-0.4	1.2	1.1 (2014)	16.9	18.5	17.4	22.0 (2014)
印度尼西亚	2.4	1.4	1.9	1.4	22.2	25.1	32.9	34.6
老挝	...	...	...	...	...	...	...	...
马来西亚	1.6	0.1	1.0	-1.1	26.9	22.4	23.4	25.1
缅甸[b]	0.7	0.5	0.3	0.2	12.4	13.2	23.2	34.9
菲律宾	-3.7	1.6	0.0	-0.9	18.4	21.6	20.5	20.6
新加坡	2.9	-1.7	1.7	0.8	34.9	21.4	27.9	26.3
泰国	0.7	2.7	1.4	-0.8	22.3	30.4	25.4	24.1
越南	2.0	2.5	3.0	3.0	29.6	33.8	35.7	27.7
太平洋地区								
库克群岛	...	...	...	...	...	...	...	...
斐济	1.9	1.4	2.9	...	17.3	21.0	18.7	18.4 (2014)
基里巴斯	...	...	...	...	...	...	...	...
马绍尔群岛	0.1 (2004)	0.2	0.1	0.3 (2013)	12.1 (2004)	12.5	36.2	16.3 (2013)
密克罗尼西亚联邦	...	...	...	...	...	...	...	...
瑙鲁	...	...	...	...	...	...	...	...
帕劳	...	...	...	...	...	...	...	...
巴布亚新几内亚	1.5	1.0	...	...	21.9	17.5	...	...
萨摩亚	...	...	...	...	...	...	...	...
所罗门群岛	...	...	...	...	...	...	...	...
东帝汶[d]	-3.7	–	0.1	0.2 (2014)	31.3	5.0	11.3	15.2 (2014)
汤加	0.5	0.3	0.5	0.3 (2014)	20.7	22.3	30.1	22.8 (2014)
图瓦卢	...	...	...	...	...	...	...	...
瓦努阿图	0.5	0.7	0.8	0.7 (2014)	22.9	24.1	34.7	26.4 (2014)
发达经济体								
澳大利亚	0.3	0.4	-0.2	0.1	26.3	27.5	27.6	26.6
日本	-0.1	0.1	-0.2	0.3	25.1	24.1	19.8	22.0
新西兰	1.2	0.7	0.4	0.1	22.0	25.4	20.1	23.3

... = 至截止日期未获得相关数据；0.0 = 数值不到所用计量单位的一半；GDP = 国内生产总值。

a 以目前价格计算的占 GDP 的份额。
b 存货变化不包括在资本形成总额内。
c 存货变化包括在资本形成总额内。
d 2000 年以后石油生产的处理反映 2008 年国民经济核算体系关于常驻单位的概念。

资料来源：各经济体。

表 2.7 商品与服务的进出口（占 GDP 的百分比）[a]

本地区成员经济体	商品与服务出口				商品与服务进口			
	2000	2005	2010	2015	2000	2005	2010	2015
发展中经济体								
中亚和西亚地区								
阿富汗	29.7 (2002)	26.0	9.8	7.0	59.8 (2002)	73.6	43.9	49.3
亚美尼亚	23.4	28.8	20.8	29.8	50.5	43.2	45.3	42.0
阿塞拜疆	40.2	62.9	54.3	37.8	38.4	52.9	20.7	34.8
格鲁吉亚	31.8 (2003)	33.7	35.0	45.0	46.4 (2003)	51.6	52.8	64.9
哈萨克斯坦	56.6	53.2	44.2	28.5	49.1	44.6	29.9	24.7
吉尔吉斯共和国	41.8	38.3	51.6	36.2	47.6	56.8	81.7	72.2
巴基斯坦	13.4	15.7	13.5	10.9	14.7	19.6	19.4	17.1
塔吉克斯坦	92.4	54.3	26.8	11.3 (2014)	100.2	72.8	59.0	58.5 (2014)
土库曼斯坦	97.2	65.0	77.8	73.3 (2012)	82.4	47.8	45.3	44.4 (2012)
乌兹别克斯坦	26.5	37.9	33.1	21.5 (2014)	26.7	28.7	24.5	22.1 (2014)
东亚地区								
中国	20.4 (1999)	...	26.5	22.4	17.6 (1999)	...	22.9	18.8
中国香港	141.8	194.7	219.4	201.6	137.4	182.4	213.5	199.3
韩国	35.0	36.8	49.4	45.9	32.9	34.4	46.2	38.9
蒙古国	54.0	58.8	46.7	44.9	67.9	63.6	56.7	42.0
中国台北	51.9	60.6	70.9	64.6	49.9	56.4	63.9	51.6
南亚地区								
孟加拉国	14.0	16.6	16.0	17.3	19.2	23.0	21.8	24.8
不丹	29.4	38.2	42.5	36.3 (2014)	48.3	64.4	70.7	57.3 (2014)
印度	12.8	19.3	22.0	19.9	13.7	22.0	26.3	22.5
马尔代夫	89.5	...	...	...	71.6	...	...	...
尼泊尔	23.3	14.6	9.6	11.7	32.4	29.5	36.4	41.7
斯里兰卡	38.2	32.3	19.6	20.5	48.4	41.3	26.8	28.0
东南亚地区								
文莱	67.4	70.2	67.4	52.2	35.8	27.3	28.0	32.7
柬埔寨	49.9	64.1	54.1	62.3 (2014)	61.7	72.7	59.5	66.6 (2014)
印度尼西亚	41.0	34.1	24.3	21.1	30.5	29.9	22.4	20.8
老挝	...	...	...	...	...	...	...	...
马来西亚	119.8	112.9	86.9	70.9	100.6	91.0	71.0	63.3
缅甸	0.5	0.2	19.6	17.4	0.6	0.1	15.1	27.9
菲律宾	51.4	46.1	34.8	28.2	53.4	51.7	36.6	33.5
新加坡	189.2	226.1	199.3	176.5	176.9	196.3	172.8	149.6
泰国	64.8	68.4	66.1	69.1	56.5	69.5	60.6	57.7
越南	55.0	63.7	72.0	89.8	57.5	67.0	80.2	89.0
太平洋地区								
库克群岛	...	...	...	...	...	...	...	...
斐济	65.4	51.0	57.8	54.8 (2014)	70.5	63.9	63.9	62.8 (2014)
基里巴斯	...	...	...	...	...	...	...	...
马绍尔群岛	30.3 (2004)	32.2	38.9	52.6 (2013)	87.3 (2004)	93.7	112.5	102.8 (2013)
密克罗尼西亚联邦	...	...	...	...	...	...	...	...
瑙鲁	...	...	...	...	...	...	...	...
帕劳	...	...	...	...	...	...	...	...
巴布亚新几内亚	66.2	74.5	...	...	49.2	56.1	...	...
萨摩亚	...	...	...	...	...	...	...	...
所罗门群岛	27.6 (2003)	33.3	47.6	54.4 (2014)	33.1 (2003)	52.7	79.0	66.2 (2014)
东帝汶[b]	28.4	81.5	93.9	92.7 (2014)	141.5	22.7	41.4	57.4 (2014)
汤加	15.4	17.7	13.2	18.5 (2014)	46.8	57.8	57.9	56.5 (2014)
图瓦卢	...	...	...	...	...	...	...	...
瓦努阿图	34.7	45.4	46.6	48.7 (2014)	43.7	54.8	52.7	51.1 (2014)
发达经济体								
澳大利亚	19.4	18.1	19.4	19.8	21.5	20.8	20.4	21.2
日本	10.9	14.3	15.2	17.9	9.4	12.9	14.0	18.9
新西兰	35.7	28.3	30.3	28.1	32.8	29.7	28.0	27.5

... = 至截止日期未获得相关数据；GDP = 国内生产总值。

a 以目前价格计算的占 GDP 的份额。
b 2000 年以后石油生产的处理反映 2008 年国民经济核算体系关于常驻单位的概念。

资料来源：各经济体。

表 2.8 国内储蓄总值（占 GDP 的百分比）[a]

本地区成员经济体	2000	2005	2010	2011	2012	2013	2014	2015
发展中经济体								
中亚和西亚地区								
阿富汗[b]	−18.8 (2002)	−25.8	−11.4	−3.7	3.8	7.8	7.1	3.6
亚美尼亚	−8.9	14.0	4.9	3.4	1.9	0.9	2.4	8.8
阿塞拜疆	20.4	47.5	49.8	52.6	50.0	47.8	43.7	31.7
格鲁吉亚	16.7 (2003)	15.7	3.8	7.6	9.3	11.8	12.3	12.3
哈萨克斯坦	26.0	38.9	43.8	49.9	45.8	42.0	40.6	36.2
吉尔吉斯共和国	14.3	−2.1	−2.7	−1.6	−15.9	−15.6	−13.5	...
巴基斯坦	16.0	15.2	10.0	9.1	7.1	8.2	8.5	9.0
塔吉克斯坦	0.6	4.3	4.0	−10.8	−13.5	−13.9	−12.7	...
土库曼斯坦	48.4	40.2	85.4	83.1	76.1	...	...	...
乌兹别克斯坦	19.4	32.7	35.2	34.3	32.6	31.0	30.1	28.1
东亚地区								
中国	36.4	46.4	50.6	49.4	49.2	49.1	49.0	48.4
中国香港	32.0	33.3	29.8	28.0	26.4	24.6	24.0	24.0
韩国	34.9	34.5	35.2	34.5	33.8	34.1	34.5	35.3
蒙古国	9.6	32.7	32.1	36.3	33.5	30.7	30.4	29.4
中国台北	29.4	29.1	31.7	30.4	28.8	30.7	31.5	33.2
南亚地区								
孟加拉国	17.9	20.0	20.8	20.6	21.2	22.0	22.1	22.2
不丹	29.7	25.9	33.4	38.4	43.6	24.1	36.7	...
印度[c]	23.7	33.4	33.7	34.3	...	...	...	...
马尔代夫	...	...	...	...	...	...	...	...
尼泊尔	15.2	11.6	11.5	14.0	11.0	10.6	11.9	8.8
斯里兰卡	15.4	17.9	16.8	14.0	14.7	18.1	19.8	...
东南亚地区								
文莱	49.4	59.1	39.4	42.5	34.9	25.0	35.6	19.9
柬埔寨	8.1	9.9	12.4	11.1	12.3	17.2	17.3	...
印度尼西亚	31.8	27.5	34.8	35.5	34.4	33.7	33.4	33.2
老挝	...	...	...	...	...	...	...	...
马来西亚	46.1	44.3	39.3	38.8	36.5	34.5	34.3	32.7
缅甸	12.3	13.1	32.7	37.0	36.6	33.8	32.6	31.8
菲律宾	16.4	15.9	18.7	16.8	14.9	15.8	17.0	15.2
新加坡	47.2	51.2	54.3	54.2	53.4	53.4	53.4	53.2
泰国	30.7	29.4	30.9	28.5	28.9	30.1	30.7	35.4
越南	27.1	29.0	27.4	27.7	29.6	28.4	27.9	25.7
太平洋地区								
库克群岛	...	...	...	...	...	...	...	...
斐济	25.6	7.1	12.7	15.1	14.2	15.5	16.6	...
基里巴斯	...	...	...	...	...	...	...	...
马绍尔群岛	−39.9 (2004)	−39.3	−38.0	−37.3	−32.5	−32.8	...	...
密克罗尼西亚联邦	...	...	...	...	...	...	...	...
瑙鲁	...	...	...	...	...	...	...	...
帕劳	...	...	...	...	...	...	...	...
巴布亚新几内亚	38.8	35.9	...	...	...	...	...	...
萨摩亚	...	...	...	...	...	...	...	...
所罗门群岛	...	...	...	...	...	...	...	...
东帝汶[d]	31.8	18.3	52.6	56.8	40.0	39.7	−7.8	...
汤加	−10.0	−16.3	−16.1	−9.6	−12.8	−19.8	−21.3	...
图瓦卢	...	...	...	...	...	...	...	...
瓦努阿图	21.2	13.9	27.0	21.5	20.9	23.3	24.0	...
发达经济体								
澳大利亚	24.3	24.7	26.6	28.2	28.2	27.2	26.7	25.2
日本	26.3	23.6	20.7	19.4	19.0	18.4	18.8	...
新西兰	19.7	17.6	17.3	17.3	17.4	19.8	20.2	...

... = 至截止日期未获得相关数据；GDP = 国内生产总值。

a 以目前价格计算的占 GDP 的份额。

b 2000 年的数据是对 2002 年的预测。

c 指总储蓄。

d 2000 年以后石油生产的处理反映 2008 年国民经济核算体系关于常驻单位的概念。

资料来源：各经济体。

表 2.9 实际国内生产总值的增长率（%）

本地区成员经济体	2000	2005	2010	2011	2012	2013	2014	2015
发展中经济体								
中亚和西亚地区								
阿富汗	8.2 (2003)	9.9	3.2	8.7	10.9	6.4	2.2	-2.4
亚美尼亚	5.9	13.9	2.2	4.7	7.2	3.3	3.6	3.0
阿塞拜疆	11.1	26.4	5.0	0.1	2.2	5.8	2.8	1.1
格鲁吉亚	2.9 (1999)	9.6	6.2	7.2	6.4	3.4	4.6	2.8
哈萨克斯坦	9.8	9.7	7.3	13.0	4.6	5.8	4.1	1.2
吉尔吉斯共和国	5.4	-0.2	-0.5	6.0	-0.1	10.9	4.0	3.5
巴基斯坦	2.0 (2001)	9.0	2.6	3.6	3.8	3.7	4.0	4.2
塔吉克斯坦	8.3	6.7	6.5	2.4	7.5	7.4	6.7	5.9
土库曼斯坦	5.5	13.0	9.2	14.7	11.1	10.2	10.3	6.5
乌兹别克斯坦	3.8	7.0	8.5	8.3	8.2	8.0	8.0	8.0
东亚地区								
中国	8.4	11.3	10.6	9.5	7.7	7.7	7.3	...
中国香港	7.7	7.4	6.8	4.8	1.7	3.1	2.7	2.4
韩国	8.9	3.9	6.5	3.7	2.3	2.9	3.3	2.6
蒙古国	1.1	7.3	-1.3 (2009)	17.3	12.3	11.6	7.9	2.3
中国台北	6.4	5.4	10.6	3.8	2.1	2.2	3.9	0.7
南亚地区								
孟加拉国	6.0	6.0	5.6	6.5	6.5	6.0	6.1	6.6
不丹	6.9	7.1	11.7	7.9	5.1	2.1	5.5	...
印度	3.8	9.3	10.3	6.7	5.6	6.6	7.2	7.6
马尔代夫	4.0	-8.1	7.2	8.7	2.5	4.7	6.5	1.5
尼泊尔	6.0	3.5	4.8	3.4	4.8	4.1	6.0	2.7
斯里兰卡	6.0	6.2	3.5 (2009)	8.4	9.1	3.4	4.9	4.8
东南亚地区								
文莱	2.8	0.4	-1.8 (2009)	3.7	0.9	-2.1	-2.3	-0.6
柬埔寨	8.4	13.3	6.0	7.1	7.3	7.4	7.1	6.9
印度尼西亚	4.9	5.7	6.2	6.2	6.0	5.6	5.0	4.8
老挝	6.3	6.8	8.1	8.0	7.9	7.9	7.6	4.9
马来西亚	8.9	5.3	7.4	5.3	5.5	4.7	6.0	5.0
缅甸	13.7	13.6	9.6	5.6	7.3	8.4	8.0	7.3
菲律宾	4.4	4.8	7.6	3.7	6.7	7.1	6.2	5.9
新加坡	8.9	7.5	15.2	6.2	3.7	4.7	3.3	2.0
泰国	4.5	4.2	7.5	0.8	7.2	2.7	0.8	2.8
越南	6.8	7.5	6.4	6.2	5.2	5.4	6.0	6.7
太平洋地区								
库克群岛	13.9	-1.1	-3.0	1.0	4.7	-1.4	6.3	4.8
斐济	-1.7	-1.3	3.0	2.7	1.4	4.7	5.3	...
基里巴斯	5.3	-0.2	-1.6	0.5	5.2	5.8	2.4	...
马绍尔群岛	5.9	2.9	6.4	1.7	3.7	2.4	-0.9	0.6
密克罗尼西亚联邦	4.8	2.1	3.3	1.0	-1.7	-3.0	-2.4	3.7
瑙鲁	...	-9.8	20.1	14.2	20.2	15.4	17.5	-10.0
帕劳	4.2	1.5	3.3	5.0	3.2	-2.4	4.3	9.4
巴布亚新几内亚	-2.5	3.9	11.2	3.4	4.0	3.6	...	...
萨摩亚	8.6	4.7	4.4	3.5	-2.3	0.5	1.9	2.8
所罗门群岛	-14.2	9.2	9.7	7.4	2.3	2.8	2.0	2.9
东帝汶[a]	2.3	52.7	-1.3	10.6	1.9	-12.8	-27.8	...
汤加	-0.8	1.6	3.3	2.9	0.8	-3.1	2.0	3.4
图瓦卢	1.7	-3.9	-2.7	8.5	0.2	1.3	2.2	3.6
瓦努阿图	5.9	5.3	1.6	1.2	1.8	2.0	2.3	...
发达经济体								
澳大利亚	3.9	3.2	2.0	2.4	3.6	2.4	2.5	2.3
日本	2.3	1.3	4.7	-0.5	1.7	1.4	-0.0	0.5
新西兰	2.8	3.4	1.4	2.5	2.3	2.7	3.6	2.4

... = 至截止日期未获得相关数据；0.0 = 数值不到所用计量单位的一半。

a 2000 年以后石油生产的处理反映 2008 年国民经济核算体系关于常驻单位的概念。

资料来源：各经济体。

表 2.10　人均实际国内生产总值的增长率（%）

本地区成员经济体	2000	2005	2010	2011	2012	2013	2014	2015
发展中经济体								
中亚和西亚地区								
阿富汗	6.3 (2003)	8.2	1.3	6.6	8.9	4.5	0.0	-4.1
亚美尼亚	6.2	14.5	2.9	5.2	7.3	3.3	3.9	3.3
阿塞拜疆	9.9	24.9	3.8	-1.2	0.9	4.5	1.4	-0.1
格鲁吉亚	3.7 (1999)	9.4	5.0	6.4	5.7	3.7	...	3.2
哈萨克斯坦	10.2	8.7	5.7	11.4	3.2	4.3	2.6	-0.2
吉尔吉斯共和国	4.0	-1.4	-0.8	4.8	-1.4	8.7	2.0	1.4
巴基斯坦	0.1 (2001)	6.9	0.5	1.5	1.8	1.7	2.0	2.3
塔吉克斯坦	6.1	4.5	4.2	-0.0	5.0	5.2	4.3	3.5
土库曼斯坦	4.3	11.8	7.8	13.2	9.7	8.8	8.9	5.2
乌兹别克斯坦	2.4	5.8	5.4	5.4	6.6	6.3	6.2	6.1
东亚地区								
中国	7.6	10.7	10.1	9.0	7.2	7.2	6.7	...
中国香港	6.7	6.9	6.0	4.1	0.5	2.6	1.9	1.5
韩国	8.0	3.7	6.0	2.9	1.8	2.5	2.9	2.2
蒙古国	-0.2	6.1	-3.0 (2009)	15.3	10.2	9.4	5.6	0.1
中国台北	5.6	5.0	10.3	3.6	1.7	1.9	3.7	0.4
南亚地区								
孟加拉国	4.5	4.4	4.2	5.7	5.2	4.6	4.6	5.1
不丹	5.6	5.7	9.7	6.0	3.3	0.4	3.7	...
印度	2.0	7.7	8.8	5.3	4.3	5.3	5.9	6.3
马尔代夫	2.4	-11.0	4.8	5.3	-0.8	1.2	2.8	-2.1
尼泊尔	2.9	1.2	3.4	2.0	3.3	2.7	4.5	1.4
斯里兰卡	4.6	5.3	2.4 (2009)	7.3	11.5	2.6	3.9	3.8
东南亚地区								
文莱	0.3	-1.3	-3.1 (2009)	2.0	-0.7	-3.7	-3.7	-1.8
柬埔寨	7.0	11.7	4.6	5.7	6.0	6.1	6.1	5.5
印度尼西亚	3.7	4.3	3.4	4.6	4.5	4.1	3.6	3.4
老挝	4.2	4.7	6.6	6.5	6.4	6.4	6.0	3.4
马来西亚	6.2	3.2	5.5	3.6	3.9	2.3	4.6	3.6
缅甸	12.4	12.7	8.9	4.8	6.4	7.5	7.0	5.3
菲律宾	2.0	2.8	5.8	1.9	4.9	5.3	4.4	4.1
新加坡	7.0	5.0	13.2	4.0	1.1	3.0	1.9	0.8
泰国	3.3	3.6	6.9	0.4	6.8	2.3	0.4	2.4
越南	5.3	6.3	5.3	5.1	4.1	4.3	4.9	5.5
太平洋地区								
库克群岛	4.4	-6.7	-7.5	24.0	3.6	3.4	6.3	3.7
斐济	-2.3	-2.0	2.3	2.3	1.0	4.2	4.9	...
基里巴斯	3.5	-2.0	-3.6	-0.8	3.9	4.5	1.1	...
马绍尔群岛	5.1	1.5	5.1	1.2	3.3	2.0	-1.3	0.3
密克罗尼西亚联邦	4.6	2.3	3.8	1.4	-1.4	-2.9	-2.4	3.5
瑙鲁	...	-7.8	17.9	10.1	19.3	11.7	15.4	-11.7
帕劳	2.7 (2001)	0.7	5.2	7.0	5.2	-1.2	4.3	8.1
巴布亚新几内亚	-5.5	0.8	7.8	0.3	0.9	0.5	...	...
萨摩亚	7.6	4.4	3.6	2.7	-3.0	-0.2	1.1	2.0
所罗门群岛	-16.2	6.8	7.2	4.9	-0.0	0.5	-0.3	0.6
东帝汶[a]	1.0 (2001)	50.0	-3.9	7.7	-0.8	-15.1	-29.7	...
汤加	-1.2	1.1	3.1	2.6	0.6	-3.3	1.8	3.1
图瓦卢	1.3 (2001)	-6.7	-3.2	14.3	-1.4	1.1	2.1	3.4
瓦努阿图	3.1	2.6	-1.0	-1.4	-0.8	-0.5	-0.1	...
发达经济体								
澳大利亚	2.7	2.0	0.4	1.0	1.9	0.7	1.0	0.9
日本	2.1	1.3	4.7	-0.3	1.9	1.5	0.1	0.7
新西兰	2.2	2.3	0.3	1.7	1.8	2.0	2.1	0.5

... = 至截止日期未获得相关数据；0.0 = 数值不到所用计量单位的一半。

a 2000 年以后石油生产的处理反映 2008 年国民经济核算体系关于常驻单位的概念。

资料来源：亚行使用各经济体数据所做的估计。

表2.11 农业实际增加值的增长率（%）

本地区成员经济体	2000	2005	2010	2011	2012	2013	2014	2015
发展中经济体								
中亚和西亚地区								
阿富汗	3.4 (2003)	12.2	-18.0	4.7	3.3	8.3	3.7	-16.9
亚美尼亚	-1.0	11.2	-16.0	14.0	9.5	7.6	6.1	13.2
阿塞拜疆	12.1	6.7	-4.7	5.8	6.6	4.9	-2.6	6.6
格鲁吉亚	-7.7 (2004)	11.7	-4.2	8.5	-3.8	11.3	1.6	2.9
哈萨克斯坦	-3.2	7.1	-12.9	22.5	-17.4	11.2	1.3	4.1
吉尔吉斯共和国	2.6	-4.2	-2.6	1.8	1.2	2.7	-0.5	6.2
巴基斯坦	-2.2 (2001)	6.5	0.2	2.0	3.6	2.7	2.7	2.9
塔吉克斯坦	8.0 (2001)	2.8	6.8	0.4	9.5	7.7	9.2	3.2
土库曼斯坦	-2.6	14.1	29.8	...	8.1	9.9	1.7	...
乌兹别克斯坦	3.2	5.9	6.6	6.8	7.1	6.8	6.9	...
东亚地区								
中国	2.3	5.1	4.3	4.2	4.5	4.0	4.2	...
中国香港	0.3 (2001)	-0.2	3.9	0.8	-3.3	4.9	-6.0	-2.2
韩国	1.1	1.4	-4.3	-2.0	-0.9	3.1	3.6	-1.5
蒙古国	-16.3	11.3	3.6 (2009)	-0.3	21.1	19.2	13.7	10.7
中国台北	1.8	-3.9	2.3	4.5	-3.2	1.4	0.5	-3.9
南亚地区								
孟加拉国	7.4	2.2	6.2	4.5	3.0	2.5	4.4	3.3
不丹	5.4	1.1	0.9	2.4	2.3	2.4	2.4	...
印度	0.0	5.1	8.6	5.0	1.5	4.2	-0.2	1.2
马尔代夫	0.2	5.9	-0.9	1.1	0.0	5.1	0.2	-3.0
尼泊尔	4.9	3.5	2.0	4.5	4.6	1.1	4.5	0.8
斯里兰卡	2.3	1.8	3.2 (2009)	4.6	3.9	3.2	4.9	5.5
东南亚地区								
文莱	6.6	1.3	5.7 (2009)	-2.6	8.1	-1.2	4.8	6.4
柬埔寨	-1.2	15.7	4.0	3.1	4.3	1.6	0.3	0.2
印度尼西亚	1.9	2.7	3.0	3.9	4.6	4.2	4.2	4.0
老挝	4.2	0.7	3.2	2.7	3.3	3.5	3.6	...
马来西亚	6.1	2.6	2.4	6.8	1.0	2.0	2.1	1.2
缅甸	11.0	12.1	4.7	-0.7	1.7	3.6	2.8	3.4
菲律宾	3.4	2.2	-0.2	2.6	2.8	1.2	1.7	0.1
新加坡	-4.8	7.1	2.4	2.1	3.6	14.5	1.9	-3.6
泰国	6.8	-0.1	-0.5	6.3	2.7	0.8	0.7	-3.8
越南	4.6	4.2	0.5	4.2	2.9	2.6	3.4	2.4
太平洋地区								
库克群岛	0.1	-3.5	1.9	-6.7	14.9	3.9	8.7	-2.8
斐济	-1.2	0.9	-2.6	8.2	-1.9	6.7	-0.3	...
基里巴斯	-7.2	-7.4	-3.9	9.3	2.9	-0.2	3.7	...
马绍尔群岛	22.6	-9.1	27.7	5.8	10.5	0.7	-1.1	-0.2
密克罗尼西亚联邦	7.1	4.4	1.2	1.3	-0.2	-3.0	5.0	6.2
瑙鲁	...	...	...	...	...	...	...	...
帕劳	-2.1	7.0	-4.3	9.0	1.4	-9.5	-4.5	-4.7
巴布亚新几内亚	2.1	5.6	2.9	0.9	6.1	4.7	...	...
萨摩亚	8.1	2.4	-6.1	10.1	-12.6	8.9	1.1	5.6
所罗门群岛	-17.1	-1.8	14.8	2.3	-0.5	-0.8	7.1	...
东帝汶[a]	-0.1 (2001)	4.1	-2.9	-17.1	26.7	0.1	-2.6	...
汤加	-2.5	-2.1	0.5	2.0	0.5	3.7	3.1	...
图瓦卢	-1.7 (2001)	0.9	14.4	0.4	-6.3	...	...	...
瓦努阿图	4.3	2.3	4.8	6.1	2.2	4.8	4.2	...
发达经济体								
澳大利亚	6.5	4.2	-0.8	3.6	1.4	-0.6	0.7	1.8
日本	2.0	1.0	-1.0	2.0	0.6	2.0	-2.3	...
新西兰	3.6	5.2	-7.9	12.3	5.6	2.0	8.3	2.0

... = 至截止日期未获得相关数据；0.0 = 数值不到所用计量单位的一半。

a 2000年以后石油生产的处理反映2008年国民经济核算体系关于常驻单位的概念。

资料来源：各经济体。

表 2.12 工业实际增加值的增长率（%）

本地区成员经济体	2000	2005	2010	2011	2012	2013	2014	2015
发展中经济体								
中亚和西亚地区								
阿富汗	10.3 (2003)	13.0	6.3	9.8	7.8	4.5	2.4	4.5
亚美尼亚	12.8	14.8	5.7	0.0	5.7	0.5	-2.3	3.7
阿塞拜疆	5.7	43.6	4.5	-4.4	-1.1	4.4	0.4	-1.9
格鲁吉亚	-0.9 (1999)	9.6	8.2	9.2	9.6	2.4	4.6	3.3
哈萨克斯坦	15.3	10.7	9.5	2.9	1.8	3.1	1.5	-0.4
吉尔吉斯共和国	8.8	-9.8	2.5	7.3	-11.4	30.2	5.7	1.4
巴基斯坦	4.1 (2001)	12.1	3.4	4.5	2.5	0.6	4.5	3.6
塔吉克斯坦	15.6 (2001)	7.7	5.6	-15.1	-2.6	4.0	14.9	14.7
土库曼斯坦	1.0	10.6	-1.0	...	10.7	8.0	11.6	...
乌兹别克斯坦	1.8	5.3	4.4	4.5	6.5	8.8	6.6	...
东亚地区								
中国	9.4	12.1	12.7	10.7	8.2	7.9	7.2	...
中国香港	-3.2 (2001)	-3.0	8.0	9.5	4.7	1.6	7.6	1.0
韩国	11.0	4.7	10.4	4.5	1.9	3.3	3.1	1.7
蒙古国	1.5	4.2	-0.4 (2009)	8.8	14.8	14.6	12.7	8.8
中国台北	7.1	7.6	20.8	6.0	3.3	1.7	7.0	-0.9
南亚地区								
孟加拉国	6.2	8.3	7.0	9.0	9.4	9.6	8.2	9.7
不丹	7.3	3.8	12.5	4.1	6.8	3.9	3.1	...
印度	6.0	9.7	7.6	7.8	3.6	5.0	5.9	7.4
马尔代夫	-3.3	10.3	4.3	12.1	0.8	-7.6	12.9	26.4
尼泊尔	8.6	3.0	4.0	4.3	3.0	2.7	7.1	1.5
斯里兰卡	9.0	8.0	4.2 (2009)	9.3	9.0	4.1	3.5	3.0
东南亚地区								
文莱	3.0	-1.8	-5.0 (2009)	3.2	-1.4	-5.6	-4.4	0.0
柬埔寨	31.2	12.7	13.0	13.4	10.4	11.5	9.8	11.7
印度尼西亚	5.9	4.7	4.9	6.3	5.3	4.3	4.3	2.7
老挝	9.3	10.6	17.5	14.6	11.4	9.7	7.3	...
马来西亚	13.6	3.6	8.4	2.5	4.9	3.6	6.0	5.1
缅甸	21.3	19.9	18.6	10.2	8.0	11.4	12.1	8.7
菲律宾	6.5	4.2	11.6	1.9	7.3	9.2	7.8	6.0
新加坡	11.3	8.0	23.9	7.0	2.3	2.5	2.8	-3.4
泰国	4.0	4.9	10.6	-4.1	7.2	1.5	-0.2	1.2
越南	10.1	8.4	7.2	6.7	5.7	5.4	7.1	9.6
太平洋地区								
库克群岛	18.2	-6.3	-8.4	11.6	11.0	-6.3	-23.8	34.2
斐济	-5.5	-6.7	6.5	2.0	-2.2	4.4	2.7	...
基里巴斯	-6.4	6.7	2.5	-4.8	30.1	37.3	-1.4	...
马绍尔群岛	-14.5	4.6	-4.8	0.8	2.8	7.9	-16.7	-1.6
密克罗尼西亚联邦	6.6	-3.0	17.9	11.8	-1.3	-19.5	-28.5	-7.5
瑙鲁	...	...	...	...	...	...	...	...
帕劳	27.6	9.0	3.2	5.4	-4.4	-16.2	1.8	26.1
巴布亚新几内亚	-0.8	4.1	13.3	-5.4	-2.6	1.1	...	...
萨摩亚	14.4	4.7	10.1	2.4	-1.1	0.1	-1.9	0.9
所罗门群岛	-29.7	-3.1	15.4	38.2	-1.4	-2.0	-13.2	...
东帝汶[a]	-24.0 (2001)	73.4	-3.7	13.1	0.6	-16.9	-36.2	...
汤加	-0.4	-2.8	11.6	5.5	1.2	-14.3	1.3	...
图瓦卢	5.5 (2001)	-18.7	-41.5	42.8	-26.1	...	...	...
瓦努阿图	46.4	5.3	12.6	-19.4	-22.1	9.8	3.2	...
发达经济体[b]								
澳大利亚	...	...	...	...	...	...	...	...
日本	...	...	...	...	...	...	...	...
新西兰	...	...	...	...	...	...	...	...

... = 至截止日期未获得相关数据；0.0 = 数值不到所用计量单位的一半。

a 2000 年以后石油生产的处理反映 2008 年国民经济核算体系关于常驻单位的概念。

b 使用财年价格为不变价格编写的国民经济核算。

资料来源：各经济体。

表 2.13 服务业实际增加值的增长率（%）

本地区成员经济体	2000	2005	2010	2011	2012	2013	2014	2015
发展中经济体								
中亚和西亚地区								
阿富汗	10.4(2003)	5.4	18.1	10.3	16.0	6.4	2.2	1.3
亚美尼亚	3.1	14.7	4.7	6.1	6.9	2.8	6.7	0.0
阿塞拜疆	9.6	9.3	6.9	6.8	7.5	8.4	7.6	4.4
格鲁吉亚	1.4(1999)	6.5	8.2	5.8	5.9	3.6	4.5	2.9
哈萨克斯坦	8.4	10.4	6.0	4.8	10.4	6.9	5.7	2.4
吉尔吉斯共和国	5.8	8.4	-1.3	6.7	6.3	4.8	4.6	3.7
巴基斯坦	3.1(2001)	8.5	3.2	3.9	4.4	5.1	4.4	5.0
塔吉克斯坦	3.9(2001)	8.5	7.1	11.4	11.9	9.4	1.7	0.1
土库曼斯坦	18.0	27.1	18.4	...	-10.9	-9.2	-13.2	...
乌兹别克斯坦	5.4	7.6	11.2	11.7	9.7	7.9	7.6	...
东亚地区								
中国	9.7	12.3	9.7	9.4	8.0	8.2	7.9	...
中国香港	1.7(2001)	6.9	6.5	5.0	1.8	2.7	2.4	1.9
韩国	7.3	3.9	4.4	3.1	2.8	2.9	3.3	2.8
蒙古国	10.5	9.7	0.8(2009)	17.8	10.3	7.8	7.8	1.1
中国台北	6.5	4.1	6.3	3.1	1.3	2.3	2.9	0.5
南亚地区								
孟加拉国	5.5	6.4	5.5	6.2	6.6	5.5	5.6	5.8
不丹	8.7	14.8	12.1	13.3	0.7	1.6	8.2	...
印度	5.1	10.9	9.7	6.6	8.1	7.8	10.3	8.9
马尔代夫	5.4	-13.8	8.0	5.8	1.5	6.4	5.0	-0.8
尼泊尔	5.9	3.3	5.8	3.4	5.0	5.7	6.2	3.6
斯里兰卡	6.1	6.4	3.3(2009)	8.9	11.7	4.5	5.2	5.3
东南亚地区								
文莱	2.5	4.1	2.1(2009)	4.9	5.5	4.7	1.0	-1.6
柬埔寨	8.9	13.1	3.3	5.7	7.4	8.7	8.7	7.1
印度尼西亚	5.2	7.9	8.4	8.4	6.8	6.4	6.0	5.5
老挝	6.9	9.9	7.0	8.1	9.2	9.7	9.4	...
马来西亚	6.0	7.3	7.4	7.2	6.6	6.0	6.7	5.2
缅甸	13.4	13.1	9.5	8.5	12.0	10.3	9.1	9.1
菲律宾	3.3	5.8	7.2	4.9	7.1	7.0	6.2	6.8
新加坡	7.7	7.4	11.2	6.6	4.3	6.3	3.7	3.5
泰国	4.3	4.4	6.9	3.3	8.2	3.9	1.5	5.0
越南	5.3	8.6	-7.7	7.5	6.7	6.7	6.2	6.3
太平洋地区								
库克群岛	15.4	-0.3	-2.6	0.1	2.3	-0.6	9.6	2.0
斐济	0.8	-17.0	2.9	2.0	3.0	4.5	6.9	...
基里巴斯	1.7	4.6	-0.1	-1.6	2.0	2.6	0.4	...
马绍尔群岛	6.3	3.2	3.5	1.5	1.8	1.4	2.5	2.3
密克罗尼西亚联邦	3.2	0.8	2.3	0.3	-1.7	-0.8	-1.2	2.7
瑙鲁	...	...	...	...	...	...	...	...
帕劳	-2.0	-1.0	3.6	4.1	3.1	-1.2	5.6	8.2
巴布亚新几内亚	-12.7	3.6	14.0	11.9	4.8	4.4	...	...
萨摩亚	6.2	5.2	4.0	2.5	-0.9	-0.2	3.3	3.1
所罗门群岛	-5.7	23.8	6.4	2.5	5.3	7.2	3.6	...
东帝汶[a]	31.3(2001)	8.5	11.0	8.7	9.7	-0.9	3.9	...
汤加	0.0	3.6	1.0	1.8	0.5	-0.5	1.6	...
图瓦卢	-0.5(2001)	-4.8	2.3	6.4	8.3	...	...	...
瓦努阿图	2.2	6.6	3.0	3.2	4.4	0.1	2.4	...
发达经济体[b]								
澳大利亚	...	...	...	...	...	...	...	...
日本	...	...	...	...	...	...	...	...
新西兰	...	...	...	...	...	...	...	...

... = 至截止日期未获得相关数据；0.0 = 数值不到所用计量单位的一半。

a 2000 年以后石油生产的处理反映 2008 年国民经济核算体系关于常驻单位的概念。

b 使用财年价格为不变价格编写的国民经济核算。

资料来源：各经济体。

表 2.14 实际家庭最终消费的增长率（%）

本地区成员经济体	2000	2005	2010	2011	2012	2013	2014	2015
发展中经济体								
中亚和西亚地区								
阿富汗	...	...	...	...	...	...	...	...
亚美尼亚	8.3	8.8	3.8	2.4	9.1	0.9	1.0	-7.9
阿塞拜疆	10.0	13.2	10.8	8.4	8.4	8.6	8.1	8.5
格鲁吉亚	...	...	...	6.7	4.5	-0.1	3.2	...
哈萨克斯坦	1.2	10.7	11.5	10.9	10.9	21.3	1.8	1.1
吉尔吉斯共和国	-5.0	8.3	2.7	9.3	11.2	8.0	3.0	-6.5
巴基斯坦	0.5 (2001)	12.9	2.2	4.6	5.0	2.1	5.4	3.6
塔吉克斯坦	0.8 (2001)	20.6	10.5	24.2	15.0	9.3	1.8	...
土库曼斯坦	-48.3	-15.2	-60.6	73.8	114.9	-31.7	26.8	...
乌兹别克斯坦	...	...	...	...	...	...	...	...
东亚地区								
中国	...	...	...	...	...	...	...	...
中国香港	4.5	3.5	6.1	8.4	4.1	4.6	3.3	4.7
韩国	9.1	4.4	4.4	2.7	1.2	1.4	1.7	2.2
蒙古国			-2.5 (2009)	15.8	13.0	15.4	6.3	7.8
中国台北	5.1	3.3	3.8	3.3	1.8	2.4	3.0	2.6
南亚地区								
孟加拉国	4.1	3.9	4.6	6.5	4.1	5.1	4.0	...
不丹	0.4	1.3	10.5	0.4	7.0	13.1	18.0	...
印度	3.4	8.6	8.7	9.3	5.3	6.8	6.2	7.4
马尔代夫	3.2	...	...	...	...	...	...	...
尼泊尔	...	4.7	6.2	0.6	15.9	2.7	4.2	2.9
斯里兰卡	4.0	1.7	...	9.9	2.3	7.8	5.7	6.5
东南亚地区								
文莱	-7.0	-0.6	5.0 (2009)	5.4	8.7	6.0	-3.1	4.5
柬埔寨	4.9	12.3	9.7	10.4	6.4	4.0	4.5	...
印度尼西亚	1.6	4.0	4.7	5.1	5.5	5.4	5.2	5.0
老挝	...	...	...	...	...	...	...	...
马来西亚	13.0	9.1	6.9	6.9	8.4	7.3	7.0	6.0
缅甸[a]	4.3	14.6	2.6	6.1	8.1	11.9	6.8	5.0
菲律宾	5.2	4.4	3.4	5.6	6.6	5.6	5.5	6.3
新加坡	14.7	3.4	5.9	4.3	3.5	3.1	2.2	4.5
泰国	7.0	4.2	5.0	1.8	6.7	1.0	0.6	2.1
越南	3.1	5.8	8.2	4.1	4.9	5.2	6.1	9.3
太平洋地区								
库克群岛	...	...	...	...	...	...	...	...
斐济	...	...	...	...	...	...	...	...
基里巴斯	...	...	...	...	...	...	...	...
马绍尔群岛	...	1.0	2.6	0.5	-1.5	2.1	...	...
密克罗尼西亚联邦	...	...	...	...	...	...	...	...
瑙鲁	...	...	...	...	...	...	...	...
帕劳	...	...	...	...	...	...	...	...
巴布亚新几内亚	-28.5	9.8	...	...	...	...	...	...
萨摩亚	...	...	...	...	...	...	...	...
所罗门群岛	6.5 (2004)	9.3	8.7	3.9	3.8	4.2	4.6	...
东帝汶[b]	16.3 (2001)	-2.2	9.3	-	18.8	3.4	9.8	...
汤加	...	...	...	...	...	...	...	...
图瓦卢	...	...	...	...	...	...	...	...
瓦努阿图	...	2.4	2.6	3.0	3.0	3.5	3.9	...
发达经济体								
澳大利亚	4.1	4.5	2.3	3.8	2.6	1.6	2.6	2.7
日本	0.4	1.5	2.8	0.3	2.3	1.7	-0.9	-1.2
新西兰	1.3	5.2	2.2	2.9	1.8	2.9	2.6	2.3

... = 至截止日期未获得相关数据； - = 数值等于零。

a 包括政府消费支出。
b 2000 年以后石油生产的处理反映 2008 年国民经济核算体系关于常驻单位的概念。

资料来源：各经济体。

表 2.15　实际政府消费支出的增长率（%）

本地区成员经济体	2000	2005	2010	2011	2012	2013	2014	2015
发展中经济体								
中亚和西亚地区								
阿富汗	...	...	...	...	...	...	...	...
亚美尼亚	2.8	19.0	3.9	1.9	-1.4	7.6	-1.2	4.5
阿塞拜疆	2.3	3.4	3.4	3.4	3.1	3.6	3.7	1.0
格鲁吉亚				1.0	7.3	4.3	11.2	
哈萨克斯坦	15.0	10.8	2.7	11.3	13.2	1.7	9.8	3.8
吉尔吉斯共和国	5.9	-2.7	-1.1	2.2	2.1	-0.4	-0.5	0.2
巴基斯坦	7.5	1.7	-0.6	0.0	7.3	10.1	1.5	16.0
塔吉克斯坦	10.8 (2001)	0.4	0.9	7.8	2.1	2.3	7.6	...
土库曼斯坦	28.0	17.9	5.8	10.1	8.0	13.9	8.9	...
乌兹别克斯坦	...	...	...	...	...	...	...	...
东亚地区								
中国	...	...	...	...	...	...	...	...
中国香港	2.4	-2.6	3.4	2.5	3.6	2.7	3.0	3.4
韩国	0.9	4.5	3.8	2.2	3.4	3.3	3.0	3.4
蒙古国	...	8.9 (2006)	-5.5 (2009)	15.3	19.9	15.8	12.2	-7.8
中国台北	0.6	0.4	1.1	2.0	2.2	-0.8	3.6	-0.3
南亚地区								
孟加拉国	0.9	7.7	6.8	6.7	3.1	5.8	7.9	...
不丹	0.0	2.8	7.5	3.6	-0.8	-10.1	2.4	...
印度	1.4	8.9	5.8	6.9	0.5	0.4	12.8	2.2
马尔代夫	...	...	...	...	...	...	...	...
尼泊尔	...	1.2	1.3	13.1	15.9	-6.9	10.0	7.4
斯里兰卡	5.3	12.0	16.0 (2009)	-2.1	6.0	0.1	6.1	10.3
东南亚地区								
文莱	7.7	-1.0	5.0 (2009)	5.3	0.4	3.6	1.9	-3.6
柬埔寨	12.4	3.9	-6.2	7.8	4.7	6.3	2.4	...
印度尼西亚	-0.9	6.6	0.3	5.5	4.5	6.7	1.2	5.4
老挝	...	...	...	...	...	...	...	...
马来西亚	1.6	6.5	3.4	14.2	5.4	5.8	4.3	4.4
缅甸	...	...	...	...	...	...	...	...
菲律宾	-1.0	2.1	4.0	2.1	15.5	5.0	3.3	7.8
新加坡	20.9	5.0	10.7	-3.1	-1.9	11.1	-0.1	6.6
泰国	2.8	8.0	9.3	3.4	6.8	2.5	2.1	2.2
越南	5.0	8.2	12.3	7.1	7.2	7.3	7.0	7.0
太平洋地区								
库克群岛	...	...	...	...	...	...	...	...
斐济	...	...	...	...	...	...	...	...
基里巴斯	...	...	...	...	...	...	...	...
马绍尔群岛	...	2.7	-0.7	1.2	5.5	1.7	...	...
密克罗尼西亚联邦	...	...	...	...	...	...	...	...
瑙鲁								
帕劳	14.4 (1999)	...						
巴布亚新几内亚	3.7	1.1	...	...	...	...	...	...
萨摩亚								
所罗门群岛	33.7 (2004)	80.6	10.0	-17.2	-9.0	14.7	8.7	...
东帝汶 a	33.5 (2001)	-30.2	1.1	-5.0	7.3	-22.8	3.8	...
汤加	...	...	...	...	...	...	...	...
图瓦卢	...	...	...	...	...	...	...	...
瓦努阿图	...	-0.1	4.3	-0.8	-1.3	2.2	-3.7	...
发达经济体								
澳大利亚	3.2	3.2	1.8	3.4	3.9	0.6	1.4	1.3
日本	4.6	0.8	1.9	1.2	1.7	1.9	0.1	1.2
新西兰	0.9	7.2	1.9	1.8	-0.1	2.2	2.3	1.8

... = 至截止日期未获得相关数据；0.0 = 数值不到所用计量单位的一半。

a 2000 年以后石油生产的处理反映 2008 年国民经济核算体系关于常驻单位的概念。

资料来源：各经济体。

表 2.16 实际资本形成总值的增长率（%）

本地区成员经济体	2000	2005	2010	2011	2012	2013	2014	2015
发展中经济体								
中亚和西亚地区								
阿富汗	...	...	...	...	...	...	...	...
亚美尼亚	5.2	26.9	0.5	-5.2	0.5	-9.1	-3.0	-0.9
阿塞拜疆	2.6	5.8	2.0	1.0	4.0	4.5	-1.7	-11.1
格鲁吉亚	...	...	...	28.0	19.1	-11.7	26.9	...
哈萨克斯坦	10.7	35.0	2.0	5.9	12.2	6.2	8.8	5.7
吉尔吉斯共和国	22.1	13.7	-5.2	6.3	42.4	5.1	15.7	-10.2
巴基斯坦	4.9	12.9	-6.5	-6.7	2.5	2.8	2.8	13.1
塔吉克斯坦	39.2 (2001)	2.6	7.5	13.3	-21.9	15.1	17.6	...
土库曼斯坦	-6.0	12.4	24.0	12.6	1.0	18.3	8.7	...
乌兹别克斯坦	...	...	...	...	...	...	...	...
东亚地区								
中国	...	...	...	...	...	...	...	...
中国香港	19.5	-0.8	11.1	2.3	3.3	3.0	1.5	-7.5
韩国	14.5	2.4	17.8	3.5	-2.3	-0.1	5.3	6.8
蒙古国	...	15.0 (2006)	-29.8 (2009)	62.8	17.4	1.4	-30.1	-27.7
中国台北	9.0	1.3	35.8	-5.7	-3.1	3.2	4.1	0.5
南亚地区								
孟加拉国	7.3	10.7	8.6	9.6	10.6	5.4	9.9	...
不丹	26.5	-12.2	46.1	11.8	3.5	-35.7	38.3	...
印度	-5.5	16.2	14.1	3.9	12.9	1.8	9.3	...
马尔代夫	...	...	...	...	...	...	...	...
尼泊尔	...	9.5	34.4	0.3	-21.6	20.7	22.8	7.9
斯里兰卡	8.7	9.4	2.0 (2009)	20.2	21.7	-8.8	7.2	4.9
东南亚地区								
文莱	6.7 (2001)	0.5	-0.3 (2009)	37.0	28.8	11.9	-31.2	6.6
柬埔寨	8.6	29.9	-18.6	9.8	6.2	25.0	8.8	...
印度尼西亚	12.9	12.4	8.8	7.9	11.0	2.8	5.5	3.3
老挝	...	...	...	...	...	...	...	...
马来西亚	29.2	-2.5	25.3	4.5	18.3	4.9	2.6	6.4
缅甸	11.3	29.8	34.6	33.1	13.6	12.3	13.3	14.5
菲律宾	1.1	3.0	31.6	2.8	-4.3	27.9	5.2	15.1
新加坡	25.5	-0.5	24.4	4.0	13.9	3.7	-2.0	-6.2
泰国	8.0	21.7	32.0	2.6	11.0	3.2	-12.5	4.3
越南	10.1	11.2	10.4	-6.8	2.4	5.5	8.9	9.0
太平洋地区								
库克群岛	...	...	...	...	...	...	...	...
斐济	...	...	...	...	...	...	...	...
基里巴斯	...	...	...	...	...	...	...	...
马绍尔群岛	...	3.4	19.1	-51.8	-47.2	86.8	...	...
密克罗尼西亚联邦	...	...	...	...	...	...	...	...
瑙鲁	...	...	...	...	...	...	...	...
帕劳	-23.1 (1999)	...	...	...	...	...	...	...
巴布亚新几内亚	36.8	-9.8	...	...	...	...	...	...
萨摩亚	...	...	...	...	...	...	...	...
所罗门群岛	-13.4 (2004)	71.1	88.7	-34.6	3.6	1.9	2.9	...
东帝汶 a	6.1 (2001)	-2.5	-5.1	64.9	-16.8	-27.1	8.7	...
汤加	...	...	...	...	...	...	...	...
图瓦卢	...	...	...	...	...	...	...	...
瓦努阿图	...	7.8	-5.2	-15.2	-16.6	17.0	9.0	...
发达经济体								
澳大利亚	...	...	...	...	...	...	...	...
日本	3.7	-0.3	4.5	0.1	4.5	1.4	2.4	2.9
新西兰	-3.9	4.0	7.3	8.0	4.0	7.6	9.4	1.8

... = 至截止日期未获得相关数据。

a 2000 年以后石油生产的处理反映 2008 年国民经济核算体系关于常驻单位的概念。

资料来源：各经济体。

表 2.17 实际货物与服务出口额的增长率（%）

本地区成员经济体	2000	2005	2010	2011	2012	2013	2014	2015
发展中经济体								
中亚和西亚地区								
阿富汗	...	...	...	14.7	8.4	8.6	6.4	4.9
亚美尼亚	19.0	15.9	26.5	2.0	-4.9	2.1	-1.9	-0.1
阿塞拜疆	15.4	52.8	9.1					
格鲁吉亚				15.5	14.4	20.3	0.4	...
哈萨克斯坦	27.9	0.4	3.1	0.4	4.2	2.1	-2.5	-3.8
吉尔吉斯共和国	10.5	-11.0	-11.7	15.7	-19.2	12.3	-6.2	-4.0
巴基斯坦	16.0	9.6	15.7	2.4	-15.0	13.6	-1.6	-2.6
塔吉克斯坦		2.9	23.0	1.0	1.0	-10.0	-	
土库曼斯坦	82.7	19.2	13.9	10.1	9.0	13.2	9.1	...
乌兹别克斯坦	...	...	...	...	...	...	...	...
东亚地区								
中国	...	...	...	...	...	...	...	...
中国香港	16.2	10.6	16.8	3.9	1.9	6.2	0.9	-1.5
韩国	17.2	7.8	12.7	15.1	5.1	4.3	2.0	0.8
蒙古国				18.2	8.3	12.8	53.2	-4.0
中国台北	18.0	7.6	25.7	4.2	0.4	3.5	5.9	-0.2
南亚地区								
孟加拉国	14.4	15.6	0.9	29.3	12.5	2.5	3.2	...
不丹	3.3	34.3	7.5	3.2	-2.4	3.9	-6.0	...
印度	18.2	26.1	19.6	15.6	6.7	7.8	1.7	-5.2
马尔代夫	7.6							
尼泊尔	...	-3.0	-10.4	-2.1	1.9	10.3	18.8	6.8
斯里兰卡	17.1	6.6	...	10.2	-0.2	6.6	4.3	4.7
东南亚地区								
文莱	11.9	-1.3		-3.0	1.2	-5.7	0.9	-10.8
柬埔寨	39.4	16.4	16.0	18.9	7.9	20.9	11.3	...
印度尼西亚	26.5	16.6	15.3	14.8	1.6	4.2	1.0	-2.0
老挝	...							
马来西亚	16.1	8.3	11.1	4.2	-1.7	0.3	5.0	0.6
缅甸	79.3	3.6	10.9	-13.7	6.5	12.9	18.7	15.2
菲律宾	13.7	5.0	21.0	-2.5	8.6	-1.0	11.7	9.0
新加坡	14.4	12.5	17.4	5.6	1.8	4.8	4.3	2.5
泰国	15.8	7.8	14.1	9.2	5.0	2.7	0.2	0.2
越南	...	7.8	14.6	10.8	15.7	17.4	11.6	12.6
太平洋地区								
库克群岛	...	...	...	...	...	...	...	...
斐济	...	...	...	...	...	...	...	...
基里巴斯	...	...	...	...	...	...	...	...
马绍尔群岛	...	-3.1	25.5	8.5	4.2	9.1	...	...
密克罗尼西亚联邦	...	...	...	...	...	...	...	...
瑙鲁	...	...	...	...	...	...	...	...
帕劳	...	...	...	...	...	...	...	...
巴布亚新几内亚	7.1	6.8	...	...	...	...	...	...
萨摩亚	...	...	...	...	...	...	...	...
所罗门群岛		10.5	34.8	35.3	8.8	-6.8	-9.6	...
东帝汶		76.4	-7.0	7.2	10.7	-13.3	-25.1	...
汤加	...	...	...	...	...	...	...	...
图瓦卢	...	...	...	...	...	...	...	...
瓦努阿图	...	7.1	0.4	10.4	-1.2	3.9	-0.5	...
发达经济体								
澳大利亚	9.7	3.3	5.1	0.9	5.0	5.6	5.8	6.5
日本	12.6	6.2	24.8	-0.4	-0.2	1.2	8.3	2.8
新西兰	6.1	-0.4	2.8	2.3	3.0	0.0	4.2	5.0

... = 至截止日期未获得相关数据；0.0 = 数值不到所用计量单位的一半。

资料来源：各经济体。

表 2.18 实际货物与服务进口额的增长率（%）

本地区成员经济体	2000	2005	2010	2011	2012	2013	2014	2015
发展中经济体								
中亚和西亚地区								
阿富汗	...	...	...	...	...	...	...	...
亚美尼亚	7.2	14.3	12.8	-1.4	-2.8	-2.1	-1.0	-15.1
阿塞拜疆	17.3	19.8	12.4	1.5	-3.1	1.1	-2.1	-0.5
格鲁吉亚	...	...	...	17.9	15.6	2.9	11.1	...
哈萨克斯坦	28.0	12.1	2.9	2.8	22.6	6.6	-3.3	-0.2
吉尔吉斯共和国	0.4	6.5	-6.9	14.9	12.4	4.1	1.6	-17.0
巴基斯坦	-2.3	40.5	4.3	-0.1	-3.1	1.8	0.2	-1.1
塔吉克斯坦	...	16.5	8.0	1.2	1.2	1.1	1.0	...
土库曼斯坦	4.1	-9.3	9.5	10.1	13.3	10.3	9.5	...
乌兹别克斯坦	...	...	...	...	...	...	...	...
东亚地区								
中国	...	...	...	...	...	...	...	...
中国香港	16.4	8.0	17.4	4.6	2.9	6.6	1.0	-1.9
韩国	21.8	7.8	17.3	14.3	2.4	1.7	1.5	3.2
蒙古国	...	...	...	49.5	15.4	7.6	6.8	-16.6
中国台北	14.9	2.9	28.0	-0.5	-1.8	3.4	5.7	0.9
南亚地区								
孟加拉国	10.2	19.1	0.7	29.2	10.5	1.2	1.2	...
不丹	4.2	13.0	28.7	6.0	-7.1	-1.8	-3.5	...
印度	4.6	32.6	15.6	21.1	6.0	-8.2	0.8	-2.8
马尔代夫	-5.1	...	...	...	...	...	...	...
尼泊尔	...	6.9	28.3	-4.7	3.4	14.2	21.0	9.6
斯里兰卡	14.8	2.7	...	23.6	0.5	-1.5	9.6	10.6
东南亚地区								
文莱	-6.2	10.2	...	33.7	20.6	14.5	-30.9	-11.7
柬埔寨	30.6	17.3	10.3	16.3	8.1	24.5	10.1	...
印度尼西亚	25.9	17.8	17.3	15.0	8.0	1.9	2.2	-5.8
老挝	...	...	...	...	...	...	...	...
马来西亚	24.4	8.9	15.6	6.3	2.9	1.7	-5.3	1.2
缅甸	-8.0	2.2	51.9	1.2	3.7	54.4	22.3	21.6
菲律宾	11.8	3.3	22.5	-0.6	5.6	4.4	9.3	14.0
新加坡	20.1	11.5	16.2	4.0	3.0	4.5	3.9	2.1
泰国	26.0	16.2	22.8	12.4	5.6	1.6	-5.3	-0.4
越南	...	5.9	13.7	4.1	9.1	17.3	12.8	18.1
太平洋地区								
库克群岛	...	...	...	...	...	...	...	...
斐济	...	...	...	...	...	...	...	...
基里巴斯	...	...	...	...	...	...	...	...
马绍尔群岛	...	0.7	7.8	-21.5	0.7	10.1	...	...
密克罗尼西亚联邦	...	...	...	...	...	...	...	...
瑙鲁	...	...	...	...	...	...	...	...
帕劳	...	...	...	...	...	...	...	...
巴布亚新几内亚	-4.7	4.7	...	...	...	...	...	...
萨摩亚	...	...	...	...	...	...	...	...
所罗门群岛	...	26.4	51.7	-6.4	3.8	-0.5	-0.6	...
东帝汶	...	-14.1	-10.9	8.1	23.0	-17.3	13.0	...
汤加	...	...	...	...	...	...	...	...
图瓦卢	...	...	...	...	...	...	...	...
瓦努阿图	...	2.9	-2.2	-1.9	0.8	6.5	0.2	...
发达经济体								
澳大利亚	12.1	12.4	6.4	10.3	11.6	0.6	-1.8	0.1
日本	10.7	4.2	11.1	5.9	5.3	3.1	7.2	0.4
新西兰	-1.1	4.9	11.5	6.6	1.3	8.1	7.4	1.9

... = 至截止日期未获得相关数据。

资料来源：各经济体。

表 2.19 农业生产指数的增长率（%）

本地区成员经济体	2000	2005	2010	2011	2012	2013
发展中经济体						
中亚和西亚地区						
阿富汗	-16.2	8.7	-0.6	-4.4	10.7	-2.2
亚美尼亚	-2.3	14.3	-12.5	10.6	6.7	4.6
阿塞拜疆	8.8	13.7	-1.2	6.3	4.8	3.2
格鲁吉亚	-13.6	16.5	-6.7	7.5	-5.9	19.7
哈萨克斯坦	-7.6	7.5	-12.5	31.5	-22.5	15.1
吉尔吉斯共和国	4.8	-3.8	3.7	2.3	-0.3	1.8
巴基斯坦	1.3	3.1	-2.0	5.0	-0.4	-18.7
塔吉克斯坦	12.8	-5.7	3.8	8.0	11.3	6.4
土库曼斯坦	7.9	12.1	0.7	-2.0	4.7	1.6
乌兹别克斯坦	3.3	5.8	5.7	6.0	5.8	5.8
东亚地区						
中国	5.0	3.7	2.5	3.0	3.5	1.3
中国香港	2.4	13.5	0.0	6.7	6.3	-
韩国	1.0	0.6	-6.4	-2.6	1.7	3.0
蒙古国	-2.9	-8.3	-22.0	9.4	5.3	10.1
中国台北	2.2	-5.7	2.1	3.7	-1.7	0.3
南亚地区						
孟加拉国	6.2	12.9	6.6	2.8	0.5	1.8
不丹	-23.1	26.7	6.0	16.5	-8.9	-3.2
印度	-1.1	5.8	8.8	6.4	2.0	3.4
马尔代夫	5.3	-22.0	-8.0	-1.9	-6.0	-3.6
尼泊尔	5.1	2.0	1.1	7.2	15.3	-7.0
斯里兰卡	2.1	8.7	10.7	-3.7	2.9	11.1
东南亚地区						
文莱	14.8	-25.7	5.5	6.4	3.5	8.7
柬埔寨	2.2	26.9	8.6	15.3	2.4	4.0
印度尼西亚	3.4	2.7	2.6	3.3	6.7	1.0
老挝	15.1	4.1	4.8	6.3	15.6	1.0
马来西亚	3.6	4.6	0.9	8.1	-0.4	1.8
缅甸	9.4	6.0	2.2	0.3	-3.4	1.9
菲律宾	3.6	2.8	-0.2	2.6	3.7	1.2
新加坡	-59.0	-22.7	0.5	9.5	3.9	6.6
泰国	7.8	-2.0	-1.1	7.4	7.0	0.1
越南	3.8	3.8	3.1	4.5	7.4	1.0
太平洋地区						
库克群岛	0.6	2.5	3.2	-6.9	0.8	-0.5
斐济	0.1	1.5	-5.4	12.7	-8.5	1.5
基里巴斯	-5.3	0.9	1.1	-1.1	3.1	0.9
马绍尔群岛	-74.9	15.2	-5.0	-44.5	0.8	5.0
密克罗尼西亚联邦	1.4	2.1	2.5	-4.7	5.8	2.7
瑙鲁	1.6	1.4	-0.7	-1.3	0.6	2.7
帕劳	...	...	...	...	...	...
巴布亚新几内亚	3.0	1.9	-1.7	5.7	-1.0	0.8
萨摩亚	4.5	3.4	-0.7	0.2	7.7	-3.1
所罗门群岛	5.0	12.2	2.8	1.2	2.7	2.7
东帝汶	6.7	-1.6	-3.1	-11.9	16.2	-7.7
汤加	-1.9	0.7	-2.9	-3.7	-0.5	0.9
图瓦卢	2.5	1.9	0.6	-5.6	1.1	2.1
瓦努阿图	-4.6	0.9	27.2	-3.7	2.0	6.1
发达经济体						
澳大利亚	-1.9	8.7	-2.3	9.2	9.8	-0.4
日本	-0.6	0.9	-2.7	-1.4	2.6	-0.3
新西兰	7.1	-2.2	1.4	0.4	5.0	-1.4

... = 至截止日期未获得相关数据；- = 数值等于零；0.0 = 数值不到所用计量单位的一半。

资料来源：Food and Agricultural Organization of the United Nations. FAOSTAT. http：//faostat3. fao. org（访问时间 2016 年 8 月 5 日）；各经济体。

表 2.20　制造业生产指数的增长率（%）

本地区成员经济体	2000	2005	2010	2011	2012	2013	2014	2015
发展中经济体								
中亚和西亚地区								
阿富汗	...	...	...	...	...	...	...	...
亚美尼亚	...	...	...	...	...	...	...	...
阿塞拜疆	...	...	...	...	...	...	...	...
格鲁吉亚	...	...	...	...	...	...	...	...
哈萨克斯坦	17.3	15.9	15.1	...	-6.0	0.7	-0.8	-0.9
吉尔吉斯共和国	...	...	...	...	...	...	...	...
巴基斯坦	...	18.2	4.7	...	1.2	4.1	4.0	3.2
塔吉克斯坦	12.0	10.5	...	...	...	...	...	...
土库曼斯坦	13.4	...	...	...	...	...	...	...
乌兹别克斯坦	–	...	...	...	...	...	...	...
东亚地区								
中国	...	...	16.6	14.3	10.5	10.5	9.4	7.0
中国香港	-0.5	3.0	3.6	0.7	-0.8	0.1	-0.4	-1.5
韩国	17.2	6.3	16.7	6.0	1.4	0.7	0.3	-0.6
蒙古国	...	...	...	...	...	...	...	...
中国台北	-17.4	3.2	26.5	4.7	-0.3	0.6	6.6	-1.5
南亚地区								
孟加拉国	4.9	8.5	6.3	16.9	10.8	11.6	9.2	...
不丹	...	...	...	...	...	...	...	...
印度	5.3	10.3	9.0	3.0	1.3	-0.8	2.3	2.0
马尔代夫	...	...	...	...	...	...	...	...
尼泊尔	6.5	...	...	4.8	3.8	4.0	7.0	0.3
斯里兰卡	...	...	...	...	...	...	...	...
东南亚地区								
文莱	...	...	...	...	...	...	...	...
柬埔寨	48.8	...	...	...	...	...	...	...
印度尼西亚	3.6	1.3	4.8	4.1	4.1	6.0	4.8	4.8
老挝	...	...	...	...	...	...	...	...
马来西亚	24.9	5.1	11.0	5.7	5.3	4.2	6.0	...
缅甸	...	...	...	10.1	6.8	8.8	9.2	9.4
菲律宾	...	2.1	23.3	1.0	7.7	14.0	7.4	2.3
新加坡	15.3	9.5	29.8	8.4	0.4	1.7	2.6	...
泰国	6.9	5.0	14.2	-8.5	2.2	-3.2	-4.6	...
越南	...	...	...	...	...	2.0	1.0	...
太平洋地区								
库克群岛	...	...	...	...	...	...	...	...
斐济	-5.6	...	7.6	3.9	-25.7	5.2	2.9	4.0
基里巴斯	...	...	...	...	...	...	...	...
马绍尔群岛	...	...	...	...	...	...	...	...
密克罗尼西亚联邦	...	...	...	...	...	...	...	...
瑙鲁	...	...	...	...	...	...	...	...
帕劳	...	...	...	...	...	...	...	...
巴布亚新几内亚	...	...	...	...	...	...	...	...
萨摩亚[a]	2.8	–	15.2	3.6	7.7	3.2	...	...
所罗门群岛	...	...	...	...	...	...	...	...
东帝汶	...	...	...	...	...	...	...	...
汤加	...	...	...	...	...	...	...	...
图瓦卢	...	...	...	...	...	...	...	...
瓦努阿图	...	...	...	...	...	...	...	...
发达经济体								
澳大利亚	1.2	-0.9	0.6	-0.2	0.7	-3.3	-1.2	-1.5
日本	5.7	1.3	15.6	-2.8	0.6	-0.8	2.1	-1.2
新西兰	4.3	0.6	4.3	-0.7	1.2	1.4	2.1	1.5

... = 至截止日期未获得相关数据；– = 数值等于零。

a 指工业生产的数量指数。

资料来源：各经济体。

3. 货币、金融与价格

简况

2015 年，由于国际食品及燃料价格较低，大部分亚太地区经济体的消费者价格通货膨胀率持续较低。

2015 年，除阿塞拜疆、文莱和蒙古国外，所有上报数据的经济体的货币供应量都扩大了。

2014 年至 2015 年，本地区大多数有数据的经济体的不良贷款占贷款总额的比例都下降了。

2015 年，亚太地区有三个经济体的证券市场排名全球前十。

2015 年，本地区仅有两种货币对美元升值，而 2014 年有八种。

关键趋势

2015 年，大部分亚太地区经济体的消费者价格通货膨胀率持续较低。 图 3.1a 显示了亚太地区经济体近年来的通货膨胀率估计。数据表明，消费者价格通货膨胀率在大部分经济体仍然较低。2014 年，46 个上报数据的经济体中有 22 个的通货膨胀率低于 3%；2015 年，这一数字增至 23 个。几乎半数的上报数据经济体的通货膨胀率在 2014 年和 2015 年低于 3%。

2015 年，8 个经济体的消费者价格通货膨胀率呈负数，它们是：密克罗尼西亚联邦（-0.2%），中国台北（-0.3%），文莱（-0.4%），新加坡（-0.5%），所罗门群岛（-0.6%），汤加（-1.0%），马绍尔群岛（-2.2%）。另一方面，2015 年，4 个通货膨胀率最高的经济体中有 2 个来自中亚和西亚：哈萨克斯坦（6.6%）和吉尔吉斯共和国（6.5%）。

亚太地区 3 个最大的经济体中，中国的消费者价格通货膨胀率预计 2015 年为 1.4%，印度为 4.9%，日本为 0.8%。

从次区域的角度而言，2015 年 10 个有数据的中亚和西亚经济体中，有 3 个的消费者价格通货膨胀率加剧（亚美尼亚、阿塞拜疆和格鲁吉亚）。2015 年，南亚的通货膨胀率在本地区内也相对较高，平均为 4.2%（未加权）。除蒙古国以外，近年来东亚的通货膨胀率都非常低，如 2015 年平均仅 1.2%（未加权）。同年，东南亚和太平洋地区经济体的通货膨胀率分别为 1.9% 和 1.0%。

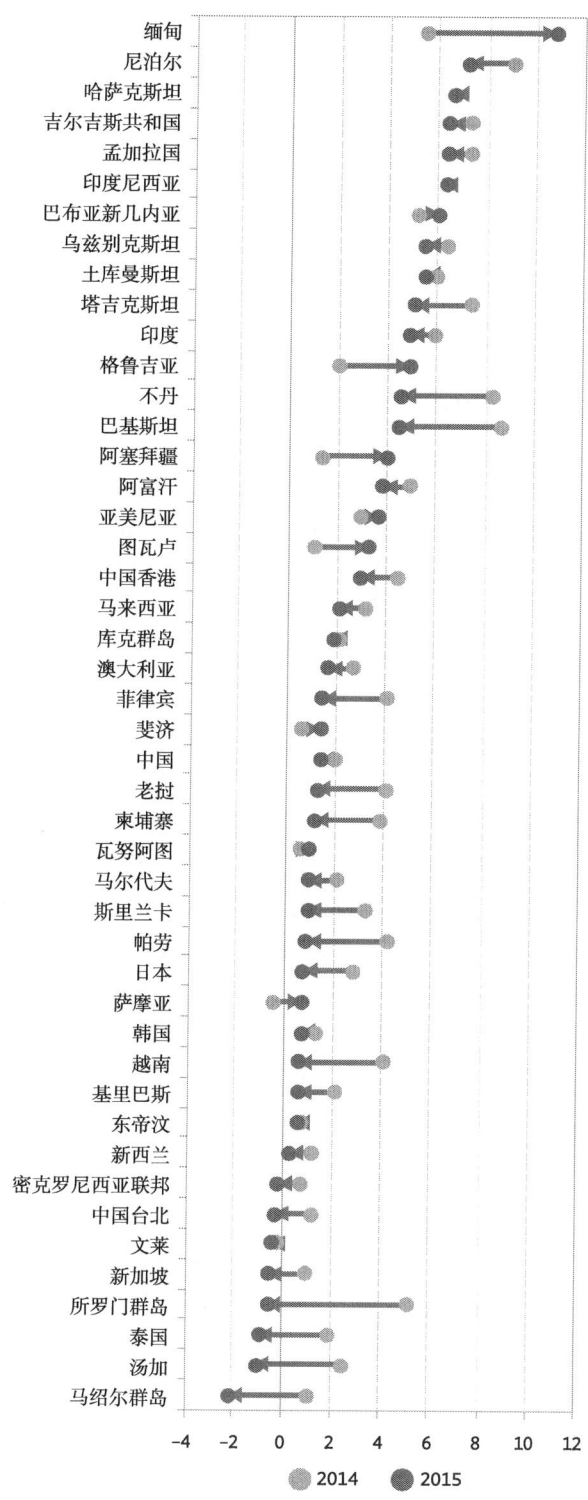

图 3.1a 通货膨胀率（年度百分比变化）

资料来源：表3.1。

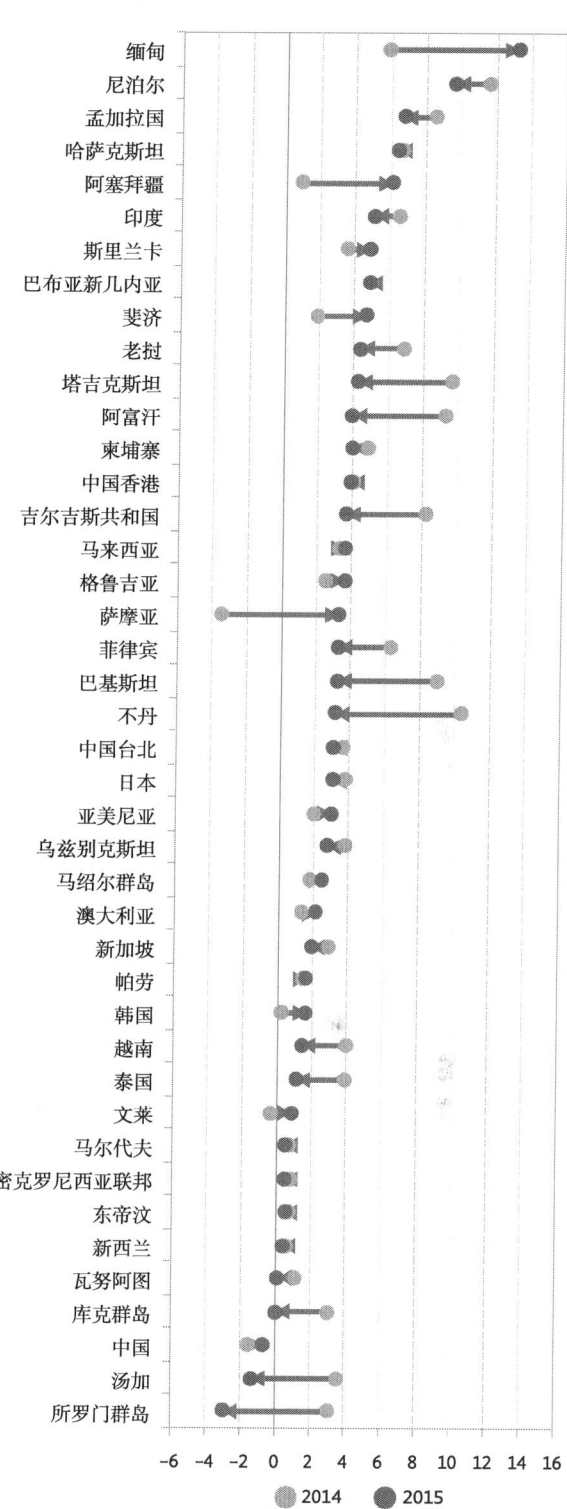

图 3.1b 食品类通货膨胀率（年度百分比变化）

资料来源：表3.2。

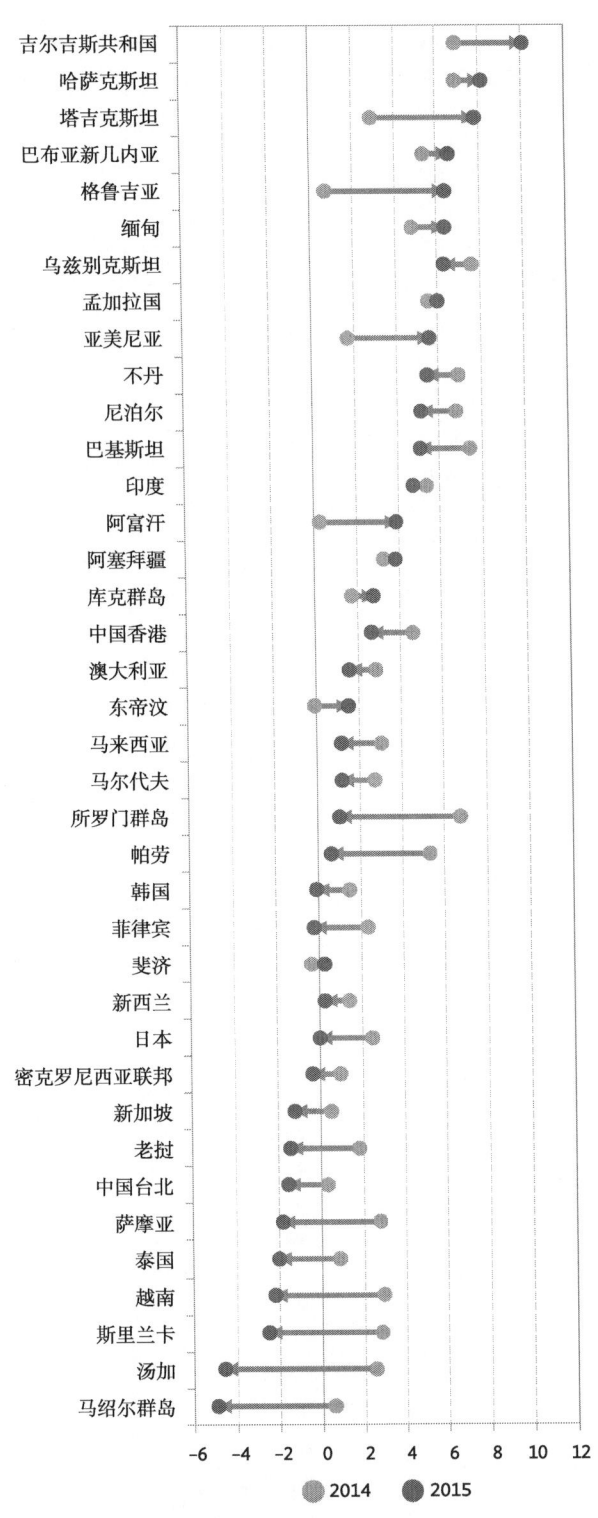

对于一些亚太地区经济体来说，批发价格通货紧缩和（或）生产者价格通货紧缩越来越成为一个问题，投资减少和低速的经济增长被视作是导致通货紧缩的因素。2015年，亚太地区批发价格和（或）生产者价格的平均增长率为负2.6%（未加权），而2014年为正增长2.7%。

此外，24个提供数据的经济体中，有17个批发价格通货膨胀率和（或）生产者价格通货膨胀率呈负数，包括阿塞拜疆（-30.6%）、哈萨克斯坦（-20.5%）、新加坡（-15.3%）、中国台北（-8.8%）、中国（-5.2%）。同时，2014年至2015年，本地区只有吉尔吉斯共和国和格鲁吉亚的增长率加快，分别从1.4%增至8.5%和从2.8%增至7.4%。

虽然2015年的消费者价格通货膨胀一般呈较低正数，但中国大陆和其他诸如中国香港、印度、韩国、马来西亚、菲律宾、新加坡和泰国等亚洲经济体的生产者价格通货膨胀都呈负数。专栏3.1讨论了消费者价格指数和生产者价格指数趋势不同的潜在原因。

2015年，所有上报数据的经济体除阿塞拜疆、文莱和蒙古国之外货币供应量扩大。 2015年，所有上报数据的经济体货币供应量的平均扩大率（未加权）为10.8%（见图3.2）。中亚和西亚有三个国家货币供应量增长率上升，即哈萨克斯坦（23.8%）、吉尔吉斯共和国（11.9%）以及塔吉克斯坦（11.6%），而蒙古国下降最多。

图3.1c 非食品类通货膨胀率（年度百分比变化）

资料来源：表3.3。

亚太经济体虽然受到全球金融危机的影响，但2000年以来对信贷依赖增加。2000年（或可获得数据的第一年）至2015年（或可获得数据的最近一年），40个本地区经济体中有34个银行可提供的信贷额增加（见图3.3）。同期，不丹的银行国内信贷额占GDP比例从2000年的2.9%增至2015年的54.3%，在所有经济体中排名第一；柬埔寨的国内信贷从6.4%增至53.9%；蒙古国从9%涨至69.3%（表3.10）。

2015年或可获得数据的最近一年，日本在所有本地区经济体中国内信贷占GDP比率最高（376.6%），中国香港以211.5%紧随其后，排名第三的是中国（196.9%）。密克罗尼西亚联邦和东帝汶的国内信贷占GDP比率为负数，分别为－26.2%和－9.0%，而阿富汗的比率刚刚为正值（0.4%）。

2014年至2015年，大多数有数据的本地区经济体不良贷款（NPL）占总贷款的比率下降。 30个有数据的本地区经济体不良贷款占总贷款比率的简单平均数从2014年的5%降至2015年的4.9%（图3.4）。哈萨克斯坦的下降程度最为明显（4.4%）。其他下降明显的经济体有文莱（3.5%）、马尔代夫（3.4%）和萨摩亚（3%）。

考查期结束时不良贷款占总贷款比率最高的经济体有塔吉克斯坦（19.1%）、马尔代夫（14.1%）和阿富汗（12.3%）。考查期结束时不良贷款占总贷款比率最低的经济体是土库曼斯坦（0.0%）、中国台北（0.2%）及文莱和乌兹别克斯坦（两者均为0.4%）。

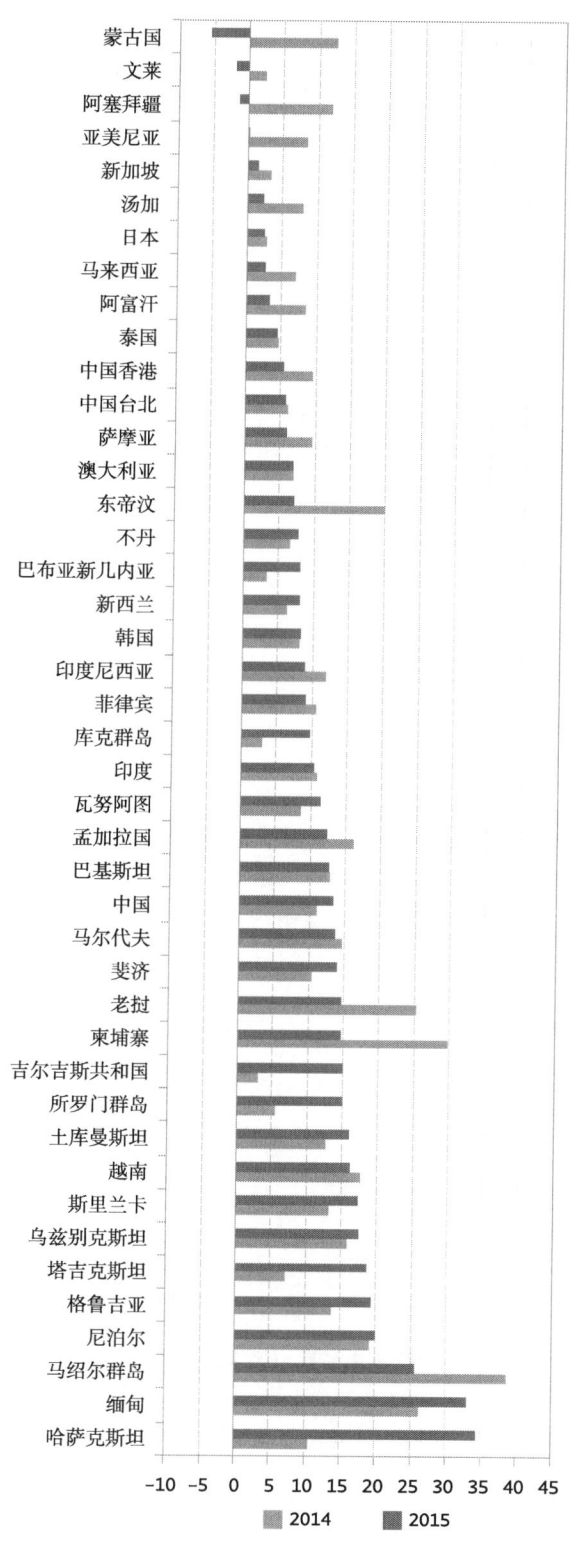

图3.2 货币供应量的增长（%）

资料来源：表3.6。

图 3.3 银行提供的国内信贷（占 GDP 的百分比）

资料来源：表 3.10。

图 3.4 银行不良贷款（占贷款总额的百分比）

资料来源：世界银行《世界发展指标》（网络版），http://data.worldbank.org/（访问时间 2016 年 8 月 12 日）；中国台北的数据来自经济体。

2015 年，亚太地区有三个经济体的证券市场排名全球前十。 尽管年中有所变动，2015 年 60% 以上的中国证券市场收益仍为世界第二大，仅仅落后于委内瑞拉（图 3.5a）（ADB，2016 年）。从 2015 年股市指数的涨幅而言，日本和斐济分别排世界第八和第九。

除中国、日本和斐济外，本地区证券市场排名靠前的经济体还有巴基斯坦、新西兰、印度、马尔代夫、斯里兰卡、菲律宾和中国香港（图 3.5b）。

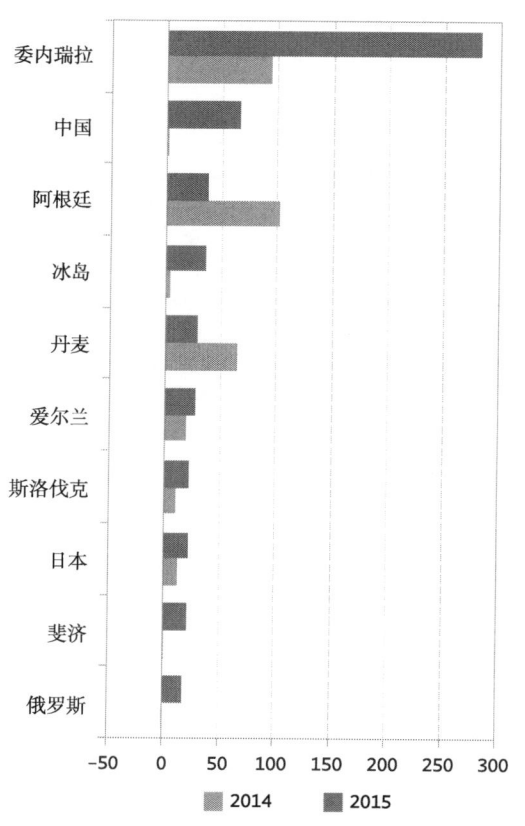

图 3.5a　全球证券市场前十名（股票指数年度百分比变化）

资料来源：International Monetary Fund. 2016. International Financial Statistics. http://elibrary-data.imf.org/（访问时间 2016 年 8 月）.

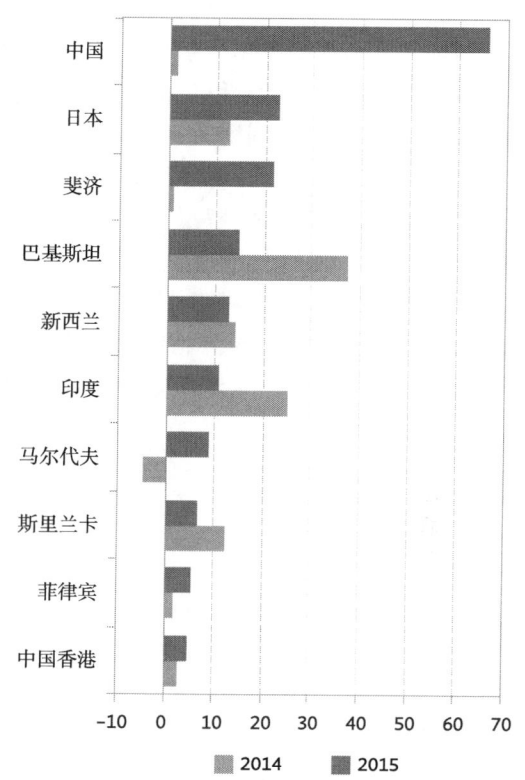

图 3.5b　亚太地区证券市场前十名（股票指数年度百分比变化）

资料来源：表 3.11。

2015 年，亚太地区仅有两种货币对美元升值，而 2014 年有八种。美国经济适度恢复，GDP 增长持续超过其他发达经济体。2015 年 12 月，美国联邦储备局期望已久的联邦基金利率的目标范围增长，使得美元对大部分亚太地区货币升值（图 3.6）。只有港币和拉菲亚（马尔代夫货币）是例外，它们分别略升了 0.03% 和 0.09%（这两种货币均实行与美元联系汇率制度）。

中亚和西亚的货币在 2015 年遭受了重大打击，这是由于石油价格暴跌、俄罗斯联邦经济萧条以及其他贸易伙伴经济体的经济疲软（ADB，2016）。2015 年，马纳特（阿塞拜疆货币）对美元贬值了 30.6%，拉里（格鲁吉亚货币）对美元贬值 28.5%，索莫尼（塔吉克斯坦货币）对美元贬值 24.8%。

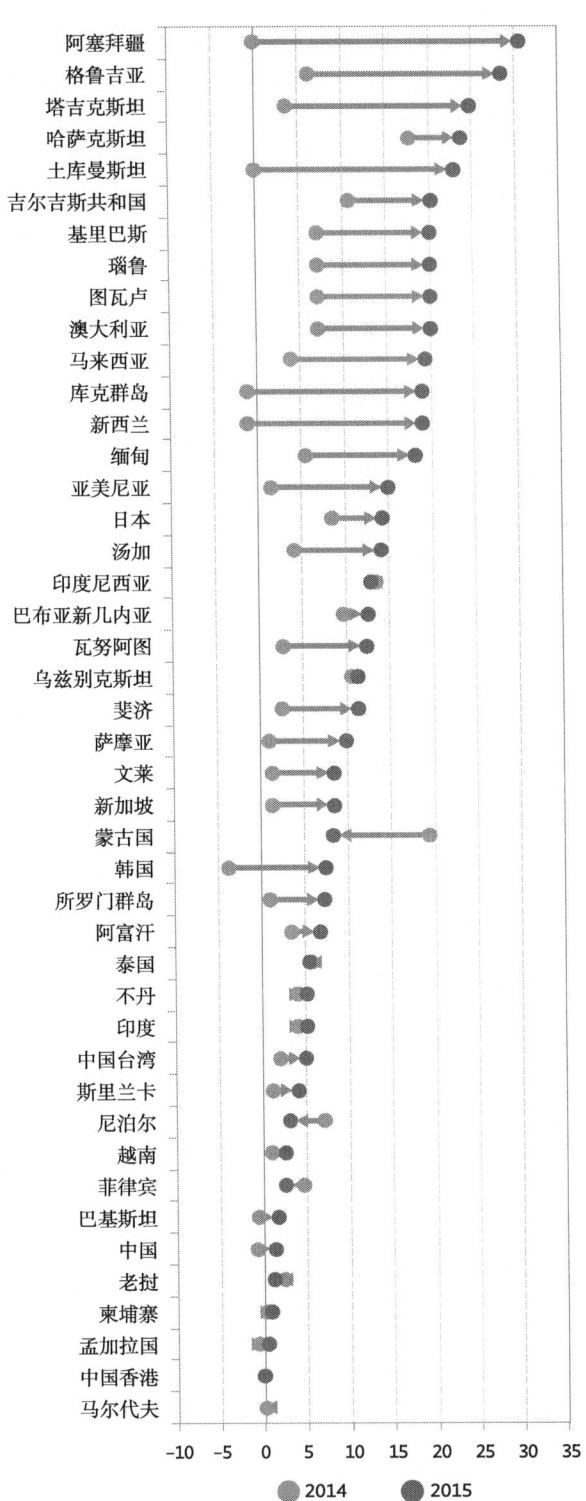

图 3.6　美元汇率（年度百分比变化）

资料来源：表 3.13。

专栏 3.1 消费者价格指数与生产者价格指数的差异

生产者价格指数（PPI）和消费者价格指数（CPI）是两种截然不同的衡量通货膨胀的方法，它们的目的也不相同。简而言之，PPI 衡量的是典型生产者的平均成本，通常被用于调整收入，以按实值计算产量增长。而 CPI 衡量的是典型消费者购买的商品和服务的平均成本，通常用于调整收入和支出，以解释生活费用时间性变化的原因。

每种价格指数都是基于不同的商品和服务组进行计算的（专栏图 3.1.1）。具体而言，PPI 是基于国内生产者售出的可销售产品进行计算，而 CPI 组包括普通个人消费的物品，包括进口的商品和服务。PPI 包括国内生产的半成品和中介服务，不包括进口商品和服务。

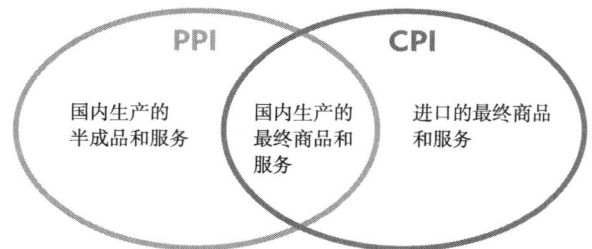

专栏图 3.1.1 生产者价格指数与消费者价格指数的概念差异

PPI 和 CPI 指数在计算中使用的价格类型也不相同。PPI 的计算基于生产者获得的收入；由于销售和消费税不代表生产者的收入，所以不包括在 PPI 的计算中。但是，销售和消费税包括在 CPI 的计算中，因为为商品和服务支付更高的价格使得它们直接影响消费者。除了税收，CPI 还隐含将商品从生产者运送至消费者的费用。此外，用以弥补批发商和零售商之间生意往来费用的加价也包括在 CPI 的计算中（McCormack，2013）。

PPI 和 CPI 的另一区别在于计算中的权重。具体而言，计算 PPI 使用的加权主要基于统计或机构/行业调查中报告的总产出。而 CPI 组所包括商品的加权是基于家庭支出调查中报告的商品对应的支出份额。这些统计和调查进行的时间也不同，可能会使得 PPI 和 CPI 的更新时间不同。例如，在有些国家，机构调查或统计比家庭支出调查更频繁，因此 PPI 数据更新更频繁。在有些国家，情况相反，使得 CPI 更新更频繁。

尽管由于组构成、权重、价格数据收集时间的标准技术不同，我们不应事先预料 PPI 和 CPI 会显示出同样的趋势，但是经验性证据表明，直至 20 世纪 90 年代后期前，这两个数据的变化都是一致的，直到 2000 年才分离（Han，Wei 和 Xie，即将发表）。就亚洲而言，一项进行中的研究（Han 等）表明，中国、韩国、印度、新加坡、泰国、菲律宾和马来西亚的通货膨胀预期显示了 CPI 数据向上移动而 PPI 预测值在下跌（专栏图 3.1.2）。全球价值链的概念提供了一个指导性的分析视角来了解 CPI 和 PPI 之间的差异如何愈加明显。20 世纪 90 年代以前，全球化尚不激烈，各经济体相对闭塞，企业通常在同一个地点完成整个生产过程。由于价值链集中在国内，生产者和消费者价格便会一前一后地变化。随着时间的变化，贸易自由化、运输成本下降以及其他技术进步重塑了企业在全球生产和销售产品的方式。全球价值链使企业有机会通过在成本相对低的地方安排生产的不同阶段，变得更加高效。现在，企业很少会在同一个地点完成全部的商品和服务生产过程。由于各生产步骤在不同的地点完成，使得进口的消费品和服务比重上升，计算 CPI 组与 PPI 组时的重合也减少了。原则上，这是 PPI 变化与 CPI 变化之间关联性减弱的原因之一。然而，基于这两个指数计算的通货膨胀趋势不同的问题对于一些国家来说仍是重大的政策关切点。如何解决这个问题一直是持续研究的主题。

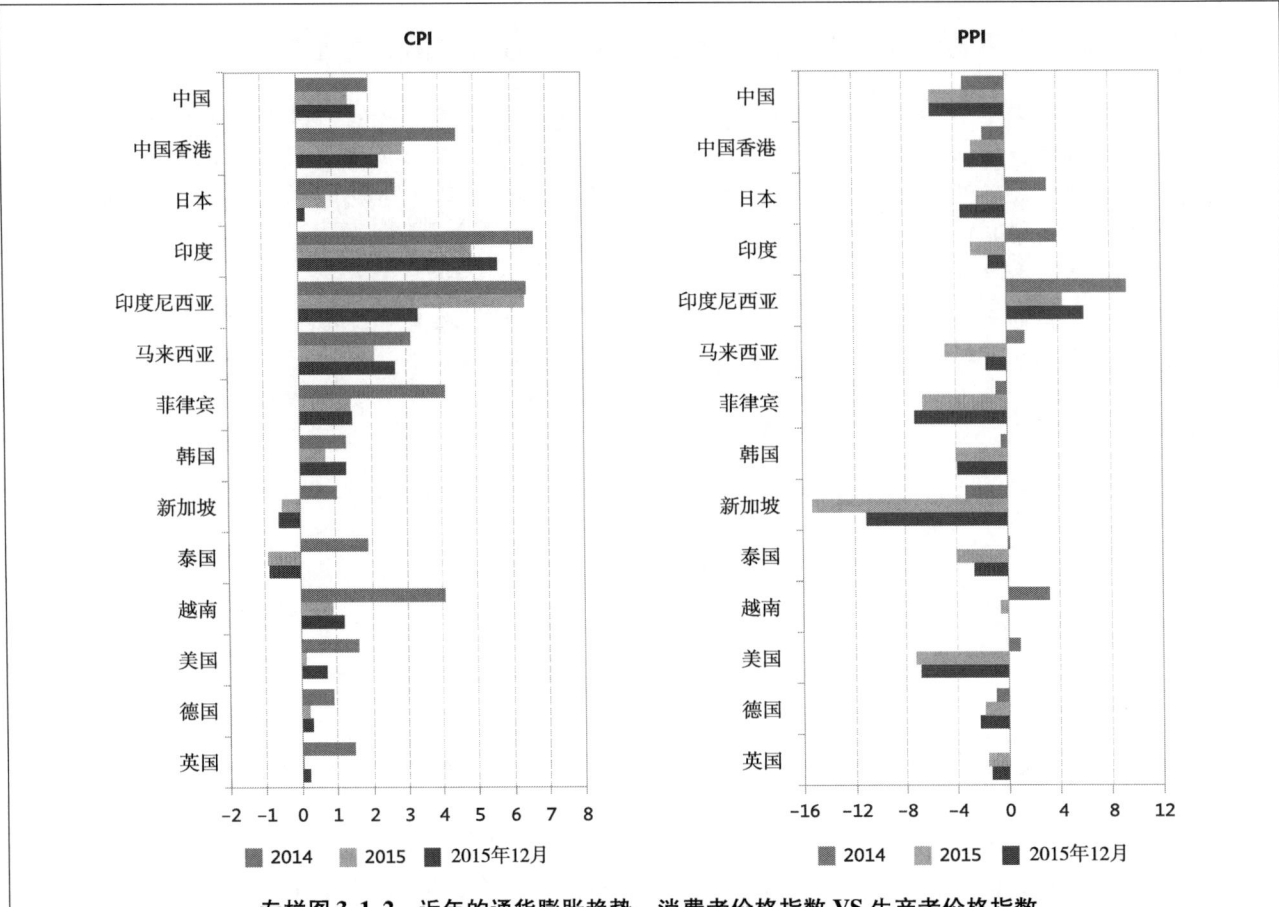

专栏图 3.1.2　近年的通货膨胀趋势，消费者价格指数 VS 生产者价格指数

资料来源：

Han, X., Wei, S. and Xie, Y. Forthcoming. Divergence between CPI and PPI as Inflation Gauges: The Role of Global Value Chains.

McCormack, K. 2013. How Does the Producer Price Index Differ from the Consumer Price Index? Ireland Central Statistics Offce, Information Notice. http://www.cso.ie/en/media/csoie/surveysandmethodologies/surveys/prices/documents/PPI_differ_CPI1.pdf.

数据问题和可比性

有些经济体需要符合货币和金融统计汇编方面的国际报告标准和分类,关于这一点,国际货币基金组织公布标准公告栏(Dissemination Standards Bulletin Board)有详细说明。

各经济体的 CPI 覆盖范围各不相同。有时,指数中的商品和服务组太过时,或仅能代表城市地区或首府城市。其他价格衡量方式,如批发价格指数和 PPI,在太平洋经济体中没有使用,建议这些经济体设法汇编此类指数。

大多数经济体的广义货币供应量与 M2 有关。但是,43 个有数据的经济体中有 12 个报告 M3。M3 比 M2 更为广泛,它还包括流动性较低的金融资产,从而对可比性造成限制。

各经济体汇编或衡量银行平均存贷利率的方法也不尽相同。有些经济体采用中央银行政策利率,有些采用商业银行利率。

参考文献

Asian Development Bank (ADB). 2016. *Asian Development Outlook 2016*. Manila.

Bank of Japan. Outline of Monetary Policy. https://www.boj.or.jp/en/mopo/outline/qqe.htm/

———. Purchases of ETFs and J-REITs. http://www3.boj.or.jp/market/en/menu_etf.htm

International Monetary Fund (IMF). 2016. *World Economic Outlook: Too Slow for Too Long*. Washington, D. C.

———. Dissemination Standards Bulletin Board. http://dsbb.imf.org/Pages/SDDS/StatMethod.aspx

United Nations Economic and Social Commission for Asia and the Pacific (ESCAP). 2016. *Economic and Social Survey of Asia and the Pacific 2015 (Year-End Update) Report*. Bangkok.

表 3.1 消费者价格指数的增长率[a]（%）

本地区成员经济体	2000	2005	2010	2011	2012	2013	2014	2015
发展中经济体								
中亚和西亚地区								
阿富汗	...	11.9	-4.5	13.7	8.4	6.4	4.9	3.8
亚美尼亚	-0.8	0.6	8.2	7.7	2.6	5.8	3.0	3.7
阿塞拜疆	1.5 (2001)	8.3 (2006)	5.7	7.8	1.1	2.4	1.4	4.0
格鲁吉亚	4.6	6.2	11.2	2.0	-1.4	2.4	2.0	4.9
哈萨克斯坦	13.2	7.6	7.1	8.3	5.1	5.8	6.7	6.6
吉尔吉斯共和国	18.7	4.3	8.0	16.6	2.8	6.6	7.5	6.5
巴基斯坦	3.6	9.2	10.1	13.7	11.0	7.4	8.6	4.5
塔吉克斯坦	60.6	7.1	9.8	9.3	6.4	3.7	7.4	5.1
土库曼斯坦	8.3	10.7	4.4	5.3	5.3	6.8	6.0	5.5
乌兹别克斯坦	24.9	7.8	7.6	7.3	7.2	7.0	6.4	5.5
东亚地区								
中国	0.4	1.8	3.3	5.4	2.6	2.6	2.0	1.4
中国香港	-3.7	0.8	2.3	5.3	4.1	4.4	4.5	3.0
韩国[b]	2.3	2.8	2.9	4.0	2.2	1.3	1.3	0.7
蒙古国	6.2 (2001)	4.8 (2006)	7.6 (2009)	8.9	14.0	12.5	10.5	...
中国台北	1.3	2.3	1.0	1.4	1.9	0.8	1.2	-0.3
南亚地区								
孟加拉国	2.8	6.5	7.3	10.9	8.7	6.8	7.3	6.4
不丹	4.0	5.3	7.0	8.8	10.9	8.8	8.3	4.5
印度	3.7	4.2	10.4	...	9.9	9.4	5.9	4.9
马尔代夫	-1.2	1.3	6.2	11.3	12.5	2.3	2.1	1.0
尼泊尔	3.3	4.5	9.6	9.6	8.3	9.9	9.1	7.2
斯里兰卡[c]	6.2	11.0	6.2	6.7	7.5	6.9	3.2	0.9
东南亚地区								
文莱	1.2	1.1	0.4	0.1	0.2	0.3	-0.2	-0.4
柬埔寨[c]	-0.8	5.8	4.0	5.4	2.9	2.9	3.9	1.2
印度尼西亚[d]	9.3	10.5	5.1	5.4	4.3	7.0	6.4	6.4
老挝	7.7 (2001)	7.2	6.0	7.6	4.3	6.4	4.1	1.3
马来西亚	1.5	2.9	1.7	3.2	1.6	2.1	3.2	2.1
缅甸	-0.2	9.4	7.7	5.0	1.5	5.5	5.5	10.8
菲律宾	6.7	6.5	3.8	4.6	3.2	3.0	4.1	1.4
新加坡	1.3	0.5	2.8	5.2	4.6	2.4	1.0	-0.5
泰国	1.6	4.5	3.3	3.8	3.0	2.2	1.9	-0.9
越南	-1.6	8.3	10.0	18.6	9.2	6.6	4.1	0.6
太平洋地区								
库克群岛	3.2	2.5	-0.3	2.2	3.0	1.9	2.1	1.9
斐济	1.1	2.3	3.7	7.3	3.4	2.9	0.6	1.4
基里巴斯[c]	0.4	-0.3	-3.9	1.5	-3.0	-1.5	2.1	0.6
马绍尔群岛[c]	0.9	3.5	1.8	5.4	4.3	1.9	1.1	-2.2
密克罗尼西亚联邦	1.8	4.1	3.7	4.1	4.0	2.2	0.7	-0.2
瑙鲁	2.3		-4.6	-0.8	-0.8	-2.1	...	...
帕劳	-1.7 (2001)	3.9	1.4	4.7	3.6	3.4	4.2	0.9
巴布亚新几内亚	15.6	1.8	6.0	4.4	4.6	5.0	5.2	6.0
萨摩亚	0.9	1.9	0.8	5.2	2.1	0.6	-0.5	0.7
所罗门群岛[c]	7.1	7.2	1.0	7.4	5.9	5.4	5.2	-0.6
东帝汶	...	1.5	9.2	15.4	4.4	...	0.7	0.6
汤加	6.3	8.7	3.6	6.3	1.1	0.8	2.5	-1.0
图瓦卢	1.5 (2001)	3.2	-1.9	0.5	1.4	2.0	1.1	3.3
瓦努阿图	2.5	0.8	2.9	1.0	1.4	1.4	0.6	1.0
发达经济体								
澳大利亚	2.4	2.4	2.3	3.1	2.3	2.3	2.7	1.7
日本	-0.7	-0.3	-0.7	-0.3	0.0	0.3	2.8	0.8
新西兰	2.6	3.0	2.3	4.0	1.1	1.1	1.2	0.3

... = 至截止日期未获得相关数据；0.0 = 数值不到所用计量单位的一半。

a 除非另有说明，数据指全国（或全地区）。

b 数据指所有城市。

c 数据指首都。

d 2000 年—2002 年，数据指 43 座城市的消费者价格指数；2003 年—2007 年，指 45 座城市；2008 年—2013 年，指 66 座城市；2014 年—2015 年，指 82 座城市。

资料来源：各经济体。

表 3.2 食品类消费者价格指数的增长率[a]（%）

本地区成员经济体	2000	2005	2010	2011	2012	2013	2014	2015
发展中经济体								
中亚和西亚地区								
阿富汗	...	9.1	-9.1	13.9	7.0	5.3	9.2	4.0
亚美尼亚	-2.2	0.7	8.6	11.2	2.3	5.8	2.2	3.0
阿塞拜疆	2.7 (2001)	11.9 (2006)	7.2	10.4	0.9	2.2	1.0	6.1
格鲁吉亚	7.5	8.3	23.1	0.6	-4.1	6.3	2.7	3.6
哈萨克斯坦	16.0	8.1	6.2	11.9	4.5	4.3	6.6	6.4
吉尔吉斯共和国	...	7.0	6.5	25.0	-4.1	5.3	8.2	3.7
巴基斯坦	2.2	12.5	12.9	18.0	11.0	7.1	9.0	3.3
塔吉克斯坦	66.3	8.3	13.4	10.3	5.6	3.2	9.7	4.3
土库曼斯坦	...	...	...	...	...	...	...	...
乌兹别克斯坦	18.9	6.7	4.8	3.5	5.1	4.9	3.9	2.8
东亚地区								
中国	1.7	-6.4	6.5	4.3	-6.2	-0.2	-1.5	-0.7
中国香港	-2.2	1.7	2.3	7.1	5.8	4.4	4.2	3.9
韩国[b]	1.1	3.1	6.6	8.1	4.0	0.9	0.3	1.7
蒙古国	...	12.8 (2007)	1.7 (2009)	...	...	...	...	...
中国台北	0.4	7.3	0.6	2.3	4.2	1.3	3.7	3.1
南亚地区								
孟加拉国	2.6	7.9	8.5	14.1	7.7	5.2	8.6	6.7
不丹	...	5.7	8.8	10.2	13.9	8.7	10.4	3.2
印度	1.6	4.2	10.0	...	11.2	11.9	6.5	5.1
马尔代夫	-4.7	8.0	7.5	19.9	20.9	4.3	0.7	0.5
尼泊尔	0.5	4.0	15.1	14.7	7.7	9.6	11.6	9.6
斯里兰卡[c]	4.5	11.4	6.9	8.8	4.7	7.9	3.7	4.9
东南亚地区								
文莱	–	0.5	1.0	-0.0	-0.0	0.1	-0.3	0.8
柬埔寨[c]	-3.4	8.4	4.4	6.6	3.2	3.0	4.9	4.0
印度尼西亚[d]	2.7	10.0	9.4	6.9	5.7	9.3	...	7.6
老挝	6.7 (2001)	7.7	7.7	10.2	5.5	12.0	6.9	4.4
马来西亚	2.1	3.7	2.5	4.8	2.7	3.6	3.4	3.6
缅甸	-2.6	9.3	7.2	3.9	-1.5	6.0	5.9	13.2
菲律宾	3.0	6.4	4.1	5.7	2.4	2.8	6.3	3.3
新加坡	0.5	1.3	1.4	3.0	2.3	2.1	2.9	1.9
泰国	-1.1	5.0	5.3	8.0	4.9	3.4	3.9	1.1
越南	-3.9	11.3	10.7	26.5	8.1	2.7	4.0	1.5
太平洋地区								
库克群岛	3.4	1.1	2.9	2.3	3.1	2.6	3.1	0.0
斐济	-3.2	1.7	4.1	10.6	4.3	3.5	1.9	4.7
基里巴斯	0.7	-4.8	-11.1	-0.8	-2.4	-0.6	...	...
马绍尔群岛[c]	-0.8	0.3	-1.5	4.7	4.9	2.6	2.0	2.5
密克罗尼西亚联邦	1.1	3.4	2.2	2.6	4.5	2.6	0.8	0.5
瑙鲁	...	...	...	...	...	...	...	...
帕劳	-2.4 (2001)	-1.5	1.8	4.8	4.4	3.2	1.5	1.7
巴布亚新几内亚	13.6	3.5	5.4	-1.0	-1.4	-0.9	4.9	4.8
萨摩亚	-0.1	0.3	-6.6	5.3	1.9	0.7	-3.4	3.4
所罗门群岛[c]	6.6	5.6	-2.6	4.8	4.4	2.6	3.1	-2.9
东帝汶	...	0.4	12.0	18.7	4.7	0.7	0.7	0.5
汤加	0.4	6.0	3.0	6.6	1.5	1.8	3.6	-1.3
图瓦卢	5.3 (2001)	5.5	-5.9	0.8	0.2	...	...	...
瓦努阿图	2.0	0.5	5.2	1.0	2.7	1.4	1.0	0.1
发达经济体								
澳大利亚	2.1	1.6	1.6	3.7	0.7	0.5	1.3	2.1
日本	-1.9	-0.9	-0.3	-0.4	0.1	-0.1	3.8	3.1
新西兰	1.4	1.6	1.3	4.9	-0.3	0.6	0.7	0.4

... = 至截止日期未获得相关数据；– = 数值等于零；0.0 = 数值不到所用计量单位的一半。

a 食品的包括范围各经济体有所不同。除非另有说明，数据指整个经济体。

b 指所有城市。

c 指首都。

d 2000 年—2002 年，数据指 43 座城市的消费者价格指数；2003 年—2007 年，指 45 座城市；2008 年—2013 年，指 66 座城市；2014 年—2015 年，指 82 座城市。

资料来源：各经济体；中国：CEIC 数据库（访问时间 2016 年 9 月）。

表 3.3 非食品类消费者价格指数的增长率[a]（%）

本地区成员经济体	2000	2005	2010	2011	2012	2013	2014	2015
发展中经济体								
中亚和西亚地区								
阿富汗	...	16.3	3.8	13.3	10.4	7.8	0.3	3.9
亚美尼亚	3.0	0.5	9.6	3.4	4.6	4.6	1.7	5.6
阿塞拜疆	0.2 (2001)	5.3 (2006)	2.3	2.6	1.0	0.8	3.2	3.8
格鲁吉亚	-0.8	3.6	5.0	1.0	-1.7	-1.6	0.7	6.4
哈萨克斯坦	11.5	6.3	6.4	5.4	4.3	3.1	6.9	8.1
吉尔吉斯共和国	...	3.7	11.4	10.7	10.1	7.4	6.9	10.1
巴基斯坦	4.3	7.5	8.5	11.0	11.0	7.6	7.4	5.0
塔吉克斯坦	44.2	2.7	5.5	7.2	6.7	6.1	2.9	7.8
土库曼斯坦	...	...	...	...	...	...	...	...
乌兹别克斯坦	36.6	6.9	5.3	8.3	4.9	5.5	7.6	6.3
东亚地区								
中国	...	...	...	...	...	...	...	...
中国香港	-4.1	0.5	2.2	4.6	3.4	4.3	4.6	2.6
韩国[b]	2.4	2.8	2.4	3.4	1.9	1.4	1.4	0.5
蒙古国	...	7.4 (2007)	12.5 (2009)	...	...	...	...	...
中国台北	1.6	0.5	1.1	1.1	1.1	0.6	0.3	-1.5
南亚地区								
孟加拉国	3.0	4.3	5.4	4.2	10.2	9.2	5.5	6.0
不丹	...	5.1	6.1	8.1	9.3	8.7	6.9	5.4
印度	7.2	4.6	11.2	...	8.8	7.3	5.4	4.7
马尔代夫	-0.2	-0.8	3.8	8.5	10.0	1.4	2.7	1.1
尼泊尔	6.9	5.1	4.9	5.4	9.0	10.0	6.8	5.2
斯里兰卡[c]	10.1	10.7	8.0	5.0	10.0	6.1	2.8	-2.5
东南亚地区								
文莱	...	...	...	0.1	0.3	0.3	–	...
柬埔寨[c]	1.2	3.9	3.8	4.5	2.7	2.0	2.7	...
印度尼西亚[d]	7.3	9.8	4.0	4.7	3.9	4.3	...	5.3
老挝	8.8 (2001)	6.7	4.2	6.1	2.8	2.3	1.8	-1.4
马来西亚	1.3	2.7	1.4	2.5	1.3	1.6	3.0	1.2
缅甸	...	9.4	8.8	7.3	7.4	4.6	4.8	6.3
菲律宾	9.3	6.8	3.7	4.1	3.7	2.1	2.3	0.4
新加坡	1.7	0.2	3.2	5.9	5.2	2.4	0.5	-1.2
泰国	3.2	4.3	2.1	1.3	1.9	1.5	0.8	-2.0
越南	-0.3 (2002)	5.6	9.1	13.3	8.4	4.6	2.9	-2.2
太平洋地区								
库克群岛	3.1	3.0	-1.6	2.1	2.9	1.5	1.7	2.7
斐济	3.7	2.7	3.5	6.0	3.0	2.7	-0.3	0.3
基里巴斯[c]	1.6	-1.9	2.8	4.8	-3.6	-2.3	...	...
马绍尔群岛[c]	3.1	5.4	3.7	5.7	4.0	1.4	0.6	-4.9
密克罗尼西亚联邦	2.5	4.7	3.0	5.1	8.0	2.5	0.9	-0.3
瑙鲁	...	...	...	...	...	...	...	...
帕劳	-1.6 (2001)	5.9	1.2	4.7	3.3	3.5	5.3	0.6
巴布亚新几内亚	17.0	0.6	6.5	7.8	8.0	8.0	5.4	6.6
萨摩亚	1.6	3.3	3.4	3.4	2.1	0.6	2.7	-1.8
所罗门群岛[c]	8.1	8.4	4.1	9.6	6.2	6.3	6.8	1.0
东帝汶	...	3.4	3.5	8.2	3.6	...	-0.1	1.5
汤加	11.5	10.9	4.0	6.0	0.9	-0.1	2.5	-4.5
图瓦卢	2.5 (1998)	...	...	...	...	...	...	...
瓦努阿图	...	...	...	...	...	...	...	...
发达经济体								
澳大利亚	0.6	2.1	2.1	2.6	2.6	2.6	2.8	1.6
日本	-0.3	-0.1	-0.8	-0.3	-0.0	0.4	2.5	-0.0
新西兰	2.9	3.4	2.5	3.9	1.3	1.3	1.4	0.3

... = 至截止日期未获得相关数据； – = 数值等于零；0.0 = 数值不到所用计量单位的一半。

a 食品的包括范围各经济体有所不同。除非另有说明，数据指整个经济体。

b 指所有城市。

c 指首都。

d 2000 年—2002 年，数据指 43 座城市的消费者价格指数；2003 年—2007 年，指 45 座城市；2008 年—2013 年，指 66 座城市；2014 年—2015 年，指 82 座城市。

资料来源：各经济体；亚行根据从官方渠道获得的消费者价格指数权重所做的估计。

表 3.4　批发价格指数和（或）生产者价格指数的增长率（%）

本地区成员经济体	2000	2005	2010	2011	2012	2013	2014	2015
发展中经济体								
中亚和西亚地区								
阿富汗	...	...	...	...	...	...	...	...
亚美尼亚	0.8	7.7	22.6	9.1	7.0	4.7	8.5	-0.8
阿塞拜疆	3.3 (2001)	17.3	30.5	33.5	4.5	-3.9	-5.1	-30.6
格鲁吉亚	5.8	7.4	11.4	12.8	1.6	-1.9	2.8	7.4
哈萨克斯坦	38.0	23.7	25.2	27.2	3.5	-0.3	9.5	-20.5
吉尔吉斯共和国	8.0 (1998)	...	22.8	22.0	5.3	-2.1	1.4	8.7
巴基斯坦	1.8	6.7	13.8	21.2	10.4	7.3	8.2	-0.3
塔吉克斯坦	39.2	10.4	27.2	15.5	6.1	2.1	4.7	3.0
土库曼斯坦	...	...	...	...	...	...	...	...
乌兹别克斯坦	60.9	25.6	15.6	19.6	14.5	11.7	13.6	13.5
东亚地区								
中国	2.8	4.9	5.5	6.0	-1.7	-1.9	-1.9	-5.2
中国香港	0.2	0.8	6.0	8.3	0.1	-3.1	-1.7	-2.7
韩国	2.1	2.1	3.8	6.7	0.7	-1.6	-0.5	-4.0
蒙古国	...	...	...	...	...	...	...	...
中国台北	1.8	0.6	5.5	4.3	-1.2	-2.4	-0.6	-8.8
南亚地区								
孟加拉国 a	-0.4	3.4	...	...	...	...	...	...
不丹	...	...	...	...	...	...	...	...
印度	7.2	4.5	9.6	8.9	7.4	6.0	2.0	-2.5
马尔代夫	-2.4 (2002)	4.6	3.9	...	...	0.3	2.1	-2.4
尼泊尔	1.4 (2001)	7.3	12.6	9.9	6.4	9.0	8.3	6.1
斯里兰卡	1.7	11.5	2.6	19.9	3.5	9.2	3.2	1.0
东南亚地区								
文莱	...	...	...	...	...	...	...	...
柬埔寨	...	...	...	...	...	...	...	...
印度尼西亚 b	12.5	15.3	4.9	7.5	3.8	5.0	5.4	4.2
老挝	...	...	...	...	...	...	...	...
马来西亚	3.1	5.8	5.6	9.6	0.1	-1.7	1.4	-4.8
缅甸	...	...	...	...	...	...	...	...
菲律宾	5.8	11.4	5.9	8.7	1.1	1.6	2.7	-3.9
新加坡	10.1	9.6	4.7	8.4	0.5	-2.7	-3.3	-15.3
泰国	3.8	9.2	9.4	5.5	1.0	0.3	0.1	-4.1
越南	-0.2	4.4	12.6	18.4	3.4	5.2	3.3	-0.6
太平洋地区								
库克群岛	...	...	...	...	...	...	...	...
斐济	...	...	...	...	...	...	...	...
基里巴斯	...	...	...	...	...	...	...	...
马绍尔群岛	...	...	...	...	...	...	...	...
密克罗尼西亚联邦	...	...	...	...	...	...	...	...
瑙鲁	...	...	...	...	...	...	...	...
帕劳	...	...	...	...	...	...	...	...
巴布亚新几内亚	...	...	...	...	...	...	...	...
萨摩亚	...	...	...	...	...	...	...	...
所罗门群岛	...	...	...	...	...	...	...	...
东帝汶	...	...	...	...	...	...	...	...
汤加	...	...	...	...	...	...	...	...
图瓦卢	...	...	...	...	...	...	...	...
瓦努阿图	...	...	...	...	...	...	...	...
发达经济体								
澳大利亚	2.6	3.6	-0.1	2.8	2.0	1.2	2.1	1.0
日本	0.0	1.6	-0.1	1.5	-0.9	1.3	1.1	-3.0
新西兰	5.2	3.4	2.7	4.7	1.0	0.9	1.1	-1.3

... = 至截止日期未获得相关数据；0.0 = 数值不到所用计量单位的一半。

a 仅指农业和工业产品。

b 对 2013 年批发价格指数变化的估计，通过将 2013 年 1—10 月和 2012 年的数据变基为 2005 年而获得。

资料来源：各经济体。

表 3.5　国内生产总值平减物价指数的增长率（%）

本地区成员经济体	2000	2005	2010	2011	2012	2013	2014	2015
发展中经济体								
中亚和西亚地区								
阿富汗	9.8 (2003)	11.6	14.3	10.4	9.3	3.5	-1.1	5.0
亚美尼亚	-1.4	3.2	7.8	4.3	5.4	3.4	2.3	1.2
阿塞拜疆	12.5	16.1	13.6	22.5	2.9	-0.4	-1.3	-8.9
格鲁吉亚	8.4 (2004)	7.9	8.5	9.5	1.1	-0.8	3.8	5.8
哈萨克斯坦	17.4	17.9	19.6	19.1	4.7	8.9	5.6	-0.9
吉尔吉斯共和国	27.2	7.1	10.0	22.5	8.7	3.2	8.4	2.2
巴基斯坦	2.7	7.0	10.9	19.6	6.0	7.0	6.9	3.6
塔吉克斯坦	22.7	9.5	12.4	18.8	11.8	4.3	5.5	0.2
土库曼斯坦	21.3	7.0	0.3	12.8	8.3	1.2	0.6	-4.9
乌兹别克斯坦	47.1	21.4	16.5	16.6	15.0	14.3	12.0	8.6
东亚地区								
中国	2.0	3.8	6.7	8.1	2.4	2.2	0.8	...
中国香港	-3.4	-0.1	0.3	3.8	3.6	1.8	2.9	3.6
韩国	1.1	1.0	3.2	1.6	1.0	0.9	0.6	2.2
蒙古国	12.0	20.1	...	15.1	12.8	2.9	7.4	1.9
中国台北	-0.9	-1.5	-1.5	-2.3	0.5	1.5	1.7	3.0
南亚地区								
孟加拉国	1.9	5.1	7.1	7.9	8.2	7.2	5.7	5.9
不丹	3.7	5.9	6.0	8.6	9.2	5.9	7.6	...
印度	3.6	4.2	9.0	8.5	7.9	6.2	3.3	1.1
马尔代夫	2.1	1.4	0.9	10.6	5.5	6.0	3.0	8.5
尼泊尔	4.7	5.8	14.4	11.0	6.6	6.1	9.0	5.2
斯里兰卡	6.7	10.4	...	3.8	10.8	6.2	3.9	2.1
东南亚地区								
文莱	29.0	18.8	5.3	20.2	1.2	-2.8	-1.9	-17.6
柬埔寨	-3.1	6.1	3.1	3.4	1.3	1.0	3.1	1.2
印度尼西亚	9.6	14.3	8.2	7.5	3.8	5.0	5.4	4.2
老挝	21.8	7.8	3.1	7.6	4.1	7.7	4.0	1.2
马来西亚	4.9	4.6	4.1	5.4	1.0	0.2	2.5	-0.4
缅甸	2.5	19.2	7.0	10.3	3.1	4.4	4.2	3.9
菲律宾	5.7	5.8	4.2	4.0	2.0	2.1	3.2	-0.6
新加坡	3.6	2.1	-0.0	1.1	0.7	-0.7	0.0	1.6
泰国	1.3	4.8	4.7	3.7	1.9	1.6	1.0	0.3
越南	3.4	9.0	12.1	21.3	10.9	4.8	3.7	-0.2
太平洋地区								
库克群岛	2.2	-2.6	6.2	1.4	-1.7	0.0	-2.0	4.2
斐济	-2.4	7.1	2.5	3.8	3.3	2.3	5.1	...
基里巴斯	3.2	0.6	1.5	2.3	0.5	0.9	4.0	...
马绍尔群岛	-3.0	2.0	1.4	3.1	3.3	0.8	-3.2	-2.6
密克罗尼西亚联邦	1.1	2.1	2.5	3.7	6.7	-0.1	3.1	-4.5
瑙鲁	...	1.6	-18.4	7.0	16.4	...	...	...
帕劳	2.6 (2001)	8.7	-4.8	4.4	4.1	7.8	4.0	6.6
巴布亚新几内亚	13.1	7.9	9.2	6.5	0.1	3.3	...	...
萨摩亚	1.1	5.1	2.0	4.4	2.9	0.8	1.5	0.4
所罗门群岛	6.9	8.8	1.8	4.8	4.2	6.8	1.9	4.0
东帝汶	-40.1	9.6	27.5	26.4	11.8	-5.0	2.5	...
汤加	7.4	6.7	3.7	5.8	2.2	0.6	1.1	-0.1
图瓦卢	5.9 (2001)	1.5	2.6	1.3	0.9	1.8	2.7	0.7
瓦努阿图	2.4	0.4	2.6	3.1	0.4	2.7	2.0	...
发达经济体								
澳大利亚	2.6	3.8	1.0	6.1	2.1	-0.2	1.4	-0.6
日本	-1.2	-1.3	-2.2	-1.9	-0.9	-0.6	1.7	2.0
新西兰	3.0	2.1	3.7	2.1	-0.5	4.4	0.5	0.7

... = 至截止日期未获得相关数据；-0.0 或 0.0 = 数值不到所用计量单位的一半。

资料来源：各经济体。

表 3.6　货币供应量（M2）的增长率（%）

本地区成员经济体	2000	2005	2010	2011	2012	2013	2014	2015
发展中经济体								
中亚和西亚地区								
阿富汗	31.5 (2003)	44.6	23.1	14.3	6.4	9.4	8.3	3.3
亚美尼亚	36.5	27.7	11.8	23.7	19.5	14.8	8.3	0.1
阿塞拜疆[a]	86.7	22.3	24.3	32.1	20.7	15.0	11.8	-1.3
格鲁吉亚[a]	39.6	27.9	30.1	14.5	11.4	24.5	13.8	19.3
哈萨克斯坦[a]	45.0	25.2	13.3	15.0	7.9	10.2	10.5	34.3
吉尔吉斯共和国	12.1	9.9	21.1	14.9	23.8	22.8	3.0	14.9
巴基斯坦	9.4	19.8	13.0	16.8	13.4	16.6	12.8	12.7
塔吉克斯坦	57.3	36.3	18.6	33.1	19.6	19.7	7.1	18.7
土库曼斯坦[a]	94.6	5.6	74.2	52.1	32.8	21.3	12.7	16.0
乌兹别克斯坦	37.1	54.2	52.4	32.3	29.2	22.5	15.8	17.5
东亚地区								
中国	12.3	16.5	19.7	17.3	14.4	13.6	11.0	13.3
中国香港	7.8	5.1	8.1	12.9	11.1	12.4	9.5	5.5
韩国	5.2	7.0	6.0	5.5	4.8	4.6	8.1	8.2
蒙古国	17.6	34.6	62.5	37.0	18.7	24.2	12.5	-5.5
中国台北	6.5	6.6	5.5	4.8	3.5	5.8	6.1	5.8
南亚地区								
孟加拉国	18.6	16.7	22.4	21.3	17.4	16.7	16.1	12.4
不丹	16.1	10.7	30.1	20.2	-0.2	18.6	6.6	7.8
印度[a]	16.8	17.0	16.1	13.5	13.6	13.4	10.9	10.5
马尔代夫	4.2	10.6	14.6	20.0	4.9	18.4	14.7	13.7
尼泊尔	21.8	8.3	14.1	28.0	22.7	16.4	19.1	19.9
斯里兰卡	12.9	19.1	18.0	20.9	18.3	18.0	13.1	17.2
东南亚地区								
文莱	25.9	-4.5	4.8	10.0	0.9	2.2	2.5	-1.8
柬埔寨	26.9	16.1	20.0	21.4	20.9	14.6	29.9	14.7
印度尼西亚	14.3	16.3	15.4	16.4	15.0	12.8	11.9	8.9
老挝	45.9	8.2	39.5	28.7	31.0	17.0	25.2	14.7
马来西亚[a]	5.1	8.3	6.8	14.3	9.0	7.3	7.0	2.6
缅甸	42.2	27.3	42.6	42.5	16.2	24.8	26.2	32.9
菲律宾	4.8	16.4	10.4	7.0	9.4	33.5	10.5	9.1
新加坡	-2.0	6.2	8.6	10.0	7.2	4.3	3.3	1.5
泰国	3.7	6.1	10.9	15.1	10.4	7.3	4.7	4.4
越南	56.2	29.7	33.3	12.1	18.5	18.8	17.7	16.2
太平洋地区								
库克群岛	4.8	-5.2	-2.8	-13.4	19.2	-25.6	3.0	9.6
斐济	-2.1	15.2	3.5	11.0	6.3	19.0	10.4	14.0
基里巴斯	...	...	...	...	...	...	...	...
马绍尔群岛	18.4	1.4	9.5	-1.2	-9.9	-10.1	38.7	25.6
密克罗尼西亚联邦	...	...	...	...	...	...	...	...
瑙鲁	...	...	...	...	...	...	...	...
帕劳	...	...	...	...	...	...	...	...
巴布亚新几内亚[a]	5.4	29.5	11.4	16.1	11.0	6.7	3.4	8.0
萨摩亚	16.4	19.1	6.4	-6.1	-1.6	6.4	9.6	6.0
所罗门群岛	0.4	46.1	13.3	25.8	17.4	12.4	5.5	15.0
东帝汶	155.5 (2001)	17.6	18.2	9.3	26.2	22.9	19.9	7.1
汤加	8.3	12.1	5.1	2.7	-1.6	7.0	8.0	2.4
图瓦卢	...	...	...	...	...	...	...	...
瓦努阿图	5.5	11.6	-6.0	1.3	-0.6	-5.6	8.5	11.4
发达经济体								
澳大利亚[a]	7.3	8.9	4.5	9.1	9.1	6.5	7.0	6.9
日本[b]	1.9	0.4	1.9	2.6	2.2	3.4	2.8	2.5
新西兰[a]	6.5	7.8	3.2	6.5	6.0	5.0	6.3	8.1

... = 至截止日期未获得相关数据。

a 指 M3。

b 2000 年的数据指 M2，其他指 M3。

资料来源：各经济体。

表 3.7 货币供应量（M2）（占 GDP 的百分比）

本地区成员经济体	2000	2005	2010	2011	2012	2013	2014	2015
发展中经济体								
中亚和西亚地区								
阿富汗	11.0 (2002)	17.9	37.3	35.5	31.2	31.0	33.2	33.5
亚美尼亚	14.7	16.3	26.3	29.8	31.6	33.9	34.7	36.9
阿塞拜疆	16.6	14.7	24.8	26.7	30.6	33.2	36.6	39.2
格鲁吉亚[a]	10.1	16.9	29.9	29.2	30.2	36.7	38.3	42.1
哈萨克斯坦[a]	15.3	27.2	38.9	33.2	32.7	31.3	31.4	42.1
吉尔吉斯共和国	11.3	21.1	31.4	27.8	31.7	34.0	31.1	33.8
巴基斯坦	36.6	45.6	37.7	35.8	37.0	38.7	39.0	40.2
塔吉克斯坦	8.2	15.5	18.1	19.7	19.6	21.0	19.9	22.3
土库曼斯坦[a]	19.4	10.5	17.6	20.3	22.4	24.4	24.7	28.3
乌兹别克斯坦	12.2	14.4	22.4	23.5	24.4	24.2	23.2	23.2
东亚地区								
中国	134.9	159.3	177.5	175.9	182.4	188.2	193.2	205.7
中国香港	272.9	310.1	401.7	416.5	439.4	470.4	487.6	484.7
韩国	111.4	111.1	131.2	131.4	133.3	134.4	139.8	144.2
蒙古国	21.1	37.5	48.0	48.7	45.6	49.3	47.9	43.4
中国台北	182.6	201.9	219.2	226.7	228.6	233.2	234.2	239.0
南亚地区								
孟加拉国	31.5	40.9	45.5	48.1	49.0	50.3	52.1	52.0
不丹	50.8	50.9	57.6	59.1	51.4	56.4	53.0	52.2
印度[a]	60.3	73.6	83.6	84.5	84.3	84.4	84.5	85.8
马尔代夫	41.1	47.0	53.4	53.3	51.7	55.1	57.6	59.5
尼泊尔	49.0	51.0	60.3	67.4	74.0	77.6	79.7	88.6
斯里兰卡	37.6	41.7	28.3	30.4	29.7	31.9	33.1	36.3
东南亚地区								
文莱	93.6	57.8	67.3	59.4	58.7	63.0	67.4	80.8
柬埔寨	13.0	19.5	41.4	45.4	50.5	53.3	62.7	66.5
印度尼西亚	53.2	43.4	36.0	36.7	38.4	39.1	39.5	39.4
老挝	17.4	18.7	38.0	42.1	49.1	49.4	55.3	59.8
马来西亚[a]	128.6	123.8	132.2	136.2	139.3	142.5	140.4	137.7
缅甸	32.7	21.6	23.6	28.9	30.3	33.4	37.5	44.7
菲律宾	39.7	41.2	47.6	47.2	47.5	58.0	58.5	60.6
新加坡	103.4	103.6	125.0	128.1	131.5	132.0	132.0	129.3
泰国	99.3	104.1	109.0	120.0	121.2	124.5	128.0	129.7
越南	50.5	75.6	129.3	112.4	114.1	122.8	131.5	143.6
太平洋地区								
库克群岛	42.0	44.0	62.6	53.0	61.4	46.3	45.8	46.0
斐济[a]	42.4	58.9	67.6	66.9	67.0	74.1	73.9	78.9
基里巴斯	...	...	...	...	...	...	...	...
马绍尔群岛	64.8	69.3	81.1	76.4	64.3	55.9	80.9	103.7
密克罗尼西亚联邦	...	...	...	...	...	...	...	...
瑙鲁	...	...	...	...	...	...	...	...
帕劳	...	...	...	...	...	...	...	...
巴布亚新几内亚[a]	31.2	33.6	34.1	35.9	38.3	38.1	...	...
萨摩亚	38.2	42.4	52.1	46.0	44.6	46.8	42.6	43.8
所罗门群岛[a]	31.7	40.5	44.0	47.2	50.1	51.0	50.5	50.7
东帝汶	4.5	4.1	6.9	5.4	6.0	8.9	14.4	...
汤加	29.2	39.0	40.9	38.6	36.8	40.4	38.1	41.9
图瓦卢	...	...	...	...	...	...	...	...
瓦努阿图	89.7	98.6	83.3	80.8	78.6	70.9	73.7	...
发达经济体								
澳大利亚	65.4	73.6	94.8	95.1	98.2	102.3	105.2	110.6
日本[b]	127.5	206.7	226.9	238.2	241.6	247.9	250.8	250.8
新西兰	87.8	98.7	110.5	112.2	116.3	115.3	118.2	123.1

... = 至截止日期未获得相关数据；GDP = 国内生产总值。

a 指 M3。

b 2000 年的数据指 M2，其他指 M3。

资料来源：各经济体。

表 3.8 储蓄和定期存款的利率（每年百分比，长期平均值）

本地区成员经济体	储蓄存款 2000	2005	2010	2015	定期存款[a] 2000	2005	2010	2015
发展中经济体								
中亚和西亚地区								
阿富汗	...	...	...	...	...	...	...	...
亚美尼亚					20.72	6.66	10.70	15.37
阿塞拜疆[b]					10.40	9.38	10.70	8.22
格鲁吉亚	...	...	...	...				
哈萨克斯坦	...	...	...	...	7.53	10.29	9.84	7.50
吉尔吉斯共和国					28.07	9.78	11.47	10.65
巴基斯坦	5.75	1.24	5.02	4.69	7.37	4.21	7.21	5.88
塔吉克斯坦[c]	5.28 (2002)	3.63	3.83	0.94	14.84 (2002)	20.16	17.78	15.57
土库曼斯坦	...	...	...	...	...	...	...	...
乌兹别克斯坦	...	...	...	...	...	...	...	...
东亚地区								
中国	0.99	0.72	0.36	0.35	2.25	2.25	2.33	2.06
中国香港	4.50	0.97	0.01	0.01	5.40	1.73	0.16	0.14
韩国	7.08	3.57	3.18	1.72	7.94	3.72	3.86	1.81
蒙古国	7.20	7.80	3.20	2.90	13.80	12.60	10.70	13.30
中国台北	3.50	0.55	0.24	0.31	4.98	1.77	1.03	1.32
南亚地区								
孟加拉国	5.81	4.19	4.88	4.50	8.97	8.31	9.00	9.00
不丹[d]	6.00	4.50	4.75	5.30	9.50	6.50	6.75	6.75
印度	4.00	3.50	3.50	4.00	7.10	5.32	7.50	7.80
马尔代夫	5.50	2.25	2.25	2.20	6.50	4.50	3.75	3.94
尼泊尔	5.25	3.38	7.00	2.91	6.88	3.63	8.13	6.52
斯里兰卡	8.40	5.00	5.00	5.00	15.00	9.00	8.50	7.25
东南亚地区								
文莱	1.13 (2003)	1.01	0.47	0.34	1.69 (2003)	1.63	0.82	0.74
柬埔寨	6.13	2.08	1.18	1.45	7.20	6.83	6.58	6.73
印度尼西亚	8.86	4.32	3.92	1.73	12.17	10.95	7.88	8.47
老挝	...	...	...	...	...	...	...	...
马来西亚	2.72	1.41	0.94	1.06	4.24	3.70	2.81	3.31
缅甸	...	...	...	...	...	...	...	...
菲律宾[e]	7.40	3.80	1.60	0.71	10.50	6.00	2.07	3.13
新加坡	1.28	0.26	0.13	0.14	2.42	0.86	0.45	0.34
泰国	2.50	1.88	0.50	0.47	3.50	3.00	1.55	1.40
越南	0.20	3.00	3.00		6.24	8.40	11.50	...
太平洋地区								
库克群岛	...	...	...	...	...	...	...	...
斐济	...	...	...	...	...	...	...	...
基里巴斯	...	...	...	...	...	...	...	...
马绍尔群岛	...	...	...	...	...	...	...	...
密克罗尼西亚联邦	...	...	...	...	...	...	...	...
瑙鲁	...	...	...	...	...	...	...	...
帕劳	...	...	...	...	...	...	...	...
巴布亚新几内亚	3.88	1.80	1.00	0.32 (2013)	9.38	1.30	4.80	2.02 (2013)
萨摩亚	3.00	2.75	0.88	1.00	7.35	6.38	2.25	2.90
所罗门群岛	...	...	...	...	...	...	...	...
东帝汶[e]	0.20 (2002)	0.75	0.75	0.75	- (2002)	1.28	1.33	1.01
汤加[b,f]	3.15	3.36	1.51	2.46	4.22	5.60	3.60	2.95
图瓦卢	...	...	...	...	...	...	...	...
瓦努阿图	...	...	...	...	...	...	...	...
发达经济体								
澳大利亚	5.10 (2004)	5.40	4.50	1.95	5.90	4.55	6.00	2.45
日本[e,g]	0.09	0.01	0.04	0.02	0.24	0.03	0.10	0.06
新西兰[b]	...	...	...	...	6.49	6.90	4.72	3.31

... = 至截止日期未获得相关数据。

a 指超过12个月的定期存款利率，除非另有说明。

b 数字由6个月定期存款每月利率的简单平均数导出。

c 适用于12个月的定期存款。

d 适用于1年以上、3年以下的定期存款。

e 指超过1年的计息存款到期收取的利率。

f 数据为加权平均数。

g 指12个月以上、2年以下的定期存款。按照每月数字的算术平均数计算。

资料来源：各经济体；中国：CEIC 数据库（访问时间 2016 年 10 月 10 日）。

表 3.9 短期国库券收益率与借贷率（每年百分比，长期平均值）

本地区成员经济体	短期国库券收益率[a]				借款利率			
	2000	2005	2010	2015	2000	2005	2010	2015
发展中经济体								
中亚和西亚地区								
阿富汗	...	...	...	...	...	18.0 (2006)	15.7	15.0
亚美尼亚	24.4	4.1	10.6	12.9	31.6	18.0	19.2	17.6
阿塞拜疆	16.7	7.5	1.8	1.9 (2014)	19.7	17.0	20.7	17.5
格鲁吉亚	...	11.6	9.6	8.8	24.7	17.6	15.8	12.5
哈萨克斯坦	6.6	3.3	...	...	...	...	...	...
吉尔吉斯共和国	70.7	6.8	11.1	13.5	51.9	26.6	23.1	24.2
巴基斯坦[b]	8.4	7.2	12.5	7.1	...	...	...	...
塔吉克斯坦[c]	...	...	6.7	0.4 (2014)	25.6	23.3	23.4	25.8
土库曼斯坦	...	...	...	...	...	...	...	...
乌兹别克斯坦	...	...	...	...	...	...	...	...
东亚地区								
中国[d]	2.6	1.9	2.6	4.8 (2014)	5.9	5.6	5.8	4.4
中国香港	5.7	3.7	0.3	0.0	9.5	7.8	5.0	5.0
韩国[e]	7.1	3.6	2.7	1.8	8.5	5.6	5.5	3.5
蒙古国	...	13.7	...	...	37.0	30.6	20.1	19.6
中国台北[f]	...	1.3	0.3	0.4	7.7	3.8	2.7	2.8
南亚地区								
孟加拉国	6.3	6.7	2.2	5.4	12.8	10.6	12.2	11.7
不丹[g]	7.3	3.5	2.0	0.1	16.0	14.0	14.0	13.8
印度	9.0	5.7	6.2	7.4	12.3	10.8	8.3	10.0
马尔代夫[h]	...	...	4.9	6.8	13.0	13.0	10.4	11.1
尼泊尔	5.3	2.2	6.8	0.5	9.5	8.1	8.0	...
斯里兰卡	14.0	9.0	8.6	6.7	16.2	10.8	10.2	7.0
东南亚地区								
文莱	...	...	...	...	5.5	5.5	5.5	5.5
柬埔寨	...	...	...	...	...	...	...	...
印度尼西亚	...	...	...	...	18.5	14.1	13.3	12.7
老挝[i]	29.9	18.6	8.0	...	32.0	26.8	22.6	...
马来西亚	2.9	2.5	2.6	3.1	7.7	6.0	5.0	4.6
缅甸	...	...	...	...	15.3	15.0	17.0	13.0
菲律宾	9.9	6.1	3.5	1.7	10.9	10.2	7.7	5.6
新加坡	2.2	2.1	0.3	0.3 (2012)	5.8	5.3	5.4	5.4
泰国[j]	...	2.7	1.4	1.6	7.8	5.8	5.9	6.6
越南[k]	5.4	6.1	11.1	4.2	10.6	11.0	13.1	7.1
太平洋地区								
库克群岛	...	...	...	...	...	...	...	...
斐济	3.5	1.9	3.4	1.2	8.4	6.8	7.5	5.8
基里巴斯	...	...	...	...	...	...	...	...
马绍尔群岛	...	...	...	...	15.3	16.4	15.1	15.9
密克罗尼西亚联邦	...	...	...	...	...	...	...	...
瑙鲁	...	...	...	...	...	...	...	...
帕劳	...	...	...	...	...	...	...	...
巴布亚新几内亚[l]	17.0	3.8	4.6	5.3	17.5	11.5	10.4	8.7
萨摩亚	...	...	...	...	11.4 (2002)	11.4	10.7	9.4
所罗门群岛	7.0	4.5	3.7	0.5	14.6	14.1	14.4	10.5
东帝汶	...	...	...	...	16.7 (2003)	16.7	11.0	13.5
汤加	...	...	...	...	11.3	11.4	11.5	8.3
图瓦卢	...	...	...	...	...	...	...	...
瓦努阿图	...	...	...	...	9.9	7.5	5.5	3.6
发达经济体								
澳大利亚[m]	6.0	...	4.4	3.5 (2012)	9.3	9.1	7.3	5.6
日本	0.7	0.0	0.1	-0.0	2.1	1.7	1.6	1.2 (2014)
新西兰[n]	6.4	6.5	2.8	3.0	7.8	7.8	6.3	5.8

... = 至截止日期未获得相关数据；0.0 = 数值不到所用计量单位的一半。

a 指 3 个月期国债券，除非另有说明。
b 指 6 个月期国库证券收益率的加权平均数。
c 指 91 天期国债券。
d 指 3 个月期国债交易利率。
e 指 91 天存款单。
f 指基本借贷利率，但 2003 年前的数字为优惠借贷利率。
g 为 3 月结束的财年的数字。
h 指 28 天期国债券利率。
i 指 6 月期国债券的加权平均拍卖利率。
j 指政府发行的担保证券。
k 指 360 天期债券的平均每月拍卖收益率。
l 指 182 天期国债利率。
m 指 90 天银行承兑汇票。
n 指融资票据贴现率。

资料来源：International Monetary Fund. International Financial Statistics Online. http：//data. imf. org/regular. aspx？key = 60998122（访问时间 2016 年 8 月）；World Bank. World Development Indicators Online. http：//data. worldbank. org/indicator/FR. INR. LEND（访问时间 2016 年 8 月）；Organisation for Economic Cooperation and Development. Main Economic Indicators. http：//dx. doi. org/10. 1787/data－00043－en（访问时间 2016 年 8 月）；各经济体。

表 3.10　银行提供的国内信贷与银行不良贷款

本地区成员经济体	银行提供的国内信贷总额[a]（占GDP百分比）				银行不良贷款（占总贷款额百分比）			
	2000	2005	2010	2015	2000	2005	2010	2015
发展中经济体								
中亚和西亚地区								
阿富汗	...	-4.8 (2006)	4.2	0.4	...	...	49.9	12.3
亚美尼亚[b]	11.5	8.8	27.8	48.2	17.5	1.9	3.0	7.9
阿塞拜疆	9.6	11.2	23.0	35.4	28.0 (2001)	7.2	4.7	4.9
格鲁吉亚[c]	21.5	21.5	33.2	52.6	11.6 (2001)	1.2	5.9	2.7
哈萨克斯坦[d]	12.3	39.0	45.4	44.9	11.9 (2002)	3.3	20.7	8.0
吉尔吉斯共和国[e]	12.2	13.8	12.5	19.0	30.9	6.2 (2006)	15.8	7.1
巴基斯坦	41.6	46.5	46.2	48.8	19.5	9.0	14.7	11.4
塔吉克斯坦[f]	17.9	13.0	7.6	20.2	...	11.3 (2006)	7.4	19.1
土库曼斯坦	...	...	...	...	...	...	0.1	0.0 (2014)
乌兹别克斯坦	...	...	...	...	...	3.0 (2006)	1.0	0.4
东亚地区								
中国[g]	119.0	133.6	143.6	196.9	22.4	8.6	1.1	1.5
中国香港[h]	134.0	139.8	195.4	211.5	7.3	1.4	0.8	0.7
韩国[i]	70.9	125.5	151.0	166.5	8.9	1.2	0.6	0.6 (2014)
蒙古国	9.0	26.6	25.9	69.3	...	...	...	...
中国台北	1.8	1.9	0.9	2.0 (2011)	5.3	2.2	0.6	0.2
南亚地区								
孟加拉国	30.2	47.7	57.4	59.7	34.9	13.2	5.8 (2011)	9.3
不丹	2.9	21.8	45.6	54.3	...	...	5.2	11.9
印度	51.2	58.4	71.9	76.8	12.8	5.2	2.4	5.9
马尔代夫	34.8	48.8	85.6	80.1	...	...	20.9 (2012)	14.1
尼泊尔	40.8	42.2	67.4	75.1	...	...	...	...
斯里兰卡	43.7	43.6	35.4	50.5	15.0	9.6	3.8 (2011)	3.2
东南亚地区								
文莱	38.6	10.4	25.1	33.4	...	...	6.9	0.4
柬埔寨	6.4	7.2	22.7	53.9	...	...	3.1	1.6
印度尼西亚	60.7	46.2	34.2	46.7	34.4	7.3	2.5	2.4
老挝	9.0	8.1	26.5	...	...	...	...	...
马来西亚[k]	138.4	117.7	123.3	144.8	15.4	9.4	3.4	1.6
缅甸	31.2	24.6 (2004)	24.1 (2012)	32.1	...	...	...	...
菲律宾[l]	58.3	47.2	49.2	59.2	24.0	10.0	3.4	1.9
新加坡[m]	76.7	61.2	80.8	121.1	3.4	3.8	1.4	0.9
泰国	134.3	111.0	133.5	173.4	17.7	9.1	3.9	2.7
越南	32.6	65.4	124.7	128.3	...	2.2 (2008)	2.1	2.9 (2014)
太平洋地区								
库克群岛	...	...	...	...	...	...	...	...
斐济	37.9	111.6	132.3	119.9	...	...	4.4	1.8
基里巴斯	...	...	...	...	...	...	...	...
马绍尔群岛	...	...	...	...	...	...	...	...
密克罗尼西亚联邦	-42.3	-24.6	-14.9	-26.2 (2014)	...	...	...	...
瑙鲁	...	...	...	...	...	...	...	...
帕劳	...	...	...	...	...	...	...	...
巴布亚新几内亚	28.2	22.2	34.8	51.0 (2014)	...	...	...	...
萨摩亚	18.3	31.8	63.9	76.1	...	8.8 (2008)	10.9	5.3
所罗门群岛	26.5	29.4	27.2	24.3	...	...	9.3	4.1
东帝汶	-8.7 (2002)	-9.2	-23.7	-9.0	...	...	...	...
汤加	38.8	48.9	40.3	29.5 (2014)	...	...	...	...
图瓦卢	...	...	...	...	...	...	...	...
瓦努阿图	35.6	44.5	63.7	72.1 (2014)	...	...	...	...
发达经济体								
澳大利亚[n]	93.4	113.4	154.3	173.9	0.5	0.6	2.1	1.0
日本[o]	304.7	320.3	332.0	376.6	5.3	1.8	2.5	1.6
新西兰	108.0	126.4	150.7	...	...	0.3 (2007)	2.1	0.6

... = 至截止日期未获得相关数据；0.0 = 数值不到所用计量单位的一半；GDP = 国内生产总值。

a 银行业提供的国内信贷占 GDP 比例是对银行业深度和金融业发展规模的衡量。由于对中央政府的债权是一个净值（中央政府债券减去中央政府储蓄），该数据可能为负值，使得银行业的国内信贷值为负。
b 包括逾期 90 天以内的贷款。被归类为损失的贷款（有充足准备金）为资产负债表外持有的。
c 本金或利息逾期 90 天及以上的贷款。
d 从 2009 年起，机构覆盖率包括除图兰·阿列姆银行（BTA）外的所有银行。
e 从 2007 年起，贷款被分类为标准以下贷款、无法确定贷款和损失贷款。
f 不良贷款包括逾期 1 天以上的贷款。
g 从 2010 年起的数据可能无法与之前时期进行严格对比。2010 年，数据的汇编采用对所有国内注册实体的跨边界、跨行业整合基础（CBCSDI），从 2011 年起采用国内整合（DC）标准。2013 年采用巴塞尔协议Ⅲ。
h 分类为标准以下的、无法确定的和损失的贷款；不一定与 90 天标准相关。2013 年采用巴塞尔协议Ⅲ。
i 分类为标准以下的、无法确定的和损失的贷款；不一定与 90 天标准相关。
j 2009 年实行巴塞尔协议Ⅱ。
k 本金和（或）利息逾期 180 天及以上的贷款；超过 90 天的信用卡负债和银行承兑汇票；超过 365 天的现金或现金替代物担保的贷款。
l 对于一次性支付的贷款或按季度、半年或年度分期支付的贷款，30 天；对于按月分期支付的贷款，90 天；对于按天、周或半月分期支付的贷款，一过期即时。由于 2009 年采用新借贷分类体系，有所修改。2014 年采用巴塞尔协议Ⅲ。
m 90 天过期标准以外可能考虑其他特点，以区分不良贷款。2013 年采用巴塞尔协议Ⅲ。
n 包括受损和过期的项目。2013 年采用巴塞尔协议Ⅲ。
o 仅就 9 家主要银行而言。全部数据指日历年 3 月结束的年度数据。

资料来源：World Bank. World Development Indicators Online. http：//data.worldbank.org/（访问时间 2016 年 8 月）；中国台北数据来自经济体。

表 3.11 证券市场价格指数增长率（%）

本地区成员经济体	2000	2005	2010	2011	2012	2013	2014	2015
发展中经济体								
中亚和西亚地区								
阿富汗	...	...	...	...	...	...	...	...
亚美尼亚	...	...	...	...	...	...	...	...
阿塞拜疆	...	...	...	...	...	...	...	...
格鲁吉亚	...	...	...	...	...	...	...	...
哈萨克斯坦	...	...	...	...	...	...	...	...
吉尔吉斯共和国	...	...	...	...	...	...	...	...
巴基斯坦	42.1	47.3	32.3	15.2	23.2	45.8	37.4	14.6
塔吉克斯坦	...	...	...	...	...	...	...	...
土库曼斯坦	...	...	...	...	...	...	...	...
乌兹别克斯坦	...	...	...	...	...	...	...	...
东亚地区								
中国	37.3	-22.1	3.4	-5.7	-16.8	-1.1	1.5	66.0
中国香港	26.5	11.1	19.3	-0.3	-4.4	10.4	2.7	4.8
韩国	-8.7	28.5	23.6	12.6	-2.6	1.5	1.1	1.4
蒙古国	...	...	...	...	...	...	...	...
中国台北	5.7	1.0	23.1	2.6	-8.3	8.2	11.1	-0.4
南亚地区								
孟加拉国	12.2	23.4	114.4	-10.4	-23.6	-9.8	15.0	-1.6
不丹	...	...	...	...	...	...	...	...
印度	11.2	32.6	29.8	-2.6	-2.5	11.4	25.2	10.9
马尔代夫	...	51.8	-20.4	-22.9	-6.9	-5.3	-4.8	8.9
尼泊尔	...	...	...	...	...	...	...	...
斯里兰卡	-10.3	46.8	113.1	34.0	-22.2	10.3	12.5	6.7
东南亚地区								
文莱	...	...	...	...	...	...	...	...
柬埔寨	...	...	...	...	...	...	...	...
印度尼西亚	-9.1	35.0	53.9	21.0	10.0	11.8	7.2	-1.3
老挝	...	...	...	...	...	...	...	...
马来西亚	21.4	6.4	27.1	9.7	6.5	8.7	5.5	-6.1
缅甸	...	...	...	...	...	...	...	...
菲律宾	-6.3	17.5	43.1	32.8	14.7	16.0	1.8	5.5
新加坡	5.0	16.2	27.4	0.8	0.6	7.6	1.2	-2.6
泰国	-18.7	4.2	45.6	21.3	17.3	21.3	-0.2	0.2
越南	...	8.3	12.2	-11.1	-4.2	18.7	18.9	-0.6
太平洋地区								
库克群岛	...	...	...	...	...	...	...	...
斐济	...	13.5	-11.7	-10.5	0.4	2.0	0.9	21.7
基里巴斯	...	...	...	...	...	...	...	...
马绍尔群岛	...	...	...	...	...	...	...	...
密克罗尼西亚联邦	...	...	...	...	...	...	...	...
瑙鲁	...	...	...	...	...	...	...	...
帕劳	...	...	...	...	...	...	...	...
巴布亚新几内亚	...	52.5	26.2	3.2	-28.0	-15.3	-12.3	-6.3
萨摩亚	...	...	...	...	...	...	...	...
所罗门群岛	...	...	...	...	...	...	...	...
东帝汶	...	...	...	...	...	...	...	...
汤加	...	...	...	...	...	...	...	...
图瓦卢	...	...	...	...	...	...	...	...
瓦努阿图	...	...	...	...	...	...	...	...
发达经济体								
澳大利亚	1.7	17.6	-2.6	-14.5	14.6	15.1	1.1	-2.1
日本	11.6	13.5	2.0	-7.2	-6.5	46.0	12.6	22.7
新西兰	2.3	19.4	9.7	6.2	6.9	25.5	14.1	12.7

... = 至截止日期未获得相关数据。

资料来源：International Monetary Fund. 2016. International Financial Statistics. http：//elibrary–data. imf. org/（访问时间 2016 年 8 月）；中国台北数据来自经济体。

表 3.12 证券市场资本化[a]

本地区成员经济体	证券市场资本化（百万美元）				证券市场资本化（占GDP百分比）			
	2000	2005	2010	2015	2000	2005	2010	2015
发展中经济体								
中亚和西亚地区								
阿富汗	...	...	...	...	...	...	...	...
亚美尼亚	2 (2001)	43	145	132 (2012)	0.1 (2001)	0.9	1.6	1.2 (2012)
阿塞拜疆	...	...	...	...	...	...	...	...
格鲁吉亚	24	355	1,060	943 (2012)	0.8	5.5	9.1	6.0 (2012)
哈萨克斯坦	1,289 (2002)	10,529	26,673	34,892	5.2 (2002)	18.4	18.0	18.9
吉尔吉斯共和国	4	42	79	165 (2012)	0.3	1.7	1.6	2.5 (2012)
巴基斯坦	6,625	45,317	38,007	32,568 (2011)	9.0	41.4	21.4	15.2 (2011)
塔吉克斯坦	...	...	...	...	...	...	...	...
土库曼斯坦	...	...	...	...	...	...	...	...
乌兹别克斯坦	32	37	715 (2006)	...	0.2	0.3	4.2 (2006)	...
东亚地区								
中国	512,979 (2003)	401,852	4,027,840	8,188,019	31.1 (2003)	17.7	66.7	75.4
中国香港	623,398	1,054,999	2,711,316	3,184,874	363.1	581.0	1,185.9	1,027.6
韩国	171,262	718,011	1,091,911	1,231,200	30.5	79.9	99.8	89.4
蒙古国	37	46	1,093	1,293 (2012)	3.2	1.8	15.2	10.5 (2012)
中国台北	262,295	485,825	752,335	767,898	79.1	129.3	168.6	146.8
南亚地区								
孟加拉国	2,192	3,300	41,617	47,700 (2011)	4.1	4.8	36.1	37.1 (2011)
不丹	54	100	215	387	12.0	12.4	13.8	18.3
印度	279,093 (2003)	553,074	1,631,830	1,516,217	45.1 (2003)	66.3	95.5	73.1
马尔代夫	...	...	...	...	...	...	...	...
尼泊尔	...	...	...	...	...	...	...	...
斯里兰卡	1,074	5,720	19,924	20,804	6.6	23.4	35.1	25.3
东南亚地区								
文莱	...	...	...	...	...	...	...	...
柬埔寨	...	...	...	...	...	...	...	...
印度尼西亚	26,813	81,428	360,388	353,271	16.2	28.5	47.7	41.0
老挝	...	...	...	...	...	...	...	...
马来西亚	113,156	180,518	408,689	382,977	120.6	125.8	160.3	129.3
缅甸	...	...	...	...	...	...	...	...
菲律宾	25,981	39,799	157,321	238,820	32.1	38.6	78.8	81.8
新加坡	152,826	257,340	647,226	639,956	159.5	202.0	273.8	218.6
泰国	29,217	123,885	277,732	348,798	23.1	65.4	81.5	88.2
越南	...	9,481 (2008)	30,115	51,877	...	9.6 (2008)	26.0	26.8
太平洋地区								
库克群岛	...	...	...	...	...	...	...	...
斐济	244	587	419	452 (2012)	14.5	19.5	13.3	11.4 (2012)
基里巴斯	...	...	...	...	...	...	...	...
马绍尔群岛	...	...	...	...	...	...	...	...
密克罗尼西亚联邦	...	...	...	...	...	...	...	...
瑙鲁	...	...	...	...	...	...	...	...
帕劳	...	...	...	...	...	...	...	...
巴布亚新几内亚	2,963 (2003)	6,138	11,027	12,592 (2011)	83.8 (2003)	126.1	113.5	97.8 (2011)
萨摩亚	...	...	...	...	...	...	...	...
所罗门群岛	...	...	...	...	...	...	...	...
东帝汶	...	...	...	...	...	...	...	...
汤加	...	...	...	...	...	...	...	...
图瓦卢	...	...	...	...	...	...	...	...
瓦努阿图	...	...	...	...	...	...	...	...
发达经济体								
澳大利亚	372,794	804,015	1,454,491	1,187,083	89.8	116.0	127.3	88.6
日本	3,157,222	4,572,901	3,827,774	4,894,919	66.7	100.0	69.6	118.7
新西兰	18,613	40,592	52,870 (2012)	74,351	35.4	35.4	29.9 (2012)	42.8

... = 至截止日期未获得相关数据；GDP = 国内生产总值。

a 证券市场数据取自标准普尔（S&P），直至其在 2013 年 4 月停止全球证券市场概括和数据库为止。2015 年 12 月时间序列用世界交易所联合会的数据取代，可能与之前的 S&P 标准和方法不同。

资料来源：World Bank. World Development Indicators Online. http：//databank.worldbank.org/data（访问时间 2016 年 8 月 13 日）；中国台北和不丹的数据来自亚行利用经济体数据所做的估计。

表 3.13　官方汇率（1 美元兑当地货币单位，长期平均值）

本地区成员经济体	2000	2005	2010	2011	2012	2013	2014	2015
发展中经济体								
中亚和西亚地区								
阿富汗	47.36	49.49	46.45	46.75	50.92	55.38	57.25	61.14
亚美尼亚	539.53	457.69	373.66	372.50	401.76	409.63	415.92	477.92
阿塞拜疆	0.89	0.95	0.80	0.79	0.79	0.78	0.78	1.02
格鲁吉亚	1.98	1.81	1.78	1.69	1.65	1.66	1.77	2.27
哈萨克斯坦	142.13	132.88	147.36	146.62	149.11	152.13	179.19	221.73
吉尔吉斯共和国	47.70	41.01	45.96	46.14	47.00	48.44	53.65	64.46
巴基斯坦	53.65	59.51	85.19	86.34	93.40	101.63	101.10	102.77
塔吉克斯坦	2.08	3.12	4.38	4.61	4.74	4.76	4.94	6.16
土库曼斯坦	1.04	1.26	2.85	2.85	2.85	2.85	2.85	3.50
乌兹别克斯坦	236.61	1,106.10	1,578.42	1,706.61	1,897.56	2,097.20	2,319.55	2,583.54
东亚地区								
中国	8.28	8.19	6.77	6.46	6.31	6.20	6.14	6.23
中国香港	7.79	7.78	7.77	7.78	7.76	7.76	7.75	7.75
韩国	1,130.96	1,024.12	1,156.06	1,108.29	1,126.47	1,094.85	1,052.96	1,131.16
蒙古国	1,076.67	1,205.25	1,357.06	1,265.52	1,357.58	1,523.93	1,817.94	1,970.31
中国台北	31.23	32.17	31.64	29.46	29.61	29.77	30.37	31.90
南亚地区								
孟加拉国	52.14	64.33	69.65	74.15	81.86	78.10	77.64	77.95
不丹	44.94	44.10	45.73	46.67	53.44	58.60	61.03	64.15
印度	44.94	44.10	45.73	46.67	53.44	58.60	61.03	64.15
马尔代夫	11.77	12.80	12.80	14.60	15.36	15.37	15.38	15.37
尼泊尔	71.09	71.37	73.26	74.02	85.20	92.99	99.53	102.64
斯里兰卡	77.01	100.50	113.06	110.57	127.60	129.07	130.56	135.86
东南亚地区								
文莱	1.72	1.66	1.36	1.26	1.25	1.25	1.27	1.37
柬埔寨	3,840.75	4,092.50	4,184.92	4,058.50	4,033.00	4,027.25	4,037.50	4,067.75
印度尼西亚	8,421.78	9,704.74	9,090.43	8,770.43	9,386.63	10,461.24	11,865.21	13,389.41
老挝	7,887.64	10,655.17	8,258.77	8,030.06	8,007.76	7,860.14	8,048.96	8,147.91
马来西亚	3.80	3.79	3.22	3.06	3.09	3.15	3.27	3.91
缅甸[b]	6.52	5.82	5.63	5.44	640.65	933.57	984.35	1,162.62
菲律宾	44.19	55.09	45.11	43.31	42.23	42.45	44.40	45.50
新加坡	1.72	1.66	1.36	1.26	1.25	1.25	1.27	1.37
泰国	40.11	40.22	31.69	30.49	31.08	30.73	32.48	34.25
越南	14,167.75	15,858.92	18,612.92	20,509.75	20,828.00	20,933.42	21,148.00	21,698.80
太平洋地区								
库克群岛	2.20	1.42	1.39	1.27	1.23	1.22	1.21	1.43
斐济	2.13	1.69	1.92	1.79	1.79	1.84	1.89	2.10
基里巴斯	1.72	1.31	1.09	0.97	0.97	1.04	1.11	1.33
马绍尔群岛[c]	1.00	1.00	1.00	1.00	1.00	1.00	1.00	1.00
密克罗尼西亚联邦[c]	1.00	1.00	1.00	1.00	1.00	1.00	1.00	1.00
瑙鲁	1.72	1.31	1.09	0.97	0.97	1.04	1.11	1.33
帕劳[c]	1.00	1.00	1.00	1.00	1.00	1.00	1.00	1.00
巴布亚新几内亚	2.78	3.10	2.72	2.37	2.08	2.24	2.46	2.77
萨摩亚	3.29	2.71	2.48	2.32	2.29	2.31	2.33	2.56
所罗门群岛	5.09	7.53	8.06	7.64	7.36	7.30	7.38	7.91
东帝汶[c]	1.00	1.00	1.00	1.00	1.00	1.00	1.00	1.00
汤加	1.76	1.94	1.91	1.73	1.72	1.77	1.85	2.11
图瓦卢	1.72	1.31	1.09	0.97	0.97	1.04	1.11	1.33
瓦努阿图	137.64	109.25	96.91	89.47	92.64	94.54	97.07	108.99
发达经济体								
澳大利亚	1.72	1.31	1.09	0.97	0.97	1.04	1.11	1.33
日本	107.77	110.22	87.78	79.81	79.79	97.60	105.94	121.04
新西兰	2.20	1.42	1.39	1.27	1.23	1.22	1.21	1.43

... = 至截止日期未获得相关数据。

a 日报中间汇率的简单平均数。

b 从 2012 年 4 月 1 日开始，缅甸中央银行对于缅元对美元采用了受管制的浮动汇率制度。

c 货币单位为美元。

资料来源：International Monetary Fund. May 2016. *International Financial Statistics*（CD – ROM）. Washington，D. C.；土库曼斯坦：United Nations National Accounts Main Aggregates Database 和 Interstate Statistical Committee of the Commonwealth of Independent States；乌兹别克斯坦：经济体，United Nations National Accounts Main Aggregates Database，和 Interstate Statistical Committee of the Commonwealth of Independent States；中国台北数据来自经济体。

表 3.14 购买力平价换算系数（1 美元兑当地货币单位，长期平均值）[a]

本地区成员经济体	2000	2005	2010	2011	2012	2013	2014	2015
发展中经济体								
中亚和西亚地区								
阿富汗	9.89 (2002)	12.16	16.04	17.36	18.62	18.97	18.46	19.20
亚美尼亚	144.93	157.74	183.12	187.10	193.53	196.84	198.92	199.28
阿塞拜疆	0.17	0.21	0.30	0.36	0.36	0.36	0.35	0.32
格鲁吉亚	0.53	0.63	0.80	0.86	0.85	0.83	0.85	0.89
哈萨克斯坦	21.25	33.72	65.13	80.17	82.47	88.35	91.76	90.04
吉尔吉斯共和国	8.11	9.26	14.80	17.76	18.94	19.23	20.51	20.75
巴基斯坦	10.73	12.72	20.77	24.35	25.33	26.66	28.05	28.76
塔吉克斯坦	0.29	0.66	1.49	1.74	1.91	1.96	2.03	2.02
土库曼斯坦	...	...	...	...	...	...	...	...
乌兹别克斯坦	67.42	225.59	532.69	600.58	678.02	759.92	848.62	913.15
东亚地区								
中国	2.71	2.82	3.31	3.51	3.52	3.55	3.52	3.47
中国香港	7.44	5.69	5.37	5.46	5.55	5.57	5.63	5.80
韩国	747.23	788.92	840.57	854.59	854.89	871.41	881.93	891.25
蒙古国	138.38	223.58	476.22	537.13	594.84	602.32	636.72	642.31
中国台北	21.54	18.38	15.79	15.11	14.92	14.90	14.90	15.20
南亚地区								
孟加拉国	15.68	17.33	21.90	23.15	24.58	25.92	26.95	28.25
不丹	12.27	13.66	15.84	16.86	18.07	18.82	19.92	20.11
印度	10.34	11.28	14.65	15.11	16.00	16.72	17.00	17.00
马尔代夫	6.83 (2001)	6.28	7.87	8.53	8.84	9.22	9.34	9.34
尼泊尔	13.32	15.51	22.65	24.63	25.77	26.90	28.85	30.05
斯里兰卡	15.24	21.79	38.00	38.65	42.06	43.97	44.93	45.44
东南亚地区								
文莱	0.53	0.65	0.61	0.72	0.70	0.67	0.73	0.71
柬埔寨	1,062.55	1,106.83	1,330.18	1,347.11	1,340.92	1,349.07	1,349.60	1,353.09
印度尼西亚	1,427.63	2,013.80	3,425.30	3,606.57	3,674.27	3,794.87	3,934.67	4,060.46
老挝	1,372.34	1,929.15	2,426.42	2,467.75	2,527.46	2,691.26	2,639.72	2,601.83
马来西亚	1.19	1.28	1.41	1.41	1.45	1.43	1.44	1.42
缅甸[b]	...	...	217.43	234.97	237.95	244.38	250.46	257.75
菲律宾	13.71	15.47	17.52	17.85	17.88	17.96	18.23	17.93
新加坡	1.00	0.90	0.90	0.89	0.88	0.86	0.85	0.85
泰国	11.06	11.34	12.17	12.37	12.38	12.39	12.31	12.22
越南	2,923.18	3,575.10	5,647.10	6,709.19	7,307.63	7,532.73	7,682.41	7,591.67
太平洋地区								
库克群岛	...	...	...	...	...	...	...	...
斐济	0.79	0.88	0.92	1.04	1.06	1.07	1.09	1.12
基里巴斯	0.98	0.96	0.99	0.96	0.93	0.92	0.92	0.93
马绍尔群岛	...	...	...	...	...	...	...	...
密克罗尼西亚联邦	0.86	0.80	0.87	0.88	0.90	0.89	0.91	...
瑙鲁	...	...	...	1.00	...	...	...	...
帕劳	0.72	0.74	0.74	0.75	0.76	0.82	0.85	0.88
巴布亚新几内亚	1.23	1.53	1.82	1.86	1.77	1.78	1.95	...
萨摩亚	1.43	1.48	1.66	1.66	1.70	1.70	1.67	1.70
所罗门群岛	3.91	4.66	5.87	6.37	6.66	6.53	6.98	7.18
东帝汶	0.39	0.41	0.47	0.52	0.54	0.53	0.51	0.50
汤加	0.93	1.12	1.40	1.45	1.46	1.44	1.45	...
图瓦卢	1.04	1.11	1.12	1.11	1.10	1.10	1.12	...
瓦努阿图	90.42	88.70	99.50	100.51	99.10	100.10	100.47	...
发达经济体								
澳大利亚	1.31	1.39	1.50	1.51	1.54	1.45	1.47	1.49
日本	154.97	129.55	111.63	107.45	104.27	102.74	104.72	105.33
新西兰	1.44	1.54	1.50	1.49	1.50	1.41	1.42	1.47

... = 至截止日期未获得相关数据。

a 购买力平价数据从 2011 年国际比较项目（ICP）的基准估计数字推断得出，或采用基于 2011 年 ICP 的统计模型进行估算。

b 通过用 2005 年作为基准对各参考年或基准年应用隐含的通胀，国内生产总值平减物价指数有所调整。调整后的平减指数用于推断其他年份的购买力平价。

资料来源：World Bank. World Development Indicators Online. http：//databank.worldbank.org/data/home.aspx（访问时间 2016 年 7 月 25 日）；亚行利用经济体数据对阿富汗、缅甸、尼泊尔、巴基斯坦、中国台北和塔吉克斯坦所做的估计；CEIC 数据；美国经济分析局。

表 3.15 物价水平指数（购买力平价与官方汇率之比，长期平均值，美国=100）

本地区成员经济体	2000	2005	2010	2011	2012	2013	2014	2015
发展中经济体								
中亚和西亚地区								
阿富汗	20.35 (2002)	24.57	34.54	37.13	36.57	34.26	32.25	31.40
亚美尼亚	26.86	34.46	49.01	50.23	48.17	48.05	47.83	41.70
阿塞拜疆	18.54	22.02	37.39	45.64	45.69	45.48	44.85	30.98
格鲁吉亚	26.72	35.01	44.93	50.92	51.62	50.03	48.13	39.22
哈萨克斯坦	14.95	25.38	44.20	54.68	55.31	58.08	51.21	40.61
吉尔吉斯共和国	17.01	22.58	32.19	38.48	40.30	39.71	38.23	32.20
巴基斯坦	20.01	21.37	24.38	28.20	27.12	26.23	27.75	27.99
塔吉克斯坦	13.96	21.04	34.12	37.73	40.31	41.14	41.21	32.75
土库曼斯坦	...	...	...	...	...	...	...	...
乌兹别克斯坦	28.49	20.39	33.75	35.19	35.73	36.23	36.59	35.34
东亚地区								
中国	32.74	34.43	48.87	54.25	55.83	57.22	57.24	55.66
中国香港	95.53	73.14	69.06	70.16	71.59	71.76	72.66	74.79
韩国	66.07	77.03	72.71	77.11	75.89	79.59	83.76	78.79
蒙古国	12.85	18.55	35.09	42.44	43.82	39.52	35.02	32.60
中国台北	68.97	57.14	49.92	51.29	50.38	50.04	49.08	47.65
南亚地区								
孟加拉国	30.07	26.94	31.45	31.21	30.03	33.19	34.71	36.24
不丹	27.30	30.97	34.64	36.12	33.82	32.12	32.64	31.35
印度	23.01	25.58	32.05	32.37	29.94	28.54	27.85	26.49
马尔代夫	55.73 (2001)	49.06	61.45	58.39	57.51	59.99	60.76	60.78
尼泊尔	18.74	21.73	30.92	33.27	30.24	28.92	28.98	29.28
斯里兰卡	19.80	21.68	33.61	34.96	32.97	34.07	34.41	33.45
东南亚地区								
文莱	30.64	39.10	44.62	57.04	56.35	53.63	57.36	51.69
柬埔寨	27.67	27.05	31.79	33.19	33.25	33.50	33.43	33.26
印度尼西亚	16.95	20.75	37.68	41.12	39.14	36.28	33.16	30.33
老挝	17.40	18.11	29.38	30.73	31.56	34.24	32.80	31.93
马来西亚	31.29	33.82	43.86	47.69	46.85	45.27	43.94	36.32
缅甸ª	...	...	36.07	40.34	37.14	26.18	25.44	22.17
菲律宾	31.03	28.08	38.83	41.22	42.33	42.30	41.07	39.40
新加坡	58.13	54.20	66.00	70.88	70.56	68.85	66.93	62.07
泰国	27.56	28.20	38.41	40.57	39.82	40.32	37.89	35.67
越南	20.63	22.54	30.34	32.71	35.09	35.98	36.33	34.99
太平洋地区								
库克群岛	...	...	...	...	...	...	...	...
斐济	37.04	52.23	47.86	58.13	59.18	58.31	57.93	53.20
基里巴斯	57.02	73.54	90.84	99.19	96.23	88.78	83.14	69.51
马绍尔群岛	...	...	...	...	...	...	...	...
密克罗尼西亚联邦	86.48	80.03	86.81	87.93	90.16	89.13	91.46	...
瑙鲁	...	...	...	...	...	...	...	...
帕劳	72.08	73.67	73.86	74.92	76.39	82.25	85.16	88.31
巴布亚新几内亚	44.23	49.20	66.85	78.41	85.16	79.51	79.16	...
萨摩亚	43.43	54.47	66.67	71.65	73.95	73.42	71.80	66.50
所罗门群岛	76.93	61.84	72.85	83.43	90.51	89.37	94.67	90.67
东帝汶	38.79	40.66	47.41	51.68	54.29	52.95	51.33	50.22
汤加	52.75	57.50	73.33	84.02	85.03	81.39	78.66	...
图瓦卢	60.07	84.47	102.59	114.49	113.83	106.25	101.27	...
瓦努阿图	65.69	81.19	102.68	112.34	106.98	105.88	103.50	...
发达成员国								
澳大利亚	75.83	106.02	137.85	155.87	159.47	139.98	132.52	111.75
日本	143.80	117.54	127.17	134.64	130.68	105.27	98.84	87.02
新西兰	65.60	108.08	107.74	117.39	121.17	115.72	117.68	102.23

... = 至截止日期未获得相关数据。

a 2012年4月1日，缅甸中央银行使本币贬值。为获取连续的价格序列，通过使用贬值前的汇率序列，推断出用于估算前一年物价水平的汇率。

资料来源：亚行利用经济体数据所做的估计，CEIC，美国经济分析局，以及世界银行数据。

4. 全球化

> **简况**
>
> 亚太地区仍然是世界上最大的外国直接投资接受地区。
> 出口方面,亚太地区在世界所有地区中仅次于欧洲,几乎占全球出口量的三分之一。
> 向发展中成员经济体的汇款(按美元计算)增长从2014年的4.6%降至2015年的0.8%。
> 从最新数据来看,亚太地区发展中成员经济体的外债总额从2000年的近1.1万亿美元增加至4.5万亿美元。
> 2000年至2015年,亚太地区成员经济体的国际游客人数增加了逾150%。

关键趋势

亚太地区仍然是世界上最大的外国直接投资(FDI)接收地区。根据联合国贸易和发展会议(UNCTAD)发布的最新世界投资报告,全球FDI流动年度增长率为38%,2015年增长至1.76万亿美元。这是自2008年—2009年全球金融危机后FDI的最高水平,跨国并购和收购的好转是推动这些趋势的主要因素。

与世界其他地区相比,亚太地区的FDI流量占比最高。例如,仅在亚洲发展中经济体中,2015年的FDI流入量就超过了0.5万亿美元(UNCTAD,2016年)。中国大陆、中国香港、新加坡是本地区内FDI流入最多的三个经济体,在全球最大FDI流入经济体中排名前十,分别排名第二、第三和第八位(图4.1)。

中国香港FDI急速增长是因为股本投资增加,使两家最大的集团进行了重组(UNCTAD,2016年)。印度、澳大利亚、东盟(ASEAN)紧随其后(图4.2)。东盟国内生产总值(GDP)的持续增长体现在较高的FDI,也由其推动,这些FDI很多来自中国和日本(Vanham,2015年)。有趣的是,东盟的低收入经济体近些年的FDI表现尤为突出。例如,随着跨国公司扩大电子生产设施,越南的FDI持续快速增长(ADB,2016年)。

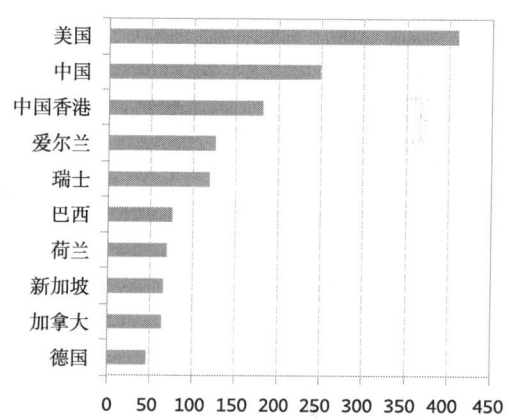

**图4.1　2015年外国直接投资
净流入经济体前十名(10亿美元)**

资料来源:World Bank World. Development Indicators Online. 2016. http://data.worldbank.org/indicator/BX.KLT.DINV.CD.WD (访问时间2016年10月).

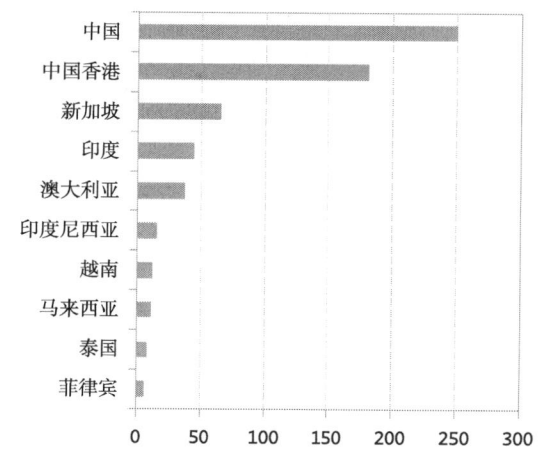

**图4.2　2015年亚太地区外国直接投资
净流入经济体前十名(10亿美元)**

资料来源:表4.6。

2015年，FDI占GDP比例最高的六个本地区经济体是中国香港、新加坡、土库曼斯坦、吉尔吉斯共和国、格鲁吉亚和马尔代夫（图4.3）。新加坡和中国香港位居榜首毫不意外，它们的FDI水平按绝对项计算都很高。

尽管2015年亚洲的FDI水平较高，但考虑到全球和区域经济放缓，UNCTAD预测，2016年亚太地区的FDI流入将下降15%左右（ADB，2016年）。

出口方面，亚太地区在世界所有地区中仅次于欧洲。全球贸易在逐渐好转之前，2015年上半年急剧下降。例如，初步预测表明，全球商品进口增速从2014年的3%降到2015年的1.7%（Constantinescu、Mattoo和Ruta，2016年）。

尽管2015年大多数地区的贸易增长萧条，亚太地区仍在全球贸易中占有相当大的份额。例如，2015年，该地区全球出口额排第二，占全球出口总额32.2%；欧洲排名第一，占35.5%（图4.4）。在本地区内，中国是最大的出口经济体，占本地区出口总额的38.4%，日本和韩国分别以10.5%和9%紧随其后。

总体而言，自21世纪头10年早期以来，尤其是2008年—2009年全球金融危机以来，全球贸易增长一直减速（Constantinescu、Mattoo和Ruta，2016年）。2000年到2015年，在全球贸易增长放缓的长期趋势中，亚太商品出口占全球份额从23%涨至32.2%（表4.13）。

向发展中成员经济体的汇款（按美元计算）增长从2014年的4.6%降至2015年的0.8%。2015年汇款增长速度放缓主要是因为全球经济疲软，油价降低（会抑制中东的劳动力需求），按照反洗钱法案关闭了一些转账账户，俄罗斯等汇款来源国的本国货币贬值（2016年全球移民与发展知识伙伴关系）。

亚太地区汇款总额从2000年的约390亿美元大幅增长到2015年的2,720亿美元（表4.4）。印度和中国是本地区内2015年收到汇款最多的两大经济体（表4.5）。菲律宾的人口和GDP虽然比中国和印度小得多，但是它是2015年收到汇款第三多的经济体，巴基斯坦和孟加拉国位居其后。2000年，印度是最大的接收国，菲律宾排名第二位。当时中国在最大的汇款接收国名单中排名并不靠前。

2015年，一些中亚体量较小的经济体，包括亚美尼亚、吉尔吉斯共和国和塔吉克斯坦，以及尼泊尔、萨摩亚和汤加，汇款占GDP份额最高（表4.5）。

**从最新数据来看，亚太地区发展中成员经济

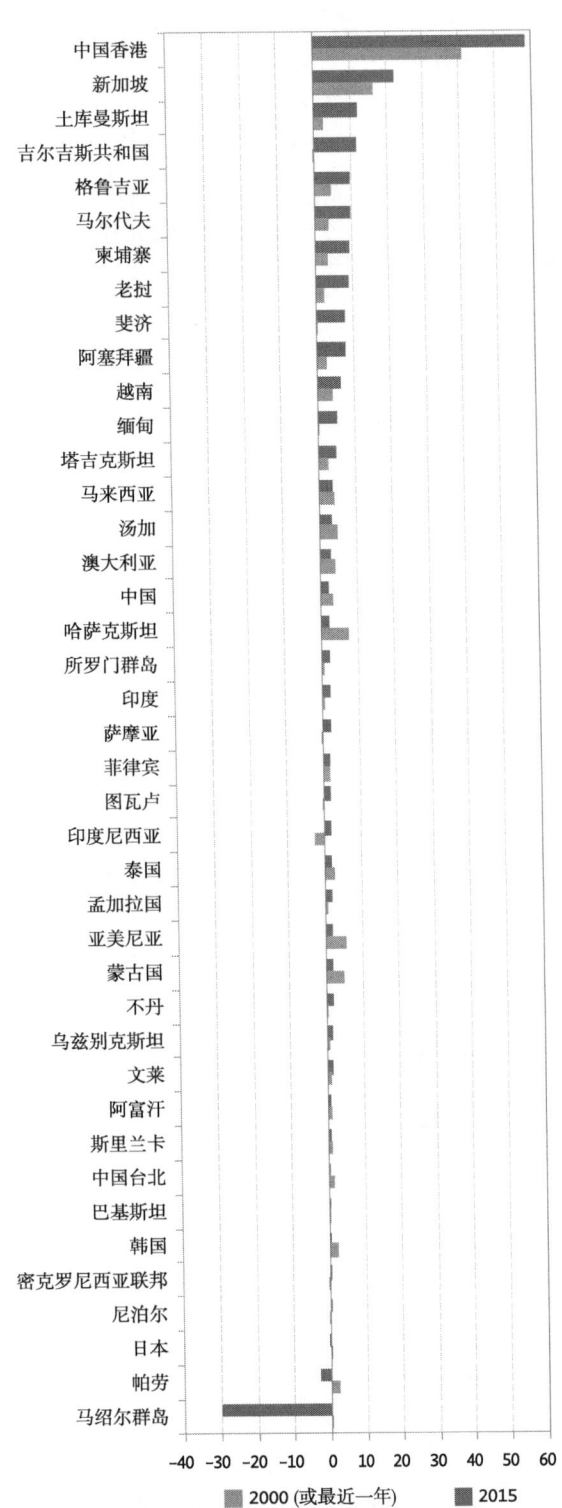

图4.3 外国直接投资净流入（占GDP的百分比）

资料来源：表4.7。

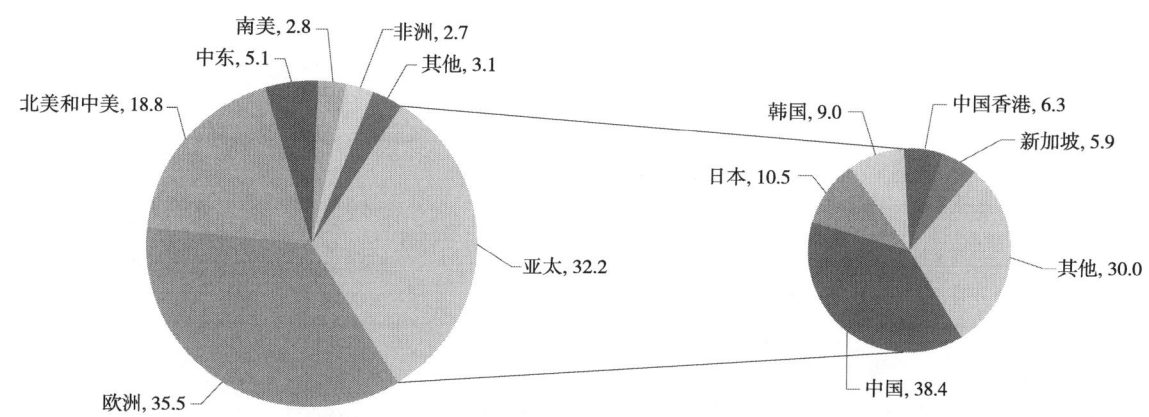

图 4.4　2015 年世界各地区占世界出口份额（%）；2015 年亚太地区主要出口经济体及其所占份额（%）

资料来源：International Monetary Fund May 2016. *Direction of Trade Statistics*（CD‐ROM）. Washington, D. C.；表 4.13。

体的外债总额从 2000 年的近 1.1 万亿美元增加至 4.5 万亿美元。 表 4.19 显示了从 2000 年起亚太地区发展中成员经济体的外债估算值。自 2000 年起，40 个上报数据的经济体中，有 28 个经济体的外债（按当前价值）翻了一番。占比增长最多的是蒙古国、哈萨克斯坦和巴布亚新几内亚，所罗门群岛、缅甸和帕劳小幅增长。同期，马绍尔群岛和土库曼斯坦的外债下降。

图 4.6 显示了亚太地区外债占国民总收入份额最高的 6 个经济体。根据最新数据，中国香港外债占国民收入的百分比高达 414.8%，其后是蒙古国（186.2%）、巴布亚新几内亚（147.6%）、不丹（105.1%）、吉尔吉斯共和国（101.1%）和老挝（95.9%）。表 4.20 显示了对本地区其他发展中经济体的估算。

在中国的借贷极大地推高了中国香港的外债。根据香港金融管理局的数据，中国香港的银行在中国大陆发放的贷款中，国有企业占 40% 多。2016 年许多国有企业债券违约事件表明这些银行在中国大陆提供贷款的信贷风险增加（星展集团研究）。

2000 年至 2015 年，亚太地区经济体的国际游客人数增加了逾 150%。 2000 年至 2015 年期间，随着亚太地区国际游客人数激增，2015 年中国依然是本地区游客人数最多的旅游目的地，到达游客人数 5,690 万，而 2000 年时这一数字为 3,120 万（图 4.7）。泰国是 2015 年第二受欢迎的旅游目的地，到达游客人数 2,980 万，2000 年为 960 万（排名第三）。

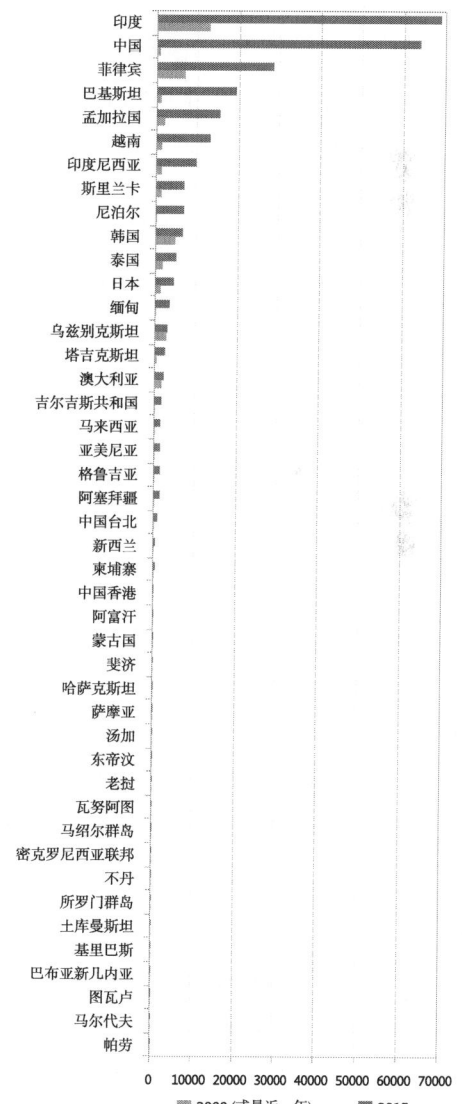

图 4.5　工人汇款与职工报酬收入（单位：百万美元）

资料来源：表 4.4。

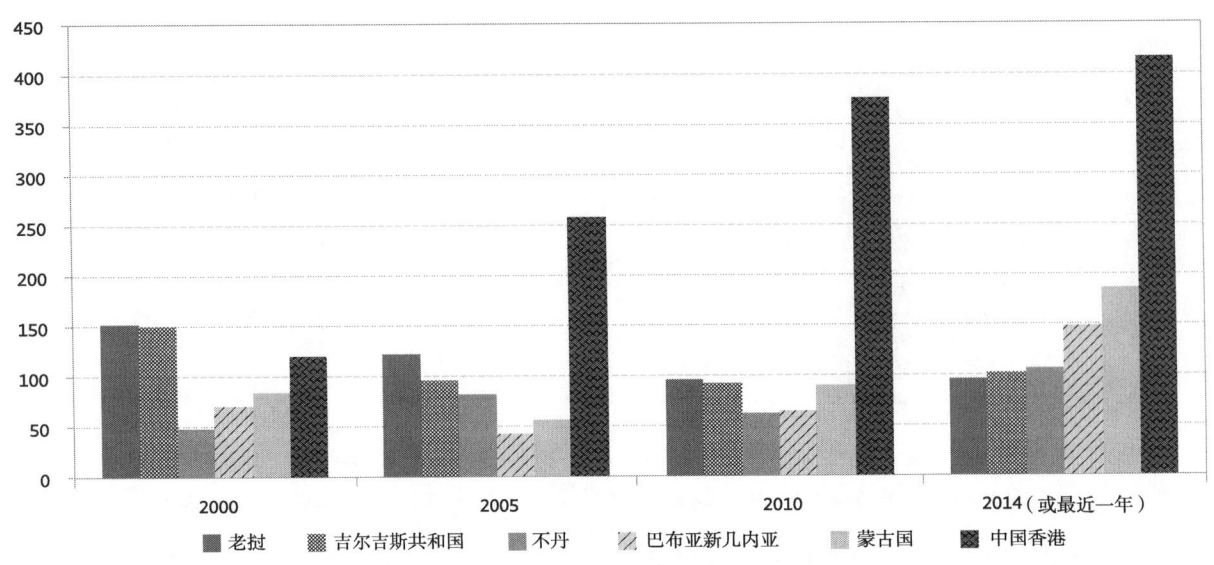

图 4.6　所选经济体中外债占国民总收入的份额（%）

注：中国香港的最近一年是 2015 年，巴布亚新几内亚是 2013 年。
资料来源：表 4.20。

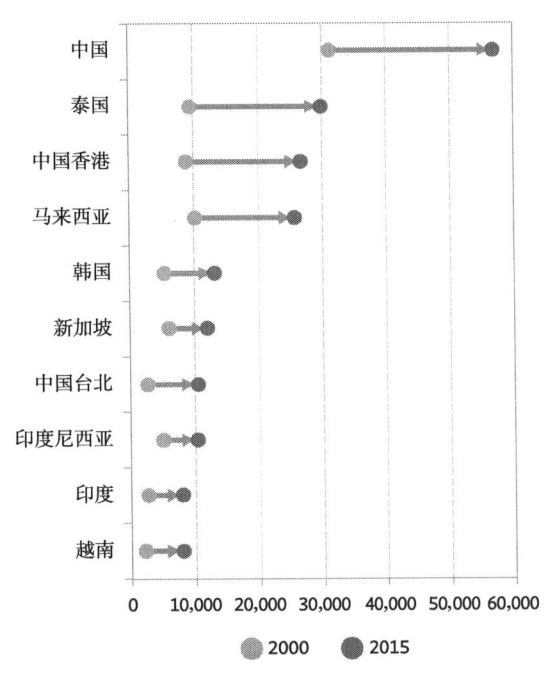

图 4.7　入境旅游人数（千人）

资料来源：表 4.23。

2000 年至 2015 年或有数据的最近一年，游客到达人数增长率最高的经济体在中亚（亚美尼亚、吉尔吉斯共和国和塔吉克斯坦）。这三个国家的国际游客到达人数从低起点迅速增长。紧随其后的是缅甸，2011 年，缅甸政府推行了一系列政治、经济和行政改革，促进了旅游业的蓬勃发展（ADB，2016 年）。

2015 年，印度每接收一位国际游客的平均收入最高，为 2,618 美元。 所罗门群岛以 2,136 美元位居其后，马尔代夫为 2,080 美元。该数据与游客的平均逗留时长等因素有关（图 4.8）。在 22 个有数据的经济体中，有 15 个每接收一位国际游客的平均旅游收入增加。按美元计算，在考查期里，中国在每接收一位国际游客的平均国际旅游收入中收益最大，为 1,486 美元，而不丹下降最多，为 792 美元。

数据问题和可比性

本部分出现的大多数国际交易取自国际收支统计。各国在汇编这些数据时遵循国际货币基金组织的指南，并且定期交流以讨论研究方法。但是，许多国家在记录非官方交易方面遇到困难，如移民汇款和私人资金流动，这也是第五版《国际收支手册》（BPM5）被更新为第六版《国际收支和国际投资头寸手册》（BPM6）的原因之一。对本部分的分析是基于各经济体上报的国际收支数据进行的。大多数国家使用了第六版，小部分采用了第五版或第四版。这对各经济体数据对比造成了影响。

国际贸易统计由世界贸易组织和其他国际机构密切监控。所有国家都采用通用定义，而体量较大的亚洲经济体在处理数据时采用了标准形式和程序。

国际游客入境人数和收入数据来自世界旅游组织，该组织是旅游政策问题的国际平台，也是该主题的使用信息来源。

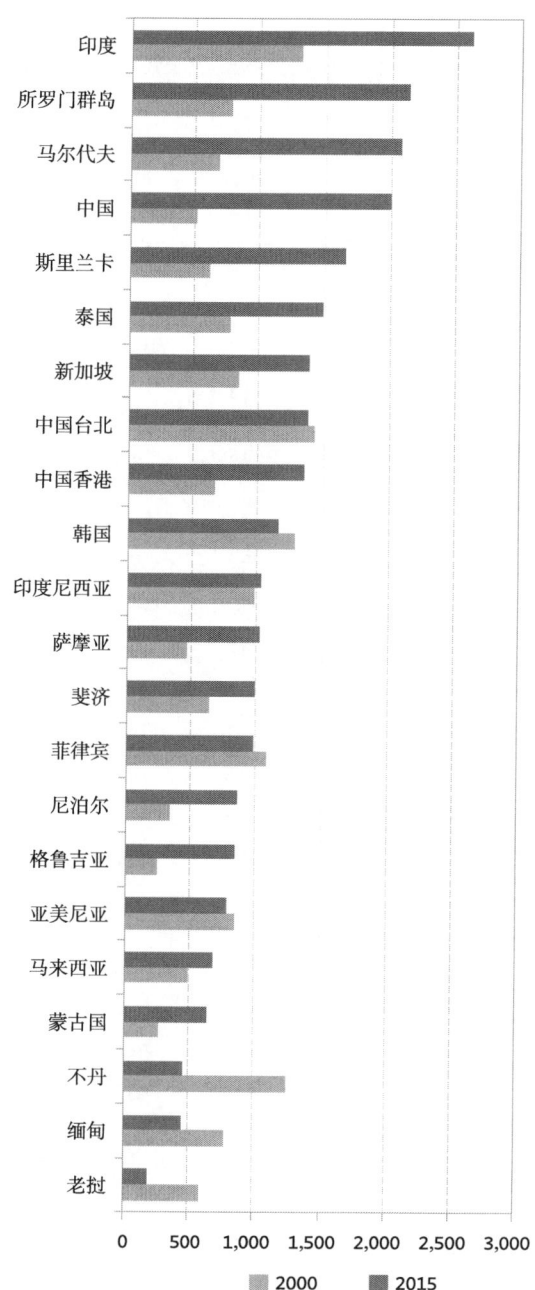

图 4.8　每位入境游客带来的国际旅游收入（美元）

资料来源：表 4.23 和 4.24。

参考文献

Asian Development Bank (ADB). 2015. *Asian Development Outlook 2015*. Manila.

———. 2016. *Asian Development Outlook 2016*. Manila.

DBS Group Research. 2016. *Hong Kong: Cautious Outlook*. Singapore.

Global Knowledge Partnership on Migration and Development. 2016. Migration and Remittances: Recent Developments and Outlook. *Migration and Development Brief* No. 26. Washington, D.C.: World Bank.

United Nations Conference on Trade and Development (UNCTAD). 2016. *World Investment Report 2016*. Geneva.

P. Vanham. 2015. 14 Charts on the Asian Economy. 16 April. http://www.weforum.org/agenda/2015/04/14-charts-on-the-asian-economy/.

表 4.1 货物贸易差额（占 GDP 的百分比）

本地区成员经济体	2000	2005	2010	2011	2012	2013	2014	2015
发展中经济体								
中亚和西亚地区								
阿富汗	-28.4 (2002)	-65.5	-26.3	-28.2	-26.3	-35.6	-27.9	-33.3
亚美尼亚	-24.4	-13.0	-22.3	-20.8	-19.9	-18.8	-17.7	-11.0
阿塞拜疆	6.1	24.9	37.3	36.9	32.3	28.0	32.1	11.0
格鲁吉亚	-17.5	-19.0	-22.6	-24.2	-26.7	-21.7	-26.0	-30.9
哈萨克斯坦	11.9	18.1	19.3	22.4	17.7	14.3	16.1	6.9
吉尔吉斯共和国	0.3	-17.0	-25.2	-26.2	-39.8	-38.6	-38.1	-30.4
巴基斯坦	-2.0	-4.1	-6.6	-4.9	-7.3	-7.0	-6.7	-6.5
塔吉克斯坦	-9.5	-14.0	-50.7	-45.6	-46.6	-44.7	-32.5	-28.8
土库曼斯坦	15.5	14.1	10.2	21.5	18.6	10.3	9.5	4.1
乌兹别克斯坦	3.6	10.0	7.6	7.3	3.0	4.1	4.4	...
东亚地区								
中国	2.5	5.7	4.1	3.1	3.7	3.8	4.2	5.2
中国香港	11.9	17.1	1.4	-3.0	-7.2	-10.1	-11.1	-7.4
韩国	2.8	3.6	4.4	2.4	4.0	6.3	6.3	8.7
蒙古国	-6.4	-3.9	-2.5	-9.5	-12.6	-10.5	8.1	10.0
中国台北	5.8	6.5	8.3	8.2	10.0	10.7	11.4	13.9
南亚地区								
孟加拉国	-4.0	-5.5	-4.5	-7.7	-7.0	-4.7	-3.9	-3.0
不丹	-15.6	-30.7	-17.3	-24.5	-20.4	-19.7	-20.2	-19.9
印度	-2.7	-6.2	-7.4	-10.4	-10.7	-7.9	-7.1	-6.3
马尔代夫	-37.4	-44.1	-45.6	-55.8	-50.3	-49.3	-54.3	-49.2
尼泊尔	-14.4	-14.6	-25.5	-23.4	-24.4	-27.2	-30.4	-31.3
斯里兰卡	-10.8	-10.3	-8.5	-14.9	-13.8	-10.2	-10.4	-10.2
东南亚地区								
文莱	45.4 (2001)	50.7	45.3	46.6	46.0	38.2	43.4	22.4
柬埔寨	-14.7	-16.1	-16.5	-16.7	-17.9	-21.1	-19.1	-19.2
印度尼西亚	15.2	6.0	4.1	3.8	0.9	0.6	0.8	1.5
老挝	-12.5	-12.1	-4.7	-2.7	-8.6	-7.6	-13.7	-20.0
马来西亚	22.2	23.7	15.1	15.4	11.7	9.5	10.2	9.5
缅甸	-0.1	0.1	0.1	0.0	1.0	0.2	-3.3	-6.1
菲律宾	-7.4	-11.8	-8.4	-9.1	-7.6	-6.5	-6.1	-7.4
新加坡	16.9	37.5	26.6	26.9	24.3	25.2	26.0	28.2
泰国	4.3	1.8	8.7	4.6	1.7	1.6	6.1	8.7
越南	1.2	-4.2	-4.4	-0.3	5.6	5.1	6.5	3.8
太平洋地区								
库克群岛	-45.5	-41.6	-33.5	-37.2	-35.2	-35.0	-32.5	-32.8
斐济	-14.0	-26.0	-23.5	-22.6	-19.4	-27.8	-22.7	...
基里巴斯	-52.2	-66.3	-41.7	-43.6	-49.9	-50.4	-56.3	...
马绍尔群岛	-54.7	-40.4	-55.5	-30.9	-26.9	-36.2	-37.5	-34.4
密克罗尼西亚联邦	-38.1	-42.7	-43.2	-43.1	-38.4	-40.7	-36.9	-40.6
瑙鲁	...	...	...	...	...	...	...	...
帕劳	-78.4	-50.2	-49.4	-56.0	-57.8	-57.7	-63.1	-49.5
巴布亚新几内亚	31.4	36.8	15.6	15.0	7.4	2.5	...	...
萨摩亚	-120.7	-31.5	-31.2	-29.3	-26.6	-29.0	-25.6	-25.1
所罗门群岛	-8.1	-5.6	-19.7	-0.6	7.2	-1.7	-0.5	-1.6
东帝汶	...	-3.7 (2006)	-6.6	-6.2	-9.4	-11.0	-14.4	...
汤加	-27.4	-34.1	-27.6	-28.2	-29.9	-32.6	-31.1	-38.0
图瓦卢	-65.1	-40.4 (2006)	-53.6	-51.2	-46.7	-41.6	...	...
瓦努阿图	-18.2	-23.3	-27.1	-23.1	-25.4	-27.9	-24.0	...
发达经济体								
澳大利亚	-1.9	-2.6	-0.7	1.6	0.6	-0.3	0.4	-0.9
日本	2.5	2.3	2.0	-0.1	-0.9	-1.8	-2.1	-0.1
新西兰	0.7	-2.1	1.1	0.7	0.2	1.0	-0.2	...

... = 至截止日期未获得相关数据；0.0 = 数值不到所用计量单位的一半；GDP = 国内生产总值。

资料来源：各经济体。

表 4.2　服务贸易差额（占 GDP 的百分比）

本地区成员经济体	2000	2005	2010	2011	2012	2013	2014	2015
发展中经济体								
中亚和西亚地区								
阿富汗	...	...	4.6	3.9	-3.9	-4.8	-2.8	...
亚美尼亚	-3.4	-3.0	-2.8	-0.6	-1.0	-1.1	-0.8	-0.6
阿塞拜疆	-4.3	-14.5	-2.7	-4.2	-3.8	-5.6	-8.1	-8.0
格鲁吉亚	2.4	1.6	4.7	5.2	7.0	8.8	8.0	10.5
哈萨克斯坦	-5.3	-9.5	-4.9	-3.3	-3.7	-2.9	-2.8	...
吉尔吉斯共和国	-6.3	-1.3	-4.2	-1.7	-5.4	-0.9	-4.7	-1.9
巴基斯坦	-1.1	-3.6	-0.3	-1.4	-0.9	-1.4	-1.1	-0.9
塔吉克斯坦	-2.9 (2002)	-4.5	-1.8	-1.6	-0.9	-3.1	-3.3	-3.1
土库曼斯坦a	-7.2	-7.9	-21.0	-19.5	-18.5	-17.9	-16.7	-16.4
乌兹别克斯坦a	-0.5	-1.1	-1.4	-1.6	-0.1	-0.4	-0.1	...
东亚地区								
中国	3.5	-0.2	-0.4	-0.6	-0.9	-1.3	-1.7	-1.7
中国香港	-7.5	-4.9	4.4	6.9	8.3	10.7	11.2	9.8
韩国	-0.2	-1.0	-1.3	-1.0	-0.4	-0.5	-0.3	-1.1
蒙古国	-7.5	-2.4	-4.2	-11.2	-9.0	-10.6	-13.0	...
中国台北	-3.8	-3.8	-2.5	-2.3	-3.5	-2.7	-1.9	-2.0
南亚地区								
孟加拉国	-1.8	-1.5	-1.7	-2.3	-2.2	-2.3	-2.7	-2.4
不丹	...	-1.4 (2006)	-4.5	-5.2	-5.2	-3.0	-3.3	-2.9
印度	-0.5	0.6	0.1	0.7	0.9	1.2	0.9	...
马尔代夫	38.2	9.8	58.5	62.2	63.9	67.8	72.5	61.3
尼泊尔	5.3	-0.7	-1.2	0.4	0.2	1.1	1.0	...
斯里兰卡	-4.1	-2.2	-1.1	-1.4	1.8	1.6	2.3	2.8
东南亚地区								
文莱	...	-5.2	-5.9	-7.1	-11.3	-13.1	-9.5	...
柬埔寨	2.8	7.6	9.4	11.0	11.8	11.3	11.5	...
印度尼西亚	-6.3	-3.2	-1.3	-1.1	-1.2	-1.3	-1.1	...
老挝	8.1	6.1	3.7	2.7	2.6	2.3	...	...
马来西亚	-2.9	-1.5	0.8	0.2	-0.9	-0.9	-1.0	-1.8
缅甸	0.2	0.0	0.0	0.0	-0.3	0.9	2.4	...
菲律宾	0.5	2.1	2.9	2.9	2.5	2.6	1.6	1.5
新加坡	-4.6	-7.6	-0.2	0.3	-0.7	-2.1	-1.5	-1.3
泰国	-1.3	-3.6	-3.1	-2.9	-0.8	0.9	0.5	2.6
越南	-1.8	-0.5	-2.1	-2.2	-1.6	-1.8	-1.9	...
太平洋地区								
库克群岛	...	...	...	...	...	...	...	...
斐济	6.0	13.2	17.3	16.7	16.3	15.7	...	...
基里巴斯	...	-0.0 (2006)	-25.3	-27.5	-30.1	-30.0	-22.4	...
马绍尔群岛	...	-28.9	-27.0	-27.6	-27.5	-29.2	-25.9	...
密克罗尼西亚联邦	...	...	-15.1	-14.9	-14.4	-14.6	-12.2	...
瑙鲁	...	...	...	...	...	...	...	...
帕劳	...	21.1	22.3	31.5	33.4	35.8	37.9	...
巴布亚新几内亚	-15.1	-20.0	-17.2	-14.2	-15.3	-16.4	...	...
萨摩亚	14.2 (1999)	14.0	13.2	13.0	13.8	14.6	14.7	...
所罗门群岛	-7.1	-3.9	-13.8	-8.4	-9.2	-12.1	-10.8	-7.3
东帝汶	...	-7.0 (2006)	-22.6	-23.3	-13.5	-7.8	-9.0	...
汤加	-4.8 (2001)	-2.4	-0.2	-3.3	-1.4	-4.7	...	...
图瓦卢	-62.2 (2001)	-33.0	-93.6	-100.9	-57.8	-36.2	...	...
瓦努阿图	21.8	16.5	21.7	17.5	19.9	25.4	23.2	...
发达经济体								
澳大利亚	0.2	-0.1	-0.4	-0.7	-0.8	-1.0	-0.7	...
日本	-1.0	-0.8	-0.6	-0.6	-0.8	-0.7	-0.6	-0.3
新西兰	1.3	1.5	0.9	0.6	0.4	0.4	0.6	...

... = 至截止日期未获得相关数据；0.0 = 数值不到所用计量单位的一半；GDP = 国内生产总值。

a 包括其他商品和收入。从 2005 年起适用于乌兹别克斯坦。

资料来源：International Monetary Fund. June 2016. International Financial Statistics（CD-ROM）. Washington, D. C.；中国台北、土库曼斯坦和乌兹别克斯坦：各经济体.

表4.3 经常账目平衡（占GDP的百分比）

本地区成员经济体	2000	2005	2010	2011	2012	2013	2014	2015
发展中经济体								
中亚和西亚地区								
阿富汗	-3.5 (2002)	-2.7	-10.1	-14.9	-20.6	-26.7	-19.0	-25.1
亚美尼亚	-15.8	-2.5	-13.6	-10.4	-10.0	-7.6	-7.3	-2.7
阿塞拜疆	-3.2	1.3	28.4	26.0	21.7	16.7	32.1	-0.4
格鲁吉亚	-5.8	-10.8	-10.3	-12.8	-11.7	-5.8	-10.6	-12.0
哈萨克斯坦	2.1	-1.8	0.9	5.1	0.5	0.5	2.8	-3.2
吉尔吉斯共和国	-5.5	-1.4	-6.6	-8.1	-15.8	-14.1	-17.3	-11.3
巴基斯坦	-0.3	-1.4	-2.3	0.1	-2.2	-1.1	-1.3	-1.0
塔吉克斯坦	-7.2	-0.8	-15.9	-2.6	-3.2	-0.7	-2.8	-6.0
土库曼斯坦	8.3	6.2	-10.8	2.0	0.0	-7.6	-7.1	-12.3
乌兹别克斯坦	1.6	13.5	6.1	5.7	2.7	3.4	4.1	...
东亚地区								
中国	1.7	5.8	3.9	1.8	2.5	1.6	2.7	3.0
中国香港	4.4	11.9	7.0	5.6	1.6	1.5	1.3	3.1
韩国	1.9	1.4	2.6	1.6	4.2	6.2	6.0	7.7
蒙古国	-6.1	3.5	-12.3	-26.5	-27.4	-25.4	-11.5	-4.0
中国台北	2.5	4.0	8.3	7.8	8.9	10.0	11.7	14.5
南亚地区								
孟加拉国	-0.9	-1.0	3.7	-1.3	-0.3	1.6	0.8	0.8
不丹	-9.4	-29.0	-20.5	-27.6	-20.1	-24.5	-24.8	-27.6
印度	-0.6	-1.2	-2.8	-4.2	-4.8	-1.7	-1.3	-1.1
马尔代夫	-8.2	-24.4	-15.3	-15.6	-7.4	-4.6	-3.9	-8.8
尼泊尔	-2.2	2.0	-2.3	-0.9	4.8	3.3	4.5	5.0
斯里兰卡	-6.4	-2.7	-1.9	-7.1	-5.8	-3.4	-2.5	-2.4
东南亚地区								
文莱	51.5 (2001)	47.3	36.5	34.8	29.8	20.9	30.6	15.9
柬埔寨	-2.7	-3.6	-6.0	-6.0	-8.2	-13.0	-9.8	-9.7
印度尼西亚	4.8	0.1	0.7	0.2	-2.7	-3.2	-3.1	-2.0
老挝	-0.3	-7.1	0.4	2.0	-4.5	-4.1	-10.0	-18.4
马来西亚	9.0	14.4	10.1	10.9	5.2	3.5	4.4	3.0
缅甸	-0.1	0.0	0.0	0.0	-1.5	-0.8	-2.1	-6.2
菲律宾	-2.7	1.9	3.6	2.5	2.8	4.2	3.8	2.9
新加坡	10.8	22.1	23.8	22.8	18.1	17.9	17.5	19.8
泰国	7.4	-4.0	2.9	2.4	-0.4	-1.2	3.8	8.1
越南	4.2	-1.0	-3.7	0.2	5.9	4.5	4.9	0.5
太平洋地区								
库克群岛	...	...	...	...	...	...	...	...
斐济	-1.6	-11.3	-4.7	-5.1	-1.3	-9.8	-7.5	...
基里巴斯	-3.2	-34.1	-2.2	-13.4	-4.5	9.3	24.4	...
马绍尔群岛	-15.1	5.8	-21.3	1.2	-3.2	-12.0	-3.4	14.8
密克罗尼西亚联邦	-13.3	-9.0	-15.4	-18.8	-13.4	-10.1	1.2	8.6
瑙鲁	...	...	...	...	...	...	...	...
帕劳	-44.1	-18.9	-6.7	-9.2	-8.5	-9.3	-11.8	-0.5
巴布亚新几内亚	10.1	13.3	-4.5	-1.0	-10.8	-16.4	...	...
萨摩亚	-3.3	-8.5	-5.4	-5.5	0.1	-4.3	-3.9	-2.5
所罗门群岛	-12.5	-1.9	-2.6	-2.4	2.9	-3.8	-4.8	-3.5
东帝汶	...	19.3 (2006)	39.3	39.4	40.2	43.6	26.2	...
汤加	-5.2	-9.4	-7.4	-9.3	-6.9	-8.7	-5.0	-9.0
图瓦卢	54.7	-1.6 (2006)	-3.7	-26.5	-7.8	-2.8	...	...
瓦努阿图	-5.0	-3.5	-5.8	-7.4	-8.8	-0.5	2.2	...
发达经济体								
澳大利亚	-4.9	-6.5	-5.0	-3.1	-3.3	-3.9	-3.3	-3.7
日本	2.8	3.7	4.0	2.2	1.0	0.9	0.8	3.3
新西兰	-1.0	-5.4	-2.0	-2.5	-3.0	-2.1	-2.7	...

... = 至截止日期未获得相关数据；0.0 = 数值不到所用计量单位的一半；GDP = 国内生产总值。

资料来源：各经济体。

表 4.4 工人汇款与职工报酬收入（百万美元）

本地区成员经济体	2000	2005	2010	2011	2012	2013	2014	2015
发展中经济体								
中亚和西亚地区								
阿富汗	...	106 (2008)	342	185	252	314	268	350
亚美尼亚	87	915	1,669	1,799	1,915	2,192	2,079	1,622
阿塞拜疆	57	623	1,410	1,893	1,990	1,733	1,846	1,483
格鲁吉亚	210	446	1,184	1,547	1,770	1,945	1,986	1,555
哈萨克斯坦	122	62	226	180	178	207	229	176
吉尔吉斯共和国	9	313	1,266	1,709	2,031	2,278	2,243	1,689
巴基斯坦	1,080	4,280	9,690	12,263	14,007	14,629	17,066	19,255
塔吉克斯坦	79 (2002)	467	2,306	3,060	3,626	4,219	3,384	2,575
土库曼斯坦	...	14 (2006)	35	35	37	40	30	16
乌兹别克斯坦	...	898 (2006)	2,858	4,276	5,693	6,689	5,828	3,104
东亚地区								
中国	758	23,626	52,460	61,576	57,987	59,491	62,332	63,938
中国香港	136	297	340	352	367	360	372	368
韩国	4,862	5,178	5,836	6,582	6,571	6,455	6,551	6,541
蒙古国	12	180	266	279	320	256	255	265
中国台北	274	323	500	613	688	792	860	915
南亚地区								
孟加拉国	1,969	4,642	10,850	12,071	14,120	13,867	14,983	15,359
不丹	...	2 (2006)	8	10	18	12	14	20
印度	12,845	22,125	53,480	62,499	68,821	69,970	70,389	68,910
马尔代夫	2	2	3	3	3	3	3	3
尼泊尔	112	1,212	3,464	4,217	4,793	5,589	5,770	6,976
斯里兰卡	1,163	1,976	4,123	5,153	6,000	6,422	7,036	6,999
东南亚地区								
文莱	...	...	...	...	...	...	...	...
柬埔寨	121	164	153	160	172	176	377	397
印度尼西亚	1,190	5,420	6,916	6,924	7,212	7,614	8,551	9,631
老挝	1	1	42	110	59	60	60	60
马来西亚	342	1,117	1,103	1,211	1,294	1,423	1,573	1,623
缅甸	102	129	115	127	275	1,644	3,103	3,468
菲律宾	6,957	13,733	20,563	21,922	23,352	25,369	27,273	28,483
新加坡	...	...	...	...	...	...	...	...
泰国	1,700	1,187	3,580	4,554	4,713	5,690	5,655	5,217
越南	1,340	3,150	8,260	8,600	10,000	11,000	12,000	13,200
太平洋地区								
库克群岛	...	...	...	...	...	...	...	...
斐济	44	204	174	160	191	204	206	222
基里巴斯	...	12 (2006)	15	16	17	17	16	16
马绍尔群岛	...	24	22	22	23	25	26	27
密克罗尼西亚联邦	...	...	18	19	21	22	23	24
瑙鲁	...	...	...	...	...	...	...	...
帕劳	...	1	2	2	2	2	2	2
巴布亚新几内亚	7	7	3	17	14	14	10	10
萨摩亚	45 (1999)	82	139	160	178	165	141	154
所罗门群岛	4	7	14	17	21	21	16	18
东帝汶	...	4 (2006)	137	137	120	34	44	64
汤加	...	69	77	79	118	121	118	118
图瓦卢	...	5	4	5	4	4	4	4
瓦努阿图	35	5	12	22	22	24	28	28
发达经济体								
澳大利亚	1,904	940	1,864	2,449	2,441	2,460	2,330	2,266
日本	1,374	905	1,684	2,132	2,540	2,364	3,733	4,480
新西兰	236	352	371	455	462	459	462	421
发展中成员经济体[a]	35,541	91,971	193,665	224,567	238,993	251,091	262,751	264,885
本地区成员体[a]	39,055	94,169	197,584	229,603	244,435	256,375	269,277	272,053
全球	126,750	282,536	460,527	522,934	543,943	571,759	591,968	581,640

... = 至截止日期未获得相关数据。

a 仅就上报数据的经济体而言。

资料来源：World Bank. Migration. http://www.worldbank.org/en/topic/migrationremittancesdiasporaissues/brief/migration-remittances-data（访问时间 2016 年 6 月）；中国台北：经济体.

表 4.5　工人汇款与职工报酬收入（占 GDP 的百分比）

本地区成员经济体	2000	2005	2010	2011	2012	2013	2014	2015
发展中经济体								
中亚和西亚地区								
阿富汗	...	1.0 (2008)	2.1	1.0	1.2	1.5	1.3	1.7
亚美尼亚	4.6	18.7	18.0	17.7	18.0	19.7	17.9	15.4
阿塞拜疆	1.1	4.7	2.7	2.9	2.9	2.3	2.5	2.8
格鲁吉亚	6.9	7.0	10.2	10.7	11.2	12.1	12.0	11.1
哈萨克斯坦	0.7	0.1	0.2	0.1	0.1	0.1	0.1	0.1
吉尔吉斯共和国	0.6	12.7	26.4	27.6	30.8	31.1	30.0	25.7
巴基斯坦	1.5	3.9	5.6	5.8	6.5	6.6	6.9	7.2
塔吉克斯坦	3.8 (2002)	20.2	40.9	46.9	47.5	49.6	36.6	32.8
土库曼斯坦	...	0.1 (2006)	0.2	0.1	0.1	0.1	0.1	0.0
乌兹别克斯坦	...	5.2 (2006)	7.2	9.3	11.0	11.6	9.3	4.7
东亚地区								
中国	0.1	1.0	0.9	0.8	0.7	0.6	0.6	0.6
中国香港	0.1	0.2	0.1	0.1	0.1	0.1	0.1	0.1
韩国	0.9	0.6	0.5	0.5	0.5	0.5	0.5	0.5
蒙古国	1.1	7.1	3.7	2.7	2.6	2.0	2.1	2.2
中国台北	0.1	0.1	0.1	0.1	0.1	0.2	0.2	0.2
南亚地区								
孟加拉国	4.3	8.1	9.5	9.8	11.0	9.0	8.7	7.9
不丹	...	0.2 (2006)	0.5	0.6	1.0	0.7	0.7	1.0
印度	2.7	2.6	3.1	3.3	3.7	3.6	3.4	3.3
马尔代夫	0.4	0.2	0.1	0.1	0.1	0.1	0.1	0.1
尼泊尔	2.0	14.7	21.3	22.8	26.7	30.7	29.2	33.8
斯里兰卡	7.0	8.1	7.3	7.9	8.8	8.6	8.8	8.5
东南亚地区								
文莱	...	...	...	...	...	...	...	...
柬埔寨	3.3	2.6	1.4	1.3	1.2	1.2	2.2	2.2
印度尼西亚	0.7	1.9	0.9	0.8	0.8	0.8	1.0	1.1
老挝	0.0	0.0	0.6	1.4	0.6	0.6	0.5	0.5
马来西亚	0.4	0.8	0.4	0.4	0.4	0.4	0.5	0.5
缅甸	0.0	0.0	0.0	0.0	0.3	2.6	4.7	5.5
菲律宾	8.6	13.3	10.3	9.8	9.3	9.3	9.6	9.7
新加坡	...	...	...	...	...	...	...	...
泰国	1.3	0.6	1.1	1.2	1.2	1.4	1.4	1.3
越南	4.3	5.5	7.1	6.3	6.4	6.4	6.4	6.8
太平洋地区								
库克群岛	...	...	...	...	...	...	...	...
斐济	2.6	6.8	5.5	4.2	4.8	4.9	4.5	5.1
基里巴斯	...	11.6 (2006)	9.7	9.2	9.0	9.2	8.6	...
马绍尔群岛	...	17.2	13.5	12.8	12.6	12.9	14.2	15.0
密克罗尼西亚联邦	...	...	6.1	6.2	6.4	7.0	7.3	7.6
瑙鲁	...	...	...	...	...	...	...	...
帕劳	...	0.8	0.9	1.0	1.1	1.0	0.9	0.8
巴布亚新几内亚	0.2	0.1	0.0	0.1	0.1	0.1	...	...
萨摩亚	19.5 (1999)	18.8	20.4	20.3	22.2	20.5	17.0	19.9
所罗门群岛	1.5	1.7	2.1	2.1	2.3	2.0	1.6	1.7
东帝汶	...	0.1 (2006)	3.2	2.3	1.8	0.6	1.0	...
汤加	...	26.0	20.7	17.6	25.3	27.5	27.0	29.8
图瓦卢	...	22.5	12.3	11.7	9.6	10.6	10.8	12.4
瓦努阿图	12.7	1.3	1.7	2.7	2.8	3.0	3.5	...
发达经济体								
澳大利亚	0.5	0.1	0.2	0.2	0.2	0.2	0.2	0.2
日本	0.0	0.0	0.0	0.0	0.0	0.0	0.1	0.1
新西兰	0.4	0.3	0.3	0.3	0.3	0.2	0.2	...
发展中成员经济体[a]	0.9	1.2	1.0	1.0	1.5	1.5	1.4	1.4
本地区成员体[a]	0.4	0.7	0.8	0.8	1.0	1.1	1.1	1.1

... = 至截止日期未获得相关数据；0.0 = 数值不到所用计量单位的一半；GDP = 国内生产总值。

a 仅就上报数据的经济体而言。

资料来源：World Bank. Migration. http://www.worldbank.org/en/topic/migrationremittancesdiasporaissues/brief/migration–remittances–data（访问时间 2016 年 6 月）；中国台北：经济体.

表4.6 外国直接投资净流入（百万美元）

本地区成员经济体	2000	2005	2010	2011	2012	2013	2014	2015
发展中经济体								
中亚和西亚地区								
阿富汗	50 (2002)	271	54	58	62	40	49	169
亚美尼亚	104	292	529	653	497	346	404	178
阿塞拜疆	130	4,476	3,353	4,485	5,293	2,619	4,430	4,048
格鲁吉亚	131	453	869	1,084	831	956	1,750	1,342
哈萨克斯坦	1,371	2,546	7,456	13,760	13,648	9,947	7,598	4,021
吉尔吉斯共和国	−2	43	420	697	309	633	353	760
巴基斯坦	308	2,201	2,022	1,326	859	1,333	1,867	979
塔吉克斯坦	24	54	−16	67	198	−54	309	391
土库曼斯坦	131	418	3,632	3,391	3,130	3,732	4,170	4,259
乌兹别克斯坦	75	192	1,636	1,635	563	629	626	1,068
东亚地区								
中国	42,095	104,109	243,703	280,072	241,214	290,928	268,097	249,859
中国香港	70,496	40,963	82,709	96,135	74,887	76,857	129,847	180,844
韩国	11,509	13,643	9,497	9,773	9,496	12,767	9,274	5,042
蒙古国	54	185	1,692	4,713	4,452	2,151	384	196
中国台北	4,928	1,625	2,492	−1,957	3,207	3,598	2,839	2,413
南亚地区								
孟加拉国	280	761	1,232	1,265	1,584	2,603	2,539	3,380
不丹	2 (2002)	6	75	31	24	50	8	34
印度	3,584	7,269	27,397	36,499	23,996	28,153	33,871	44,208
马尔代夫	22	53	216	424	228	361	333	324
尼泊尔	−0	2	88	94	92	74	30	19
斯里兰卡	173	272	478	956	941	933	894	681
东南亚地区								
文莱	61 (2001)	175	481	691	865	776	568	173
柬埔寨	118	377	735	795	1,441	1,345	1,730	1,701
印度尼西亚	−4,550	8,336	15,292	20,565	21,201	23,282	26,277	15,508
老挝	34	28	279	301	294	427	913	1,079
马来西亚	3,788	3,925	10,886	15,119	8,896	11,296	10,619	10,963
缅甸	255	235	901	2,520	1,334	2,255	1,398	3,137
菲律宾	1,487	1,664	1,070	2,007	3,215	3,737	5,740	5,724
新加坡	15,515	18,090	55,076	48,329	57,150	66,067	68,496	65,263
泰国	3,366	8,223	14,715	2,468	12,895	15,822	3,719	7,062
越南	1,298	1,954	8,000	7,430	8,368	8,900	9,200	11,800
太平洋地区								
库克群岛	...	...	...	...	...	...	...	...
斐济	1	160	357	417	267	158	343	332
基里巴斯	1	3	−7	1	−3	1	8	2
马绍尔群岛	0	3	−9	−4	21	33	9	−54
密克罗尼西亚联邦	−0 (2001)	0	1	1	1	1	20	1
瑙鲁	1	1	1 (2009)	...	...	...	...	...
帕劳	3	4	3	8	22	18	40	−9
巴布亚新几内亚	96	32	29	−310	−64	18	−30	−28
萨摩亚	−1	4	−1	9	14	24	23	16
所罗门群岛	2	1	166	120	24	53	21	22
东帝汶	1 (2002)	1	30	49	40	56	34	43
汤加	9	7	9	4	2	7	56	13
图瓦卢	−0 (2001)	−0	0	−0	1	0	1	1
瓦努阿图	20	13	63	61	60	59	13	29
发达经济体								
澳大利亚	14,893	−25,093	35,211	65,555	57,617	54,554	45,913	36,852
日本	10,688	5,460	7,441	−851	547	10,648	18,409	−42
新西兰	−1,508	1,907	286	1,370	3,737	−99	3,245	−547
发展中成员经济体[a]	156,969	223,070	497,614	555,743	501,555	572,991	598,872	626,996
本地区成员体[a]	181,043	205,343	540,552	621,817	563,456	638,094	666,440	663,259

... = 至截止日期未获得相关数据；0.0 = 数值不到所用计量单位的一半。

a 仅就上报数据的经济体而言。

资料来源：World Bank. World Development Indicators Online. http://data.worldbank.org/indicator/BX.KLT.DINV.CD.WD（访问时间2016年10月）；中国台北：经济体.

表4.7 外国直接投资净流入（占GDP的百分比）

本地区成员经济体	2000	2005	2010	2011	2012	2013	2014	2015
发展中经济体								
中亚和西亚地区								
阿富汗	1.2 (2002)	4.1	0.3	0.3	0.3	0.2	0.2	0.8
亚美尼亚	5.5	6.0	5.7	6.4	4.7	3.1	3.5	1.7
阿塞拜疆	2.5	33.8	6.3	6.8	7.6	3.5	5.9	7.6
格鲁吉亚	4.3	7.1	7.5	7.5	5.2	5.9	10.6	9.6
哈萨克斯坦	7.5	4.5	5.0	6.9	6.3	4.1	3.3	2.2
吉尔吉斯共和国	-0.2	1.7	8.8	11.3	4.7	8.6	4.7	11.6
巴基斯坦	0.4	2.0	1.2	0.6	0.4	0.6	0.8	0.4
塔吉克斯坦	2.7	2.4	-0.3	1.0	2.6	-0.6	3.3	5.0
土库曼斯坦	2.7	2.9	16.4	11.6	8.9	9.5	9.6	11.9
乌兹别克斯坦	0.5	1.3	4.1	3.5	1.1	1.1	1.0	1.6
东亚地区								
中国	3.5	4.6	4.0	3.7	2.9	3.1	2.6	2.3
中国香港	41.1	22.6	36.2	38.7	28.5	27.9	44.6	58.5
韩国	2.0	1.5	0.9	0.8	0.8	1.0	0.7	0.4
蒙古国	4.7	7.3	23.5	45.3	36.2	17.1	3.1	1.7
中国台北	1.5	0.4	0.6	-0.4	0.6	0.7	0.5	0.5
南亚地区								
孟加拉国	0.6	1.3	1.1	1.0	1.2	1.7	1.5	1.7
不丹	0.5 (2002)	0.8	4.7	1.7	1.3	2.8	0.4	1.6
印度	0.7	0.9	1.6	1.9	1.3	1.5	1.7	2.1
马尔代夫	3.6	4.7	9.3	17.3	9.1	12.9	10.9	9.6
尼泊尔	0.0	0.0	0.5	0.5	0.5	0.4	0.2	0.1
斯里兰卡	1.0	1.1	0.8	1.5	1.4	1.3	1.1	0.8
东南亚地区								
文莱	1.1 (2001)	1.8	3.5	3.7	4.5	4.3	3.3	1.3
柬埔寨	3.2	6.0	6.5	6.2	10.3	8.8	10.3	9.4
印度尼西亚	-2.8	2.9	2.0	2.3	2.3	2.6	3.0	1.8
老挝	2.1	1.0	4.1	3.7	3.2	4.0	7.8	8.8
马来西亚	4.0	2.7	4.3	5.1	2.8	3.5	3.1	3.7
缅甸	0.1	0.0	0.0	0.0	1.7	3.6	2.1	5.0
菲律宾	1.8	1.6	0.5	0.9	1.3	1.4	2.0	2.0
新加坡	16.2	14.2	23.3	17.6	19.8	22.0	22.4	22.3
泰国	2.7	4.3	4.3	0.7	3.2	3.8	0.9	1.8
越南	4.2	3.4	6.9	5.5	5.4	5.2	4.9	6.1
太平洋地区								
库克群岛	...	...	...	...	...	...	...	...
斐济	0.0	5.4	11.4	11.0	6.7	3.8	7.6	7.7
基里巴斯	1.1	2.5	-4.3	0.4	-1.8	0.6	4.4	...
马绍尔群岛	0.1	2.4	-5.7	-2.5	11.5	17.0	4.9	-29.9
密克罗尼西亚联邦	-0.1 (2001)	0.0	0.0	0.3	0.3	0.3	6.4	0.3
瑙鲁	...	3.8	2.5 (2009)					
帕劳	2.1	2.1	1.5	4.2	10.1	7.9	15.9	-3.1
巴布亚新几内亚	2.8	0.7	0.2	-1.7	-0.3	0.1	...	...
萨摩亚	-0.5	0.9	-0.2	1.1	1.7	3.0	2.8	2.0
所罗门群岛	0.7	0.1	23.9	14.6	2.6	5.3	2.0	2.1
东帝汶	0.2 (2002)	0.0	0.7	0.8	0.6	1.0	0.8	...
汤加	4.9	2.7	2.4	0.8	0.4	1.5	12.9	3.2
图瓦卢	-0.1 (2001)	-0.1	1.4	-0.3	3.3	0.9	1.7	1.8
瓦努阿图	7.4	3.4	9.0	7.7	7.7	7.4	1.6	...
发达经济体								
澳大利亚	3.9	-3.6	3.0	4.5	3.7	3.7	3.2	3.0
日本	0.2	0.1	0.1	0.0	0.0	0.2	0.4	0.0
新西兰	-2.8	1.7	0.2	0.8	2.1	-0.1	1.6	...
发展中成员经济体a	4.0	2.8	2.6	2.4	3.2	3.4	3.3	3.4
本地区成员体a	2.0	1.5	2.1	2.0	2.4	2.7	2.7	2.8

... = 至截止日期未获得相关数据；0.0 = 数值不到所用计量单位的一半；GDP = 国内生产总值。

a 仅就上报数据的经济体而言。

资料来源：World Bank. World Development Indicators Online. http://data.worldbank.org/indicator/BX.KLT.DINV.CD.WD（访问时间2016年10月）；中国台北：经济体．

表 4.8 商品出口（百万美元）

本地区成员经济体	2000	2005	2010	2011	2012	2013	2014	2015
发展中经济体								
中亚和西亚地区								
阿富汗	137	384	388	376	415	515	571	571
亚美尼亚	300	974	1,041	1,334	1,380	1,479	1,547	1,485
阿塞拜疆	1,745	7,649	26,374	34,393	32,374	31,703	28,260	15,586
格鲁吉亚	323	866	1,677	2,187	2,376	2,910	2,861	2,204
哈萨克斯坦	8,812	27,849	60,271	84,336	86,449	84,700	78,238	45,726*
吉尔吉斯共和国	505	674	1,756	2,242	1,928	2,007	1,884	1,676
巴基斯坦	8,335	14,453	19,261	24,917	22,797	23,383	25,554	23,329
塔吉克斯坦	784	909	1,195	1,257	1,358	1,162	977	891
土库曼斯坦	2,508	4,944	9,679	16,751	19,987	18,854	19,782	20,998*
乌兹别克斯坦	3,265	5,409	13,023	15,021	13,600	14,323	13,546	12,469
东亚地区								
中国	249,203	761,953	1,577,754	1,898,381	2,048,714	2,209,004	2,342,293	2,274,950
中国香港	201,855	289,325	390,134	428,732	442,775	458,959	473,654	465,092
韩国	172,268	284,419	466,384	555,214	547,870	559,632	572,665	526,757
蒙古国	536	1,064	2,909	4,817	4,385	4,269	5,774	4,669
中国台北	151,458	199,807	277,413	312,049	306,267	310,235	318,869	283,469
南亚地区								
孟加拉国	4,780	8,259	16,099	22,061	23,508	27,619	30,217	31,106
不丹	103	214	535	646	580	511	539	560
印度	45,297	103,496	249,951	314,109	305,839	325,099	310,742	267,244
马尔代夫	109	162	62	115	162	166	145	144
尼泊尔	701	823	830	869	872	827	924	831
斯里兰卡	5,456	6,351	8,618	10,560	9,761	10,413	11,130	10,495
东南亚地区								
文莱	3,906	6,247	8,887	12,464	12,980	11,436	10,601	6,338
柬埔寨	1,397	2,908	3,906	5,035	5,633	6,530	7,408	8,453
印度尼西亚	62,124	85,660	157,779	203,497	190,032	182,552	175,981	150,366
老挝	330	553	1,746	2,190	2,271	2,264	2,662	2,769
马来西亚	98,229	141,595	198,325	228,059	227,480	228,503	233,868	199,705
缅甸	1,961	3,558	8,861	9,136	8,977	11,204	12,524	11,137
菲律宾	38,078	41,255	51,498	48,305	52,100	56,698	62,102	58,648
新加坡[a]	137,953	229,832	351,182	408,766	407,258	406,930	405,073	346,432
泰国	69,152	110,360	192,937	219,994	227,726	224,883	225,157	211,048
越南	14,483	32,447	72,237	96,906	114,529	132,033	150,217	162,017
太平洋地区								
库克群岛	9	5	5	3	5	11	18	14
斐济	543	705	837	1,073	1,224	1,137	1,220	895
基里巴斯	4	4	4	9	7	7	10	...
马绍尔群岛	25	34	34 (2009)	65	...	...	...	...
密克罗尼西亚联邦	17	13	23	43	52	35	...	...
瑙鲁	68	44	189	242	301	248	168	158
帕劳	12	14	16	19	21	21	19	18
巴布亚新几内亚	2,089	3,311	5,737	6,907	6,326	5,942	8,786	8,353
萨摩亚	14	12	23	25	31	24	27	34
所罗门群岛	65	105	227	408	488	487	458	401
东帝汶	...	43	42	53	77	53	39	...
汤加	9	10	8	16	16	17	19	...
图瓦卢	0	0	0	0	0	0	...	...
瓦努阿图	26	46	48	67	55	39	63	39
发达经济体								
澳大利亚	63,980	106,211	212,027	269,941	256,522	252,894	239,708	187,525
日本	479,320	595,696	767,825	821,312	798,937	714,931	689,916	624,681
新西兰	13,292	21,698	31,365	37,685	37,321	39,434	41,541	34,152
发展中成员经济体[b]	1,285,066	2,372,498	4,171,019	4,961,184	5,118,003	5,347,387	5,525,988	5,150,741
本地区成员体[b]	1,845,565	3,102,350	5,191,124	6,102,585	6,223,763	6,366,082	6,507,754	6,003,438

... = 至截止日期未获得相关数据；0.0 = 数值不到所用计量单位的一半；* = 暂定数字/初步数字/预估数字/预算数字。

a 2003 年之前的数据不包括印度尼西亚。

b 仅就上报数据的经济体而言。

资料来源：经济体；International Monetary Fund. May 2016. *International Financial Statistics*（CD – ROM）. Washington，D. C.

表 4.9 商品出口的增长率[a]（%）

本地区成员经济体	2000	2005	2010	2011	2012	2013	2014	2015
发展中经济体								
中亚和西亚地区								
阿富汗	-17.4	25.9	-3.7	-3.1	10.4	24.1	10.9	–
亚美尼亚	29.7	34.7	46.6	28.2	3.4	7.1	4.6	-4.0
阿塞拜疆	87.7	111.6	25.3	30.4	-5.9	-2.1	-10.9	-44.8
格鲁吉亚	35.5	33.8	48.0	30.4	8.7	22.4	-1.7	-22.9
哈萨克斯坦	50.1	38.6	39.5	39.9	2.5	-2.0	-7.6	-41.6*
吉尔吉斯共和国	11.2	-6.5	5.0	27.7	-14.0	4.1	-6.1	-11.0
巴基斯坦	4.8	14.9	12.0	29.4	-8.5	2.6	9.3	-8.7
塔吉克斯坦	13.9	-0.7	18.3	5.2	8.0	-14.4	-15.9	-8.9
土库曼斯坦	115.5	28.3	3.8	73.1	19.3	-5.7	4.9	6.1*
乌兹别克斯坦	0.9	11.5	10.6	15.3	-9.5	5.3	-5.4	-8.0
东亚地区								
中国	27.8	28.4	31.3	20.3	7.9	7.8	6.0	-2.9
中国香港	16.1	11.6	22.5	9.9	3.3	3.7	3.2	-1.8
韩国	19.9	12.0	28.3	19.0	-1.3	2.1	2.3	-8.0
蒙古国	18.0	22.4	54.3	65.6	-9.0	-2.6	35.3	-19.1
中国台北	22.6	8.6	35.1	12.5	-1.9	1.3	2.8	-11.1
南亚地区								
孟加拉国	12.5	11.3	3.7	37.0	6.6	17.5	9.4	2.9
不丹	-11.3	35.8	6.5	20.7	-10.2	-11.9	5.5	3.9
印度	22.2	25.0	43.1	25.7	-2.6	6.3	-4.4	-14.0
马尔代夫	18.8	-10.5	-63.6	86.5	40.6	2.8	-12.9	-0.6
尼泊尔	34.0	12.4	-4.9	4.7	0.3	-5.1	11.7	-10.1
斯里兰卡	18.5	10.1	21.7	22.5	-7.6	6.7	6.9	-5.7
东南亚地区								
文莱	53.1	23.3	23.9	40.2	4.1	-11.9	-7.3	-40.2
柬埔寨	23.6	12.3	24.5	28.9	11.9	15.9	13.4	14.1
印度尼西亚	27.7	19.7	35.4	29.0	-6.6	-3.9	-3.6	-14.6
老挝	9.6	52.2	65.9	25.4	3.7	-0.3	17.6	4.0
马来西亚	16.1	11.8	26.5	15.0	-0.3	0.4	2.3	-14.6
缅甸	72.3	21.5	16.8	3.1	-1.7	24.8	11.8	-11.1
菲律宾	8.7	4.0	34.0	-6.2	7.9	8.8	9.5	-5.6
新加坡[b]	20.3	15.7	30.6	16.4	-0.4	-0.1	-0.5	-14.5
泰国	18.0	14.6	27.3	14.0	3.5	-1.2	0.1	-6.3
越南	25.5	22.5	26.5	34.2	18.2	15.3	13.8	7.9
太平洋地区								
库克群岛	154.4	-26.9	88.0	-39.4	69.9	100.6	65.8	-20.3
斐济	-12.1	1.4	33.0	28.3	14.1	-7.1	7.3	-26.6
基里巴斯	-59.1	58.2	-38.0	120.7	-18.3	-4.9	51.9	…
马绍尔群岛	48.7	14.0	5.6 (2009)	…	…	…	…	…
密克罗尼西亚联邦	…	-7.3	24.1	88.3	21.8	-33.5	…	…
瑙鲁	-7.9	-15.3	58.0	27.8	24.3	-17.5	-32.4	-5.8
帕劳	65.9	116.9	15.9	16.4	12.2	-0.5	-8.7	-5.3
巴布亚新几内亚	7.3	26.8	30.9	20.4	-8.4	-6.1	47.9	-4.9
萨摩亚	-24.9	0.6	114.4	6.3	26.8	-23.2	14.7	23.8
所罗门群岛	-48.1	22.3	37.4	80.0	19.7	-0.3	-5.9	-12.4
东帝汶	…	-58.9	20.7	27.8	44.4	-30.7	-26.7	…
汤加	-27.1	-35.2	7.1	92.0	-1.2	10.2	10.5	…
图瓦卢	-91.5	-54.0	–	0.0	-0.0	–	…	…
瓦努阿图	2.8	-6.5	-14.8	38.7	-18.5	-29.4	62.6	-38.0
发达经济体								
澳大利亚	14.1	22.6	38.3	27.3	-5.0	-1.4	-5.2	-21.8
日本	14.8	5.4	32.6	7.0	-2.7	-10.5	-3.5	-9.5
新西兰	6.5	6.6	26.6	20.1	-1.0	5.7	5.3	-17.8
发展中成员经济体[c]	**20.9**	**18.3**	**30.2**	**18.9**	**3.2**	**4.5**	**3.3**	**-6.8**
本地区成员体[c]	**19.0**	**15.6**	**30.8**	**17.6**	**2.0**	**2.3**	**2.2**	**-7.7**

… = 至截止日期未获得相关数据； – = 数值等于零；0.0 = 数值不到所用计量单位的一半； * = 暂定数字/初步数字/预估数字/预算数字。

a 比率基于出口的美元价值。
b 2003 年之前的数据不包括印度尼西亚。
c 仅就上报数据的经济体而言。

资料来源：经济体；International Monetary Fund. May 2016. *International Financial Statistics*（CD－ROM）. Washington, D. C.

表 4.10　商品进口（百万美元）

本地区成员经济体	2000	2005	2010	2011	2012	2013	2014	2015
发展中经济体								
中亚和西亚地区								
阿富汗	1,176	2,470	5,154	6,390	9,832	8,724	7,729	7,723
亚美尼亚	885	1,802	3,749	4,145	4,261	4,386	4,424	3,239
阿塞拜疆	1,172	4,350	6,662	10,056	10,192	10,321	9,332	9,774
格鲁吉亚	709	2,490	5,257	7,038	8,037	8,012	8,593	7,729
哈萨克斯坦	5,040	17,353	31,127	36,906	46,358	48,806	41,296	30,186*
吉尔吉斯共和国	554	1,189	3,223	4,261	5,576	5,987	5,735	4,070
巴基斯坦	9,967	20,630	34,169	40,042	42,960	42,802	45,801	45,190
塔吉克斯坦	675	1,330	2,657	3,206	1,779	4,121	4,297	3,436
土库曼斯坦	1,742	2,947	8,204	11,361	14,138	16,090	16,638	18,044*
乌兹别克斯坦	2,947	4,091	9,176	11,345	12,817	...	...	...
东亚地区								
中国	225,094	659,953	1,396,244	1,743,484	1,818,405	1,949,989	1,959,235	1,681,950
中国香港	212,800	299,520	433,102	483,633	504,377	523,558	544,107	522,001
韩国	160,481	261,238	425,212	524,413	519,584	515,586	525,515	436,499
蒙古国	615	1,177	3,200	6,598	6,738	6,358	5,237	3,797
中国台北	140,630	185,245	255,679	287,156	277,268	276,884	280,725	235,580
南亚地区								
孟加拉国	8,080	12,575	23,581	34,715	35,219	38,738	41,031	40,564
不丹ª	193	466	810	1,093	952	864	935	965
印度	51,372	149,753	368,166	502,558	499,495	463,402	448,486	387,506
马尔代夫	389	683	909	1,329	1,554	1,728	1,990	1,893
尼泊尔	1,526	2,094	5,110	5,352	5,419	5,987	7,177	7,547
斯里兰卡	7,198	8,869	13,441	20,273	19,136	17,999	19,417	18,935
东南亚地区								
文莱	1,107	1,448	2,535	3,600	3,565	3,613	3,596	3,235
柬埔寨ª	1,936	3,918	5,756	7,180	8,139	9,744	10,616	11,920
印度尼西亚	33,515	57,701	135,663	177,436	191,691	186,629	178,179	142,695
老挝	535	882	2,060	2,404	3,055	3,081	4,271	5,233
马来西亚	81,963	114,302	164,176	187,460	196,412	205,875	208,667	175,494
缅甸	2,319	1,984	6,413	9,035	9,069	13,760	16,633	16,578
菲律宾	33,807	49,487	58,468	64,097	65,839	65,739	65,398	66,686
新加坡ᵇ	134,675	200,187	310,391	364,496	379,667	373,016	366,030	296,595
泰国	62,180	118,200	184,834	229,004	250,494	249,214	227,954	201,652
越南	15,637	36,761	84,839	106,750	113,780	132,033	147,849	165,570
太平洋地区								
库克群岛	51	81	91	110	112	116	121	110
斐济	856	1,610	1,806	2,182	2,254	2,823	2,656	2,080
基里巴斯	39	76	73	92	109	107	107	...
马绍尔群岛	116	132	...	176	...	...	...	...
密克罗尼西亚联邦	107	128	168	188	194	188	...	...
瑙鲁	78	51	42	62	75	280	190	127
帕劳	127	108	103	125	136	145	149	156
巴布亚新几内亚	999	1,519	3,522	4,232	4,757	5,410	4,000	2,260
萨摩亚	91	187	280	319	308	326	341	298
所罗门群岛	92	185	405	473	497	537	499	467
东帝汶	...	109	298	340	670	529	554	...
汤加	70	121	158	192	199	198	219	...
图瓦卢	5	13	16	25	25	16	...	...
瓦努阿图	84	165	284	305	296	314	314	367
发达经济体								
澳大利亚	67,806	118,924	193,081	234,046	250,375	232,450	227,498	200,440
日本	379,884	516,697	692,242	853,449	885,928	832,440	810,886	647,744
新西兰	13,963	26,248	30,523	37,048	38,256	39,646	42,523	36,618
发展中成员经济体ᶜ	1,203,634	2,229,583	3,997,211	4,905,635	5,075,441	5,204,032	5,216,041	4,558,148
本地区成员体ᶜ	1,665,288	2,891,451	4,913,057	6,030,177	6,250,000	6,308,568	6,296,947	5,442,951

... = 至截止日期未获得相关数据； * = 暂定数字/初步数字/预估数字/预算数字。

a 2005 年开始，不丹和柬埔寨的汇编方法从到岸价（cif）转换为离岸价（fob）。

b 2003 年之前的数据不包括印度尼西亚。

c 仅就上报数据的经济体而言。

资料来源：经济体；International Monetary Fund. May 2016. *International Financial Statistics*（CD‑ROM）. Washington, D. C.

表 4.11　商品进口的增长率[a]（%）

本地区成员经济体	2000	2005	2010	2011	2012	2013	2014	2015
发展中经济体								
中亚和西亚地区								
阿富汗	16.2	13.5	54.5	24.0	53.9	-11.3	-11.4	-0.1
亚美尼亚	9.1	33.4	12.9	10.6	2.8	2.9	0.9	-26.8
阿塞拜疆	13.1	23.7	6.9	50.9	1.4	1.3	-9.6	4.7
格鲁吉亚	21.1	34.9	16.8	33.9	14.2	-0.3	7.3	-10.1
哈萨克斯坦	37.9	35.8	9.6	18.6	25.6	5.3	-15.4	-26.9*
吉尔吉斯共和国	-7.6	25.5	6.0	32.2	30.9	7.4	-4.2	-29.0
巴基斯坦	5.7	33.7	2.5	17.2	7.3	-0.4	7.0	-1.3
塔吉克斯坦	1.8	11.7	3.4	20.7	-44.5	131.6	4.3	-20.1
土库曼斯坦	26.8	-6.4	-8.8	38.5	24.4	13.8	3.4	8.5*
乌兹别克斯坦	-5.2	7.2	-2.8	23.6	13.0	...	...	...
东亚地区								
中国	35.8	17.6	38.8	24.9	4.3	7.2	0.5	-14.2
中国香港	18.5	10.5	24.7	11.7	4.3	3.8	3.9	-4.1
韩国	34.0	16.4	31.6	23.3	-0.9	-0.8	1.9	-16.9
蒙古国	19.8	15.5	49.7	106.2	2.1	-5.6	-17.6	-27.5
中国台北	26.3	7.8	44.3	12.3	-3.4	-0.1	1.4	-16.1
南亚地区								
孟加拉国	3.1	16.5	4.4	47.2	1.5	10.0	5.9	-1.1
不丹[b]	2.9	77.2	40.7	34.9	-12.9	-9.2	8.2	3.3
印度	2.8	35.4	30.7	36.5	-0.6	-7.2	-3.2	-13.6
马尔代夫	-3.4	21.3	-5.6	46.2	16.9	11.2	15.1	-4.9
尼泊尔	19.0	13.2	39.3	4.8	1.2	10.5	19.9	5.2
斯里兰卡	20.5	10.7	31.8	50.8	-5.6	-5.9	7.9	-2.5
东南亚地区								
文莱	-16.7	1.5	5.6	42.0	-1.0	1.4	-0.5	-10.0
柬埔寨[b]	21.6	...	18.0	24.7	13.4	19.7	8.9	12.3
印度尼西亚	39.6	24.0	40.1	30.8	8.0	-2.6	-4.5	-19.9
老挝	-3.4	23.8	41.0	16.7	27.1	0.8	38.6	22.5
马来西亚	25.3	8.7	33.1	14.2	4.8	4.8	1.4	-15.9
缅甸	-11.0	0.6	53.4	40.9	0.4	51.7	20.9	-0.3
菲律宾	3.8	7.3	27.4	9.6	2.7	-0.2	-0.5	2.0
新加坡[c]	21.3	15.3	26.7	17.4	4.2	-1.8	-1.9	-19.0
泰国	23.3	25.1	37.7	23.9	9.4	-0.5	-8.5	-11.5
越南	33.2	15.0	21.3	25.8	6.6	16.0	12.0	12.0
太平洋地区								
库克群岛	21.9	7.0	11.2	21.0	1.9	3.9	4.1	-9.3
斐济	-8.3	11.5	25.8	20.8	3.3	25.3	-5.9	-21.7
基里巴斯	-4.2	28.7	5.4	25.5	18.4	-1.2	0.0	...
马绍尔群岛	16.7	15.3	...	...	...	...	...	...
密克罗尼西亚联邦	...	-3.2	-1.8	12.0	3.0	-3.1	...	...
瑙鲁	104.9	52.3	-79.4	48.8	21.2	273.9	-32.2	-33.1
帕劳	-5.7	0.7	9.3	21.7	8.4	6.7	3.1	4.4
巴布亚新几内亚	-7.0	4.5	23.0	20.2	12.4	13.7	-26.1	-43.5
萨摩亚	-21.7	20.7	36.6	14.1	-3.3	5.6	4.8	-12.7
所罗门群岛	-16.1	52.4	51.2	16.7	5.1	8.1	-7.0	-6.4
东帝汶	...	-25.3	1.0	13.9	97.3	-21.1	4.7	...
汤加	...	15.3	10.3	21.4	3.7	-0.5	10.4	...
图瓦卢	-36.0	13.3	14.3	56.3	0.0	-36.0	...	...
瓦努阿图	-12.6	22.4	-2.5	7.3	-2.7	5.8	0.0	17.0
发达经济体								
澳大利亚	3.5	14.5	23.4	21.2	7.0	-7.2	-2.1	-11.9
日本	22.7	13.6	25.8	23.3	3.8	-6.0	-2.6	-20.1
新西兰	-2.7	13.4	21.5	21.4	3.3	3.6	7.3	-13.9
发展中成员经济体[d]	24.2	16.5	26.1	22.7	3.5	2.5	0.2	-12.6
本地区成员体[d]	22.6	15.9	25.9	22.7	3.6	0.9	-0.2	-13.6

... = 至截止日期未获得相关数据；0.0 = 数值不到所用计量单位的一半；* = 暂定数字/初步数字/预估数字/预算数字。

a 比率基于进口的美元价值。
b 2005 年开始，不丹和柬埔寨的汇编方法从到岸价（cif）转换为离岸价（fob）。
c 2003 年之前的数据不包括印度尼西亚。
d 仅就上报数据的经济体而言。

资料来源：经济体；International Monetary Fund. May 2016. *International Financial Statistics*（CD-ROM）. Washington, D. C.

表 4.12 货物贸易额[a]（占 GDP 的百分比）

本地区成员经济体	2000	2005	2010	2011	2012	2013	2014	2015
发展中经济体								
中亚和西亚地区								
阿富汗	...	43.1	34.5	35.3	48.3	42.8	39.3	40.9
亚美尼亚	62.0	56.6	51.7	54.0	53.1	52.7	51.4	44.9
阿塞拜疆	55.3	90.6	62.4	67.4	61.1	56.7	50.0	47.8
格鲁吉亚	33.8	52.3	59.6	63.9	65.7	67.7	69.4	71.1
哈萨克斯坦	75.7	79.1	61.7	60.5	61.5	54.8	52.6	41.2*
吉尔吉斯共和国	77.3	75.7	103.8	104.9	113.6	109.0	102.0	87.4
巴基斯坦	25.7	32.1	30.6	30.7	30.6	30.1	28.8	25.7
塔吉克斯坦	169.6	96.8	68.3	68.4	41.1	62.1	57.1	55.1
土库曼斯坦	86.2	55.6	80.7	96.2	97.0	89.1	83.8	108.8*
乌兹别克斯坦	45.1	66.0	56.2	57.1	51.2	...	...	...
东亚地区								
中国	39.4	62.7	49.2	48.6	45.7	43.8	41.6	36.4
中国香港	241.5	324.3	360.1	367.1	360.6	356.4	349.5	319.2
韩国	59.2	60.8	81.5	89.8	87.3	82.4	77.8	69.9
蒙古国	101.2	88.8	85.0	109.7	90.5	84.5	90.1	72.0
中国台北	88.1	102.4	119.5	123.4	117.7	114.8	113.1	99.2
南亚地区								
孟加拉国	28.3	36.2	34.7	46.0	45.6	43.2	41.2	36.9
不丹[b]	67.3	83.1	84.9	95.5	84.0	76.5	75.2	74.8
印度	20.0	30.2	36.3	43.6	43.2	41.0	37.1	30.9
马尔代夫	79.7	75.4	41.8	59.0	68.1	67.8	69.7	60.3
尼泊尔	38.8	35.3	36.5	33.7	35.1	37.4	41.0	40.6
斯里兰卡	75.7	62.4	38.9	47.2	42.2	38.2	38.2	35.8
东南亚地区								
文莱	83.5	80.7	83.3	86.7	86.9	83.2	82.9	74.0
柬埔寨[b]	90.9	108.5	85.9	95.2	98.1	106.6	107.2	112.7
印度尼西亚	58.0	50.1	38.9	42.7	41.6	40.5	39.8	34.0
老挝	52.9	52.8	56.5	57.0	58.6	49.7	59.0	64.9
马来西亚	192.1	178.3	142.1	139.5	134.8	134.4	130.9	126.6
缅甸	1.1	0.3	0.2	0.2	22.6	40.2	44.0	44.3
菲律宾	88.7	88.0	55.1	50.1	47.2	45.0	44.8	42.9
新加坡[c]	284.5	337.5	279.8	281.0	272.0	259.7	251.7	219.7
泰国	103.9	120.7	110.8	121.2	120.4	112.9	112.1	104.4
越南	96.6	120.1	135.5	150.3	146.5	154.2	160.1	169.5
太平洋地区								
库克群岛	65.3	47.3	37.5	39.4	38.7	42.0	43.6	42.4
斐济	83.3	77.7	84.2	86.3	87.4	94.4	85.5	68.5
基里巴斯	63.6	76.0	50.2	56.6	61.5	60.9	63.1	...
马绍尔群岛	127.0	120.1	...	139.6	...	...	...	...
密克罗尼西亚联邦	52.9	56.4	64.2	74.2	75.3	70.5	...	...
瑙鲁	...	360.0	366.6	351.1	309.1	345.3	...	...
帕劳	93.3	63.1	64.6	71.9	73.1	72.4	67.0	60.5
巴布亚新几内亚	88.3	99.3	65.2	62.0	52.1	53.7	...	...
萨摩亚	45.1	45.9	44.5	43.6	42.4	43.5	44.7	42.9
所罗门群岛	55.1	68.3	91.1	106.9	108.0	101.4	92.2	83.9
东帝汶	...	8.2	7.9	6.6	11.0	10.3	14.2	...
汤加	41.9	49.6	44.6	46.4	46.2	49.0	54.6	...
图瓦卢	37.4	59.2	51.2	64.4	63.4	42.5	...	...
瓦努阿图	40.5	53.5	47.4	46.9	44.9	43.9	46.2	...
发达经济体								
澳大利亚	34.4	32.0	34.1	34.7	32.8	33.0	32.7	32.1
日本	18.2	24.3	26.6	28.3	28.3	31.5	32.7	30.9
新西兰	50.1	41.7	42.6	44.4	42.8	41.5	42.0	...
发展中成员经济体[d]	63.0	58.0	42.5	43.1	65.1	62.0	59.1	52.1
本地区成员体[d]	38.5	45.0	38.8	39.9	53.4	53.7	52.5	47.8

... = 至截止日期未获得相关数据； * = 暂定数字/初步数字/预估数字/预算数字。

a 商品出口和进口的总和。

b 2005 年开始，进口的汇编方法从到岸价（cif）转换为离岸价（fob）。

c 2003 年之前的数据不包括印度尼西亚。

d 仅就上报数据的经济体而言。

资料来源：经济体；International Monetary Fund. May 2016. *International Financial Statistics*（CD–ROM）. Washington, D. C.

表 4.13 贸易方向：商品出口（占商品出口总额的百分比）

从本地区成员体出口 \ 至	亚洲 2000	亚洲 2015	欧洲 2000	欧洲 2015	北美洲和中美洲 2000	北美洲和中美洲 2015	中东 2000	中东 2015	南美洲 2000	南美洲 2015	非洲 2000	非洲 2015	大洋洲 2000	大洋洲 2015	世界其他地区 2000	世界其他地区 2015
发展中经济体																
中亚和西亚地区																
阿富汗	50.1	84.0	40.3	6.3	4.8	3.5	2.3	5.7	2.1	0.1	0.2	0.2	0.1	0.2	0.0	0.0
亚美尼亚	8.5	21.8	55.6	48.5	12.9	11.7	12.5	17.2	0.0	0.0	0.0	0.0	0.0	0.0	10.4	0.8
阿塞拜疆	13.4	17.9	75.5	67.9	0.5	4.9	8.6	5.6	0.4	0.0	0.6	2.7	0.0	0.0	1.0	1.0
格鲁吉亚	38.9	42.6	52.7	41.9	2.7	8.3	4.0	4.7	0.1	1.4	1.4	0.6	0.0	0.1	0.3	0.4
哈萨克斯坦	12.8	31.4	48.3	60.4	14.8	3.2	2.5	4.3	0.1	0.5	0.1	0.2	0.0	0.0	21.4	0.2
吉尔吉斯共和国	39.4	58.0	58.3	34.5	0.6	0.9	1.7	6.0	0.0	0.0	0.0	0.5	0.0	0.0	0.0	0.0
巴基斯坦	24.1	29.9	28.6	25.7	28.1	15.0	12.4	17.6	1.2	1.2	3.4	5.8	1.6	1.0	0.5	3.8
塔吉克斯坦	24.5	59.8	73.6	26.0	0.1	3.0	1.7	9.6	0.0	0.0	0.1	0.1	0.0	0.0	0.0	1.4
土库曼斯坦	14.1	83.4	71.0	5.8	1.3	2.6	11.9	6.0	0.0	0.0	0.2	0.0	0.0	0.0	1.5	2.1
乌兹别克斯坦	30.0	58.1	63.2	39.4	2.1	0.1	2.2	2.1	1.1	0.0	0.1	0.1	0.0	0.0	1.1	0.0
东亚地区																
中国	48.8	43.4	17.9	17.7	23.6	21.7	2.9	5.5	1.4	3.3	1.7	4.1	1.6	2.1	2.1	2.2
中国香港	50.0	69.6	16.5	10.9	26.1	10.8	1.4	3.0	1.1	1.1	0.7	1.1	1.5	1.1	2.7	2.5
韩国	43.1	55.6	15.5	11.0	26.4	17.3	4.3	5.5	2.2	2.3	1.5	1.9	1.7	2.4	5.2	4.0
蒙古国	55.5	87.0	17.5	12.1	24.6	0.5	0.1	0.1	0.0	0.0	0.0	0.0	2.3	0.2	0.0	0.0
中国台北[a]	52.1	70.2	15.7	9.1	26.1	14.2	1.7	2.5	1.2	1.2	0.9	0.8	1.5	1.4	0.8	0.8
南亚地区																
孟加拉国	6.9	11.7	41.0	48.3	33.8	17.0	2.4	2.0	0.2	0.7	0.6	0.5	0.4	0.1	14.6	17.8
不丹[b]	82.6	82.6	9.6	16.1	3.4	1.0	0.0	0.0	0.0	0.0	3.9	0.1	0.0	0.1	0.0	0.0
印度	25.1	29.8	27.7	18.1	23.7	17.5	12.2	20.1	1.3	2.5	4.5	8.7	1.2	1.4	4.3	1.9
马尔代夫	35.8	34.3	18.6	50.3	44.4	10.2	0.0	0.3	0.0	0.0	0.0	3.5	0.0	0.3	1.2	1.1
尼泊尔	45.9	69.7	23.9	13.3	28.1	10.7	0.1	1.4	0.0	0.0	0.0	0.1	0.3	0.7	1.7	4.0
斯里兰卡	13.6	21.9	28.1	31.8	42.2	30.1	7.5	10.1	0.6	1.4	0.6	1.4	1.1	1.9	6.3	1.4
东南亚地区																
文莱	78.6	80.4	3.7	0.7	12.0	0.4	0.1	0.1	0.0	0.0	0.1	0.1	5.2	10.5	0.3	7.9
柬埔寨	27.4	29.5	17.2	36.8	54.4	29.9	0.0	0.5	0.0	0.9	0.0	0.6	0.1	1.1	0.7	0.7
印度尼西亚	57.8	61.8	14.8	11.4	15.1	12.0	3.4	4.4	0.9	1.3	1.4	2.4	2.7	3.0	3.9	3.7
老挝	47.4	81.2	27.8	5.6	2.6	1.4	0.1	0.0	0.0	0.0	0.0	0.2	0.1	0.1	21.7	11.5
马来西亚	53.5	63.2	14.3	10.3	22.3	13.4	2.0	3.0	0.6	0.8	0.6	2.2	2.9	4.0	3.8	3.0
缅甸	45.9	87.2	16.9	5.9	24.4	1.2	0.2	0.6	0.2	0.1	0.0	0.5	0.5	0.3	11.8	4.3
菲律宾	40.4	62.6	18.3	11.9	31.7	16.9	0.5	1.2	0.2	0.5	0.1	1.5	0.9	0.9	7.9	4.6
新加坡	53.8	68.3	14.5	8.8	19.2	9.4	1.7	2.4	0.4	0.5	1.1	1.6	2.9	4.2	6.4	4.9
泰国	47.3	57.7	17.3	11.8	23.3	13.7	3.1	4.9	0.6	1.8	1.6	2.6	2.7	5.4	4.0	2.2
越南	51.8	45.7	22.9	20.6	6.3	23.2	2.9	3.7	0.3	2.1	0.8	0.9	8.9	2.3	5.9	1.5
太平洋地区																
库克群岛	28.1	70.6	0.0	0.0	7.8	0.5	0.0	0.0	0.0	0.0	0.0	0.0	59.0	11.9	5.1	17.0
斐济	10.3	6.3	16.6	6.4	21.3	14.4	0.1	0.3	0.0	0.0	0.0	0.0	36.9	31.5	14.8	41.1
基里巴斯[b]	84.5	85.8	2.8	0.1	6.1	2.2	...	...	5.4	7.2	0.0	3.0	1.3	1.3	0.1	0.5
马绍尔群岛	...	...	...	...	...	...	...	...	...	...	...	...	...	...	...	...
密克罗尼西亚联邦[c]	43.4	4.1	...	0.0	23.2	40.3	0.0	0.0	0.0	0.0	0.0	0.0	3.0	4.8	30.5	50.8
瑙鲁[b]	38.3	12.6	2.0	0.9	7.6	1.5	0.0	0.1	0.1	0.1	6.8	69.9	45.4	15.0	0.1	0.0
帕劳[b]	98.4	99.2	0.9	0.7	0.0	0.0	0.0	0.0	0.0	0.0	0.6	0.1	0.0	0.1	0.0	0.0
巴布亚新几内亚	24.8	37.3	10.2	5.2	1.3	0.6	0.0	0.0	0.0	0.0	0.0	0.0	31.0	16.0	32.7	40.9
萨摩亚	17.8	2.6	3.0	1.6	10.8	2.9	0.0	0.1	3.3	0.1	0.0	0.1	59.6	24.6	8.7	64.7
所罗门群岛	72.9	76.9	10.6	11.5	0.7	0.5	0.0	0.0	0.0	0.0	0.0	0.1	5.6	3.5	10.2	7.3
东帝汶[b]	95.7	95.4	3.6	2.1	0.4	1.8	0.0	0.0	0.0	0.0	0.0	0.0	0.1	0.5	0.0	0.0
汤加	51.7	29.4	6.6	2.6	31.0	15.3	0.1	0.1	0.0	0.0	0.0	0.3	8.2	42.9	2.5	9.1
图瓦卢	0.6	37.3	75.0	44.4	0.0	2.4	0.0	0.0	4.2	0.1	6.4	5.1	13.7	10.6	0.0	0.1
瓦努阿图	78.4	73.9	5.8	9.0	9.9	2.3	0.0	0.0	0.1	0.0	0.2	0.9	3.6	9.4	2.1	4.5
发达经济体																
澳大利亚	52.6	72.0	11.3	5.7	11.6	6.3	5.1	4.0	0.8	0.8	1.8	1.2	7.7	4.4	9.1	5.7
日本	34.0	47.9	17.7	12.0	34.3	24.3	2.3	4.4	1.2	1.5	0.9	1.1	2.1	2.5	7.6	6.3
新西兰	33.8	41.1	15.4	10.8	18.0	14.7	2.8	5.3	1.5	1.5	0.9	2.9	22.1	19.0	5.4	4.7
发展中成员经济体[d]	47.9	51.2	17.4	15.4	23.6	17.5	2.9	5.4	1.1	2.3	1.2	3.1	2.0	2.4	3.8	2.8
本地区成员体[d]	44.4	51.5	17.3	14.7	25.9	17.8	2.8	5.3	1.1	2.1	1.2	2.8	2.4	2.5	5.0	3.3
全球	21.7	30.7	41.6	35.5	25.5	18.8	2.8	5.1	2.2	2.8	1.7	2.7	1.3	1.4	3.3	3.1

... = 至截止日期未获得相关数据；0.0 = 数值不到所用计量单位的一半。

a 经济体的划分按照中国台北的贸易分组。"中东"下的数据指"中东和近东"经济体。

b 基于上报数据的伙伴国数据。帕劳 2000 年的数据指 2001 年，东帝汶的指 2004 年。

c 2015 年的数据指 2007 年。

d 仅就上报数据的经济体而言。

资料来源：International Monetary Fund. May 2016. *International Financial Statistics*（CD – ROM）. Washington，D. C.；库克群岛、密克罗尼西亚联邦和中国台北：经济体。

表 4.14　贸易方向：商品进口（占商品进口总额的百分比）

从 至本地区成员体	亚洲 2000	亚洲 2015	欧洲 2000	欧洲 2015	北美洲和中美洲 2000	北美洲和中美洲 2015	中东 2000	中东 2015	南美洲 2000	南美洲 2015	非洲 2000	非洲 2015	大洋洲 2000	大洋洲 2015	世界其他地区 2000	世界其他地区 2015
发展中经济体																
中亚和西亚地区																
阿富汗	78.6	79.9	13.1	8.8	2.0	8.5	0.7	0.5	0.0	0.2	5.6	2.1	0.0	0.0	0.0	0.0
亚美尼亚	8.9	23.1	55.8	59.7	14.6	4.0	15.4	8.2	0.0	2.7	0.0	0.8	0.0	0.5	5.3	1.0
阿塞拜疆	24.7	29.1	54.1	61.5	10.5	4.4	7.3	3.4	0.5	0.8	2.1	0.1	0.6	0.5	0.3	0.1
格鲁吉亚	32.3	42.6	51.2	46.6	10.2	3.7	4.2	4.9	0.9	1.3	0.1	0.7	0.2	0.1	1.0	0.1
哈萨克斯坦	14.1	37.6	75.7	58.4	7.0	2.4	1.1	0.8	1.0	0.2	0.5	0.4	0.1	0.1	0.5	0.2
吉尔吉斯共和国	44.3	75.7	40.9	23.1	11.8	0.6	2.9	0.4	0.1	0.1	0.0	0.0	0.0	0.0	0.1	0.0
巴基斯坦	28.8	46.9	19.0	9.5	7.0	4.1	38.3	34.3	1.0	1.0	2.7	1.9	3.0	0.9	0.2	1.3
塔吉克斯坦	57.7	67.5	40.5	24.6	0.1	0.7	1.6	6.7	0.0	0.5	0.1	0.1	0.0	0.0	0.0	0.0
土库曼斯坦	31.8	49.4	44.8	32.9	3.5	1.2	13.5	14.7	0.1	0.0	0.0	0.0	0.0	0.0	6.2	1.8
乌兹别克斯坦	38.8	58.2	51.5	40.0	8.9	1.4	0.6	0.2	0.1	0.1	0.0	0.0	0.0	0.0	0.1	0.1
东亚地区																
中国	44.3	34.6	17.5	16.3	11.9	11.0	4.5	6.4	2.1	5.7	2.4	3.2	2.6	4.7	14.7	18.2
中国香港	72.1	76.2	10.2	9.1	7.6	5.7	0.8	1.4	0.5	0.6	0.3	0.3	1.0	0.4	7.5	6.3
韩国	40.9	43.2	12.5	17.1	19.9	12.1	15.9	15.5	1.6	2.6	1.9	1.5	4.3	4.2	3.1	3.9
蒙古国	46.6	57.8	47.7	38.8	4.8	1.9	0.2	0.9	0.0	0.1	0.0	0.0	0.3	0.4	0.4	0.2
中国台北[a]	56.1	58.6	13.6	12.0	19.4	12.7	4.8	10.3	1.0	1.7	2.3	1.4	2.8	3.2	0.0	0.0
南亚地区																
孟加拉国	53.5	63.3	12.0	8.7	3.6	4.2	5.1	6.0	1.4	3.4	0.6	2.1	2.1	1.8	21.8	10.5
不丹[b]	49.3	86.2	45.9	13.1	3.3	0.5	0.0	0.0	1.2	0.0	0.2	0.0	0.1	0.1	0.0	0.0
印度	20.3	34.3	28.8	18.2	7.2	6.9	9.4	21.8	1.4	4.9	6.1	8.1	2.3	2.6	24.5	3.3
马尔代夫	72.9	59.2	10.5	10.1	3.7	3.4	8.7	22.7	0.1	0.9	0.4	0.7	2.9	2.6	0.8	0.5
尼泊尔	69.1	85.1	12.6	7.9	2.0	1.1	5.8	3.9	0.8	0.2	0.1	0.1	1.9	0.7	7.7	1.0
斯里兰卡	53.8	69.5	13.8	12.0	4.5	3.1	9.1	10.3	0.5	0.6	0.5	0.2	3.4	2.0	14.4	2.2
东南亚地区																
文莱	69.3	78.5	16.0	17.2	10.8	2.4	0.2	0.4	0.1	0.1	0.1	0.1	2.2	0.7	1.3	0.6
柬埔寨	75.9	88.9	8.2	3.1	2.8	2.4	0.1	0.9	0.1	0.1	0.0	0.0	0.5	0.2	12.4	4.3
印度尼西亚	50.9	67.7	13.9	9.4	12.3	6.5	8.4	5.0	1.5	2.8	2.4	2.3	6.0	3.9	4.6	2.4
老挝	89.5	96.1	6.8	2.3	0.7	0.4	0.0	0.0	0.0	0.0	0.0	0.0	0.9	0.3	2.0	0.9
马来西亚	57.3	63.1	12.5	10.6	17.3	9.0	2.0	5.3	0.6	2.1	0.4	1.3	2.3	2.7	7.5	5.9
缅甸	86.5	93.1	4.6	3.6	0.6	1.1	0.2	0.3	0.0	0.0	0.0	0.0	0.6	0.6	7.4	1.1
菲律宾	48.9	64.2	10.1	9.9	19.4	10.7	10.5	5.5	0.7	1.0	0.2	0.1	3.0	1.9	7.3	6.7
新加坡	54.5	51.3	14.1	16.2	15.8	12.3	8.2	8.4	0.3	1.3	0.4	0.4	1.9	1.5	4.9	8.5
泰国	53.2	60.6	12.6	12.4	12.6	7.7	10.2	9.0	1.1	1.6	1.3	0.9	2.3	2.5	6.8	5.2
越南	68.7	77.9	11.8	6.3	2.6	3.9	1.2	2.1	0.4	2.5	0.3	0.2	2.3	1.5	12.8	5.4
太平洋地区																
库克群岛[c]	1.9	2.8	0.2	0.1	8.6	6.1	0.0	0.0	0.0	0.0	0.0	0.0	85.0	69.1	4.3	21.9
斐济	26.9	53.2	3.7	9.4	3.7	3.6	0.0	0.3	0.3	0.1	0.1	0.1	64.1	31.1	1.2	2.2
基里巴斯	26.1	50.5	3.8	1.8	9.8	3.8	0.0	0.0	0.0	0.1	0.0	0.1	59.2	41.9	1.0	1.7
马绍尔群岛[d]	4.9	8.6	0.0	0.0	32.6	24.5	0.0	0.0	0.0	0.0	0.0	0.0	2.2	6.5	60.3	60.3
密克罗尼西亚联邦[e]	31.2	23.6	0.0	0.0	59.9	59.0	0.0	0.0	0.0	0.0	0.0	0.0	6.7	6.4	2.2	11.0
瑙鲁[b]	6.3	9.1	8.2	5.2	10.7	2.4	0.0	0.0	0.0	0.0	48.2	0.1	26.3	69.7	0.4	13.6
帕劳[b]	98.5	91.6	0.9	4.3	0.0	0.0	0.0	0.3	0.0	0.0	0.0	0.0	0.3	4.0	0.0	0.0
巴布亚新几内亚	37.6	57.0	3.1	3.8	2.3	4.6	0.1	0.1	0.2	0.1	0.9	0.3	53.7	28.6	2.1	5.5
萨摩亚	15.9	41.0	1.1	0.8	25.9	5.9	0.1	0.2	2.1	0.3	0.0	0.1	52.1	48.5	2.7	3.0
所罗门群岛	38.6	44.4	2.6	1.8	5.2	1.6	0.0	0.1	0.1	0.1	0.5	1.8	39.0	38.7	14.1	11.6
东帝汶[b]	90.9	89.2	8.0	5.5	1.0	0.4	0.0	0.0	0.0	1.1	0.0	0.0	0.1	3.4	0.0	0.0
汤加	31.3	22.7	4.7	2.2	10.3	6.8	0.0	0.2	0.0	0.7	0.0	0.0	52.6	65.9	1.0	1.1
图瓦卢[b]	3.0	50.1	11.9	1.3	0.0	0.6	0.0	0.0	0.0	0.0	0.0	1.1	85.0	46.0	0.0	0.9
瓦努阿图	42.5	48.1	6.7	3.8	1.3	1.5	0.0	0.0	0.3	0.1	0.2	1.5	42.1	41.1	6.9	3.8
发达经济体																
澳大利亚	41.1	55.5	22.7	18.7	22.1	13.1	2.8	1.7	0.8	1.0	0.9	1.1	5.5	4.1	4.1	4.8
日本	37.1	45.6	15.0	15.0	22.2	12.9	13.0	12.2	2.0	2.8	1.3	1.8	4.6	6.2	4.8	3.6
新西兰	28.5	46.9	18.6	19.6	19.6	13.7	5.6	3.9	1.1	1.2	1.2	0.6	22.5	12.0	2.8	1.9
发展中成员经济体	52.3	50.3	14.5	14.5	13.6	9.0	6.7	8.3	1.1	3.3	1.5	2.3	2.6	3.1	7.7	9.2
本地区成员体	48.1	49.9	15.0	14.8	16.0	9.7	7.9	8.5	1.3	3.1	1.4	2.2	3.4	3.5	6.9	8.4
全球	25.8	33.5	40.0	36.4	20.3	14.1	4.1	5.1	2.6	3.1	2.1	2.2	1.3	1.5	3.7	4.1

0.0 = 数值不到所用计量单位的一半。

a 经济体的划分按照中国台北的贸易分组。"中东"下的数据指"中东和近东"经济体。

b 基于上报数据的伙伴国数据。东帝汶 2000 年的数据指 2004 年。

c 2015 年的数据指 2013 年。d 2015 年的数据指 2006 年。

e 仅就上报数据的经济体而言。

资料来源：International Monetary Fund. May 2016. *International Financial Statistics*（CD - ROM）. Washington, D.C.；库克群岛、密克罗尼西亚联邦和中国台北：经济体。

表 4.15　国际储备和国际储备与进口的比例

本地区成员经济体	国际储备[a]（年底；百万美元）				国际储备与进口的比例[b]（月）			
	2000	2005	2010	2015	2000	2005	2010	2015
发展中经济体								
中亚和西亚地区								
阿富汗	7 (2002)	0	5,147	6,990	0.0 (2002)	0.0	13.2	11.9
亚美尼亚	314	669	1,866	1,775	4.8	4.8	6.9	7.7
阿塞拜疆	680	1,178	6,409	7,910	5.3	3.2	11.5	9.7
格鲁吉亚	116	479	2,264	2,521	1.4	2.2	5.4	4.1
哈萨克斯坦	2,096	7,070	28,275	28,073	3.5	4.7	10.3	10.0
吉尔吉斯共和国	262	612	1,720	1,778	6.2	6.6	6.9	5.6
巴基斯坦	2,056	10,948	17,210	20,045	2.6	6.9	6.6	5.8
塔吉克斯坦	94	189	403	494	1.2	1.6	1.5	2.1
土库曼斯坦	1,808	4,457	...	...	12.5	18.1	...	...
乌兹别克斯坦	1,273	2,147 (2004)	...	...	6.3	8.4 (2004)	...	...
东亚地区								
中国	168,855	825,588	2,875,894	3,405,385	10.8	17.5	27.8	25.9
中国香港	107,560	124,278	268,743	358,773	7.9	6.1	8.4	8.1
韩国	96,198	210,391	291,571	367,944	7.5	10.0	8.4	10.3
蒙古国	202	333	2,288	1,323	4.0	3.4	8.9	4.6
中国台北	111,370	257,952	387,207	430,711	9.7	17.0	18.4	19.6
南亚地区								
孟加拉国	1,516	2,825	11,178	27,493	2.4	2.9	6.3	9.0
不丹	318	467	1,002	1,103	20.6	12.2	15.1	13.3
印度	40,155	136,026	297,746	351,551	8.3	10.4	9.3	10.6
马尔代夫	123	189	364	576	4.3	3.5	3.5	3.6
尼泊尔	952	1,504	2,939	31	7.3	8.9	7.2	0.0
斯里兰卡	1,147	2,735	7,196	7,304	1.9	3.7	6.4	4.6
东南亚地区								
文莱	382 (2001)	492	1,563	3,367	4.2 (2001)	4.2	7.3	12.6
柬埔寨	611	1,159	3,802	7,376	3.8	3.5	7.9	7.4
印度尼西亚	29,268	34,731	96,211	105,929	8.7	6.5	9.7	9.4
老挝	140	239	713	1,058	3.1	3.3	4.2	2.4
马来西亚	28,624	70,152	106,525	95,287	4.4	7.8	8.6	7.7
缅甸	234	782	5,729	2	1.3	5.3	16.0	0.0
菲律宾	15,063	18,494	62,373	80,667	4.2	5.9	14.0	14.9
新加坡	80,170	116,172	225,715	247,746	6.9	7.2	8.8	10.1
泰国	32,661	52,065	172,129	156,514	6.3	5.9	12.8	10.6
越南	3,510	9,216	12,926	28,616	3.0	3.2	2.0	2.2
太平洋地区								
库克群岛	...	...	...	...	...	...	...	...
斐济	412	321	721	916 (2014)	6.4	2.6	5.6	4.9 (2014)
基里巴斯	0	0	8	7	0.0	0.0	1.4	...
马绍尔群岛								
密克罗尼西亚联邦	113	50	56	135	12.4	4.8	4.2	9.7
瑙鲁	...	...	...	4	...	...	...	...
帕劳	0	0	5	9	0.0	0.0	0.5	0.3
巴布亚新几内亚	296	749	3,092	1,738	3.5	5.9	10.5	9.2
萨摩亚	64	82	209	139	2.4	5.2	9.0	7.6
所罗门群岛	32	95	266	534	4.2	9.4	8.9	14.6
东帝汶		84 (2006)	406	438	...	8.9 (2006)	15.9	8.0
汤加	25	47	105	156	4.7	5.0	11.5	11.9
图瓦卢								
瓦努阿图	39	67	161	269	6.1	6.2	8.1	11.2
发达经济体								
澳大利亚	18,817	43,257	42,268	49,267	3.5	4.5	2.6	2.9
日本	361,639	846,896	1,096,185	1,233,153	12.9	21.9	21.0	23.6
新西兰	3,952	8,893	16,723	15,861 (2014)	3.7	4.2	6.5	4.7 (2014)
发展中成员经济体[c]	728,742	1,895,035	4,902,138	5,752,679	7.2	10.7	15.3	15.3
本地区成员体[c]	1,113,150	2,794,081	6,057,313	7,050,960	8.2	12.3	15.5	15.7

... = 至截止日期未获得相关数据；0.0 = 数值不到所用计量单位的一半。

a 数据指以国家估价的有黄金国际储备，除非另有说明。对于阿富汗（至 2007 年）、基里巴斯、帕劳、萨摩亚、所罗门群岛、汤加、土库曼斯坦和瓦努阿图，数据指无黄金国际储备。

b 国际收支平衡中的商品进口被用于计算。

c 仅就上报数据的经济体而言。

资料来源：国际储备资料来源：International Monetary Fund. May 2016. *International Financial Statistics*（CD–ROM）. Washington，D. C.；中国台北资料来源：经济体；储备与进口的比例资料来源：亚行利用国际货币基金组织的数据所做的估计，May 2016. *International Financial Statistics*（CD–ROM）. Washington. D. C.；各经济体。

表 4.16　官方流入发展中成员经济体资金总额ª（百万美元）

本地区成员经济体	2000	2005	2010	2011	2012	2013	2014
发展中经济体							
中亚和西亚地区							
阿富汗	136	2,838	6,472	6,866	6,667	5,263	4,823
亚美尼亚	216	170	342	397	271	279	265
阿塞拜疆	139	217	160	287	285	-73	215
格鲁吉亚	169	292	628	588	661	647	563
哈萨克斯坦	189	229	226	201	129	88	88
吉尔吉斯共和国	215	268	382	525	472	536	624
巴基斯坦	703	1,615	3,020	3,498	2,017	2,192	3,612
塔吉克斯坦	124	252	433	348	393	390	356
土库曼斯坦	35	30	46	40	38	36	34
乌兹别克斯坦	186	170	232	204	255	293	324
东亚地区							
中国	1,712	1,814	645	-608	-191	-670	-960
中国香港	...	...	...	...	...	...	...
韩国	...	...	...	...	...	...	...
蒙古国	217	220	301	350	445	428	315
中国台北	...	...	...	...	...	...	...
南亚地区							
孟加拉国	1,173	1,319	1,404	1,492	2,149	2,631	2,418
不丹	53	90	130	143	161	134	130
印度	1,373	1,876	2,812	3,245	1,668	2,436	2,984
马尔代夫	19	76	111	53	57	21	25
尼泊尔	386	424	818	887	768	871	880
斯里兰卡	275	1,161	583	610	489	402	488
东南亚地区							
文莱	...	...	...	...	...	...	...
柬埔寨	396	536	733	795	808	806	799
印度尼西亚	1,653	2,534	1,390	405	66	66	-388
老挝	281	302	414	398	409	421	472
马来西亚	46	26	2	38	16	-120	12
缅甸	106	145	355	380	505	3,936	1,380
菲律宾	572	567	530	-184	-1	193	676
新加坡	...	...	...	...	...	...	...
泰国	697	-168	-12	-138	-134	27	351
越南	1,681	1,913	2,939	3,618	4,115	4,084	4,218
太平洋地区							
库克群岛	4	8	13	28	21	16	27
斐济	29	66	76	79	108	92	92
基里巴斯	18	28	23	64	65	65	79
马绍尔群岛	57	57	32	83	84	94	56
密克罗尼西亚联邦	102	107	63	134	143	143	116
瑙鲁	4	9	28	38	36	29	22
帕劳	39	24	28	28	16	35	23
巴布亚新几内亚	275	267	511	611	669	657	577
萨摩亚	27	44	148	102	121	118	93
所罗门群岛	68	198	340	339	305	289	199
东帝汶	231	185	291	279	283	258	247
汤加	19	32	70	94	78	81	80
图瓦卢	4	9	13	39	25	27	34
瓦努阿图	46	39	108	91	102	91	98
发展中成员经济体ᵇ	13,673	19,987	26,843	26,446	24,569	27,314	26,449
发展中经济体ᶜ	49,777	108,652	131,340	141,560	132,976	151,099	161,109

... = 至截止日期未获得相关数据。

a 仅指官方发展援助净值，即官方机构（包括中央政府和地方政府）或其执行机构向发展中经济体和多边机构提供的优惠援助资金，用以促进发展中经济体的经济发展和社会福祉，这种发展援助中含有至少 25% 的赠款成分。

b 仅就上报数据的经济体而言。

c 包括经济合作与发展组织《受援国资金流入地域分配》中所报告的所有发展中经济体的数据。

资料来源：Organisation for Economic Cooperation and Development. OECD. Stat Online. http://stats.oecd.org（访问时间 2016 年 8 月）.

表 4.17　私人流入发展中成员经济体的资金净额[a]（百万美元）

本地区成员经济体	2000	2005	2010	2011	2012	2013	2014
发展中经济体							
中亚和西亚地区							
阿富汗	21	-12	-22	7	-11	26	32
亚美尼亚	-21	54	40	19	-90	207	-1
阿塞拜疆	467	1,193	724	885	136	927	-143
格鲁吉亚	24	-33	27	146	190	48	-75
哈萨克斯坦	473	2,341	-1,349	1,786	223	3,629	1,958
吉尔吉斯共和国	11	2	23	15	15	19	18
巴基斯坦	-596	883	134	472	533	-550	35
塔吉克斯坦	-8	-1	14	5	14	60	-9
土库曼斯坦	93	-69	680	3	-458	156	1,162
乌兹别克斯坦	123	-151	29	-58	119	264	-391
东亚地区							
中国	-308	21,264	46,798	48,961	18,773	53,944	57,192
中国香港	...	...	...	...	...	...	...
韩国	...	...	...	...	...	...	...
蒙古国	-6	-17	20	65	425	582	480
中国台北	...	...	...	...	...	...	...
南亚地区							
孟加拉国	63	232	-82	373	805	-17	454
不丹	-9	1	26	-5	107	-165	6
印度	1,122	5,815	20,931	14,685	15,721	7,659	11,658
马尔代夫	-5	8	29	-80	-32	25	90
尼泊尔	-4	-2	-11	-7	78	123	5
斯里兰卡	99	19	213	179	421	654	506
东南亚地区							
文莱	...	...	...	...	...	...	...
柬埔寨	9	2	253	124	271	312	401
印度尼西亚	43	7,115	3,509	10,242	7,123	6,995	9,740
老挝	6	0	78	26	345	58	45
马来西亚	-189	1,263	6,569	7,001	10,582	10,085	7,366
缅甸	-70	14	293	499	323	597	-148
菲律宾	1,048	3,299	2,296	2,368	4,889	2,067	4,866
新加坡	...	...	...	...	...	...	...
泰国	-137	11,062	6,109	10,550	5,888	7,074	9,489
越南	-182	349	3,209	3,751	4,604	8,846	3,614
太平洋地区							
库克群岛	-31	-29	0	8	-1	3	-2
斐济	1	42	-3	51	163	65	115
基里巴斯	0	1	0	3	0	0	3
马绍尔群岛	108	2,737	973	2,968	2,122	-1,069	-256
密克罗尼西亚联邦	...	0	3	599	5	92	320
瑙鲁	-2	2	...	0	...	...	...
帕劳	18	1	3	6	22	2	-5
巴布亚新几内亚	-24	232	4,108	-172	3,062	1,016	-3,311
萨摩亚	1	29	22	7	7	-32	35
所罗门群岛	-15	-17	3	8	-463	4	23
东帝汶	...	0	-4	-1	3	25	2
汤加	-7	2	-10	-3	0	1	1
图瓦卢	-4	-1	...	1	0	-2	-1
瓦努阿图	25	11	31	-23	86	43	15
发展中成员经济体[b]	2,136	57,640	95,668	105,466	76,001	103,774	105,289
发展中经济体[c]	81,273	178,572	351,214	337,663	309,244	267,476	402,643

... ＝至截止日期未获得相关数据；0.0＝数值不到所用计量单位的一半。

a 指直接投资、组合投资和开发援助委员会经济体的私人出口信贷净额的总和。

b 仅就上报数据的经济体而言。

c 包括经济合作与发展组织《受援国资金流入地域分配》中所报告的所有发展中经济体的数据。

资料来源：Organisation for Economic Cooperation and Development. OECD. Stat Online. http：//stats.oecd.org（访问时间 2016 年 8 月）．

表 4.18　发展中成员经济体资源流入净额合计[a]（百万美元）

本地区成员经济体	2000	2005	2010	2011	2012	2013	2014
发展中经济体							
中亚和西亚地区							
阿富汗	157	2,826	6,450	6,873	6,656	5,289	4,855
亚美尼亚	194	224	382	416	181	486	264
阿塞拜疆	606	1,409	884	1,172	420	854	73
格鲁吉亚	194	260	655	734	851	695	488
哈萨克斯坦	662	2,570	−1,122	1,988	352	3,718	2,047
吉尔吉斯共和国	226	270	405	540	487	555	642
巴基斯坦	106	2,498	3,155	3,969	2,550	1,643	3,647
塔吉克斯坦	116	250	448	353	407	450	348
土库曼斯坦	128	−39	725	44	−420	192	1,196
乌兹别克斯坦	309	18	262	146	374	557	−67
东亚地区							
中国	1,403	23,078	47,443	48,352	18,582	53,273	56,232
中国香港	...	...	...	...	...	...	...
韩国	...	...	...	...	...	...	...
蒙古国	211	203	321	415	870	1,010	795
中国台北	...	...	...	...	...	...	...
南亚地区							
孟加拉国	1,236	1,551	1,322	1,865	2,954	2,614	2,872
不丹	44	91	156	138	268	−31	136
印度	2,495	7,691	23,742	17,930	17,389	10,096	14,641
马尔代夫	14	84	139	−27	25	46	115
尼泊尔	382	422	807	880	846	994	885
斯里兰卡	374	1,180	796	788	911	1,056	994
东南亚地区							
文莱	...	...	...	...	...	...	...
柬埔寨	405	537	986	920	1,079	1,118	1,201
印度尼西亚	1,696	9,649	4,899	10,647	7,189	7,062	9,352
老挝	286	302	492	424	754	479	517
马来西亚	−144	1,289	6,572	7,039	10,597	9,965	7,378
缅甸	35	158	648	879	828	4,533	1,232
菲律宾	1,620	3,866	2,826	2,184	4,888	2,259	5,542
新加坡	...	...	...	...	...	...	...
泰国	560	10,895	6,096	10,413	5,754	7,100	9,840
越南	1,499	2,262	6,148	7,369	8,719	12,930	7,832
太平洋地区							
库克群岛	−27	−22	13	36	21	18	24
斐济	30	108	74	130	271	157	207
基里巴斯	18	29	23	67	65	65	82
马绍尔群岛	165	2,794	1,006	3,050	2,206	−975	−200
密克罗尼西亚联邦	...	107	67	733	149	235	436
瑙鲁	2	12	...	38	...	...	...
帕劳	57	25	31	34	37	38	18
巴布亚新几内亚	251	499	4,620	439	3,731	1,673	−2,734
萨摩亚	28	73	169	109	128	86	128
所罗门群岛	54	182	344	348	−158	292	222
东帝汶	...	185	287	278	285	283	249
汤加	12	34	61	91	78	82	81
图瓦卢	0	9	...	40	25	25	34
瓦努阿图	71	51	139	68	188	134	114
发展中成员经济体[b]	15,477	77,628	122,470	131,911	100,535	131,058	131,715
发展中经济体[c]	131,049	287,224	482,554	479,223	442,220	418,575	563,752

... = 至截止日期未获得相关数据；0.0 = 数值不到所用计量单位的一半。

a 指官方流入和净私人流入的总和。

b 仅就上报数据的经济体而言。

c 包括经济合作与发展组织《受援国资金流入地域分配》中所报告的所有发展中经济体的数据。

资料来源：Organisation for Economic Cooperation and Development. OECD. Stat Online. http：//stats.oecd.org（访问时间 2016 年 8 月）.

表 4.19　发展中成员经济体的外债总额[a]（百万美元）

本地区成员经济体	外债总额				公共外债和公共担保的外债			
	2000	2005	2010	2014	2000	2005	2010	2014
发展中经济体								
中亚和西亚地区								
阿富汗	...	969 (2006)	2,423	2,555	...	911 (2006)	1,966	1,999
亚美尼亚	1,010	1,968	6,304	8,551	675	923	2,557	3,376
阿塞拜疆	1,524	2,118	7,029	11,693	734	1,362	3,711	8,094
格鲁吉亚	1,825	2,151	9,656	13,912	1,274	1,531	4,141	5,338
哈萨克斯坦	12,890	43,857	119,145	157,595	3,623	2,177	3,845	15,080
吉尔吉斯共和国	1,938	2,257	4,114	7,257	1,220	1,665	2,442	3,222
巴基斯坦	32,954	34,018	64,003	62,184	27,124	30,089	43,403	45,879
塔吉克斯坦	1,141	1,121	3,082	4,047	755	826	1,806	2,049
土库曼斯坦	2,509	1,158	529	441	2,171	878	359	263
乌兹别克斯坦	4,980	4,656	7,796	13,389	3,762	3,626	3,423	5,653
东亚地区								
中国	145,648	281,113	559,772	959,510	94,470	82,015	90,637	83,306
中国香港	208,260	470,288	879,034	1,303,784 (2015)	...	...	...	...
韩国	135,208	161,956	355,911	395,400 (2015)	52,128	39,665	120,636	158,701 (2015)
蒙古国	960	1,396	5,928	20,826	833	1,267	1,782	3,498
中国台北	34,757	86,732	101,581	158,954 (2015)	23	222	8,035	1,116 (2015)
南亚地区								
孟加拉国	15,596	18,449	25,752	34,925	14,985	17,385	21,400	26,433
不丹	212	657	935	1,840	202	636	919	1,820
印度	101,130	121,195	291,651	463,230	81,195	54,726	101,786	164,122
马尔代夫	206	362	994	1,026	185	300	628	712
尼泊尔	2,878	3,191	3,789	4,010	2,826	3,112	3,509	3,512
斯里兰卡	9,241	11,297	21,762	43,609	7,936	9,655	16,507	29,502
东南亚地区								
文莱	...	...	...	...	...	...	...	...
柬埔寨	2,648	3,525	3,745	6,811	2,328	3,141	3,335	5,566
印度尼西亚	143,655	141,820	198,268	293,397	69,649	77,405	103,388	143,068
老挝	2,535	3,277	6,487	10,724	2,474	2,354	3,771	5,631
马来西亚	41,946	64,911	133,800	210,820	19,125	34,387	61,858	66,237
缅甸	5,875	6,674	8,217	6,351	5,328	5,815	6,646	5,175
菲律宾	58,456	58,693	65,304	77,659	33,744	35,364	45,040	38,014
新加坡	...	...	...	...	...	...	...	...
泰国	79,830	58,464	106,323	135,799	29,462	17,449	21,172	33,420
越南	12,859	19,039	44,923	71,890	11,558	16,193	32,764	44,818
太平洋地区								
库克群岛	55	71	76	72 (2015)	...	...	...	...
斐济	182	196	553	864	172	185	388	701
基里巴斯	8	11	14	21 (2015)	...	...	...	...
马绍尔群岛	105	92	105	95 (2015)	...	...	...	...
密克罗尼西亚联邦	63	62	86	81 (2015)	...	...	...	...
瑙鲁	...	...	...	...	...	...	...	...
帕劳	58	60	67	60 (2015)	...	...	...	...
巴布亚新几内亚	2,305	1,896	5,965	20,920	1,454	1,264	1,042	1,656
萨摩亚	139	169	325	450	138	167	299	417
所罗门群岛	156	167	231	187	121	144	125	90
东帝汶	...	...	...	...	...	...	...	...
汤加	74	89	154	196	65	80	144	186
图瓦卢	4	10 (2006)	16	14 (2013)	...	...	...	...
瓦努阿图	96	105	173	181	73	72	99	77
发展中成员经济体[c]	1,065,919	1,610,241	3,046,021	4,505,331	471,814	446,990	713,562	908,731
发展中经济体[d]	2,121,479	2,809,078	5,002,431	7,251,871	1,105,394	1,154,662	1,522,780	2,102,721

... = 至截止日期未获得相关数据。

a 指公共和公共担保的长期债务、私人无担保长期债务、国际货币基金组织的信贷和及预计短期债务的总和。

b 2000 年的数据与 2005 年以后的数据无法对比，因为覆盖范围或汇编方法有所改变。

c 仅就上报数据的经济体而言。

d 包括世界银行"全球金融发展在线数据库"中所报告的所有发展中经济体的数据。世界银行未涉及的发展中经济体的数据来自各经济体。

资料来源：World Development Indicators and International Debt Statistics. . http：//data. worldbank. org/data - catalog/world - development - indicators（访问时间 2016 年 8 月）；Organisation for Economic Cooperation and Development. *Statistical Compendium 2004/1*（CD - ROM）；各经济体.

表 4.20 发展中成员经济体的外债总额（占国民总收入的百分比）

本地区成员经济体	外债总额				公共外债和公共担保的外债			
	2000	2005	2010	2014	2000	2005	2010	2014
发展中经济体								
中亚和西亚地区								
阿富汗	...	13.6 (2006)	15.1	12.2	...	12.8 (2006)	12.3	9.6
亚美尼亚	51.4	38.5	64.9	74.8	34.4	18.1	26.3	27.7
阿塞拜疆	30.6	18.3	14.2	16.1	14.7	11.7	7.5	11.1
格鲁吉亚	57.5	33.2	84.5	85.0	40.1	23.7	36.7	32.6
哈萨克斯坦	75.7	84.7	92.6	83.3	21.3	4.2	3.0	7.4
吉尔吉斯共和国	150.5	95.1	91.7	101.1	94.8	70.2	54.4	44.5
巴基斯坦	45.1	30.4	34.8	23.9	37.1	26.9	23.6	17.8
塔吉克斯坦	138.4	50.2	55.4	44.3	91.6	37.0	32.5	17.9
土库曼斯坦	92.0	15.4	2.6	1.0	79.6	11.6	1.7	0.7
乌兹别克斯坦	36.8	32.6	19.3	20.4	27.8	25.4	8.5	8.6
东亚地区								
中国	12.2	12.5	9.3	9.3	7.9	3.6	1.5	0.8
中国香港	120.3	257.7	376.5	414.8 (2015)	...	...	...	...
韩国	24.2	18.2	32.5	28.6 (2015)	9.3	4.5	11.0	11.5 (2015)
蒙古国	84.8	56.5	89.9	186.2	73.6	51.2	27.0	31.1
中国台北	10.3	22.5	22.1	29.4 (2015)	0.0	0.1	1.7	0.2 (2015)
南亚地区								
孟加拉国	28.3	25.4	20.7	18.8	27.2	24.0	17.2	14.3
不丹	48.2	81.3	62.4	105.1	46.1	78.7	61.4	99.8
印度	21.4	14.6	17.3	22.7	17.2	6.6	6.0	8.1
马尔代夫	34.7	33.3	49.2	39.1	31.1	27.5	31.2	26.4
尼泊尔	52.2	39.1	23.5	20.0	51.2	38.2	21.8	17.6
斯里兰卡	57.7	46.9	44.5	59.7	49.6	40.0	29.4	37.7
东南亚地区								
文莱	...	...	...	...	...	...	...	...
柬埔寨	74.9	58.7	35.0	42.9	65.9	52.3	31.1	35.2
印度尼西亚	95.6	52.1	27.0	34.1	46.3	28.5	14.1	16.6
老挝	152.7	122.7	96.6	95.9	149.0	88.2	56.2	50.6
马来西亚	48.7	47.3	55.9	66.8	22.2	25.1	25.1	20.3
缅甸	...	...	...	10.2	...	...	...	8.3
菲律宾	61.6	45.2	24.6	22.7	35.5	27.2	16.9	11.0
新加坡	...	...	...	...	...	...	...	...
泰国	66.1	34.8	34.8	38.2	23.8	9.7	6.5	8.7
越南	38.7	33.7	40.3	40.6	34.8	28.6	29.4	25.3
太平洋地区								
库克群岛[b]	60.1	38.7	29.7	24.6 (2015)	...	...	...	...
斐济	10.6	6.4	18.2	21.6	10.0	6.1	12.8	16.2
基里巴斯	...	7.4	6.4	4.3	...	...	...	...
马绍尔群岛	71.2	51.5	53.0	38.6 (2015)	...	...	...	...
密克罗尼西亚联邦	26.4	23.9	27.8	21.9 (2015)	...	...	...	...
瑙鲁	...	...	...	...	...	...	...	...
帕劳[b]	39.2	30.8	36.2	20.8 (2015)	...	...	...	...
巴布亚新几内亚	69.8	41.9	64.4	147.6 (2013)	44.0	27.9	11.4	10.0
萨摩亚	51.7	38.3	51.1	58.1	51.2	37.9	46.9	53.9
所罗门群岛	35.9	40.3	46.5	17.0	27.7	34.7	25.2	8.1
东帝汶	...	...	...	...	...	...	...	...
汤加	38.6	34.4	41.1	44.2	34.0	30.7	37.6	42.4
图瓦卢[b]	29.0	45.7 (2006)	49.1	35.6 (2013)	...	...	...	...
瓦努阿图	36.9	28.5	25.5	...	28.2	19.5	14.7	9.4

... = 至截止日期未获得相关数据；0.0 = 数值不到所用计量单位的一半。
a 2000 年的数据与 2005 以后的数据无法对比，因为覆盖范围或汇编方法有所改变。
b 计算外债总额占国民总收入的百分比时，用国内生产总值替代了国民总收入。

资料来源：World Bank. World Development Indicators and International Debt Statistics. http://data.worldbank.org/data-catalog/world-development-indicators（访问时间 2016 年 8 月）；亚行估计；各经济体．

表 4.21　发展中成员经济体的外债总额（占商品和服务出口及营业收入的百分比）

本地区成员经济体	2000	2005	2010	2011	2012	2013	2014
发展中经济体							
中亚和西亚地区							
阿富汗	...	...	61.8	61.1	63.9	61.0	...
亚美尼亚	183.4	101.3	193.4	194.5	189.4	196.5	188.7
阿塞拜疆	70.1	25.4	24.3	21.2	25.2	27.9	34.2
格鲁吉亚	181.3	89.1	210.3	189.3	174.5	169.5	173.5
哈萨克斯坦	123.0	139.8	174.7	135.5	144.4	164.5	177.6
吉尔吉斯共和国	328.5	234.4	170.8	173.7	204.2	217.3	256.5
巴基斯坦	321.9	172.2	222.7	203.6	194.4	196.6	200.1
塔吉克斯坦	...	88.7	342.8	277.3	221.6	312.2	369.4
土库曼斯坦	...	...	...	...	...	...	...
乌兹别克斯坦	...	...	...	...	...	...	...
东亚地区							
中国	49.9	34.7	31.3	33.3	31.9	34.2	34.8
中国香港[a,b]	76.8	121.2	149.2	148.1	145.6	152.0	168.4 (2015)
韩国[a]	64.6	46.5	62.5	56.7	55.5	56.3	58.6 (2015)
蒙古国	153.2	93.5	173.2	175.6	284.8	375.6	325.1
中国台北[a]	19.3	35.9	29.9	32.1	29.2	38.4	39.1 (2015)
南亚地区							
孟加拉国	213.9	162.9	108.4	100.1	101.9	105.6	105.2
不丹	...	...	154.0	140.6	197.6	223.0	268.2
印度	161.9	75.6	81.5	73.8	87.1	89.7	93.1
马尔代夫	44.1	73.1	49.4	39.6	33.7	28.0	31.2
尼泊尔	212.5	224.2	212.7	178.0	178.6	162.5	145.9
斯里兰卡	141.6	141.9	190.5	183.5	261.0	264.7	258.2
东南亚地区							
文莱	...	...	...	...	...	...	...
柬埔寨	139.9	86.1	62.2	55.5	64.3	64.2	60.5
印度尼西亚	196.6	146.2	117.6	101.9	118.2	128.2	146.0
老挝	493.9	429.8	281.1	307.8	280.0	302.3	...
马来西亚	36.7	38.9	55.0	51.4	69.4	77.5	95.2
缅甸	273.9	173.9	104.7	94.6	80.5	62.9	...
菲律宾	132.7	152.4	106.6	102.5	93.1	87.7	95.1
新加坡	...	...	...	...	...	...	...
泰国	92.8	44.4	46.0	41.1	47.4	47.3	47.3
越南	73.6	51.5	56.0	50.0	47.5	45.8	44.5
太平洋地区							
库克群岛	...	...	...	...	...	...	...
斐济	17.8	11.6	29.1	36.9	29.1	34.2	...
基里巴斯[a]	16.3	17.6	...	...	...	...	...
马绍尔群岛[a]	141.1	98.0	99.0	76.9	70.6	65.9	62.3 (2015)
密克罗尼西亚联邦	100.3	98.2	91.9	88.9	69.3	65.6	52.7 (2015)
瑙鲁	...	...	...	...	...	...	...
帕劳[a]	84.2	68.5	64.8	51.1	48.3	43.6	31.0 (2015)
巴布亚新几内亚	97.3	52.0	97.8	170.5	218.0	183.1	186.6
萨摩亚	...	114.8	154.5	169.3	168.7		
所罗门群岛	121.3	108.0	69.2	45.7	35.2	34.0	30.6
东帝汶	...	...	...	...	...	...	...
汤加	...	151.0	220.6	192.2	173.3		
图瓦卢[a]	85.9	54.9 (2006)	65.0	67.6	48.1	47.3	47.3 (2013)
瓦努阿图	54.4	51.5	47.4	51.0	89.2	32.4	

... = 至截止日期未获得相关数据。

a 外债占商品和服务出口及营业收入的百分比利用国际收支数据推出。

b 2000 年的数据与 2005 年以后的数据无法对比，因为覆盖范围或汇编方法有所改变。

资料来源：World Bank. World Development Indicators and International Debt Statistics. http：//data. worldbank. org/data – catalog/world – development – indicators（访问时间 2016 年 8 月）；亚行估计；各经济体．

表 4.22 总偿债额

本地区成员经济体	偿债额（百万美元）				偿债额（占商品和服务出口及营业收入的百分比）			
	2000	2005	2010	2014	2000	2005	2010	2014
发展中经济体								
中亚和西亚地区								
阿富汗	...	11(2006)	10	38	...	...	0.3	...
亚美尼亚	51	142	969	1,436	9.2	7.3	29.7	31.7
阿塞拜疆	138	222	416	1,791	6.4	2.7	1.4	5.2
格鲁吉亚	126	195	803	1,871	12.5	8.1	17.5	23.3
哈萨克斯坦	3,392	13,158	39,474	31,171	32.4	41.9	57.9	35.1
吉尔吉斯共和国	178	143	557	402	30.2	14.8	23.1	14.2
巴基斯坦	2,871	2,466	4,273	5,948	28.1	12.5	14.9	19.1
塔吉克斯坦	68	73	686	419	...	5.8	76.3	38.2
土库曼斯坦	472	310	155	56	...	...	...	...
乌兹别克斯坦	901	795	618	888	...	...	...	...
东亚地区								
中国	26,607	27,404	60,389	51,737	9.1	3.4	3.4	1.9
中国香港	...	...	...	...	...	...	...	...
韩国[a,b]	22,905	7,224	2,843	...	10.9	2.1	0.5	...
蒙古国	41	45	239	1,361	6.6	3.0	7.0	21.2
中国台北[a,b]	45	11,006	3,630	6,150(2015)	0.0	4.6	1.1	1.5(2015)
南亚地区								
孟加拉国	773	812	1,020	1,741	10.6	7.2	4.3	5.2
不丹	7	7	87	83	...	...	14.4	12.1
印度	10,667	23,922	24,413	92,519	17.1	14.9	6.8	18.6
马尔代夫	20	31	81	77	4.2	6.3	4.0	2.3
尼泊尔	103	120	188	227	7.6	8.5	10.6	8.2
斯里兰卡	791	440	1,396	2,490	12.1	5.5	12.2	14.7
东南亚地区								
文莱	...	...	...	...	...	...	...	...
柬埔寨	32	33	63	165	1.7	0.8	1.0	1.5
印度尼西亚	16,638	20,258	29,343	46,356	22.8	20.9	17.4	23.1
老挝	41	134	301	357	8.0	17.6	13.0	...
马来西亚	6,441	9,381	5,575	12,948	5.6	5.6	2.3	5.8
缅甸	9	5	4	62	0.4	0.1	0.0	...
菲律宾	7,066	9,528	11,461	6,096	16.0	24.7	18.7	7.5
新加坡	...	...	...	...	...	...	...	...
泰国	13,996	18,044	10,964	14,975	16.3	13.7	4.7	5.2
越南	1,310	969	1,873	6,716	7.5	2.6	2.3	4.2
太平洋地区								
库克群岛[a]	1	3	2	5(2015)	...	...	...	...
斐济	25	14	24	52	2.4	0.8	1.2	...
基里巴斯[b]	1	1	1	1(2015)	1.7	1.9	...	...
马绍尔群岛[b]	22	4	9	7(2015)	29.8	4.8	8.1	4.6(2015)
密克罗尼西亚联邦[b]	23	2	5	8(2015)	36.1	3.9	5.3	5.4(2015)
瑙鲁	...	...	...	...	...	...	...	...
帕劳	...	...	...	...	...	...	...	...
巴布亚新几内亚	305	308	812	1,165	12.9	8.4	13.3	...
萨摩亚	6	6	11	19	...	3.9	5.0	7.9
所罗门群岛	9	14	21	17	7.1	9.1	6.2	2.8
东帝汶	...	...	...	...	...	...	...	...
汤加	5	5	5	7	...	8.8	7.2	...
图瓦卢	...	...	...	...	...	...	...	...
瓦努阿图	3	3	6	8	1.6	1.6	1.6	...

... = 至截止日期未获得相关数据；0.0 = 数值不到所用计量单位的一半。

a 指长期债务的本金还款加短期和长期债务的利息。

b 偿债额占商品和服务出口及营业收入的百分比来自国际收支数据。

资料来源：World Bank. World Development Indicators and International Debt Statistics. http：//data. worldbank. org/data－catalog/world－development－indicators（访问时间 2016 年 8 月）；亚行估计；各经济体.

表 4.23 入境旅游人数[a]（千人）

本地区成员经济体	2000	2005	2010	2011	2012	2013	2014	2015
发展中经济体								
中亚和西亚地区[b]	3,404	6,086	8,922	11,171	12,918	16,021	14,180	5,807
阿富汗	...	...	...	...	...	...	...	...
亚美尼亚	45	319	687	758	963	1,082	1,204	1,192
阿塞拜疆	576 (2002)	693	1,280	1,562	1,986	2,130	2,160	1,922
格鲁吉亚	387	560	1,067	1,319	1,790	2,065	2,229	2,279
哈萨克斯坦	1,471	3,143	2,991	4,093	4,807	4,926	4,560	...
吉尔吉斯共和国	59	319	855	2,278	2,406	3,076	2,849	...
巴基斯坦	557	798	907	1,161	966	565	965	...
塔吉克斯坦	4	...	160	...	...	208	213	414
土库曼斯坦	3	12	...	...	...	...	...	...
乌兹别克斯坦	302	242	975	...	...	...	1,969	...
东亚地区	48,126	71,321	90,571	96,239	100,422	101,957	107,897	107,630
中国	31,229	46,809	55,665	57,581	57,725	55,686	55,622	56,886
中国香港	8,814	14,773	20,085	22,316	23,770	25,661	27,770	26,686
韩国	5,322	6,023	8,798	9,795	11,140	12,176	14,202	13,232
蒙古国	137	338	456	460	476	418	393	386
中国台北	2,624	3,378	5,567	6,087	7,311	8,016	9,910	10,440
南亚地区[b]	4,187	5,460	8,169	8,898	9,575	10,430	11,459	11,769
孟加拉国	199	208	303	...	125	148	125	...
不丹	8	14	41	66	105	116	133	155
印度	2,649	3,919	5,776	6,309	6,578	6,968	7,679	8,027
马尔代夫	467	395	792	931	958	1,125	1,205	1,234
尼泊尔	464	375	603	736	803	798	790	555
斯里兰卡	400	549	654	856	1,006	1,275	1,527	1,798
东南亚地区[b]	35,458	48,542	70,431	77,453	84,642	94,394	97,202	104,584
文莱	...	126	214	242	209	225	201	218
柬埔寨	...	1,333	2,508	2,882	3,584	4,210	4,503	4,775
印度尼西亚	5,064	5,002	7,003	7,650	8,044	8,802	9,435	10,408
老挝	191	672	1,670	1,786	2,140	2,700	3,164	3,543
马来西亚	10,222	16,431	24,577	24,714	25,033	25,715	27,437	25,721
缅甸	208	232	792	391	1,059	2,044	3,081	4,681
菲律宾	1,992	2,623	3,520	3,917	4,273	4,681	4,833	5,361
新加坡	6,062	7,079	9,161	10,390	11,098	11,898	11,864	12,052
泰国	9,579	11,567	15,936	19,230	22,354	26,547	24,810	29,881
越南	2,140	3,477	5,050	6,251	6,848	7,572	7,874	7,944
太平洋地区[b]	701	1,045	1,346	1,405	1,484	1,489	1,532	1,342
库克群岛	73	88	104	113	122	121	121	125
斐济	294	545	632	675	661	658	693	755
基里巴斯	5	4	5	5	5	6	...	...
马绍尔群岛	5	9	5	5	5	5	...	...
密克罗尼西亚联邦	21	19	45	...	38	42	35	...
瑙鲁	...	...	...	...	...	...	...	...
帕劳	58	81	86	109	119	105	141	162
巴布亚新几内亚	58	69	140	163	168	174	182	...
萨摩亚	88	102	122	121	126	116	120	134
所罗门群岛	5	9	21	23	24	24	20	22
东帝汶	...	14 (2006)	40	50	58	79	60	...
汤加	35	42	47	46	49	48	50	54
图瓦卢	1	1	2	1	1	1	...	...
瓦努阿图	58	62	97	94	108	110	109	90
发达经济体[b]	11,475	14,592	16,836	14,501	16,863	19,375	23,069	27,181
澳大利亚	4,931	5,499	5,790	5,771	6,032	6,382	6,884	7,444
日本	4,757	6,728	8,611	6,219	8,358	10,364	13,413	19,737
新西兰	1,787	2,365	2,435	2,511	2,473	2,629	2,772	...
发展中成员经济体[b]	91,876	132,454	179,439	195,166	209,041	224,291	232,270	231,132
本地区成员体[b]	103,351	147,046	196,275	209,667	225,904	243,666	255,339	258,313

... = 至截止日期未获得相关数据。

a 澳大利亚、日本、韩国、吉尔吉斯共和国、中国台北、塔吉克斯坦和越南等经济体的数据指到达边境的国际访客（包括游客和当日访客）。其他经济体的数据指到达边境的国际游客（过夜访客，即不包括当日访客）。

b 仅就上报数据的经济体而言。

资料来源：World Tourism Organization（UNWTO）. UNWTO Tourism Highlights, 2016 Edition. http://mkt.unwto.org/publication/unwto-tourism-highlights-2016-edition（访问时间 2016 年 7 月）.

表4.24　国际旅游收入（百万美元）

本地区成员经济体	2000	2005	2010	2011	2012	2013	2014	2015
发展中经济体								
中亚和西亚地区[a]	679	1,525	3,643	4,986	6,477	7,459	7,443	7,548
阿富汗	...	...	86	71	56	151	84	...
亚美尼亚	38	220	646	448	454	880	966	936
阿塞拜疆	63	78	657	1,287	2,433	2,365	2,432	2,309
格鲁吉亚	97	241	659	955	1,411	1,720	1,787	1,936
哈萨克斯坦	356	701	1,005	1,209	1,347	1,522	1,467	1,625
吉尔吉斯共和国	15	73	160	640	434	530	423	426
巴基斯坦	81	182	305	373	339	288	283	315
塔吉克斯坦	2(2002)	2	4	3	3	3	1	1
土库曼斯坦	...	...	...	...	...	...	...	...
乌兹别克斯坦	27	28	121	...	...	...	...	...
东亚地区	32,707	50,435	87,307	100,678	108,743	117,739	176,379	180,200
中国	16,231	29,296	45,814	48,464	50,028	51,664	105,380	114,109
中国香港	5,868	10,179	22,200	28,455	33,074	38,934	38,376	36,150
韩国	6,834	5,806	10,328	12,476	13,429	14,629	17,836	15,285
蒙古国	36	177	244	218	442	189	173	250
中国台北	3,738	4,977	8,721	11,065	11,770	12,323	14,614	14,406
南亚地区	4,247	8,429	17,244	20,926	21,479	23,077	25,540	27,261
孟加拉国	50	70	87	87	105	129	153	148
不丹	10	19	35	48	61	63	73	71
印度	3,460	7,493	14,490	17,707	17,971	18,397	19,700	21,013
马尔代夫	321	287	1,713	1,868	1,951	2,335	2,696	2,567
尼泊尔	158	131	343	386	352	438	487	481
斯里兰卡	248	429	576	830	1,039	1,715	2,431	2,981
东南亚地区[a]	26,902	34,953	68,422	84,594	95,823	107,854	108,059	108,132
文莱	155(2001)	191	...	...	92	96	79	...
柬埔寨	304	840	1,519	2,084	2,462	2,659	2,953	3,130
印度尼西亚	4,975	4,522	6,958	7,997	8,324	9,119	10,261	10,761
老挝	114	139	382	406	451	596	642	679
马来西亚	5,011	8,846	18,115	19,656	20,250	21,496	22,595	17,597
缅甸	162	68	72	281	539	959	1,612	2,092
菲律宾	2,156	2,265	2,645	3,190	4,061	4,690	5,030	5,276
新加坡	5,142	6,205	14,177	18,086	18,939	19,209	19,134	16,743
泰国	7,483	9,577	20,104	27,184	33,855	41,780	38,423	44,553
越南	...	2,300	4,450	5,710	6,850	7,250	7,330	7,301
太平洋地区[a]	416	903	1,296	1,328	1,399	1,592	1,575	979
库克群岛	36	91	111	...	...	168	175	...
斐济	189	485	634	724	729	716	744	744
基里巴斯	3	3	4	...	3	3	3	...
马绍尔群岛	3	6	4	4	4	4	5	...
密克罗尼西亚联邦	17	17	24	...	...	24	25	...
瑙鲁	...	...	...	...	...	...	...	...
帕劳	53	97	73	115	133	113	127	...
巴布亚新几内亚	7	4	2	5	2	4	3	...
萨摩亚	41	79	123	134	148	136	146	137
所罗门群岛	4	2	44	71	54	61	55	47
东帝汶	...	20(2006)	31	21	21	29	35	51
汤加	7	15	27	28	41	45	...	...
图瓦卢	...	...	2	...	3	2	...	...
瓦努阿图	56	85	217	226	261	287	257	...
发达经济体[a]	14,934	34,489	48,319	49,642	53,602	53,788	59,212	63,306
澳大利亚	9,289	16,848	28,598	31,335	31,898	31,261	31,935	29,413
日本	3,373	12,430	13,199	10,966	14,576	15,131	18,853	24,983
新西兰	2,272	5,211	6,522	7,341	7,128	7,396	8,424	8,910
发展中成员经济体[a]	64,950	96,245	177,912	212,512	233,921	257,721	318,996	324,120
本地区成员体[a]	79,884	130,734	226,231	262,154	287,523	311,509	378,208	387,426

... = 至截止日期未获得相关数据。

a 仅就上报数据的经济体而言。

资料来源：World Tourism Organization（UNWTO）. UNWTO Tourism Highlights, 2016 Edition. http://mkt.unwto.org/publication/unwto-tourism-highlights-2016-edition（访问时间2016年7月）

5. 交通与通信

> **简况**
>
> 2011 年,亚太地区所有上报数据的成员经济体平均铁路网密度是每 1,000 平方千米内铁路长度为 7 千米,超过拉丁美洲和加勒比地区的平均每 1,000 平方千米内铁路长度大约 5 千米,但远少于欧洲的平均每 1,000 平方千米内 50 千米铁路长度。
>
> 2004 年—2015 年,在中国带动下,亚太地区经济体显著提升了道路质量。
>
> 2000 年—2015 年,37 个有数据的亚太经济体中有 30 个航空运输量增加,有 35 个客运数量增加。
>
> 2000 年—2015 年,有数据的每一个本地区经济体的移动电话入网率均增加,而且其中三分之二以上的经济体增加了至少 10 倍。
>
> 亚太地区超过半数上报数据的经济体每 100 人互联网用户增加了至少 10 倍。然而,本地区仍有 58.1% 的人口无法连接互联网,这一数字略高于全球平均数。

关键趋势

2011 年,亚太地区所有上报数据的经济体平均铁路网密度估计为每 1,000 平方千米内铁路长度 7 千米,超过拉丁美洲和加勒比地区的平均每 1,000 平方千米内铁路长度大约 5 千米,但远少于欧洲的平均每 1,000 平方千米内 50 千米铁路长度。2011 年世界平均水平是每 1,000 平方千米有铁路 9.5 千米。当然,一个地区的平均铁路网密度主要是指该地区总表面面积的功能,亚太地区明显大于欧洲。

2014 年,中国(29.4%)与印度(28.9%)共占亚太铁路网的 58.3%(图 5.1)。日本拥有第三长的铁路网,占本地区的 8.5%。

2000 年至 2014 年或有数据的最近一年,马来西亚是铁路网年平均增长速度最快的,增速为

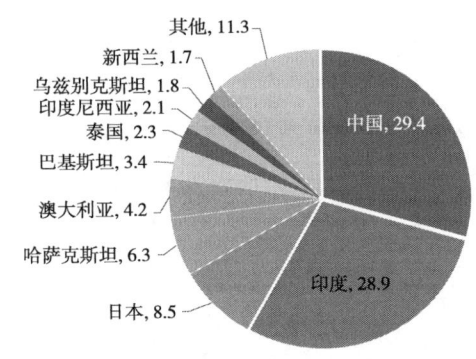

图 5.1 亚太地区有关经济体最近一年铁路网比例(%)

资料来源:表 5.4。

2.4%(图 5.2)。中国台北和土库曼斯坦紧随其后,年平均增速均为 2.3%。在此期间,铁路网缩短的国家包括亚美尼亚、阿塞拜疆、日本、印尼和越南。

图 5.2　2000 年—2014 年铁路网密度年均增长（%）

注：吉尔吉斯共和国的数据年份为 2005 年—2014 年，斯里兰卡为 1999 年—2008 年，菲律宾为 2000 年—2008 年，土库曼斯坦为 2005 年—2011 年。

资料来源：表 5.4。

2004 年—2015 年，在中国带动下，亚太地区经济体显著提升了道路质量。 落后的交通基础设施增加了成本，阻碍了各地区的统一发展，并且严重影响了企业间的劳动力和资本投入的相对份额（ADB，2016）。亚太地区，高质量的主干道和一级公路在 2015 年占本地区公路网的 31.7%，较 2004 年的 12.4% 大有增长（图 5.3）。①

2004 年—2015 年，二级公路所占份额从 24.5% 快速增长至 40.6%。因此，2015 年，质量较差的三级公路、三级以下公路和其他道路占本地区公路网的份额（27.7%）较 2004 年（63.1%）大幅减少。

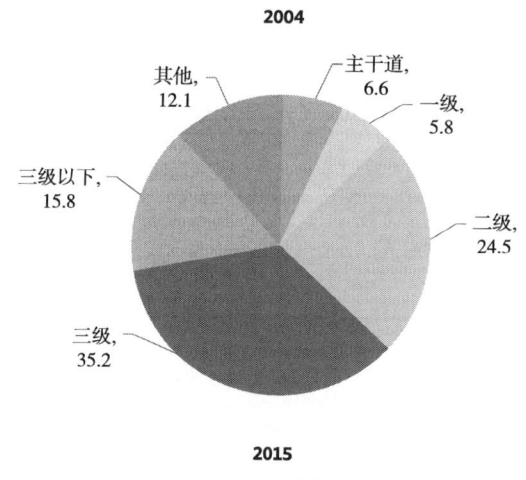

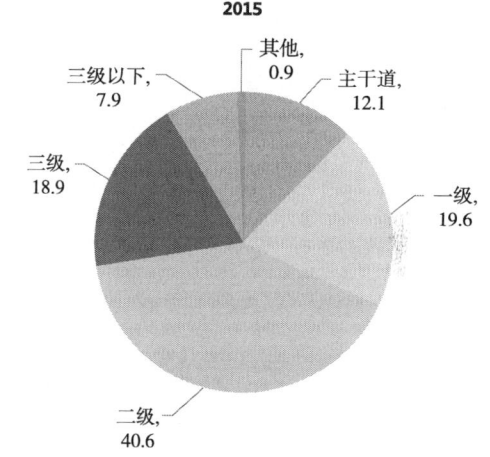

图 5.3　亚洲等级公路比例（%）

资料来源：表 5.1。

随着亚太地区汽车数量的增加，道路交通死亡事故正在上升。每年全球 120 万道路死亡中的 90% 都发生在中低收入经济体，这些经济体的登记机动车仅占全球机动车的 48%（WHO，2009 年）。有效执行立法以减少超速和酒驾以及强制系安全带、戴头盔和使用儿童限制性装置有效减少了道路死亡。然而，世界上只有不到一半的经济体有解决所有这五项风险因素的法律。

泰国的道路死亡率在本地区最高，2013 年，每十万人中就有 36 起道路死亡案件（表 5.3）。超过 70% 的道路死亡涉及两轮或三轮车辆驾驶者（图 5.4）。越南的道路死亡率第二高，每十万人中有 25 人死于道路交通事故。库克群岛、哈萨克斯坦和马来西亚位居其后，均为 24 人。就车辆类型

---

① 主干道是指出入受管制的汽车专用高速公路。一级公路指四车道或四车道以上的沥青路、水泥路或混凝土路。二级公路指两车道双层沥青路。三级公路被认为是最低标准公路，通常被描述为单车道（狭窄）公路。三级以下道路是低于最低标准的道路（ESCAP 在线统计数据库）。

来看,在 32 个有 2013 年数据的经济体中,有 15 个经济体的道路交通死亡案件多数是四轮车辆造成的。11 个经济体中,两轮或三轮车辆造成的死亡事故占多数;8 个经济体中,行人导致的交通死亡占多数;1 个经济体中,其他车辆造成的死亡事故占多数。

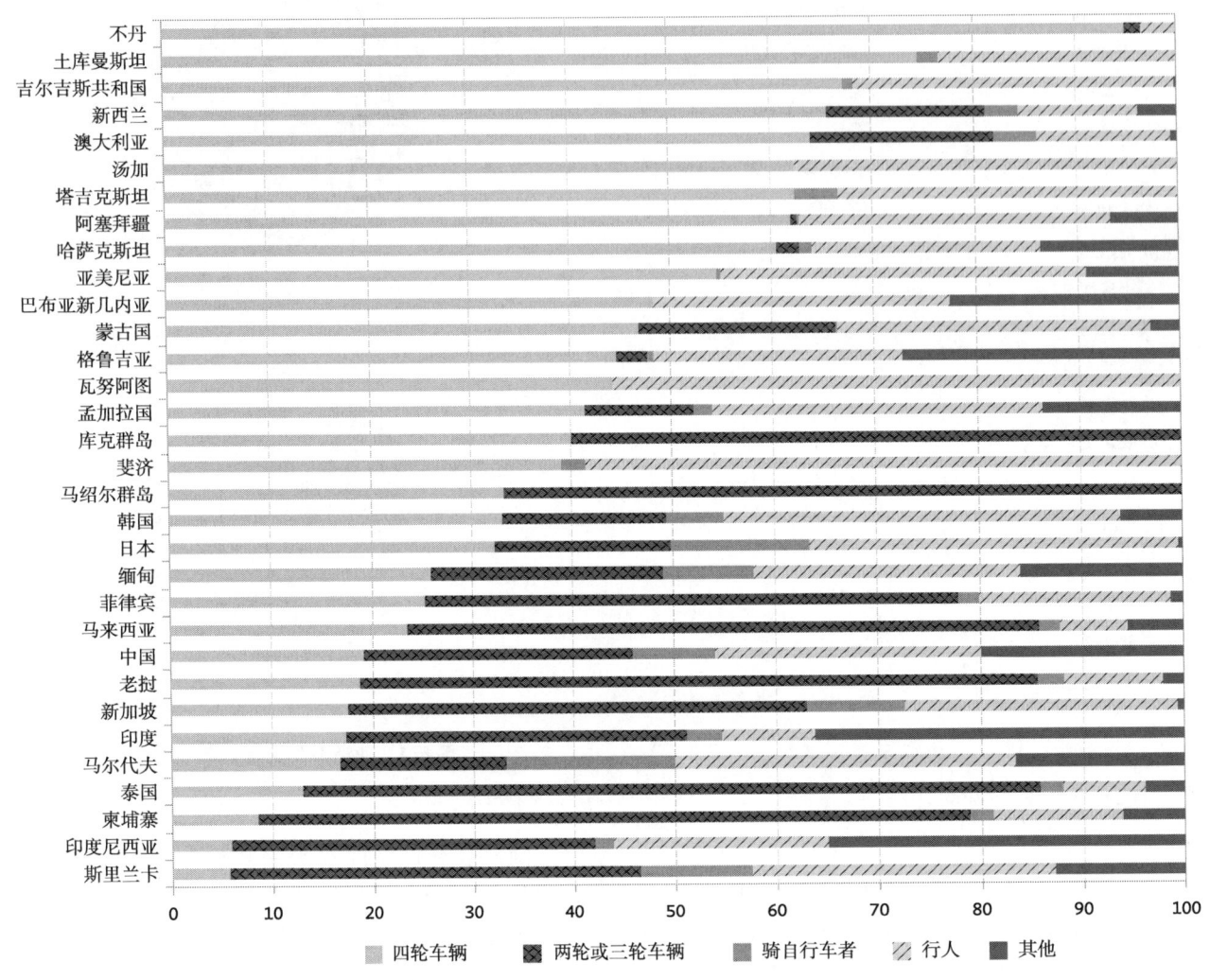

图 5.4 2013 年道路交通死亡分布(按车辆类型划分)(%)

资料来源:表 5.3。

2000 年至 2015 年,37 个有数据的亚太经济体中有 30 个航空公司出港量增加,有 35 个客运数量增加。 2000 年至 2015 年(或 2010 年),37 个有数据的亚太经济体中有 30 个的航空公司出港量增加(表 5.6)。增长百分比最大的经济体有哈萨克斯坦(801.5%)、越南(607.7%)和阿富汗(590.3%)。2000 年至 2015 年(或 2010 年),37 个亚太经济体中,有 35 个的客运数量增加。增长百分比最大的经济体是阿富汗(1,189.1%)、哈萨克斯坦(1,001.6%)和越南(940.5%)。只有尼泊尔和中国台北的航空客运量减少了,减少比例分别为 -20.7% 和 -18.4%。尼泊尔这一数据下降的原因可能是 2015 年 4 月的地震使得航空运输减少。若 2010 年是可获得数据的最近一年,则考查期内尼泊尔客运量增加 42.7%。

2000 年至 2015 年,有数据的每一个本地区经济体的移动电话入网率均增加,而且其中三分之二以上的经济体增加了至少 10 倍。 到 2015 年年底之前,全球人口大约 95% 居住在移动电话网覆盖的地区(ITU,2016 年)。在亚太地区,45 个上报数据的经济体中有 28 个移动电话入网率超过了每 100 人 95 个用户,而在 2015 年或有数据的最近一年,26 个经济体的移动电话入网率高于每 100 人 100 个用户(表 5.9)。2015 年,每 100 人移动电话入网率最高的经济体有中国香港(228.8)、马尔代夫(206.7)和哈萨克斯坦(187.2)。入网率

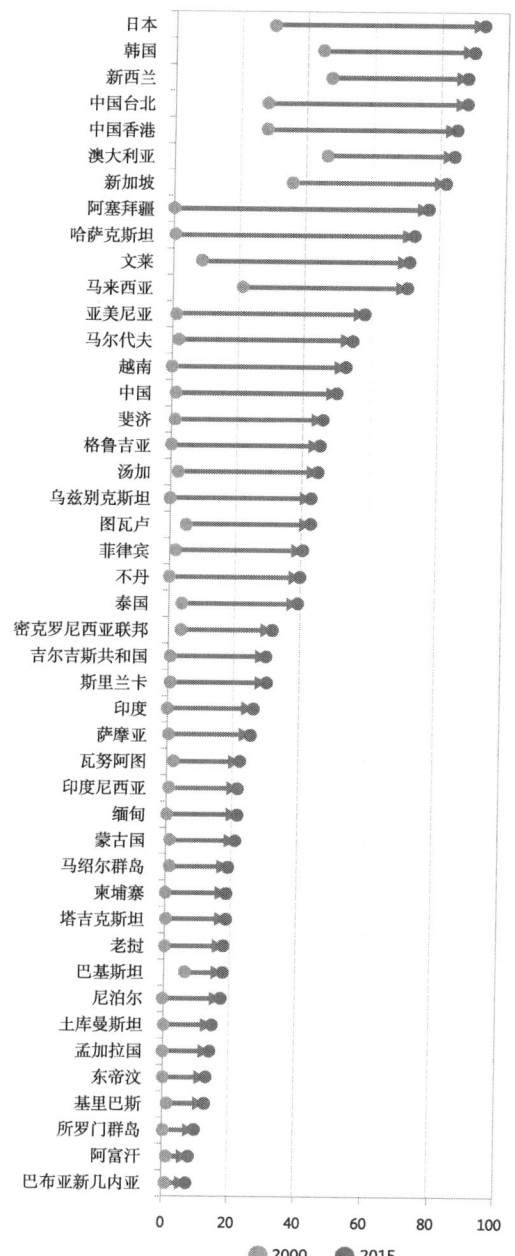

图 5.5 互联网用户数量（每 100 人）

注：阿富汗、巴基斯坦、缅甸和瑙鲁的数据年份为 2001 年—2015 年，帕劳为 2002 年—2015 年，东帝汶为 2005 年—2015 年。

资料来源：表 5.8。

最低的是密克罗尼西亚（26.7）、马绍尔群岛（29.2）和基里巴斯（38.8）。移动电话入网增长率 2000 年至 2015 年在本地区十分强劲，31 个经济体的每 100 人移动电话入网率增长了 10 倍多。

亚太地区超过半数上报数据的经济体每 100 人互联网用户增加了至少 10 倍。在亚太地区所有上报数据的经济体中，每 100 人互联网用户数量增加了。以下经济体的增长最为显著：阿塞拜疆、哈萨克斯坦、日本、文莱和中国台北。2000 年—2015 年，有 30 个经济体每 100 人互联网用户数量增加了 10 倍。

尽管 2000 年至 2015 年期间，互联网普及率大大提升，但是 2016 年，亚太地区大部分人口（58.1%）仍然无法连接互联网。这个数字比全球平均数约 53% 高，但比非洲地区的平均数约 75% 低。此外，亚太地区男性和女性的互联网普及率相差甚远：本地区仅有 39.5% 的女性连接互联网，而有 47.5% 的男性连接网络。这一数据与发展中国家的平均值（男性 37.4%，女性 45%）大体相当（ITU 2016 年）[①]。

数据问题和可比性

涉及所有类型道路指标的最近的和完整的数据很少。因此，笔者可进行描述但无法得出分析结论，这些分析结论可能会有助于政策制定者采取正确措施。时间最近的数据通常都滞后 2—3 年。一些次区域，尤其是太平洋地区的数据都不完整或没有数据。数据整理、收集、汇编和传播对于道路数据的可获性、质量和及时性造成了持续的挑战和影响。

大多数关于电话和互联网使用的数据都来自国际电信联盟发给各参与经济体的调查问卷。其他信息和报告来自负责电信的政府部门和工作人员预测。

参考文献

Asian Development Bank (ADB). 2016. *Asian Development Outlook 2016*. Manila.

International Telecommunication Union (ITU). 2016. *ICT Facts in Figures: The World in 2016*. http://www.itu.int/en/ITU-D/Statistics/Documents/facts/ICTFactsFigures2016.pdf

United Nations Economic and Social Commission for Asia and the Pacific (ESCAP). ESCAP Online Statistical Database. http://www.unescap.org/stat/data/statdb/DataExplorer.aspx (accessed 7 June 2016).

World Health Organization (WHO). 2009. *Global Status Report on Road Safety*. Geneva.

---

① 此段所提供的数字来源于国际电信联盟公布的资料。国际电信联盟采用的亚太地区经济体名单与亚行的不完全一致。国际电信联盟工作范围详情请见：http://www.itu.int/en/ITU-D/Pages/Contact/Bangkok.aspx。

表 5.1 公路指标——公路网（千米）[a]

本地区成员经济体	主干道 2004	主干道 2015	一级公路 2004	一级公路 2015	二级公路 2004	二级公路 2015	三级公路 2004	三级公路 2015	三级以下公路 2004	三级以下公路 2015	其他 2004	其他 2015	总计[b] 2004	总计[b] 2015
发展中经济体														
中亚和西亚地区														
阿富汗	...	...	...	10	621	2,549	77	...	3,549	1,461	...	...	4,247	4,020
亚美尼亚	...	...	142	147	377	721	479	58	...	40	...	...	998	966
阿塞拜疆	...	...	82	290	1,012	1,174	348	...	...	...	228	...	1,670	1,464
格鲁吉亚	...	...	8	74	788	897	358	182	...	...	...	...	1,154	1,153
哈萨克斯坦	...	...	72	557	767	5,407	10,004	6,389	2,346	475	...	...	13,189	12,828
吉尔吉斯共和国	...	...	...	...	464	303	511	1,324	720	136	...	...	1,695	1,763
巴基斯坦	358	357	1,116	1,116	160	275	2,569	2,442	1,174	1,138	...	...	5,377	5,328
塔吉克斯坦	...	...	...	20	289	978	603	...	1,033	914	...	...	1,925	1,912
土库曼斯坦	...	...	...	60	...	...	2,180	2,120	24	24	...	...	2,204	2,204
乌兹别克斯坦	...	...	255	1,195	765	1,101	1,618	670	328	...	...	...	2,966	2,966
东亚地区														
中国	4,140	16,554 (2012)	189	2,659 (2012)	2,749	6,689 (2012)	2,008	1,482 (2012)	1,443	4 (2012)	15,400	...	25,929	27,389 (2012)
中国香港	...	...	...	...	...	...	...	...	...	...	...	...	...	...
韩国	466	457	197	423	244	40	...	...	...	...	...	...	907	920
蒙古国	...	...	...	8	440	1,702	345	158	3,501	2,450	...	...	4,286	4,318
中国台北	...	...	...	...	...	...	...	...	...	...	...	...	...	...
南亚地区														
孟加拉国	...	...	20	311	441	1,400	476	44	868	5	...	...	1,805	1,760
不丹	...	...	...	7	6	116	...	...	161	47	...	...	167	170
印度	...	...	...	90	484	4,738	...	5,984	10,869	782	105	96	11,458	11,690
马尔代夫	...	...	...	...	...	...	...	...	...	...	...	...	...	...
尼泊尔	...	...	...	...	311	218	1,003	1,082	12	13	...	...	1,326	1,313
斯里兰卡	...	...	...	60	269	519	190	71	191	...	...	...	650	650
东南亚地区														
文莱	...	...	...	...	...	...	...	...	...	...	...	...	...	...
柬埔寨	...	...	...	...	398	610	743	1,346	199	...	...	...	1,340	1,958
印度尼西亚	335	409	18	603	1,600	3,045	1,965	...	...	...	34	34	3,952	4,091
老挝	...	...	...	244	2,375	2,307	...	306	3	...	...	...	2,378	2,857
马来西亚	795	795	67	61	733	817	...	...	...	...	...	...	1,595	1,673
缅甸	...	...	147	320	144	575	983	1,702	1,729	1,928	...	...	3,003	4,525
菲律宾	...	...	17	380	27	2,310	2,872	691	451	...	150	...	3,517	3,381
新加坡	11	13	8	6	...	...	...	...	...	...	...	...	19	19
泰国	182	617	2,572	4,123	1,226	598	1,128	202	...	...	4	...	5,112	5,540
越南	-	-	408	343	1,915	1,829	104	337	251	76	...	...	2,678	2,585
太平洋地区														
库克群岛	...	...	...	...	...	...	...	...	...	...	...	...	...	...
斐济	...	...	...	...	...	...	...	...	...	...	...	...	...	...
基里巴斯	...	...	...	...	...	...	...	...	...	...	...	...	...	...
马绍尔群岛	...	...	...	...	...	...	...	...	...	...	...	...	...	...
密克罗尼西亚联邦	...	...	...	...	...	...	...	...	...	...	...	...	...	...
瑙鲁	...	...	...	...	...	...	...	...	...	...	...	...	...	...
帕劳	...	...	...	...	...	...	...	...	...	...	...	...	...	...
巴布亚新几内亚	...	...	...	...	...	...	...	...	...	...	...	...	...	...
萨摩亚	...	...	...	...	...	...	...	...	...	...	...	...	...	...
所罗门群岛	...	...	...	...	...	...	...	...	...	...	...	...	...	...
东帝汶	...	...	...	...	...	...	...	...	...	...	...	...	...	...
汤加	...	...	...	...	...	...	...	...	...	...	...	...	...	...
图瓦卢	...	...	...	...	...	...	...	...	...	...	...	...	...	...
瓦努阿图	...	...	...	...	...	...	...	...	...	...	...	...	...	...
发达经济体														
澳大利亚	...	...	...	...	...	...	...	...	...	...	...	...	...	...
日本	1,111	1,138	...	...	...	...	...	...	...	...	...	...	1,111	1,138
新西兰	...	...	...	...	...	...	...	...	...	...	...	...	...	...

... = 至截止日期未获得相关数据；- = 数值等于零。

a 公路网是指由亚洲内具有国际重要性的公路组成的亚洲公路网络，这些公路包括：大部分跨越一个以上次区的公路；连接周边次区的次区内部公路；可通往以下地点的成员国内部公路：（a）首都或首府城市；（b）主要工业和农业中心；（c）主要航空、航海和河运港口；（d）主要集装箱码头和存储站；（e）主要旅游景点。

分类中的"主干道"是指出入受管制的高速公路。出入受管制的高速公路为汽车专用，摩托车、自行车和行人禁止通行，以确保交通安全，使汽车能够高速通行。

一级公路指四车道或四车道以上的沥青路、水泥路或混凝土路。

二级公路指两车道双层沥青路。

三级公路被认为是最低标准公路，通常被描述为单车道（狭窄）公路。

三级以下道路是低于最低标准的道路。

b 已报告可用数据的总和。

资料来源：United Nations Economic and Social Commission for Asia and the Pacific. ESCAP Online Statistical Database. http：//www.unescap.org/stat/data/statdb/DataExplorer.aspx（访问时间 2016 年 6 月 7 日）。

表 5.2 公路指标——交通工具

本地区成员经济体	总计 (千)	总计 (每千人)[b]	2013年登记备案的交通工具数量 按类型[a] 四轮机动车	两轮或三轮车	重型卡车	公共汽车	其他
发展中经济体							
中亚和西亚地区							
阿富汗	655.4	23.8	407,608	68,090	81,416	20,589	77,654
亚美尼亚	300.1 (2010)	92.3	247,723	28	40,924	11,396	20
阿塞拜疆	1,135.9 (2012)	122.3	958,594	2,067	130,019	29,647	15,609
格鲁吉亚	951.6	212.2	774,453	4,830	151,057	21,309	–
哈萨克斯坦	3,926.5	230.5	3,190,057	74,762	398,753	94,417	168,498
吉尔吉斯共和国	958.2	169.2	777,847	21,696	114,853	34,561	9,230
巴基斯坦	9,080.4 (2011)	51.3	3,095,900	5,560,218	223,152	201,167	–
塔吉克斯坦	411.5	50.4	353,919	4,925	36,942	15,762	–
土库曼斯坦	847.9 (2014)	159.7	676,622	37,275	114,004	19,973	–
乌兹别克斯坦	...	...	...	...	...	...	...
东亚地区							
中国[c]	250,138.2	183.8	137,406,846	95,326,138	5,069,292	...	12,335,936
中国香港	...	...	...	...	...	...	...
韩国	23,150.6	461.0	15,078,354	2,117,035	970,805	4,984,425	...
蒙古国	675.1	232.9	491,771	25,771	151,530	5,992	–
中国台北[d]	21,290.3 (2014)	909.7	6,405,778	13,735,994	1,054,149	32,928	61,464
南亚地区							
孟加拉国	2,088.6 (2014)	13.4	547,423	1,336,339	141,850	59,500	3,454
不丹	68.2 (2014)	91.5	46,575	9,758	9,397	475	1,968
印度	159,490.6 (2012)	129.1	38,338,015	115,419,175	4,056,885	1,676,503	...
马尔代夫	61.4	141.3	10,256	50,775	145	140	96
尼泊尔	1,178.9 (2011)	44.3	133,992	891,018	47,930	35,100	70,871
斯里兰卡	5,203.7	252.9	832,840	3,566,184	329,648	93,428	381,578
东南亚地区							
文莱	349.3 (2010)	903.0	...	...	...	...	...
柬埔寨	2,457.6	164.9	67,645	2,068,937	45,625	4,473	270,889
印度尼西亚	104,211.1	418.8	10,838,592	86,253,257	5,156,362	1,962,921	...
老挝	1,439.5	215.5	276,493	1,120,673	38,454	3,861	...
马来西亚	23,819.3	796.1	10,689,450	11,087,878	1,116,167	62,784	862,977
缅甸	4,310.1 (2014)	83.7	386,049	3,712,220	127,947	22,253	61,643
菲律宾	7,690.0	79.0	3,009,116	4,250,667	358,445	31,665	40,145
新加坡	974.2	180.4	763,008	144,934	48,719	17,065	444
泰国	32,477.0 (2012)	488.4	11,829,221	19,169,418	901,014	137,609	439,715
越南	40,790.8	454.7	798,592	38,643,091	696,316	111,030	541,812
太平洋地区							
库克群岛	12.5	669.5	5,085	6,846	491	31	–
斐济	86.5	100.4	...	...	...	...	...
基里巴斯	3.5	31.4	1,926	701	536	289	–
马绍尔群岛	2.1	39.5	1,917	52	26	63	58
密克罗尼西亚联邦	8.3 (2010)	81.1	7,356	96	747	138	–
瑙鲁	...	...	...	...	...	...	...
帕劳	7.1	405.1	...	...	...	...	...
巴布亚新几内亚	94.3 (2014)	12.4	61,255	1,155	21,075	10,812	...
萨摩亚	17.4	91.5	16,243	97	873	236	...
所罗门群岛	45.0	79.5	...	...	...	...	...
东帝汶[e]	63.6	53.9	14,621	48,143	651	138	...
汤加	8.2	78.8	6,039	184	1,882	49	...
图瓦卢	...	...	...	...	...	...	...
瓦努阿图	14.0	52.9	...	...	...	...	...
发达经济体							
澳大利亚	17,180.6	742.9	15,871,827	744,732	416,902	93,034	54,101
日本	91,377.3	717.6	76,137,715	11,948,432	...	...	3,291,072
新西兰	3,250.1 (2012)	737.3	2,643,624	114,930	112,856	8,286	370,370

... = 至截止日期未获得相关数据；– = 数值等于零。

a 数据所指年份与"总计"栏所指年份相同，除非另有说明。
b 计算方法：登记交通工具总数量除以以千计的年中人口。
c 每千人的计算结果，采用年终人口数据而非年中数据。
d 将卡车和货车合并在"重型卡车"类别中。
e 东帝汶无交通工具数据更新程序，故 2013 年的数据系指 2006 年至 2013 年的交通工具总量。

资料来源：除亚美尼亚和文莱的所有经济体：World Health Organization. 2015. *Global Status Report on Road Safety 2015*. Geneva；亚美尼亚和文莱：World Health Organization. 2013. *Global Status Report on Road Safety 2013*. Geneva；亚行估计；中国台北："发展委员会"，2015。

表 5.3 公路指标——安全

本地区成员经济体	2013年道路交通死亡估计人数		2013年道路使用者死亡率（%）				
	总计（人数）	死亡率（每10万人）	四轮机动车	两轮或三轮车	骑自行车者	行人	其他
发展中经济体							
中亚和西亚地区							
阿富汗	4,734	16	...	...	...	...	...
亚美尼亚	546	18	54.7	–	0.3	35.8	9.2
阿塞拜疆	943	10	62.1	0.5	0.3	30.5	6.7
格鲁吉亚	514	12	44.7	3.1	0.6	24.3	27.2
哈萨克斯坦	3,983	24	60.5	2.3	1.1	22.5	13.5
吉尔吉斯共和国	1,220	22	67.3	–	1.1	31.6	0.1
巴基斯坦	25,781	14	...	...	...	...	...
塔吉克斯坦	1,543	19	62.5	–	4.2	33.3	–
土库曼斯坦	914	17	74.7	–	1.9	23.4	–
乌兹别克斯坦	3,240	11	...	...	...	...	...
东亚地区							
中国	261,367	19	19.2	26.8	8.1	26.1	19.8
中国香港	...	...	...	...	...	...	...
韩国	5,931	12	33.2	16.3	5.5	38.9	6.1
蒙古国	597	21	47.0	19.3	0.2	30.6	2.9
中国台北	...	...	...	...	...	...	...
南亚地区							
孟加拉国	21,316	14	41.5	10.8	1.8	32.2	13.7
不丹	114	15	94.9	1.7	–	3.4	–
印度	207,551	17	17.2	33.9	3.5	9.1	36.2
马尔代夫	12	4	16.7	16.7	16.7	33.3	16.7
尼泊尔	4,713	17	...	...	...	...	...
斯里兰卡	3,691	17	5.7	40.8	11.0	29.8	12.7
东南亚地区							
文莱	...	...	...	...	...	...	...
柬埔寨	2,635	17	8.5	70.4	2.3	12.7	6.1
印度尼西亚	38,279	15	6.0	36.0	2.0	21.0	35.0
老挝	971	14	18.7	66.9	2.7	9.6	2.1
马来西亚	7,129	24	23.7	62.1	2.2	6.6	5.5
缅甸	10,809	20	26.0	23.0	9.0	26.0	16.0
菲律宾	10,379	11	25.3	52.5	2.0	19.0	1.1
新加坡	197	4	17.5	45.6	9.4	26.9	0.6
泰国	24,237	36	13.0	72.8	2.3	8.1	3.8
越南	22,419	25	...	...	...	...	...
太平洋地区							
库克群岛	5	24	40.0	60.0	–	–	–
斐济	51	6	39.0	–	2.4	58.5	–
基里巴斯	3	3	–	–	33.3	66.7	–
马绍尔群岛	3	6	33.3	66.7	–	–	–
密克罗尼西亚联邦	2	2	...	...	...	...	...
瑙鲁	...	...	...	...	...	...	...
帕劳	1	5	–	–	–	100.0	–
巴布亚新几内亚	1,232	17	48.4	–	–	29.0	22.6
萨摩亚	30	16	–	–	–	76.5	23.5
所罗门群岛	108	19	...	...	...	...	...
东帝汶	188	17	...	...	...	...	...
汤加	8	8	62.5	–	–	37.5	–
图瓦卢	...	...	...	...	...	...	...
瓦努阿图	42	17	44.4	–	–	55.6	–
发达经济体							
澳大利亚	1,252	5	64.2	17.9	4.2	13.2	0.6
日本	5,971	5	32.4	17.4	13.7	36.2	0.3
新西兰	272	6	65.7	15.4	3.1	11.8	3.9

... = 至截止日期未获得相关数据；– = 数值等于零。

资料来源：World Health Organization. 2015. *Global Status Report on Road Safety 2015*. Geneva.

表 5.4 铁路指标

本地区成员经济体	铁路线 (总路线, 千米)				铁路网, 每单位土地面积的长度 (每千平方千米的千米数)			
	2000	2005	2010	2014	2000	2005	2010	2014
发展中经济体								
中亚和西亚地区								
阿富汗	...	...	...	...	...	...	...	...
亚美尼亚	842	732	826	826	29.6	25.7	29.0	29.0
阿塞拜疆	2,116	2,122	2,079	2,068	25.6	25.7	25.2	25.0
格鲁吉亚	1,562	1,336	1,566	1,578	22.5	19.2	22.5	22.7
哈萨克斯坦	13,545	14,204	14,202	14,329	5.0	5.3	5.3	5.3
吉尔吉斯共和国	...	417 (2006)	417	417	...	2.2 (2006)	2.2	2.2
巴基斯坦	7,791	7,791	7,791	7,791	10.1	10.1	10.1	10.1
塔吉克斯坦	...	616	621	621	...	4.4	4.4	4.4
土库曼斯坦	...	2,529	3,115	3,115	...	5.4	6.6	6.6
乌兹别克斯坦	3,645	4,014	4,227	4,192	8.6	9.4	9.9	9.9
东亚地区								
中国	58,656	62,200	66,239	66,989	6.2	6.6	7.1	7.1
中国香港	...	...	...	...	...	...	...	...
韩国	3,123	3,392	3,379	3,648	32.4	35.0	34.8	37.4
蒙古国	1,810	1,810	1,814	1,818	1.2	1.2	1.2	1.2
中国台北	1,190	1,336	1,743	1766	79.5	87.0	108.9	109
南亚地区								
孟加拉国	2,768	2,855	2,835	2,835	21.3	21.9	21.8	21.8
不丹	...	...	...	...	...	...	...	...
印度	62,759	63,465	63,974	65,808	21.1	21.3	21.5	22.1
马尔代夫	...	...	...	...	...	...	...	...
尼泊尔	...	...	...	...	...	...	...	...
斯里兰卡	1,447 (1999)	1,449 (2004)	1,463 (2008)	...	23.1 (1999)	23.1 (2004)	23.3 (2008)	...
东南亚地区								
文莱	...	...	...	...	...	...	...	...
柬埔寨	601	650	...	...	3.4	3.7	...	...
印度尼西亚	5,324 (1998)	3,370 (2008)	4,684 (2011)	4684	2.9 (1998)	1.9 (2008)	2.6 (2011)	2.6
老挝	...	...	...	...	...	...	...	...
马来西亚	1,622	1,657	1,665	2,250	4.9	5.0	5.1	6.8
缅甸	...	...	...	...	...	...	...	...
菲律宾	491	491 (2004)	479 (2008)	...	1.6	1.6 (2004)	1.6 (2008)	...
新加坡	...	...	...	...	...	...	...	...
泰国	4,103	4,044 (2004)	4,429	5,327	8.0	7.9 (2004)	8.7	10.4
越南	3,142	2,671	2,347	2,347	10.1	8.6	7.6	7.6
太平洋地区								
库克群岛	...	...	...	...	...	...	...	...
斐济	...	...	...	...	...	...	...	...
基里巴斯	...	...	...	...	...	...	...	...
马绍尔群岛	...	...	...	...	...	...	...	...
密克罗尼西亚联邦	...	...	...	...	...	...	...	...
瑙鲁	...	...	...	...	...	...	...	...
帕劳	...	...	...	...	...	...	...	...
巴布亚新几内亚	...	...	...	...	...	...	...	...
萨摩亚	...	...	...	...	...	...	...	...
所罗门群岛	...	...	...	...	...	...	...	...
东帝汶	...	...	...	...	...	...	...	...
汤加	...	...	...	...	...	...	...	...
图瓦卢	...	...	...	...	...	...	...	...
瓦努阿图	...	...	...	...	...	...	...	...
发达经济体								
澳大利亚	9,499	9,528	9,674 (2009)	...	1.2	1.2	1.3 (2009)	...
日本	20,165	20,096	20,035	19,470	55.3	55.1	55.0	53.4
新西兰	3,913 (1999)	...	...	...	14.9 (1999)	...	...	...

... = 至截止日期未获得相关数据。

资料来源：World Bank. World Development Indicators. http：//data. worldbank. org/indicator（访问时间 2016 年 9 月 14 日）；亚行估计；中国台北："发展委员会"，2015 年.

表 5.5　铁路客运量和货运量

本地区成员经济体	客运量（百万乘客—千米）				货运量（百万吨—千米）			
	2000	2005	2010	2014	2000	2005	2010	2014
发展中经济体								
中亚和西亚地区								
阿富汗	...	...	...	...	...	...	...	...
亚美尼亚	47	30	50	50	354	654	346	345
阿塞拜疆	493	789	917	591	5,770	11,059 (2006)	8,250	8,212
格鲁吉亚	453	720	655	625	3,912	6,127	6,228	5,976
哈萨克斯坦	10,215	12,129	15,448	18,498	124,983	171,855	213,174	235,845
吉尔吉斯共和国	...	45 (2006)	99	75	...	715 (2006)	738	922
巴基斯坦	18,495	23,045	24,731	20,619	3,754	4,796	6,187	1,757
塔吉克斯坦	...	50	33	24	1,326	1,220 (2006)	808	554
土库曼斯坦	...	1,286	1,811	1,811	...	8,670	11,992	11,992
乌兹别克斯坦	2,163	2,012	2,905	3,437	15,441	18,007	22,282	22,686
东亚地区								
中国	441,468	583,320	791,158	807,065	1,333,606	1,934,612	2,451,185	2,308,669
中国香港	...	...	...	...	...	...	...	...
韩国	28,097	31,004	33,027	22,626	10,803	10,108	9,452	10,459
蒙古国	1,070	1,228	1,220	1,399	4,293	9,219 (2006)	10,287	11,418
中国台北	12,624	12,255	20,931	26,340	1,179	982	873	683
南亚地区								
孟加拉国	3,941	4,340	7,305	7,305	777	896	710	710
不丹	...	...	...	...	...	...	...	...
印度	430,666	575,702	903,465	1,158,742	305,201	407,398	600,548	665,810
马尔代夫	...	...	...	...	...	...	...	...
尼泊尔	...	...	...	...	...	...	...	...
斯里兰卡	4,627 (2003)	4,682	...	...	88	138	...	...
东南亚地区								
文莱	...	...	...	...	...	...	...	...
柬埔寨	45	45	...	...	92	92	...	...
印度尼西亚	...	25,535	20,283 (2011)	20,283	...	4,698	7,166 (2011)	7,166
老挝	...	...	...	...	...	...	...	...
马来西亚	1,312	1,181	1,527	3,293	907	1,178	1,384	3,071
缅甸	...	4,163 (2006)	...	...	...	885 (2006)	...	...
菲律宾	171	83 (2006)	...	...	1 (2003)	...	...	...
新加坡	...	...	...	...	...	...	...	...
泰国	9,935	9,195	8,037	7,504	3,384	4,037	3,161	2,455
越南	3,200	4,558	4,378	4,558	1,902	2,928	3,901	3,959
太平洋地区								
库克群岛	...	...	...	...	...	...	...	...
斐济	...	...	...	...	...	...	...	...
基里巴斯	...	...	...	...	...	...	...	...
马绍尔群岛	...	...	...	...	...	...	...	...
密克罗尼西亚联邦	...	...	...	...	...	...	...	...
瑙鲁	...	...	...	...	...	...	...	...
帕劳	...	...	...	...	...	...	...	...
巴布亚新几内亚	...	...	...	...	...	...	...	...
萨摩亚	...	...	...	...	...	...	...	...
所罗门群岛	...	...	...	...	...	...	...	...
东帝汶	...	...	...	...	...	...	...	...
汤加	...	...	...	...	...	...	...	...
图瓦卢	...	...	...	...	...	...	...	...
瓦努阿图	...	...	...	...	...	...	...	...
发达经济体								
澳大利亚	1,265	1,290	1,500	...	34,050	46,164	64,172	59,649
日本	240,793	239,246	244,235	260,014	22,313	21,900	20,432	20,255
新西兰	...	...	...	...	4,078	...	...	...

... = 至截止日期未获得相关数据。

资料来源：World Bank. World Development Indicators. http：//data. worldbank. org/indicator（访问时间 2016 年 8 月 17 日）；中国台北："预算、核算与统计总局"，2015 年，《2014 年统计年鉴》，南投市.

表 5.6　航空运输

本地区成员经济体	航空公司全球出港量（起降量）				货运（百万吨—千米）				客运量（千人）			
	2000	2005	2010	2015	2000	2005	2010	2015	2000	2005	2010	2015
发展中经济体												
中亚和西亚地区												
阿富汗	3,409	...	21,677	23,533	7.8	...	108.0	33.1	150	...	1,999	1,930
亚美尼亚	4,406	5,939	8,761	852 (2013)	8.8	7.0	6.0	1.0 (2013)	298	556	705	45 (2013)
阿塞拜疆	8,012	12,470	9,885	18,199	47.2	11.9	7.8	42.0	546	1,134	797	1,803
格鲁吉亚	1,906	4,673	2,803	3,959	2.0	2.8	0.9	0.2	118	249	164	232
哈萨克斯坦	8,041	17,302	33,483	72,485	11.8	15.8	42.4	37.7	461	1,160	3,098	5,082
吉尔吉斯共和国	6,051	5,228	7,371	16,826	3.7	2.0	1.3	0.1	241	226	376	625
巴基斯坦	63,956	48,905	64,932	65,750	340.3	407.9	333.0	183.2	5,294	5,364	6,588	8,468
塔吉克斯坦	3,953	6,987	5,710	6,288	2.0	3.7	1.0	0.1	168	479	617	802
土库曼斯坦	21,858	14,094	3,221	12,219	11.9	10.1	6.2	2.8 (2012)	1,284	1,654	301	2,138
乌兹别克斯坦	30,075	22,183	22,924	22,579	79.6	71.6	153.7	114.3	1,745	1,639	2,114	2,487
东亚地区												
中国	572,921	1,349,269	2,377,789	3,616,026	3,900.1	7,579.4	17,193.9	19,805.6	61,892	136,722	266,293	436,184
中国香港	79,182	122,705	158,255	228,582	5,111.5	7,763.9	10,373.4	11,294.3	14,378	20,230	28,348	41,867
韩国	226,910	221,424	280,427	392,926	7,651.3	7,432.6	12,942.7	11,297.0	34,331	33,888	36,988	65,482
蒙古国	6,200	5,332	6,528	5,285	8.4	6.1	3.9	7.1	254	295	391	541
中国台北	586,560	479,499	360,409	454,911 (2014)	1.2	1.3	1.2	1.2 (2014)	46,430	41,779	40,839	54,954 (2014)
南亚地区												
孟加拉国	6,313	7,399	19,300	37,219	193.9	183.5	164.4	182.7	1,331	1,634	1,819	2,907
不丹	1,138	2,467	3,053	4,640	–	0.3	0.4	0.5	34	49	182	163
印度	198,426	330,484	623,197	787,998	547.7	774.0	1,631.0	1,833.8	17,299	27,879	64,374	98,928
马尔代夫	5,970	4,520	...	...	13.2	0.0	...	...	315	82	...	...
尼泊尔	12,130	6,255	45,990	19,395	17.0	6.9	6.5	4.5	643	480	918	510
斯里兰卡	5,206	19,712	20,921	30,927	255.7	310.4	339.0	381.4	1,756	2,818	3,008	4,912
东南亚地区												
文莱	12,739	11,808	12,333	11,624	140.2	134.1	148.5	115.1	864	978	1,263	1,150
柬埔寨	4,648	3,207	5,105	12,983	4.1	1.2	0.0	2.3	125	169	278	1,104
印度尼西亚	159,027	320,724	520,932	639,389	408.5	439.8	665.7	747.5	9,916	26,836	59,384	88,686
老挝	6,411	9,002	11,374	9,772	1.7	2.5	0.1	1.4	211	293	444	1,181
马来西亚	169,263	176,152	302,185	475,933	1,863.8	2,577.6	2,564.7	2,006.0	16,561	20,369	34,239	50,347
缅甸	10,329	26,460	20,485	49,506	0.8	2.7	2.1	3.4	438	1,504	924	2,029
菲律宾	44,547	58,944	205,318	278,835	289.9	322.7	460.2	484.2	5,756	8,057	22,575	32,231
新加坡	71,042	77,119	131,722	176,912	6,004.9	7,571.3	7,121.4	6,154.4	16,704	17,744	24,860	33,291
泰国	101,591	124,347	201,306	381,918	1,712.9	2,002.4	2,938.7	2,134.1	17,392	18,903	28,781	54,260
越南	28,999	54,415	109,176	205,217	117.3	230.2	426.9	384.5	2,878	5,454	14,378	29,945
太平洋地区												
库克群岛	...	...	...	...	...	...	...	...	...	...	...	...
斐济	57,776	41,886	26,127	19,487	90.8	92.1	77.1	83.7	586	871	1,259	1,337
基里巴斯	...	...	...	...	...	...	...	...	...	...	...	...
马绍尔群岛	2,324	3,083	...	...	0.2	0.3	...	...	16	26	...	...
密克罗尼西亚联邦	...	...	...	...	...	...	...	...	...	...	...	...
瑙鲁	...	...	...	...	...	...	...	...	...	...	...	...
帕劳	...	...	...	...	...	...	...	...	...	...	...	...
巴布亚新几内亚	27,512	19,606	32,741	33,261	22.3	21.1	28.5	34.8	1,100	819	1,405	2,063
萨摩亚	10,877	11,439	...	...	2.2	1.8	...	...	164	267	...	...
所罗门群岛	11,481	12,318	7,388	13,107	1.0	0.8	2.5	3.7	75	91	143	374
东帝汶	...	...	...	...	...	...	...	...	...	...	...	...
汤加	3,814	...	...	...	0.0	...	...	...	52	...	...	...
图瓦卢	...	...	...	...	...	...	...	...	...	...	...	...
瓦努阿图	1,402	1,580	17,212	9,347	1.8	1.8	0.2	1.5	102	112	248	288
发达经济体												
澳大利亚	382,514	342,509	572,906	658,699	1,730.7	2,444.6	2,938.3	1,887.3	32,578	44,657	60,641	69,294
日本	645,087	651,858	934,487	953,258	8,672.0	8,549.2	7,698.8	8,868.7	109,123	102,279	109,617	113,762
新西兰	240,046	209,469	207,872	210,449	817.1	781.5	468.6	999.4	10,781	11,952	13,295	15,304

... ＝至截止日期未获得相关数据；0.0 ＝数值不到所用计量单位的一半；－＝数值等于零。

资料来源：World Bank. World Development Indicators. http：//databank. worldbank. org/data/views/reports/tableview. aspx#（访问时间 2016 年 8 月 15 日）；中国台北："预算、核算与统计总局"，2015 年。《2014 年统计年鉴》，南投市。

表 5.7　集装箱港口吞吐量（千标准箱）

本地区成员经济体	集装箱吞吐量										
	2000	2005	2006	2007	2008	2009	2010	2011	2012	2013	2014
发展中经济体											
中亚和西亚地区											
阿富汗	...	...	...	...	...	...	...	...	...	...	...
亚美尼亚	...	...	...	...	...	...	...	...	...	...	...
阿塞拜疆	...	...	...	...	...	...	...	...	...	...	...
格鲁吉亚	...	...	...	185	254	182	226	239	257	277	291
哈萨克斯坦	...	...	...	...	...	...	...	...	...	...	...
吉尔吉斯共和国	...	...	...	...	...	...	...	...	...	...	...
巴基斯坦	...	1,686	1,777	1,936	1,938	2,058	2,149	2,193	2,375	2,485	2,597
塔吉克斯坦	...	...	...	...	...	...	...	...	...	...	...
土库曼斯坦	...	...	...	...	...	...	...	...	...	...	...
乌兹别克斯坦	...	...	...	...	...	...	...	...	...	...	...
东亚地区											
中国	41,000	67,245	84,811	103,823	115,942	108,800	130,290	144,642	161,319	170,859	181,635
中国香港	...	22,602	23,539	23,998	24,494	21,040	23,699	24,384	23,117	22,352	22,300
韩国	9,030	15,113	15,514	17,086	17,418	15,700	18,543	20,834	21,610	22,588	23,797
蒙古国	...	...	...	...	...	...	...	...	...	...	...
中国台北	...	12,791	13,102	13,720	12,971	11,352	12,737	14,076	14,976	15,353	16,431
南亚地区											
孟加拉国	456	809	902	978	1,091	1,182	1,356	1,432	1,436	1,500	1,655
不丹	...	...	...	...	...	...	...	...	...	...	...
印度	2,451	4,982	6,141	7,398	7,672	8,014	9,753	10,285	10,279	10,883	11,656
马尔代夫	...	...	...	48	54	56	65	69	74	80	84
尼泊尔	...	...	...	...	...	...	...	...	...	...	...
斯里兰卡	1,733	2,455	3,079	3,687	3,687	3,464	4,000	4,263	4,321	4,306	4,908
东南亚地区											
文莱	...	...	...	...	90	86	99	105	113	122	128
柬埔寨	...	...	...	253	259	208	224	237	255	275	289
印度尼西亚	3,798	5,503	4,316	6,583	7,405	7,255	8,483	8,966	9,639	11,273	11,901
老挝	...	...	...	...	...	...	...	...	...	...	...
马来西亚	4,642	12,198	13,419	14,829	16,094	15,923	18,267	20,139	20,873	21,169	22,719
缅甸	...	...	...	170	180	164	190	201	216	233	245
菲律宾	3,032	3,634	3,676	4,351	4,471	4,307	4,947	5,289	5,686	5,860	5,869
新加坡	17,100	23,192	24,792	28,768	30,891	26,593	29,179	30,728	32,499	33,516	34,832
泰国	3,179	5,115	5,574	6,339	6,726	5,898	6,649	7,171	7,469	7,702	8,284
越南	1,190	2,537	3,000	4,009	4,394	4,937	5,984	6,930	7,548	9,137	9,531
太平洋地区											
库克群岛	...	...	...	...	...	...	...	...	...	...	...
斐济	...	...	...	...	...	...	...	...	...	...	...
基里巴斯	...	...	...	...	...	...	...	...	...	...	...
马绍尔群岛	...	...	...	...	...	...	...	...	...	...	...
密克罗尼西亚联邦	...	...	...	...	...	...	...	...	...	...	...
瑙鲁	...	...	...	...	...	...	...	...	...	...	...
帕劳	...	...	...	...	...	...	...	...	...	...	...
巴布亚新几内亚	...	...	...	282	255	262	295	314	337	364	382
萨摩亚	...	...	...	...	...	...	...	...	...	...	...
所罗门群岛	...	...	...	...	...	...	...	...	...	...	...
东帝汶	...	...	...	...	...	...	...	...	...	...	...
汤加	...	...	...	...	...	...	...	...	...	...	...
图瓦卢	...	...	...	...	...	...	...	...	...	...	...
瓦努阿图	...	...	...	...	...	...	...	...	...	...	...
发达经济体											
澳大利亚	3,543	5,191	5,742	6,290	6,102	6,200	6,668	7,012	7,155	7,313	7,524
日本	13,100	17,055	18,470	19,165	18,944	16,286	18,098	19,422	20,115	20,486	20,744
新西兰	1,067	1,603	1,807	2,312	2,318	2,325	2,463	2,517	2,867	3,093	3,251

... = 截止日期前未获得相关数据；teu = 20 英尺标准箱。

资料来源：World Bank. World Development Indicators. http：//data. worldbank. org/indicator（访问时间 2016 年 6 月 8 日）；中国台北 2005 年至 2007 年资料：United Nations Conference on Trade and Development（UNCTAD）. 2008 and 2010. Review of Maritime Transport. New York，NY：United Nations Publications；from 2008 – 2013：UNCTAD. UNCTADstat. http：//unctadstat. unctad. org/EN/（访问时间 2016 年 8 月 15 日）。

表 5.8 电话和互联网用户（千人）

本地区成员经济体	电话用户 2000	电话用户 2015	移动电话用户 2000	移动电话用户 2015	固定宽带用户 2000	固定宽带用户 2015	互联网用户 2000	互联网用户 2015
发展中经济体								
中亚和西亚地区								
阿富汗	29.0	110.0	25.0 (2002)	19,709.0	0.2 (2004)	1.5	1.0 (2001)	2,643.8
亚美尼亚	533.4	551.4	17.5	3,442.2	0.0 (2001)	286.3	40.0	1,741.3
阿塞拜疆	801.2	1,796.0	420.4	10,697.1	1.0 (2002)	1,899.5	12.0	7,401.7
格鲁吉亚	508.8	950.2	194.7	5,550.7	0.4 (2001)	630.0	23.0	1,943.9
哈萨克斯坦	1,834.2	4,143.1	197.3	31,389.9	1.0 (2003)	2,188.4	97.5	12,220.0
吉尔吉斯共和国	376.1	408.0	9.0	7,579.4	0.0 (2001)	211.5	51.6	1,726.4
巴基斯坦	3,053.5	2,991.0	306.5	125,899.6	14.6 (2005)	1,793.2	1,936.4 (2001)	33,865.9
塔吉克斯坦	218.5	457.0	1.2	8,489.0	0.0 (2003)	6.0	3.0	1,634.3
土库曼斯坦	364.4	648.0	7.5	7,842.0	0.1 (2008)	3.0	6.0	805.8
乌兹别克斯坦	1,655.0	2,507.7	53.1	21,783.3	2.8 (2003)	1,059.4	120.3	12,715.9
东亚地区								
中国	144,829.0	230,996.0	85,260.0	1,305,738.0	22.7	260,145.0	22,739.3	704,998.1
中国香港	3,925.8	4,327.3	5,447.3	16,735.7	444.5	2,335.7	1,902.1	6,212.7
韩国	25,863.0	28,882.8	26,816.4	58,935.1	3,870.0	20,024.4	20,551.8	44,723.6
蒙古国	117.5	255.6	154.6	3,068.2	0.0 (2001)	208.0	30.1	626.6
中国台北	12,642.2	13,916.3	17,873.8	29,681.5	229.0	5,656.3	6,164.3	20,513.3
南亚地区								
孟加拉国	491.3	830.8	279.0	133,720.4	43.7 (2007)	3,866.5	94.0	23,099.2
不丹	14.1	21.8	–	676.4	2.1 (2008)	27.6	2.3	309.0
印度	32,436.1	25,518.0	3,577.1	1,011,054.0	50.0 (2001)	17,120.0	5,498.3	333,421.5
马尔代夫	24.4	21.9	7.6	739.8	0.2 (2002)	23.2	6.0	195.0
尼泊尔	266.9	846.9	10.2	27,516.1	1.0 (2006)	302.7	47.4	5,000.3
斯里兰卡	767.4	2,601.2	430.2	24,384.5	0.3 (2001)	670.0	122.0	6,481.1
东南亚地区								
文莱	80.5	38.4	95.0	463.4	1.9 (2001)	34.3	29.8	305.1
柬埔寨	30.9	256.4	130.5	20,850.5	0.1 (2002)	83.5	5.7	2,978.6
印度尼西亚	6,662.6	22,386.0	3,669.3	338,426.0	4.0	2,785.0	1,933.9	56,194.7
老挝	40.9	962.5	12.7	3,727.2	0.0 (2003)	36.4	6.0	1,277.6
马来西亚	4,628.0	4,394.6	5,121.7	44,111.0	4.0 (2001)	2,743.3	5,008.5	21,782.0
缅甸	271.4	523.7	13.4	41,529.3	0.2 (2005)	189.5	0.1 (2001)	11,807.8
菲律宾	3,061.4	3,039.0	6,454.4	120,255.0	10.0 (2001)	3,460.0	1,539.3	41,433.7
新加坡	1,946.0	2,021.5	2,747.4	8,211.4	69.0	1,486.2	1,410.5	4,613.3
泰国	5,591.1	5,309.0	3,056.0	84,797.0	1.6 (2001)	6,229.0	2,299.9	26,499.4
越南	2,542.7	5,900.0	788.6	122,000.0	1.1 (2002)	7,600.0	205.7	49,233.4
太平洋地区								
库克群岛	...	...	...	...	...	...	...	...
斐济	86.4	72.6	55.1	966.0	7.0 (2005)	12.7	12.1	413.6
基里巴斯	3.4	1.5	0.3	41.0	0.3 (2005)	0.1	1.5	13.7
马绍尔群岛	4.0	2.4 (2014)	0.4	15.5	1.3 (2013)	1.0	0.8	10.2
密克罗尼西亚联邦	9.6	6.8	–	31.4 (2013)	0.0 (2003)	3.3	4.0	32.9
瑞鲁	1.8	1.9 (2009)	1.2	6.8 (2012)	...	1.0 (2010)	0.3 (2001)	5.4 (2011)
帕劳	6.9 (2002)	7.2	2.5 (2002)	23.7	0.1 (2004)	1.2	4.0 (2002)	5.3 (2004)
巴布亚新几内亚	64.8	150.0	8.6	3,560.0	3.0 (2008)	15.0	44.9	602.9
萨摩亚	8.5	10.9	2.5	113.1	0.0 (2004)	2.1	1.0	49.1
所罗门群岛	7.7	7.4	1.2	424.7	0.2 (2004)	1.4	2.0	58.5
东帝汶	2.0 (2003)	2.7	20.1 (2003)	1,376.7	0.0 (2003)	1.0	1.0 (2005)	157.1
汤加	9.7	13.2	0.2	69.8	0.0 (2002)	2.0	2.4	47.9
图瓦卢	0.7	2.0	0.5 (2004)	4.0	0.1 (2004)	1.0	0.5	4.2
瓦努阿图	6.6	4.8	0.4	174.8	0.0 (2003)	4.3	3.9	59.0
发达经济体								
澳大利亚	10,050.0	9,080.0	8,562.0	31,770.0	122.8 (2001)	6,663.0	9,004.9	20,229.5
日本	61,957.1	63,633.1	66,784.4	158,590.7	854.7	38,662.5	37,702.8	118,358.5
新西兰	1,831.0	1,850.0	1,542.0	5,600.0	4.7	1,450.0	1,827.9	4,055.1

... = 至截止日期未获得相关数据；0.0 = 数值不到所用计量单位的一半；– = 数值等于零。

资料来源：International Telecommunication Union. World Telecommunication/ICT Indicators Database. http：//www.itu.int/en/ITU – D/Statistics/Pages/stat/default.aspx（访问时间 2016 年 6 月 6 日）；亚行估计.

表 5.9　电话和互联网用户（每 100 人）

本地区成员经济体	电话用户				移动电话用户				固定宽带用户				互联网用户			
	2000	2005	2010	2015	2000	2005	2010	2015	2000	2005	2010	2015	2000	2005	2010	2015
发展中经济体																
中亚和西亚地区																
阿富汗	0.1	...	0.1	0.3	-	4.8	36.0	61.6	...	0.0	0.0	0.0	...	1.2	4.0	8.3
亚美尼亚	17.3	19.7	20.0	18.4	0.6	10.5	130.4	115.1	...	0.1	3.2	9.6	1.3	5.3	25.5	58.2
阿塞拜疆	9.9	12.8	16.6	18.7	5.2	26.2	100.1	111.3	...	0.0	5.2	19.8	0.1	8.0	46.0	77.0
格鲁吉亚	10.7	12.7	25.3	22.1	4.1	26.2	90.6	129.0	...	0.1	4.2	14.6	0.5	6.1	26.9	45.2
哈萨克斯坦	12.6	18.0	25.5	24.7	1.4	35.8	121.9	187.2	...	0.0	5.5	13.0	0.7	3.0	31.6	72.9
吉尔吉斯共和国	7.6	8.7	9.2	7.1	0.2	10.7	98.9	132.8	...	0.0	0.4	3.7	1.0	10.5	16.3	30.2
巴基斯坦	2.1	3.3	3.5	1.6	0.2	8.1	57.3	66.9	...	0.0	0.5	1.0	0.1	6.3	8.0	18.0
塔吉克斯坦	3.5	4.1	4.8	5.3	0.0	3.9	77.9	98.6	...	...	0.1	0.1	0.0	0.3	11.6	19.0
土库曼斯坦	8.1	8.4	10.3	12.1	0.2	2.2	63.4	145.9	...	...	0.0	0.1	0.1	1.0	3.0	15.0
乌兹别克斯坦	6.7	6.9	6.8	8.4	0.2	2.8	75.5	73.3	...	0.0	0.4	3.6	0.5	3.3	15.9	42.8
东亚地区																
中国	11.3	26.6	21.6	16.5	6.7	29.8	63.2	93.2	0.0	2.8	9.3	18.6	1.8	8.5	34.3	50.3
中国香港	57.4	55.0	61.9	59.2	79.7	123.9	195.7	228.8	6.5	24.1	30.7	31.9	27.8	56.9	72.0	84.9
韩国	56.3	50.8	58.9	58.1	58.3	81.5	104.8	118.5	8.4	25.9	35.5	40.2	44.7	73.5	83.7	89.9
蒙古国	4.9	6.2	7.1	8.7	6.4	22.1	92.5	105.0	...	0.1	2.8	7.1	1.3	...	10.2	21.4
中国台北	57.6	63.7	70.8	59.7	81.5	97.5	119.9	127.3	1.0	19.1	22.9	24.3	28.1	58.0	71.5	88.0
南亚地区																
孟加拉国	0.4	0.7	0.8	0.5	0.2	6.3	44.9	83.4	...	...	0.3	2.4	0.1	0.2	3.7	14.4
不丹	2.5	5.1	3.7	2.8	-	5.5	55.0	87.1	...	...	1.2	3.6	0.4	3.8	13.6	39.8
印度	3.1	4.5	2.9	2.0	0.3	8.0	62.4	78.8	...	0.1	0.9	1.3	0.5	2.4	7.5	26.0
马尔代夫	9.0	10.9	8.7	6.1	2.8	68.4	151.8	206.7	...	1.1	4.8	6.5	2.2	6.9	26.5	54.5
尼泊尔	1.2	1.9	3.1	3.0	0.0	0.9	34.3	96.7	...	...	0.2	1.1	0.2	0.8	7.9	17.6
斯里兰卡	4.1	6.2	17.2	12.0	2.3	16.8	83.6	112.8	...	0.1	1.1	3.1	0.6	1.8	12.0	30.0
东南亚地区																
文莱	24.3	22.8	19.9	9.0	28.6	63.3	108.6	108.1	...	2.2	5.4	8.0	9.0	36.5	53.0	71.2
柬埔寨	0.3	0.2	2.5	1.6	1.1	8.0	56.7	133.0	...	0.0	0.2	0.5	0.0	0.3	1.3	19.0
印度尼西亚	3.2	6.0	17.0	8.8	1.8	20.9	87.8	132.3	0.0	0.0	0.0	1.1	0.9	3.6	10.9	22.0
老挝	0.8	1.6	1.6	13.7	0.2	11.4	62.6	53.1	...	0.0	0.1	0.5	0.1	0.9	7.0	18.2
马来西亚	19.8	16.9	16.3	14.3	21.9	75.6	119.7	143.9	...	1.9	7.4	9.0	21.4	48.6	56.3	71.1
缅甸	0.6	1.0	0.9	1.0	0.0	0.3	1.1	76.7	...	0.0	0.0	0.3	0.0	0.1	0.3	21.8
菲律宾	3.9	3.9	3.6	3.0	8.3	40.5	89.0	118.1	...	0.1	...	3.4	2.0	5.4	25.0	40.7
新加坡	49.7	41.0	39.3	36.0	70.1	97.5	145.4	146.1	1.8	14.6	26.4	26.5	36.0	61.0	71.0	82.1
泰国	9.0	10.7	10.3	7.9	4.9	46.5	108.0	125.8	...	0.8	4.9	9.2	3.7	15.0	22.4	39.3
越南	3.1	...	16.1	6.3	1.0	11.3	...	...	...	0.2	4.1	8.1	0.3	12.7	30.7	52.7
太平洋地区																
库克群岛	...	...	...	...	...	...	...	...	...	...	...	...	...	...	...	...
斐济	10.6	13.7	15.1	8.1	6.8	24.9	81.1	108.2	...	0.9	2.7	1.4	1.5	8.5	20.0	46.3
基里巴斯	4.1	4.6	8.6	1.4	0.4	0.7	10.8	38.8	...	0.4	0.9	0.1	1.8	4.0	9.1	13.0
马绍尔群岛	7.7	...	...	...	0.9	1.3	...	29.2	...	...	...	1.9	1.5	3.9	7.0	19.3
密克罗尼西亚联邦	9.0	11.7	8.2	6.5	...	13.3	26.6	...	...	0.0	1.0	3.1	3.7	11.9	20.0	31.5
瑙鲁	17.9	17.8	-	...	11.9	...	61.8	...	...	...	9.5	...	...	...	...	...
帕劳	...	40.1	34.1	33.8	...	30.4	70.9	111.5	...	0.5	1.2	5.7	...	...	...	...
巴布亚新几内亚	1.2	1.0	1.8	2.0	0.2	1.2	27.8	46.6	...	0.1	0.2	0.8	1.7	1.3	1.3	7.9
萨摩亚	4.9	10.8	4.3	5.6	1.4	13.3	48.4	58.5	...	0.0	0.1	1.1	0.6	3.4	7.0	25.4
所罗门群岛	1.9	1.6	1.6	1.3	0.3	1.3	21.9	72.7	...	0.1	0.5	0.5	0.5	0.8	5.0	10.0
东帝汶	...	0.2	0.3	0.2	...	3.3	43.8	117.4	...	0.0	0.0	0.1	...	0.1	0.2	13.4
汤加	9.9	13.6	29.8	12.4	0.2	29.6	52.2	65.6	...	0.6	1.1	1.9	2.4	4.9	16.0	45.0
图瓦卢	7.0	9.2	12.2	20.2	-	13.4	16.3	40.3	...	1.5	2.4	10.1	5.2	...	25.0	42.7
瓦努阿图	3.6	3.3	3.0	1.9	...	6.1	71.9	66.2	...	0.0	0.2	1.6	2.1	5.1	8.0	22.4
发达经济体																
澳大利亚	52.2	49.3	47.4	38.0	44.5	89.8	100.4	132.8	...	9.8	24.6	27.9	46.8	63.0	76.0	84.6
日本	49.3	45.7	51.5	50.2	53.1	76.0	96.8	125.1	0.7	18.4	26.8	30.5	30.0	66.9	78.2	93.3
新西兰	47.5	41.8	43.0	40.2	40.0	85.4	107.8	121.8	0.1	7.8	25.0	31.5	47.4	62.7	80.5	88.2

... = 至截止日期未获得相关数据；0.0 = 数值不到所用计量单位的一半。

资料来源：International Telecommunication Union. World Telecommunication/ICT Indicators Database. http：//www.itu.int/en/ITU-D/Statistics/Pages/stat/default.aspx（访问时间 2016 年 8 月 12 日）.

6. 能源与电力

> **简况**
>
> 根据最新数据，亚太地区的能源使用量占全球的43.4%，在世界各大地区能源使用方面位居首位。
>
> 自2000年起，41个发展中成员经济体中有20个经济体的人均电力消费至少增加了50%。
>
> 随着经济发展，亚太能源生产和使用量急速增加，但是若要维持这一增长势头，可能需要进一步扩大本地区的能源禀赋。
>
> 虽然亚太地区整体上是能源净进口地，但是2013年，该地区有12个发展中成员经济体是能源净出口地，其中有7个的能源出口量大于能源消耗量。
>
> 2000年至2013年，有数据的亚太地区经济体中超过四分之三的经济体提高了能源效率。
>
> 在整个亚太地区，煤炭、石油和天然气是电力生产的主要来源；可再生能源和核能占比较小。

关键趋势

根据最新数据，亚太地区的能源使用量占全球43%以上，在世界各大地区能源使用方面位居首位。2013年中国占亚太地区能源需求的一半以上，占世界能源需求的22.8%（图6.1）。印度以5.9%、日本以3.4%位居其后。预计到2035年，亚太地区占全球能源使用量的份额将增至51%到56%，这取决于人均能源使用趋势以及能源强度，能源强度由创造每单位GDP所需的物质能量变化衡量。

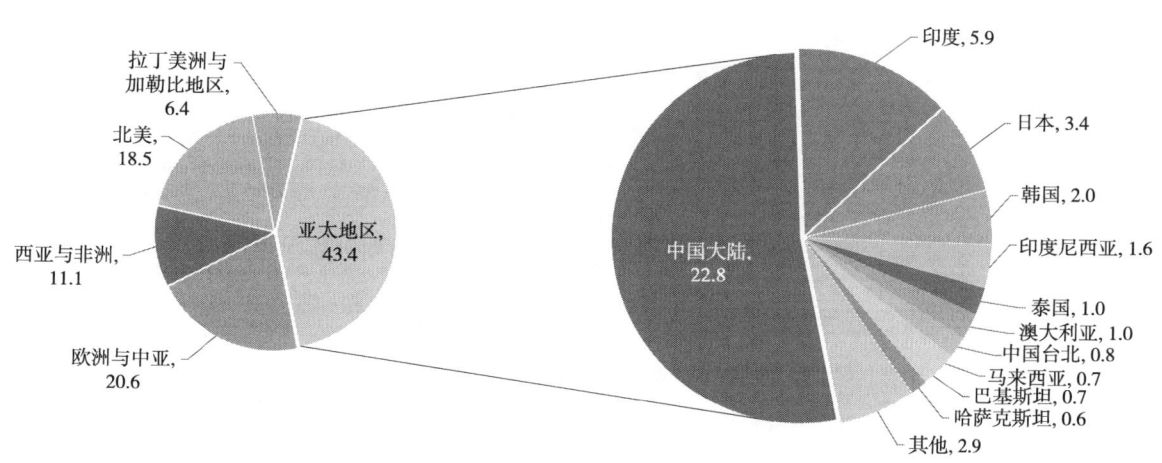

图6.1 2013年世界各大地区和亚太经济体能源使用情况（千吨油当量，%）

资料来源：表6.3和国际能源署。

尽管能源强度改善明显，但由于人均GDP的迅速增长，伴随着对如汽车、空调等能源消耗商品的大量使用，本地区的能源消费量持续上升（ADB，2013年）。

自2000年起，41个发展中成员经济体中有20个经济体的人均电力消费至少增加了50%。在考查期内，本地区多数成员经济体人均用电量都增加了，除了瓦努阿图（-5.4%）、乌兹别克斯坦（-7.9%）、所罗门群岛（-16.3%）、塔吉克斯坦（-23.5%）以及三个发达国家成员经济体——澳大利亚（-1.4%）、日本（-1.8%）、新西兰（-3.4%）（图6.2）。同期，以下经济体的人均用电量都增至三倍甚至更多：不丹（273.2%）、中国（277.0%）、东帝汶（280.7%）、越南（336.7%）、阿富汗（403.4%）和柬埔寨（633.3%）。

以千瓦时计，2013年，人均用电量最高水平的经济体是澳大利亚（10,070千瓦时）、韩国（10,430千瓦时）和中国台北（10,460千瓦时）（表6.2）。人均用电量最低的是东帝汶（103千瓦时）、阿富汗（104千瓦时）和所罗门群岛（112千瓦时）。

随着经济发展，亚太能源生产和使用量急速增加，但是若要维持这一增长势头，可能需要进一步扩大本地区的能源禀赋。图6.3展示了2000年—2013年本地区经济体的年平均能源生产和使用百分比的增长情况。能源使用年平均增长速度最快的是阿富汗（21.7%）、中国（7.6%）（中国自2000年起GDP显著增长）以及马尔代夫（7.3%）。阿富汗和马尔代夫的增长受到低基数效应的推动。

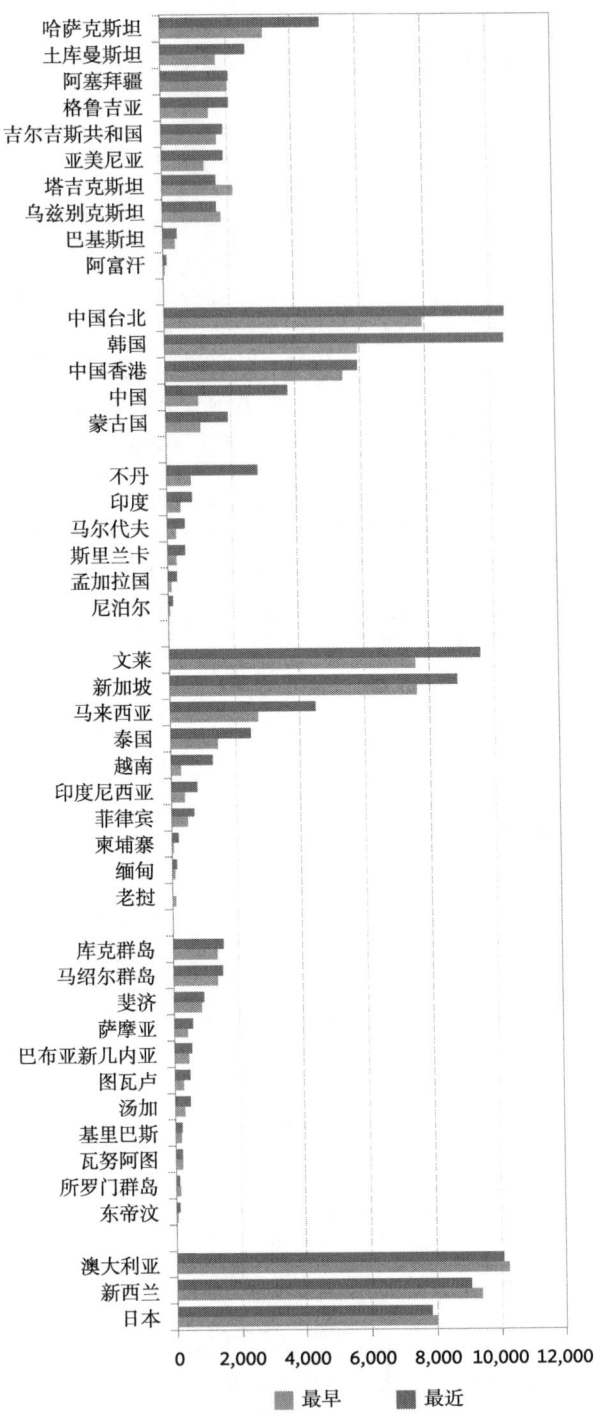

图6.2 人均电力消费（千瓦时）

注：最早年份除阿富汗为2001年、老挝为1997年和东帝汶为2006年外，其他经济体均为2000年。最晚年份阿富汗、库克群岛、萨摩亚和瓦努阿图为2015年，不丹、斐济、马尔代夫、所罗门群岛、东帝汶、汤加为2014年，基里巴斯为2012年，图瓦卢为2011年、马绍尔群岛为2006年，其他经济体为2013年。

资料来源：表6.2。

2013年，中国是能源消耗（按千吨油当量衡量，即ktoe）最大的国家（301万ktoe），其能源使用量比排名第二的印度（78万ktoe）高将近四倍（表6.3）。排名第三和第四的是日本（45万ktoe）和韩国（26万ktoe）。

就能源生产的年平均增长率来说，蒙古国最高（17.8%），新加坡（9.3%）和阿塞拜疆（9.2%）位居其后。蒙古国是煤炭的主要生产国和出口国，而新加坡几乎完全依赖天然气进口，阿塞拜疆是石油和天然气的主要出口国（2015年）。日本和巴布亚新几内亚的能源生产下降最为明显，年平均缩减率分别为9.7%和7.5%。

能源生产方面，中国依然位居地区首位，生产量达到257万ktoe，优势明显（表6.4）。印度以52万ktoe排在第二，印尼（46万ktoe）排名第三。

虽然亚太地区整体上是能源净进口地，但是2013年，该地区有12个发展中成员经济体是能源净出口地，其中有7个的能源出口量大于能源消耗量。在石油和天然气资源丰富的文莱和东帝汶的带动下，2013年，亚太地区一些经济体成为能源净出口地。虽然东帝汶2000年的能源出口数据没有获得，但是2013年其能源出口等于国内能源使用量的2300%。2000年至2013年，文莱的能源出口占能源总使用量①的份额从725.6%降至453.1%。同时，在考察期内，阿塞拜疆的能源出口量从65.9%增至322.4%，蒙古国则从净进口国（-19.7%）转变成了净出口国（225.6%）。

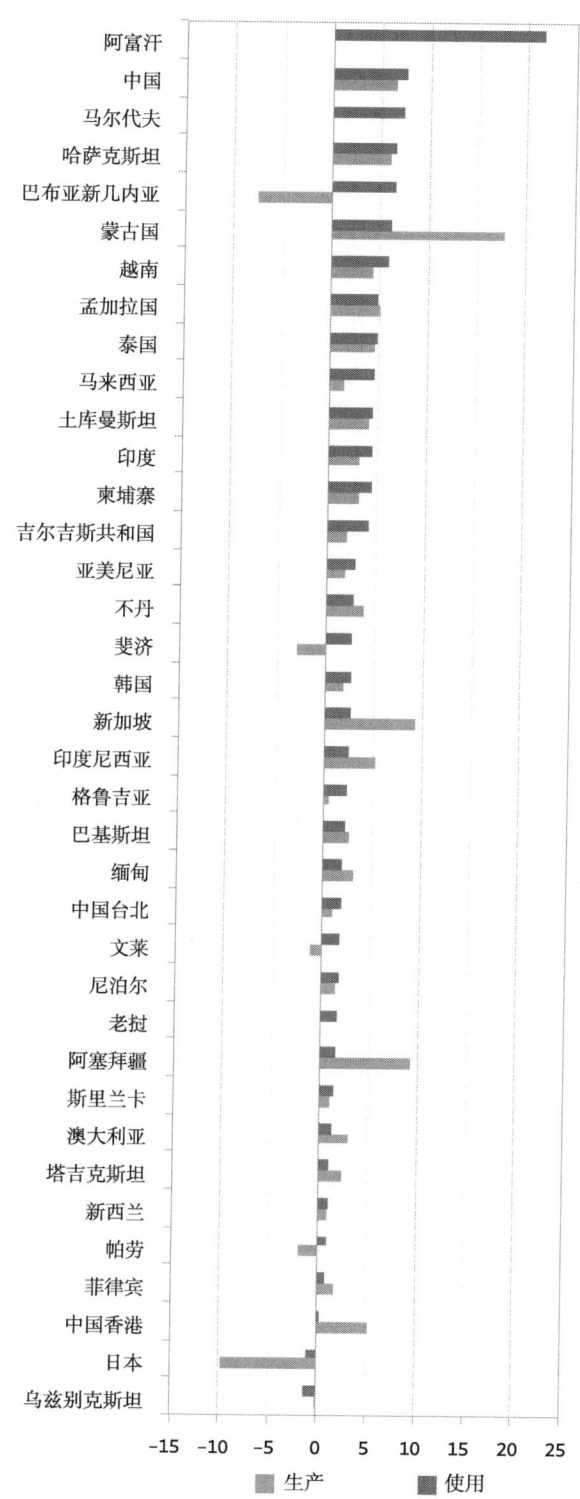

图6.3　2000年—2013年能源生产与能源使用的年平均增长（千吨油当量,%）

注：增长率只计算2000年到2013年间年度数据完整的经济体。

资料来源：表6.3和表6.4。

---

① 净能源出口的计算方法为：-净进口+储量变化-国际运输的轮船和飞机的燃料供应量。

图 6.4　每单位能源使用创造的国内生产总值
（常数为：2011 年购买力平价美元/千克油当量）

资料来源：表 6.3。

根据 2013 年亚行的评估，亚太地区的能源需求可能会随着其 GDP 的增长同步扩大，且该地区将持续依赖能源进口，尤其是石油，因为该地区的自身能源生产量不足以满足当前和未来的需求。该评估预测，到 2035 年，大部分本地区经济体的能源生产量将不到其需求量的一半。

2000 年至 2013 年，有数据的亚太地区经济体中超过四分之三的经济体提高了能源效率。 从 2000 年起，亚太地区的能源使用效率有了较大的提升。2000 年至 2013 年期间，39 个有数据的经济体中，有 30 个提高了每单位能源使用创造 GDP 的水平（图 6.4）。能源效率较高的经济体包括本地区收入最高新加坡和中国香港以及老挝、菲律宾和斯里兰卡等中低收入经济体。

阿塞拜疆、乌兹别克斯坦和塔吉克斯坦的能源效率提升幅度最大，它们每单位能源使用创造 GDP 的效率年平均增长率分别为 11.1%、9.4% 和 7.5%。

亚行预测，2012 年至 2035 年，在亚洲各次区域，作为 GDP 一小部分的电费支出将会下降，表明平均能量将变得更便宜（ADB2013 年）。

在整个亚太地区，煤炭、石油和天然气电力生产的主要来源，而可再生能源和核能占比较小。 同时，各次区域也有其特点。相比其他地区，煤炭在东亚发挥的作用最为突出。天然气作为发电来源，在中亚和西亚及东南亚的作用更为明显。煤炭是以下国家的主要能量来源：中国、印度和澳大利亚，分别占电力生产的 75.5%、72.8% 和 64.7%（图 6.5）。在以下国家和地区，煤炭也是最重要的能量生产来源：印尼（51.2%）、中国台北（48.8%）和韩国（41.4%）。天然气在以下国家的能量生产中贡献最大：泰国（70.6%）、马来西亚（49%）和日本（38.4%）。在越南，水力发电是电力生产的最主要来源，占所有来源的 45%。

数据问题和可比性

大部分能源数据的汇编由国际能源署使用标准流程且考虑变换因子后完成。家庭电气化率的指标数据匮乏。各经济体数据的起始年份和结束年份并不统一,而是根据数据的可用性展示了不同年份期间的数据。因此,数据可能不具备可比性。这可能说明生成数据的不及时或不规律使得数据不够稳定,限制了分析。

类似地,电力来源的数据也不完整。太平洋岛屿经济体的发电资源有限,因此无法获得数据。

参考文献

Asian Development Bank. 2013. *Asian Development Outlook 2013*. Manila.

Asian Development Bank. 2015. *Key Indicators for Asia and the Pacific 2015*. Manila.

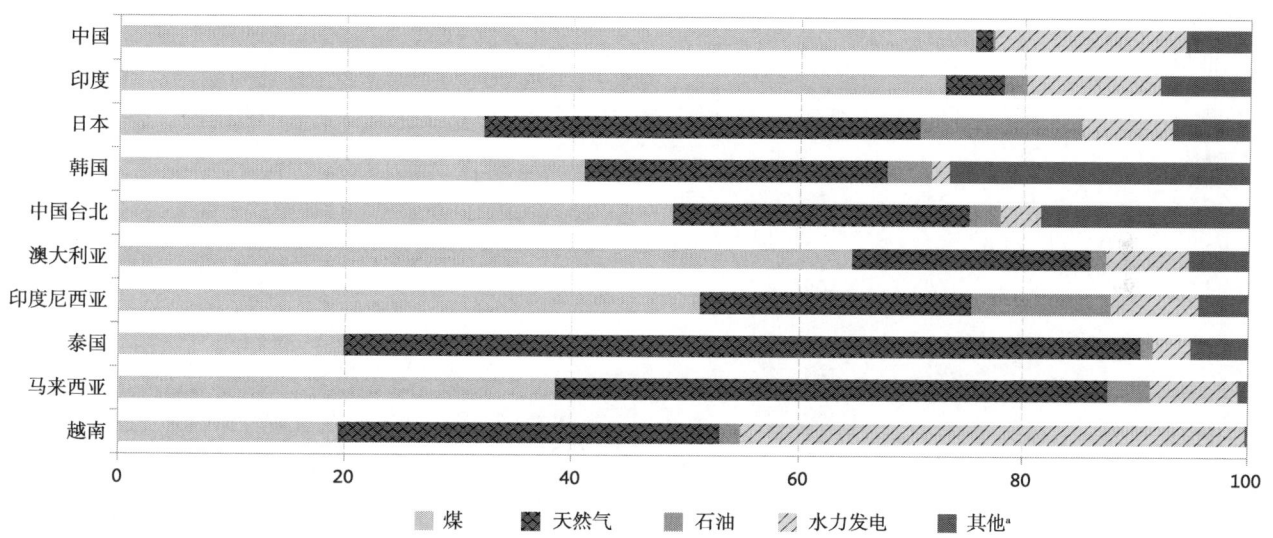

图 6.5 电力生产前十名经济体 2013 年电力来源(%)

a 包括可燃再生性能源和废弃物,以及核能、地热、太阳能、风能和潮汐能发电。

资料来源:表 6.1。

表 6.1 电力生产与电力来源

本地区成员经济体	总发电量 (十亿千瓦时)		电力来源（占总量百分比）								
			煤		天然气		石油		水力发电		其他[a]
	2000	2013	2000	2013	2000	2013	2000	2013	2000	2013	2000	2013
发展中经济体												
中亚和西亚地区												
阿富汗	0.7	1.0 (2015)	...	...	...	...	...	...	...	...	...	...
亚美尼亚	6.0	7.7	–	–	45.2	41.2	–	–	21.2	28.2	33.7	30.7
阿塞拜疆	18.7	23.4	–	–	19.8	93.0	72.0	0.1	8.2	6.4	–	0.6
格鲁吉亚	7.4	10.1	–	–	17.4	17.8	3.7	–	78.9	82.2	–	–
哈萨克斯坦	51.3	95.4	69.5	81.3	10.7	10.0	5.2	0.6	14.7	8.1	–	–
吉尔吉斯共和国	14.9	14.0	4.3	5.6	9.8	0.2	–	0.7	85.9	93.5	–	–
巴基斯坦	68.1	97.8	0.4	0.1	32.0	26.3	39.5	36.9	25.2	31.9	2.9	4.9
塔吉克斯坦	14.2	17.1	–	–	1.6	0.3	–	–	98.4	99.7	–	0.0
土库曼斯坦	9.8	18.9	–	–	100.0	100.0	–	–	–	–	–	–
乌兹别克斯坦	46.9	54.2	4.1	4.1	73.3	74.1	10.1	0.5	12.5	21.3	–	–
东亚地区												
中国	1,356.4	5,447.2	78.2	75.5	0.4	1.7	3.5	0.1	16.4	16.9	1.5	5.9
中国香港	31.3	39.2	98.2	74.8	–	24.5	1.8	0.4	–	–	–	0.2
韩国	290.1	542.0	38.4	41.1	10.2	26.7	11.9	4.0	1.9	1.5	37.6	26.7
蒙古国	2.9	5.0	97.0	92.9	–	–	3.0	5.4	–	–	–	1.7
中国台北	184.9	252.0	47.8	48.8	9.5	26.2	16.2	3.0	4.8	3.4	21.7	18.6
南亚地区												
孟加拉国	15.8	53.0	–	2.3	88.8	83.1	6.4	12.6	4.7	1.7	–	0.3
不丹	2.1	7.2 (2014)	...	...	...	...	...	...	...	...	...	...
印度	569.7	1,193.5	68.5	72.8	9.8	5.5	5.1	1.9	13.1	11.9	3.5	7.9
马尔代夫	0.1	0.3 (2014)	...	...	...	...	...	...	...	...	...	...
尼泊尔	1.7	3.6	–	–	–	–	1.6	0.3	98.4	99.7	–	–
斯里兰卡	7.0	12.0	–	12.2	–	–	54.2	27.9	45.6	57.5	0.2	2.3
东南亚地区												
文莱	2.5	4.4	–	–	99.1	99.0	0.9	0.9	–	–	–	0.0
柬埔寨	0.2	1.8	–	9.5	–	–	100.0	32.6	–	57.1	–	0.8
印度尼西亚	93.3	215.6	36.4	51.2	28.0	24.0	19.7	12.4	10.7	7.9	5.2	4.5
老挝	3.7	14.9 (2014)	...	...	...	...	...	...	...	...	...	...
马来西亚	69.3	138.3	11.1	38.6	73.6	49.0	5.2	3.9	10.1	7.7	–	0.9
缅甸	5.1	11.9	–	4.3	49.5	20.5	13.5	0.5	37.0	74.7	–	–
菲律宾	45.3	75.3	36.8	42.6	0.0	25.0	20.3	6.0	17.2	13.3	25.7	13.1
新加坡	31.7	48.0	–	0.8	18.5	91.5	80.0	4.9	–	–	1.5	2.9
泰国	96.0	165.7	18.5	19.9	64.2	70.6	10.4	1.0	6.3	3.5	0.5	5.0
越南	26.6	127.0	11.8	19.5	16.4	33.6	17.0	1.8	54.8	45.0	–	0.1
太平洋地区												
库克群岛	0.0	0.0 (2015)	...	...	...	...	...	...	...	...	...	...
斐济	0.7	0.8 (2014)	...	...	...	...	...	...	...	...	...	...
基里巴斯	0.0	0.0 (2012)	...	...	...	...	...	...	...	...	...	...
马绍尔群岛	0.1	0.1 (2006)	...	...	...	...	...	...	...	...	...	...
密克罗尼西亚联邦	0.1	0.1 (2011)	...	...	...	...	...	...	...	...	...	...
瑙鲁	0.0	0.0 (2007)	...	...	...	...	...	...	...	...	...	...
帕劳	0.1	0.1 (2011)	...	...	...	...	...	...	...	...	...	...
巴布亚新几内亚	2.3	4.1	...	...	...	...	...	...	...	...	...	...
萨摩亚	0.1	0.1 (2015)	...	...	...	...	...	...	...	...	...	...
所罗门群岛	0.1	0.1 (2014)	...	...	...	...	...	...	...	...	...	...
东帝汶	0.1 (2006)	0.3 (2014)	...	...	...	...	...	...	...	...	...	...
汤加	0.0	0.1 (2014)	...	...	...	...	...	...	...	...	...	...
图瓦卢	...	...	...	...	...	...	...	...	...	...	...	...
瓦努阿图	0.0	0.1 (2015)	...	...	...	...	...	...	...	...	...	...
发达经济体												
澳大利亚	210.2	249.1	82.9	64.7	7.7	21.3	0.8	1.4	8.0	7.3	0.6	5.3
日本	1,058.5	1,045.3	21.6	32.2	24.2	38.4	12.8	14.3	9.1	8.1	32.2	6.9
新西兰	39.2	43.3	3.9	5.5	24.4	20.1	–	0.0	62.3	53.3	9.4	21.1

... = 至截止日期未获得相关数据； – = 数值等于零； 0.0 = 数值不到所用计量单位的一半。

[a] 包括可燃再生性能源和废弃物，以及核能、地热、太阳能、风能和潮汐能发电。

资料来源：国际能源署；阿富汗、不丹、老挝、马尔代夫和太平洋经济体：各经济体．

表6.2 电力消费与电气化

本地区成员经济体	电力消费（人均千瓦时）		家庭电力化率（占家庭百分比）	
	2000	2013	最早年份	最近年份
发展中经济体				
中亚和西亚地区				
阿富汗	21 (2001)	104 (2015)	...	25.0 (2005)
亚美尼亚	1,290	1,880	98.9 (2000)	99.8 (2010)
阿塞拜疆	2,040	2,090	99.5 (2006)	...
格鲁吉亚	1,450	2,070	...	...
哈萨克斯坦	3,170	4,890	97.0 (1999)	...
吉尔吉斯共和国	1,700	1,890	100.0 (2002)	99.8 (2012)
巴基斯坦	360	450	89.2 (2006)	93.6 (2012)
塔吉克斯坦	2,170	1,660	99.0 (2002)	99.1 (2012)
土库曼斯坦	1,700	2,600	99.6 (2000)	...
乌兹别克斯坦	1,780	1,640	99.7 (2002)	...
东亚地区				
中国	1,000	3,770	...	...
中国香港	5,450	5,930	...	...
韩国	5,910	10,430	...	...
蒙古国	1,050	1,920	67.3 (2000)	86.2 (2005)
中国台北	7,910	10,460	...	...
南亚地区				
孟加拉国	100	290	32.0 (2000)	59.6 (2011)
不丹	748	2,793 (2014)	41.1 (2003)	72.0 (2007)
印度	400	780	60.1 (1999)	67.9 (2006)
马尔代夫	273	531 (2014)	83.8 (2000)	99.8 (2009)
尼泊尔	60	130	24.6 (2001)	76.3 (2011)
斯里兰卡	290	530	80.7 (2002)	...
东南亚地区				
文莱	7,570	9,550	...	...
柬埔寨	30	220	16.6 (2000)	31.1 (2010)
印度尼西亚	400	790	90.7 (2003)	96.0 (2012)
老挝	103 (1997)		46.3 (2002)	...
马来西亚	2,720	4,470	...	...
缅甸	70	160	47.0 (2002)	...
菲律宾	500	690	76.6 (2003)	87.5 (2013)
新加坡	7,580	8,840	...	...
泰国	1,460	2,490	...	...
越南	300	1,310	89.1 (2002)	96.1 (2005)
太平洋地区				
库克群岛	1,372	1,566 (2015)	97.0 (2006)	99.0 (2010)
斐济	858	917 (2014)	84.0 (2008)	...
基里巴斯	169	211 (2012)	...	62.0 (2010)
马绍尔群岛	1,352	1,516 (2006)	72.0 (2007)	90.0 (2011)
密克罗尼西亚联邦	...	...	46.0 (2000)	65.0 (2011)
瑙鲁			100.0 (2002)	100.0 (2011)
帕劳	...	...	98.9 (2005)	98.0 (2012)
巴布亚新几内亚	438	525	12.0 (2006)	19.5 (2010)
萨摩亚	400	588 (2015)	98.0 (2006)	96.4 (2011)
所罗门群岛	134	112 (2014)	14.0 (2005)	21.0 (2009)
东帝汶	27 (2006)	103 (2014)	27.0 (2002)	38.0 (2009)
汤加	324	461 (2014)	89.0 (2006)	97.0 (2011)
图瓦卢	289	472 (2011)	94.0 (2005)	98.0 (2012)
瓦努阿图	214	202 (2015)	...	33.0 (2009)
发达经济体				
澳大利亚	10,210	10,070	...	...
日本	7,980	7,840	...	...
新西兰	9,370	9,050	...	...

... = 至截止日期未获得相关数据；kWh = 千瓦时。

资料来源：电力消费资料：国际能源署；阿富汗、不丹、老挝、马尔代夫和太平洋经济体：各经济体。家庭电气化率：International Development Association（IDA）. Results Measurement System（RMS）Online. http：//data. worldbank. org/datacatalog/IDA – results – measurement（访问时间2016年8月15日）；United States Agency for International Development, Demographic and Health Surveys（DHS）Program. The DHS Program STAT compiler. http：//www. statcompiler. com/（访问时间2016年6月21日）；Secretariat of the Pacific Community, Pacific Regional Information System（PRISM）. National Minimum Development Indicators. http：//www. spc. int/nmdi/MdiHome. aspx（访问时间2016年8月16日）.

表 6.3 能源使用

本地区成员经济体	单位能耗GDP（每千克石油当量美元数，按2011年购买力平价计）				能源使用（千吨石油当量）			
	2000	2005	2010	2013	2000	2005	2010	2013
发展中经济体								
中亚和西亚地区								
阿富汗	...	33.1	14.2	7.5	597	860	3,272	7,667
亚美尼亚	4.5	6.4	7.8	7.7	2,015	2,512	2,483	2,900
阿塞拜疆	3.2	5.0	12.5	11.3	11,296	13,427	11,585	13,880
格鲁吉亚	5.0	7.2	8.5	8.0	2,869	2,841	3,122	3,897
哈萨克斯坦	4.3	5.0	4.9	5.0	35,679	50,878	69,121	81,542
吉尔吉斯共和国	4.4	4.8	5.5	4.5	2,319	2,574	2,753	3,949
巴基斯坦	7.6	8.1	8.7	9.4	64,069	76,255	84,400	86,041
塔吉克斯坦	3.4	5.0	7.4	8.1	2,149	2,340	2,176	2,456
土库曼斯坦	1.6	1.6	2.2	2.7	14,880	19,175	22,685	26,261
乌兹别克斯坦	1.2	1.7	2.8	3.5	50,868	47,085	43,210	42,930
东亚地区								
中国	4.0	4.2	5.1	5.3	1,160,776	1,775,266	2,469,052	3,009,472
中国香港	16.7	21.7	24.7	26.6	13,553	12,843	13,675	13,932
韩国	5.2	5.8	6.0	6.2	188,158	210,288	250,025	263,828
蒙古国	4.7	5.1	5.3	5.9	2,397	2,996	3,941	5,222
中国台北	...	...	...	...	84,840	102,370	111,445	108,631
南亚地区								
孟加拉国	11.8	12.2	12.2	13.2	18,253	22,767	30,422	33,870
不丹	1.9	2.6	3.3	3.6	1,051	1,146	1,403	1,504
印度	6.0	7.1	7.8	8.4	441,327	517,655	692,676	775,445
马尔代夫	...	11.9	10.5	12.5	143	215	366	359
尼泊尔	4.5	4.7	5.3	5.9	8,108	9,132	10,211	10,290
斯里兰卡	12.5	14.0	17.7	21.0	8,326	9,001	9,741	10,033
东南亚地区								
文莱	10.4	12.3	8.7	9.5	2,385	2,218	3,240	3,042
柬埔寨	4.9	7.6	6.8	7.5	3,412	3,436	5,299	5,974
印度尼西亚	7.9	8.6	9.8	11.4	155,643	179,801	209,437	213,641
老挝	7.7	9.6	13.8	15.6	1,624	1,767	1,810	2,028
马来西亚	7.6	7.2	8.0	7.8	49,499	66,567	74,475	88,980
缅甸	...	...	...	...	12,842	14,832	13,965	16,571
菲律宾	8.2	10.6	13.0	13.9	39,990	38,854	40,397	44,603
新加坡	11.1	12.2	14.4	16.1	18,668	21,568	25,417	26,097
泰国	8.0	7.6	7.7	7.5	72,285	99,005	117,840	134,065
越南	7.2	7.0	6.6	7.7	28,736	41,252	58,912	59,928
太平洋地区								
库克群岛	...	...	...	...	9	20	...	24
斐济	10.7	8.3	10.0	9.3	534	776	669	750
基里巴斯	13.6	20.3	...	8.5	11	8	...	22
马绍尔群岛	...	...	7.7	8.1	...	...	24	24
密克罗尼西亚联邦	7.6	9.2	...	6.6	45	38	...	52
瑙鲁	...	...	...	...	44	46	...	52
帕劳	3.9	4.5	3.4	3.5	67	66	74	76
巴布亚新几内亚	8.9	6.2	11.9	7.3	1,123	1,797	1,249	2,560
萨摩亚	11.3	13.0	...	10.3	67	74	...	101
所罗门群岛	5.3	5.4	...	7.9	134	138	...	145
东帝汶	...	...	21.0	14.0	...	...	96	172
汤加	11.0	8.7	...	7.4	41	58	...	70
图瓦卢	...	...	...	...	...	...	...	...
瓦努阿图	10.9	14.0	...	12.0	48	39	...	61
发达经济体								
澳大利亚	6.2	7.0	7.3	7.7	108,101	113,478	124,451	129,141
日本	7.9	8.3	8.8	10.0	519,132	520,531	498,920	454,655
新西兰	6.4	7.8	7.6	7.7	17,090	16,929	18,382	19,508
全球	6.2	6.6	7.1	7.4	10,056,562	11,480,903	12,788,992	13,541,283

... = 至截止日期未获得相关数据；GDP = 国内生产总值。

资料来源：单位能耗 GDP：亚行估计；能源使用：International Energy Agency. Statistics. http：//www. iea. org/statistics/statisticssearch/ ；巴布亚新几内亚：Asia – Pacific Economic Cooperation. Energy Database. http：//www. ieej. or. jp/egeda/database/database – top. html；阿富汗、不丹、老挝、马尔代夫和除巴布亚新几内亚以外的太平洋经济体：ADB. Energy Statistics in Asia and the Pacific 1990 – 2009. Manila；United Nations（UN）Statistics Division. 2011 and 2013. Energy Balances. New York；UN Statistics Division. 2010, 2011, and 2013. Energy Statistics Yearbook. New York.

表 6.4　能源生产与进口

本地区成员经济体	生产（千吨石油当量）				进口，净值（占能源使用的百分比）			
	2000	2005	2010	2013	2000	2005	2010	2013
发展中经济体								
中亚和西亚地区								
阿富汗	...	...	1,064	1,405	...	...	68.1	81.7
亚美尼亚	643	869	878	811	68.0	65.4	64.7	72.1
阿塞拜疆	18,808	27,253	65,514	59,353	-66.5	-103.0	-465.5	-327.6
格鲁吉亚	1,324	980	1,312	1,428	53.9	65.5	58.0	63.4
哈萨克斯坦	78,575	118,644	156,875	169,071	-120.2	-133.2	-127.0	-107.3
吉尔吉斯共和国	1,369	1,324	1,270	1,759	40.9	48.6	53.9	55.5
巴基斯坦	46,896	60,735	64,369	65,156	26.8	20.4	23.7	24.3
塔吉克斯坦	1,264	1,546	1,542	1,724	41.1	34.0	29.1	29.8
土库曼斯坦	45,968	61,602	47,247	76,537	-208.9	-221.3	-108.3	-191.4
乌兹别克斯坦	55,085	56,535	55,133	54,127	-8.3	-20.1	-27.6	-26.1
东亚地区								
中国	1,129,135	1,701,092	2,203,943	2,565,674	2.7	4.2	10.7	14.7
中国香港	50	51	96	97	99.6	99.6	99.3	99.3
韩国	34,445	42,982	44,955	43,603	81.7	79.6	82.0	83.5
蒙古国	1,949	3,848	15,674	16,336	18.7	-28.4	-297.7	-212.8
中国台北	11,793	12,485	12,957	13,514	86.1	87.8	88.4	87.6
南亚地区								
孟加拉国	15,148	19,298	25,969	28,727	17.0	15.2	14.6	15.2
不丹	1,115	1,284	1,749	1,797	-4.6	-4.1	-24.7	-19.4
印度	351,182	403,878	496,169	523,339	20.4	22.0	28.4	32.5
马尔代夫	–	–	...	3	100.0	100.0	...	99.0
尼泊尔	7,138	8,152	8,877	8,618	12.0	10.7	13.1	16.2
斯里兰卡	4,748	4,920	5,544	5,430	43.0	45.3	43.1	45.9
东南亚地区								
文莱	19,684	21,060	18,573	16,987	-725.4	-849.5	-473.2	-458.4
柬埔寨	2,718	2,496	3,621	4,087	20.3	27.4	31.7	31.6
印度尼西亚	237,465	280,317	379,864	459,987	-52.6	-55.9	-81.4	-115.3
老挝	...	...	1,878	2,022	...	...	-3.8	0.3
马来西亚	78,469	96,797	90,869	94,631	-58.5	-45.4	-22.0	-6.3
缅甸	15,418	22,214	22,503	23,189	-20.1	-49.8	-61.1	-39.9
菲律宾	19,549	21,396	23,548	24,492	51.1	44.9	41.7	45.1
新加坡	202	394	588	644	98.9	98.2	97.7	97.5
泰国	43,948	55,188	70,578	78,073	39.2	44.3	40.1	41.8
越南	39,919	60,759	66,388	69,276	-38.9	-47.3	-12.7	-15.6
太平洋地区								
库克群岛	–	–	–	–	100.0	100.0	100.0	100.0
斐济	269	250	143	180	49.6	67.8	78.6	76.0
基里巴斯	–	–	...	1	100.0	100.0	...	96.9
马绍尔群岛	–	–	–	–	...	100.0	100.0	100.0
密克罗尼西亚联邦	–	–	–	1	100.0	100.0	...	97.3
瑙鲁	–	–	–	–	100.0	100.0	100.0	100.0
帕劳	2	2	2	2	97.0	97.0	97.3	98.0
巴布亚新几内亚	3,866	2,775	1,458	1,394	-244.3	-54.4	-16.7	45.5
萨摩亚	21	21	...	21	68.7	71.6	...	79.7
所罗门群岛	79	79	...	77	41.0	42.8	...	47.1
东帝汶	...	...	4,443	4,013	...	...	-4,550.0	-2,300.0
汤加	–	1	...	0	100.0	98.3	...	99.4
图瓦卢								
瓦努阿图	20	20	...	23	58.3	48.7	...	62.9
发达经济体								
澳大利亚	233,552	265,161	310,734	343,903	-116.1	-133.7	-149.7	-166.3
日本	105,696	100,395	99,237	27,958	79.6	80.7	80.1	93.9
新西兰	14,291	12,862	16,885	16,200	16.4	24.0	8.1	17.0

... = 至截止日期未获得相关数据； – = 数值等于零。

资料来源：生产：International Energy Agency. Statistics. http：//www.iea.org/statistics/statisticssearch/（2016 年 6 月）；巴布亚新几内亚：AsiaPacific Economic Cooperation. Energy Database. http：//www.ieej.or.jp/egeda/database/database – top.html（访问时间 2016 年 6 月 20 日）；阿富汗、不丹、老挝、马尔代夫和除巴布亚新几内亚以外的太平洋经济体：Asian Development Bank（ADB）. Energy Statistics in Asia and the Pacific 1990 – 2009；United Nations（UN）Statistics Division. 2011 and 2013. Energy Balances；UN Statistics Division. 2010 and 2013. Energy Statistics Yearbook；净能源进口占能源使用百分比：亚行估计.

表 6.5　燃料能源零售价（美元/升）

本地区成员经济体	汽油				柴油			
	2000	2005[a]	2010[b]	2015[c]	2000	2005[d]	2010[e]	2015[f]
发展中经济体								
中亚和西亚地区								
阿富汗	...	...	...	...	...	...	...	...
亚美尼亚	0.51	0.73	1.01	0.90	0.34	0.60	0.92	0.89
阿塞拜疆	...	...	...	...	...	...	...	...
格鲁吉亚	...	...	...	...	...	...	...	...
哈萨克斯坦	0.35	0.47	0.58	0.56	0.30	0.39	0.53	0.44
吉尔吉斯共和国								
巴基斯坦	0.48	0.82	0.80	0.68	0.22	0.54	0.83	0.78
塔吉克斯坦	...	...	...	...	...	...	...	...
土库曼斯坦	...	...	...	...	...	...	...	...
乌兹别克斯坦	0.44	0.33	...	...	...	...	...	...
东亚地区								
中国								
中国香港	1.32	1.60	1.75	1.77	0.80	1.00	1.25	1.41
韩国	1.10	1.40	1.48	1.33	0.54	1.05	1.30	1.15
蒙古国	0.33	0.56	1.01	0.85	0.38	0.81	0.96	0.98
中国台北	0.57	0.73	0.94	0.75	0.44	0.60	0.82	0.68
南亚地区								
孟加拉国	...	...	...	...	...	...	...	...
不丹	...	...	...	...	...	...	...	...
印度	0.58	0.86	1.05	1.18	0.32	0.64	0.83	0.91
马尔代夫	...	...	...	...	...	...	...	...
尼泊尔	0.58	0.87	1.22	1.30	0.33	0.58	0.95	1.08
斯里兰卡	0.65	0.80	1.02	0.86	0.32	0.50	0.65	0.70
东南亚地区								
文莱	...	...	...	...	...	...	...	...
柬埔寨	...	...	...	...	...	...	...	...
印度尼西亚	0.14	0.46	0.62	...	0.07	0.53	0.66	...
老挝	...	...	...	...	...	...	...	...
马来西亚	0.29	0.40	0.67	0.60	0.18	0.29	0.57	0.49
缅甸	...	1.84	1.41	0.76	...	1.62	1.37	0.80
菲律宾	0.37	0.57	0.96	0.88	0.28	0.51	0.76	0.61
新加坡	0.81	0.83	...	...	0.33	0.56	0.89	0.85
泰国	0.39	0.59	1.12	...	0.32	0.50	0.90	0.73
越南	...	...	0.99	0.85	...	...	0.93	0.68
太平洋地区								
库克群岛	...	...	...	...	...	...	...	...
斐济	...	...	...	...	...	...	...	...
基里巴斯	...	...	...	...	...	...	...	...
马绍尔群岛	...	...	...	...	...	...	...	...
密克罗尼西亚联邦	...	...	...	...	...	...	...	...
瑙鲁	...	...	...	...	...	...	...	...
帕劳	...	...	...	...	...	...	...	...
巴布亚新几内亚	...	...	...	...	...	...	...	...
萨摩亚	...	...	...	...	...	...	...	...
所罗门群岛	...	...	...	...	...	...	...	...
东帝汶	...	...	...	...	...	...	...	...
汤加	...	...	...	...	...	...	...	...
图瓦卢	...	...	...	...	...	...	...	...
瓦努阿图	0.78	1.23	1.50	1.84	...	...	...	...
发达经济体								
澳大利亚	0.49	0.82	1.09	0.89	...	0.87	1.09	0.87
日本	1.05	1.23	1.64	1.23	0.76	0.91	1.28	0.97
新西兰	0.51	0.97	1.34	1.41	0.33	0.64	0.85	0.80

... = 至截止日期未获得相关数据。

a 指乌兹别克斯坦和新加坡 2004 年的数据；缅甸 2007 年的数据。

b 指印尼 2008 年的数据；泰国 2009 年的数据；越南 2011 年的数据。

c 指印度、蒙古国和尼泊尔 2014 年的数据；瓦努阿图 2013 年的数据。

d 指蒙古国 2006 年的数据；缅甸 2007 年的数据。

e 指越南 2011 年的数据；印尼 2008 年的数据。

f 指印度、蒙古国和尼泊尔 2014 年的数据。

资料来源：各经济体。

7. 环境

> **简况**
>
> 过去十年间,亚太地区的温室气体排放总量增长速度超过全球平均值,很大程度上反映了本地区的快速发展以及随之而来的发电、交通运输、工业和家庭对化石燃料的使用。
>
> 在有数据的本地区经济体中,不足一半的经济体在2013年林地总面积增加。
>
> 2000年至2013年,不足一半的本地区经济体的农业用地份额增加。
>
> 虽然亚太地区人口占全球人口的50%以上,但是该地区的内部可再生淡水资源占世界总量不足三分之一。

关键趋势

过去十年间,亚太地区的温室气体（GHG）排放总量增长速度超过全球平均值,很大程度上反映了本地区的快速发展以及随之而来的发电、交通运输、工业和家庭对化石燃料的使用。若全球GHG排放量持续增长,气候变化将对水资源的获取、粮食生产、健康、用地以及物质资本和自然资本造成威胁,并且可能造成大规模、不可逆转的灾难性破坏（Marchal等,2011年）。

2012年,文莱的人均二氧化碳、甲烷、一氧化二氮及其他温室气体排放量在亚太地区经济体中最高,为36.6吨。位居其后的是澳大利亚（24.1吨）、哈萨克斯坦（20.9吨）、土库曼斯坦（17.2吨）以及新西兰（16.3吨）（图7.1）。这与本地区人均排放量最高的经济体名单相似,该名单包括：文莱（32.0吨）、澳大利亚（28.0吨）、新西兰（18.4吨）、新加坡（14.2吨）以及土库曼斯坦（13.3吨）。

2000年到2012年,人均二氧化碳、甲烷、一氧化二氮和其他温室气体排放量百分比增长最多的经济体有柬埔寨（142.4%）、中国（118.7%）、越南（87.5%）、老挝（80.0%）和哈萨克斯坦（71.5%）。在考查期内该百分比减少最多的是新加坡（-64.7%）、瑙鲁（-48.3%）、瓦努阿图（-19.3%）、所罗门群岛（-18.2%）、澳大利亚（-13.8%）和新西兰（-11.6%）。

在有数据的本地区经济体中,超过三分之一的经济体在2013年林地总面积增加。2000年起,亚洲的林地总面积持续增加,尽管各次区域有所不同。2013年,16个地区经济体的林地面积增加（图7.2）。2013年年增长最多的有菲律宾（3.3%）、阿塞拜疆（2.5%）、老挝（1.0%）和越南（0.9%）。同期,年森林砍伐率最高的国家有巴基斯坦（2.7%）、缅甸（1.8%）和东帝汶（1.6%）。2000年,46个有数据的经济体中有18个增加了林地面积,主要有萨摩亚（2.5%）、越南（2.1%）和泰国（1.8%）。2000年年森林砍伐率最高的国家有尼泊尔（2.3%）、巴基斯坦（1.9%）和印度尼西亚（1.9%）。

图 7.1 二氧化碳、甲烷、一氧化二氮及其他温室气体的人均排放量（吨）

注：2012 年二氧化碳排放数据系指 2011 年。

资料来源：表 1.1 和表 7.2；United Nations. Millennium Development Goals Indicators. http：//mdgs. un. org/unsd/mdg/Data. aspx；中国台北："预算、核算与统计总局"发布的《2014 年统计年鉴》，http：//eng. dgbas. gov. tw；经济体。

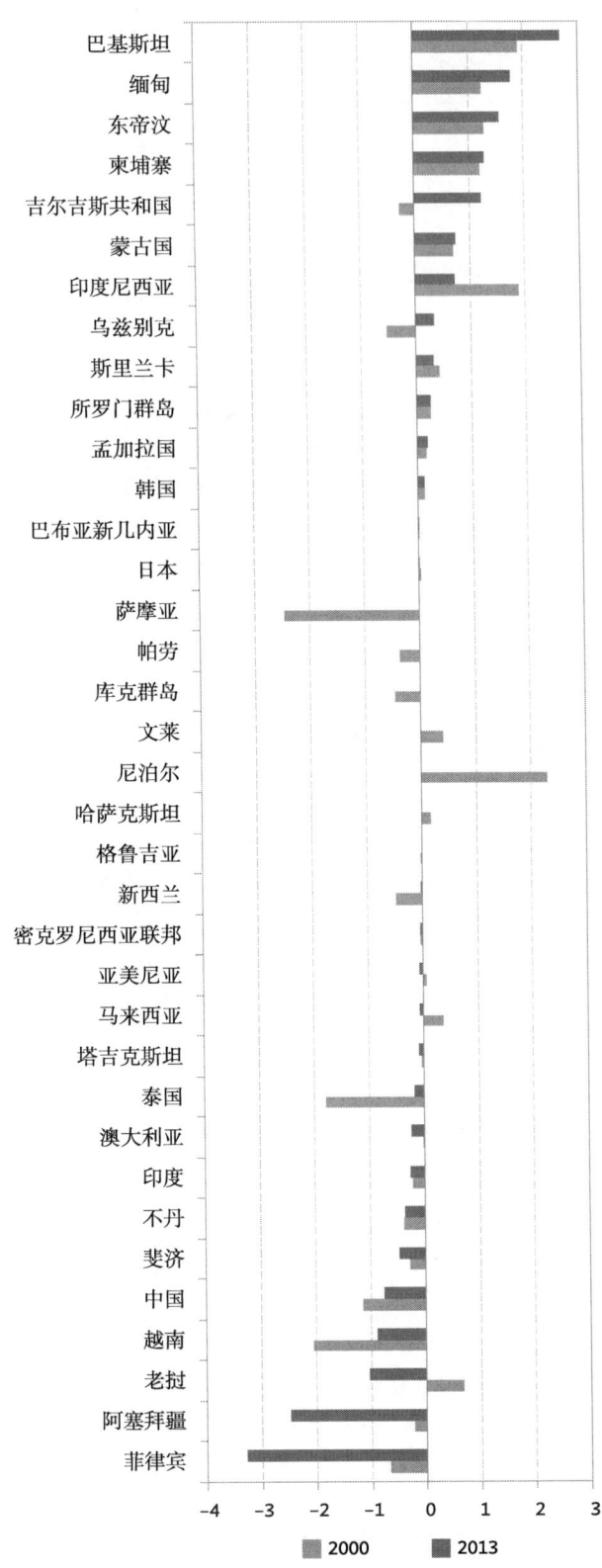

图 7.2 森林砍伐率（%）

资料来源：表 7.2。

2000 年至 2013 年，不足一半的本地区经济体的农业用地份额增加。 由于需要养活不断增加的人口以及人们膳食结构的变化（如肉类消费增加），农业用地占总用地的比重上升（Chakravorty、Moreaux 和 Nostbakken，2010 年）。另一方面，城市化和农业地区开发可能减少农业用地总量（UNEP，2016 年）。2000 年至 2013 年，48 个本地区经济体中，有 21 个经济体的农业用地比重增加，24 个有所减少，3 个无变化（图 7.3）。增加最多的是文莱，其农业用地所占比重上升了 44%，所罗门群岛排名第二（42.1%），老挝排名第三（29.3%）。下降最严重的是库克群岛（-68.8%）、新加坡（-47.1%）和新西兰（-27.9%）。

次区域方面，在考查期内东亚没有经济体增加农业用地占比，而中亚和西亚的 10 个经济体中有 5 个经济体、南亚 6 个经济体中有 2 个、东南亚 10 个经济体中有 9 个和太平洋地区 14 个经济体中有 5 个也没有增加农业用地占比，3 个发达成员经济体亦是如此（表 7.1）。

2000 年—2013 年，近一半有数据的亚太经济体的可耕土地面积占总土地面积份额减少。 虽然近些年来，本地区农业产出大有增长，总体可耕土地面积的增加却很少，这是因为化学肥料和杀虫剂的使用增加了（UNEP，2016 年）。2000 年—2013 年间，48 个本地区经济体中，有 23 个的可耕土地（或者可用以种植作物的土地）占各自总土地面积的比重下降，18 个经济体的增加，7 个经济体的无变化（图 7.4）。增加最明显的有文莱（150%）、马绍尔群岛（100%）和老挝（61.8%）。降幅最大的国家是新西兰（-63.5%）、蒙古国（-51.8%）和新加坡（-46%）。

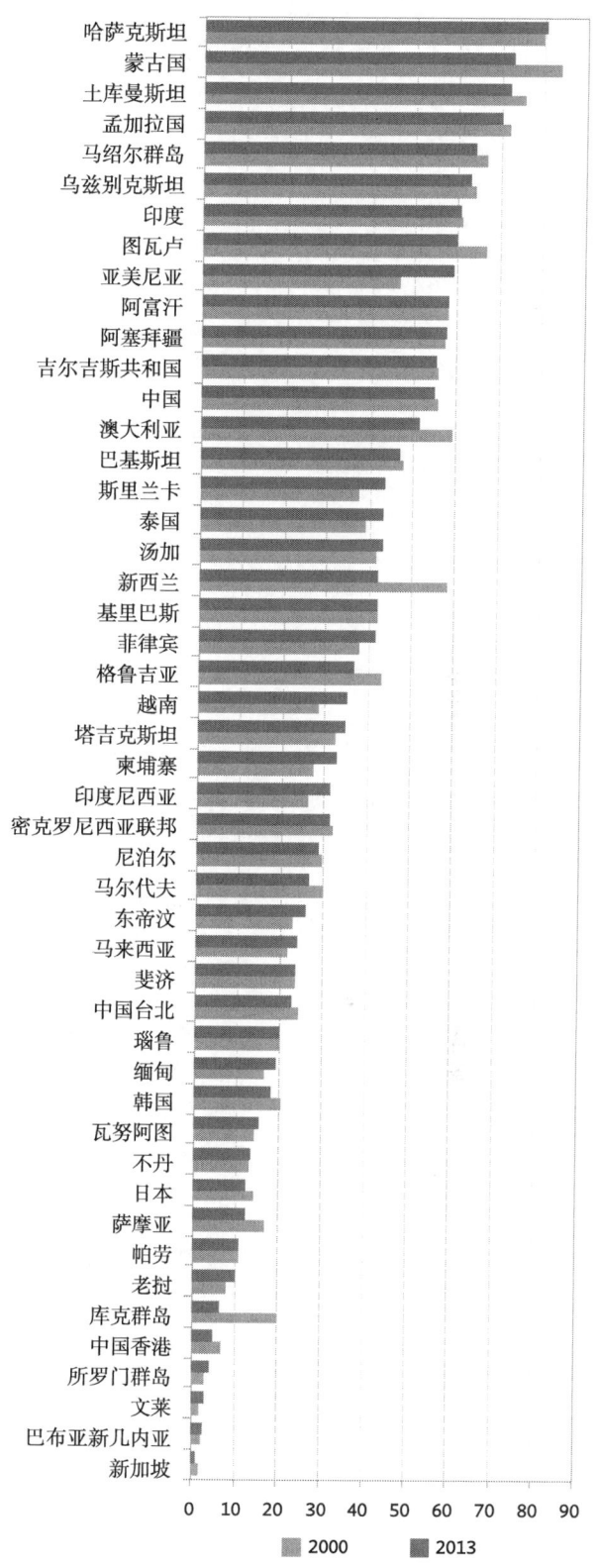

图 7.3　农业土地（占土地面积的百分比）

资料来源：表 7.1。

2000 年至 2013 年，本地区有四分之三的经济体的可用永久基本农田占总土地面积的比重增加或无变化。2000 年至 2013 年，本地区有 27 个经济体的农田占总土地面积的比重增加，9 个经济体无变化，12 个经济体的该比重下降（图 7.5）。增幅最大的是缅甸，该国的永久基本农田比重增加 156.4%。蒙古国增加 150%，老挝增加 108.6%，分列第二、第三位。该比重下降最明显的有库克群岛（−83.3%）、新加坡（−52.6%）和格鲁吉亚（−40.5%）。

虽然亚太地区人口占全球人口的 **50% 以上**，但是该地区的内部可再生淡水资源占世界总量不足三分之一（UNEP 2016）。水资源对于人类生存、农业、工业生产以及生态系统保护都是十分重要的。对淡水资源的保护在许多经济体中都是重中之重，尤其是考虑到各次区域在人均淡水资源可获量方面差异巨大（从中亚和西亚的 1,210 立方米到太平洋地区的 79,857 立方米）。

2002 年至 2014 年，除了 2 个经济体外，所有亚太地区经济体的内部可再生淡水资源的人均量都减少了（图 7.6）。亚美尼亚和格鲁吉亚是仅有的两个增加了的经济体。这两个经济体的人口在同期内也都减少了（表 1.1）。2002 年至 2014 年，在人均内部可再生淡水资源人均量下降的本地区经济体中，阿富汗的降幅最为明显（−33.9%）；瓦努阿图为 −26.7%，新加坡为 −26.2%，分列降幅最大经济体的二、三位。

图 7.4 可耕土地（占土地面积的百分比）

资料来源：表 7.1。

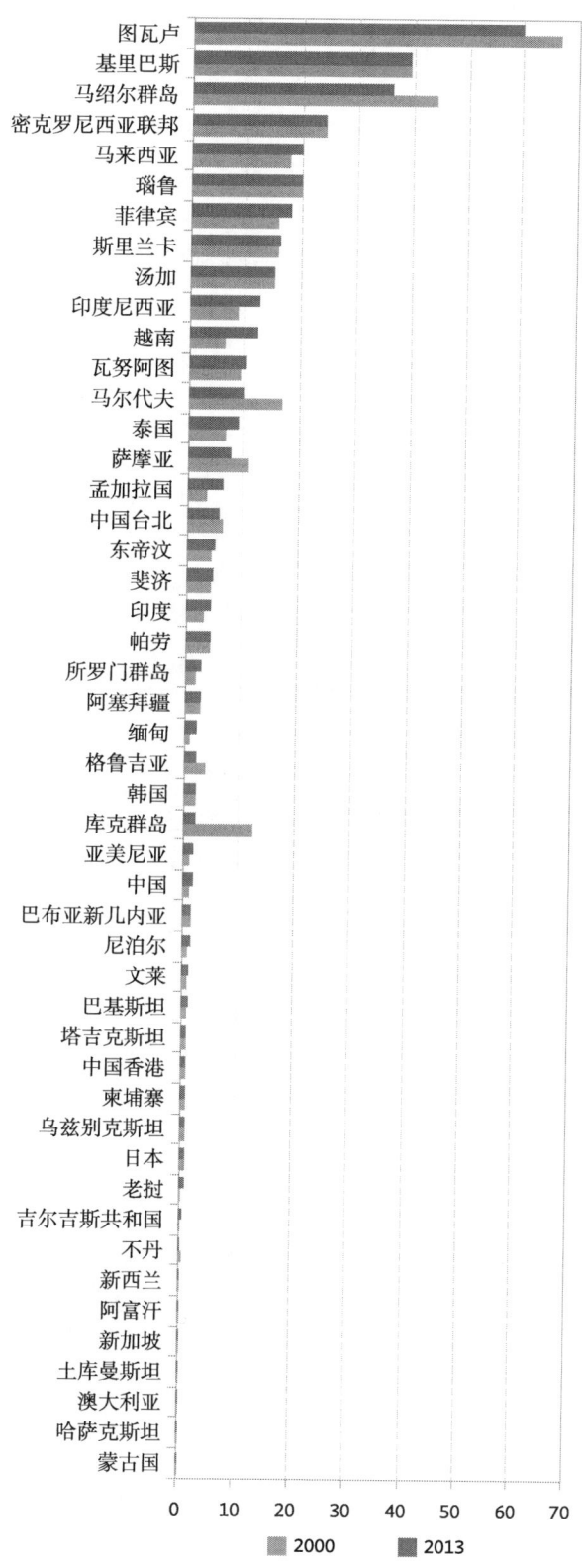

图 7.5 永久基本农田
（占土地面积的百分比）

资料来源：表 7.1。

图 7.6 人均内部可再生淡水资源
（千立方米/年/居民）

资料来源：表 7.3。

专栏 7.1　1960 年至今二氧化碳排放趋势

20 世纪 60 年代到 90 年代，亚太地区的二氧化碳（CO_2）排放量一直在增加，但增长率持续下降，而在 21 世纪头十年，增长再次加速。 1965 年，本地区的 CO_2 排放总量为 14 亿 2480 万吨；截至 2015 年，总量增至 160 亿 668 万吨，年平均增长率为 5.01%（专栏图）。对比来看，1965 年至 2015 年，全球总排放量的年平均增长率为 2.21%。从年代来看，本地区 CO_2 排放量年平均增长率 20 世纪 60 年代为 8.31%，70 年代为 6.13%，80 年代为 3.94%，90 年代为 3.74%，21 世纪头十年为 5.97%，2010 年以后为 3.23%。

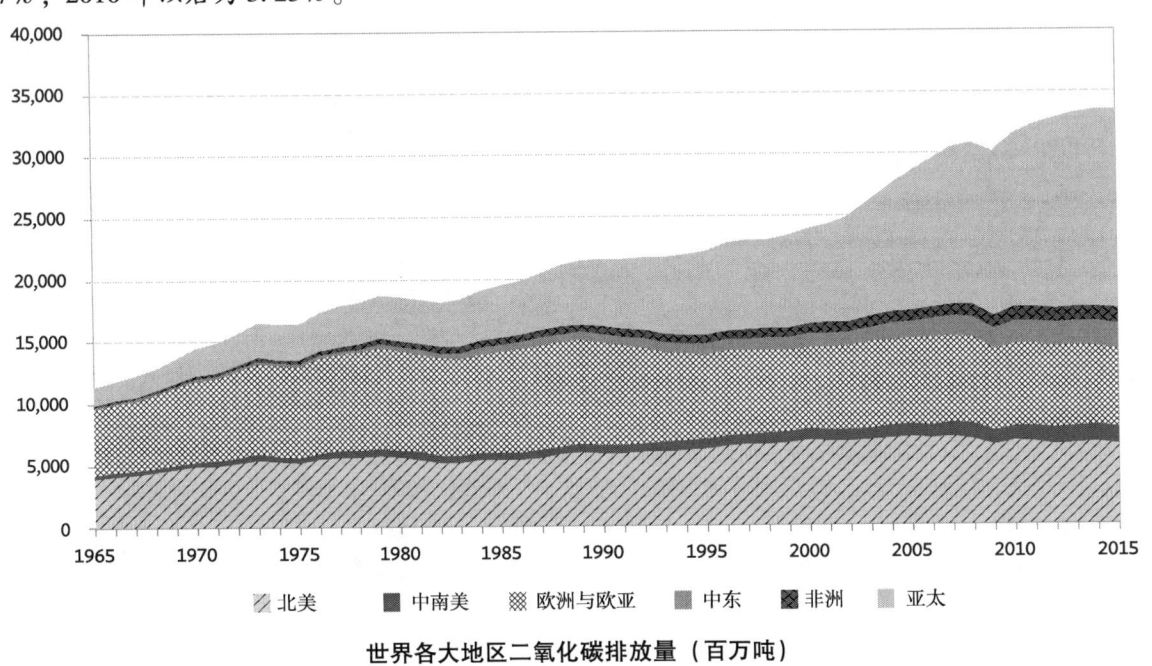

世界各大地区二氧化碳排放量（百万吨）

资料来源：BP. Statistical Review of World Energy 2016. http：//www.bp.com/en/global/corporate/energy - economics/statistical - review - of - world - energy. html（访问时间 2016 年 8 月）.

从人均排放量来看，亚太地区的人均 CO_2 排放量从 1965 年的 0.81 吨增至 2015 年的 3.99 吨，年平均增长率为 3.28%。而全球 1965 年的人均 CO_2 排放量为 3.43 吨，2015 年为 4.58 吨，年平均增长速度为 0.60%。从年代来看，本地区人均 CO_2 排放量年平均增长率 20 世纪 60 年代为 5.69%，70 年代为 3.87%，80 年代为 1.97%，90 年代为 2.17%，21 世纪头 10 年为 4.80%，2010 年以后为 2.22%。

1965 年至 2015 年，亚太地区 CO_2 排放量占全球比重稳步增长，占全球排放总量的近 50%。 1965 年，本地区占全球 CO_2 排放量的 12.6%。在随后的每十年中点，1975 年占全球排放量份额为 17.8%，1985 年为 21.5%，1995 年为 30.5%，2005 年为 39.2%，2015 年为 48%。对比来看，世界其他地区 1965 年至 2015 年 CO_2 排放量占全球排放量的份额变化情况如下：北美从 34.9% 降至 19.4%，南美和中美从 2.6% 增至 4.1%，欧洲和欧亚大陆从 47% 降到 18.5%，中东从 1.2% 升到 6.5%，非洲从 1.7% 升到 3.6%。

资料来源：BP. Statistical Review of World Energy 2016. http：//www.bp.com/en/global/corporate/energy - economics/statistical - review - of - world - energy. html（访问时间 2016 年 8 月）.

数据问题和可比性

温室气体排放量的数据来自世界银行的世界发展指标（WDI）。《关键指标》的往期发布中，有关指标的 WDI 数据是根据国际能源署数据汇编的。从今年起，WDI 数据汇编自欧洲委员会联合研究中心的全球大气研究排放数据库。

联合国粮农组织通过国家报告和卫星图像，监测土地使用和森林数据。

参考文献

U. Chakravorty, M. Moreaux, and L. Nostbakken. 2010. Will Biofuel Mandates Raise Food Prices. *TSE Working Papers* 10-212. Toulouse, France: Toulouse School of Economics.

V. Marchal, R. Dellink, D. van Vuuren, C. Clapp, J. Château, E. Lanzi, B. Magné, and J. van Vliet. 2011. *OECD Environmental Outlook to 2050*. Paris: Organisation for Economic Cooperation and Development.

United Nations Environment Programme (UNEP). 2016. *Global Environment Outlook: GEO-6 Regional Assessment for Asia and the Pacific*. Nairobi.

V. Marchal, R. Dellink, D. van Vuuren, C. Clapp, J. Château, E. Lanzi, B. Magné, and J. van Vliet. 2011. *OECD Environmental Outlook to 2050*. Paris: Organisation for Economic Co-operation and Development.

United Nations Environment Programme (UNEP). 2016. *Global Environment Outlook: GEO-6 Regional Assessment for Asia and the Pacific*. Nairobi.

表7.1：农业用地（占土地面积的百分比）

本地区成员经济体	农业土地 2000	2005	2010	2013	可耕土地 2000	2005	2010	2013	永久基本农田 2000	2005	2010	2013
发展中经济体												
中亚和西亚地区												
阿富汗	57.8	58.1	58.1	58.1	11.8	12.0	11.9	11.9	0.1	0.2	0.2	0.2
亚美尼亚	46.5	56.4	60.9	59.1	15.8	16.0	15.8	15.7	1.3	1.8	1.9	2.0
阿塞拜疆	57.4	57.6	57.7	57.7	22.1	22.3	22.8	23.3	2.9	2.7	2.8	2.8
格鲁吉亚	43.2	36.3	35.7	36.7	11.4	6.8	6.0	6.5	3.9	1.6	1.8	2.3
哈萨克斯坦	79.8	78.6	80.4	80.4	11.2	10.6	10.6	10.9	0.1	0.0	0.0	0.0
吉尔吉斯共和国	55.9	56.0	55.3	55.2	7.1	6.7	6.7	6.7	0.3	0.4	0.4	0.4
巴基斯坦	47.6	46.7	45.7	47.1	40.3	39.1	38.1	39.5	0.9	1.0	1.1	1.1
塔吉克斯坦	32.7	33.4	34.6	34.8	5.6	5.4	6.0	6.1	0.7	0.8	0.9	1.0
土库曼斯坦	75.5	74.2	72.4	72.0	4.1	4.3	4.1	4.1	0.1	0.1	0.1	0.1
乌兹别克斯坦	64.2	62.9	62.7	62.9	10.5	10.3	10.2	10.3	0.8	0.8	0.8	0.9
东亚地区												
中国	55.6	55.1	54.8	54.8	12.6	12.0	11.4	11.3	1.2	1.3	1.5	1.7
中国香港	6.7	6.7	5.2	4.9	4.8	4.8	3.3	3.0	1.0	1.0	1.0	1.0
韩国	20.5	19.4	18.2	18.1	17.8	17.0	15.5	15.3	2.1	1.9	2.1	2.2
蒙古国	84.0	73.0	73.1	72.9	0.8	0.4	0.4	0.4	0.0	0.0	0.0	0.0
中国台北	24.0	23.5	23.0	22.6	17.5	17.0	16.9	16.8	6.5	6.5	6.1	5.8
南亚地区												
孟加拉国	72.2	71.5	71.0	70.0	64.1	60.8	59.9	59.0	3.5	6.1	6.5	6.4
不丹	13.3	15.6	13.6	13.6	2.7	4.4	2.6	2.6	0.5	0.5	0.3	0.3
印度	60.9	60.6	60.4	60.6	54.1	53.6	52.8	52.8	3.1	3.4	4.1	4.4
马尔代夫	30.0	30.0	26.3	26.3	10.0	10.0	13.0	13.0	16.7	16.7	10.0	10.0
尼泊尔	29.6	29.3	28.8	28.7	16.4	15.9	15.2	14.7	0.8	0.9	1.1	1.5
斯里兰卡	37.5	40.0	41.8	43.7	14.6	17.5	19.1	20.7	15.9	15.5	15.6	15.9
东南亚地区												
文莱	1.9	2.1	2.5	2.7	0.4	0.4	0.8	0.9	0.8	0.9	1.1	1.1
柬埔寨	27.0	30.3	32.0	32.9	21.0	21.0	22.7	23.5	0.8	0.9	0.9	0.9
印度尼西亚	26.0	28.6	30.7	31.5	11.3	12.7	13.0	13.0	8.6	9.9	11.6	12.4
老挝	7.8	8.6	9.6	10.1	4.0	5.0	6.1	6.5	0.4	0.4	0.6	0.7
马来西亚	21.4	21.7	22.7	23.9	2.9	2.9	2.8	2.9	17.6	18.0	19.0	20.1
缅甸	16.5	17.2	19.2	19.3	15.2	15.4	16.5	16.5	0.9	1.4	2.2	2.3
菲律宾	37.7	38.1	40.6	41.7	16.9	16.8	17.8	18.7	15.8	16.3	17.8	17.9
新加坡	1.8	1.4	1.1	0.9	1.5	1.0	0.9	0.8	0.3	0.1	0.1	0.1
泰国	38.8	38.4	41.2	43.3	30.6	29.8	30.8	32.9	6.6	7.1	8.8	8.8
越南	28.2	32.4	34.7	35.1	19.9	20.5	20.8	20.7	6.2	9.8	11.9	12.3
太平洋地区												
库克群岛	20.0	11.4	5.6	6.3	7.5	5.2	2.9	4.2	12.5	6.2	2.7	2.1
斐济	23.4	23.4	23.3	23.3	9.3	9.3	9.0	9.0	4.5	4.5	4.7	4.7
基里巴斯	42.0	42.0	42.0	42.0	2.5	2.5	2.5	2.5	39.5	39.5	39.5	39.5
马绍尔群岛	66.7	72.2	72.2	63.9	5.6	11.1	11.1	11.1	44.4	44.4	44.4	36.1
密克罗尼西亚联邦	32.1	32.1	31.4	31.4	3.6	3.6	2.9	2.9	24.3	24.3	24.3	24.3
瑙鲁	20.0	20.0	20.0	20.0	–	–	–	–	20.0	20.0	20.0	20.0
帕劳	10.9	10.9	10.9	10.9	2.2	2.2	2.2	2.2	4.3	4.3	4.3	4.3
巴布亚新几内亚	2.2	2.3	2.6	2.6	0.5	0.5	0.7	0.7	1.4	1.3	1.5	1.5
萨摩亚	17.0	14.8	12.4	12.4	4.9	3.9	2.8	2.8	11.0	9.5	7.8	7.8
所罗门群岛	2.7	3.2	3.8	3.9	0.5	0.6	0.7	0.7	2.0	2.3	2.9	2.9
东帝汶	22.7	25.9	25.0	25.6	8.1	11.4	10.1	10.4	4.5	4.4	4.8	5.0
汤加	41.7	41.7	43.1	43.1	20.8	20.8	22.2	22.2	15.3	15.3	15.3	15.3
图瓦卢	66.7	56.7	60.0	60.0	–	–	–	–	66.7	56.7	60.0	60.0
瓦努阿图	14.4	15.0	15.3	15.3	1.6	1.6	1.6	1.6	9.3	9.9	10.3	10.3
发达经济体												
澳大利亚	59.3	57.9	51.9	51.6	6.2	6.4	5.5	6.0	0.0	0.0	0.1	0.1
日本	14.4	12.9	12.6	12.4	12.3	12.0	11.7	11.6	1.0	0.9	0.9	0.8
新西兰	58.5	44.5	43.3	42.2	5.7	1.6	1.9	2.1	0.2	0.2	0.3	0.3

… = 至截止日期未获得相关数据；0.0 = 数值小于所用计量单位的一半。

资料来源：Food and Agriculture Organization of the United Nations. FAOSTAT Database. http://faostat3.fao.org（访问时间2016年8月12日）。

表7.2：森林采伐与污染

本地区成员经济体	森林砍伐率[a]（平均百分比变化）		一氧化二氮排放量（千吨二氧化碳当量）		农业一氧化二氮排放量（占总量百分比）	
	2000	2013	2000	2012	2000	2008
发展中经济体						
中亚和西亚地区						
阿富汗	–	–	3,317	3,424	72.4	71.3
亚美尼亚	0.06	-0.06	462	1,023	77.1	81.1
阿塞拜疆	-0.23	-2.47	2,030	2,673	77.9	80.0
格鲁吉亚	-0.03	–	2,437	2,352	46.7	53.7
哈萨克斯坦	0.17	–	14,865	17,822	66.2	73.4
吉尔吉斯共和国	-0.26	1.21	1,452	1,567	80.1	82.3
巴基斯坦	1.91	2.69	26,350	30,651	67.5	75.3
塔吉克斯坦	-0.05	-0.10	1,110	1,848	83.4	87.7
土库曼斯坦	–	–	3,046	4,924	68.1	75.8
乌兹别克斯坦	-0.52	0.34	9,610	13,192	77.9	85.5
东亚地区						
中国	-1.13	-0.76	414,138	587,166	73.3	74.7
中国香港	...	...	513	476	–	–
韩国	0.13	0.12	18,576	14,979	25.6	42.2
蒙古国	0.69	0.76	5,058	3,548	90.5	93.5
中国台北			4,289	4,116	...	...
南亚地区						
孟加拉国	0.18	0.18	20,770	26,683	78.2	82.9
不丹	-0.38	-0.36	281	555	34.6	42.1
印度	-0.22	-0.25	207,700	239,755	72.2	73.8
马尔代夫	–	–	12	27	6.0	8.3
尼泊尔	2.30	–	4,232	4,598	76.7	76.4
斯里兰卡	0.42	0.32	2,044	2,174	66.8	64.5
东南亚地区						
文莱	0.40	–	395	342	20.9	27.9
柬埔寨	1.20	1.29	3,295	16,685	80.3	51.9
印度尼西亚	1.89	0.74	94,933	93,139	63.1	65.5
老挝	0.67	-1.04	3,265	8,987	72.7	66.7
马来西亚	0.36	-0.06	13,822	15,310	60.8	68.8
缅甸	1.23	1.78	31,300	26,783	31.9	53.4
菲律宾	-0.68	-3.28	12,365	12,762	71.7	76.4
新加坡			6,635	1,909	0.6	1.8
泰国	-1.80	-0.18	18,677	30,833	72.2	69.8
越南	-2.06	-0.90	19,746	34,494	84.1	83.8
太平洋地区						
库克群岛	-0.47	–	...	...	...	...
斐济	-0.28	-0.48	343	344	92.6	91.4
基里巴斯	–	–	3	4	44.9	47.2
马绍尔群岛			0	0	–	–
密克罗尼西亚联邦	-0.05	-0.05	11	11	98.1	98.2
瑙鲁			0	0	91.5	91.3
帕劳	-0.38	...	0	0	–	–
巴布亚新几内亚	0.01	0.01	1,613	1,234	13.3	19.6
萨摩亚	-2.46	–	37	40	79.6	82.7
所罗门群岛	0.25	0.25	2,425	2,656	99.3	99.3
东帝汶	1.29	1.56	164	226	89.7	88.0
汤加	–	–	22	22	93.5	95.8
图瓦卢	–	–	1	1	98.2	98.5
瓦努阿图	–	–	118	109	96.0	95.7
发达经济体						
澳大利亚	-0.02	-0.25	75,581	54,247	74.9	81.0
日本	0.03	0.01	30,411	24,911	28.5	30.1
新西兰	-0.48	-0.00	11,549	11,880	93.4	95.1

表 7.2（续）

本地区成员经济体	甲烷排放量 （千吨二氧化碳当量）		农业甲烷排放量 （占总量百分比）		其他温室气体[b] （千吨二氧化碳当量）	
	2000	2012	2000	2008	2000	2012
发展中经济体						
中亚和西亚地区						
阿富汗	9,384	13,763	71.2	62.7	126	349
亚美尼亚	2,565	3,426	35.2	35.9	112	710
阿塞拜疆	9,955	19,955	41.4	32.1	464	1,142
格鲁吉亚	4,137	5,019	51.9	50.0	3	227
哈萨克斯坦	38,779	71,350	24.3	21.9	14,065	30,363
吉尔吉斯共和国	3,486	4,291	71.4	73.9	93	68
巴基斯坦	117,125	158,337	65.7	62.3	757	1,159
塔吉克斯坦	3,304	5,408	65.0	71.3	798	367
土库曼斯坦	21,241	22,009	19.7	20.5	124	595
乌兹别克斯坦	37,233	47,333	29.6	32.8	298	989
东亚地区						
中国	1,043,400	1,752,290	46.6	37.6	104,677	251,254
中国香港	2,695	3,147	–	–	155	150
韩国	30,916	32,625	40.6	40.6	14,934	8,968
蒙古国	9,218	6,257	92.2	87.5	26,233	2,216
中国台北	11,315	2,924	…	…	1,833	3,212
南亚地区						
孟加拉国	89,247	105,142	73.6	68.9	686	1,329
不丹	1,032	1,770	29.6	42.8	644	488
印度	561,733	636,396	66.9	62.7	56,626	153,658
马尔代夫	34	52	0.6	1.2	0	–0
尼泊尔	21,206	23,982	83.0	82.1	2,443	7,995
斯里兰卡	9,606	11,864	64.1	67.1	441	91
东南亚地区						
文莱	3,882	4,539	0.4	0.3	101	427
柬埔寨	14,985	35,915	83.1	63.2	23,021	73,300
印度尼西亚	170,032	223,316	46.4	41.1	63,048	2,556
老挝	7,219	15,011	80.6	77.0	13,588	136,841
马来西亚	29,309	34,271	19.0	15.2	5,144	3,866
缅甸	66,942	80,637	66.1	77.0	78,176	406,274
菲律宾	49,911	57,170	63.1	62.7	12,487	3,891
新加坡	1,684	2,386	1.4	1.4	1,410	3,299
泰国	83,564	106,499	65.3	62.4	8,756	45,556
越南	75,430	113,564	68.1	54.2	5,782	25,707
太平洋地区						
库克群岛	…	…	…	…	…	…
斐济	705	715	81.7	78.4	9	52
基里巴斯	13	16	6.8	7.1	–	–0
马绍尔群岛	6	8	–	–	…	…
密克罗尼西亚联邦	28	30	67.3	64.0	…	…
瑙鲁	3	3	9.1	7.7	–0	–0
帕劳	1	1	–	–	…	…
巴布亚新几内亚	2,001	2,143	13.5	15.0	1,949	2,188
萨摩亚	116	133	69.8	70.5	–0	0
所罗门群岛	1,394	1,449	97.3	96.8	0	0
东帝汶	450	732	83.2	86.4	–	–0
汤加	58	61	72.8	70.7	–0	0
图瓦卢	3	3	34.8	35.2	–0	0
瓦努阿图	267	254	88.4	85.4	0	–0
发达经济体						
澳大利亚	128,133	125,588	61.3	56.8	520,911	174,653
日本	47,496	38,957	67.0	72.5	51,527	71,746
新西兰	26,584	28,658	88.5	91.0	1,506	1,764

… = 至截止日期未获得相关数据；– = 数值等于零。

a 砍伐率指上一年以来的百分比变化。负值表明森林砍伐率正在下降（如重新造林）。

b 其他温室气体排放指氯氟烃、全氟化碳和六氟化硫。

资料来源：Food and Agriculture Organization of the United Nations. FAOSTAT Database. http：//faostat3. fao. org/download/R/RL/E（访问时间 2016 年 6 月 8 日）；WorldBank. World Development Indicators Online. http：//data. worldbank. org/indicator（2016 年 8 月）；中国台北："预算、核实与统计总局"发布的《2014 年统计年鉴》，http：//eng. dgbas. gov. tw/lp. asp? ctNode＝2351&CtUnit＝1072&BaseDSD＝36&MP＝2（访问时间 2016 年 6 月 8 日）.

表 7.3　淡水资源

本地区成员经济体	内部可再生淡水资源				年淡水取用量	淡水生产率[a]
	（十亿立方米每年）	（立方米每人每年）			（十亿立方米）	
	2014	2002	2012	2014		2014
发展中经济体	11,040	3,228	2,894	2,808		
中亚和西亚地区	370	1,554	1,285	1,210		
阿富汗	47	2,194	1,586	1,450	20 (2000)	1
亚美尼亚	7	2,251	2,303	2,273	3 (2012)	4
阿塞拜疆	8	980	867	832	12 (2012)	5
格鲁吉亚	58	12,555	14,044	14,532	2 (2008)	8
哈萨克斯坦	64	4,287	3,826	3,651	20 (2010)	9
吉尔吉斯共和国	49	9,732	8,663	8,237	8 (2006)	1
巴基斯坦	55	381	310	291	184 (2008)	1
塔吉克斯坦	63	9,905	8,002	7,482	11 (2006)	1
土库曼斯坦	1	305	272	261	28 (2004)	1
乌兹别克斯坦	16	651	572	547	49 (2005)	1
东亚地区	2,913	2,137	2,024	1,994		
中国	2,813	2,141	2,029	1,999	554 (2005)	15
中国香港	...	...	...	...	...	...
韩国	65	1,387	1,307	1,289	29 (2005)	42
蒙古国	35	14,239	12,393	11,761	1 (2009)	21
中国台北	...	...	...	...	...	...
南亚地区	1,880	1,482	1,281	1,235		
孟加拉国	105	771	676	652	36 (2008)	4
不丹	78	135,361	104,881	100,671	0 (2008)	6
印度	1,446	1,326	1,144	1,103	648 (2010)	3
马尔代夫	0	103	87	82	0 (2008)	489
尼泊尔	198	8,084	7,207	6,951	9 (2006)	2
斯里兰卡	53	2,770	2,585	2,549	13 (2005)	6
东南亚地区	4,985	9,223	8,170	7,884		
文莱	9	24,752	20,962	20,085	...	135
柬埔寨	121	9,510	8,131	7,742	2 (2006)	7
印度尼西亚	2,019	9,288	8,140	7,839	113 (2000)	8
老挝	190	34,606	29,414	27,992	3 (2005)	3
马来西亚	580	23,769	19,985	19,122	11 (2005)	28
缅甸	1,003	20,600	19,089	18,610	33 (2000)	...
菲律宾	479	5,892	4,989	4,757	82 (2009)	3
新加坡	1	145	113	107	...	...
泰国	225	3,500	3,343	3,303	57 (2007)	7
越南	359	4,387	3,978	3,846	82 (2005)	2
太平洋地区	892	104,114	84,629	79,857		
库克群岛	...	...	...	...	...	...
斐济	29	35,001	32,658	32,003	0 (2005)	43
基里巴斯	...	...	...	...	...	...
马绍尔群岛	...	...	...	...	...	...
密克罗尼西亚联邦	...	...	...	...	...	...
瑙鲁	...	...	...	...	...	...
帕劳	...	...	...	...	...	...
巴布亚新几内亚	801	141,695	111,950	105,132	0 (2005)	34
萨摩亚	...	...	...	...	...	...
所罗门群岛	45	102,782	81,391	76,594	...	...
东帝汶	8	9,181	7,455	6,932	1 (2004)	1
汤加	...	...	...	...	...	...
图瓦卢	...	...	...	...	...	...
瓦努阿图	10	51,546	40,404	37,793	...	...
发达经济体	1,249	8,342	8,085	8,054		
澳大利亚	492	25,213	21,474	20,527	19 (2013)	64
日本	430	3,406	3,382	3,397	81 (2009)	69
新西兰	327	82,534	73,715	72,201	5 (2010)	31

... = 至截止日期未获得相关数据；0.0 = 数值不到所用计量单位的一半。

a 每立方米淡水取用量的国内生产总值（以 2010 年美元计算）。

资料来源：Food and Agriculture Organization of the United Nations. AQUASTAT Main Database. http://www.fao.org/nr/water/aquastat/data/query/index.html（访问时间 2016 年 6 月 15 日）；World Bank. World Development Indicators Online. http://data.worldbank.org/indicator（访问时间 2016 年 9 月 2 日）.

8. 政府与治理

简况

2015年，亚太地区大部分经济体的财政赤字占各自国内生产总值（GDP）的1%—7%。

2014年至2015年，在8个经济体中，政府总收入占GDP的份额提高了至少1%。另一方面，大部分经济体的税收收入占GDP份额下降。

自2000年起，在大约三分之二的本地区经济体中，政府在医疗卫生方面的支出占GDP的份额增加。

亚太地区的发展中经济体中，成立一家企业所需的（算术）平均天数从2005年的45天减少至2015年的20天。在发展中经济体中，成立企业的（算术）平均成本占人均国民总收入的比例从2005年的41.4%降至2015年的17.9%。

在透明国际的2015年清廉指数评分中【从0（非常腐败）到100（非常清廉）】，亚太地区34个经济体中有10个经济体的分数为50或更高。

关键趋势

2015年，亚太地区大部分经济体的财政赤字占各自国内生产总值（GDP）的1%—7%。 图8.1展示了财政收支平衡——政府总收入占GDP百分比与总支出占GDP百分比之间的差额。2015年，36个上报数据的经济体中，有9个经济体实现财政结余，其余经济体的政府支出均大于收入。财政结余占GDP百分比最大的经济体有密克罗尼西亚联邦（10.5%）、帕劳（5.9%）和马绍尔群岛（2.8%），赤字最多的有文莱（-14%）、斯里兰卡（-7.4%）和马尔代夫（-6.9%）。2015年有数据的经济体的（简单）平均财政收支平衡约为GDP的-2.08%。

持续走低的石油价格对资源出口型国家造成了财政压力，比如文莱，其2015年的赤字状况与2000年时形成鲜明对比。2000年，文莱是本地区财政结余占GDP份额最大的经济体，为10.9%（ADB，2016年），位居其后的是马绍尔群岛（8.1%）和新西兰（2%）。赤字占GDP份额最大的经济体是帕劳（-12.8%）和斯里兰卡（-9.3%）。

2014 年至 2015 年，在 8 个经济体中，政府总收入占 GDP 的份额提高了至少 1%。[①] 相对于 GDP，2014 至 2015 年，有数据的经济体的平均政府收入增加了将近 1%。亚太发展中经济体中，斐济和马绍尔群岛的增长最为突出，分别从 27.6% 增至 31.1% 和从 23.8% 增至 27.1%。在发展中成员经济体中，政府收入占 GDP 比例降幅最大的有文莱（从 31.0% 降至 20.3%）、所罗门群岛（从 41.6% 降至 37.3%）以及缅甸（从 25.1% 降至 22.5%）。发达经济体中，澳大利亚政府收入占 GDP 的比例从 23.6% 增至 23.7%，新西兰从 34.1% 增至 34.7%。图 8.2 对这一情况进行了概述。

2014 年至 2015 年，大部分经济体的税收收入占 GDP 份额下降。 图 8.3 展示了过去 2 年间，税收收入占 GDP 百分比的变化情况。2015 年，税收收入占 GDP 百分比最高的经济体是所罗门群岛（32.4%）、新西兰（28.9%）、斐济（25.9%）和格鲁吉亚（25.3%），而份额最低的包括印度（7.0%）、阿富汗（7.2%）和缅甸（8.8%）。

2014 年至 2015 年，大约 17 个经济体的税收收入占 GDP 份额下降。下降最多的经济体（至少 2%）有密克罗尼西亚联邦（从 19% 降至 12.4%）和所罗门群岛（从 35% 降至 32.4%）。另一方面，税收收入占 GDP 份额增长最快的有斯里兰卡（从 10.1% 增至 12.1%）、马绍尔群岛（从 15.9% 增至 17.2%）和斐济（从 24.8% 增至 25.9%）。

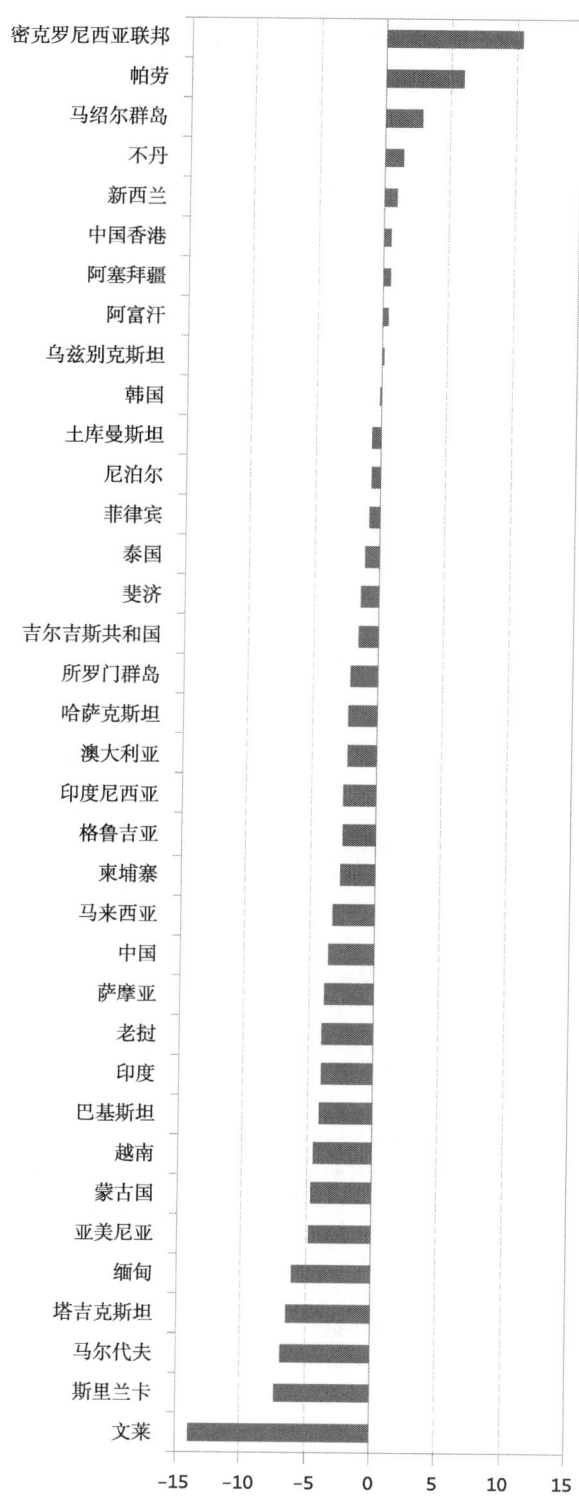

图 8.1　2015 年财政收支平衡（占 GDP 的百分比）

资料来源：表 8.1。

[①]　整个地区的预算数据覆盖范围并不标准。有的经济体的数据仅指中央政府，有的则指合并政府或一般政府。详情请见"数据问题和可比性"部分。

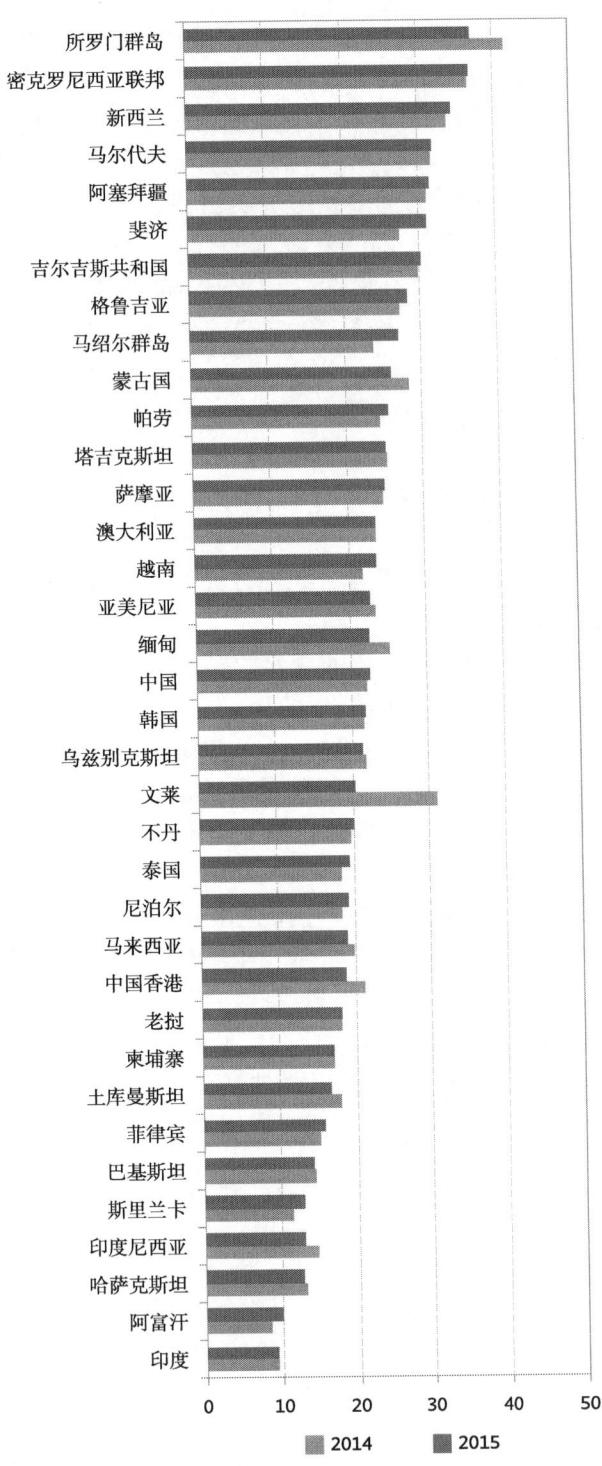

图 8.2　政府总收入（占 GDP 的百分比）

注：整个地区的预算数据覆盖范围并不标准。有的经济体的数据仅指中央政府，有的则指合并政府或一般政府。详情请见"数据问题和可比性"部分。

资料来源：表 8.3。

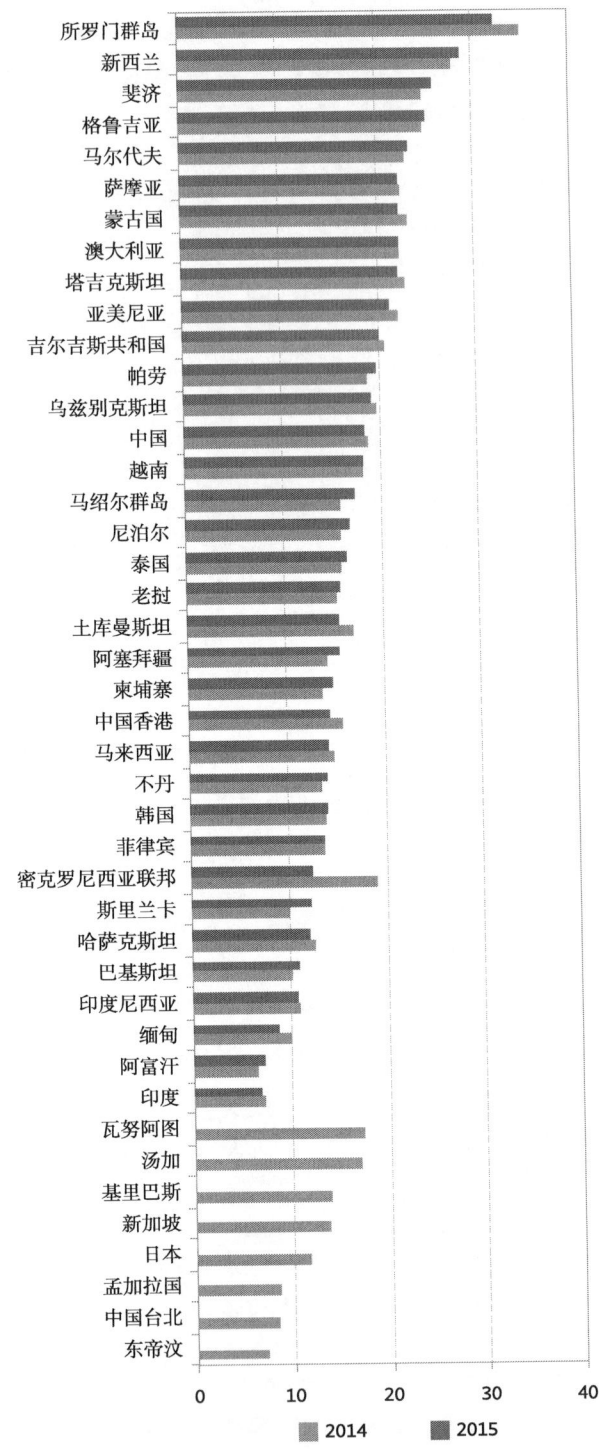

图 8.3　税收收入（占 GDP 的百分比）

注：整个地区的预算数据覆盖范围并不标准。有的经济体的数据仅指中央政府，有的则指合并政府或一般政府。详情请见"数据问题和可比性"部分。

资料来源：表 8.2。

2014 年至 2015 年，东亚、南亚和东南亚大多数经济体中一半以上经济体的政府支出占 GDP 份额下降，而大多数太平洋地区经济体和中亚和西亚除一个经济体以外的所有经济体的政府支出占 GDP 份额增长。图 8.4 展示了各经济体中政府支出占 GDP 的百分比。在发展中经济体，公共支出占 GDP 百分比下降最明显的经济体有帕劳（从 39.8% 降至 34.5%）、萨摩亚（从 34.1% 降至 30.8%）和所罗门群岛（从 43.9% 降至 41.9%）。增幅最大的经济体有马尔代夫（从 35.1% 增至 41%）、马绍尔群岛（从 50 0% 增至 55.8%）、塔吉克斯坦（从 29% 增至 32.4%）和斯里兰卡（从 17 1% 增至 20.5%）。2014 年至 2015 年，发达经济体中，新西兰的公共支出占 GDP 份额下跌最严重，从 34% 跌至 33.7%。2000 年至 2015 年，大约 60% 的本地区经济体的政府支出占 GDP 份额增加（表 8.4）。

自 2000 年起，在大约三分之二的本地区经济体中，政府在医疗卫生方面的支出占 GDP 的份额增加。2000 年—2015 年，许多发展中经济体的医疗卫生支出占 GDP 份额稳步增长，最明显的有格鲁吉亚（从 0.6% 增至 2.9%）、萨摩亚（从 4% 增至 5.2%）和塔吉克斯坦（从 0.9% 增至 2%）（表 8.5）。2015 年或可获得数据的最近一年，60% 的本地区发展中经济体的医疗卫生支出等于或小于 GDP 的 2%（图 8.5）。对比来看，澳大利亚 2015 年的医疗卫生支出占 GDP 比重为 4.1%，日本 2014 年的占比为 7.4%，新西兰 2015 年为 7%。发达经济体的比例较高，尤其是日本，部分原因是老年人口对医疗保健的需求增加。

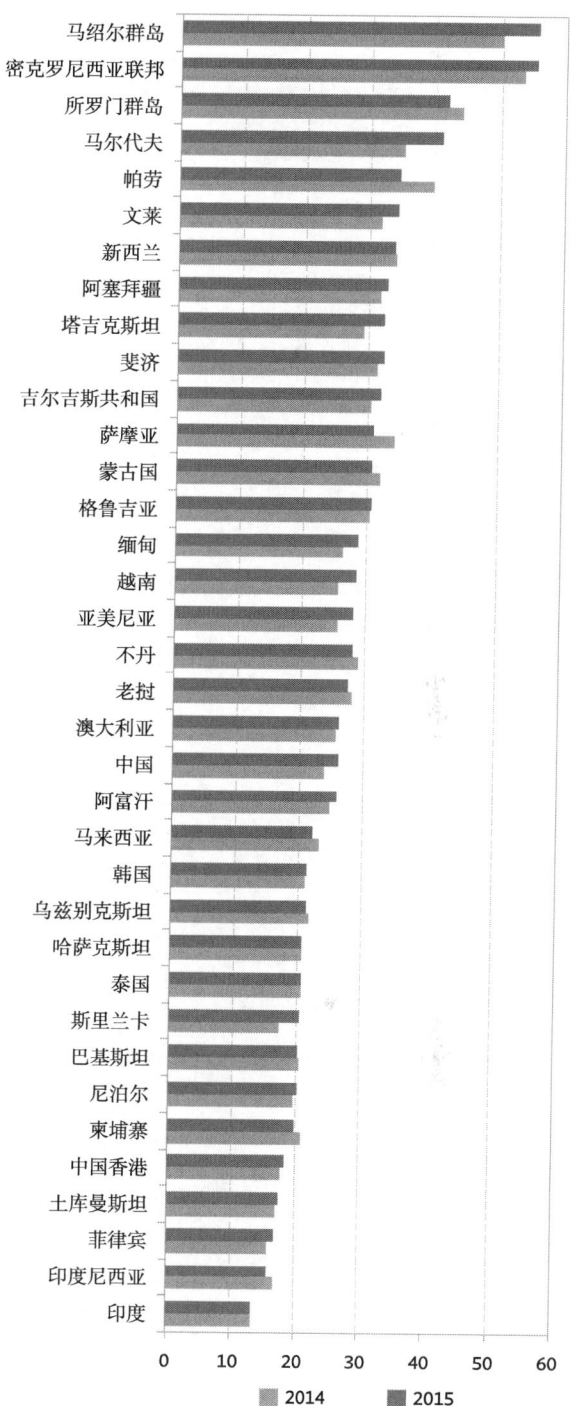

图 8.4　政府总支出（占 GDP 的百分比）

注：整个地区的预算数据覆盖范围并不标准。有的经济体的数据仅指中央政府，有的则指合并政府或一般政府。详情请见"数据问题和可比性"部分。

资料来源：表 8.4。

在大部分亚太发展中经济体中，政府的社会保障和福利支出持续增长。2010 年至 2015 年或有数据的最近一年，约三分之二的发展中经济体的社会保障和福利支出增加，这种现象自 2000 年起就已经成为大部分经济体的一个趋势（表 8.5）。2015 年，大部分发展中经济体将各自 GDP 的 0.1% 至 10.3% 分配给了社会保障事业。另一方面，由于发达经济体的老年人口比例较高，因此社会保障和福利的政府支出也相对较高，范围在 9%—18% 之间。

图 8.5　2015 年或最近一年政府的医疗卫生支出（占 GDP 的百分比）

注：整个地区的预算数据覆盖范围并不标准。有的经济体的数据仅指中央政府，有的则指合并政府或一般政府。详情请见"数据问题和可比性"部分。

资料来源：表 8.5。

图 8.6　2015 年或最近一年政府的社会保障与福利支出（占 GDP 的百分比）

注：整个地区的预算数据覆盖范围并不标准。有的经济体的数据仅指中央政府，有的则指合并政府或一般政府。详情请见"数据问题和可比性"部分。

资料来源：表 8.5。

比起医疗卫生，本地区经济体政府在教育方面投入更多。2015 年或有数据的最近一年，几乎所有本地区发展中经济体的政府教育支出超过 GDP 的 2%，中国台北（1.5%）和柬埔寨（1.8%）除外（图 8.7）。而且，许多发展中经济体的政府教育支出占 GDP 百分比高于发达经济体——澳大利亚（1.9%）和日本（3.1%）。自 2000 年起，大约 44% 的本地区政府增加了教育支出占 GDP 的份额，而大约 52% 的本地区政府减少了教育支出占 GDP 的份额（表 8.5）。

亚太地区发展中经济体中，成立一家企业所需平均天数从 2005 年的 45 天减少至 2015 年的 20 天。2005 至 2015 年，成立一家企业所需时间在 27 个经济体缩短，在 3 个经济体延长，有 5 个经济体没有变化（图 8.8）。在减少成立企业所需天数方面改善最显著的经济体是东帝汶、阿塞拜疆和文莱。另一方面，成立企业所需天数增加的 3 个经济体都在太平洋地区：斐济，14 天；帕劳，4 天；巴布亚新几内亚，1 天。

在发展中经济体中，成立企业的平均成本占人均国民总收入的比例从 2005 年的 **41.4%** 降至 **2015 年的 17.9%**（表 8.6）。降幅最大的经济体是柬埔寨（从 276.1% 降至 78.7%）、东帝汶（从 125.4% 降至 0.3%）和所罗门群岛（从 135.5% 降至 31.4%）。虽然成立企业的成本在大部分发展中成员经济体中越来越低，但是在密克罗尼西亚联邦成立企业的成本仍然超过了人均国民总收入的 100%（141.1%）。

在透明国际的 2015 年清廉指数评分中【从 0（非常腐败）到 100（非常清廉）】，亚太地区 34 个经济体中有 10 个经济体的分数为 50 或更高。澳大利亚、不丹、中国香港、日本、新西兰和新加坡 2015 年的清廉指数评分最高，而评分最低的国家有阿富汗、土库曼斯坦和乌兹别克斯坦。

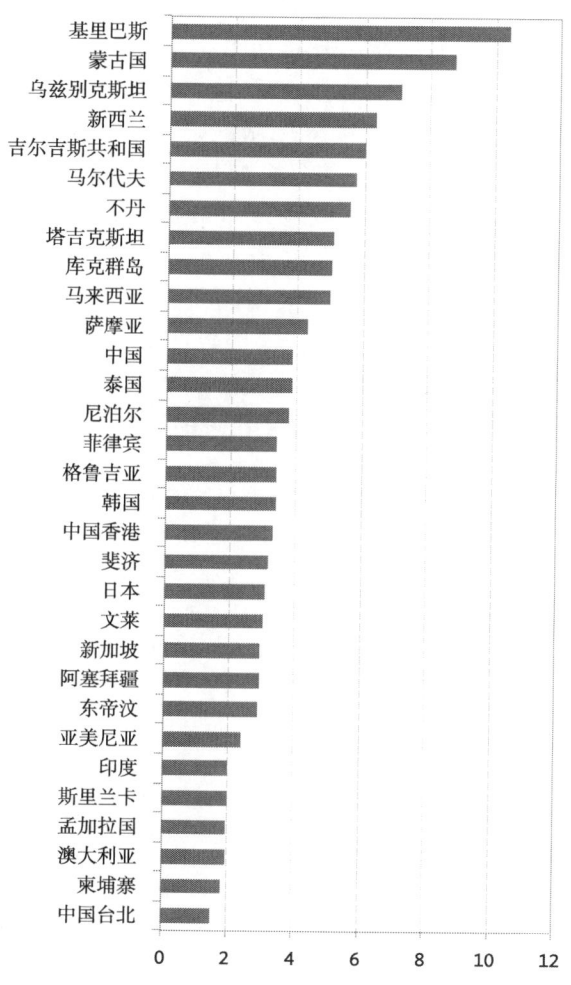

图 8.7　2015 年或最近一年政府的教育支出（占 GDP 的百分比）

注：整个地区的预算数据覆盖范围并不标准。有的经济体的数据仅指中央政府，有的则指合并政府或一般政府。详情请见"数据问题和可比性"部分。

资料来源：表 8.5。

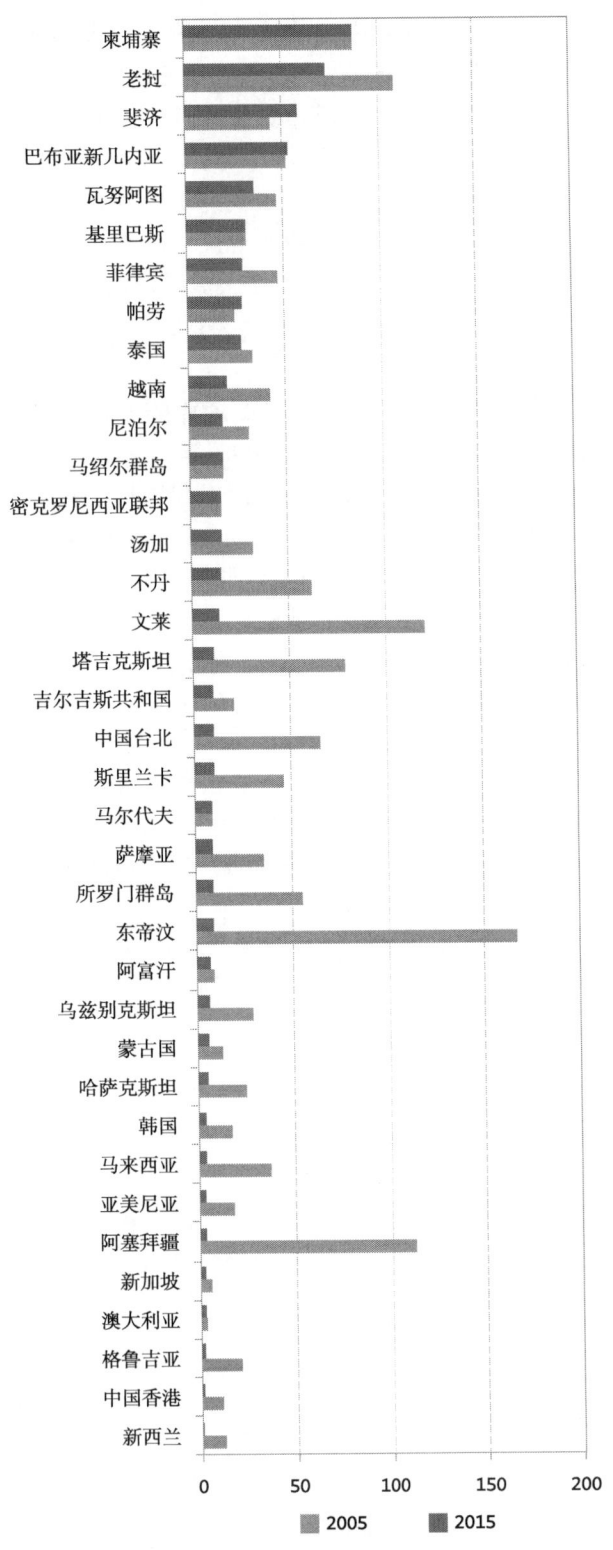

图 8.8　成立企业需要的天数

注：文莱 2005 年的数据指 2006 年。
资料来源：表 8.7。

数据问题和可比性

政府支出和收入数据来自各经济体。整个地区的预算数据覆盖范围并不标准。来自各经济体的数据仅指中央政府，但孟加拉国、格鲁吉亚、基里巴斯、吉尔吉斯共和国、蒙古国、巴基斯坦和塔吉克斯坦除外，这些经济体的数据指合并政府或一般政府。中国的数据合指中央政府、省级政府和地方政府。澳大利亚的数据指的是联邦政府。越南的数据指的是国家预算或支出。大部分经济体都努力遵循国际货币基金组织的政府财政统计准则；有的经济体仍在使用 1986 版的准则，而有的已经换为使用 2001 版准则。大部分经济体以现金记录交易，小部分按权责发生制记录交易。

注册新企业的时间和成本数据和腐败方面的数据均取自非官方渠道。所有经济体都采用了常规流程，并且生成这些数据的研究人员完善了一些调查程序。然而，由于这些数据大多较为主观，所以只能给出一个大致的关于趋势、水平和排名的概念，还应谨慎考虑每年出现的小变化。

参考文献

Asian Development Bank. 2016. *Asian Development Outlook 2016*. Manila.

表 8.1 财政收支平衡ᵃ（占 GDP 的百分比）

本地区成员经济体	2000	2005	2010	2011	2012	2013	2014	2015
发展中经济体								
中亚和西亚地区								
阿富汗	-1.2 (2002)	-4.5ᵇ	2.5	-0.2	-0.5	2.3	-1.7	0.4
亚美尼亚	-4.9	-1.9	-5.0	-2.8	-1.4	-1.6	-1.9	-4.8
阿塞拜疆	-1.0	-0.7	-0.9	0.6	-0.2	0.6	0.5	0.5
格鲁吉亚	-1.3	1.2	-5.6	-2.1	-1.7	-2.1	-2.8	-2.6
哈萨克斯坦	-0.1	0.6	-2.4	-1.9	-2.8	-1.9	-2.7	-2.2
吉尔吉斯共和国	-2.2	0.2	-4.9	-4.8	-6.5	-0.7	-0.5	-1.5
巴基斯坦	-5.4	-3.0	-5.9	-6.3	-8.6	-8.1	-4.2	-4.1
塔吉克斯坦	-0.6	0.2	-7.1	-5.8	-3.1	-4.8	-3.7	-6.5
土库曼斯坦	-0.3	0.8	2.0	3.5	6.4	1.5	0.9	-0.7
乌兹别克斯坦	-1.0	0.1	0.3	0.4	0.4	0.3	0.2	0.1
东亚地区								
中国	-2.8	-1.2	-1.7	-1.1	-1.6	-1.9	-1.8	-3.5
中国香港ᵈ	-0.6	1.0	4.2	3.8	3.2	1.0	3.7	0.6
韩国	1.0	0.4	1.3	1.4	1.3	1.0	0.6	-0.0
蒙古国	-5.7	2.4	0.4	-6.4	-6.8	-1.2	-3.8	-4.6
中国台北	-4.5	-0.3	-2.6	-1.5	-2.8	-1.0	-0.8	...
南亚地区								
孟加拉国ᵉ	-4.5	-3.7	-2.8	-3.6	-3.2	-3.3	-3.1	...
不丹ᶜ	-3.9	-6.6	1.5	-2.0	-1.1	-4.0	3.6	1.4
印度ᵈ	-5.5	-4.0	-4.8	-5.9	-4.9	-4.5	-4.1	-3.9
马尔代夫	-4.4	-7.3	-14.4	-6.6	-7.7	-4.1	-2.9	-6.9
尼泊尔ᶜ	-4.7	-2.4	-1.9	-2.4	-2.0	0.6	0.9	-0.7
斯里兰卡	-9.3	-7.0	-7.0	-6.2	-5.6	-5.4	-5.7	-7.4
东南亚地区								
文莱ᶠ	10.9	21.1	15.6	25.6	15.7	10.1	-0.7	-14.0
柬埔寨	-2.1	-0.7	-8.8	-7.6	-6.8	-7.1	-3.8	-2.6
印度尼西亚	-1.1	-0.5	-0.7	-1.1	-1.8	-2.2	-2.1	-2.5
老挝ᵉ	-4.6	-4.5	-2.2	-1.6	-1.2	-5.8	-3.6	-3.9
马来西亚	-5.5	-3.4	-5.3	-4.7	-4.3	-3.4	-3.4	-3.2
缅甸ᵈ	0.7	-4.3 (2006)	-4.6	-3.8	-4.7	-5.4	-1.1	-6.1
菲律宾	-3.7	-2.6	-3.5	-2.0	-2.3	-1.4	-0.6	-0.9
新加坡ᵈ	9.7	6.4	7.4	9.1	8.5	8.1	7.2	...
泰国ᵍ	-2.8	0.1	-2.9	-1.6	-2.2	-0.9	-2.1	-1.2
越南ʰ	-4.3	-1.0	-2.1	-0.5	-3.4	-5.0	-4.4	-4.6
太平洋地区								
库克群岛ᶜ	-1.5	2.1	6.4	3.7	4.1	2.6	...	...
斐济	-3.1	-3.4	-2.2	-1.4	-1.1	-0.5	-4.0	-1.4
基里巴斯	42.3	7.3	17.5 (2008)	...	...	...	...	...
马绍尔群岛ᵍ	8.1	-22.3	3.4	2.1	-0.7	-0.2	3.2	2.8
密克罗尼西亚联邦	-3.5	-5.6	0.5	-0.6	0.9	2.9	11.2	10.5
瑙鲁ᶜ	...	4.3	0.1	...	...	...	...	...
帕劳ᵉ	-12.8	1.5	-1.0	1.3	1.0	0.7	1.3	5.9
巴布亚新几内亚	-2.0	0.1	0.5	-0.2	-3.1	-5.6	...	...
萨摩亚ᶜ	-0.7	2.0	-5.6	-5.1	-7.2	-3.7	-5.1	-3.8
所罗门群岛	-0.6	-0.9	8.3	6.4	2.4	5.6	1.8	-2.1
东帝汶	...	3.9	3.5	-11.1	-30.9	-29.5	-53.1	...
汤加ᶜ	-0.3	3.0	-2.7	-7.6	-7.1	-0.8	1.9	...
图瓦卢	-2.0	-7.7	-0.1	0.1	0.1	17.6	...	...
瓦努阿图	-6.2	2.9	-2.0	-2.3	1.6	0.9	0.7	...
发达经济体								
澳大利亚ᶜ	1.8	1.5	-3.5	-3.3	-2.7	-1.4	-2.0	-2.3
日本ᵈ	-6.3	-4.1	-6.7	-8.2	-7.8	-7.3	-5.5	...
新西兰ⁱ	2.0	6.1	0.9	1.1	0.5	0.6	0.8	0.9

... = 至截止日期未获得相关数据；0.0 = 数值不到所用计量单位的一半；GDP = 国内生产总值。

a 数据指中央政府，但孟加拉国、格鲁吉亚、基里巴斯、吉尔吉斯共和国、蒙古国、巴基斯坦和塔吉克斯坦除外，这些经济体的数据指合并政府或一般政府。中国的数据合指中央政府、省级政府和地方政府。澳大利亚的数据指联邦政府。越南的数据指国家预算和（或）支出。

b 2000 年—2011 年的数据基于 3 月 21 日开始的财政年度。由于阿富汗的财政年度从 2012 年开始发生变化（FY1391），2012 年政府财政只涵盖 9 个月（3 月 21 日—12 月 20 日）。从 2013 年起，财政年度 12 月 21 日开始，下年 12 月 20 日结束。

c 数据基于 6 月 30 日结束的财政年度。

d 数据基于 4 月 1 日开始的财政年度。

e 数据基于 7 月 15 日结束的财政年度。

f 2005 年以后的数据基于 4 月 1 日开始的财政年度。

g 数据基于 9 月 30 日结束的财政年度。

h 税收收入包括地方政府税收。

i 2000 年—2005 年的数据基于 3 月 31 日结束的财政年度，而 2010 年以后的数据基于 6 月 30 日结束的财政年度。

资料来源：各经济体。

表 8.2 税收收入[a]（占 GDP 的百分比）

本地区成员经济体	2000	2005	2010	2011	2012	2013	2014	2015
发展中经济体								
中亚和西亚地区								
阿富汗[b]	...	3.8	8.9	8.4	5.5	6.7	6.5	7.2
亚美尼亚	14.8	14.3	20.2	20.6	20.6	22.0	22.0	21.2
阿塞拜疆	12.2	14.0	12.4	12.3	12.7	13.3	14.2	15.5
格鲁吉亚	14.6	20.8	23.5	25.2	25.5	24.8	24.8	25.3
哈萨克斯坦	20.2	26.3	13.4	13.6	12.7	12.9	12.6	11.9
吉尔吉斯共和国	11.7	16.2	17.9	18.5	20.6	20.5	20.6	20.0
巴基斯坦[c]	10.6	10.1	9.9	9.3	10.2	9.8	10.2	11.0
塔吉克斯坦	13.1	16.5	18.0	19.5	19.9	21.0	22.8	22.0
土库曼斯坦	23.0	20.9 (2004)	...	17.5	20.2	17.7	17.0	15.5
乌兹别克斯坦	23.4 (2001)	21.5	20.0	19.5	19.6	19.6	19.7	19.1
东亚地区								
中国	12.6	15.5	17.9	18.5	18.8	18.8	18.7	18.5
中国香港[d]	9.7	12.3	13.6	14.2	13.7	13.5	15.7	14.4
韩国	17.0	13.9	14.0	14.4	14.7	14.1	13.8	14.0
蒙古国	22.4	22.8	27.6	27.6	25.0	26.5	23.2	22.2
中国台北	13.1	8.8	7.6	8.4	8.4	8.0	8.4	...
南亚地区								
孟加拉国[e]	6.8	8.6	7.8	8.7	9.0	9.0	8.6	...
不丹[f]	10.0	9.4	13.3	13.6	15.1	14.6	13.5	14.1
印度[d]	6.3	7.3	7.3	7.2	7.5	7.2	7.2	7.0
马尔代夫	13.8	12.0	9.9	13.7	17.8	20.7	23.0	23.4
尼泊尔[e]	8.7	9.2	13.4	13.0	13.9	15.3	15.9	16.8
斯里兰卡	14.2	13.7	11.3	11.7	10.4	10.5	10.1	12.1
东南亚地区								
文莱[f]	23.4	33.1	24.0 (2009)	...	...	...	...	...
柬埔寨	7.3	7.7	10.1	10.2	11.4	11.7	13.8	14.8
印度尼西亚	8.3	12.5	11.2	11.2	11.4	11.3	10.9	10.7
老挝[e]	10.6	9.7	13.5	14.1	15.0	15.0	15.4	15.6
马来西亚	13.2	14.8	13.3	14.8	15.6	15.3	14.8	14.3
缅甸[d]	2.0	4.3 (2006)	3.2	3.7	3.8	6.3	10.0	8.8
菲律宾	12.8	12.4	12.1	12.4	12.9	13.3	13.6	13.6
新加坡[d]	14.9	11.6	12.6	13.1	13.7	13.4	13.8	...
泰国[e]	12.8	15.2	14.6	15.9	15.1	16.9	15.8	16.4
越南[h]	18.0	21.0	22.4	22.3	19.0	19.1	18.2	18.2
太平洋地区								
库克群岛[e]	22.3	25.3	25.5	25.1	23.6	25.5	...	...
斐济	20.0	21.1	21.6	23.5	24.2	24.3	24.8	25.9
基里巴斯	21.5	22.0	17.1	18.0	15.1	15.3	13.8	...
马绍尔群岛[g]	15.4	18.3	17.1	16.8	15.8	15.9	15.9	17.2
密克罗尼西亚联邦	11.9	11.7	12.0	12.0	11.6	12.1	19.0	12.4
瑙鲁[e]	...	...	...	...	...	...	...	...
帕劳[g]	16.1	16.4	16.9	17.7	18.0	18.1	18.8	19.8
巴布亚新几内亚	23.8	24.8	16.7	18.6	18.4	18.1	...	...
萨摩亚[e]	20.6	20.6	20.9	18.8	19.7	21.8	22.4	22.3
所罗门群岛	19.1	24.3	34.0	36.9	37.3	37.2	35.0	32.4
东帝汶	...	1.5	1.2	2.0	3.4	4.7	7.2	...
汤加	15.8	19.2	16.1	17.0	15.9	17.0	17.0	...
图瓦卢	21.6	21.3	16.2	18.9	19.3	19.0	...	...
瓦努阿图	15.7	16.4	16.0	16.3	16.6	17.2	17.4	...
发达经济体								
澳大利亚[e]	23.2	24.9	20.7	20.6	21.4	22.3	22.3	22.2
日本[d]	10.4	10.2	8.9	9.4	9.8	10.6	11.7	...
新西兰	30.9	33.9	27.0	26.5	27.1	28.2	27.9	28.9

... = 至截止日期未获得相关数据；GDP = 国内生产总值。

a 数据指中央政府，但孟加拉国、格鲁吉亚、基里巴斯、吉尔吉斯共和国、蒙古国、巴基斯坦和塔吉克斯坦除外，这些经济体的数据指合并政府或一般政府。中国的数据合指中央政府、省级政府和地方政府。澳大利亚的数据指联邦政府。越南的数据指国家预算和（或）支出。

b 2000 年—2011 年的数据基于 3 月 21 日开始的财政年度。由于阿富汗的财政年度从 2012 年开始发生变化（FY1391），2012 年政府财政只涵盖 9 个月（3 月 21 日—12 月 20 日）。从 2013 年起，财政年度 12 月 21 日开始，下年 12 月 20 日结束。

c 数据基于 6 月 30 日结束的财政年度。

d 数据基于 4 月 1 日开始的财政年度。

e 数据基于 7 月 15 日结束的财政年度。

f 2005 年以后的数据基于 4 月 1 日开始的财政年度。

g 数据基于 9 月 30 日结束的财政年度。

h 税收收入包括地方政府税收。

i 2000 年—2005 年的数据基于 3 月 31 日结束的财政年度，而 2010 年以后的数据基于 6 月 30 日结束的财政年度。

资料来源：各经济体。

表 8.3 政府总收入[a]（占 GDP 的百分比）

本地区成员经济体	2000	2005	2010	2011	2012	2013	2014	2015
发展中经济体								
中亚和西亚地区								
阿富汗[b]	2.9 (2002)	6.9	10.8	11.1	7.5	9.2	8.3	9.8
亚美尼亚	15.9	16.2	21.7	21.8	21.8	23.3	23.4	22.7
阿塞拜疆	14.7	16.3	26.8	30.1	31.6	33.8	31.2	31.6
格鲁吉亚	15.5	27.1	27.1	28.9	28.9	27.3	27.3	28.4
哈萨克斯坦	22.9	27.6	14.2	14.2	13.8	13.4	13.2	12.7
吉尔吉斯共和国	14.2	19.8	23.1	24.2	26.2	26.1	29.8	30.3
巴基斯坦	13.4	13.8	14.0	12.3	12.8	13.3	14.5	14.4
塔吉克斯坦	14.1	19.2	19.3	21.1	21.4	23.0	25.3	25.0
土库曼斯坦	23.5	20.5	16.1	18.1	21.0	18.4	17.9	16.6
乌兹别克斯坦	28.0	22.6	21.8	21.7	21.7	21.7	21.9	21.3
东亚地区								
中国	13.4	17.0	20.3	21.5	22.0	22.0	22.1	22.5
中国香港[d]	16.8	17.5	21.2	22.6	21.7	21.3	21.2	18.8
韩国	21.4	20.8	21.4	21.9	22.6	22.0	21.6	21.8
蒙古国	27.8	27.4	31.6	31.6	29.0	31.0	28.4	26.0
中国台北	17.7	14.3	10.7	11.8	11.0	11.5	10.9	...
南亚地区								
孟加拉国[c]	8.5	10.6	9.5	10.2	10.9	10.7	10.4	...
不丹[c]	23.2	17.0	27.4	20.8	20.7	20.0	19.7	20.1
印度[d]	9.5	9.7	10.6	9.0	9.2	9.4	9.2	9.2
马尔代夫	30.0	26.4	21.5	25.6	25.3	27.4	31.8	32.0
尼泊尔[c]	11.3	11.9	14.9	14.5	16.0	17.6	18.5	19.1
斯里兰卡	16.4	15.5	12.7	13.4	12.0	11.9	11.4	13.0
东南亚地区								
文莱[f]	49.1	53.2	49.0	55.3	46.8	37.9	31.0	20.3
柬埔寨	10.0	10.6	12.6	12.4	14.4	13.5	17.1	17.1
印度尼西亚	14.7	17.8	15.4	15.4	15.5	15.0	14.6	12.9
老挝	13.1	11.7	15.3	15.7	17.2	17.4	18.2	18.1
马来西亚	17.4	19.6	19.4	20.3	21.4	20.9	19.9	18.9
缅甸[d]	4.2	17.6 (2006)	14.2	14.7	22.9	24.4	25.1	22.5
菲律宾	14.3	14.4	13.4	14.0	14.5	14.9	15.1	15.8
新加坡[d]	29.3	20.9	21.5	23.6	22.7	21.9	22.1	...
泰国[f]	14.7	17.3	16.8	17.8	17.1	19.4	18.4	19.4
越南[h]	20.1	25.7	26.7	25.5	22.3	22.8	21.8	23.5
太平洋地区								
库克群岛[e]	27.0	29.3	34.1	35.1	33.4	35.3	...	...
斐济	25.5	24.2	25.4	26.6	27.0	27.0	27.6	31.1
基里巴斯	94.4	68.8	83.3 (2008)	...	...	...	...	...
马绍尔群岛[g]	22.0	22.0	19.9	20.0	19.2	21.4	23.8	27.1
密克罗尼西亚联邦	22.5	19.7	21.4	20.6	22.8	26.7	36.9	37.1
瑙鲁[e]	...	33.1	39.2	...	...	...	...	...
帕劳[g]	22.8	19.6	20.4	21.5	22.7	22.7	24.4	25.5
巴布亚新几内亚	25.7	26.8	17.8	19.5	19.5	18.9	...	...
萨摩亚	25.6	24.1	23.6	21.9	22.7	23.8	24.7	24.9
所罗门群岛	21.6	26.7	37.0	40.4	42.4	43.7	41.6	37.3
东帝汶	...	9.5	21.2	16.1	5.2	6.5	9.8	...
汤加[c]	21.1	22.8	20.1	19.6	18.1	19.7	20.1	...
图瓦卢	216.4	55.1	51.9	56.3	59.6	74.3	...	...
瓦努阿图	18.7	18.5	17.6	18.0	18.8	19.2	19.3	...
发达经济体								
澳大利亚	25.3	26.3	22.6	22.0	22.7	23.8	23.6	23.7
日本[d]	12.0	11.9	11.2	11.3	11.2	12.1	13.2	...
新西兰[i]	37.6	41.9	33.5	35.1	33.5	34.4	34.1	34.7

... = 至截止日期未获得相关数据；GDP = 国内生产总值。

a 数据指中央政府，但孟加拉国、格鲁吉亚、基里巴斯、吉尔吉斯共和国、蒙古国、巴基斯坦和塔吉克斯坦除外，这些经济体的数据指合并政府或一般政府。中国的数据合指中央政府、省级政府和地方政府。澳大利亚的数据指联邦政府。越南的数据指国家预算和（或）支出。

b 2000 年—2011 年的数据基于 3 月 21 日开始的财政年度。由于阿富汗的财政年度从 2012 年开始发生变化（FY1391），2012 年政府财政只涵盖 9 个月（3 月 21 日—12 月 20 日）。从 2013 年起，财政年度 12 月 21 日开始，下年 12 月 20 日结束。

c 数据基于 6 月 30 日结束的财政年度。

d 数据基于 4 月 1 日开始的财政年度。

e 数据基于 7 月 15 日结束的财政年度。

f 2005 年以后的数据基于 4 月 1 日开始的财政年度。

g 数据基于 9 月 30 日结束的财政年度。

h 税收收入包括地方政府税收。

i 2000 年—2005 年的数据基于 3 月 31 日结束的财政年度，而 2010 年以后的数据基于 6 月 30 日结束的财政年度。

资料来源：各经济体。

表 8.4 政府总支出[a]（占 GDP 的百分比）

本地区成员经济体	2000	2005	2010	2011	2012	2013	2014	2015
发展中经济体								
中亚和西亚地区								
阿富汗[b]	7.7 (2002)	16.5	20.6	22.3	17.4	23.2	24.8	25.9
亚美尼亚	20.1	18.0	27.6	26.2	23.6	25.1	25.6	28.0
阿塞拜疆	16.2	16.8	27.6	29.2	31.6	31.6	31.7	32.7
格鲁吉亚	16.3	26.6	34.0	30.7	30.6	29.4	30.3	30.6
哈萨克斯坦	22.2	25.6	22.0	20.0	20.7	19.0	20.5	20.7
吉尔吉斯共和国	18.0	20.4	31.2	32.0	34.5	29.3	30.3	31.8
巴基斯坦[c]	18.9	18.0	20.2	18.6	21.2	19.8	20.5	20.2
塔吉克斯坦	14.7	19.4	25.1	27.4	25.1	28.0	29.0	32.4
土库曼斯坦	23.9	19.7	14.1	14.6	14.7	16.9	17.0	17.3
乌兹别克斯坦	28.9	22.5	21.5	21.2	21.3	21.4	21.7	21.2
东亚地区								
中国	16.2	18.3	22.0	22.6	23.6	23.8	23.9	26.0
中国香港[d]	17.4	16.5	17.0	18.8	18.5	20.3	17.5	18.2
韩国	17.2	20.1	19.8	20.2	20.8	21.1	21.0	21.2
蒙古国	28.6	22.7	29.2	34.3	35.5	31.5	31.8	30.6
中国台北	22.2	14.6	13.3	13.3	13.7	12.5	11.7	...
南亚地区								
孟加拉国[c]	14.5	15.0	12.7	13.0	13.0	13.1	13.7	...
不丹	42.2	35.4	35.6	34.8	35.8	34.7	29.0	27.9
印度[d]	15.0	13.7	15.4	14.9	14.2	13.8	13.3	13.2
马尔代夫	37.3	40.3	37.0	35.4	34.1	31.8	35.1	41.0
尼泊尔	17.5	15.3	19.0	18.8	19.3	17.8	19.6	20.2
斯里兰卡	25.0	23.8	19.3	19.4	17.5	17.3	17.1	20.5
东南亚地区								
文莱[f]	40.6	32.1	33.3	29.7	31.0	27.8	31.7	34.3
柬埔寨	14.8	13.2	21.4	20.0	21.2	20.6	20.9	19.7
印度尼西亚	15.8	18.4	16.2	16.5	17.3	17.3	16.8	15.6
老挝[e]	20.8	18.4	24.2	23.3	24.8	29.2	28.0	27.4
马来西亚	22.9	23.0	24.7	25.0	25.7	24.8	23.3	22.1
缅甸[d]	3.5	19.2	18.9	18.5	27.6	29.8	26.2	28.6
菲律宾	18.1	16.9	16.8	15.9	16.6	16.1	15.6	16.7
新加坡[d]	18.2	14.5	14.1	14.5	14.2	13.8	14.9	...
泰国[e]	16.8	17.2	19.7	19.4	19.4	20.3	20.5	20.6
越南[h]	22.6	25.1	27.2	25.4	28.2	28.8	25.6	28.5
太平洋地区								
库克群岛[c]	31.0	33.3	33.0	39.7	36.5	41.2		
斐济	28.6	27.6	27.7	28.0	28.3	27.6	31.3	32.3
基里巴斯	87.4	105.8	86.9	91.8	107.2	96.4	105.6	...
马绍尔群岛[g]	58.6	85.3	57.9	55.8	52.0	53.7	50.0	55.8
密克罗尼西亚联邦	67.2	59.1	67.0	65.2	65.0	59.1	53.6	55.5
瑙鲁[c]	...	28.5	83.6	...	...	...	...	...
帕劳[g]	56.8	39.2	48.4	43.3	44.2	40.3	39.8	34.5
巴布亚新几内亚	32.9	35.2	21.0	22.0	24.7	26.3	...	...
萨摩亚	31.2	32.7	30.0	33.0	32.6	30.2	34.1	30.8
所罗门群岛	31.6	34.6	39.7	41.2	47.1	43.8	43.9	41.9
东帝汶		5.6	17.7	27.2	36.2	35.9	63.0	...
汤加[c]	22.2	21.2	28.0	32.4	29.5	25.5	26.7	...
图瓦卢	186.9	77.9	104.1	93.3	79.8	81.3	...	...
瓦努阿图	26.0	18.4	26.3	23.7	23.4	20.7	21.3	...
发达经济体								
澳大利亚[c]	23.5	24.8	26.1	25.3	25.4	25.2	25.6	26.0
日本[d]	18.3	16.0	18.0	19.5	19.0	19.4	18.7	...
新西兰[i]	35.7	35.8	35.9	42.8	35.5	35.3	34.0	33.7

... = 至截止日期未获得相关数据；GDP = 国内生产总值。

a 数据指中央政府，但孟加拉国、格鲁吉亚、基里巴斯、吉尔吉斯共和国、蒙古国、巴基斯坦和塔吉克斯坦除外，这些经济体的数据指合并政府或一般政府。中国的数据合指中央政府、省级政府和地方政府。澳大利亚的数据指联邦政府。越南的数据指国家预算和（或）支出。

b 2000 年—2011 年的数据基于 3 月 21 日开始的财政年度。由于阿富汗的财政年度从 2012 年开始发生变化（FY1391），2012 年政府财政只涵盖 9 个月（3 月 21 日—12 月 20 日）。从 2013 年起，财政年度 12 月 21 日开始，下年 12 月 20 日结束。

c 数据基于 6 月 30 日结束的财政年度。

d 数据基于 4 月 1 日开始的财政年度。

e 数据基于 7 月 15 日结束的财政年度。

f 2005 年以后的数据基于 4 月 1 日开始的财政年度。

g 数据基于 9 月 30 日结束的财政年度。

h 总支出包括地方政府支出。

i 2000 年—2005 年的数据基于 3 月 31 日结束的财政年度，而 2010 年以后的数据基于 6 月 30 日结束的财政年度。

资料来源：各经济体。

表 8.5 政府经济活动支出[a]（占 GDP 的百分比）

本地区成员经济体	医疗卫生 2000	医疗卫生 2010	医疗卫生 2015	教育 2000	教育 2010	教育 2015	社会保障与福利 2000	社会保障与福利 2010	社会保障与福利 2015
发展中经济体									
中亚和西亚地区									
阿富汗	...	...	...	...	...	...	...	...	...
亚美尼亚	1.0	1.6	1.7	2.8	2.8	2.4	2.1	7.1	7.6
阿塞拜疆	0.9	1.0	1.3	3.9	2.8	3.0	3.0	2.6	3.4
格鲁吉亚	0.6	2.2	2.9	2.2	2.9	3.4	4.3	6.9	7.8
哈萨克斯坦	...	...	...	...	...	...	...	...	...
吉尔吉斯共和国	2.0	3.1	3.0	3.5	5.8	6.0	1.7	5.0	5.9
巴基斯坦	...	...	...	...	...	...	...	...	...
塔吉克斯坦[b]	0.9	1.4	2.0	2.3	4.0	5.1	1.8	3.5	5.6
土库曼斯坦	...	...	...	...	...	...	...	...	...
乌兹别克斯坦	...	2.8	3.0	...	7.2	7.1	...	2.2	1.3
东亚地区									
中国	...	1.2	1.8	3.3 (2002)	3.1	3.9	0.7	2.2	2.8
中国香港[d]	2.4	2.2	2.5	3.9	3.4	3.3	2.1	2.3	2.7
韩国	0.1	0.2	0.2 (2014)	3.1	3.0	3.4 (2014)	3.0	4.5	5.3 (2014)
蒙古国	3.8	2.5	2.9 (2014)	6.7	5.1	8.8 (2014)	6.2	11.1	10.3 (2014)
中国台北	0.2	0.2	0.1 (2014)	2.3	1.7	1.5 (2014)	5.6	3.1	3.3 (2014)
南亚地区									
孟加拉国[c]	1.0	0.8	0.7 (2014)	2.0	2.0	2.0 (2014)	0.1	0.9	0.9 (2014)
不丹[c]	4.4 (2002)	3.0	2.6	5.5 (2002)	6.7	5.6	1.8 (2002)	1.8	3.0
印度[d]	0.7	0.7	0.8 (2013)	3.2	1.9	2.0 (2013)	0.8	0.4	0.6 (2013)
马尔代夫	4.1	3.3	4.3	7.4	5.5	5.7	1.0	1.9	6.4
尼泊尔[f]	0.9	1.5	1.4	2.4	3.9	3.8	0.9	0.8	0.7
斯里兰卡	1.6	1.2	1.6	2.4	1.6	2.0	2.8	1.7	2.1
东南亚地区									
文莱[g]	2.1	1.8	1.5 (2012)	4.2	3.6	3.0 (2012)	1.2	0.8	0.6 (2012)
柬埔寨	0.9	1.3	1.5 (2013)	1.3	1.6	1.8 (2013)	0.2	0.5	0.7 (2013)
印度尼西亚	0.3 (2001)	...	...	0.8 (2001)	...	...	...	...	...
老挝[h]	1.0	...	...	1.0	...	...	...	...	...
马来西亚	1.5	2.0	2.0	5.6	6.1	5.0	0.9	1.2	1.0
缅甸	...	...	...	...	...	...	...	...	...
菲律宾	0.4	0.3	0.7	3.3	2.5	3.4	0.7	0.5	1.9
新加坡[d]	0.9	1.1	1.8 (2014)	3.9	3.0	3.0 (2014)	0.6	1.1	1.6 (2014)
泰国[h]	1.3	1.9	1.2	3.9	4.1	3.8	0.9	1.7	2.1
越南	...	...	...	...	...	...	...	...	...
太平洋地区									
库克群岛[e]	3.1	3.3	3.0 (2013)	3.2	4.9	5.0 (2013)	...	...	...
斐济	2.3	2.1	2.1	4.3	3.5	3.2	0.1	0.1	0.1
基里巴斯	7.6	8.6	7.7 (2012)	11.0	10.1	10.4 (2012)	0.9	1.6	1.4 (2012)
马绍尔群岛	...	...	...	...	...	...	...	...	...
密克罗尼西亚联邦	...	...	...	...	...	...	...	...	...
瑙鲁	...	...	...	...	...	...	...	...	...
帕劳	...	...	...	...	...	...	...	...	...
巴布亚新几内亚	1.6	...	...	5.1	...	...	...	...	...
萨摩亚	4.0	3.7	5.2	4.9	4.3	4.3	1.1	1.2	2.0
所罗门群岛	...	...	...	...	...	...	...	...	...
东帝汶	0.8 (2004)	0.8	1.5 (2014)	1.3 (2004)	1.6	2.9 (2014)	− (2004)	3.3	3.3 (2014)
汤加[e]	4.8	...	...	4.4	...	...	...	...	...
图瓦卢	...	...	...	...	...	...	...	...	...
瓦努阿图	2.4	2.0 (2007)	...	4.9	4.7 (2007)	...	0.0	...	...
发达经济体									
澳大利亚[e]	3.9	4.0	4.1	1.6	2.8	1.9	8.6	8.4	9.1
日本[d]	6.3	6.8	7.4 (2014)	3.9	3.1	3.1 (2014)	10.6	17.0	17.7 (2014)
新西兰[i]	5.6	7.1	7.0	5.2	6.8	5.3	12.4	12.6	11.8

... = 至截止日期未获得相关数据；0.0 = 数值不到所用计量单位的一半；GDP = 国内生产总值。

a 数据指中央政府，但孟加拉国、格鲁吉亚、基里巴斯、吉尔吉斯共和国、蒙古国、巴基斯坦和塔吉克斯坦除外，这些经济体的数据指合并政府或一般政府。中国的数据合指中央政府、省级政府和地方政府。澳大利亚的数据指联邦政府。越南的数据指国家预算和（或）支出。

b 社会保障和福利的数据包括国防。

c 2010 年之前，教育支出数据包括医疗卫生和教育支出。

d 数据基于 4 月 1 日开始的财政年度。

e 数据基于 6 月 30 日结束的财政年度。

f 数据基于 7 月 15 日结束的财政年度。

g 2005 年以后的数据基于 4 月 1 日开始的财政年度。

h 数据基于 9 月 30 日结束的财政年度。

i 2000 年至 2005 年的数据基于 3 月 31 日结束的财政年度，而 2010 年以后的数据基于 6 月 30 日结束的财政年度。

资料来源：各经济体。

表 8.6 创业指标

本地区成员经济体	成立企业程序成本（占人均国民总收入的百分比）			成立企业所需时间（天）		
	2005	2010	2015	2005	2010	2015
发展中经济体						
中亚和西亚地区a	**27.9**	**11.3**	**6.8**	**39**	**12**	**7**
阿富汗	75.2	26.7	19.0	9	7	7
亚美尼亚	6.1	3.1	1.0	18	14	3
阿塞拜疆	12.3	3.1	1.2	113	8	3
格鲁吉亚	13.7	5.0	3.1	21	3	2
哈萨克斯坦	8.6	1.0	0.1	25	19	5
吉尔吉斯共和国	10.4	3.7	2.1	21	14	10
巴基斯坦	...	...	9.4	...	...	19
塔吉克斯坦	85.1	36.9	21.5	79	16	11
土库曼斯坦	...	...	...	...	...	...
乌兹别克斯坦	11.5	10.8	3.4	29	15	7
东亚地区a	**8.3**	**6.0**	**4.0**	**27**	**12**	**11**
中国	...	...	0.7	...	...	31
中国香港d	3.4	2.0	1.2	11	6	2
韩国	15.7	14.7	14.5	17	14	4
蒙古国	9.6	3.2	1.5	13	13	6
中国台北	4.4	4.0	2.1	65	15	10
南亚地区a	**37.1**	**24.0**	**13.9**	**37**	**31**	**17**
孟加拉国	...	...	13.9	...	...	20
不丹	16.9	6.1	4.0	62	46	15
印度	...	...	13.5	...	...	29
马尔代夫	11.5	9.4	4.9	9	9	9
尼泊尔	69.9	46.6	28.4	31	31	17
斯里兰卡	50.0	33.9	18.7	46	38	10
东南亚地区a	**48.7**	**40.8**	**23.7**	**60**	**52**	**32**
文莱	8.9 (2006)	13.7	1.2	121 (2006)	108	14
柬埔寨	276.1	127.5	78.7	87	102	87
印度尼西亚	...	...	19.9	...	...	48
老挝b	17.4	8.9	4.9	108	63	73
马来西亚	26.6	17.5	6.7	37	17	4
缅甸	...	157.7 (2012)	97.1	...	74 (2012)	13
菲律宾	23.9	22.1	16.1	47	37	29
新加坡	0.9	0.7	0.6	6	3	3
泰国	8.1	6.9	6.4	33	32	28
越南	27.6	12.1	4.9	42	36	20
太平洋地区a	**59.4**	**37.1**	**30.3**	**47**	**39**	**26**
库克群岛	...	...	...	...	...	...
斐济	28.4	23.8	21.3	44	44	58
基里巴斯	40.3	47.1	46.0	31	31	31
马绍尔群岛	22.4	17.6	12.7	17	17	17
密克罗尼西亚联邦	127.6	137.8	141.1	16	16	16
瑙鲁	...	...	...	...	...	...
帕劳	4.7	5.7	3.3	24	28	28
巴布亚新几内亚	27.7	27.0	17.3	52	52	53
萨摩亚	46.4	9.8	8.0	35	9	9
所罗门群岛	135.5	78.5	31.4	55	55	9
东帝汶	125.4	5.7	0.3	167	110	9
汤加	11.7	7.0	7.8	32	25	16
图瓦卢	...	...	...	...	...	...
瓦努阿图	83.5	48.2	44.2	47	47	35
发达经济体a	**1.1**	**0.6**	**2.8**	**8**	**2**	**4**
澳大利亚	1.9	0.7	0.7	3	3	3
日本	...	...	7.5	...	...	10
新西兰	0.2	0.4	0.3	12	1	1
发展中成员经济体a	**41.4**	**27.4**	**17.9**	**45**	**33**	**20**
本地区成员体a	**39.2**	**26.0**	**16.9**	**43**	**31**	**19**
全球	**82.7**	**44.4**	**26.1**	**50**	**34**	**20**

... = 至截止日期未获得相关数据。
a 仅指上报数据的经济体的算术平均数。

资料来源：World Bank. Doing Business Online. http：//data.worldbank.org/indicator（访问时间2016年6月8日）.

表 8.7 清廉指数[a]

本地区成员经济体	2000	2005	2010	2011	2012	2013	2014	2015	2014年排名[b]	2015年排名[b]
发展中经济体										
中亚和西亚地区										
阿富汗	...	2.5	1.4	1.5	8	8	12	11	172	166
亚美尼亚	2.5	2.9	2.6	2.6	34	36	37	35	94	95
阿塞拜疆	1.5	2.2	2.4	2.4	27	28	29	29	126	119
格鲁吉亚	2.4 (2002)	2.3	3.8	4.1	52	49	52	52	50	48
哈萨克斯坦	3.0	2.6	2.9	2.7	28	26	29	28	126	123
吉尔吉斯共和国	...	2.3	2.0	2.1	24	24	27	28	136	123
巴基斯坦	2.3 (2001)	2.1	2.3	2.5	27	28	29	30	126	117
塔吉克斯坦	...	2.1	2.1	2.3	22	22	23	26	152	136
土库曼斯坦	...	1.8	1.6	1.6	17	17	17	18	169	154
乌兹别克斯坦	2.4	2.2	1.6	1.6	17	17	18	19	166	153
东亚地区										
中国	3.1	3.2	3.5	3.6	39	40	36	37	100	83
中国香港	7.7	8.3	8.4	8.4	77	75	74	75	17	18
韩国	4.0	5.0	5.4	5.4	56	55	55	56	43	37
蒙古国		3.0	2.7	2.7	36	38	39	39	80	72
中国台北	5.5	5.9	5.8	6.1	61	61	61	62	35	30
南亚地区										
孟加拉国	0.4 (2001)	1.7	2.4	2.7	26	27	25	25	145	139
不丹	...	6.0 (2006)	5.7	5.7	63	63	65	65	30	27
印度	2.8	2.9	3.3	3.1	36	36	38	38	85	76
马尔代夫	...	3.3 (2007)	2.3	2.5	...	...	...	...	...	...
尼泊尔	...	2.5	2.2	2.2	27	31	29	27	126	130
斯里兰卡	3.7 (2002)	3.2	3.2	3.3	40	37	38	37	85	83
东南亚地区										
文莱		...	5.5	5.2	55	60	...	...	...	...
柬埔寨	...	2.3	2.1	2.1	22	20	21	21	156	150
印度尼西亚	1.7	2.2	2.8	3.0	32	32	34	36	107	88
老挝	...	3.3	2.1	2.2	21	26	25	25	145	139
马来西亚	4.8	5.1	4.4	4.3	49	50	52	50	50	54
缅甸	...	1.8	1.4	1.5	15	21	21	22	156	147
菲律宾	2.8	2.5	2.4	2.6	34	36	38	35	85	95
新加坡	9.1	9.4	9.3	9.2	87	86	84	85	7	8
泰国	3.2	3.8	3.5	3.4	37	35	38	38	85	76
越南	2.5	2.6	2.7	2.9	31	31	31	31	119	112
太平洋地区										
库克群岛										
斐济	...	...	...	...						
基里巴斯	...	4.0								
马绍尔群岛	...	3.3 (2007)	3.2	3.1						
密克罗尼西亚联邦										
瑙鲁										
帕劳										
巴布亚新几内亚										
萨摩亚	...	2.3	2.1	2.2	25	25	25	25	145	139
所罗门群岛	...	4.5 (2007)	4.1	3.9	...	...	52	...	50	...
东帝汶	...	2.8 (2007)	2.8	2.7	...	...	...	...	...	...
汤加	...	2.6 (2006)	2.5	2.4	33	30	28	28	133	123
图瓦卢	...	1.7 (2007)	3.0	3.1						
瓦努阿图	...	3.1 (2007)	3.6	3.5						
发达经济体										
澳大利亚	8.3	8.8	8.7	8.8	85	81	80	79	11	13
日本	6.4	7.3	7.8	8.0	74	74	76	75	15	18
新西兰	9.4	9.6	9.3	9.5	90	91	91	88	2	4

... = 至截止日期未获得相关数据。

a 2000 年至 2011 年的数据，评分与商人和国家分析员所认为的腐败有关，范围从 10（非常清廉）到 0（非常腐败）。从 2012 年以后，计算评分采用了新方法，评分范围从 100（非常清廉）到 0（非常腐败）。2011 年及之前版本的分数不应与 2012 年以后的分数做对比。

b 排名最高即为最清廉，而排名最低则为最腐败；2014 年基于 175 个经济体，2015 年基于 168 个经济体。

资料来源：Transparency International. Corruption Perceptions Index 2015. https：//www. transparency. org/cpi2015/#results – table （访问时间 2016 年 6 月 2 日）.

第三部分
全球价值链

亚洲在国际生产分享安排中不断演进的作用：本地市场的重新崛起

2015年，全球国际贸易明显下滑，特别是在价值方面，这一现状引发了人们对经济增长停滞的忧虑。然而，在亚洲，除了一些具有商品依赖性的经济体外，各发展中国家的国内生产总值（GDP）在强劲的国内消费和投资推动下稳步增长，这可能预示着一种市场本地化的趋势。基于国际投入产出（IO）经济框架研究得出的关于国际生产分享安排的数据反映出了本地价值链（LVC）的发展和成熟。此外，经济上，随着发展中亚洲的经济体对增值活动的参与益发频繁，本地市场在全球价值链（GVC）中的角色也进一步凸显。随着技术进步对各国发展时空差距的弥补及经济增长对高价值需求的推动，经济活动的地理区分和产品导向也在不断加深。本章的统计和分析进一步剖析了全球生产分享的动态变化。该研究涵盖了13个亚洲经济体，即：孟加拉国、中国、印度、印度尼西亚、日本、韩国、马来西亚、蒙古国、菲律宾、斯里兰卡、中国台北、泰国及越南。[①]

所选亚洲经济体的增加值出口

出口总额中的国内增加值主要是以一个经济体对外出口中含有的、不可复制的产生于国内而存在于国外的增加价值来衡量的，Wang、Wei 和 Zhu（2014年）用 VAX_G 表示之。2011年至2015年，13个亚洲经济体中有11经济体的出口国内增加值提升（表3.2f），马来西亚和越南由于特定的经济因素而不在此列。[②] 中国增加了五大综合部门（第一产业、低技术制造业、中高技术制造业、商业服务业和私人服务业）的出口增加值份额。2000年—2015年的趋势反映出中国在世界经济中的角色越发重要。进入21世纪，随着各经济体的生产过程直接或间接地被整合进各类全球价值链中，本地市场的份额出现了稳步下滑（从2000年的82%下降到2008年的75%）。然而，2008年全球金融危机对生产活动的国际分享和地理分散产生了近乎普遍的逆转效应，因此，自2008年以来，中国一直在逐步提高其各产业的出口增加值，2015年的总体份额超过81%。这一趋势表明，各经济体正通过将全球分工的生产过程的增加阶段（通常为高增值阶段）本地化的方式来深化和加强它们在全球价值链中的参与程度。令经济决策者最感兴趣的一点是中高技术制造业的发展趋势。由于经济体通过吸收更多高技能劳动力进行更多增值活动的方式来向价值链上游移动，该产业国内出口增加值的比例已从2005年的65%上升到2015年的76%。

印度尼西亚、马来西亚和泰国的经济在2000年—2015年期间出现了非常相似的运行趋势，即国内的第一产业和制造业的出口增加值出现了稳步增长（表3.2a—表3.2c）。1997年亚洲金融危机引发了公私部门的连锁反应，最终导致各国的生产活动更趋本地化。此外，由于存在特定的相对先天优势（如较廉价的劳动力和更便捷的市场进入通道），中国进入国际生产网络的行为导致了全球价值链上生产过程各环节位置的洗牌。因此，在这些经济体中，国际化趋势早在2000年就已现苗头，特别是在已布局全球价值链的重要本地生产环节的中高技术制造业中。虽然马来西亚的低科技制造业的出口增加值一直到2011年都仍在增长（从2000年的62%上升到71%），然而截至2015年，由于将部分生产环节迁至中国，这一值已下降到2000年以前的水平（61%）。

在印尼、马来西亚、泰国这三个经济体以及在中国，服务业出口（表3.2d 和表3.2e）仍然集中在传统行业，如销售业、交通运输业、酒店业和餐饮业。这些行业往往拥有较高的国内增加值份额，尽管在该份额中，作为全球价值链组成部

[①] 本章所提供的数据并非官方统计数据。不同来源的生产和贸易数据已被整合进投入产出经济框架，并已在尊重特定宏观经济概念的基础上进行了调整。因此，此处展示的统计数据可能与官方统计数据有所出入。

[②] 有关增值贸易的概念和方法的详细介绍，请参考 ABD（2015）。

分的业务处理和信息及通信技术（ICT）服务所占比重越来越大。然而，十分引人注目的是，各国服务业出口呈现了强劲的增长态势，如医疗服务（中国的增长幅度为从2011年的10亿美元到2015年的60亿美元，而泰国则为从25亿美元到56亿美元）和教育（中国的增长幅度为从9亿美元到20亿美元，泰国为从2亿到6亿美元）。虽然这些服务一般而言都需要非常高的国内投入，因此也更难融入全球生产网络，然而总体出口的增长趋势意味着产品消费的全球化进一步加深，这往往是相关经济体进入或进一步融入国际供应链的特定全球价值链形成的前兆。

在日本、韩国和中国台北这三大发达经济体中，自2000年以来，各个行业均出现了类似的经济趋势。各经济体的出口增加值份额到全球金融危机时期（2008年—2009年）之前都出现了下降，但自那以后，该下降趋势出现逆转。在制造业方面，日本的增加值份额一直相对较高（高于80%），原因是其良好的工业生态系统使得该经济体能够在其发展的各个互联且连续的阶段中参与到特定的全球价值链中来。与日本相比，其他两个经济体的增加值份额则相对较低（一般在70%以下），因为它们专精于特定的全球价值链环节（例如集成电路制造）。无论增加值份额的增长是由经济体将给定全球价值链的增加阶段本地化还是由出口产品各部分的相对价格变化所致，这一现象都需要进一步的研究（尤其是鉴于近年来生产者价格指数呈现不断下降趋势）。

同样的分析框架还可扩展应用至发达经济体的第一产业中，因为在前者观察到的趋势与制造业的趋势类似。服务业出口的国内增加值也呈现出同样的趋势，但多年以来，通常拥有高国内增加值（85%以上）的非商业服务（归为"私人服务"）中观察到的年同比差异并不显著。数据还显示，韩国和中国台北不仅扩大了其商业服务出口，而且扩大了其本国含量的出口，这一趋势在运输业（韩国）和ICT（中国台北）中尤为显著。鉴于多年以来日本国内出口增加值在几乎所有行业中都居世界最前列（至少80%），关于日本各行业是否已挖掘出其在当前全球供需环境中参与全球价值链的潜力和已从其技术范式中充分获益这一问题，还需要进一步的研究。

孟加拉国、印度和斯里兰卡的第一产业的本地化程度仍然居高不下，纯国内产值占出口总额的85%以上；事实上，在几乎所有年份中，印度和孟加拉国的比例都高于90%。投入产出分析表明，无论是在全球价值链还是本地价值链中，这些经济体的第一产业往往都趋于上游。在印度，过去5年来，国内生产总值的增长达到了创纪录的水准，尽管该国的出口总体呈下降趋势，表明其第一产业的产出越来越多地用于满足不断增长的当地消费和投资需求，同时由于国内需求旺盛，国内经济正在有效地摆脱外部环境的影响。孟加拉国则与这种全球趋势逆向而行，增加第一产业出口（从2011年的6.4亿美元增长到2015年的10.7亿美元）而降低增加值份额（从90%降至88%），这表明该国第一产业正在融入某些全球价值链中。

南亚三大经济体的制造业的出口国内增加值均稳步上升。从印度的出口国内增加值份额（通过多个中间投入）的上升幅度（低科技部门的份额从2008年的68%上升到的83%，中高科技部门则从74%上升至85%）可见，印度的制造业正在扩大和深化其在全球价值链中的作用。然而，数据显示，2014年—2015年间，印度制造业的出口总额下降，同时国内生产总值却增长强劲，这反映出印度正往技术型本地价值链参与者的方向发展。关于印度制造业的这些变动是强劲经济体中该部门自然成熟的结果，还是政府重大政策举措的结果，还需要进行全面的分析来加以确定。

孟加拉国的低科技制造业呈现出与印度类似的趋势，主要是由于该国的纺织工业在服装部门全球价值链中的参与逐渐加深。该国中高科技产业的出口增加值增长显著，从2008年的57%增长至2015年的81%，这表明该行业正通过本地化高增加值的经济活动来提高其在全球价值链中的地位。投入产出经济分析表明，高科技部门虽然相对年轻且规模较小，但可能在出口多元化和经济多元化的发展中起到重要作用。同样地，自2008年以来，斯里兰卡在高新技术产业的出口增加值增长了23个百分点（从42%上升到65%），这反映出该部门在促进斯里兰卡未来经济增长上的潜力。投入产出数据显示，南亚经济体服务出口生产的本地化程度较高，且呈现出不断加深的趋势。即使是在印度，自2000年以来，ICT部门的出口总额中国外生产部件的所占比例（以价值计）都低于10%。

即使越南的出口有所增长，其经济的整体增加值份额自 2011 年以来也大幅下滑（从 2015 年的 69% 下降到 66%），特别是在 2000 年以来，占越南出口大多数的第一产业和低科技制造业的增加值份额一直在下降。如前所述，这两个趋势的同时发生意味着越南的第一产业和低科技制造业正逐渐融入该行业或行业下属部门的全球价值链中。即使在越南的中高科技制造业，2000 年至 2015 年的增加值份额仍然相对较低（约 60% 或更低），而该部门的出口则大幅增长。投入产出经济分析显示，尽管中国是越南主要的贸易伙伴之一，但最初，越南企业所参与的国际生产分享多面向以发达经济体为中心的全球价值链。随着该地区主要发展中经济体（中国、印度、印度尼西亚、泰国等）的发展，越南成为亚洲若干区域和次区域价值链的重要环节之一。

越南的服务出口增加值份额依然很高（一般在 80% 以上），从 2000 年到 2015 年，增加值的增长显著（从 30 亿美元增至 260 亿美元）。虽然大部分服务出口来自销售业、旅游业、交通运输业等传统行业，但现代服务业（如信息通信、金融和业务处理等）正在发展成为重要的出口部门，这些行业在参与各类全球价值链及促进经济增长方面具有更大的潜力。分析表明，越南在劳动力市场、经济基础设施、技术能力等方面的相对先天优势有可能使其在国际生产分享安排中的参与度进一步加深。

蒙古国的第一产业（主要为采矿和采石业）自 2000 年以来就已是该国出口的主要组成部分（2000 年为 45%，2015 年为 70%）。在制造部门，商品加工业和纺织业对该国的出口贡献显著。该国的主要服务部门包括销售业、旅游业、陆运业和设备租赁业。虽然蒙古国的第一产业和制造部门的出口增加值份额一般都在 80% 以下，但该国在各行业的全球价值链中都处在上游。中间产品和机械设备的进口主要被用在蒙古国的生产过程中，而非直接被整合成为该国产品的组件。服务出口通常与第一产业和制造部门的产出一致，因为它们被提供给外国部门以使上述产出进入中间产品市场或交通枢纽。分析表明，如欲向价值链上游移动，有关部门需要建设相应的经济基础设施，来使更多增加值更高的全球价值链本地化。

直至 2008 年全球金融危机爆发前，菲律宾的出口大幅增长，而该国的增加值份额则从 80%（2000年）下降到约 67%（2008 年），这表明该国在某些主要全球价值链中的参与程度不断加深。该趋势主要由中高科技部门中的电气和光学设备制造业所驱动。事实上，在该国的几乎所有其他行业中，增值份额都特别高（超过 80% 甚至 90%），且在 2000 年至 2015 年间均保持稳定。中高科技制造业的增加值份额则在 2000 年至 2008 年期间从 77% 下降到 48%，而其出口额从 170 亿美元增长到 320 亿美元。此后，该行业的出口额显著下降，在 2015 年下降至 190 亿美元，然而增加值份额却增长到 75%，这意味着该国在相关全球价值链中的参与度出现了明显的缩小。投入产出经济分析表明，在菲律宾出口增长和对高科技全球价值链的参与度提高的期间，在生产过程的某个水平上，当地供应链发展所带来的溢出效应并没有对全球价值链发挥任何系统性的支持作用。然而，产业集聚的缺乏对这一趋势的影响还需要进一步的研究。

自 2000 年以来，菲律宾商业服务出口一直增长强劲。随着业务处理、旅游和运输业的不断发展，2015 年菲律宾服务出口额达到 250 亿美元。该国的增加值份额相当高（超过 90%），反映出该国生产过程的高度本地化性质。通信技术和金融服务虽然份额相对较小，却已表现出参与某些全球价值链的潜力。需要指出的是，菲律宾近年来出口放缓，而自 2010 年以来，国内生产总值则以年平均增长率 6% 的速度增长，该现象体现了本地需求市场在经济扩张中的重大意义。

如前所述，尽管发展中经济体强劲增长势头延续，其出口和全球价值链参与度仍持续下滑，这反映出本地价值链在上述地区的发展与深化，这一推论也可通过投入产出经济框架看出，即从第一产业到最终消费市场的国内部门间存在着强大的前向和后向联系。从增值贸易（TiVA）的角度来看，地方联系的加强也会通过前后向联系的方式带来间接出口的增长（专栏 3.1）。下一节将对有助于形成可持续本地价值链的国内跨部门联系的发展的指标进行讨论。

直接和间接增加值出口与生产过程的本地化

中国的第一产业一直处在价值链相对较上游的阶段，其中 2000 年至 2015 年期间后向联系的间接出口占该行业总值的 26%—30%（表 3.3a）。[①] 然而，该

---

① 本节的总结分析主要针对第一产业。然而，利用 IO 经济框架以及 Wang、Wei 和 Zhu 的出口分解框架可以对任何行业进行详细的统计和经济分析。

指标的值与使用化学品、燃料、电力和低科技设备等制造业这类中间产品行业在一定程度上是一致的。该行业也大量使用销售、交通运输甚至 ICT 服务。前向联系的间接出口占比高（近 90%）不仅突出了该行业在源自或通过中国的各种价值链里的中心地位，而且还对中国在各层次价值链中相对较强的参与度进行了量化描述。类似的趋势还能在韩国、泰国和菲律宾（后两国的相似程度较低）观察到。

> **专栏 3.1 本地化指标**
>
> 出口总额包括出口产品的所有组成部分，包括进口中间产品，生产出口产品的收益（或称"收入"、"价值"）归其生产者所有。出口的经济体获得的价值中任何可归于且可分配给这些进口部件的部分均被该经济体对其生产者支付的同等价值抵消。因此，出口中的进口中间品部分不包括在增值额中。为进一步进行阐述，较新的估计方法从两个角度来衡量价值的出口：在某个经济体中创造的嵌入给定出口产品的总价值（后向联系方式）以及归属于某个也用于该经济体生产其他出口商品和服务的产品的国内创造总价值（前向联系方式）。
>
> 在后向联系方式中，归属于出口产品的国内中间产品的价值被视为间接出口，而在前向联系方式中，嵌入某经济体所生产和出口的其他商品和服务的产品的国内创造价值被视为间接出口。在这两种方式中，只有通过经济体具体的产品或服务生产过程所创造的增加值（劳动力、资本、政府和企业投入的收入）才被视为直接出口。
>
> 后向联系的间接增值出口的比例大小是反映支持给定行业生产过程的当地供应链复杂程度的合理替代指标。同样，以前向联系测算的间接出口比例也可量化该行业对经济生产过程的重要程度。总而言之，这些指标反映了本地价值链的本地化程度或深度，或包括该行业在内的全球价值链的本地部分。由于使用这两种方式估计的间接总出口在经济体的层面上是相等的，所以此类型的分析仅在行业层面上才有意义。需指出的是，由于分析使用了高度聚合数据，因此通过目前的分析只能得出一般性的定性推论。

数据表明，蒙古国、斯里兰卡和越南或多或少直接出口其初级产品，这表明价值链的后续部分没有本地化。前向联系的出口趋势表明，多年来，印度和印度尼西亚已经将主要使用初级产品的某些生产过程进行了本地化。从相对较低的后向联系出口占比可见，这两个经济体的第一产业对其他生产部门的依赖也较小。与此同时，从日本间接出口的高占比（50%）可见，该国的第一产业使用着来自多个制造部门和服务部门提供的中间产品，充分反映了其第一产业生产流程的复杂性。

通过对前向和后向联系占比的分析可以看出，日本的第一产业已经成为许多复杂的、价值更高的全球价值链的一部分，而后者的很大一部分环节都是高度本地化的。中国台北的后向联系出口比例的下降表明，价值链中该地区负责的某些环节可能已发生离岸转移，这可能是由于该地区经济体的相对先天优势发生了变化。数据显示，马来西亚越来越多地使用其第一产业的产出来对生产过程进行本地化。孟加拉国相对较高的前向联系占比主要来自于第一产业对该国的出口导向型纺织行业的中间贡献，而后向联系出口的增长则主要是由该国第一产业越来越依赖销售业和运输服务所致。

根据表 3.3a—表 3.3f 中提供的统计数据，上述分析方式可以扩展到作为分析对象的经济体中的其他部门。在低科技制造业方面，自 2000 年以来，除孟加拉国和蒙古国以外，所有经济体的后向联系间接出口的比例一直在上升，这表明上游活动的本地化程度有所增加。除孟加拉国、日本和中国以外，所有经济体的前向联系间接出口的比例也在上升——日本和中国两国占比的下降可能是由于某些下游的生产过程正转移至本地区的其他新兴经济体。孟加拉国的下降趋势则是由该国纺织部门资源的集中程度加深所致。

数据显示，许多经济体正逐渐将中高科技制造业的上游和下游活动本地化。然而，自 2005 年以来，斯里兰卡的中高科技制造业产值占比陷入停滞，这表明中高技术部门是未来经济改革和增长战略的重点领域。在商业服务领域，孟加拉国、中国、印度尼西亚、韩国、蒙古国、斯里兰卡、中国台北和越南的相关数据明显反映出，该行业的上下游过程的本地化过程正逐步进行，而印度、日本、马来西亚、菲律宾和泰国的趋势则表明，特定子部门（如印度的ICT部门和菲律宾的业务处理部门）的集中度日益加深。从中国私人服务业的数据也可看出该行业逐步本地化的倾向。然而，日本、韩国、中国台北的数据所反映的趋势与前者恰恰相反，该行业在后三个经济体中出现了生产过程的离岸外包趋势。

虽然在价值链中将增加的连续生产过程本地化能够增加经济体的收入，但也可能会导致经济体在全球价值链中的参与度降低（基于常规衡量标准），除非产品参与某经济体生产过程的次数不止一次。垂直专业化（VS）指数及其与某经济体各行业相关的组成部分为描绘某经济体在国际生产分享安排中不断发展的作用提供了额外的信息参照。下文将对相关统计数据进行讨论。

全球价值链参与指标和本地化趋势

垂直专业化指数由嵌入某行业或部门的最终或中间消费的国外增加值组成，由于产品参与某经济体生产过程的次数不止一次，其国内和国际增加值可能重复计算（表3.5a—表3.5e显示了2000年、2005年、2008年、2011年和2015年所选经济体各产业的垂直专业化指数；表3.6a—表3.6m展示了所选经济体主要行业的垂直专业化分解；表3.7a—表3.7d显示了垂直专业化指数在若干年来的变化）。

数据显示，2000年—2005年间，孟加拉国、中国、印度、日本、韩国、中国台北和泰国的许多行业在全球价值链中的参与度都显著增长。事实上，中国、日本、中国台北和泰国的几乎所有主要行业在全球价值链中的参与度都获得了显著增长。此外，印度尼西亚的第一产业、制造部门（燃料生产除外）和运输服务，马来西亚和菲律宾的部分制造部门，越南的农业、粮食生产和木制品及斯里兰卡的几种产业在全球价值链中的参与度都有所提高。投入产出和价值分解出口数据分析显示，上述趋势主要是由上述部门出口中进口内容的增加所致（FVA_INT：中间产品的国外增加值，FVA_FIN：最终消费出口的国外增加值，FDC：产品多次进入经济体生产过程时出口品中重复计算的国外增加值；见表3.6a—表3.6m）。

2005年至全球金融危机爆发前，许多经济部门的参与度持续上升。

值得注意的是，在全球金融危机期间，越南各行业的参与度都有所上升，然而中国和印度尼西亚（后者的程度较低）的各行业的参与度则有所下降，这反映出个别生产阶段本地化的趋势。全球金融危机对各经济体全球价值链参与度的影响在表3.7c中体现得非常明显。蒙古国的模式大体上反映出该经济体正以健康的速度增长，随之而来的本地产业发展则逐步减少了该经济体对进口的依赖。

自全球金融危机爆发以来，所有发展中经济体及韩国和中国台北的GDP都经历了稳定增长。然而，如表3.7d所示，许多经济体的行业对全球价值链的参与度都在降低，从而导致了出口中进口内容的减少。垂直专业化统计数据和投入产出表数据所反映的趋势证实了上文中关于亚洲许多经济体生产过程本地化程度日益加深的分析。2000年以来，部分经济体中某些部门的显示性比较优势（RCA）指数上升（指数值通过前向联系增值方式衡量，见表3.4），进一步加剧了前者在全球价值链中参与度的下滑。除了传统的解读方式外，某经济体内任何一个部门的显示性比较优势指数（特别是以增值方式衡量）的上升也可能意味着，该经济体正通过牺牲世界其他地区的利益来将创造价值的附加生产流程国内化或本地化，以增加该行业的增加值出口。

总结

基于投入产出经济框架以及Wang、Wei和Zhu（2014）的出口分解框架对国际生产和贸易数据进行的综合分析指出，许多亚洲经济体强烈倾向于利用其国内市场来实现经济增长。我们可以推论，2008年全球金融危机带来的不确定因素，与各经济体强劲的国内收入增长所带来的国内对商品和服务的需求的日益增加，催化了以上现象的发生。因此，许多经济体的本地生产流程和资源都被用于满足本地增长的需求。此外，这些经济体开始将上游和下游生产过程的附加阶段本地化以增加其国内增加值，从而增加其收入。与中间产品和最终产品有关的这些本地化发展是近年来国际贸易总额以及增值贸易额下滑的主因。因此，各经济体在各种全球价值链中的参与度已大大减少。

本地消费和本地投资决策所推动的需求增加以及用以满足国内需求的国内资源转移带动了本地价值链的出现，结果是使供需链逐渐呈现出集中于本地市场的趋势。此外，本地区各经济体不断变化的相对先天优势也在引导着生产链的地域重组，这一现象催生了一个异常活跃的全球贸易和供应模式，对发展中的亚洲的经济增长有着直接的影响。因此，我们需要对动态的现代本地环境和全球环境中价值链的演变进行系统、全面的研究，从而帮助我们作出有效而高效的经济决策。

参考文献

Asian Development Bank (ADB). 2015. Part IV - Global Value Chains: Indicators for International Production Sharing. In *Key Indicators for Asia and the Pacific 2015*. Manila.

Z. Wang, S. Wei, and K. Zhu. 2014. Quantifying International Production Sharing at the Bilateral and Sector Levels. *NBER Working Paper*. No. 19677. Cambridge, MA: National Bureau of Economic Research.

表 3.1a 出口增加值分解——第一产业

		出口额	VAX_G	RDV_B	FVA	PDC	VAX_G	RDV_B	FVA	PDC
				(单位：百万美元)				(占出口总额百分比)		
中国	2000	10,913.96	9,946.62	128.73	650.69	187.92	91.14	1.18	5.96	1.72
	2005	20,989.37	18,111.95	464.92	1,583.78	828.72	86.29	2.22	7.55	3.95
	2008	25,091.04	21,687.91	534.51	1,901.69	966.93	86.44	2.13	7.58	3.85
	2011	34,237.15	29,729.82	967.05	2,410.87	1,129.41	86.83	2.82	7.04	3.30
	2015	44,928.07	40,781.84	804.36	2,472.07	869.80	90.77	1.79	5.50	1.94
印度尼西亚	2000	10,794.33	10,287.98	51.94	327.13	127.29	95.31	0.48	3.03	1.18
	2005	21,998.21	20,432.30	122.97	921.95	520.99	92.88	0.56	4.19	2.37
	2008	36,871.59	34,642.99	212.69	1,226.35	789.55	93.96	0.58	3.33	2.14
	2011	65,323.49	61,875.07	615.20	1,787.21	1,046.02	94.72	0.94	2.74	1.60
	2015	39,882.12	38,398.16	340.34	724.94	418.68	96.28	0.85	1.82	1.05
印度	2000	8,241.66	7,943.73	10.14	233.39	54.39	96.39	0.12	2.83	0.66
	2005	14,571.58	13,866.36	55.83	458.66	190.73	95.16	0.38	3.15	1.31
	2008	21,706.11	20,494.45	117.89	720.65	373.12	94.42	0.54	3.32	1.72
	2011	28,737.83	27,503.22	171.00	753.22	310.38	95.70	0.60	2.62	1.08
	2015	21,172.38	20,030.89	176.76	730.52	234.21	94.61	0.83	3.45	1.11
日本	2000	2,242.99	1,872.27	57.42	222.37	90.93	83.47	2.56	9.91	4.05
	2005	2,957.53	2,133.47	51.59	518.49	253.97	72.14	1.74	17.53	8.59
	2008	4,797.37	2,702.73	74.15	1,263.04	757.45	56.34	1.55	26.33	15.79
	2011	5,467.05	3,155.54	67.97	1,556.38	687.17	57.72	1.24	28.47	12.57
	2015	3,133.70	2,629.77	62.44	333.59	107.90	83.92	1.99	10.65	3.44
韩国	2000	481.62	427.23	1.20	47.84	5.35	88.71	0.25	9.93	1.11
	2005	627.11	549.61	1.61	67.98	7.92	87.64	0.26	10.84	1.26
	2008	518.92	412.58	1.52	90.28	14.54	79.51	0.29	17.40	2.80
	2011	770.65	607.87	2.84	137.06	22.89	78.88	0.37	17.78	2.97
	2015	1,218.63	1,024.04	4.37	166.23	23.99	84.03	0.36	13.64	1.97
中国台北	2000	1,829.67	1,525.06	1.66	288.68	14.26	83.35	0.09	15.78	0.78
	2005	2,136.96	1,652.75	2.18	452.35	29.68	77.34	0.10	21.17	1.39
	2008	2,609.74	1,886.16	2.19	671.77	49.63	72.27	0.08	25.74	1.90
	2011	4,804.99	3,562.72	4.00	1,158.98	79.29	74.15	0.08	24.12	1.65
	2015	5,542.35	4,268.90	4.77	1,180.32	88.35	77.02	0.09	21.30	1.59
孟加拉国	2000	390.28	377.47	0.51	8.62	3.68	96.72	0.13	2.21	0.94
	2005	368.79	353.38	0.65	10.16	4.60	95.82	0.18	2.75	1.25
	2008	465.26	437.28	0.67	19.23	8.07	93.99	0.15	4.13	1.73
	2011	636.99	573.94	0.27	39.45	23.34	90.10	0.04	6.19	3.66
	2015	1,069.47	938.40	0.48	79.11	51.49	87.74	0.04	7.40	4.81

续表

		出口额	VAX_G	RDV_B	FVA	PDC	VAX_G	RDV_B	FVA	PDC
				(单位：百万美元)				(占出口总额百分比)		
马来西亚	2000	9,555.73	8,233.91	24.97	886.24	410.61	86.17	0.26	9.27	4.30
	2005	15,801.93	13,791.36	64.51	1,250.33	695.73	87.28	0.41	7.91	4.40
	2008	38,694.02	33,974.25	123.07	3,163.33	1,433.37	87.80	0.32	8.18	3.70
	2011	17,811.43	15,969.60	57.31	1,236.14	548.38	89.66	0.32	6.94	3.08
	2015	10,597.02	9,161.75	44.85	1,015.93	374.49	86.46	0.42	9.59	3.53
菲律宾	2000	697.59	649.35	0.47	41.34	6.43	93.09	0.07	5.93	0.92
	2005	925.27	850.97	1.02	62.07	11.21	91.97	0.11	6.71	1.21
	2008	2,153.04	1,969.22	2.51	146.07	35.25	91.46	0.12	6.78	1.64
	2011	1,467.88	1,357.64	2.00	85.27	22.97	92.49	0.14	5.81	1.56
	2015	1,622.13	1,484.56	3.28	109.93	24.36	91.52	0.20	6.78	1.50
泰国	2000	1,515.61	1,309.84	17.73	135.11	52.93	86.42	1.17	8.91	3.49
	2005	2,494.81	2,111.82	12.76	250.40	119.83	84.65	0.51	10.04	4.80
	2008	4,591.39	3,893.91	18.96	455.22	223.30	84.81	0.41	9.91	4.86
	2011	7,073.21	6,089.28	22.79	702.76	258.37	86.09	0.32	9.94	3.65
	2015	7,393.86	6,221.76	31.88	826.78	313.44	84.15	0.43	11.18	4.24
越南	2000	5,953.49	5,183.53	7.66	599.96	162.34	87.07	0.13	10.08	2.73
	2005	10,704.56	9,024.99	13.68	1,270.05	395.85	84.31	0.13	11.86	3.70
	2008	25,345.58	19,168.64	71.51	4,667.85	1,437.58	75.63	0.28	18.42	5.67
	2011	26,068.80	21,419.60	46.48	3,654.89	947.83	82.17	0.18	14.02	3.64
	2015	41,929.01	32,681.60	76.36	7,805.68	1,365.37	77.95	0.18	18.62	3.26
蒙古国	2000	184.31	139.78	0.01	32.80	11.73	75.84	0.00	17.80	6.36
	2005	708.22	549.46	0.02	106.88	51.86	77.58	0.00	15.09	7.32
	2008	1,460.71	1,157.27	0.11	193.43	109.90	79.23	0.01	13.24	7.52
	2011	3,637.57	2,333.74	0.42	872.58	430.83	64.16	0.01	23.99	11.84
	2015	3,986.99	2,856.89	0.33	775.49	354.28	71.66	0.01	19.45	8.89
斯里兰卡	2000	1,227.42	1,035.59	0.35	162.78	28.70	84.37	0.03	13.26	2.34
	2005	1,699.18	1,462.35	0.78	203.64	32.40	86.06	0.05	11.98	1.91
	2008	2,698.11	2,281.86	1.46	324.16	90.62	84.57	0.05	12.01	3.36
	2011	2,870.23	2,545.93	1.69	264.65	57.96	88.70	0.06	9.22	2.02
	2015	2,705.12	2,351.91	2.73	298.97	51.52	86.94	0.10	11.05	1.90

FVA＝国外增加值，PDC＝纯重复计算部分，RDV_B＝先出口而后返回本国的国内增加值，VAX_G＝被国外吸收的国内增加值。

资料来源：亚行多区域投入－产出表格数据库（ADB Multi Region Input–Output Tables Database）。

表 3.1b 出口增加值分解——低技术制造业

		出口额	VAX_G	RDV_B	FVA	PDC	VAX_G	RDV_B	FVA	PDC
				(单位：百万美元)				(占出口总额百分比)		
中国	2000	94,579.86	78,750.98	373.83	13,368.60	2,086.45	83.26	0.40	14.13	2.21
	2005	215,067.98	173,438.84	891.91	34,622.24	6,114.99	80.64	0.41	16.10	2.84
	2008	374,045.07	311,230.07	1,824.14	51,719.41	9,271.44	83.21	0.49	13.83	2.48
	2011	515,989.76	430,535.65	3,996.67	68,478.51	12,978.93	83.44	0.77	13.27	2.52
	2015	621,467.80	536,511.21	4,443.12	71,184.38	9,329.09	86.33	0.71	11.45	1.50
印度尼西亚	2000	25,158.01	19,788.42	24.12	4,327.26	1,018.21	78.66	0.10	17.20	4.05
	2005	29,989.11	23,450.92	40.75	5,075.61	1,421.83	78.20	0.14	16.92	4.74
	2008	49,037.44	39,148.53	96.25	7,578.07	2,214.58	79.83	0.20	15.45	4.52
	2011	64,744.94	52,009.46	157.98	9,909.58	2,667.93	80.33	0.24	15.31	4.12
	2015	72,541.82	63,891.59	175.10	7,018.26	1,456.87	88.08	0.24	9.67	2.01
印度	2000	29,631.28	25,538.88	30.15	3,594.60	467.66	86.19	0.10	12.13	1.58
	2005	56,477.49	40,422.34	104.92	14,519.87	1,430.36	71.57	0.19	25.71	2.53
	2008	83,437.14	56,829.67	194.33	23,711.89	2,701.25	68.11	0.23	28.42	3.24
	2011	110,565.11	71,406.03	227.34	36,095.42	2,836.33	64.58	0.21	32.65	2.57
	2015	134,634.27	112,270.47	316.27	20,486.66	1,560.87	83.39	0.23	15.22	1.16
日本	2000	26,831.00	24,125.38	705.94	1,418.67	581.01	89.92	2.63	5.29	2.17
	2005	37,772.16	32,816.28	864.84	2,714.53	1,376.50	86.88	2.29	7.19	3.64
	2008	48,171.52	39,357.30	836.62	5,260.78	2,716.82	81.70	1.74	10.92	5.64
	2011	59,620.72	49,198.36	942.89	6,426.33	3,053.15	82.52	1.58	10.78	5.12
	2015	53,403.95	44,357.02	711.51	6,050.96	2,284.46	83.06	1.33	11.33	4.28
韩国	2000	30,447.23	22,853.66	82.18	5,841.13	1,670.27	75.06	0.27	19.18	5.49
	2005	28,354.23	21,081.59	105.28	5,316.09	1,851.27	74.35	0.37	18.75	6.53
	2008	33,486.87	22,152.98	132.65	8,103.43	3,097.81	66.15	0.40	24.20	9.25
	2011	39,838.06	26,242.83	156.07	9,994.29	3,444.89	65.87	0.39	25.09	8.65
	2015	38,994.24	29,317.40	136.74	7,744.46	1,795.64	75.18	0.35	19.86	4.60
中国台北	2000	31,315.20	22,732.57	65.75	6,649.25	1,867.63	72.59	0.21	21.23	5.96
	2005	28,325.89	18,936.50	53.03	6,698.39	2,637.97	66.85	0.19	23.65	9.31
	2008	29,726.10	17,817.95	40.55	8,387.53	3,480.06	59.94	0.14	28.22	11.71
	2011	35,854.34	21,441.80	47.27	10,653.44	3,711.83	59.80	0.13	29.71	10.35
	2015	48,755.75	32,215.86	58.91	12,999.38	3,481.59	66.08	0.12	26.66	7.14
孟加拉国	2000	4,701.33	3,961.19	0.78	648.86	90.50	84.26	0.02	13.80	1.92
	2005	6,958.69	5,593.05	1.62	1,168.14	195.87	80.38	0.02	16.79	2.81
	2008	12,615.07	9,316.33	3.39	2,802.59	492.75	73.85	0.03	22.22	3.91
	2011	19,607.53	16,666.58	5.11	2,286.59	649.24	85.00	0.03	11.66	3.31
	2015	30,510.52	26,324.96	8.61	3,365.39	811.57	86.28	0.03	11.03	2.66

续表

		出口额	VAX_G	RDV_B	FVA	PDC	VAX_G	RDV_B	FVA	PDC
				(单位：百万美元)				(占出口总额百分比)		
马来西亚	2000	16,805.50	10,375.30	14.55	5,382.34	1,033.30	61.74	0.09	32.03	6.15
	2005	20,517.30	13,448.36	20.97	5,581.00	1,466.96	65.55	0.10	27.20	7.15
	2008	21,322.33	14,212.20	23.12	5,707.24	1,379.77	66.65	0.11	26.77	6.47
	2011	46,869.96	33,454.32	45.12	10,775.36	2,595.16	71.38	0.10	22.99	5.54
	2015	45,356.51	27,736.37	48.97	14,454.02	3,117.14	61.15	0.11	31.87	6.87
菲律宾	2000	5,490.79	4,605.12	1.60	806.80	77.27	83.87	0.03	14.69	1.41
	2005	8,045.10	6,732.33	3.87	1,162.48	146.42	83.68	0.05	14.45	1.82
	2008	13,948.90	11,356.21	6.52	2,289.42	296.76	81.41	0.05	16.41	2.13
	2011	10,773.78	9,365.95	5.80	1,213.13	188.91	86.93	0.05	11.26	1.75
	2015	13,682.74	11,235.74	12.04	2,133.30	301.66	82.12	0.09	15.59	2.20
泰国	2000	26,465.20	19,096.81	44.03	6,418.15	906.21	72.16	0.17	24.25	3.42
	2005	36,019.68	24,547.81	59.98	9,494.36	1,917.54	68.15	0.17	26.36	5.32
	2008	54,289.37	38,511.34	86.24	13,179.51	2,512.28	70.94	0.16	24.28	4.63
	2011	63,118.28	46,886.88	110.32	12,893.26	3,227.82	74.28	0.17	20.43	5.11
	2015	64,780.50	46,022.94	133.81	15,090.95	3,532.79	71.04	0.21	23.30	5.45
越南	2000	4,343.19	2,697.92	0.81	1,475.08	169.38	62.12	0.02	33.96	3.90
	2005	8,645.75	5,608.67	2.40	2,635.87	398.81	64.87	0.03	30.49	4.61
	2008	15,745.78	8,441.75	13.99	6,112.63	1,177.42	53.61	0.09	38.82	7.48
	2011	29,208.94	15,966.54	20.04	11,731.22	1,491.14	54.66	0.07	40.16	5.11
	2015	46,279.82	23,039.12	29.99	21,694.44	1,516.28	49.78	0.06	46.88	3.28
蒙古国	2000	67.84	49.18	0.00	16.17	2.49	72.49	0.00	23.84	3.67
	2005	107.62	81.79	0.00	20.40	5.43	76.00	0.00	18.96	5.04
	2008	215.06	166.34	0.01	37.76	10.95	77.35	0.00	17.56	5.09
	2011	373.66	290.77	0.04	68.71	14.15	77.82	0.01	18.39	3.79
	2015	421.98	345.86	0.04	63.86	12.22	81.96	0.01	15.13	2.90
斯里兰卡	2000	3,672.90	2,651.00	0.59	890.41	130.90	72.18	0.02	24.24	3.56
	2005	4,113.75	2,582.65	0.31	1,352.59	178.19	62.78	0.01	32.88	4.33
	2008	4,818.02	4,002.94	1.31	692.33	121.44	83.08	0.03	14.37	2.52
	2011	6,363.32	5,335.08	1.11	911.04	116.09	83.84	0.02	14.32	1.82
	2015	6,826.02	6,115.95	0.62	641.81	67.65	89.60	0.01	9.40	0.99

资料来源：亚行多区域投入—产出表格数据库（ADB Multi Region Input – Output Tables Database）。

表 3.1c 出口增加值分解——中高技术制造业

		出口额	VAX_G	RDV_B	FVA	PDC	VAX_G	RDV_B	FVA	PDC
				(单位：百万美元)				(占出口总额百分比)		
中国	2000	126,982.80	97,604.76	1,295.32	20,919.92	7,162.80	76.86	1.02	16.47	5.64
	2005	477,551.66	310,627.16	7,351.96	116,407.32	43,165.22	65.05	1.54	24.38	9.04
	2008	972,567.61	676,699.92	17,577.00	199,616.33	78,674.36	69.58	1.81	20.52	8.09
	2011	1,252,597.72	872,687.13	30,005.43	256,930.81	92,974.35	69.67	2.40	20.51	7.42
	2015	1,269,026.06	966,810.53	34,125.23	212,349.42	55,740.88	76.19	2.69	16.73	4.39
印度尼西亚	2000	23,470.31	17,351.40	46.77	4,426.01	1,646.13	73.93	0.20	18.86	7.01
	2005	31,683.76	22,959.31	93.58	5,538.67	3,092.21	72.46	0.30	17.48	9.76
	2008	48,348.79	36,100.72	206.13	7,893.42	4,148.51	74.67	0.43	16.33	8.58
	2011	66,413.42	51,292.95	298.15	10,741.83	4,080.50	77.23	0.45	16.17	6.14
	2015	63,909.21	57,299.75	258.26	4,741.27	1,609.93	89.66	0.40	7.42	2.52
印度	2000	21,265.62	16,259.89	49.96	3,677.46	1,278.31	76.46	0.23	17.29	6.01
	2005	47,602.78	35,856.83	313.49	7,933.64	3,498.82	75.33	0.66	16.67	7.35
	2008	89,317.52	65,590.34	549.50	16,235.85	6,941.83	73.44	0.62	18.18	7.77
	2011	121,677.35	94,578.53	490.54	20,193.02	6,415.26	77.73	0.40	16.60	5.27
	2015	138,550.42	115,745.36	576.12	18,104.65	4,124.29	83.54	0.42	13.07	2.98
日本	2000	393,877.43	348,647.34	7,259.28	27,641.63	10,329.18	88.52	1.84	7.02	2.62
	2005	494,688.44	419,450.58	8,837.25	45,864.71	20,535.90	84.79	1.79	9.27	4.15
	2008	635,730.79	495,346.76	8,275.44	90,110.87	41,997.72	77.92	1.30	14.17	6.61
	2011	660,244.56	524,716.21	8,020.24	90,634.60	36,873.50	79.47	1.21	13.73	5.58
	2015	510,603.33	417,417.31	4,528.42	68,925.78	19,731.83	81.75	0.89	13.50	3.86
韩国	2000	133,867.89	86,674.53	482.38	34,823.05	11,887.93	64.75	0.36	26.01	8.88
	2005	251,877.04	161,539.31	1,152.59	60,639.76	28,545.38	64.13	0.46	24.08	11.33
	2008	388,734.61	211,965.47	1,385.69	118,814.17	56,569.27	54.53	0.36	30.56	14.55
	2011	488,539.74	274,717.32	1,649.84	154,916.43	57,256.15	56.23	0.34	31.71	11.72
	2015	445,103.76	310,992.07	1,432.42	103,243.54	29,435.73	69.87	0.32	23.20	6.61
中国台湾	2000	122,063.97	71,497.08	435.72	36,558.58	13,572.59	58.57	0.36	29.95	11.12
	2005	177,663.57	92,580.17	530.67	50,803.07	33,749.67	52.11	0.30	28.60	19.00
	2008	232,829.75	111,209.78	457.56	72,620.58	48,541.82	47.76	0.20	31.19	20.85
	2011	276,000.22	136,001.98	489.35	90,456.51	49,052.38	49.28	0.18	32.77	17.77
	2015	311,002.41	199,796.21	601.43	77,934.94	32,669.84	64.24	0.19	25.06	10.50
孟加拉国	2000	117.41	98.86	0.09	12.74	5.71	84.21	0.08	10.85	4.86
	2005	136.66	116.79	0.10	11.53	8.23	85.46	0.08	8.44	6.02
	2008	531.64	304.49	0.50	174.27	52.38	57.27	0.09	32.78	9.85
	2011	431.00	304.23	0.09	83.91	42.76	70.59	0.02	19.47	9.92
	2015	609.56	496.36	0.16	80.58	32.46	81.43	0.03	13.22	5.32

续表

		出口额	VAX_G	RDV_B	FVA	PDC	VAX_G	RDV_B	FVA	PDC
				(单位:百万美元)				(占出口总额百分比)		
马来西亚	2000	72,457.29	25,671.31	82.55	35,294.21	11,409.23	35.43	0.11	48.71	15.75
	2005	94,215.18	38,966.35	125.30	39,768.73	15,354.79	41.36	0.13	42.21	16.30
	2008	127,923.18	60,973.38	225.06	44,896.41	21,828.33	47.66	0.18	35.10	17.06
	2011	91,019.86	54,835.88	189.85	24,894.01	11,100.12	60.25	0.21	27.35	12.20
	2015	84,312.00	54,666.27	175.39	22,430.90	7,039.44	64.84	0.21	26.60	8.35
菲律宾	2000	16,752.49	12,878.05	21.34	2,413.42	1,439.68	76.87	0.13	14.41	8.59
	2005	17,065.30	10,054.47	21.16	4,722.01	2,267.66	58.92	0.12	27.67	13.29
	2008	32,083.97	15,484.77	23.08	12,381.09	4,195.04	48.26	0.07	38.59	13.08
	2011	22,002.25	13,346.69	17.31	6,427.56	2,210.69	60.66	0.08	29.21	10.05
	2015	19,057.91	14,386.77	20.65	3,545.65	1,104.84	75.49	0.11	18.60	5.80
泰国	2000	38,470.04	15,355.00	109.52	18,663.81	4,341.71	39.91	0.28	48.52	11.29
	2005	62,344.90	25,524.78	93.16	28,387.36	8,339.61	40.94	0.15	45.53	13.38
	2008	116,318.96	54,355.85	149.79	49,755.36	12,057.95	46.73	0.13	42.77	10.37
	2011	71,412.57	36,465.42	111.19	28,876.47	5,959.50	51.06	0.16	40.44	8.35
	2015	70,430.15	43,623.02	105.78	23,484.45	3,216.90	61.94	0.15	33.34	4.57
越南	2000	594.18	291.77	0.36	199.98	102.07	49.11	0.06	33.66	17.18
	2005	3,340.36	2,121.49	2.27	821.52	395.07	63.51	0.07	24.59	11.83
	2008	16,132.98	7,058.29	25.00	6,150.81	2,898.88	43.75	0.15	38.13	17.97
	2011	11,758.61	6,665.92	12.55	3,870.79	1,209.35	56.69	0.11	32.92	10.28
	2015	15,926.87	8,525.36	17.46	6,111.60	1,272.45	53.53	0.11	38.37	7.99
蒙古国	2000	29.19	14.98	0.00	11.04	3.18	51.30	0.00	37.81	10.88
	2005	39.87	22.49	0.00	12.41	4.96	56.42	0.00	31.13	12.45
	2008	149.70	102.24	0.01	32.80	14.65	68.30	0.00	21.91	9.79
	2011	112.24	62.66	0.01	37.35	12.22	55.82	0.01	33.28	10.89
	2015	130.76	86.38	0.00	34.73	9.64	66.06	0.00	26.56	7.37
斯里兰卡	2000	332.83	223.49	0.11	83.76	25.47	67.15	0.03	25.17	7.65
	2005	359.47	225.92	0.11	108.43	25.01	62.85	0.03	30.16	6.96
	2008	660.75	277.17	0.05	345.45	38.08	41.95	0.01	52.28	5.76
	2011	776.86	478.07	0.29	222.57	75.93	61.54	0.04	28.65	9.77
	2015	921.90	599.87	0.46	254.97	66.60	65.07	0.05	27.66	7.22

资料来源:亚行多区域投入—产出表格数据库(ADB Multi Region Input – Output Tables Database)。

2016 年亚太地区关键指标　257

表 3.1d　出口增加值分解——商业服务业

		出口额	VAX_G	RDV_B	FVA	PDC	VAX_G	RDV_B	FVA	PDC
				（单位：百万美元）				（占出口总额百分比）		
中国	2000	39,280.26	35,011.02	307.50	3,125.54	836.20	89.13	0.78	7.96	2.13
	2005	114,129.50	96,200.87	1,465.64	12,349.60	4,113.39	84.29	1.28	10.82	3.60
	2008	195,098.77	165,391.99	2,701.22	20,274.38	6,731.18	84.77	1.38	10.39	3.45
	2011	274,229.73	232,429.91	5,678.59	25,961.88	10,159.34	84.76	2.07	9.47	3.70
	2015	316,773.96	283,621.84	5,706.45	21,151.43	6,294.23	89.53	1.80	6.68	1.99
印度尼西亚	2000	4,895.61	4,107.59	11.28	611.27	165.47	83.90	0.23	12.49	3.38
	2005	8,419.52	7,105.67	25.95	911.91	375.99	84.40	0.31	10.83	4.47
	2008	13,760.94	11,786.47	29.62	1,375.89	568.96	85.65	0.22	10.00	4.13
	2011	19,033.93	16,560.18	32.36	1,744.64	696.75	87.00	0.17	9.17	3.66
	2015	18,889.07	17,229.57	31.61	1,245.72	382.17	91.21	0.17	6.59	2.02
印度	2000	6,790.81	6,221.66	14.63	434.01	120.51	91.62	0.22	6.39	1.77
	2005	36,703.32	33,276.66	151.08	2,528.84	746.73	90.66	0.41	6.89	2.03
	2008	60,546.61	54,617.73	150.00	4,585.33	1,193.55	90.21	0.25	7.57	1.97
	2011	70,365.61	64,297.99	136.38	4,832.26	1,098.98	91.38	0.19	6.87	1.56
	2015	67,737.70	62,851.01	195.23	3,820.22	871.24	92.79	0.29	5.64	1.29
日本	2000	88,511.38	80,955.55	1,675.22	4,411.31	1,469.30	91.46	1.89	4.98	1.66
	2005	112,836.20	101,247.45	2,062.97	6,656.23	2,869.55	89.73	1.83	5.90	2.54
	2008	170,126.24	147,769.17	2,673.18	13,790.07	5,893.82	86.86	1.57	8.11	3.46
	2011	171,220.37	151,141.37	2,091.38	14,688.69	3,298.93	88.27	1.22	8.58	1.93
	2015	162,662.46	146,575.41	1,694.28	11,514.08	2,878.69	90.11	1.04	7.08	1.77
韩国	2000	31,860.20	25,954.80	118.71	4,466.29	1,320.39	81.46	0.37	14.02	4.14
	2005	45,505.39	34,863.04	214.66	7,556.71	2,870.98	76.61	0.47	16.61	6.31
	2008	71,505.37	48,992.16	273.76	16,764.66	5,474.78	68.52	0.38	23.45	7.66
	2011	81,102.07	57,721.22	264.28	16,199.04	6,917.53	71.17	0.33	19.97	8.53
	2015	92,446.09	76,827.63	333.22	11,741.56	3,543.69	83.11	0.36	12.70	3.83
中国台北	2000	17,096.91	13,707.79	44.91	2,662.98	681.23	80.18	0.26	15.58	3.98
	2005	17,611.01	12,823.48	35.13	3,523.87	1,228.53	72.82	0.20	20.01	6.98
	2008	21,675.29	14,817.24	36.07	4,764.57	2,057.40	68.36	0.17	21.98	9.49
	2011	21,953.51	15,579.85	28.98	4,600.84	1,743.83	70.97	0.13	20.96	7.94
	2015	22,317.02	17,255.00	33.68	3,997.28	1,031.06	77.32	0.15	17.91	4.62
孟加拉国	2000	753.99	730.80	0.17	20.70	2.31	96.93	0.02	2.75	0.31
	2005	858.38	826.44	0.19	28.00	3.76	96.28	0.02	3.26	0.44
	2008	1,233.00	900.88	0.36	271.15	60.61	73.06	0.03	21.99	4.92
	2011	1,363.01	1,133.93	0.20	161.89	66.99	83.19	0.01	11.88	4.91
	2015	2,586.16	2,325.54	0.45	197.09	63.08	89.92	0.02	7.62	2.44

续表

		出口额	VAX_G	RDV_B	FVA	PDC	VAX_G	RDV_B	FVA	PDC
				(单位：百万美元)				(占出口总额百分比)		
马来西亚	2000	11,891.12	8,145.86	18.80	3,085.19	641.27	68.50	0.16	25.95	5.39
	2005	15,512.30	12,497.24	18.71	2,342.79	653.56	80.56	0.12	15.10	4.21
	2008	29,524.14	22,613.72	63.91	5,250.17	1,596.34	76.59	0.22	17.78	5.41
	2011	33,085.50	27,414.85	46.37	4,597.24	1,027.04	82.86	0.14	13.90	3.10
	2015	43,170.10	33,880.99	73.99	7,709.89	1,505.23	78.48	0.17	17.86	3.49
菲律宾	2000	3,803.04	3,287.21	2.46	437.84	75.53	86.44	0.06	11.51	1.99
	2005	5,904.56	5,313.99	4.44	490.71	95.42	90.00	0.08	8.31	1.62
	2008	13,057.53	11,755.53	13.11	1,027.75	261.14	90.03	0.10	7.87	2.00
	2011	17,910.80	16,492.43	17.53	1,088.17	312.66	92.08	0.10	6.08	1.75
	2015	25,078.69	22,574.02	35.74	1,951.26	517.67	90.01	0.14	7.78	2.06
泰国	2000	13,479.87	11,294.17	28.70	1,847.32	309.68	83.79	0.21	13.70	2.30
	2005	19,306.47	15,334.21	49.18	3,246.89	676.20	79.43	0.25	16.82	3.50
	2008	27,511.36	22,239.06	77.99	4,102.55	1,091.77	80.84	0.28	14.91	3.97
	2011	42,776.54	36,031.89	97.85	5,463.59	1,183.21	84.23	0.23	12.77	2.77
	2015	58,739.86	46,572.43	126.00	10,293.38	1,748.05	79.29	0.21	17.52	2.98
越南	2000	2,843.63	2,183.02	1.10	543.50	116.01	76.77	0.04	19.11	4.08
	2005	4,127.91	3,545.32	1.35	520.57	60.66	85.89	0.03	12.61	1.47
	2008	11,937.75	10,285.80	12.15	1,416.26	223.54	86.16	0.10	11.86	1.87
	2011	15,159.56	12,627.86	11.00	2,273.77	246.93	83.30	0.07	15.00	1.63
	2015	21,775.52	17,691.00	19.60	3,725.89	339.04	81.24	0.09	17.11	1.56
蒙古国	2000	140.71	90.04	0.01	41.13	9.53	63.99	0.01	29.23	6.77
	2005	260.26	177.47	0.02	66.90	15.87	68.19	0.01	25.71	6.10
	2008	569.71	382.13	0.07	149.22	38.29	67.07	0.01	26.19	6.72
	2011	1,141.58	843.93	0.35	246.27	51.04	73.93	0.03	21.57	4.47
	2015	872.28	593.21	0.10	234.62	44.36	68.01	0.01	26.90	5.09
斯里兰卡	2000	923.80	761.28	0.21	132.42	29.88	82.41	0.02	14.33	3.23
	2005	970.13	828.64	0.21	114.02	27.26	85.41	0.02	11.75	2.81
	2008	1,254.50	971.45	0.34	220.30	62.41	77.44	0.03	17.56	4.97
	2011	1,649.47	1,443.21	0.45	162.17	43.64	87.50	0.03	9.83	2.65
	2015	2,078.59	1,792.67	0.54	232.75	52.64	86.24	0.03	11.20	2.53

资料来源：亚行多区域投入—产出表格数据库（ADB Multi Region Input–Output Tables Database）。

表 3.1e 出口增加值分解——私人服务业

		出口额	VAX_G	RDV_B	FVA	PDC	VAX_G	RDV_B	FVA	PDC
				(单位：百万美元)				(占出口总额百分比)		
中国	2000	7,589.02	6,698.46	47.24	559.49	283.84	88.27	0.62	7.37	3.74
	2005	10,882.42	9,227.45	111.44	1,109.53	434.00	84.79	1.02	10.20	3.99
	2008	12,856.49	11,088.96	124.31	1,239.32	403.90	86.25	0.97	9.64	3.14
	2011	16,710.74	14,391.49	272.82	1,515.81	530.62	86.12	1.63	9.07	3.18
	2015	36,141.44	33,323.01	129.66	2,412.36	276.41	92.20	0.36	6.67	0.76
印度尼西亚	2000	928.18	802.75	0.71	107.93	16.79	86.49	0.08	11.63	1.81
	2005	1,976.84	1,661.32	1.91	270.99	42.61	84.04	0.10	13.71	2.16
	2008	3,202.53	2,732.70	2.76	407.58	59.49	85.33	0.09	12.73	1.86
	2011	4,238.25	3,662.83	3.23	515.31	56.89	86.42	0.08	12.16	1.34
	2015	13,570.33	12,344.37	4.43	1,180.73	40.80	90.97	0.03	8.70	0.30
印度	2000	1,936.15	1,775.91	3.97	109.79	46.48	91.72	0.21	5.67	2.40
	2005	3,539.36	3,097.18	7.63	320.30	114.25	87.51	0.22	9.05	3.23
	2008	5,256.43	4,779.73	13.29	331.50	131.91	90.93	0.25	6.31	2.51
	2011	6,087.11	5,518.88	14.52	387.74	165.97	90.66	0.24	6.37	2.73
	2015	7,529.22	7,283.29	21.13	179.74	45.06	96.73	0.28	2.39	0.60
日本	2000	1,783.14	1,712.86	18.15	42.50	9.63	96.06	1.02	2.38	0.54
	2005	2,930.43	2,789.95	20.37	103.43	16.69	95.21	0.70	3.53	0.57
	2008	4,111.91	3,842.06	24.40	204.59	40.87	93.44	0.59	4.98	0.99
	2011	3,772.42	3,549.89	25.09	161.47	35.96	94.10	0.67	4.28	0.95
	2015	10,308.95	9,599.29	33.00	623.43	53.23	93.12	0.32	6.05	0.52
韩国	2000	2,852.93	2,552.72	6.56	254.76	38.89	89.48	0.23	8.93	1.36
	2005	2,829.61	2,522.84	10.58	252.71	43.48	89.16	0.37	8.93	1.54
	2008	4,534.32	3,853.14	12.37	576.77	92.04	84.98	0.27	12.72	2.03
	2011	5,049.59	4,299.13	13.72	643.98	92.75	85.14	0.27	12.75	1.84
	2015	13,844.82	12,424.64	9.85	1,360.02	50.32	89.74	0.07	9.82	0.36
中国台北	2000	985.06	858.56	2.01	109.01	15.48	87.16	0.20	11.07	1.57
	2005	1,011.52	903.83	0.86	96.60	10.23	89.35	0.08	9.55	1.01
	2008	1,482.05	1,311.65	1.51	144.76	24.13	88.50	0.10	9.77	1.63
	2011	1,606.08	1,427.72	1.73	153.18	23.43	88.90	0.11	9.54	1.46
	2015	6,704.39	5,913.64	3.09	746.27	41.39	88.21	0.05	11.13	0.62
孟加拉国	2000	488.38	470.91	0.20	16.10	1.17	96.42	0.04	3.30	0.24
	2005	531.71	510.01	0.21	20.02	1.48	95.92	0.04	3.76	0.28
	2008	863.09	792.22	0.28	58.91	11.68	91.79	0.03	6.83	1.35
	2011	762.18	704.72	0.18	40.82	16.47	92.46	0.02	5.36	2.16
	2015	2,037.02	1,894.63	0.41	108.91	33.06	93.01	0.02	5.35	1.62

续表

		出口额	VAX_G	RDV_B	FVA	PDC	VAX.G	RDV_B	FVA	PDC
				(单位：百万美元)				(占出口总额百分比)		
马来西亚	2000	1,122.44	846.99	0.19	269.91	5.33	75.46	0.02	24.05	0.47
	2005	1,216.76	921.78	0.79	268.27	25.92	75.76	0.06	22.05	2.13
	2008	5,466.21	3,932.16	4.90	1,368.67	160.49	71.94	0.09	25.04	2.94
	2011	3,015.96	2,504.26	2.92	468.46	40.31	83.03	0.10	15.53	1.34
	2015	5,982.16	4,793.68	2.57	1,131.61	54.30	80.13	0.04	18.92	0.91
菲律宾	2000	93.75	83.73	0.07	8.77	1.17	89.31	0.08	9.36	1.25
	2005	418.20	376.24	0.22	34.63	7.11	89.97	0.05	8.28	1.70
	2008	761.14	658.50	0.68	76.30	25.65	86.52	0.09	10.03	3.37
	2011	746.97	685.12	0.40	44.70	16.75	91.72	0.05	5.98	2.24
	2015	1,039.64	941.76	0.70	79.07	18.11	90.59	0.07	7.61	1.74
泰国	2000	1,584.36	1,224.29	1.40	323.97	34.69	77.27	0.09	20.45	2.19
	2005	2,459.96	1,883.96	2.28	519.85	53.87	76.58	0.09	21.13	2.19
	2008	2,717.34	2,040.60	4.10	577.14	95.50	75.10	0.15	21.24	3.51
	2011	4,018.31	3,101.02	4.50	825.33	87.47	77.17	0.11	20.54	2.18
	2015	8,170.86	6,501.62	6.37	1,541.32	121.55	79.57	0.08	18.86	1.49
越南	2000	284.38	237.59	0.09	41.52	5.18	83.55	0.03	14.60	1.82
	2005	225.56	194.11	0.10	28.96	2.38	86.06	0.04	12.84	1.06
	2008	389.50	309.06	0.30	72.37	7.76	79.35	0.08	18.58	1.99
	2011	2,383.64	1,990.97	2.64	348.87	41.17	83.53	0.11	14.64	1.73
	2015	4,457.52	3,682.27	5.42	703.00	66.84	82.61	0.12	15.77	1.50
蒙古国	2000	4.44	2.91	0.00	1.13	0.41	65.45	0.00	25.40	9.15
	2005	5.32	3.74	0.00	1.12	0.46	70.24	0.00	21.11	8.64
	2008	6.25	4.60	0.00	1.22	0.42	73.69	0.00	19.56	6.75
	2011	17.92	13.96	0.00	3.55	0.42	77.88	0.01	19.79	2.33
	2015	20.87	18.19	0.00	2.39	0.28	87.19	0.00	11.45	1.36
斯里兰卡	2000	242.79	195.90	0.03	41.04	5.82	80.69	0.01	16.90	2.40
	2005	277.23	238.33	0.04	34.38	4.49	85.97	0.01	12.40	1.62
	2008	314.57	254.49	0.05	50.63	9.40	80.90	0.01	16.10	2.99
	2011	421.83	372.11	0.07	42.15	7.50	88.21	0.02	9.99	1.78
	2015	563.78	489.90	0.09	64.94	8.85	86.89	0.02	11.52	1.57

资料来源：亚行多区域投入—产出表格数据库（ADB Multi Region Input – Output Tables Database）。

表 3.1f 出口增加值分解——经济总体

		出口额	VAX_G	RDV_B	FVA	PDC	VAX_G	RDV_B	FVA	PDC
				(单位：百万美元)				(占出口总额百分比)		
中国	2000	279,346	228,012	2,153	38,624	10,557	81.62	0.77	13.83	3.78
	2005	838,621	607,606	10,286	166,072	54,656	72.45	1.23	19.80	6.52
	2008	1,579,659	1,186,099	22,761	274,751	96,048	75.09	1.44	17.39	6.08
	2011	2,093,765	1,579,774	40,921	355,298	117,773	75.45	1.95	16.97	5.62
	2015	2,288,337	1,861,048	45,209	309,570	72,510	81.33	1.98	13.53	3.17
印度尼西亚	2000	65,246	52,338	135	9,800	2,974	80.22	0.21	15.02	4.56
	2005	94,067	75,610	285	12,719	5,454	80.38	0.30	13.52	5.80
	2008	151,221	124,411	547	18,481	7,781	82.27	0.36	12.22	5.15
	2011	219,754	185,400	1,107	24,699	8,548	84.37	0.50	11.24	3.89
	2015	208,793	189,163	810	14,911	3,908	90.60	0.39	7.14	1.87
印度	2000	67,866	57,740	109	8,049	1,967	85.08	0.16	11.86	2.90
	2005	158,895	126,519	633	25,761	5,981	79.62	0.40	16.21	3.76
	2008	260,264	202,312	1,025	45,585	11,342	77.73	0.39	17.52	4.36
	2011	337,433	263,305	1,040	62,262	10,827	78.03	0.31	18.45	3.21
	2015	369,624	318,181	1,286	43,322	6,836	86.08	0.35	11.72	1.85
日本	2000	513,246	457,313	9,716	33,736	12,480	89.10	1.89	6.57	2.43
	2005	651,185	558,438	11,837	55,857	25,053	85.76	1.82	8.58	3.85
	2008	862,938	689,018	11,884	110,629	51,407	79.85	1.38	12.82	5.96
	2011	900,325	731,761	11,148	113,467	43,949	81.28	1.24	12.60	4.88
	2015	740,112	620,579	7,030	87,448	25,056	83.85	0.95	11.82	3.39
韩国	2000	199,510	138,463	691	45,433	14,923	69.40	0.35	22.77	7.48
	2005	329,193	220,556	1,485	73,833	33,319	67.00	0.45	22.43	10.12
	2008	498,780	287,376	1,806	144,349	65,248	57.62	0.36	28.94	13.08
	2011	615,300	363,588	2,087	181,891	67,734	59.09	0.34	29.56	11.01
	2015	591,608	430,586	1,917	124,256	34,849	72.78	0.32	21.00	5.89
中国台北	2000	173,291	110,321	550	46,269	16,151	63.66	0.32	26.70	9.32
	2005	226,749	126,897	622	61,574	37,656	55.96	0.27	27.16	16.61
	2008	288,323	147,043	538	86,589	54,153	51.00	0.19	30.03	18.78
	2011	340,219	178,014	571	107,023	54,611	52.32	0.17	31.46	16.05
	2015	394,322	259,450	702	96,858	37,312	65.80	0.18	24.56	9.46
孟加拉国	2000	6,451	5,639	2	707	103	87.41	0.03	10.96	1.60
	2005	8,854	7,400	3	1,238	214	83.57	0.03	13.98	2.42
	2008	15,708	11,751	5	3,326	625	74.81	0.03	21.17	3.98
	2011	22,801	19,383	6	2,613	799	85.01	0.03	11.46	3.50
	2015	36,813	31,980	10	3,831	992	86.87	0.03	10.41	2.69

续表

		出口额	VAX_G	RDV_B	FVA	PDC	VAX_G	RDV_B	FVA	PDC
				(单位:百万美元)				(占出口总额百分比)		
马来西亚	2000	111,832	53,273	141	44,918	13,500	47.64	0.13	40.17	12.07
	2005	147,263	79,625	230	49,211	18,197	54.07	0.16	33.42	12.36
	2008	222,930	135,706	440	60,386	26,398	60.87	0.20	27.09	11.84
	2011	191,803	134,179	342	41,971	15,311	69.96	0.18	21.88	7.98
	2015	189,418	130,239	346	46,742	12,091	68.76	0.18	24.68	6.38
菲律宾	2000	26,838	21,503	26	3,708	1,600	80.12	0.10	13.82	5.96
	2005	32,358	23,328	31	6,472	2,528	72.09	0.09	20.00	7.81
	2008	62,005	41,224	46	15,921	4,814	66.49	0.07	25.68	7.76
	2011	52,902	41,248	43	8,859	2,752	77.97	0.08	16.75	5.20
	2015	60,481	50,623	72	7,819	1,967	83.70	0.12	12.93	3.25
泰国	2000	81,515	48,280	201	27,388	5,645	59.23	0.25	33.60	6.93
	2005	122,626	69,403	217	41,899	11,107	56.60	0.18	34.17	9.06
	2008	205,428	121,041	337	68,070	15,981	58.92	0.16	33.14	7.78
	2011	188,399	128,574	347	48,761	10,716	68.25	0.18	25.88	5.69
	2015	209,515	148,942	404	51,237	8,933	71.09	0.19	24.45	4.26
越南	2000	14,019	10,594	10	2,860	555	75.57	0.07	20.40	3.96
	2005	27,044	20,495	20	5,277	1,253	75.78	0.07	19.51	4.63
	2008	69,552	45,264	123	18,420	5,745	65.08	0.18	26.48	8.26
	2011	84,580	58,671	93	21,880	3,936	69.37	0.11	25.87	4.65
	2015	130,369	85,619	149	40,041	4,560	65.67	0.11	30.71	3.50
蒙古国	2000	426	297	0	102	27	69.61	0.00	23.98	6.41
	2005	1,121	835	0	208	79	74.46	0.00	18.52	7.01
	2008	2,401	1,813	0	414	174	75.48	0.01	17.26	7.25
	2011	5,283	3,545	1	1,228	509	67.10	0.02	23.25	9.63
	2015	5,433	3,901	0	1,111	421	71.79	0.01	20.45	7.75
斯里兰卡	2000	6,400	4,867	1	1,310	221	76.05	0.02	20.48	3.45
	2005	7,420	5,338	1	1,813	267	71.94	0.02	24.44	3.60
	2008	9,746	7,788	3	1,633	322	79.91	0.03	16.75	3.30
	2011	12,082	10,174	4	1,603	301	84.21	0.03	13.26	2.49
	2015	13,095	11,350	4	1,493	247	86.67	0.03	11.40	1.89

资料来源:亚行多区域投入—产出表格数据库(ADB Multi Region Input–Output Tables Database)。

表 3.2a 各衡量标准下的出口增加值——第一产业

（单位：百万美元）

		出口额	VAX_G	DVA_B	DVA_F	VAX_B	VAX_F	VAX_G	DVA_B	DVA_F	VAX_B	VAX_F
										增加值出口额占出口总额的比例（%）		
中国	2000	10,913.96	9,946.62	10,093.33	32,223.68	9,946.62	31,931.10	91.14	92.48	295.25	91.14	292.57
	2005	20,989.37	18,111.95	18,677.96	89,744.95	18,111.95	88,383.75	86.29	88.99	427.57	86.29	421.09
	2008	25,091.04	21,687.91	22,322.48	160,047.95	21,687.91	157,316.85	86.44	88.97	637.87	86.44	626.98
	2011	34,237.15	29,729.82	30,806.61	209,830.83	29,729.82	205,033.31	86.83	89.98	612.87	86.83	598.86
	2015	44,928.07	40,781.84	41,651.18	263,775.77	40,781.84	258,648.15	90.77	92.71	587.11	90.77	575.69
印度尼西亚	2000	10,794.33	10,287.98	10,346.05	19,570.16	10,287.98	19,496.69	95.31	95.85	181.30	95.31	180.62
	2005	21,998.21	20,432.30	20,565.25	29,845.77	20,432.30	29,691.93	92.88	93.49	135.67	92.88	134.97
	2008	36,871.59	34,642.99	34,869.47	52,549.54	34,642.99	52,263.01	93.96	94.57	142.52	93.96	141.74
	2011	65,323.49	61,875.07	62,521.50	88,996.00	61,875.07	88,261.98	94.72	95.71	136.24	94.72	135.12
	2015	39,882.12	38,398.16	38,752.17	74,937.66	38,398.16	74,457.95	96.28	97.17	187.90	96.28	186.70
印度	2000	8,241.66	7,943.73	7,954.48	13,476.17	7,943.73	13,456.93	96.39	96.52	163.51	96.39	163.28
	2005	14,571.58	13,866.36	13,927.97	22,619.62	13,866.36	22,521.46	95.16	95.58	155.23	95.16	154.56
	2008	21,706.11	20,494.45	20,624.76	33,240.08	20,494.45	33,056.84	94.42	95.02	153.14	94.42	152.29
	2011	28,737.83	27,503.22	27,694.39	43,930.71	27,503.22	43,710.87	95.70	96.37	152.87	95.70	152.10
	2015	21,172.38	20,030.89	20,218.37	44,026.51	20,030.89	43,763.54	94.61	95.49	207.94	94.61	206.70
日本	2000	2,242.99	1,872.27	1,933.05	4,414.35	1,872.27	4,310.84	83.47	86.18	196.81	83.47	192.19
	2005	2,957.53	2,133.47	2,185.93	5,071.18	2,133.47	4,960.76	72.14	73.91	171.47	72.14	167.73
	2008	4,797.37	2,702.73	2,780.65	5,503.16	2,702.73	5,396.25	56.34	57.96	114.71	56.34	112.48
	2011	5,467.05	3,155.54	3,225.76	6,877.72	3,155.54	6,759.52	57.72	59.00	125.80	57.72	123.64
	2015	3,133.70	2,629.77	2,694.14	5,649.17	2,629.77	5,563.90	83.92	85.97	180.27	83.92	177.55
韩国	2000	481.62	427.23	428.57	3,027.15	427.23	3,018.25	88.71	88.99	628.54	88.71	626.69
	2005	627.11	549.61	551.25	3,733.03	549.61	3,715.91	87.64	87.90	595.27	87.64	592.54
	2008	518.92	412.58	414.17	3,809.66	412.58	3,791.16	79.51	79.81	734.15	79.51	730.59
	2011	770.65	607.87	610.85	4,797.86	607.87	4,778.19	78.88	79.26	622.57	78.88	620.02
	2015	1,218.63	1,024.04	1,028.48	6,876.58	1,024.04	6,853.96	84.03	84.40	564.29	84.03	562.43
中国台北	2000	1,829.67	1,525.06	1,526.54	1,635.37	1,525.06	1,631.61	83.35	83.43	89.38	83.35	89.17
	2005	2,136.96	1,652.75	1,654.55	1,704.39	1,652.75	1,700.35	77.34	77.43	79.76	77.34	79.57
	2008	2,609.74	1,886.16	1,888.04	2,224.03	1,886.16	2,219.08	72.27	72.35	85.22	72.27	85.03
	2011	4,804.99	3,562.72	3,566.19	3,774.76	3,562.72	3,768.22	74.15	74.22	78.56	74.15	78.42
	2015	5,542.35	4,268.90	4,272.78	3,755.20	4,268.90	3,750.36	77.02	77.09	67.75	77.02	67.67
孟加拉国	2000	390.28	377.47	378.11	797.75	377.47	797.19	96.72	96.88	204.41	96.72	204.26
	2005	368.79	353.38	354.21	932.77	353.38	932.00	95.82	96.05	252.93	95.82	252.72
	2008	465.26	437.28	438.14	728.95	437.28	728.37	93.99	94.17	156.68	93.99	156.55
	2011	636.99	573.94	574.26	1,280.16	573.94	1,279.73	90.10	90.15	200.97	90.10	200.90
	2015	1,069.47	938.40	938.96	2,044.52	938.40	2,043.78	87.74	87.80	191.17	87.74	191.10

续表

		出口额	VAX_G	DVA_B	DVA_F	VAX_B	VAX_F	VAX_G	DVA_B	DVA_F	VAX_B	VAX_F
				(单位：百万美元)					增加值出口额占出口总额的比例（%）			
马来西亚	2000	9,555.73	8,233.91	8,279.01	12,455.76	8,233.91	12,423.16	86.17	86.64	130.35	86.17	130.01
	2005	15,801.93	13,791.36	13,889.03	13,642.76	13,791.36	21,563.96	87.28	87.89	136.96	87.28	136.46
	2008	38,694.02	33,974.25	34,138.40	47,995.97	33,974.25	47,830.68	87.80	88.23	124.04	87.80	123.61
	2011	17,811.43	15,969.60	16,038.82	39,164.23	15,969.60	39,056.95	89.66	90.05	219.88	89.66	219.28
	2015	10,597.02	9,161.75	9,215.24	28,353.11	9,161.75	28,256.83	86.46	86.96	267.56	86.46	266.65
菲律宾	2000	697.59	649.35	649.86	1,783.26	649.35	1,782.05	93.09	93.16	255.63	93.09	255.46
	2005	925.27	850.97	852.06	3,002.89	850.97	2,999.96	91.97	92.09	324.54	91.97	324.22
	2008	2,153.04	1,969.22	1,971.97	5,585.36	1,969.22	5,579.95	91.46	91.59	259.42	91.46	259.17
	2011	1,467.88	1,357.64	1,359.73	5,315.53	1,357.64	5,310.72	92.49	92.63	362.12	92.49	361.79
	2015	1,622.13	1,484.56	1,487.94	4,903.08	1,484.56	4,896.03	91.52	91.73	302.26	91.52	301.83
泰国	2000	1,515.61	1,309.84	1,329.45	5,444.64	1,309.84	5,417.87	86.42	87.72	359.24	86.42	357.47
	2005	2,494.81	2,111.82	2,128.28	7,896.53	2,111.82	7,868.43	84.65	85.31	316.52	84.65	315.39
	2008	4,591.39	3,893.91	3,919.63	16,981.46	3,893.91	16,927.42	84.81	85.37	369.85	84.81	368.68
	2011	7,073.21	6,089.28	6,116.66	22,300.27	6,089.28	22,236.25	86.09	86.48	315.28	86.09	314.37
	2015	7,393.86	6,221.76	6,259.82	21,563.17	6,221.76	21,490.30	84.15	84.66	291.64	84.15	290.65
越南	2000	5,953.49	5,183.53	5,192.37	5,059.92	5,183.53	5,053.30	87.07	87.22	84.99	87.07	84.88
	2005	10,704.56	9,024.99	9,041.10	9,236.41	9,024.99	9,223.93	84.31	84.46	86.28	84.31	86.17
	2008	25,345.58	19,168.64	19,254.65	19,441.03	19,168.64	19,373.83	75.63	75.97	76.70	75.63	76.44
	2011	26,068.80	21,419.60	21,474.80	23,381.54	21,419.60	23,336.35	82.17	82.38	89.69	82.17	89.52
	2015	41,929.01	32,681.60	32,775.96	35,354.16	32,681.60	35,278.64	77.95	78.17	84.32	77.95	84.14
蒙古国	2000	184.31	139.78	139.78	154.37	139.78	154.36	75.84	75.84	83.75	75.84	83.75
	2005	708.22	549.46	549.48	523.17	549.46	523.15	77.58	77.59	73.87	77.58	73.87
	2008	1,460.71	1,157.27	1,157.38	1,144.27	1,157.27	1,144.16	79.23	79.23	78.34	79.23	78.33
	2011	3,637.57	2,333.74	2,334.17	1,965.37	2,333.74	1,965.02	64.16	64.17	54.03	64.16	54.02
	2015	3,986.99	2,856.89	2,857.23	2,207.91	2,856.89	2,207.66	71.66	71.66	55.38	71.66	55.37
斯里兰卡	2000	288.80	243.67	243.76	349.17	243.67	349.06	84.37	84.40	120.90	84.37	120.86
	2005	471.99	406.21	406.43	426.97	406.21	426.76	86.06	86.11	90.46	86.06	90.42
	2008	1,218.66	1,030.65	1,031.33	1,333.87	1,030.65	1,333.12	84.57	84.63	109.45	84.57	109.39
	2011	484.84	430.06	430.35	1,010.55	430.06	1,010.11	88.70	88.76	208.43	88.70	208.34
	2015	751.42	653.31	654.12	1,326.55	653.31	1,325.76	86.94	87.05	176.54	86.94	176.43

VAX_G = 被国外吸收的国内增加值，DVA_B = 基于后向联系的国内增加值出口，VAX_B = 基于后向联系的增加值出口，DVA_F = 基于前向联系的国内增加值出口，VAX_F = 基于前向联系的增加值出口。

资料来源：亚行多区域投入一产出表格数据库（ADB Multi Region Input – Output Tables Database）。

表 3.2b 各衡量标准下的增加值出口——低技术制造业

		出口额	VAX_G	DVA_B	DVA_F	VAX_B	VAX_F	VAX_G	DVA_B	DVA_F	VAX_B	VAX_F
		(单位：百万美元)						增加值出口额占出口总额的比例 (%)				
中国	2000	94,579.86	78,750.98	79,065.60	56,742.70	78,750.98	56,369.37	83.26	83.60	59.99	83.26	59.60
	2005	215,067.98	173,438.84	174,075.02	135,191.49	173,438.84	133,765.08	80.64	80.94	62.86	80.64	62.20
	2008	374,045.07	311,230.07	312,563.02	245,340.87	311,230.07	242,360.65	83.21	83.56	65.59	83.21	64.79
	2011	515,989.76	430,535.65	433,937.24	334,830.82	430,535.65	329,226.24	83.44	84.10	64.89	83.44	63.80
	2015	621,467.80	536,511.21	540,294.94	334,587.00	536,511.21	329,883.33	86.33	86.94	53.84	86.33	53.08
印度尼西亚	2000	25,158.01	19,788.42	19,805.23	12,378.06	19,788.42	12,362.34	78.66	78.72	49.20	78.66	49.14
	2005	29,989.11	23,450.92	23,481.64	15,111.78	23,450.92	15,084.93	78.20	78.30	50.39	78.20	50.30
	2008	49,037.44	39,148.53	39,233.30	23,716.57	39,148.53	23,657.41	79.83	80.01	48.36	79.83	48.24
	2011	64,744.94	52,009.46	52,147.07	31,639.16	52,009.46	31,542.13	80.33	80.54	48.87	80.33	48.72
	2015	72,541.82	63,891.59	64,056.92	36,594.74	63,891.59	36,497.74	88.08	88.30	50.45	88.08	50.31
印度	2000	29,631.28	25,538.88	25,565.60	13,471.89	25,538.88	13,452.64	86.19	86.28	45.47	86.19	45.40
	2005	56,477.49	40,422.34	40,488.42	23,190.72	40,422.34	23,114.74	71.57	71.69	41.06	71.57	40.93
	2008	83,437.14	56,829.67	56,974.07	32,776.47	56,829.67	32,646.27	68.11	68.28	39.28	68.11	39.13
	2011	110,565.11	71,406.03	71,568.45	40,842.00	71,406.03	40,698.56	64.58	64.73	36.94	64.58	36.81
	2015	134,634.27	112,270.47	112,555.84	53,427.48	112,270.47	53,260.52	83.39	83.60	39.68	83.39	39.56
日本	2000	26,831.00	24,125.38	24,844.40	47,022.90	24,125.38	45,938.27	89.92	92.60	175.26	89.92	171.21
	2005	37,772.16	32,816.28	33,701.83	54,940.11	32,816.28	53,715.70	86.88	89.22	145.45	86.88	142.21
	2008	48,171.52	39,357.30	40,223.14	59,695.48	39,357.30	58,606.46	81.70	83.50	123.92	81.70	121.66
	2011	59,620.72	49,198.36	50,171.77	71,365.54	49,198.36	70,188.67	82.52	84.15	119.70	82.52	117.73
	2015	53,403.95	44,357.02	45,090.87	62,572.87	44,357.02	61,765.80	83.06	84.43	117.17	83.06	115.66
韩国	2000	30,447.23	22,853.66	22,929.70	21,206.92	22,853.66	21,119.65	75.06	75.31	69.65	75.06	69.36
	2005	28,354.23	21,081.59	21,180.92	24,668.00	21,081.59	24,526.27	74.35	74.70	87.00	74.35	86.50
	2008	33,486.87	22,152.98	22,283.22	26,954.52	22,152.98	26,792.29	66.15	66.54	80.49	66.15	80.01
	2011	39,838.06	26,242.83	26,398.87	34,798.81	26,242.83	34,596.61	65.87	66.27	87.35	65.87	86.84
	2015	38,994.24	29,317.40	29,440.52	40,572.10	29,317.40	40,378.15	75.18	75.50	104.05	75.18	103.55
中国台北	2000	31,315.20	22,732.57	22,798.70	14,921.57	22,732.57	14,868.75	72.59	72.80	47.65	72.59	47.48
	2005	28,325.89	18,936.50	18,985.48	12,992.53	18,936.50	12,946.94	66.85	67.03	45.87	66.85	45.71
	2008	29,726.10	17,817.95	17,852.09	11,438.93	17,817.95	11,408.23	59.94	60.06	38.48	59.94	38.38
	2011	35,854.34	21,441.80	21,481.80	13,602.95	21,441.80	13,568.72	59.80	59.91	37.94	59.80	37.84
	2015	48,755.75	32,215.86	32,259.74	27,144.84	32,215.86	27,082.07	66.08	66.17	55.68	66.08	55.55
孟加拉国	2000	4,701.33	3,961.19	3,961.77	1,993.73	3,961.19	1,993.32	84.26	84.27	42.41	84.26	42.40
	2005	6,958.69	5,593.05	5,594.42	2,730.39	5,593.05	2,729.58	80.38	80.39	39.24	80.38	39.23
	2008	12,615.07	9,316.33	9,319.45	5,324.29	9,316.33	5,322.29	73.85	73.88	42.21	73.85	42.19
	2011	19,607.53	16,666.58	16,671.62	8,994.25	16,666.58	8,991.49	85.00	85.03	45.87	85.00	45.86
	2015	30,510.52	26,324.96	26,333.46	15,345.15	26,324.96	15,340.13	86.28	86.31	50.29	86.28	50.28

续表

		出口额	VAX_G	DVA_B	DVA_F	VAX_B	VAX_F	VAX_G	DVA_B	DVA_F	VAX_B	VAX_F
					(单位：百万美元)					增加值出口额占出口总额的比例（%）			
马来西亚	2000	16,805.50	10,375.30	10,390.25	7,640.78	10,375.30	7,626.70	61.74	61.83	45.47	61.74	45.38
	2005	20,517.30	13,448.36	13,468.70	10,827.01	13,448.36	10,803.52	65.55	65.65	52.77	65.55	52.66
	2008	21,322.33	14,212.20	14,226.98	11,593.45	14,212.20	11,566.61	66.65	66.72	54.37	66.65	54.25
	2011	46,869.96	33,454.32	33,492.06	14,602.88	33,454.32	14,577.05	71.38	71.46	31.16	71.38	31.10
	2015	45,356.51	27,736.37	27,777.15	14,582.61	27,736.37	14,553.02	61.15	61.24	32.15	61.15	32.09
菲律宾	2000	5,490.79	4,605.12	4,606.48	4,309.53	4,605.12	4,307.21	83.87	83.89	78.49	83.87	78.44
	2005	8,045.10	6,732.33	6,735.98	4,933.52	6,732.33	4,929.97	83.68	83.73	61.32	83.68	61.28
	2008	13,948.90	11,356.21	11,362.20	8,508.20	11,356.21	8,502.54	81.41	81.46	61.00	81.41	60.95
	2011	10,773.78	9,365.95	9,371.57	7,367.52	9,365.95	7,362.25	86.93	86.99	68.38	86.93	68.33
	2015	13,682.74	11,235.74	11,247.13	10,763.56	11,235.74	10,751.15	82.12	82.20	78.67	82.12	78.57
泰国	2000	26,465.20	19,096.81	19,139.14	13,336.28	19,096.81	13,301.04	72.16	72.32	50.39	72.16	50.26
	2005	36,019.68	24,547.81	24,603.87	16,114.35	24,547.81	16,075.04	68.15	68.31	44.74	68.15	44.63
	2008	54,289.37	38,511.34	38,588.54	24,554.07	38,511.34	24,498.45	70.94	71.08	45.23	70.94	45.13
	2011	63,118.28	46,886.88	46,996.85	28,207.62	46,886.88	28,142.51	74.28	74.46	44.69	74.28	44.59
	2015	64,780.50	46,022.94	46,155.80	30,696.05	46,022.94	30,613.26	71.04	71.25	47.38	71.04	47.26
越南	2000	4,343.19	2,697.92	2,697.71	1,830.15	2,697.92	1,829.37	62.12	62.11	42.14	62.12	42.12
	2005	8,645.75	5,608.67	5,608.84	3,563.22	5,608.67	3,561.33	64.87	64.87	41.21	64.87	41.19
	2008	15,745.78	8,441.75	8,443.44	6,312.24	8,441.75	6,298.89	53.61	53.62	40.09	53.61	40.00
	2011	29,208.94	15,966.54	15,978.92	9,690.60	15,966.54	9,676.92	54.66	54.71	33.18	54.66	33.13
	2015	46,279.82	23,039.12	23,052.45	14,525.77	23,039.12	14,504.54	49.78	49.81	31.39	49.78	31.34
蒙古国	2000	67.84	49.18	49.18	28.01	49.18	28.01	72.49	72.49	41.29	72.49	41.29
	2005	107.62	81.79	81.79	59.36	81.79	59.36	76.00	76.00	55.16	76.00	55.16
	2008	215.06	166.34	166.35	89.79	166.34	89.79	77.35	77.35	41.75	77.35	41.75
	2011	373.66	290.77	290.81	204.50	290.77	204.47	77.82	77.83	54.73	77.82	54.72
	2015	421.98	345.86	345.89	338.96	345.86	338.92	81.96	81.97	80.33	81.96	80.32
斯里兰卡	2000	1,469.16	1,059.28	1,059.51	856.85	1,059.28	856.67	72.10	72.12	58.32	72.10	58.31
	2005	462.22	313.88	313.90	277.35	313.88	277.31	67.91	67.91	60.00	67.91	59.99
	2008	3,599.57	2,697.06	2,698.04	1,881.41	2,697.06	1,880.73	74.93	74.95	52.27	74.93	52.25
	2011	5,080.50	4,229.70	4,230.55	3,155.29	4,229.70	3,154.63	83.25	83.27	62.11	83.25	62.09
	2015	8,142.57	7,068.41	7,069.07	5,557.55	7,068.41	5,556.92	86.81	86.82	68.25	86.81	68.25

资料来源：亚行多区域投入－产出表格数据库（ADB Multi Region Input – Output Tables Database）。

表 3.2c 各衡量标准下的增加值出口——中高技术制造业

(单位：百万美元)

		出口额	VAX_G	DVA_B	DVA_F	VAX_B	VAX_F	DVA_G	DVA_B	DVA_F	VAX_B	VAX_G	VAX_F
								增加值出口额占出口总额的比例（%）					
中国	2000	126,982.80	97,604.76	98,907.35	72,801.41	97,604.76	71,949.62	76.86	77.89	57.33	76.86	76.86	56.66
	2005	477,551.66	310,627.16	317,840.15	213,045.37	310,627.16	208,545.62	65.05	66.56	44.61	65.05	65.05	43.67
	2008	972,567.61	676,699.92	694,191.31	440,254.87	676,699.92	430,057.68	69.58	71.38	45.27	69.58	69.58	44.22
	2011	1,252,597.72	872,687.13	902,449.80	572,878.65	872,687.13	555,341.65	69.67	72.05	45.74	69.67	69.67	44.34
	2015	1,269,026.06	966,810.53	1,000,989.81	585,754.45	966,810.53	567,563.84	76.19	78.88	46.16	76.19	76.19	44.72
印度尼西亚	2000	23,470.31	17,351.40	17,398.95	10,838.27	17,351.40	10,810.75	73.93	74.13	46.18	73.93	73.93	46.06
	2005	31,683.76	22,959.31	23,053.05	15,565.75	22,959.31	15,504.93	72.46	72.76	49.13	72.46	72.46	48.94
	2008	48,348.79	36,100.72	36,305.98	25,187.58	36,100.72	25,055.18	74.67	75.09	52.10	74.67	74.67	51.82
	2011	66,413.42	51,292.95	51,585.05	32,189.44	51,292.95	32,014.83	77.23	77.67	48.47	77.23	77.23	48.21
	2015	63,909.21	57,299.75	57,560.45	32,700.33	57,299.75	32,565.53	89.66	90.07	51.17	89.66	89.66	50.96
印度	2000	21,265.62	16,259.89	16,311.78	11,290.24	16,259.89	11,259.69	76.46	76.70	53.09	76.46	76.46	52.95
	2005	47,602.78	35,856.83	36,189.21	22,876.24	35,856.83	22,702.69	75.33	76.02	48.06	75.33	75.33	47.69
	2008	89,317.52	65,590.34	66,169.05	41,107.85	65,590.34	40,800.62	73.44	74.08	46.02	73.44	73.44	45.68
	2011	121,677.35	94,578.53	95,104.61	54,571.34	94,578.53	54,301.26	77.73	78.16	44.85	77.73	77.73	44.63
	2015	138,550.42	115,745.36	116,335.16	76,684.87	115,745.36	76,339.85	83.54	83.97	55.35	83.54	83.54	55.10
日本	2000	393,877.43	348,647.34	355,814.07	229,594.60	348,647.34	224,923.51	88.52	90.34	58.29	88.52	88.52	57.10
	2005	494,688.44	419,450.58	428,154.19	279,995.35	419,450.58	274,254.21	84.79	86.55	56.60	84.79	84.79	55.44
	2008	635,730.79	495,346.76	503,403.71	316,468.59	495,346.76	311,292.57	77.92	79.19	49.78	77.92	77.92	48.97
	2011	660,244.56	524,716.21	532,653.70	342,285.01	524,716.21	337,125.02	79.47	80.68	51.84	79.47	79.47	51.06
	2015	510,603.33	417,417.31	421,874.72	260,673.35	417,417.31	257,888.83	81.75	82.62	51.05	81.75	81.75	50.51
韩国	2000	133,867.89	86,674.53	87,142.19	66,735.39	86,674.53	66,371.02	64.75	65.10	49.85	64.75	64.75	49.58
	2005	251,877.04	161,539.31	162,665.22	120,426.20	161,539.31	119,577.19	64.13	64.58	47.81	64.13	64.13	47.47
	2008	388,734.61	211,965.47	213,309.16	157,914.70	211,965.47	156,898.77	54.53	54.87	40.62	54.53	54.53	40.36
	2011	488,539.74	274,717.32	276,332.07	207,169.92	274,717.32	205,938.56	56.23	56.56	42.41	56.23	56.23	42.15
	2015	445,103.76	310,992.07	312,402.71	221,465.61	310,992.07	220,473.26	69.87	70.19	49.76	69.87	69.87	49.53
中国台北	2000	122,063.97	71,497.08	71,924.05	47,130.06	71,497.08	46,850.66	58.57	58.92	38.61	58.57	58.57	38.38
	2005	177,663.57	92,580.17	93,110.35	59,571.80	92,580.17	59,240.25	52.11	52.41	33.53	52.11	52.11	33.34
	2008	232,829.75	111,209.78	111,668.22	67,484.09	111,209.78	67,209.56	47.76	47.96	28.98	47.76	47.76	28.87
	2011	276,000.22	136,001.98	136,495.73	84,019.93	136,001.98	83,722.62	49.28	49.45	30.44	49.28	49.28	30.33
	2015	311,002.41	199,796.21	200,412.27	120,422.75	199,796.21	120,068.82	64.24	64.44	38.72	64.24	64.24	38.61
孟加拉国	2000	117.41	98.86	98.96	172.31	98.86	172.23	84.21	84.29	146.76	84.21	84.21	146.70
	2005	136.66	116.79	116.91	266.11	116.79	265.99	85.46	85.55	194.73	85.46	85.46	194.64
	2008	531.64	304.49	305.02	325.60	304.49	325.20	57.27	57.37	61.25	57.27	57.27	61.17
	2011	431.00	304.23	304.33	505.95	304.23	505.80	70.59	70.61	117.39	70.59	70.59	117.35
	2015	609.56	496.36	496.52	446.29	496.36	446.16	81.43	81.46	73.22	81.43	81.43	73.19

续表

		出口额	VAX_G	DVA_B	DVA_F	VAX_B	VAX_F	VAX_G	DVA_B	DVA_F	VAX_B	VAX_F
				(单位：百万美元)					增加值出口额占出口总额的比例（%）			
马来西亚	2000	72,457.29	25,671.31	25,721.76	18,188.71	25,671.31	18,131.55	35.43	35.50	25.10	35.43	25.02
	2005	94,215.18	38,966.35	39,052.50	23,035.80	38,966.35	22,962.68	41.36	41.45	24.45	41.36	24.37
	2008	127,923.18	60,973.38	61,153.71	29,270.53	60,973.38	29,164.16	47.66	47.81	22.88	47.66	22.80
	2011	91,019.86	54,835.88	55,019.27	35,549.52	54,835.88	35,434.02	60.25	60.45	39.06	60.25	38.93
	2015	84,312.00	54,666.27	54,839.80	35,695.63	54,666.27	33,595.06	64.84	65.04	39.97	64.84	39.85
菲律宾	2000	16,752.49	12,878.05	12,899.61	9,990.31	12,878.05	9,974.30	76.87	77.00	59.63	76.87	59.54
	2005	17,065.30	10,054.47	10,075.43	6,310.12	10,054.47	6,297.97	58.92	59.04	36.98	58.92	36.91
	2008	32,083.97	15,484.77	15,507.25	9,928.05	15,484.77	9,914.71	48.26	48.33	30.94	48.26	30.90
	2011	22,002.25	13,346.69	13,361.39	8,389.50	13,346.69	8,379.20	60.66	60.73	38.13	60.66	38.08
	2015	19,057.91	14,386.77	14,406.92	10,004.60	14,386.77	9,990.58	75.49	75.60	52.50	75.49	52.42
泰国	2000	38,470.04	15,355.00	15,458.53	11,664.29	15,355.00	11,585.70	39.91	40.18	30.32	39.91	30.12
	2005	62,344.90	25,524.78	25,608.41	18,869.43	25,524.78	18,801.64	40.94	41.08	30.27	40.94	30.16
	2008	116,318.96	54,355.85	54,487.17	35,599.56	54,355.85	35,502.36	46.73	46.84	30.61	46.73	30.52
	2011	71,412.57	36,465.42	36,560.69	28,422.65	36,465.42	28,339.74	51.06	51.20	39.80	51.06	39.68
	2015	70,430.15	43,623.02	43,715.94	29,772.03	43,623.02	29,699.01	61.94	62.07	42.27	61.94	42.17
越南	2000	594.18	291.77	292.10	462.71	291.77	462.28	49.11	49.16	77.87	49.11	77.80
	2005	3,340.36	2,121.49	2,123.72	1,618.71	2,121.49	1,617.14	63.51	63.58	48.46	63.51	48.41
	2008	16,132.98	7,058.29	7,081.55	5,077.48	7,058.29	5,060.31	43.75	43.89	31.47	43.75	31.37
	2011	11,758.61	6,665.92	6,678.57	5,172.73	6,665.92	5,163.66	56.69	56.80	43.99	56.69	43.91
	2015	15,926.87	8,525.36	8,542.08	6,808.28	8,525.36	6,795.39	53.53	53.63	42.75	53.53	42.67
蒙古国	2000	29.19	14.98	14.98	9.57	14.98	9.57	51.30	51.30	32.77	51.30	32.77
	2005	39.87	22.49	22.49	17.08	22.49	17.08	56.42	56.42	42.86	56.42	42.85
	2008	149.70	102.24	102.25	45.93	102.24	45.92	68.30	68.30	30.68	68.30	30.68
	2011	112.24	62.66	62.66	76.40	62.66	76.38	55.82	55.83	68.06	55.82	68.05
	2015	130.76	86.38	86.38	119.51	86.38	119.50	66.06	66.07	91.40	66.06	91.39
斯里兰卡	2000	9.51	6.39	6.39	15.26	6.39	15.26	67.15	67.18	160.51	67.15	160.46
	2005	7.99	5.02	5.02	5.98	5.02	5.98	62.85	62.88	74.92	62.85	74.89
	2008	16.00	6.71	6.71	55.22	6.71	55.20	41.95	41.95	345.13	41.95	345.00
	2011	374.93	230.73	230.87	209.48	230.73	209.38	61.54	61.58	55.87	61.54	55.85
	2015	222.14	144.55	144.66	248.83	144.55	248.71	65.07	65.12	112.01	65.07	111.96

资料来源：亚行多区域投入一产出表格数据库（ADB Multi Region Input – Output Tables Database）。

表 3.2d 各衡量标准下的增加值出口——商业服务业

		出口额	VAX_G	DVA_B	DVA_F	VAX_B	VAX_F	VAX_G	DVA_B	DVA_F	VAX_B	VAX_F
					(单位：百万美元)				增加值出口额占出口总额的比例（%）			
中国	2000	39,280.26	35,011.02	35,351.52	62,899.99	35,011.02	62,308.83	89.13	90.00	160.13	89.13	158.63
	2005	114,129.50	96,200.87	97,954.39	166,099.38	96,200.87	163,309.60	84.29	85.83	145.54	84.29	143.09
	2008	195,098.77	165,391.99	168,567.60	337,574.05	165,391.99	331,169.96	84.77	86.40	173.03	84.77	169.74
	2011	274,229.73	232,429.91	238,825.28	470,367.32	232,429.91	458,182.21	84.76	87.09	171.52	84.76	167.08
	2015	316,773.96	283,621.84	289,905.18	633,157.56	283,621.84	617,890.42	89.53	91.52	199.88	89.53	195.06
印度尼西亚	2000	4,895.61	4,107.59	4,119.34	8,914.98	4,107.59	8,897.76	83.90	84.14	182.10	83.90	181.75
	2005	8,419.52	7,105.67	7,131.82	13,061.91	7,105.67	13,023.05	84.40	84.71	155.14	84.40	154.68
	2008	13,760.94	11,786.47	11,815.51	19,827.02	11,786.47	19,766.09	85.65	85.86	144.08	85.65	143.64
	2011	19,033.93	16,560.18	16,589.45	28,083.49	16,560.18	27,996.91	87.00	87.16	147.54	87.00	147.09
	2015	18,889.07	17,229.57	17,259.52	34,121.62	17,229.57	34,036.98	91.21	91.37	180.64	91.21	180.19
印度	2000	6,790.81	6,221.66	6,237.02	17,686.17	6,221.66	17,650.46	91.62	91.85	260.44	91.62	259.92
	2005	36,703.32	33,276.66	33,441.75	53,892.06	33,276.66	53,621.69	90.66	91.11	146.83	90.66	146.09
	2008	60,546.61	54,617.73	54,775.51	88,831.24	54,617.73	88,450.85	90.21	90.47	146.72	90.21	146.09
	2011	70,365.61	64,297.99	64,442.56	115,674.58	64,297.99	115,295.19	91.38	91.58	164.39	91.38	163.85
	2015	67,737.70	62,851.01	63,051.95	134,827.29	62,851.01	134,348.75	92.79	93.08	199.04	92.79	198.34
日本	2000	88,511.38	80,955.55	82,706.15	173,351.94	80,955.55	169,750.64	91.46	93.44	195.85	91.46	191.78
	2005	112,836.20	101,247.45	103,422.15	214,827.13	101,247.45	210,372.49	89.73	91.66	190.39	89.73	186.44
	2008	170,126.24	147,769.17	150,627.35	297,497.19	147,769.17	292,335.24	86.86	88.54	174.87	86.86	171.83
	2011	171,220.37	151,141.37	153,281.63	299,703.42	151,141.37	295,340.39	88.27	89.52	175.04	88.27	172.49
	2015	162,662.46	146,575.41	148,318.72	272,559.91	146,575.41	269,452.61	90.11	91.18	167.56	90.11	165.65
韩国	2000	31,860.20	25,954.80	26,093.72	45,348.33	25,954.80	45,127.25	81.46	81.90	142.34	81.46	141.64
	2005	45,505.39	34,863.04	35,109.47	69,533.67	34,863.04	69,076.52	76.61	77.15	152.80	76.61	151.80
	2008	71,505.37	48,992.16	49,309.72	94,958.61	48,992.16	94,375.37	68.52	68.96	132.80	68.52	131.98
	2011	81,102.07	57,721.22	58,019.60	112,655.16	57,721.22	112,049.42	71.17	71.54	138.91	71.17	138.16
	2015	92,446.09	76,827.63	77,201.45	150,113.16	76,827.63	149,431.47	83.11	83.51	162.38	83.11	161.64
中国台北	2000	17,096.91	13,707.79	13,760.98	45,777.65	13,707.79	45,568.95	80.18	80.49	267.75	80.18	266.53
	2005	17,611.01	12,823.48	12,863.57	51,296.11	12,823.48	51,062.31	72.82	73.04	291.27	72.82	289.95
	2008	21,675.29	14,817.24	14,859.15	63,773.23	14,817.24	63,552.87	68.36	68.55	294.22	68.36	293.20
	2011	21,953.51	15,579.85	15,612.19	74,103.11	15,579.85	73,877.72	70.97	71.11	337.55	70.97	336.52
	2015	22,317.02	17,255.00	17,291.74	99,549.50	17,255.00	99,283.90	77.32	77.48	446.07	77.32	444.88
孟加拉国	2000	753.99	730.80	731.00	1,767.72	730.80	1,767.32	96.93	96.95	234.45	96.93	234.40
	2005	858.38	826.44	826.65	2,346.61	826.44	2,345.95	96.28	96.30	273.38	96.28	273.30
	2008	1,233.00	900.88	901.23	4,193.76	900.88	4,191.98	73.06	73.09	340.13	73.06	339.98
	2011	1,363.01	1,133.93	1,134.14	6,931.28	1,133.93	6,929.25	83.19	83.21	508.53	83.19	508.38
	2015	2,586.16	2,325.54	2,326.00	10,622.85	2,325.54	10,619.62	89.92	89.94	410.76	89.92	410.63

续表

		出口额	VAX_G	DVA_B	DVA_F	VAX_B	VAX_F	VAX_G	DVA_B	DVA_F	VAX_B	VAX_F
				(单位：百万美元)					增加值出口额占出口总额的比例（%）			
马来西亚	2000	11,891.12	8,145.86	8,177.08	14,400.10	8,145.86	14,363.23	68.50	68.77	121.10	68.50	120.79
	2005	15,512.30	12,497.24	12,522.87	23,503.30	12,497.24	23,449.57	80.56	80.73	151.51	80.56	151.17
	2008	29,524.14	22,613.72	22,691.55	43,931.61	22,613.72	43,795.50	76.59	76.86	148.80	76.59	148.34
	2011	33,085.50	27,414.85	27,463.62	42,070.46	27,414.85	41,982.80	82.86	83.01	127.16	82.86	126.89
	2015	43,170.10	33,880.99	33,958.30	49,025.48	33,880.99	48,911.76	78.48	78.66	113.56	78.48	113.30
菲律宾	2000	3,803.04	3,287.21	3,289.67	5,281.37	3,287.21	5,275.17	86.44	86.50	138.87	86.44	138.71
	2005	5,904.56	5,313.99	5,318.78	8,741.98	5,313.99	8,730.20	90.00	90.08	148.05	90.00	147.86
	2008	13,057.53	11,755.53	11,769.47	16,552.43	11,755.53	16,531.74	90.03	90.14	126.77	90.03	126.61
	2011	17,910.80	16,492.43	16,512.64	19,354.50	16,492.43	19,332.59	92.08	92.19	108.06	92.08	107.94
	2015	25,078.69	22,574.02	22,610.81	24,026.10	22,574.02	23,988.17	90.01	90.16	95.80	90.01	95.65
泰国	2000	13,479.87	11,294.17	11,328.43	16,870.27	11,294.17	16,811.91	83.79	84.04	125.15	83.79	124.72
	2005	19,306.47	15,334.21	15,393.41	24,861.92	15,334.21	24,783.46	79.43	79.73	128.78	79.43	128.37
	2008	27,511.36	22,239.06	22,337.26	41,669.71	22,239.06	41,545.94	80.84	81.19	151.46	80.84	151.01
	2011	42,776.54	36,031.89	36,141.85	46,480.66	36,031.89	46,354.02	84.23	84.49	108.66	84.23	108.36
	2015	58,739.86	46,572.43	46,707.28	61,219.99	46,572.43	61,055.07	79.29	79.52	104.22	79.29	103.94
越南	2000	2,843.63	2,183.02	2,184.01	3,021.09	2,183.02	3,019.01	76.77	76.80	106.24	76.77	106.17
	2005	4,127.91	3,545.32	3,546.52	5,852.59	3,545.32	5,848.88	85.89	85.92	141.78	85.89	141.69
	2008	11,937.75	10,285.80	10,297.57	14,164.77	10,285.80	14,140.16	86.16	86.26	118.66	86.16	118.45
	2011	15,159.56	12,627.86	12,637.53	18,683.48	12,627.86	18,661.18	83.30	83.36	123.25	83.30	123.10
	2015	21,775.52	17,691.00	17,709.67	25,653.66	17,691.00	25,619.59	81.24	81.33	117.81	81.24	117.65
蒙古国	2000	140.71	90.04	90.05	102.52	90.04	102.51	63.99	64.00	72.86	63.99	72.86
	2005	260.26	177.47	177.49	230.93	177.47	230.91	68.19	68.20	88.73	68.19	88.72
	2008	569.71	382.13	382.20	488.44	382.13	488.37	67.07	67.09	85.73	67.07	85.72
	2011	1,141.58	843.93	844.27	1,265.61	843.93	1,265.20	73.93	73.96	110.86	73.93	110.83
	2015	872.28	593.21	593.30	1,180.20	593.21	1,180.03	68.01	68.02	135.30	68.01	135.28
斯里兰卡	2000	1,847.60	1,522.56	1,523.00	1,755.75	1,522.56	1,755.27	82.41	82.43	95.03	82.41	95.00
	2005	1,616.89	1,381.06	1,381.42	1,386.15	1,381.06	1,385.81	85.41	85.44	85.73	85.41	85.71
	2008	2,509.01	1,942.90	1,943.57	2,331.60	1,942.90	2,330.76	77.44	77.46	92.93	77.44	92.90
	2011	3,665.50	3,207.13	3,208.17	3,651.18	3,207.13	3,650.08	87.50	87.52	99.61	87.50	99.58
	2015	4,619.09	3,983.70	3,984.92	4,626.89	3,983.70	4,625.66	86.24	86.27	100.17	86.24	100.14

资料来源：亚行多区域投入—产出表格数据库（ADB Multi Region Input–Output Tables Database）。

表 3.2e 各衡量标准下的增加值出口——私人服务业

		出口额	VAX_G	DVA_B	DVA_F	VAX_B	VAX_F	VAX_G	DVA_B	DVA_F	VAX_B	VAX_F
				(单位：百万美元)					增加值出口额占出口总额的比例（%）			
中国	2000	7,589.02	6,698.46	6,746.66	5,496.68	6,698.46	5,452.91	88.27	88.90	72.43	88.27	71.85
	2005	10,882.42	9,227.45	9,344.62	13,810.94	9,227.45	13,602.22	84.79	85.87	126.91	84.79	124.99
	2008	12,856.49	11,088.96	11,215.63	25,642.29	11,088.96	25,193.71	86.25	87.24	199.45	86.25	195.96
	2011	16,710.74	14,391.49	14,675.63	32,786.95	14,391.49	31,990.60	86.12	87.82	196.20	86.12	191.44
	2015	36,141.44	33,323.01	33,416.16	88,982.47	33,323.01	87,062.69	92.20	92.46	246.21	92.20	240.89
印度尼西亚	2000	928.18	802.75	803.40	771.50	802.75	770.60	86.49	86.56	83.12	86.49	83.02
	2005	1,976.84	1,661.32	1,662.92	2,309.46	1,661.32	2,304.68	84.04	84.12	116.83	84.04	116.58
	2008	3,202.53	2,732.70	2,734.61	3,678.16	2,732.70	3,669.73	85.33	85.39	114.85	85.33	114.59
	2011	4,238.25	3,662.83	3,664.32	5,599.30	3,662.83	5,584.64	86.42	86.46	132.11	86.42	131.77
	2015	13,570.33	12,344.37	12,344.11	11,618.82	12,344.37	11,605.23	90.97	90.96	85.62	90.97	85.52
印度	2000	1,936.15	1,775.91	1,780.05	1,924.45	1,775.91	1,920.35	91.72	91.94	99.40	91.72	99.18
	2005	3,539.36	3,097.18	3,104.98	4,573.68	3,097.18	4,558.79	87.51	87.73	129.22	87.51	128.80
	2008	5,256.43	4,779.73	4,793.54	7,381.29	4,779.73	7,357.35	90.93	91.19	140.42	90.93	139.97
	2011	6,087.11	5,518.88	5,534.42	9,325.80	5,518.88	9,298.77	90.66	90.92	153.21	90.66	152.76
	2015	7,529.22	7,283.29	7,305.21	10,500.38	7,283.29	10,468.37	96.73	97.02	139.46	96.73	139.04
日本	2000	1,783.14	1,712.86	1,731.75	12,645.63	1,712.86	12,390.14	96.06	97.12	709.18	96.06	694.85
	2005	2,930.43	2,789.95	2,810.65	15,440.98	2,789.95	15,134.57	95.21	95.91	526.92	95.21	516.46
	2008	4,111.91	3,842.06	3,866.96	21,737.39	3,842.06	21,387.51	93.44	94.04	528.64	93.44	520.14
	2011	3,772.42	3,549.89	3,576.08	22,677.23	3,549.89	22,347.76	94.10	94.80	601.13	94.10	592.40
	2015	10,308.95	9,599.29	9,629.99	26,153.14	9,599.29	25,907.65	93.12	93.41	253.69	93.12	251.31
韩国	2000	2,852.93	2,552.72	2,559.78	2,836.19	2,552.72	2,826.76	89.48	89.72	99.41	89.48	99.08
	2005	2,829.61	2,522.84	2,534.25	3,680.20	2,522.84	3,660.52	89.16	89.56	130.06	89.16	129.36
	2008	4,534.32	3,853.14	3,866.05	5,544.83	3,853.14	5,518.74	84.98	85.26	122.29	84.98	121.71
	2011	5,049.59	4,299.13	4,313.71	6,253.37	4,299.13	6,225.57	85.14	85.43	123.84	85.14	123.29
	2015	13,844.82	12,424.64	12,429.23	13,474.93	12,424.64	13,448.93	89.74	89.78	97.33	89.74	97.14
中国台北	2000	985.06	858.56	860.83	1,406.46	858.56	1,401.09	87.16	87.39	142.78	87.16	142.23
	2005	1,011.52	903.83	904.64	1,953.76	903.83	1,946.88	89.35	89.43	193.15	89.35	192.47
	2008	1,482.05	1,311.65	1,313.17	2,660.39	1,311.65	2,653.05	88.50	88.61	179.51	88.50	179.01
	2011	1,606.08	1,427.72	1,429.50	3,084.65	1,427.72	3,076.81	88.90	89.01	192.06	88.90	191.57
	2015	6,704.39	5,913.64	5,914.96	9,279.20	5,913.64	9,264.45	88.21	88.23	138.40	88.21	138.18
孟加拉国	2000	488.38	470.91	471.14	909.47	470.91	909.17	96.42	96.47	186.22	96.42	186.16
	2005	531.71	510.01	510.26	1,126.56	510.01	1,126.16	95.92	95.97	211.87	95.92	211.80
	2008	863.09	792.22	792.52	1,183.82	792.22	1,183.37	91.79	91.82	137.16	91.79	137.11
	2011	762.18	704.72	704.91	1,677.62	704.72	1,677.14	92.46	92.49	220.11	92.46	220.04
	2015	2,037.02	1,894.63	1,895.05	3,531.18	1,894.63	3,530.20	93.01	93.03	173.35	93.01	173.30

续表

		出口额	VAX_G	DVA_B	DVA_F	VAX_B	VAX_F	VAX_G	DVA_B	DVA_F	VAX_B	VAX_F
		(单位：百万美元)						增加值出口额占出口总额的比例（%）				
马来西亚	2000	1,122.44	846.99	846.32	729.07	846.99	728.73	75.46	75.40	64.95	75.46	64.92
	2005	1,216.76	921.78	922.27	846.50	921.78	845.37	75.76	75.80	69.57	75.76	69.48
	2008	5,466.21	3,932.16	3,935.13	3,354.22	3,932.16	3,348.76	71.94	71.99	61.36	71.94	61.26
	2011	3,015.96	2,504.26	2,506.72	3,133.40	2,504.26	3,128.10	83.03	83.12	103.89	83.03	103.72
	2015	5,982.16	4,793.68	4,794.35	4,928.01	4,793.68	4,922.40	80.13	80.14	82.38	80.13	82.28
菲律宾	2000	93.75	83.73	83.80	164.95	83.73	164.74	89.31	89.39	175.95	89.31	175.73
	2005	418.20	376.24	376.47	370.15	376.24	369.90	89.97	90.02	88.51	89.97	88.45
	2008	761.14	658.50	659.24	696.09	658.50	695.29	86.52	86.61	91.45	86.52	91.35
	2011	746.97	685.12	685.53	863.81	685.12	863.07	91.72	91.77	115.64	91.72	115.54
	2015	1,039.64	941.76	942.46	997.92	941.76	996.92	90.59	90.65	95.99	90.59	95.89
泰国	2000	1,584.36	1,224.29	1,225.93	1,166.01	1,224.29	1,163.60	77.27	77.38	73.60	77.27	73.44
	2005	2,459.96	1,883.96	1,885.94	1,877.68	1,883.96	1,874.00	76.58	76.67	76.33	76.58	76.18
	2008	2,717.34	2,040.60	2,045.25	2,573.05	2,040.60	2,566.60	75.10	75.27	94.69	75.10	94.45
	2011	4,018.31	3,101.02	3,105.08	3,509.95	3,101.02	3,501.96	77.17	77.27	87.35	77.17	87.15
	2015	8,170.86	6,501.62	6,506.76	6,094.36	6,501.62	6,084.11	79.57	79.63	74.59	79.57	74.46
越南	2000	284.38	237.59	237.67	229.98	237.59	229.89	83.55	83.57	80.87	83.55	80.84
	2005	225.56	194.11	194.21	243.46	194.11	243.30	86.06	86.10	107.94	86.06	107.87
	2008	389.50	309.06	309.29	390.97	309.06	390.34	79.35	79.41	100.38	79.35	100.22
	2011	2,383.64	1,990.97	1,993.78	1,835.25	1,990.97	1,832.78	83.53	83.64	76.99	83.53	76.89
	2015	4,457.52	3,682.27	3,688.01	3,426.31	3,682.27	3,421.18	82.61	82.74	76.87	82.61	76.75
蒙古国	2000	4.44	2.91	2.91	2.42	2.91	2.42	65.45	65.45	54.53	65.45	54.53
	2005	5.32	3.74	3.74	4.45	3.74	4.44	70.24	70.24	83.48	70.24	83.47
	2008	6.25	4.60	4.60	44.35	4.60	44.34	73.69	73.69	710.13	73.69	710.05
	2011	17.92	13.96	13.96	33.99	13.96	33.98	77.88	77.88	189.62	77.88	189.59
	2015	20.87	18.19	18.19	54.42	18.19	54.41	87.19	87.19	260.80	87.19	260.77
斯里兰卡	2000	971.17	783.59	783.71	639.34	783.59	639.23	80.69	80.70	65.83	80.69	65.82
	2005	138.62	119.16	119.18	129.50	119.16	129.48	85.97	85.98	93.43	85.97	93.41
	2008	62.91	50.90	50.91	128.46	50.90	128.42	80.90	80.91	204.19	80.90	204.12
	2011	337.47	297.68	297.74	371.19	297.68	371.11	88.21	88.23	109.99	88.21	109.97
	2015	451.02	391.92	391.98	484.94	391.92	484.84	86.89	86.91	107.52	86.89	107.50

资料来源：亚行多区域投入－产出表格数据库（ADB Multi Region Input – Output Tables Database）。

表 3.2f 各衡量标准下的增值出口——所有产业

(单位：百万美元)　增加值出口额占出口总额的比例（%）

		出口额	VAX_G	DVA_B	DVA_F	VAX_B	VAX_F	VAX_G	DVA_B	DVA_F	VAX_B	VAX_F
中国	2000	279,345.90	228,011.83	230,164.46	230,164.46	228,011.83	228,011.83	81.62	82.39	82.39	81.62	81.62
	2005	838,620.93	607,606.26	617,892.13	617,892.13	607,606.26	607,606.26	72.45	73.68	73.68	72.45	72.45
	2008	1,579,658.98	1,186,098.86	1,208,860.03	1,208,860.03	1,186,098.86	1,186,098.86	75.09	76.53	76.53	75.09	75.09
	2011	2,093,765.10	1,579,774.00	1,620,694.56	1,620,694.56	1,579,774.00	1,579,774.00	75.45	77.41	77.41	75.45	75.45
	2015	2,288,337.32	1,861,048.43	1,906,257.26	1,906,257.26	1,861,048.43	1,861,048.43	81.33	83.30	83.30	81.33	81.33
印度尼西亚	2000	65,246.45	52,338.15	52,472.96	52,472.96	52,338.15	52,338.15	80.22	80.42	80.42	80.22	80.22
	2005	94,067.44	75,609.51	75,894.67	75,894.67	75,609.51	75,609.51	80.38	80.68	80.68	80.38	80.38
	2008	151,221.29	124,411.41	124,958.87	124,958.87	124,411.41	124,411.41	82.27	82.63	82.63	82.27	82.27
	2011	219,754.04	185,400.49	186,507.40	186,507.40	185,400.49	185,400.49	84.37	84.87	84.87	84.37	84.37
	2015	208,792.55	189,163.43	189,973.18	189,973.18	189,163.43	189,163.43	90.60	90.99	90.99	90.60	90.60
印度	2000	67,865.51	57,740.07	57,848.92	57,848.92	57,740.07	57,740.07	85.08	85.24	85.24	85.08	85.08
	2005	158,894.54	126,519.38	127,152.33	127,152.33	126,519.38	126,519.38	79.62	80.02	80.02	79.62	79.62
	2008	260,263.80	202,311.92	203,336.93	203,336.93	202,311.92	202,311.92	77.73	78.13	78.13	77.73	77.73
	2011	337,433.02	263,304.65	264,344.43	264,344.43	263,304.65	263,304.65	78.03	78.34	78.34	78.03	78.03
	2015	369,623.98	318,181.02	319,466.53	319,466.53	318,181.02	318,181.02	86.08	86.43	86.43	86.08	86.08
日本	2000	513,245.95	457,313.40	467,029.42	467,029.42	457,313.40	457,313.40	89.10	91.00	91.00	89.10	89.10
	2005	651,184.76	558,437.73	570,274.75	570,274.75	558,437.73	558,437.73	85.76	87.57	87.57	85.76	85.76
	2008	862,937.83	689,018.02	700,901.80	700,901.80	689,018.02	689,018.02	79.85	81.22	81.22	79.85	79.85
	2011	900,325.12	731,761.37	742,908.93	742,908.93	731,761.37	731,761.37	81.28	82.52	82.52	81.28	81.28
	2015	740,112.40	620,578.79	627,608.44	627,608.44	620,578.79	620,578.79	83.85	84.80	84.80	83.85	83.85
韩国	2000	199,509.87	138,462.93	139,153.96	139,153.96	138,462.93	138,462.93	69.40	69.75	69.75	69.40	69.40
	2005	329,193.38	220,556.40	222,041.11	222,041.11	220,556.40	220,556.40	67.00	67.45	67.45	67.00	67.00
	2008	498,780.09	287,376.34	289,182.32	289,182.32	287,376.34	287,376.34	57.62	57.98	57.98	57.62	57.62
	2011	615,300.11	363,588.36	365,675.11	365,675.11	363,588.36	363,588.36	59.09	59.43	59.43	59.09	59.09
	2015	591,607.55	430,585.78	432,502.37	432,502.37	430,585.78	430,585.78	72.78	73.11	73.11	72.78	72.78
中国台北	2000	173,290.82	110,321.06	110,871.11	110,871.11	110,321.06	110,321.06	63.66	63.98	63.98	63.66	63.66
	2005	226,748.95	126,896.72	127,518.59	127,518.59	126,896.72	126,896.72	55.96	56.24	56.24	55.96	55.96
	2008	288,322.92	147,042.79	147,580.67	147,580.67	147,042.79	147,042.79	51.00	51.19	51.19	51.00	51.00
	2011	340,219.14	178,014.08	178,585.41	178,585.41	178,014.08	178,014.08	52.32	52.49	52.49	52.32	52.32
	2015	394,321.92	259,449.60	260,151.49	260,151.49	259,449.60	259,449.60	65.80	65.97	65.97	65.80	65.80
孟加拉国	2000	6,451.39	5,639.23	5,640.98	5,640.98	5,639.23	5,639.23	87.41	87.44	87.44	87.41	87.41
	2005	8,854.23	7,399.67	7,402.45	7,402.45	7,399.67	7,399.67	83.57	83.60	83.60	83.57	83.57
	2008	15,708.05	11,751.19	11,756.39	11,756.39	11,751.19	11,751.19	74.81	74.84	74.84	74.81	74.81
	2011	22,800.71	19,383.40	19,389.26	19,389.26	19,383.40	19,383.40	85.01	85.04	85.04	85.01	85.01
	2015	36,812.72	31,979.89	31,989.99	31,989.99	31,979.89	31,979.89	86.87	86.90	86.90	86.87	86.87

续表

		出口额	VAX_G	DVA_B	DVA_F	VAX_B	VAX_F	VAX_G	DVA_B	DVA_F	VAX_B	VAX_F
				(单位：百万美元)					增加值出口额占出口总额的比例（%）			
马来西亚	2000	111,832.08	53,273.37	53,414.43	53,414.43	53,273.37	53,273.37	47.64	47.76	47.76	47.64	47.64
	2005	147,263.47	79,625.09	79,855.38	79,855.38	79,625.09	79,625.09	54.07	54.23	54.23	54.07	54.07
	2008	222,929.88	135,705.71	136,145.77	136,145.77	135,705.71	135,705.71	60.87	61.07	61.07	60.87	60.87
	2011	191,802.71	134,178.91	134,520.49	134,520.49	134,178.91	134,178.91	69.96	70.13	70.13	69.96	69.96
	2015	189,417.80	130,239.06	130,584.83	130,584.83	130,239.06	130,239.06	68.76	68.94	68.94	68.76	68.76
菲律宾	2000	26,837.67	21,503.47	21,529.42	21,529.42	21,503.47	21,503.47	80.12	80.22	80.22	80.12	80.12
	2005	32,358.42	23,327.99	23,358.72	23,358.72	23,327.99	23,327.99	72.09	72.19	72.19	72.09	72.09
	2008	62,004.58	41,224.23	41,270.13	41,270.13	41,224.23	41,224.23	66.49	66.56	66.56	66.49	66.49
	2011	52,901.69	41,247.83	41,290.86	41,290.86	41,247.83	41,247.83	77.97	78.05	78.05	77.97	77.97
	2015	60,481.11	50,622.85	50,695.26	50,695.26	50,622.85	50,622.85	83.70	83.82	83.82	83.70	83.70
泰国	2000	81,515.09	48,280.11	48,481.49	48,481.49	48,280.11	48,280.11	59.23	59.48	59.48	59.23	59.23
	2005	122,625.82	69,402.57	69,619.92	69,619.92	69,402.57	69,402.57	56.60	56.77	56.77	56.60	56.60
	2008	205,428.43	121,040.76	121,377.84	121,377.84	121,040.76	121,040.76	58.92	59.09	59.09	58.92	58.92
	2011	188,398.91	128,574.48	128,921.14	128,921.14	128,574.48	128,574.48	68.25	68.43	68.43	68.25	68.25
	2015	209,515.22	148,941.76	149,345.60	149,345.60	148,941.76	148,941.76	71.09	71.28	71.28	71.09	71.09
越南	2000	14,018.88	10,593.84	10,603.85	10,603.85	10,593.84	10,593.84	75.57	75.64	75.64	75.57	75.57
	2005	27,044.14	20,494.58	20,514.38	20,514.38	20,494.58	20,494.58	75.78	75.86	75.86	75.78	75.78
	2008	69,551.59	45,263.54	45,386.49	45,386.49	45,263.54	45,263.54	65.08	65.26	65.26	65.08	65.08
	2011	84,579.55	58,670.89	58,763.60	58,763.60	58,670.89	58,670.89	69.37	69.48	69.48	69.37	69.37
	2015	130,368.75	85,619.34	85,768.17	85,768.17	85,619.34	85,619.34	65.67	65.79	65.79	65.67	65.67
蒙古国	2000	426.49	296.87	296.89	296.89	296.87	296.87	69.61	69.61	69.61	69.61	69.61
	2005	1,121.30	834.95	835.00	835.00	834.95	834.95	74.46	74.47	74.47	74.46	74.46
	2008	2,401.43	1,812.58	1,812.78	1,812.78	1,812.58	1,812.58	75.48	75.49	75.49	75.48	75.48
	2011	5,282.98	3,545.05	3,545.87	3,545.87	3,545.05	3,545.05	67.10	67.12	67.12	67.10	67.10
	2015	5,432.88	3,900.53	3,901.00	3,901.00	3,900.53	3,900.53	71.79	71.80	71.80	71.79	71.79
斯里兰卡	2000	4,586.24	3,615.49	3,616.37	3,616.37	3,615.49	3,615.49	78.83	78.85	78.85	78.83	78.83
	2005	2,697.70	2,225.33	2,225.96	2,225.96	2,225.33	2,225.33	82.49	82.51	82.51	82.49	82.49
	2008	7,406.15	5,728.22	5,730.56	5,730.56	5,728.22	5,728.22	77.34	77.38	77.38	77.34	77.34
	2011	9,943.32	8,395.31	8,397.69	8,397.69	8,395.31	8,395.31	84.43	84.46	84.46	84.43	84.43
	2015	14,186.26	12,241.88	12,244.75	12,244.75	12,241.88	12,241.88	86.29	86.31	86.31	86.29	86.29

资料来源：亚行多区域投入—产出表格数据库（ADB Multi Region Input – Output Tables Database）。

2016 年亚太地区关键指标　275

表 3.3a　直接和间接增加值出口——第一产业

		出口总额	VAX_F	VAX_B	直接出口	间接出口（前向联系）	间接出口（后向联系）	直接出口占VAX_F的份额	间接出口占VAX_F的份额	直接出口占VAX_B的份额	间接出口占VAX_B的份额
				（单位：百万美元）					（单位：百分比）		
中国	2000	10,913.96	31,931.10	9,946.62	7,099.72	24,831.38	2,846.90	22.23	77.77	71.38	28.62
	2005	20,989.37	88,383.75	18,111.95	13,168.96	75,214.79	4,942.99	14.90	85.10	72.71	27.29
	2008	25,091.04	157,316.85	21,687.91	15,202.79	142,114.07	6,485.12	9.66	90.34	70.10	29.90
	2011	34,237.15	205,033.31	29,729.82	21,634.36	183,398.95	8,095.46	10.55	89.45	72.77	27.23
	2015	44,928.07	258,648.15	40,781.84	30,100.34	228,547.81	10,681.50	11.64	88.36	73.81	26.19
印度尼西亚	2000	10,794.33	19,496.69	10,287.98	10,007.89	9,488.81	280.09	51.33	48.67	97.28	2.72
	2005	21,998.21	29,691.93	20,432.30	19,646.52	10,045.42	785.78	66.17	33.83	96.15	3.85
	2008	36,871.59	52,263.01	34,642.99	33,048.76	19,214.25	1,594.23	63.24	36.76	95.40	4.60
	2011	65,323.49	88,261.98	61,875.07	59,224.11	29,037.87	2,650.96	67.10	32.90	95.72	4.28
	2015	39,882.12	74,457.95	38,398.16	36,542.81	37,915.13	1,855.35	49.08	50.92	95.17	4.83
印度	2000	8,241.66	13,456.93	7,943.73	7,007.94	6,448.99	935.79	52.08	47.92	88.22	11.78
	2005	14,571.58	22,521.46	13,866.36	11,938.18	10,583.29	1,928.19	53.01	46.99	86.09	13.91
	2008	21,706.11	33,056.84	20,494.45	17,781.64	15,275.20	2,712.81	53.79	46.21	86.76	13.24
	2011	28,737.83	43,710.87	27,503.22	23,899.57	19,811.30	3,603.66	54.68	45.32	86.90	13.10
	2015	21,172.38	43,763.54	20,030.89	17,706.22	26,057.32	2,324.67	40.46	59.54	88.39	11.61
日本	2000	2,242.99	4,310.84	1,872.27	1,074.96	3,235.88	797.31	24.94	75.06	57.41	42.59
	2005	2,957.53	4,960.76	2,133.47	1,114.78	3,845.98	1,018.69	22.47	77.53	52.25	47.75
	2008	4,797.37	5,396.25	2,702.73	1,298.01	4,098.25	1,404.72	24.05	75.95	48.03	51.97
	2011	5,467.05	6,759.52	3,155.54	1,567.20	5,192.32	1,588.34	23.19	76.81	49.66	50.34
	2015	3,133.70	5,563.90	2,629.77	1,251.20	4,312.70	1,378.57	22.49	77.51	47.58	52.42
韩国	2000	481.62	3,018.25	427.23	361.54	2,656.71	65.69	11.98	88.02	84.62	15.38
	2005	627.11	3,715.91	549.61	433.63	3,282.28	115.98	11.67	88.33	78.90	21.10
	2008	518.92	3,791.16	412.58	312.84	3,478.33	99.74	8.25	91.75	75.82	24.18
	2011	770.65	4,778.19	607.87	457.96	4,320.23	149.91	9.58	90.42	75.34	24.66
	2015	1,218.63	6,853.96	1,024.04	747.36	6,106.60	276.68	10.90	89.10	72.98	27.02
中国台北	2000	1,829.67	1,631.61	1,525.06	960.30	671.30	564.76	58.86	41.14	62.97	37.03
	2005	2,136.96	1,700.35	1,652.75	1,041.05	659.29	611.70	61.23	38.77	62.99	37.01
	2008	2,609.74	2,219.08	1,886.16	1,298.65	920.42	587.51	58.52	41.48	68.85	31.15
	2011	4,804.99	3,768.22	3,562.72	2,477.77	1,290.45	1,084.95	65.75	34.25	69.55	30.45
	2015	5,542.35	3,750.36	4,268.90	2,852.40	897.96	1,416.50	76.06	23.94	66.82	33.18
孟加拉国	2000	390.28	797.19	377.47	342.88	454.30	34.58	43.01	56.99	90.84	9.16
	2005	368.79	932.00	353.38	318.47	613.53	34.92	34.17	65.83	90.12	9.88
	2008	465.26	728.37	437.28	268.75	459.62	168.53	36.90	63.10	61.46	38.54
	2011	636.99	1,279.73	573.94	348.75	930.98	225.18	27.25	72.75	60.76	39.24
	2015	1,069.47	2,043.78	938.40	572.18	1,471.60	366.22	28.00	72.00	60.97	39.03

续表

		出口总额	VAX_F	VAX_B	直接出口	间接出口(前向联系)	间接出口(后向联系)	直接出口占VAX_F的份额	间接出口占VAX_F的份额	直接出口占VAX_B的份额	间接出口占VAX_B的份额
				(单位：百万美元)				(单位：百分比)			
马来西亚	2000	9,555.73	12,423.16	8,233.91	7,708.97	4,714.18	524.93	62.05	37.95	93.62	6.38
	2005	15,801.93	21,563.96	13,791.36	12,126.45	9,437.51	1,664.91	56.23	43.77	87.93	12.07
	2008	38,694.02	47,830.68	33,974.25	30,352.29	17,478.39	3,621.96	63.46	36.54	89.34	10.66
	2011	17,811.43	39,056.95	15,969.60	13,743.32	25,313.62	2,226.27	35.19	64.81	86.06	13.94
	2015	10,597.02	28,256.83	9,161.75	7,810.22	20,446.61	1,351.53	27.64	72.36	85.25	14.75
菲律宾	2000	697.59	1,782.05	649.35	572.11	1,209.94	77.24	32.10	67.90	88.10	11.90
	2005	925.27	2,999.96	850.97	712.96	2,287.00	138.01	23.77	76.23	83.78	16.22
	2008	2,153.04	5,579.95	1,969.22	1,652.01	3,927.94	317.21	29.61	70.39	83.89	16.11
	2011	1,467.88	5,310.72	1,357.64	1,127.90	4,182.82	229.74	21.24	78.76	83.08	16.92
	2015	1,622.13	4,896.03	1,484.56	1,219.55	3,676.49	265.01	24.91	75.09	82.15	17.85
泰国	2000	1,515.61	5,417.87	1,309.84	1,070.76	4,347.11	239.09	19.76	80.24	81.75	18.25
	2005	2,494.81	7,868.43	2,111.82	1,691.32	6,177.11	420.50	21.49	78.51	80.09	19.91
	2008	4,591.39	16,927.42	3,893.91	3,118.60	13,808.82	775.31	18.42	81.58	80.09	19.91
	2011	7,073.21	22,236.25	6,089.28	4,808.90	17,427.34	1,280.38	21.63	78.37	78.97	21.03
	2015	7,393.86	21,490.30	6,221.76	4,928.73	16,561.57	1,293.03	22.93	77.07	79.22	20.78
越南	2000	5,953.49	5,053.30	5,183.53	4,389.60	663.70	793.93	86.87	13.13	84.68	15.32
	2005	10,704.56	9,223.93	9,024.99	7,414.15	1,809.78	1,610.83	80.38	19.62	82.15	17.85
	2008	25,345.58	19,373.83	19,168.64	16,370.40	3,003.43	2,798.24	84.50	15.50	85.40	14.60
	2011	26,068.80	23,336.35	21,419.60	18,125.78	5,210.57	3,293.83	77.67	22.33	84.62	15.38
	2015	41,929.01	35,278.64	32,681.60	27,910.19	7,368.45	4,771.41	79.11	20.89	85.40	14.60
蒙古国	2000	184.31	154.36	139.78	125.55	28.82	14.23	81.33	18.67	89.82	10.18
	2005	708.22	523.15	549.46	478.32	44.83	71.14	91.43	8.57	87.05	12.95
	2008	1,460.71	1,144.16	1,157.27	1,018.14	126.02	139.12	88.99	11.01	87.98	12.02
	2011	3,637.57	1,965.02	2,333.74	1,844.58	120.44	489.16	93.87	6.13	79.04	20.96
	2015	3,986.99	2,207.66	2,856.89	2,076.67	130.99	780.22	94.07	5.93	72.69	27.31
斯里兰卡	2000	1,227.42	1,307.93	1,035.59	944.79	363.14	90.80	72.24	27.76	91.23	8.77
	2005	1,699.18	1,535.04	1,381.11	1,246.81	288.23	134.30	81.22	18.78	90.28	9.72
	2008	2,698.11	2,666.24	2,396.27	2,081.30	584.94	314.97	78.06	21.94	86.86	13.14
	2011	2,870.23	2,929.31	2,623.34	2,254.17	675.13	369.16	76.95	23.05	85.93	14.07
	2015	2,705.12	2,717.81	2,449.91	2,074.90	642.91	375.00	76.34	23.66	84.69	15.31

VAX_B = 基于后向联系的增加值出口，VAX_F = 基于前向联系的增加值出口。

资料来源：亚行多区域投入—产出表格数据库（ADB Multi Region Input–Output Tables Database）。

2016年亚太地区关键指标   277

表 3.3b 直接和间接增加值出口——低技术制造业

		出口总额	VAX_F	VAX_B	直接出口	间接出口（前向联系）	间接出口（后向联系）	直接出口占VAX_F的份额	间接出口占VAX_F的份额	直接出口占VAX_B的份额	间接出口占VAX_B的份额
		（单位：百万美元）						（单位：百分比）			
中国	2000	94,579.86	56,369.37	78,750.98	35,512.38	20,856.99	43,238.60	63.00	37.00	45.09	54.91
	2005	215,067.98	133,765.08	173,438.84	72,594.06	61,171.02	100,844.77	54.27	45.73	41.86	58.14
	2008	374,045.07	242,360.65	311,230.07	125,625.09	116,735.56	185,604.98	51.83	48.17	40.36	59.64
	2011	515,989.76	329,226.24	430,535.65	174,726.86	154,499.37	255,808.79	53.07	46.93	40.58	59.42
	2015	621,467.80	329,883.33	536,511.21	193,876.33	136,007.00	342,634.88	58.77	41.23	36.14	63.86
印度尼西亚	2000	25,158.01	12,362.34	19,788.42	10,876.88	1,485.46	8,911.54	87.98	12.02	54.97	45.03
	2005	29,989.11	15,084.93	23,450.92	13,073.19	2,011.74	10,377.73	86.66	13.34	55.75	44.25
	2008	49,037.44	23,657.41	39,148.53	20,633.58	3,023.83	18,514.95	87.22	12.78	52.71	47.29
	2011	64,744.94	31,542.13	52,009.46	27,220.37	4,321.76	24,789.09	86.30	13.70	52.34	47.66
	2015	72,541.82	36,497.74	63,891.59	30,576.56	5,921.18	33,315.03	83.78	16.22	47.86	52.14
印度	2000	29,631.28	13,452.64	25,538.88	9,567.35	3,885.29	15,971.53	71.12	28.88	37.46	62.54
	2005	56,477.49	23,114.74	40,422.34	16,671.35	6,443.38	23,750.98	72.12	27.88	41.24	58.76
	2008	83,437.14	32,646.27	56,829.67	22,785.14	9,861.13	34,044.53	69.79	30.21	40.09	59.91
	2011	110,565.11	40,698.56	71,406.03	28,359.98	12,338.57	43,046.04	69.68	30.32	39.72	60.28
	2015	134,634.27	53,260.52	112,270.47	35,137.28	18,123.23	77,133.19	65.97	34.03	31.30	68.70
日本	2000	26,831.00	45,938.27	24,125.38	11,600.64	34,337.63	12,524.74	25.25	74.75	48.08	51.92
	2005	37,772.16	53,715.70	32,816.28	15,545.32	38,170.38	17,270.97	28.94	71.06	47.37	52.63
	2008	48,171.52	58,606.46	39,357.30	16,789.08	41,817.38	22,568.23	28.65	71.35	42.66	57.34
	2011	59,620.72	70,188.67	49,198.36	20,736.07	49,452.61	28,462.29	29.54	70.46	42.15	57.85
	2015	53,403.95	61,765.80	44,357.02	18,502.12	43,263.68	25,854.90	29.96	70.04	41.71	58.29
韩国	2000	30,447.23	21,119.65	22,853.66	12,780.51	8,339.14	10,073.15	60.51	39.49	55.92	44.08
	2005	28,354.23	24,526.27	21,081.59	10,835.72	13,690.54	10,245.87	44.18	55.82	51.40	48.60
	2008	33,486.87	26,792.29	22,152.98	11,745.93	15,046.36	10,407.05	43.84	56.16	53.02	46.98
	2011	39,838.06	34,596.61	26,242.83	13,548.45	21,048.16	12,694.38	39.16	60.84	51.63	48.37
	2015	38,994.24	40,378.15	29,317.40	14,139.31	26,238.84	15,178.09	35.02	64.98	48.23	51.77
中国台北	2000	31,315.20	14,868.75	22,732.57	10,526.75	4,342.00	12,205.83	70.80	29.20	46.31	53.69
	2005	28,325.89	12,946.94	18,936.50	8,599.32	4,347.62	10,337.18	66.42	33.58	45.41	54.59
	2008	29,726.10	11,408.23	17,817.95	8,026.64	3,381.59	9,791.32	70.36	29.64	45.05	54.95
	2011	35,854.34	13,568.72	21,441.80	9,517.01	4,051.70	11,924.79	70.14	29.86	44.39	55.61
	2015	48,755.75	27,082.07	32,215.86	13,350.20	13,731.87	18,865.66	49.30	50.70	41.44	58.56
孟加拉国	2000	4,701.33	1,993.32	3,961.19	1,774.64	218.68	2,186.55	89.03	10.97	44.80	55.20
	2005	6,958.69	2,729.58	5,593.05	2,433.06	296.52	3,159.99	89.14	10.86	43.50	56.50
	2008	12,615.07	5,322.29	9,316.33	5,075.92	246.37	4,240.41	95.37	4.63	54.48	45.52
	2011	19,607.53	8,991.49	16,666.58	8,493.89	497.60	8,172.69	94.47	5.53	50.96	49.04
	2015	30,510.52	15,340.13	26,324.96	14,396.50	943.63	11,928.46	93.85	6.15	54.69	45.31

续表

		出口总额	VAX_F	VAX_B	直接出口	间接出口（前向联系）	间接出口（后向联系）	直接出口占VAX_F的份额	间接出口占VAX_F的份额	直接出口占VAX_B的份额	间接出口占VAX_B的份额
		（单位：百万美元）						（单位：百分比）			
马来西亚	2000	16,805.50	7,626.70	10,375.30	5,190.60	2,436.10	5,184.70	68.06	31.94	50.03	49.97
	2005	20,517.30	10,803.52	13,448.36	6,297.99	4,505.53	7,150.37	58.30	41.70	46.83	53.17
	2008	21,322.33	11,566.61	14,212.20	6,181.88	5,384.73	8,030.33	53.45	46.55	43.50	56.50
	2011	46,869.96	14,577.05	33,454.32	8,949.94	5,627.11	24,504.39	61.40	38.60	26.75	73.25
	2015	45,356.51	14,553.02	27,736.37	8,479.61	6,073.41	19,256.76	58.27	41.73	30.57	69.43
菲律宾	2000	5,490.79	4,307.21	4,605.12	2,926.30	1,380.90	1,678.82	67.94	32.06	63.54	36.46
	2005	8,045.10	4,929.97	6,732.33	3,380.38	1,549.59	3,351.96	68.57	31.43	50.21	49.79
	2008	13,948.90	8,502.54	11,356.21	5,715.70	2,786.84	5,640.50	67.22	32.78	50.33	49.67
	2011	10,773.78	7,362.25	9,365.95	4,332.44	3,029.81	5,033.51	58.85	41.15	46.26	53.74
	2015	13,682.74	10,751.15	11,235.74	5,808.13	4,943.02	5,427.61	54.02	45.98	51.69	48.31
泰国	2000	26,465.20	13,301.04	19,096.81	10,370.72	2,930.32	8,726.09	77.97	22.03	54.31	45.69
	2005	36,019.68	16,075.04	24,547.81	11,942.59	4,132.45	12,605.21	74.29	25.71	48.65	51.35
	2008	54,289.37	24,498.45	38,511.34	18,165.02	6,333.43	20,346.32	74.15	25.85	47.17	52.83
	2011	63,118.28	28,142.51	46,886.88	20,647.47	7,495.04	26,239.40	73.37	26.63	44.04	55.96
	2015	64,780.50	30,613.26	46,022.94	21,178.47	9,434.79	24,844.46	69.18	30.82	46.02	53.98
越南	2000	4,343.19	1,829.37	2,697.92	1,295.08	534.28	1,402.84	70.79	29.21	48.00	52.00
	2005	8,645.75	3,561.33	5,608.67	2,187.07	1,374.26	3,421.59	61.41	38.59	38.99	61.01
	2008	15,745.78	6,298.89	8,441.75	3,677.31	2,621.58	4,764.43	58.38	41.62	43.56	56.44
	2011	29,208.94	9,676.92	15,966.54	5,710.65	3,966.27	10,255.89	59.01	40.99	35.77	64.23
	2015	46,279.82	14,504.54	23,039.12	8,335.09	6,169.44	14,704.03	57.47	42.53	36.18	63.82
蒙古国	2000	67.84	28.01	49.18	17.64	10.37	31.53	62.99	37.01	35.88	64.12
	2005	107.62	59.36	81.79	30.07	29.29	51.72	50.66	49.34	36.77	63.23
	2008	215.06	89.79	166.34	47.62	42.16	118.72	53.04	46.96	28.63	71.37
	2011	373.66	204.47	290.77	118.83	85.64	171.94	58.12	41.88	40.87	59.13
	2015	421.98	338.92	345.86	156.54	182.38	189.32	46.19	53.81	45.26	54.74
斯里兰卡	2000	3,672.90	2,056.00	2,648.19	1,898.83	157.17	749.37	92.36	7.64	71.70	28.30
	2005	4,113.75	2,468.03	2,730.73	1,940.10	527.93	790.63	78.61	21.39	71.05	28.95
	2008	4,818.02	3,065.60	3,611.37	2,385.07	680.52	1,226.29	77.80	22.20	66.04	33.96
	2011	6,363.32	4,648.66	5,329.43	3,527.56	1,121.10	1,801.87	75.88	24.12	66.19	33.81
	2015	6,826.02	5,105.13	5,906.02	3,894.37	1,210.76	2,011.65	76.28	23.72	65.94	34.06

资料来源：亚行多区域投入-产出表格数据库（ADB Multi Region Input–Output Tables Database）。

表 3.3c 直接和间接增加值出口——中高技术制造业

		出口总额	VAX_F	VAX_B	直接出口	间接出口（前向联系）	间接出口（后向联系）	直接出口占VAX_F的份额	间接出口占VAX_F的份额	直接出口占VAX_B的份额	间接出口占VAX_B的份额
		(单位：百万美元)						(单位：百分比)			
中国	2000	126,982.80	71,949.62	97,604.76	42,435.53	29,514.08	55,169.23	58.98	41.02	43.48	56.52
	2005	477,551.66	208,545.62	310,627.16	128,126.35	80,419.27	182,500.81	61.44	38.56	41.25	58.75
	2008	972,567.61	430,057.68	676,699.92	254,741.56	175,316.12	421,958.37	59.23	40.77	37.64	62.36
	2011	1,252,597.72	555,341.65	872,687.13	328,935.98	226,405.67	543,751.15	59.23	40.77	37.69	62.31
	2015	1,269,026.06	567,563.84	966,810.53	311,066.26	256,497.58	655,744.27	54.81	45.19	32.17	67.83
印度尼西亚	2000	23,470.31	10,810.75	17,351.40	9,124.28	1,686.48	8,227.12	84.40	15.60	52.59	47.41
	2005	31,683.76	15,504.93	22,959.31	13,592.69	1,912.24	9,366.62	87.67	12.33	59.20	40.80
	2008	48,348.79	25,055.18	36,100.72	21,395.84	3,659.34	14,704.88	85.39	14.61	59.27	40.73
	2011	66,413.42	32,014.83	51,292.95	28,633.96	3,380.87	22,658.99	89.44	10.56	55.82	44.18
	2015	63,909.21	32,565.53	57,299.75	27,559.33	5,006.21	29,740.42	84.63	15.37	48.10	51.90
印度	2000	21,265.62	11,259.69	16,259.89	7,417.78	3,841.91	8,842.11	65.88	34.12	45.62	54.38
	2005	47,602.78	22,702.69	35,856.83	15,637.14	7,065.55	20,219.69	68.88	31.12	43.61	56.39
	2008	89,317.52	40,800.62	65,590.34	28,609.36	12,191.26	36,980.99	70.12	29.88	43.62	56.38
	2011	121,677.35	54,301.26	94,578.53	39,128.78	15,172.48	55,449.75	72.06	27.94	41.37	58.63
	2015	138,550.42	76,339.85	115,745.36	49,007.02	27,332.82	66,738.33	64.20	35.80	42.34	57.66
日本	2000	393,877.43	224,923.51	348,647.34	179,368.40	45,555.11	169,278.94	79.75	20.25	51.45	48.55
	2005	494,688.44	274,254.21	419,450.58	218,479.70	55,774.51	200,970.88	79.66	20.34	52.09	47.91
	2008	635,730.79	311,292.57	495,346.76	242,308.56	68,984.01	253,038.20	77.84	22.16	48.92	51.08
	2011	660,244.56	337,125.02	524,716.21	266,534.89	70,590.14	258,181.33	79.06	20.94	50.80	49.20
	2015	510,603.33	257,888.83	417,417.31	201,506.13	56,382.70	215,911.17	78.14	21.86	48.27	51.73
韩国	2000	133,867.89	66,371.02	86,674.53	52,810.25	13,560.77	33,864.28	79.57	20.43	60.93	39.07
	2005	251,877.04	119,577.19	161,539.31	93,724.56	25,852.62	67,814.75	78.38	21.62	58.02	41.98
	2008	388,734.61	156,898.77	211,965.47	124,830.59	32,068.18	87,134.88	79.56	20.44	58.89	41.11
	2011	488,539.74	205,938.56	274,717.32	164,277.92	41,660.64	110,439.40	79.77	20.23	59.80	40.20
	2015	445,103.76	220,473.26	310,992.07	169,357.44	51,115.82	141,634.64	76.82	23.18	54.46	45.54
中国台北	2000	122,063.97	46,850.66	71,497.08	38,927.26	7,923.40	32,569.81	83.09	16.91	54.45	45.55
	2005	177,663.57	59,240.25	92,580.17	49,491.47	9,748.77	43,088.69	83.54	16.46	53.46	46.54
	2008	232,829.75	67,209.56	111,209.78	57,558.35	9,651.21	53,651.43	85.64	14.36	51.76	48.24
	2011	276,000.22	83,722.62	136,001.98	71,391.12	12,331.49	64,610.86	85.27	14.73	52.49	47.51
	2015	311,002.41	120,068.82	199,796.21	83,044.30	37,024.53	116,751.91	69.16	30.84	41.56	58.44
孟加拉国	2000	117.41	172.23	98.86	53.29	118.94	45.58	30.94	69.06	53.90	46.10
	2005	136.66	265.99	116.79	62.88	203.11	53.91	23.64	76.36	53.84	46.16
	2008	531.64	325.20	304.49	209.51	115.69	94.98	64.42	35.58	68.81	31.19
	2011	431.00	505.80	304.23	146.72	359.08	157.52	29.01	70.99	48.23	51.77
	2015	609.56	446.16	496.36	117.86	328.30	378.50	26.42	73.58	23.74	76.26

续表

国家	年份	出口总额	VAX_F	VAX_B	直接出口	间接出口（前向联系）	间接出口（后向联系）	直接出口占VAX_F的份额	间接出口占VAX_F的份额	直接出口占VAX_B的份额	间接出口占VAX_B的份额
		（单位：百万美元）						（单位：百分比）			
马来西亚	2000	72,457.29	18,131.55	25,671.31	16,149.80	1,981.75	9,521.51	89.07	10.93	62.91	37.09
	2005	94,215.18	22,962.68	38,966.35	18,817.50	4,145.18	20,148.86	81.95	18.05	48.29	51.71
	2008	127,923.18	29,164.16	60,973.38	22,287.91	6,876.26	38,685.47	76.42	23.58	36.55	63.45
	2011	91,019.86	35,434.02	54,835.88	26,048.84	9,385.17	28,787.03	73.51	26.49	47.50	52.50
	2015	84,312.00	33,595.06	54,666.27	24,346.48	9,248.58	30,319.79	72.47	27.53	44.54	55.46
菲律宾	2000	16,752.49	9,974.30	12,878.05	8,329.13	1,645.17	4,548.92	83.51	16.49	64.68	35.32
	2005	17,065.30	6,297.97	10,054.47	5,411.34	886.63	4,643.13	85.92	14.08	53.82	46.18
	2008	32,083.97	9,914.71	15,484.77	8,488.97	1,425.74	6,995.80	85.62	14.38	54.82	45.18
	2011	22,002.25	8,379.20	13,346.69	6,899.59	1,479.61	6,447.10	82.34	17.66	51.70	48.30
	2015	19,057.91	9,990.58	14,386.77	7,697.40	2,293.18	6,689.36	77.05	22.95	53.50	46.50
泰国	2000	38,470.04	11,585.70	15,355.00	9,378.27	2,207.42	5,976.72	80.95	19.05	61.08	38.92
	2005	62,344.90	18,801.64	25,524.78	15,172.99	3,628.65	10,351.79	80.70	19.30	59.44	40.56
	2008	116,318.96	35,502.36	54,355.85	29,383.89	6,118.47	24,971.96	82.77	17.23	54.06	45.94
	2011	71,412.57	28,339.74	36,465.42	20,217.69	8,122.05	16,247.73	71.34	28.66	55.44	44.56
	2015	70,430.15	29,699.01	43,623.02	20,520.57	9,178.45	23,102.45	69.10	30.90	47.04	52.96
越南	2000	594.18	462.28	291.77	179.23	283.05	112.54	38.77	61.23	61.43	38.57
	2005	3,340.36	1,617.14	2,121.49	662.20	954.94	1,459.29	40.95	59.05	31.21	68.79
	2008	16,132.98	5,060.31	7,058.29	3,451.92	1,608.40	3,606.37	68.22	31.78	48.91	51.09
	2011	11,758.61	5,163.66	6,665.92	2,317.22	2,846.44	4,348.70	44.88	55.12	34.76	65.24
	2015	15,926.87	6,795.39	8,525.36	3,115.81	3,679.58	5,409.55	45.85	54.15	36.55	63.45
蒙古国	2000	29.19	9.57	14.98	7.07	2.50	7.91	73.88	26.12	47.20	52.80
	2005	39.87	17.08	22.49	10.13	6.95	12.36	59.30	40.70	45.04	54.96
	2008	149.70	45.92	102.24	31.38	14.54	70.86	68.33	31.67	30.69	69.31
	2011	112.24	76.38	62.66	43.03	33.35	19.62	56.34	43.66	68.68	31.32
	2015	130.76	119.50	86.38	56.09	63.41	30.29	46.94	53.06	64.93	35.07
斯里兰卡	2000	332.83	465.38	226.30	203.56	261.82	22.73	43.74	56.26	89.95	10.05
	2005	359.47	257.25	220.90	144.48	112.77	76.42	56.16	43.84	65.40	34.60
	2008	660.75	569.89	554.34	302.47	267.42	251.86	53.08	46.92	54.57	45.43
	2011	776.86	435.51	438.38	239.07	196.45	199.32	54.89	45.11	54.53	45.47
	2015	921.90	770.99	751.64	415.04	355.95	336.60	53.83	46.17	55.22	44.78

资料来源：亚行多区域投入—产出表格数据库（ADB Multi Region Input-Output Tables Database）。

表 3.3d 直接和间接增加值出口——商业服务业

		出口总额	VAX_F	VAX_B	直接出口	间接出口（前向联系）	间接出口（后向联系）	直接出口占VAX_F的份额	间接出口占VAX_F的份额	直接出口占VAX_B的份额	间接出口占VAX_B的份额
		(单位：百万美元)						(单位：百分比)			
中国	2000	39,280.26	62,308.83	35,011.02	19,628.16	42,680.68	15,382.86	31.50	68.50	56.06	43.94
	2005	114,129.50	163,309.60	96,200.87	55,936.33	107,373.27	40,264.54	34.25	65.75	58.15	41.85
	2008	195,098.77	331,169.96	165,391.99	94,053.40	237,116.56	71,338.59	28.40	71.60	56.87	43.13
	2011	274,229.73	458,182.21	232,429.91	132,256.62	325,925.58	100,173.28	28.87	71.13	56.90	43.10
	2015	316,773.96	617,890.42	283,621.84	157,056.16	460,834.26	126,565.68	25.42	74.58	55.38	44.62
印度尼西亚	2000	4,895.61	8,897.76	4,107.59	2,583.47	6,314.28	1,524.12	29.04	70.96	62.89	37.11
	2005	8,419.52	13,023.05	7,105.67	4,701.95	8,321.11	2,403.72	36.10	63.90	66.17	33.83
	2008	13,760.94	19,766.09	11,786.47	7,676.05	12,090.04	4,110.43	38.83	61.17	65.13	34.87
	2011	19,033.93	27,996.91	16,560.18	10,644.03	17,352.88	5,915.15	38.02	61.98	64.27	35.73
	2015	18,889.07	34,036.98	17,229.57	10,612.33	23,424.65	6,617.24	31.18	68.82	61.59	38.41
印度	2000	6,790.81	17,650.46	6,221.66	4,162.92	13,487.54	2,058.74	23.59	76.41	66.91	33.09
	2005	36,703.32	53,621.69	33,276.66	24,522.35	29,099.34	8,754.32	45.73	54.27	73.69	26.31
	2008	60,546.61	88,450.85	54,617.73	40,596.74	47,854.11	14,020.99	45.90	54.10	74.33	25.67
	2011	70,365.61	115,295.19	64,297.99	47,916.89	67,378.30	16,381.10	41.56	58.44	74.52	25.48
	2015	67,737.70	134,348.75	62,851.01	48,436.69	85,912.06	14,414.32	36.05	63.95	77.07	22.93
日本	2000	88,511.38	169,750.64	80,955.55	51,889.71	117,860.92	29,065.84	30.57	69.43	64.10	35.90
	2005	112,836.20	210,372.49	101,247.45	66,765.77	143,606.73	34,481.69	31.74	68.26	65.94	34.06
	2008	170,126.24	292,335.24	147,769.17	99,460.19	192,875.04	48,308.98	34.02	65.98	67.31	32.69
	2011	171,220.37	295,340.39	151,141.37	102,375.18	192,965.21	48,766.19	34.66	65.34	67.73	32.27
	2015	162,662.46	269,452.61	146,575.41	97,744.65	171,707.96	48,830.76	36.28	63.72	66.69	33.31
韩国	2000	31,860.20	45,127.25	25,954.80	18,132.42	26,994.82	7,822.37	40.18	59.82	69.86	30.14
	2005	45,505.39	69,076.52	34,863.04	26,107.85	42,968.67	8,755.20	37.80	62.20	74.89	25.11
	2008	71,505.37	94,375.37	48,992.16	36,390.57	57,984.80	12,601.59	38.56	61.44	74.28	25.72
	2011	81,102.07	112,049.42	57,721.22	42,581.61	69,467.82	15,139.61	38.00	62.00	73.77	26.23
	2015	92,446.09	149,431.47	76,827.63	50,738.56	98,692.91	26,089.07	33.95	66.05	66.04	33.96
中国台北	2000	17,096.91	45,568.95	13,707.79	8,694.41	36,874.54	5,013.37	19.08	80.92	63.43	36.57
	2005	17,611.01	51,062.31	12,823.48	8,043.41	43,018.90	4,780.06	15.75	84.25	62.72	37.28
	2008	21,675.29	63,552.87	14,817.24	10,210.90	53,341.97	4,606.34	16.07	83.93	68.91	31.09
	2011	21,953.51	73,877.72	15,579.85	10,950.30	62,927.42	4,629.55	14.82	85.18	70.29	29.71
	2015	22,317.02	99,283.90	17,255.00	11,291.12	87,992.78	5,963.88	11.37	88.63	65.44	34.56
孟加拉国	2000	753.99	1,767.32	730.80	621.98	1,145.34	108.82	35.19	64.81	85.11	14.89
	2005	858.38	2,345.95	826.44	689.75	1,656.20	136.69	29.40	70.60	83.46	16.54
	2008	1,233.00	4,191.98	900.88	619.18	3,572.80	281.70	14.77	85.23	68.73	31.27
	2011	1,363.01	6,929.25	1,133.93	704.85	6,224.40	429.08	10.17	89.83	62.16	37.84
	2015	2,586.16	10,619.62	2,325.54	1,370.77	9,248.85	954.77	12.91	87.09	58.94	41.06

续表

		出口总额	VAX_F	VAX_B	直接出口	间接出口（前向联系）	间接出口（后向联系）	直接出口占VAX_F的份额	间接出口占VAX_F的份额	直接出口占VAX_B的份额	间接出口占VAX_B的份额
				（单位：百万美元）					（单位：百分比）		
马来西亚	2000	11,891.12	14,363.23	8,145.86	6,034.01	8,329.22	2,111.86	42.01	57.99	74.07	25.93
	2005	15,512.30	23,449.57	12,497.24	8,327.58	15,121.99	4,169.66	35.51	64.49	66.64	33.36
	2008	29,524.14	43,795.50	22,613.72	17,647.91	26,147.58	4,965.81	40.30	59.70	78.04	21.96
	2011	33,085.50	41,982.80	27,414.85	19,205.72	22,777.07	8,209.12	45.75	54.25	70.06	29.94
	2015	43,170.10	48,911.76	33,880.99	24,644.49	24,267.27	9,236.51	50.39	49.61	72.74	27.26
菲律宾	2000	3,803.04	5,275.17	3,287.21	1,931.40	3,343.77	1,355.81	36.61	63.39	58.75	41.25
	2005	5,904.56	8,730.20	5,313.99	3,515.97	5,214.23	1,798.02	40.27	59.73	66.16	33.84
	2008	13,057.53	16,531.74	11,755.53	7,850.16	8,681.57	3,905.36	47.49	52.51	66.78	33.22
	2011	17,910.80	19,332.59	16,492.43	11,296.87	8,035.72	5,195.55	58.43	41.57	68.50	31.50
	2015	25,078.69	23,988.17	22,574.02	16,009.52	7,978.65	6,564.51	66.74	33.26	70.92	29.08
泰国	2000	13,479.87	16,811.91	11,294.17	7,966.93	8,844.98	3,327.23	47.39	52.61	70.54	29.46
	2005	19,306.47	24,783.46	15,334.21	10,452.70	14,330.76	4,881.51	42.18	57.82	68.17	31.83
	2008	27,511.36	41,545.94	22,239.06	16,109.69	25,436.25	6,129.37	38.78	61.22	72.44	27.56
	2011	42,776.54	46,354.02	36,031.89	22,522.19	23,811.84	13,489.70	48.63	51.37	62.56	37.44
	2015	58,739.86	61,055.07	46,572.43	30,443.57	30,611.51	16,128.86	49.86	50.14	65.37	34.63
越南	2000	2,843.63	3,019.01	2,183.02	1,618.17	1,400.84	564.85	53.60	46.40	74.13	25.87
	2005	4,127.91	5,848.88	3,545.32	2,571.18	3,277.69	974.14	43.96	56.04	72.52	27.48
	2008	11,937.75	14,140.16	10,285.80	8,643.32	5,496.83	1,642.48	61.13	38.87	84.03	15.97
	2011	15,159.56	18,661.18	12,627.86	9,581.88	9,079.31	3,045.98	51.35	48.65	75.88	24.12
	2015	21,775.52	25,619.59	17,691.00	13,567.11	12,052.49	4,123.89	52.96	47.04	76.69	23.31
蒙古国	2000	140.71	102.51	90.04	68.07	34.44	21.96	66.40	33.60	75.61	24.39
	2005	260.26	230.91	177.47	131.51	99.40	45.96	56.95	43.05	74.10	25.90
	2008	569.71	488.37	382.13	263.51	224.85	118.62	53.96	46.04	68.96	31.04
	2011	1,141.58	1,265.20	843.93	681.89	583.31	162.04	53.90	46.10	80.80	19.20
	2015	872.28	1,180.03	593.21	408.10	771.93	185.11	34.58	65.42	68.80	31.20
斯里兰卡	2000	923.80	877.64	761.28	665.30	212.34	95.98	75.81	24.19	87.39	12.61
	2005	970.13	831.48	790.66	632.39	199.09	158.27	76.06	23.94	79.98	20.02
	2008	1,254.50	1,165.38	971.45	778.45	386.93	193.00	66.80	33.20	80.13	19.87
	2011	1,649.47	1,697.29	1,411.14	1,101.88	595.41	309.26	64.92	35.08	78.08	21.92
	2015	2,078.59	2,150.93	1,752.83	1,359.04	791.89	393.79	63.18	36.82	77.53	22.47

资料来源：亚行多区域投入—产出表格数据库（ADB Multi Region Input – Output Tables Database）。

2016 年亚太地区关键指标　283

表 3.3e　直接和间接增加值出口——私人服务业

		出口总额	VAX_F	VAX_B	直接出口	间接出口（前向联系）	间接出口（后向联系）	直接出口占VAX_F的份额	间接出口占VAX_F的份额	直接出口占VAX_B的份额	间接出口占VAX_B的份额
		（单位：百万美元）						（单位：百分比）			
中国	2000	7,589.02	5,452.91	6,698.46	3,622.69	1,830.22	3,075.77	66.44	33.56	54.08	45.92
	2005	10,882.42	13,602.22	9,227.45	5,267.95	8,334.27	3,959.50	38.73	61.27	57.09	42.91
	2008	12,856.49	25,193.71	11,088.96	6,152.63	19,041.08	4,936.33	24.42	75.58	55.48	44.52
	2011	16,710.74	31,990.60	14,391.49	7,938.80	24,051.80	6,452.70	24.82	75.18	55.16	44.84
	2015	36,141.44	87,062.69	33,323.01	18,376.30	68,686.38	14,946.70	21.11	78.89	55.15	44.85
印度尼西亚	2000	928.18	770.60	802.75	608.64	161.96	194.11	78.98	21.02	75.82	24.18
	2005	1,976.84	2,304.68	1,661.32	1,091.82	1,212.86	569.50	47.37	52.63	65.72	34.28
	2008	3,202.53	3,669.73	2,732.70	1,755.08	1,914.65	977.62	47.83	52.17	64.23	35.77
	2011	4,238.25	5,584.64	3,662.83	2,351.86	3,232.77	1,310.96	42.11	57.89	64.21	35.79
	2015	13,570.33	11,605.23	12,344.37	7,655.78	3,949.45	4,688.58	65.97	34.03	62.02	37.98
印度	2000	1,936.15	1,920.35	1,775.91	1,385.64	534.71	390.28	72.16	27.84	78.02	21.98
	2005	3,539.36	4,558.79	3,097.18	2,776.73	1,782.07	320.46	60.91	39.09	89.65	10.35
	2008	5,256.43	7,357.35	4,779.73	4,434.72	2,922.63	345.01	60.28	39.72	92.78	7.22
	2011	6,087.11	9,298.77	5,518.88	5,153.08	4,145.69	365.80	55.42	44.58	93.37	6.63
	2015	7,529.22	10,468.37	7,283.29	6,485.60	3,982.77	797.70	61.95	38.05	89.05	10.95
日本	2000	1,783.14	12,390.14	1,712.86	1,163.00	11,227.14	549.86	9.39	90.61	67.90	32.10
	2005	2,930.43	15,134.57	2,789.95	1,897.25	13,237.32	892.70	12.54	87.46	68.00	32.00
	2008	4,111.91	21,387.51	3,842.06	2,723.64	18,663.87	1,118.42	12.73	87.27	70.89	29.11
	2011	3,772.42	22,347.76	3,549.89	2,513.74	19,834.02	1,036.15	11.25	88.75	70.81	29.19
	2015	10,308.95	25,907.65	9,599.29	6,981.19	18,926.46	2,618.09	26.95	73.05	72.73	27.27
韩国	2000	2,852.93	2,826.76	2,552.72	1,899.42	927.34	653.30	67.19	32.81	74.41	25.59
	2005	2,829.61	3,660.52	2,522.84	1,873.21	1,787.31	649.63	51.17	48.83	74.25	25.75
	2008	4,534.32	5,518.74	3,853.14	2,937.65	2,581.09	915.49	53.23	46.77	76.24	23.76
	2011	5,049.59	6,225.57	4,299.13	3,255.20	2,970.37	1,043.92	52.29	47.71	75.72	24.28
	2015	13,844.82	13,448.93	12,424.64	9,475.20	3,973.73	2,949.43	70.45	29.55	76.26	23.74
中国台北	2000	985.06	1,401.09	858.56	567.06	834.03	291.50	40.47	59.53	66.05	33.95
	2005	1,011.52	1,946.88	903.83	629.75	1,317.13	274.07	32.35	67.65	69.68	30.32
	2008	1,482.05	2,653.05	1,311.65	941.45	1,711.60	370.20	35.49	64.51	71.78	28.22
	2011	1,606.08	3,076.81	1,427.72	1,028.44	2,048.37	399.28	33.43	66.57	72.03	27.97
	2015	6,704.39	9,264.45	5,913.64	4,736.82	4,527.63	1,176.82	51.13	48.87	80.10	19.90
孟加拉国	2000	488.38	909.17	470.91	382.12	527.05	88.78	42.03	57.97	81.15	18.85
	2005	531.71	1,126.16	510.01	412.89	713.26	97.11	36.66	63.34	80.96	19.04
	2008	863.09	1,183.37	792.22	519.44	663.92	272.78	43.90	56.10	65.57	34.43
	2011	762.18	1,677.14	704.72	492.40	1,184.74	212.32	29.36	70.64	69.87	30.13
	2015	2,037.02	3,530.20	1,894.63	1,255.22	2,274.98	639.41	35.56	64.44	66.25	33.75

续表

		出口总额	VAX_F	VAX_B	直接出口	间接出口（前向联系）	间接出口（后向联系）	直接出口占VAX_F的份额	间接出口占VAX_F的份额	直接出口占VAX_B的份额	间接出口占VAX_B的份额
		（单位：百万美元）						（单位：百分比）			
马来西亚	2000	1,122.44	728.73	846.99	654.56	74.17	192.43	89.82	10.18	77.28	22.72
	2005	1,216.76	845.37	921.78	549.27	296.10	372.51	64.97	35.03	59.59	40.41
	2008	5,466.21	3,348.76	3,932.16	2,633.80	714.96	1,298.35	78.65	21.35	66.98	33.02
	2011	3,015.96	3,128.10	2,504.26	1,689.62	1,438.47	814.64	54.01	45.99	67.47	32.53
	2015	5,982.16	4,922.40	4,793.68	3,328.26	1,594.14	1,465.42	67.61	32.39	69.43	30.57
菲律宾	2000	93.75	164.74	83.73	63.51	101.23	20.22	38.55	61.45	75.85	24.15
	2005	418.20	369.90	376.24	281.60	88.29	94.63	76.13	23.87	74.85	25.15
	2008	761.14	695.29	658.50	490.79	204.49	167.71	70.59	29.41	74.53	25.47
	2011	746.97	863.07	685.12	499.69	363.38	185.43	57.90	42.10	72.93	27.07
	2015	1,039.64	996.92	941.76	687.51	309.41	254.25	68.96	31.04	73.00	27.00
泰国	2000	1,584.36	1,163.60	1,224.29	801.65	361.95	422.64	68.89	31.11	65.48	34.52
	2005	2,459.96	1,874.00	1,883.96	1,180.52	693.48	703.44	62.99	37.01	62.66	37.34
	2008	2,717.34	2,566.60	2,040.60	1,446.66	1,119.94	593.95	56.36	43.64	70.89	29.11
	2011	4,018.31	3,501.96	3,101.02	1,850.84	1,651.12	1,250.18	52.85	47.15	59.68	40.32
	2015	8,170.86	6,084.11	6,501.62	4,127.85	1,956.26	2,373.77	67.85	32.15	63.49	36.51
越南	2000	284.38	229.89	237.59	203.36	26.52	34.23	88.46	11.54	85.59	14.41
	2005	225.56	243.30	194.11	144.12	99.19	50.00	59.23	40.77	74.24	25.76
	2008	389.50	390.34	309.06	237.29	153.05	71.77	60.79	39.21	76.78	23.22
	2011	2,383.64	1,832.78	1,990.97	1,553.25	279.53	437.72	84.75	15.25	78.01	21.99
	2015	4,457.52	3,421.18	3,682.27	2,904.09	517.09	778.18	84.89	15.11	78.87	21.13
蒙古国	2000	4.44	2.42	2.91	2.02	0.41	0.89	83.25	16.75	69.36	30.64
	2005	5.32	4.44	3.74	2.28	2.16	1.46	51.38	48.62	61.06	38.94
	2008	6.25	44.34	4.60	3.07	41.28	1.53	6.92	93.08	66.67	33.33
	2011	17.92	33.98	13.96	9.54	24.45	4.42	28.07	71.93	68.32	31.68
	2015	20.87	54.41	18.19	13.68	40.73	4.51	25.14	74.86	75.20	24.80
斯里兰卡	2000	242.79	159.81	195.90	149.46	10.35	46.44	93.53	6.47	76.30	23.70
	2005	277.23	246.01	214.49	146.93	99.08	67.57	59.72	40.28	68.50	31.50
	2008	314.57	321.05	254.49	184.97	136.07	69.52	57.62	42.38	72.68	27.32
	2011	421.83	463.88	372.11	263.62	200.27	108.49	56.83	43.17	70.85	29.15
	2015	563.78	606.05	489.90	338.36	267.69	151.54	55.83	44.17	69.07	30.93

资料来源：亚行多区域投入一产出表格数据库（ADB Multi Region Input-Output Tables Database）。

2016 年亚太地区关键指标　285

表 3.3f　直接和间接增加值出口——经济总体

		出口总额	VAX_F	VAX_B	直接出口	间接出口（前向联系）	间接出口（后向联系）	直接出口占VAX_F的份额	间接出口占VAX_F的份额	直接出口占VAX_B的份额	间接出口占VAX_B的份额
			（单位：百万美元）					（单位：百分比）			
中国	2000	279,345.90	228,011.83	228,011.83	108,298.48	119,713.35	119,713.35	47.50	52.50	47.50	52.50
	2005	838,620.93	607,606.26	607,606.26	275,093.64	332,512.62	332,512.62	45.27	54.73	45.27	54.73
	2008	1,579,658.98	1,186,098.86	1,186,098.86	495,775.47	690,323.39	690,323.39	41.80	58.20	41.80	58.20
	2011	2,093,765.10	1,579,774.00	1,579,774.00	665,492.62	914,281.38	914,281.38	42.13	57.87	42.13	57.87
	2015	2,288,337.32	1,861,048.43	1,861,048.43	710,475.40	1,150,573.03	1,150,573.03	38.18	61.82	38.18	61.82
印度尼西亚	2000	65,246.45	52,338.15	52,338.15	33,201.16	19,136.99	19,136.99	63.44	36.56	63.44	36.56
	2005	94,067.44	75,609.51	75,609.51	52,106.16	23,503.35	23,503.35	68.91	31.09	68.91	31.09
	2008	151,221.29	124,411.41	124,411.41	84,509.30	39,902.11	39,902.11	67.93	32.07	67.93	32.07
	2011	219,754.04	185,400.49	185,400.49	128,074.33	57,326.16	57,326.16	69.08	30.92	69.08	30.92
	2015	208,792.55	189,163.43	189,163.43	112,946.81	76,216.62	76,216.62	59.71	40.29	59.71	40.29
印度	2000	67,865.51	57,740.07	57,740.07	29,541.63	28,198.45	28,198.45	51.16	48.84	51.16	48.84
	2005	158,894.54	126,519.38	126,519.38	71,545.74	54,973.63	54,973.63	56.55	43.45	56.55	43.45
	2008	260,263.80	202,311.92	202,311.92	114,207.60	88,104.32	88,104.32	56.45	43.55	56.45	43.55
	2011	337,433.02	263,304.65	263,304.65	144,458.30	118,846.35	118,846.35	54.86	45.14	54.86	45.14
	2015	369,623.98	318,181.02	318,181.02	156,772.82	161,408.20	161,408.20	49.27	50.73	49.27	50.73
日本	2000	513,245.95	457,313.40	457,313.40	245,096.72	212,216.68	212,216.68	53.59	46.41	53.59	46.41
	2005	651,184.76	558,437.73	558,437.73	303,802.81	254,634.92	254,634.92	54.40	45.60	54.40	45.60
	2008	862,937.83	689,018.02	689,018.02	362,579.48	326,438.55	326,438.55	52.62	47.38	52.62	47.38
	2011	900,325.12	731,761.37	731,761.37	393,727.07	338,034.30	338,034.30	53.81	46.19	53.81	46.19
	2015	740,112.40	620,578.79	620,578.79	325,985.30	294,593.49	294,593.49	52.53	47.47	52.53	47.47
韩国	2000	199,509.87	138,462.93	138,462.93	85,984.14	52,478.79	52,478.79	62.10	37.90	62.10	37.90
	2005	329,193.38	220,556.40	220,556.40	132,974.97	87,581.42	87,581.42	60.29	39.71	60.29	39.71
	2008	498,780.09	287,376.34	287,376.34	176,217.58	111,158.75	111,158.75	61.32	38.68	61.32	38.68
	2011	615,300.11	363,588.36	363,588.36	224,121.14	139,467.21	139,467.21	61.64	38.36	61.64	38.36
	2015	591,607.55	430,585.78	430,585.78	244,457.87	186,127.91	186,127.91	56.77	43.23	56.77	43.23
中国台北	2000	173,290.82	110,321.06	110,321.06	59,675.79	50,645.27	50,645.27	54.09	45.91	54.09	45.91
	2005	226,748.95	126,896.72	126,896.72	67,805.01	59,091.71	59,091.71	53.43	46.57	53.43	46.57
	2008	288,322.92	147,042.79	147,042.79	78,035.99	69,006.80	69,006.80	53.07	46.93	53.07	46.93
	2011	340,219.14	178,014.08	178,014.08	95,364.65	82,649.43	82,649.43	53.57	46.43	53.57	46.43
	2015	394,321.92	259,449.60	259,449.60	115,274.84	144,174.77	144,174.77	44.43	55.57	44.43	55.57
孟加拉国	2000	6,451.39	5,639.23	5,639.23	3,174.91	2,464.32	2,464.32	56.30	43.70	56.30	43.70
	2005	8,854.23	7,399.67	7,399.67	3,917.05	3,482.62	3,482.62	52.94	47.06	52.94	47.06
	2008	15,708.05	11,751.19	11,751.19	6,692.80	5,058.39	5,058.39	56.95	43.05	56.95	43.05
	2011	22,800.71	19,383.40	19,383.40	10,186.61	9,196.80	9,196.80	52.55	47.45	52.55	47.45
	2015	36,812.72	31,979.89	31,979.89	17,712.53	14,267.36	14,267.36	55.39	44.61	55.39	44.61

续表

		出口总额	VAX_F	VAX_B	直接出口	间接出口（前向联系）	间接出口（后向联系）	直接出口占VAX_F的份额	间接出口占VAX_F的份额	直接出口占VAX_B的份额	间接出口占VAX_B的份额
		（单位：百万美元）						（单位：百分比）			
马来西亚	2000	111,832.08	53,273.37	53,273.37	35,737.95	17,535.42	17,535.42	67.08	32.92	67.08	32.92
	2005	147,263.47	79,625.09	79,625.09	46,118.78	33,506.31	33,506.31	57.92	42.08	57.92	42.08
	2008	222,929.88	135,705.71	135,705.71	79,103.79	56,601.92	56,601.92	58.29	41.71	58.29	41.71
	2011	191,802.71	134,178.91	134,178.91	69,637.45	64,541.46	64,541.46	51.90	48.10	51.90	48.10
	2015	189,417.80	130,239.06	130,239.06	68,609.05	61,630.01	61,630.01	52.68	47.32	52.68	47.32
菲律宾	2000	26,837.67	21,503.47	21,503.47	13,822.45	7,681.02	7,681.02	64.28	35.72	64.28	35.72
	2005	32,358.42	23,327.99	23,327.99	13,302.25	10,025.75	10,025.75	57.02	42.98	57.02	42.98
	2008	62,004.58	41,224.23	41,224.23	24,197.64	17,026.59	17,026.59	58.70	41.30	58.70	41.30
	2011	52,901.69	41,247.83	41,247.83	24,156.50	17,091.33	17,091.33	58.56	41.44	58.56	41.44
	2015	60,481.11	50,622.85	50,622.85	31,422.11	19,200.74	19,200.74	62.07	37.93	62.07	37.93
泰国	2000	81,515.09	48,280.11	48,280.11	29,588.33	18,691.78	18,691.78	61.28	38.72	61.28	38.72
	2005	122,625.82	69,402.57	69,402.57	40,440.11	28,962.46	28,962.46	58.27	41.73	58.27	41.73
	2008	205,428.43	121,040.76	121,040.76	68,223.86	52,816.91	52,816.91	56.36	43.64	56.36	43.64
	2011	188,398.91	128,574.48	128,574.48	70,067.09	58,507.39	58,507.39	54.50	45.50	54.50	45.50
	2015	209,515.22	148,941.76	148,941.76	81,199.18	67,742.58	67,742.58	54.52	45.48	54.52	45.48
越南	2000	14,018.88	10,593.84	10,593.84	7,685.45	2,908.39	2,908.39	72.55	27.45	72.55	27.45
	2005	27,044.14	20,494.58	20,494.58	12,978.73	7,515.85	7,515.85	63.33	36.67	63.33	36.67
	2008	69,551.59	45,263.54	45,263.54	32,380.25	12,883.29	12,883.29	71.54	28.46	71.54	28.46
	2011	84,579.55	58,670.89	58,670.89	37,288.77	21,382.12	21,382.12	63.56	36.44	63.56	36.44
	2015	130,368.75	85,619.34	85,619.34	55,832.29	29,787.05	29,787.05	65.21	34.79	65.21	34.79
蒙古国	2000	426.49	296.87	296.87	220.35	76.53	76.53	74.22	25.78	74.22	25.78
	2005	1,121.30	834.95	834.95	652.32	182.63	182.63	78.13	21.87	78.13	21.87
	2008	2,401.43	1,812.58	1,812.58	1,363.73	448.85	448.85	75.24	24.76	75.24	24.76
	2011	5,282.98	3,545.05	3,545.05	2,697.88	847.18	847.18	76.10	23.90	76.10	23.90
	2015	5,432.88	3,900.53	3,900.53	2,711.08	1,189.45	1,189.45	69.51	30.49	69.51	30.49
斯里兰卡	2000	6,399.74	4,866.76	4,867.26	3,861.95	1,004.81	1,005.31	79.35	20.65	79.35	20.65
	2005	7,419.76	5,337.81	5,337.88	4,110.71	1,227.11	1,227.18	77.01	22.99	77.01	22.99
	2008	9,745.95	7,788.15	7,787.91	5,732.27	2,055.88	2,055.64	73.60	26.40	73.60	26.40
	2011	12,081.72	10,174.65	10,174.39	7,386.29	2,788.36	2,788.10	72.60	27.40	72.60	27.40
	2015	13,095.41	11,350.92	11,350.29	8,081.71	3,269.21	3,268.58	71.20	28.80	71.20	28.80

资料来源：亚行多区域投入－产出表格数据库（ADB Multi Region Input–Output Tables Database）。

表 3.4 所选经济体各部门的显示性比较优势

		通过传统法计算的显示性比较优势					通过增加值出口法计算的显示性比较优势				
		2000	2005	2008	2011	2015	2000	2005	2008	2011	2015
				（占比）					（占比）		
中国	第一产业	0.45	0.25	0.13	0.14	0.23	1.17	1.00	0.77	0.74	0.93
	低技术制造业	1.86	1.47	1.45	1.41	1.40	1.72	1.59	1.54	1.54	1.27
	中高技术制造业	0.85	1.08	1.18	1.17	1.12	0.99	1.13	1.27	1.22	1.13
	商业服务业	0.78	0.74	0.67	0.71	0.71	0.70	0.70	0.74	0.78	0.85
	私人服务业	2.10	0.99	0.64	0.61	0.49	0.84	0.76	0.73	0.71	0.94
印度尼西亚	第一产业	1.92	2.35	2.04	2.55	2.23	3.10	2.71	2.45	2.74	2.65
	低技术制造业	2.11	1.83	1.99	1.69	1.80	1.65	1.44	1.44	1.26	1.40
	中高技术制造业	0.67	0.64	0.62	0.59	0.62	0.65	0.67	0.70	0.60	0.64
	商业服务业	0.41	0.49	0.49	0.47	0.46	0.44	0.45	0.42	0.40	0.46
	私人服务业	1.10	1.60	1.65	1.48	2.03	0.52	1.03	1.01	1.05	1.23
印度	第一产业	1.41	0.92	0.70	0.73	0.67	1.94	1.23	0.95	0.95	0.93
	低技术制造业	2.39	2.04	1.97	1.88	1.88	1.63	1.32	1.22	1.15	1.21
	中高技术制造业	0.58	0.57	0.66	0.71	0.76	0.61	0.59	0.70	0.71	0.89
	商业服务业	0.55	1.26	1.26	1.13	0.94	0.79	1.11	1.15	1.17	1.07
	私人服务业	2.21	1.70	1.58	1.39	0.64	1.17	1.22	1.24	1.23	0.66
日本	第一产业	0.05	0.05	0.05	0.05	0.05	0.08	0.06	0.05	0.05	0.06
	低技术制造业	0.29	0.33	0.34	0.38	0.37	0.70	0.70	0.65	0.72	0.72
	中高技术制造业	1.43	1.43	1.42	1.44	1.40	1.54	1.61	1.57	1.59	1.53
	商业服务业	0.95	0.94	1.06	1.03	1.12	0.96	0.99	1.12	1.08	1.11
	私人服务业	0.27	0.34	0.37	0.32	0.44	0.95	0.92	1.06	1.07	0.84
韩国	第一产业	0.03	0.02	0.01	0.01	0.02	0.18	0.12	0.08	0.08	0.11
	低技术制造业	0.84	0.50	0.41	0.37	0.34	1.06	0.81	0.71	0.71	0.68
	中高技术制造业	1.25	1.45	1.50	1.55	1.53	1.50	1.78	1.90	1.96	1.89
	商业服务业	0.88	0.75	0.77	0.71	0.80	0.84	0.82	0.87	0.82	0.88
	私人服务业	1.11	0.66	0.71	0.63	0.73	0.71	0.56	0.66	0.60	0.63

续表

		通过传统算法计算的显示性比较优势				通过增加值出口法计算的显示性比较优势				
		2000	2005	2008	2011	2015	2000	2005	2008	2011	2015
				（占比）					（占比）		
中国台北	第一产业	0.12	0.09	0.08	0.12	0.16	0.12	0.09	0.09	0.12	0.10
	低技术制造业	0.99	0.72	0.63	0.60	0.64	0.94	0.74	0.59	0.57	0.76
	中高技术制造业	1.31	1.48	1.55	1.59	1.60	1.33	1.53	1.59	1.63	1.71
	商业服务业	0.54	0.42	0.41	0.35	0.29	1.06	1.05	1.14	1.11	0.97
	私人服务业	0.44	0.34	0.40	0.36	0.53	0.44	0.52	0.62	0.60	0.72
孟加拉国	第一产业	0.70	0.42	0.25	0.24	0.34	1.18	0.87	0.36	0.38	0.43
	低技术制造业	4.00	4.52	4.93	4.93	4.28	2.47	2.68	3.44	3.46	3.48
	中高技术制造业	0.03	0.03	0.07	0.04	0.03	0.10	0.12	0.10	0.09	0.05
	商业服务业	0.65	0.53	0.42	0.32	0.36	0.81	0.83	0.94	0.96	0.85
	私人服务业	5.86	4.58	4.29	2.57	1.73	5.65	5.14	3.45	3.02	2.22
马来西亚	第一产业	0.99	1.08	1.45	0.80	0.65	1.94	1.87	2.05	1.67	1.46
	低技术制造业	0.82	0.80	0.59	1.40	1.24	1.00	0.98	0.65	0.81	0.81
	中高技术制造业	1.21	1.21	1.10	0.93	0.90	1.07	0.95	0.75	0.91	0.95
	商业服务业	0.59	0.57	0.72	0.93	1.16	0.69	0.77	0.85	0.84	0.96
	私人服务业	0.78	0.63	1.92	1.21	0.99	0.48	0.36	0.84	0.81	0.76
菲律宾	第一产业	0.30	0.29	0.29	0.24	0.31	0.69	0.89	0.79	0.74	0.65
	低技术制造业	1.12	1.43	1.38	1.17	1.17	1.40	1.53	1.56	1.33	1.54
	中高技术制造业	1.16	1.00	1.00	0.81	0.64	1.45	0.89	0.84	0.70	0.73
	商业服务业	0.78	0.99	1.14	1.83	2.12	0.63	0.98	1.06	1.25	1.21
	私人服务业	0.27	0.98	0.96	1.09	0.54	0.27	0.54	0.58	0.73	0.40
泰国	第一产业	0.22	0.20	0.19	0.32	0.41	0.93	0.78	0.81	0.99	0.97
	低技术制造业	1.78	1.69	1.62	1.92	1.60	1.92	1.68	1.53	1.63	1.49
	中高技术制造业	0.88	0.96	1.09	0.74	0.68	0.75	0.89	1.02	0.76	0.74
	商业服务业	0.91	0.86	0.72	1.23	1.43	0.90	0.93	0.90	0.96	1.04
	私人服务业	1.50	1.53	1.03	1.64	1.22	0.84	0.91	0.73	0.95	0.82

资料来源：亚行多区域投入—产出表格数据库（ADB Multi Region Input–Output Tables Database）。

表 3.5a 2000 年所选经济体各企业的垂直专业化指数

(占出口总额百分比)

	中国	印度尼西亚	印度	日本	韩国	中国台北	孟加拉国	马来西亚	菲律宾	泰国	越南	蒙古国	斯里兰卡
农业、狩猎业、林业和渔业	6.22	5.79	2.96	5.21	10.86	16.57	3.15	14.64	6.43	13.26	16.25	15.46	17.09
采掘业	9.07	3.99	5.24	18.21	10.31	16.29	2.66	13.21	13.46	10.85	10.43	25.80	9.96
食品、饮料和烟草业	7.97	12.29	9.29	5.60	19.05	22.48	11.92	34.75	11.85	20.07	24.26	30.25	15.57
织物和纺织品	18.22	25.84	10.78	7.69	25.98	26.96	15.81	50.98	16.89	27.15	47.99	26.69	35.14
皮革、皮革制品和鞋类	17.50	19.42	10.85	6.22	23.69	19.78	15.60	42.92	19.30	29.52	47.08	23.16	2.84
木材与软木及木制品	13.96	15.21	11.83	12.55	31.66	38.89	13.23	28.49	14.45	32.74	24.43	33.64	16.23
纸浆、纸张、纸制品和印刷出版业	14.55	28.40	17.55	5.85	21.51	29.20	13.85	44.99	23.94	40.14	40.22	40.88	12.28
焦炭、精炼石油和核燃料	28.85	18.63	58.70	32.87	70.51	49.36	11.47	36.26	55.50	68.10	49.91	94.45	63.45
化工产品	18.01	19.35	20.91	9.34	33.05	40.90	9.10	38.03	21.48	39.86	42.68	64.61	35.59
橡胶和塑料	18.68	25.45	16.95	7.51	25.90	33.76	12.84	41.86	22.33	30.46	42.19	85.55	42.47
其他非金属矿物	12.32	18.63	21.15	10.55	20.91	27.06	31.25	30.40	24.98	25.00	35.57	40.96	16.72
基本金属和金属制品	16.51	23.84	18.48	10.52	32.91	31.72	25.97	60.37	28.20	42.96	55.95	46.05	23.34
制造业（不另分类）	15.91	45.91	17.70	8.72	25.45	33.31	24.44	48.55	20.61	47.61	50.39	69.52	10.63
电光设备	26.25	30.49	18.27	10.40	35.54	44.80	20.04	70.29	22.02	66.37	54.54	62.20	38.35
运输设备	16.09	28.21	16.88	8.08	25.18	30.31	10.68	52.60	26.96	52.45	50.17	45.90	27.95
机械设备（不另分类；回收业）	13.72	17.90	22.79	7.83	23.21	22.50	14.09	46.32	17.42	39.42	48.24	52.42	30.89
电力、天然气和供水	9.63	13.88	11.72	9.20	25.73	25.53	7.82	17.37	14.13	11.01	20.13	28.23	26.77
建筑业	14.35	23.36	16.45	7.35	19.59	28.66	13.18	38.51	17.99	30.58	43.00	50.32	28.13
机动车辆和摩托车的销售、维护和维修；燃料零售	...	...	2.95	6.80	11.22	20.44	1.23	42.78	14.90	...	36.08	41.23	7.01
批发贸易和经纪贸易（机动车辆和摩托车除外）	8.26	13.28	2.97	2.65	8.17	6.75	1.09	14.07	11.12	4.64	23.14	22.70	4.92
零售贸易（机动车辆和摩托车除外）；家庭用品修理	8.53	13.52	2.92	2.17	8.59	4.90	1.30	14.09	11.12	4.13	22.45	13.61	8.63
旅馆和餐饮业	6.55	11.17	7.63	4.00	14.10	5.38	13.19	31.29	12.55	14.27	20.61	30.10	21.15
内陆运输	8.45	20.62	16.59	4.12	24.27	16.50	5.74	43.92	22.94	35.89	23.55	40.79	24.61
水路运输	13.22	29.60	10.17	17.64	26.71	32.51	7.12	27.43	17.97	24.10	38.55	45.13	12.80
航空运输	12.83	44.27	15.48	10.12	25.58	29.28	13.87	38.89	30.85	28.24	38.35	51.38	51.99
其他支持性和辅助性运输方式；旅行社服务	8.35	14.79	10.16	3.96	15.29	12.50	6.06	40.11	18.56	9.45	18.00	44.51	15.52
邮政电信	12.40	8.42	6.29	2.52	14.91	11.19	6.72	25.44	12.91	4.62	16.60	36.56	35.34
金融中介	5.69	8.16	2.92	1.89	7.41	3.25	4.10	31.82	10.01	4.69	16.15	17.44	8.78
房地产业	3.81	5.89	1.89	0.78	4.31	3.71	0.88	2.85	2.79	1.49	15.50	15.59	8.47
机械设备租赁及其他业务服务	13.89	19.59	6.12	2.47	8.09	18.58	3.76	34.32	11.73	17.36	22.91	37.34	18.32
公共管理和国防；社会基本保障	7.81	14.89	0.00	3.01	10.16	9.32	5.22	26.12	7.92	0.01	24.02	34.64	3.38

续表

	中国	印度尼西亚	印度	日本	韩国	中国台北	孟加拉国	马来西亚	菲律宾	泰国	越南	蒙古国	斯里兰卡
							(占出口总额百分比)						
教育业	7.44	16.11	1.89	1.37	5.69	9.66	1.53	11.45	9.93	4.95	16.31	...	1.02
卫生与社会工作	15.22	15.92	11.02	4.36	15.42	15.64	5.46	33.86	12.46	21.58	23.43	33.71	6.36
其他社区、社会和个人服务	11.23	13.14	8.08	2.97	10.61	12.75	1.72	13.46	14.94	19.07	15.09	26.26	19.30
家庭服务业	...	...	...	...	...	...	...	...	...	...	...	...	...

... = 未获得相关数据。

资料来源：亚行多区域投入—产出表格数据库（ADB Multi Region Input – Output Tables Database）。

表 3.5b 2005 年所选经济体各行业的垂直专业化指数

	中国	印度尼西亚	印度	日本	韩国	中国台北	孟加拉国	马来西亚	菲律宾	泰国	越南	蒙古国	斯里兰卡
							(占出口总额百分比)						
农业、狩猎业、林业和渔业	8.19	7.34	3.40	7.99	11.93	22.69	4.01	16.04	7.57	15.06	21.51	13.37	14.63
采掘业	14.75	6.48	5.73	32.39	14.73	19.16	3.49	11.55	11.20	14.65	9.84	22.81	11.95
食品、饮料和烟草业	11.14	13.28	11.08	7.94	20.19	27.27	11.71	34.43	11.42	23.03	34.03	25.85	20.89
织物和纺织品	19.26	26.11	16.10	11.27	25.96	30.09	20.18	32.75	21.38	28.84	36.92	24.14	35.25
皮革、皮革制品和鞋类	18.85	20.23	12.20	8.63	24.27	31.74	15.30	35.04	25.86	32.29	36.95	19.40	14.85
木材与软木及木制品	18.03	15.31	16.26	15.41	32.57	39.47	14.49	24.79	14.11	19.25	33.23	26.94	19.31
纸浆、纸张、纸制品和印刷出版业	19.06	25.90	18.26	7.25	21.41	32.31	17.40	35.71	21.30	40.79	33.28	38.20	45.08
焦炭、精炼石油产品和核燃料	35.06	22.61	38.85	45.66	71.60	65.82	12.71	39.40	29.77	77.41	32.69	70.13	44.06
化工产品	25.13	26.53	22.63	15.88	36.73	47.70	8.53	40.32	26.07	40.15	31.67	49.08	30.98
橡胶和塑料	25.62	31.23	20.55	11.36	28.24	39.58	11.58	43.55	26.03	32.74	35.77	74.59	26.56
其他非金属矿物	17.40	18.93	18.90	12.91	24.50	33.20	19.89	39.36	22.28	28.31	31.70	36.59	33.14
基本金属和金属制品	25.54	25.05	22.75	15.88	35.74	41.76	26.07	53.21	30.63	53.70	42.04	41.75	39.95
制造业（不另分类）	25.38	45.94	21.46	11.91	28.59	38.38	25.75	51.32	30.25	50.40	42.02	53.02	41.71
电光设备	38.26	29.75	20.69	12.74	35.01	49.76	21.18	63.60	45.82	64.47	42.04	47.25	46.49
运输设备	25.20	23.81	20.87	11.29	27.08	38.18	11.42	51.92	26.62	54.48	38.08	96.39	38.74
机械设备（不另分类）	17.43	20.23	46.10	10.87	25.50	30.98	17.71	25.12	23.17	48.68	31.68	37.51	26.44
电力、天然气和供水	15.98	22.03	16.28	14.89	33.52	43.58	7.15	25.27	6.87	23.07	15.67	26.70	44.08
建筑业	19.80	21.96	17.42	9.49	20.84	36.27	14.77	41.35	17.81	37.43	29.36	42.19	25.77
机动车辆和摩托车的销售、维护和维修；燃料零售	...	...	2.78	9.72	12.23	29.94	1.66	11.49	10.41	...	19.55	30.35	5.32
批发贸易和经纪贸易（机动车辆和摩托车除外）	9.96	10.12	2.84	3.44	9.90	4.65	1.23	11.53	4.64	5.36	19.56	19.32	7.15
零售贸易（机动车辆和摩托车除外）；家庭用品修理	9.81	10.41	2.68	3.17	10.07	6.32	1.48	11.52	4.28	4.77	9.79	11.61	5.21
旅店和餐饮业	9.45	11.05	9.68	5.80	14.73	8.32	12.94	16.40	13.64	16.53	22.31	26.11	14.65
内陆运输	12.44	22.88	18.45	5.91	23.16	21.22	6.18	13.55	18.18	41.05	16.76	34.23	19.66
水路运输	16.87	27.23	11.99	23.20	38.69	38.69	7.59	28.16	16.39	38.01	22.31	29.16	8.01
航空运输	22.14	14.86	23.08	12.57	24.57	42.84	15.37	35.63	24.17	33.07	28.83	42.92	49.79
其他支持性和辅助性运输方式；旅行社服务	14.75	7.63	9.30	4.81	15.04	14.08	6.90	21.06	13.03	12.74	15.06	37.80	17.20
邮政电信	14.79	7.87	7.35	3.37	12.54	11.17	6.65	12.72	11.48	7.54	14.60	30.32	38.11
金融中介	7.75	6.02	4.05	2.15	5.55	3.51	3.73	7.98	5.82	6.38	5.64	14.44	12.28
房地产业	5.40	16.46	1.44	0.91	4.62	4.90	1.06	12.15	3.66	2.77	7.29	12.87	4.45
机械设备租赁及其他业务服务	18.93	13.46	8.13	3.14	9.63	19.72	4.58	28.91	6.87	19.80	15.34	31.66	17.31
公共管理和国防；社会基本保障	10.09	15.06	0.00	4.01	9.61	6.66	6.42	28.90	4.56	0.59	11.88	30.04	4.66

续表

	中国	印度尼西亚	印度	日本	韩国	中国台北	孟加拉国	马来西亚	菲律宾	泰国	越南	蒙古国	斯里兰卡
							(占出口总额百分比)						
教育业	10.67	16.46	2.52	1.95	5.33	10.20	1.69	15.08	5.56	7.99	9.68	...	...
卫生与社会工作	19.20	11.47	11.26	6.33	15.31	17.29	6.18	30.47	11.59	24.68	21.38	29.20	7.24
其他社区、社会和个人服务	14.46	15.99	12.39	4.17	11.84	11.22	1.82	6.08	12.96	21.72	13.44	20.68	14.03
家庭服务业	...	...	...	...	...	...	...	...	...	...	...	...	...

... = 未获得相关数据。

资料来源：亚行多区域投入—产出表格数据库（ADB Multi Region Input – Output Tables Database）。

表 3.5c 2008 年所选经济体各行业的垂直专业化指数
(占出口总额百分比)

行业	中国	印度尼西亚	印度	日本	韩国	中国台北	孟加拉国	马来西亚	菲律宾	泰国	越南	蒙古国	斯里兰卡
农业、狩猎业、林业和渔业	7.79	6.24	3.91	12.12	20.09	28.59	5.72	17.11	7.85	14.77	28.79	15.99	17.91
采掘业	14.90	5.37	6.60	49.51	19.08	17.94	17.36	8.63	13.68	14.80	16.38	21.02	10.29
食品、饮料和烟草业	11.51	11.37	12.38	12.83	31.08	34.74	10.31	34.20	10.62	19.75	38.95	21.06	34.44
织物和纺织品	15.51	32.88	18.29	14.50	32.42	36.40	25.37	27.80	26.97	33.57	46.98	23.20	45.17
皮革、皮革制品和鞋类	15.83	21.17	14.23	11.88	31.35	34.86	26.75	33.46	32.49	31.39	46.99	19.93	50.45
木材与软木及木制品	17.43	12.81	16.10	23.68	50.02	41.62	10.90	29.61	17.01	19.42	44.75	22.41	32.31
纸浆、纸张、纸制品和印刷出版业	19.28	24.15	20.19	12.32	29.67	37.87	39.86	35.56	24.88	31.20	44.79	28.29	61.23
焦炭、精炼石油和核燃料	41.96	18.91	43.19	58.00	81.69	81.60	54.76	43.91	50.64	38.27	50.33	45.08	66.80
化工产品	24.82	20.88	26.45	24.85	48.23	57.73	54.92	39.36	32.97	34.17	50.42	33.68	40.39
橡胶和塑料	23.64	27.65	24.59	17.45	37.61	45.86	14.86	40.92	30.75	25.60	55.45	51.40	43.11
其他非金属矿物	17.02	15.82	19.84	21.07	33.38	44.49	44.59	42.02	33.29	28.89	50.42	26.77	45.80
基本金属和金属制品	25.98	21.84	23.50	25.53	48.68	49.84	36.09	52.09	43.18	55.24	60.03	31.14	50.72
制造业（不另分类）	21.88	43.65	21.71	16.24	37.07	42.92	28.52	49.38	35.21	49.35	59.99	37.45	54.48
电光设备	32.00	31.14	21.30	17.51	41.15	49.30	14.26	58.70	55.83	58.70	60.00	34.30	61.19
运输设备	22.09	21.03	23.02	17.61	34.41	38.23	21.20	58.19	29.49	49.78	58.33	25.94	59.04
机械设备（不另分类）	15.49	17.61	47.46	17.69	34.44	39.50	42.89	57.09	31.29	44.19	50.33	27.92	39.71
电力、天然气和供水	17.44	19.74	18.62	28.24	55.65	72.34	8.86	28.59	9.91	21.90	19.79	22.48	27.77
建筑业	18.10	20.25	18.22	14.20	29.08	39.96	13.28	45.20	22.46	42.68	45.66	52.12	24.08
机动车辆和摩托车的销售、维护和维修；燃料零售	...	...	2.37	13.45	15.32	33.62	8.95	19.36	12.34	7.05	25.53	40.10	8.79
批发贸易和经纪贸易（机动车辆和摩托车除外）	8.28	9.06	2.39	5.18	13.16	2.79	3.01	15.92	5.80	7.07	25.54	25.01	7.77
零售贸易（机动车辆和摩托车除外）；家庭用品修理	8.41	9.23	2.37	4.59	13.63	8.29	15.83	15.86	5.37	12.27	12.26	14.77	10.30
旅宿和餐饮业	9.69	9.91	10.45	8.45	21.96	10.31	4.54	25.32	12.13	17.56	26.23	21.23	22.51
内陆运输	12.35	21.09	21.28	8.35	34.73	30.39	6.04	16.27	22.60	36.52	27.99	43.36	25.35
水路运输	16.63	26.04	14.39	28.98	52.27	41.55	44.85	30.76	21.55	27.20	37.91	24.86	2.10
航空运输	23.61	14.97	26.81	18.09	37.17	54.47	75.26	40.73	29.93	33.86	40.40	52.89	54.86
其他支持性和辅助性运输方式；旅行社服务	14.29	7.72	10.58	6.62	23.06	16.46	4.01	27.52	15.27	18.14	18.57	37.02	20.55
邮政电信	11.46	6.56	8.51	4.72	18.35	12.48	5.32	20.95	13.79	18.49	14.66	21.32	37.07
金融中介	6.16	5.17	4.51	3.89	8.91	4.19	10.89	15.39	6.52	9.87	5.67	14.73	8.45
房地产业	4.31	15.13	1.49	1.40	6.41	5.43	3.14	16.77	4.25	4.43	7.37	7.98	8.13
机械设备租赁及其他业务服务	16.73	12.43	8.12	4.78	12.09	20.23	6.42	28.79	7.79	34.41	18.28	23.97	54.86
公共管理和国防；社会基本保障	9.37	14.08	0.01	5.51	13.99	7.79	12.50	30.91	5.00	0.05	13.26	39.18	19.14
教育业	10.11	14.41	2.88	2.87	7.52	11.54	6.27	16.19	6.32	9.30	10.99	10.12	3.26

续表

	中国	印度尼西亚	印度	日本	韩国	中国台北	孟加拉国	马来西亚	菲律宾	泰国	越南	蒙古国	斯里兰卡
							(占出口总额百分比)						
卫生与社会工作	17.59	9.88	12.76	8.62	19.18	19.09	4.21	22.33	12.31	21.33	34.46	18.62	6.31
其他社区、社会和个人服务	12.72	14.87	8.90	6.19	16.36	12.10	6.44	10.88	15.49	28.82	20.05	19.99	19.23
家庭服务业	…	…	…	…	…	…	…	…	…	…	…	…	…

…＝未获得相关数据。

资料来源：亚行多区域投入－产出表格数据库（ADB Multi Region Input–Output Tables Database）。

表 3.5d 2011 年所选经济体各行业的垂直专业化指数

（占出口总额百分比）

	中国	印度尼西亚	印度	日本	韩国	中国台北	孟加拉国	马来西亚	菲律宾	泰国	越南	蒙古国	斯里兰卡
农业、狩猎业、林业和渔业	7.66	5.68	2.95	10.76	20.69	26.36	9.71	13.79	6.92	13.89	24.69	13.20	11.99
采掘业	15.51	4.18	5.00	49.59	20.19	7.25	11.59	7.28	10.49	11.85	11.38	36.87	7.13
食品、饮料和烟草业	11.22	10.54	11.50	11.39	31.18	33.81	18.58	25.55	10.01	20.09	39.89	21.17	10.93
织物和纺织品	14.57	34.05	16.05	13.07	33.29	36.75	13.66	30.86	19.84	23.63	55.43	19.48	19.14
皮革、皮革制品和鞋类	14.47	21.46	11.53	11.69	30.52	36.44	11.66	26.53	22.89	26.18	55.82	15.98	16.07
木材与软木及木制品	17.24	12.61	13.04	18.96	45.98	41.70	11.20	24.79	13.99	17.12	43.98	30.32	11.99
纸浆、纸张、纸制品和印刷出版业	19.31	22.07	16.39	9.80	28.20	36.28	22.21	31.24	18.96	24.78	40.78	44.05	26.17
焦炭、精炼石油和核燃料	43.75	14.26	33.40	51.49	81.99	78.21	30.77	21.65	31.56	30.64	37.33	56.16	46.17
化工产品	25.00	17.97	19.65	20.94	47.92	50.45	22.88	34.93	27.69	31.60	37.37	39.97	31.95
橡胶和塑料	23.60	26.54	19.96	17.50	37.95	45.32	18.89	35.37	25.33	29.96	42.64	60.53	17.67
其他非金属矿物	17.23	15.24	16.74	22.65	31.90	43.96	16.20	31.87	22.11	24.93	37.30	30.39	22.68
基本金属和金属制品	27.66	16.89	20.77	24.89	46.03	49.79	22.20	45.47	30.71	54.46	51.55	42.70	41.34
制造业（不另分类）	23.18	43.27	19.44	15.68	35.57	42.92	21.79	45.77	28.02	49.08	49.18	46.62	27.27
电光设备	30.18	30.50	19.90	16.51	37.64	48.80	40.84	44.51	45.05	54.26	49.22	46.94	33.55
运输设备	22.85	19.30	19.86	15.91	32.64	40.89	50.76	49.38	24.67	43.54	45.19	36.68	34.10
机械设备（不另分类）	15.37	16.28	52.90	16.34	33.34	41.34	55.58	25.97	19.49	37.70	38.64	30.75	19.82
电力、天然气和供水	17.90	18.48	15.86	24.39	49.46	66.86	11.04	20.94	6.93	17.19	18.41	26.91	19.71
建筑业	18.21	17.99	16.45	13.15	28.48	38.29	16.61	30.75	15.66	37.18	36.44	48.04	21.38
机动车辆和摩托车的销售、维护和修理；燃料零售	...	...	2.09	12.69	15.59	35.75	17.36	18.01	9.87	18.32	24.03	29.68	5.58
批发贸易和经纪贸易（机动车辆和摩托车除外）	7.90	8.20	2.11	4.27	13.45	2.80	2.91	12.73	4.72	5.50	28.95	17.97	4.84
零售贸易（机动车辆和摩托车除外）；家庭用品修理	8.07	8.55	2.10	3.72	13.95	8.13	6.93	13.51	4.51	5.46	11.86	9.51	6.20
旅馆和餐饮业	9.23	9.18	10.78	7.36	22.28	10.02	12.33	18.65	11.67	15.63	26.04	32.73	11.05
内陆运输	12.31	19.59	17.39	7.35	33.34	28.03	6.94	24.28	18.18	27.37	20.45	37.91	17.18
水路运输	16.82	24.08	11.19	25.34	48.81	46.59	27.18	22.28	17.17	19.24	27.10	3.26	1.48
航空运输	23.56	12.37	25.59	16.39	36.23	44.58	43.67	32.60	22.52	19.87	35.43	53.39	34.16
其他支持性和辅助性运输方式；旅行社服务	14.18	7.17	8.61	6.43	22.48	17.20	9.88	23.24	11.45	11.58	18.00	49.00	8.88
邮政电信	10.51	5.54	8.79	3.67	18.04	12.94	4.04	18.97	10.96	9.99	21.40	22.13	29.85
金融中介	5.72	4.61	3.78	3.51	8.28	4.30	7.68	10.11	4.72	7.08	7.53	17.49	4.35
房地产业	4.13	13.61	1.29	1.28	6.15	4.89	2.86	7.67	2.99	2.99	8.98	6.49	4.99
机械设备租赁及其他业务服务	15.49	11.03	6.85	5.08	12.14	19.87	7.00	14.37	6.09	19.54	18.67	30.00	34.16
公共管理和国防；社会基本保障	9.07	12.49	0.01	5.22	13.46	7.72	13.68	17.23	4.05	0.02	14.98	...	1.90

续表

	中国	印度尼西亚	印度	日本	韩国	中国台北	孟加拉国	马来西亚	菲律宾	泰国	越南	蒙古国	斯里兰卡
							（占出口总额百分比）						
教育业	9.72	13.17	2.67	2.18	7.51	11.42	...	8.30	4.72	6.84	12.32	11.92	...
卫生与社会工作	17.43	8.93	10.51	7.62	19.47	18.92	4.46	26.41	11.07	20.82	26.45	24.28	5.08
其他社区、社会和个人服务	12.22	13.92	9.19	5.31	16.66	11.63	5.98	17.52	11.44	21.20	16.39	26.21	11.78
家庭服务业	...	...	...	...	...	...	...	...	...	...	...	...	...

... = 未获得相关数据。

资料来源：亚行多区域投入—产出表格数据库（ADB Multi Region Input – Output Tables Database）。

表 3.5e 2015 年所选经济体各行业的垂直专业化指数

(占出口总额百分比)

	中国	印度尼西亚	印度	日本	韩国	中国台北	孟加拉国	马来西亚	菲律宾	泰国	越南	蒙古国	斯里兰卡
农业、狩猎业、林业和渔业	6.11	4.24	4.46	10.20	15.66	22.91	12.71	17.56	8.37	15.60	29.17	6.86	14.41
采掘业	11.10	2.53	4.85	19.45	14.52	4.75	8.60	7.77	6.18	14.14	11.66	29.17	7.30
食品、饮料和烟草业	8.38	10.54	15.96	12.33	25.14	31.00	17.96	39.53	17.18	26.88	47.17	14.76	7.84
织物和纺织品	10.41	13.51	16.04	13.45	23.51	34.04	13.67	30.61	19.48	29.47	57.48	12.94	16.59
皮革、皮革制品和鞋类	10.60	12.24	15.25	14.38	26.24	31.16	14.18	26.64	20.57	26.07	60.33	10.56	16.23
木材与软木及木制品	16.65	10.57	11.30	14.47	27.30	28.52	14.39	35.09	21.19	23.48	56.97	21.93	13.37
纸浆、纸张、纸制品和印刷出版业	21.47	12.69	15.55	11.10	23.15	32.63	13.68	31.12	23.86	27.60	45.06	32.93	32.78
焦炭、精炼石油和核燃料	28.29	5.80	17.35	18.08	35.04	46.94	19.91	26.00	26.25	33.46	40.11	45.90	33.43
化工产品	17.97	10.08	16.03	16.84	29.64	37.88	19.12	36.35	20.05	27.85	39.64	30.60	31.21
橡胶和塑料	21.83	12.50	18.77	17.59	23.92	35.03	8.23	43.45	22.61	32.01	41.37	46.28	18.13
其他非金属矿物	14.20	9.46	14.46	15.34	23.78	41.05	16.08	34.52	8.70	26.56	39.62	22.98	32.67
基本金属和金属制品	23.74	9.60	16.67	18.09	34.63	40.29	16.57	39.22	25.62	33.73	52.65	32.54	41.58
制造业 (不另分类)	26.47	13.91	15.21	14.43	28.59	36.59	23.70	35.91	23.96	32.41	52.53	35.95	39.13
电光设备	20.34	13.27	15.58	16.14	28.21	34.04	18.87	34.77	26.69	41.35	52.53	36.36	44.02
运输设备	20.47	12.14	15.52	19.55	29.32	33.33	19.74	40.05	31.14	34.14	48.25	30.06	45.48
机动车辆和摩托车 (不另分类);回收业	15.92	11.58	16.63	16.91	27.17	34.14	13.74	23.53	19.39	30.36	40.52	24.59	23.70
电力、天然气和供水	14.61	11.32	14.20	12.47	25.92	43.64	7.77	21.04	5.69	23.17	17.58	22.93	24.45
建筑业	13.88	10.78	13.11	11.67	23.64	34.50	13.30	31.66	6.63	32.75	36.76	41.27	21.31
机动车辆和摩托车的销售、维护和维修;燃料零售	...	...	2.21	13.50	14.71	28.28	12.94	19.50	6.68	23.02	25.62	20.73	5.73
批发贸易和经纪贸易(机动车辆和摩托车除外)	4.14	7.27	2.22	5.56	11.25	3.16	4.13	13.74	8.91	7.56	27.36	13.72	4.78
零售贸易(机动车辆和摩托车除外);家庭用品修理	4.09	7.46	2.21	5.28	12.26	15.86	4.83	14.61	8.00	6.83	12.68	8.65	6.19
旅店和餐饮业	6.05	8.28	11.87	9.95	20.03	11.38	16.46	26.50	16.09	23.60	30.22	20.40	11.55
内陆运输	9.97	11.80	12.47	7.76	21.42	23.68	7.20	30.15	13.81	31.40	21.78	38.22	18.11
水路运输	15.08	12.60	8.92	15.02	22.34	30.56	13.71	27.45	16.16	24.99	28.48	21.30	1.48
航空运输	18.95	8.37	11.42	11.79	21.26	31.64	19.43	37.54	19.38	28.17	36.35	52.27	41.46
其他支持性和辅助性运输方式;旅行社服务	12.67	4.37	10.07	8.88	18.37	14.10	8.12	29.90	7.34	16.55	18.38	50.58	8.64
邮政电信	6.80	6.09	6.68	6.43	16.25	13.25	6.60	23.76	9.73	13.51	19.68	23.57	28.39
金融中介	3.79	4.05	4.47	6.88	10.95	8.59	7.64	18.91	6.96	10.19	7.51	9.98	5.54
房地产业	3.30	8.44	1.77	2.39	7.70	7.45	4.14	13.79	3.03	4.93	9.39	6.84	5.23
机械设备租赁及其他业务服务	9.67	8.37	5.36	8.87	11.73	18.36	9.10	14.76	8.30	25.44	19.80	26.69	14.12
公共管理和国防;社会基本保障	4.74	8.74	0.00	6.22	9.83	7.90	8.74	20.46	7.60	0.01	14.66	...	2.23

续表

(占出口总额百分比)

	中国	印度尼西亚	印度	日本	韩国	中国台北	孟加拉国	马来西亚	菲律宾	泰国	越南	蒙古国	斯里兰卡
教育业	5.06	9.69	2.10	2.49	5.99	10.67	...	9.10	4.39	8.75	12.31	9.42	...
卫生与社会工作	12.73	8.51	7.81	7.89	13.55	16.36	7.22	24.55	11.87	19.92	27.08	20.29	4.61
其他社区、社会和个人服务	6.81	9.11	3.03	7.31	12.53	16.39	5.75	20.75	11.54	21.31	17.12	12.32	13.10
家庭服务业	...	...	...	...	...	...	...	...	...	...	...	...	...

... = 未获得相关数据。

资料来源：亚行多区域投入—产出表格数据库（ADB Multi Region Input – Output Tables Database）。

表 3.6a 中国垂直专业化分解

		出口总额	VS	FVA_FIN	FVA_INT	DDC	FDC	VS	FVA_FIN	FVA_INT	DDC	FDC
				(单位：百万美元)				(占出口总额百分比)	(占VS百分比)			
织物和纺织品	2000	46,204	8,418	5,657	1,395	145	1,221	18	67	17	2	15
	2005	109,093	21,013	13,953	3,431	330	3,299	19	66	16	2	16
	2008	180,061	27,921	19,494	4,005	432	3,989	16	70	14	2	14
	2011	240,164	35,002	23,382	5,950	615	5,054	15	67	17	2	14
	2015	252,903	26,334	19,201	3,667	506	2,960	10	73	14	2	11
化工产品	2000	12,498	2,250	520	1,048	51	632	18	23	47	2	28
	2005	37,160	9,339	2,270	3,948	352	2,769	25	24	42	4	30
	2008	83,168	20,642	3,999	8,911	941	6,790	25	19	43	5	33
	2011	117,855	29,469	5,385	13,511	1,385	9,187	25	18	46	5	31
	2015	132,962	23,898	8,501	8,867	971	5,558	18	36	37	4	23
光电设备	2000	70,263	18,444	9,531	4,085	233	4,596	26	52	22	1	25
	2005	298,552	114,220	56,637	26,103	3,616	27,864	38	50	23	3	24
	2008	556,821	178,196	88,035	41,001	7,298	41,861	32	49	23	4	23
	2011	719,587	217,137	105,470	55,452	9,109	47,105	30	49	26	4	22
	2015	715,925	145,609	80,201	35,371	5,451	24,585	20	55	24	4	17
邮政电信	2000	1,483	184	30	118	4	31	12	16	64	2	17
	2005	4,565	675	114	409	30	122	15	17	61	4	18
	2008	8,487	973	168	555	55	195	11	17	57	6	20
	2011	11,551	1,214	196	710	73	235	11	16	58	6	19
	2015	15,324	1,042	197	583	54	208	7	19	56	5	20
机械设备租赁及其他业务服务	2000	7,339	1,019	74	770	16	159	14	7	76	2	16
	2005	24,975	4,728	335	3,331	174	887	19	7	70	4	19
	2008	50,839	8,506	596	5,749	398	1,762	17	7	68	5	21
	2011	67,201	10,410	733	7,360	486	1,830	15	7	71	5	18
	2015	97,061	9,386	1,016	6,677	356	1,337	10	11	71	4	14

DDC = 出口中重复计算的国内增加值，FDC = 出口中重复计算的国外增加值，FVA_FIN = 以最终品出口计算的国外增加值，FVA_INF = 以中间品出口的国外增加值，VS = 垂直专业化。

资料来源：亚行多区域投入—产出表格数据库（ADB Multi Region Input – Output Tables Database）。

表 3.6b 印度尼西亚垂直专业化分解

		出口总额	VS	FVA_FIN	FVA_INT	DDC	FDC	VS	FVA_FIN	FVA_INT	DDC	FDC
					(单位：百万美元)			(占出口总额百分比)		(占VS百分比)		
采掘业	2000	9,485	379	0	266	7	105	4	0	70	2	28
	2005	19,868	1,287	2	800	14	471	6	0	62	1	37
	2008	32,605	1,750	3	1,025	18	703	5	0	59	1	40
	2011	58,303	2,434	1	1,490	40	904	4	0	61	2	37
	2015	31,983	808	1	483	15	311	3	0	60	2	38
食品、饮料和烟草业	2000	4,271	525	268	200	1	56	12	51	38	0	11
	2005	7,794	1,035	294	564	4	173	13	28	54	0	17
	2008	20,252	2,302	400	1,425	11	466	11	17	62	0	20
	2011	27,640	2,914	521	1,875	17	500	11	18	64	1	17
	2015	33,141	3,495	825	2,086	18	566	11	24	60	1	16
焦炭、精炼石油和核燃料	2000	7,037	1,311	326	704	6	275	19	25	54	0	21
	2005	9,373	2,120	280	1,163	9	667	23	13	55	0	31
	2008	14,347	2,713	329	1,400	13	971	19	12	52	1	36
	2011	19,995	2,851	490	1,529	16	816	14	17	54	1	29
	2015	20,162	1,170	274	592	9	295	6	23	51	1	25
光电设备	2000	7,682	2,342	1,125	481	6	730	30	48	21	0	31
	2005	8,805	2,620	903	613	9	1,095	30	34	23	0	42
	2008	9,717	3,026	1,015	857	11	1,143	31	34	28	0	38
	2011	12,440	3,794	1,696	1,086	14	998	30	45	29	0	26
	2015	11,565	1,535	797	406	4	329	13	52	26	0	21
旅馆和餐饮业	2000	1,867	208	64	108	1	36	11	31	52	0	17
	2005	1,836	203	75	97	1	31	11	37	48	0	15
	2008	3,047	302	120	137	1	44	10	40	45	0	15
	2011	4,087	375	161	163	2	50	9	43	43	0	13
	2015	3,860	320	167	114	1	38	8	52	36	0	12

DDC = 出口中重复计算的国内增加值，FDC = 出口中重复计算的国外增加值，FVA_FIN = 以最终品出口的国外增加值，FVA_INF = 以中间品出口的国外增加值，VS = 垂直专业化。

资料来源：亚行多区域投入—产出表格数据库（ADB Multi Region Input – Output Tables Database）。

表3.6c 印度垂直专业化分解

		出口总额	VS	FVA_FIN	FVA_INT	DDC	FDC	VS	FVA_FIN	FVA_INT	DDC	FDC
				(单位：百万美元)				(占出口总额百分比)	(占VS百分比)			
织物和纺织品	2000	14,713	1,585	1,176	214	2	193	11	74	13	0	12
	2005	19,596	3,155	2,571	303	6	276	16	81	10	0	9
	2008	22,744	4,159	3,407	383	6	364	18	82	9	0	9
	2011	26,085	4,187	3,334	510	8	335	16	80	12	0	8
	2015	28,421	4,558	3,799	434	4	321	16	83	10	0	7
光电设备	2000	2,026	370	139	106	1	124	18	38	29	0	34
	2005	6,717	1,390	559	385	7	439	21	40	28	1	32
	2008	15,168	3,231	1,544	869	14	804	21	48	27	0	25
	2011	28,851	5,741	3,063	1,399	21	1,259	20	53	24	0	22
	2015	34,250	5,336	3,434	1,044	11	847	16	64	20	0	16
运输设备	2000	1,610	272	106	112	0	53	17	39	41	0	20
	2005	5,395	1,126	460	453	5	208	21	41	40	0	18
	2008	12,593	2,898	1,307	996	11	584	23	45	34	0	20
	2011	19,677	3,908	2,090	1,168	12	637	20	53	30	0	16
	2015	23,416	3,634	2,215	934	8	477	16	61	26	0	13
机械设备（不另分类）；回收业	2000	6,482	1,477	918	444	2	113	23	62	30	0	8
	2005	23,821	10,981	7,512	2,681	23	765	46	68	24	0	7
	2008	40,150	19,055	12,783	4,572	42	1,658	47	67	24	0	9
	2011	59,235	31,334	22,550	6,847	54	1,883	53	72	22	0	6
	2015	74,562	12,402	9,699	2,166	17	520	17	78	17	0	4
机械设备租赁及其他业务服务	2000	3,080	188	62	88	1	39	6	33	46	0	21
	2005	25,868	2,102	543	1,057	20	482	8	26	50	1	23
	2008	39,683	3,222	1,379	1,236	20	587	8	43	38	1	18
	2011	45,749	3,133	1,592	1,051	15	474	7	51	34	0	15
	2015	46,845	2,510	1,138	920	12	440	5	45	37	0	18

DDC = 出口中重复计算的国内增加值，FDC = 出口中重复计算的国外增加值，FVA_FIN = 以最终品出口的国外增加值，FVA_INF = 以中间品出口的国外增加值，VS = 垂直专业化。

资料来源：亚行多区域投入－产出表格数据库（ADB Multi Region Input – Output Tables Database）。

表 3.6d 日本垂直专业化分解

		出口总额	VS	FVA_FIN	FVA_INT	DDC	FDC	VS	FVA_FIN	FVA_INT	DDC	FDC
				(单位：百万美元)				(占出口总额百分比)	(占VS百分比)			
基本金属和金属制品	2000	45,368	4,774	350	2,582	219	1,623	11	7	54	5	34
	2005	69,092	10,973	668	5,605	401	4,299	16	6	51	4	39
	2008	105,932	27,047	1,746	13,211	708	11,383	26	6	49	3	42
	2011	121,211	30,174	1,746	16,841	591	10,995	25	6	56	2	36
	2015	81,589	14,758	1,003	8,255	281	5,219	18	7	56	2	35
机械设备（不另分类）	2000	66,471	5,793	3,997	1,038	107	651	9	69	18	2	11
	2005	75,407	8,984	5,477	2,021	179	1,307	12	61	22	2	15
	2008	86,785	14,091	8,638	2,992	211	2,250	16	61	21	1	16
	2011	96,028	15,062	7,600	4,630	233	2,599	16	50	31	2	17
	2015	70,850	10,221	5,859	2,782	107	1,473	14	57	27	1	14
光电设备	2000	141,463	14,714	5,850	3,761	742	4,360	10	40	26	5	30
	2005	153,124	19,514	6,325	5,355	896	6,938	13	32	27	5	36
	2008	170,014	29,766	9,430	9,081	921	10,334	18	32	31	3	35
	2011	169,372	27,959	9,128	9,938	657	8,236	17	33	36	2	29
	2015	127,707	20,616	7,931	7,595	334	4,758	16	38	37	2	23
运输设备	2000	99,941	8,078	4,783	2,190	158	948	8	59	27	2	12
	2005	137,503	15,522	9,307	3,975	274	1,967	11	60	26	2	13
	2008	186,824	32,908	19,201	8,487	484	4,737	18	58	26	1	14
	2011	178,915	28,457	15,638	8,229	363	4,226	16	55	29	1	15
	2015	155,394	30,375	19,666	7,049	225	3,435	20	65	23	1	11
批发贸易和经济贸易（机动车辆和摩托车除外）	2000	31,859	845	164	424	45	212	3	19	50	5	25
	2005	40,958	1,407	244	718	56	388	3	17	51	4	28
	2008	58,904	3,053	432	1,629	120	871	5	14	53	4	29
	2011	59,672	2,549	1,342	478	26	703	4	53	19	1	28
	2015	52,045	2,896	1,506	562	24	804	6	52	19	1	28

DDC＝出口中重复计算的国内增加值，FDC＝出口国外增加值的国外增加值，FVA_INF＝以中间品出口出口的国外增加值，VS＝垂直专业化。

资料来源：亚行多区域投入—产出表格数据库（ADB Multi Region Input–Output Tables Database）。

表 3.6e 韩国垂直专业化分解

		出口总额	VS	FVA_FIN	FVA_INT	DDC	FDC	VS	FVA_FIN	FVA_INT	DDC	FDC
				（单位：百万美元）				（占出口总额百分比）	（占VS百分比）			
化工产品	2000	13,642	4,509	295	2,703	34	1,477	33	7	60	1	33
	2005	27,515	10,105	529	5,692	87	3,797	37	5	56	1	38
	2008	42,121	20,315	1,100	11,415	142	7,658	48	5	56	1	38
	2011	56,223	26,943	1,609	15,902	176	9,256	48	6	59	1	34
	2015	67,420	19,983	2,895	10,910	181	5,997	30	14	55	1	30
基本金属和金属制品	2000	11,918	3,923	251	2,398	35	1,238	33	6	61	1	32
	2005	24,966	8,922	346	5,169	101	3,305	36	4	58	1	37
	2008	47,677	23,209	640	12,385	214	9,970	49	3	53	1	43
	2011	60,669	27,927	765	16,912	233	10,016	46	3	61	1	36
	2015	40,679	14,088	580	8,544	125	4,840	35	4	61	1	34
光电设备	2000	61,163	21,737	8,542	6,251	239	6,705	36	39	29	1	31
	2005	105,745	37,016	10,802	10,785	647	14,782	35	29	29	2	40
	2008	129,372	53,235	14,128	18,040	734	20,332	41	27	34	1	38
	2011	158,301	59,582	15,891	23,213	797	19,681	38	27	39	1	33
	2015	157,440	44,420	14,399	18,559	487	10,974	28	32	42	1	25
运输设备	2000	25,288	6,367	4,884	950	13	521	25	77	15	0	8
	2005	54,721	14,817	9,764	3,348	59	1,645	27	66	23	0	11
	2008	92,711	31,905	19,194	8,022	131	4,557	34	60	25	0	14
	2011	114,777	37,463	22,895	9,959	155	4,453	33	61	27	0	12
	2015	111,288	32,629	21,607	7,483	111	3,427	29	66	23	0	11
水路运输	2000	10,212	2,728	574	1,413	16	724	27	21	52	1	27
	2005	17,639	6,825	1,257	3,469	123	1,976	39	18	51	2	29
	2008	27,249	14,244	3,005	7,583	101	3,555	52	21	53	1	25
	2011	27,918	13,627	3,280	5,499	69	4,779	49	24	40	1	35
	2015	30,254	6,760	2,209	2,724	42	1,784	22	33	40	1	26

DDC = 出口中重复计算的国内增加值，FDC = 出口中重复计算的国外增加值，FVA_FIN = 以最终品出口的国外增加值，FVA_INF = 以中间品出口的国外增加值，VS = 垂直专业化。
资料来源：亚行多区域投入—产出表格数据库（ADB Multi Region Input – Output Tables Database）。

表 3.6f 中国台北垂直专业化分解

		出口总额	VS	FVA_FIN	FVA_INT	DDC	FDC	VS	FVA_FIN	FVA_INT	DDC	FDC
				(单位：百万美元)				(占出口总额百分比)	(占VS百分比)			
化工产品	2000	10,299	4,213	535	2,488	22	1,168	41	13	59	1	28
	2005	22,502	10,734	1,538	5,635	45	3,515	48	14	52	0	33
	2008	31,091	17,947	1,466	9,972	60	6,449	58	8	56	0	36
	2011	38,082	19,212	2,159	11,089	69	5,895	50	11	58	0	31
	2015	27,619	10,461	1,618	5,798	48	2,997	38	15	55	0	29
基本金属和金属制品	2000	14,448	4,582	597	2,661	37	1,288	32	13	58	1	28
	2005	22,070	9,217	816	5,264	55	3,081	42	9	57	1	33
	2008	30,415	15,159	1,140	8,251	67	5,702	50	8	54	0	38
	2011	33,716	16,787	1,281	9,863	62	5,581	50	8	59	0	33
	2015	24,097	9,709	655	5,922	42	3,090	40	7	61	0	32
光电设备	2000	77,494	34,714	14,405	10,284	379	9,646	45	41	30	1	28
	2005	100,948	50,237	10,672	15,921	779	22,865	50	21	32	2	46
	2008	122,305	60,300	10,313	21,626	674	27,687	49	17	36	1	46
	2011	147,897	72,172	12,600	29,387	785	29,400	49	17	41	1	41
	2015	210,302	71,582	18,494	30,340	723	22,025	34	26	42	1	31
航空运输	2000	2,404	704	232	382	2	87	29	33	54	0	12
	2005	3,392	1,453	510	799	2	142	43	35	55	0	10
	2008	4,340	2,364	831	1,247	3	284	54	35	53	0	12
	2011	3,909	1,743	588	929	2	223	45	34	53	0	13
	2015	5,312	1,681	649	846	3	182	32	39	50	0	11
机械设备租赁及其他业务服务	2000	3,431	637	100	445	5	88	19	16	70	1	14
	2005	2,887	569	50	436	5	79	20	9	77	1	14
	2008	3,748	758	58	525	5	170	20	8	69	1	22
	2011	4,033	801	65	567	5	165	20	8	71	1	21
	2015	2,330	428	38	306	3	81	18	9	72	1	19

DDC = 出口中重复计算的国内增加值，FDC = 出口中重复计算的国外增加值，FVA_FIN = 以最终品出口的国外增加值，FVA_INF = 以中间品出口的国外增加值，VS = 垂直专业化。

资料来源：亚行多区域投入-产出表格数据库（ADB Multi Region Input–Output Tables Database）。

表 3.6g 孟加拉国垂直专业化分解

		出口总额	VS	FVA_FIN	FVA_INT	DDC	FDC	VS	FVA_FIN	FVA_INT	DDC	FDC
				(单位：百万美元)				(占出口总额百分比)	(占VS百分比)			
织物和纺织品	2000	4,337	686	510	93	0	83	16	74	13	0	12
	2005	6,197	1,251	889	182	1	179	20	71	15	0	14
	2008	11,368	2,884	2,022	428	3	431	25	70	15	0	15
	2011	18,077	2,469	1,544	435	2	488	14	63	18	0	20
	2015	28,465	3,891	2,590	550	4	747	14	67	14	0	19
皮革、皮革制品及鞋类	2000	256	40	30	5	0	5	16	75	13	0	12
	2005	627	96	71	13	0	13	15	73	13	0	13
	2008	364	97	78	10	0	10	27	80	10	0	10
	2011	617	72	52	11	0	9	12	72	15	0	13
	2015	657	93	65	14	0	14	14	70	15	0	15
机械设备（不另分类）；回收业	2000	3	0	0	0	0	0		24	49	0	28
	2005	5	1	0	1	0	0		26	53	0	21
	2008	668	286	167	76	0	43	43	58	27	0	15
	2011	609	339	42	166	0	131	56	12	49	0	39
	2015	918	126	58	37	0	31	14	46	30	0	24
水路运输	2000	26	2	1	1	0	0	7	51	35	0	14
	2005	41	3	2	1	0	1	8	51	32	0	17
	2008	432	194	89	66	0	38	45	46	34	0	20
	2011	475	129	3	78	0	48	27	3	60	0	37
	2015	781	107	2	66	0	38	14	2	62	0	36
邮政电信	2000	29	2	1	1	0	0	7	51	40	0	9
	2005	33	2	1	1	0	0	7	50	40	0	10
	2008	568	30	3	19	0	8	5	11	64	0	25
	2011	639	26	12	9	0	5	4	45	35	0	20
	2015	1,151	76	40	24	0	12	7	53	31	0	16

DDC = 出口中重复计算的国内增加值，FDC = 出口中重复计算的国外增加值，FVA_FIN = 以最终品出口的国外增加值，FVA_INF = 以中间品出口的国外增加值，VS = 垂直专业化。

资料来源：亚行多区域投入－产出表格数据库（ADB Multi Region Input – Output Tables Database）。

表 3.6h 马来西亚垂直专业化分解

		出口总额	VS	FVA_FIN	FVA_INT	DDC	FDC	VS	FVA_FIN	FVA_INT	DDC	FDC
				（单位：百万美元）				（占出口总额百分比）	（占VS百分比）			
农业、狩猎业、林业和渔业	2000	2,430	356	75	227	3	51	15	21	64	1	14
	2005	2,686	431	67	280	4	80	16	16	65	1	19
	2008	14,839	2,539	441	1,551	20	527	17	17	61	1	21
	2011	7,496	1,034	178	651	5	200	14	17	63	1	19
	2015	5,795	1,017	244	560	4	209	18	24	55	0	21
焦炭、精炼石油和核燃料	2000	2,472	896	157	482	6	251	36	18	54	1	28
	2005	4,875	1,920	191	1,045	12	673	39	10	54	1	35
	2008	39,296	17,256	1,007	7,985	187	8,077	44	6	46	1	47
	2011	17,445	3,778	378	2,039	24	1,336	22	10	54	1	35
	2015	15,551	4,043	841	1,917	19	1,267	26	21	47	0	31
光电设备	2000	55,097	38,729	21,638	7,780	184	9,127	70	56	20	0	24
	2005	68,042	43,274	21,573	10,823	183	10,696	64	50	25	0	25
	2008	49,307	28,943	12,107	8,690	145	8,000	59	42	30	0	28
	2011	31,532	14,034	4,270	4,474	70	5,221	45	30	32	0	37
	2015	25,153	8,746	2,893	2,948	32	2,873	35	33	34	0	33
邮政电信	2000	818	208	100	85	1	22	25	48	41	1	11
	2005	797	101	14	70	1	17	13	14	69	1	17
	2008	1,604	336	30	242	2	62	21	9	72	1	18
	2011	3,452	655	43	509	3	100	19	7	78	0	15
	2015	6,740	1,602	281	1,075	6	240	24	18	67	0	15
金融中介	2000	781	249	68	141	1	38	32	27	57	0	15
	2005	2,888	231	54	128	3	45	8	23	56	1	20
	2008	5,693	876	154	502	7	213	15	18	57	1	24
	2011	3,450	349	61	209	2	77	10	18	60	1	22
	2015	4,158	786	150	470	3	164	19	19	60	0	21

DDC = 出口中重复计算的国内增加值，FDC = 出口中重复计算的国外增加值，FVA_FIN = 以最终产品出口的国外增加值，FVA_INF = 以中间品出口的国外增加值，VS = 垂直专业化。

资料来源：亚行多区域投入—产出表格数据库（ADB Multi Region Input–Output Tables Database）。

表 3.6i 菲律宾垂直专业化分解

		出口总额	VS	FVA_FIN	FVA_INT	DDC	FDC	VS	FVA_FIN	FVA_INT	DDC	FDC
				（单位：百万美元）				（占出口总额百分比）	（占VS百分比）			
食品、饮料和烟草业	2000	1,144	136	64	59	0	12	12	47	44	0	9
	2005	4,260	486	207	220	0	59	11	43	45	0	12
	2008	7,435	790	343	328	1	118	11	43	42	0	15
	2011	7,494	750	359	287	0	104	10	48	38	0	14
	2015	10,300	1,770	940	605	1	224	17	53	34	0	13
织物和纺织品	2000	2,333	394	312	64	0	18	17	79	16	0	5
	2005	1,703	364	276	68	0	20	21	76	19	0	5
	2008	2,513	678	576	59	0	42	27	85	9	0	6
	2011	1,136	225	189	21	0	16	20	84	9	0	7
	2015	1,130	220	190	16	0	15	19	86	7	0	7
基本金属和金属制品	2000	606	171	24	95	0	52	28	14	56	0	31
	2005	1,036	317	35	177	0	105	31	11	56	0	33
	2008	3,377	1,458	166	809	1	483	43	11	55	0	33
	2011	1,855	569	67	316	0	186	31	12	56	0	33
	2015	1,869	479	86	261	0	131	26	18	54	0	27
光电设备	2000	9,879	2,175	446	761	9	960	22	21	35	0	44
	2005	12,346	5,657	1,750	2,047	12	1,848	46	31	36	0	33
	2008	23,582	13,166	4,300	5,784	5	3,077	56	33	44	0	23
	2011	14,903	6,713	2,429	2,599	10	1,675	45	36	39	0	25
	2015	11,317	3,021	931	1,332	4	754	27	31	44	0	25
机械设备租赁及其他业务服务	2000	352	41	1	32	0	8	12	2	79	0	20
	2005	2,047	141	3	101	0	36	7	2	72	0	25
	2008	5,667	441	34	275	1	132	8	8	62	0	30
	2011	10,128	616	47	379	3	188	6	8	61	0	31
	2015	7,187	597	55	364	1	175	8	9	61	0	29

DDC = 出口中重复计算的国内增加值，FDC = 出口中重复计算的国外增加值，FVA_FIN = 以最终品出口的国外增加值，FVA_INF = 以中间品出口的国外增加值，VS = 垂直专业化。

资料来源：亚行多区域投入—产出表格数据库（ADB Multi Region Input–Output Tables Database）。

表 3.6j 泰国垂直专业化分解

		出口总额	VS	FVA_FIN	FVA_INT	DDC	FDC	VS	FVA_FIN	FVA_INT	DDC	FDC
				(单位：百万美元)				(占出口总额百分比)	(占VS百分比)			
食品、饮料和烟草业	2000	9,563	1,919	1,083	693	3	140	20	56	36	0	7
	2005	11,970	2,757	1,482	987	6	282	23	54	36	0	10
	2008	20,070	3,964	2,129	1,282	11	542	20	54	32	0	14
	2011	25,990	5,221	2,980	1,657	9	574	20	57	32	0	11
	2015	29,438	7,912	4,485	2,420	14	992	27	57	31	0	13
织物和纺织品	2000	5,947	1,615	1,029	357	3	226	27	64	22	0	14
	2005	7,434	2,144	1,318	463	4	358	29	61	22	0	17
	2008	8,619	2,893	2,000	429	5	459	34	69	15	0	16
	2011	8,907	2,105	1,387	356	3	358	24	66	17	0	17
	2015	8,350	2,461	1,661	355	3	441	29	68	14	0	18
光电设备	2000	25,037	16,617	9,885	4,163	27	2,542	66	59	25	0	15
	2005	34,311	22,120	12,031	6,102	54	3,933	64	54	28	0	18
	2008	65,888	38,674	22,316	11,503	84	4,771	59	58	30	0	12
	2011	41,128	22,317	13,789	6,029	34	2,464	54	62	27	0	11
	2015	43,170	17,852	14,062	2,674	15	1,101	41	79	15	0	6
邮政电信	2000	500	23	3	16	0	4	5	13	67	1	18
	2005	895	67	9	44	1	14	8	13	65	1	21
	2008	2,069	383	47	254	3	79	18	12	66	1	21
	2011	1,178	118	17	78	1	22	10	14	66	1	18
	2015	1,667	225	42	137	1	45	14	19	61	1	20
机械设备租赁及其他业务服务	2000	131	23	1	16	0	5	17	4	72	1	24
	2005	298	59	3	39	0	17	20	5	65	1	29
	2008	1,386	477	70	230	3	173	34	15	48	1	36
	2011	5,395	1,054	201	570	5	278	20	19	54	1	26
	2015	6,255	1,592	419	762	6	405	25	26	48	0	25

DDC = 出口中重复计算的国内增加值，FDC = 出口中重复计算的国外增加值，FVA_FIN = 以最终品出口的国外增加值，FVA_INF = 以中间品出口的国外增加值，VS = 垂直专业化。

资料来源：亚行多区域投入－产出表格数据库（ADB Multi Region Input–Output Tables Database）。

表 3.6k 越南垂直专业化分解

		出口总额	VS	FVA_FIN	FVA_INT	DDC	FDC	VS	FVA_FIN	FVA_INT	DDC	FDC
				（单位：百万美元）				（占出口总额百分比）	（占VS百分比）			
农业、狩猎业、林业和渔业	2000	2,426	394	125	201	1	67	16	32	51	0	17
	2005	5,248	1,129	358	568	2	201	22	32	50	0	18
	2008	15,737	4,531	1,464	2,177	16	874	29	32	48	0	19
	2011	12,294	3,036	883	1,671	8	475	25	29	55	0	16
	2015	24,452	7,133	2,899	3,446	15	774	29	41	48	0	11
织物和纺织品	2000	1,221	586	435	78	0	73	48	74	13	0	12
	2005	3,910	1,444	1,091	168	1	184	37	76	12	0	13
	2008	9,064	4,259	3,311	427	7	514	47	78	10	0	12
	2011	6,926	3,839	2,870	539	4	426	55	75	14	0	11
	2015	13,657	7,850	7,102	454	4	290	57	90	6	0	4
皮革、皮革制品及鞋类	2000	1,055	497	408	65	0	23	47	82	13	0	5
	2005	248	92	64	18	0	10	37	70	19	0	11
	2008	933	439	334	47	1	57	47	76	11	0	13
	2011	4,467	2,494	1,880	341	3	270	56	75	14	0	11
	2015	7,825	4,721	4,312	248	2	159	60	91	5	0	3
旅馆和餐饮业	2000	819	169	128	28	0	13	21	76	16	0	8
	2005	1,093	244	197	30	0	17	22	81	12	0	7
	2008	685	180	138	27	0	15	26	77	15	0	8
	2011	4,643	1,209	876	243	1	89	26	72	20	0	7
	2015	7,361	2,224	1,710	373	2	139	30	77	17	0	6
金融中介	2000	195	31	2	22	0	7	16	6	71	0	23
	2005	711	40	11	20	0	9	6	28	49	0	23
	2008	3,432	195	93	71	1	29	6	48	37	0	15
	2011	3,106	234	53	133	1	47	8	23	57	1	20
	2015	5,475	411	101	242	3	66	8	25	59	1	16

DDC = 出口中重复计算的国内增加值，FDC = 出口中重复计算的国外增加值，FVA_FIN = 以最终品出口的国外增加值，FVA_INF = 以中间品出口的国外增加值，VS = 垂直专业化。

资料来源：亚行多区域投入—产出表格数据库（ADB Multi Region Input – Output Tables Database）。

表 3.61 蒙古国垂直专业化分解

		出口总额	VS	FVA_FIN	FVA_INT	DDC	FDC	VS	FVA_FIN	FVA_INT	DDC	FDC
					（单位：百万美元）			（占出口总额百分比）	（占VS百分比）			
采掘业	2000	155	40	0	29	0	11	26	0	72	0	28
	2005	678	155	0	103	0	51	23	0	67	0	33
	2008	1,386	291	1	182	0	108	21	0	63	0	37
	2011	3,478	1,282	3	851	0	428	37	0	66	0	33
	2015	3,838	1,120	2	764	0	353	29	0	68	0	32
食品、饮料和烟草业	2000	15	4	2	2	0	0	30	44	46	0	10
	2005	22	6	3	2	0	0	26	57	37	0	6
	2008	11	2	1	1	0	0	21	58	37	0	5
	2011	115	24	14	9	0	1	21	58	37	0	5
	2015	105	16	9	6	0	1	15	59	36	0	6
织物和纺织品	2000	41	11	7	2	0	1	27	68	20	0	12
	2005	66	16	9	3	0	4	24	59	19	0	22
	2008	141	33	19	7	0	7	23	60	20	0	20
	2011	161	31	17	8	0	7	19	54	25	0	21
	2015	170	22	12	6	0	5	13	53	26	0	21
基本金属和金属制品	2000	26	12	0	9	0	3	46	2	76	0	22
	2005	36	15	0	10	0	4	42	1	69	0	30
	2008	140	44	1	29	0	14	31	1	68	0	31
	2011	78	33	0	25	0	8	43	1	74	0	25
	2015	92	30	0	24	0	6	33	1	79	0	20
机械设备租赁及其他业务服务	2000	0	0	0	0	0	0	37	20	64	0	16
	2005	1	0	0	0	0	0	32	27	51	0	22
	2008	28	7	2	4	0	1	24	23	56	0	21
	2011	85	26	2	17	0	7	30	7	66	0	21
	2015	193	52	4	32	0	16	27	7	62	0	31

DDC = 出口中重复计算的国内增加值，FDC = 出口中重复计算的国外增加值，FVA_FIN = 以最终品出口的国外增加值，FVA_INF = 以中间品出口出口的国外增加值，VS = 垂直专业化。

资料来源：亚行多区域投入—产出表格数据库（ADB Multi Region Input – Output Tables Database）。

表3.6m 斯里兰卡垂直专业化分解

		出口总额	VS	FVA_FIN	FVA_INT	DDC	FDC	VS	FVA_FIN	FVA_INT	DDC	FDC
				(单位：百万美元)				(占出口总额百分比)	(占VS百分比)			
食品、饮料和烟草业	2000	90	14	12	2	0	1	16	83	13	0	4
	2005	64	13	10	3	0	1	21	75	19	0	6
	2008	133	46	39	4	0	2	34	86	9	0	5
	2011	1,502	164	120	32	0	12	11	73	19	0	8
	2015	3,649	286	208	57	0	21	8	73	20	0	7
织物和纺织品	2000	112	39	37	2	0	1	35	94	4	0	2
	2005	339	119	103	10	0	6	35	86	9	0	5
	2008	91	41	40	1	0	0	45	98	1	0	1
	2011	2,503	479	404	41	0	33	19	84	9	0	7
	2015	3,872	642	538	61	0	43	17	84	10	0	7
制造业（不另分类）；回收业	2000	11	4	3	0	0	0	31	88	7	0	5
	2005	12	3	2	0	0	0	26	77	15	0	7
	2008	5	2	2	0	0	0	40	92	4	0	4
	2011	381	76	54	13	0	9	20	71	17	0	12
	2015	419	99	77	14	0	8	24	78	14	0	8
旅馆和餐饮业	2000	158	33	20	9	0	4	21	61	26	0	13
	2005	125	18	13	3	0	1	15	73	19	0	8
	2008	254	57	35	13	0	9	23	61	23	0	16
	2011	310	34	21	8	0	5	11	61	24	0	15
	2015	415	48	35	9	0	4	12	73	18	0	8
内陆运输	2000	718	177	63	89	0	24	25	36	50	0	14
	2005	559	110	36	59	0	15	20	33	54	0	13
	2008	1,185	300	90	153	0	57	25	30	51	0	19
	2011	1,416	243	83	119	0	42	17	34	49	0	17
	2015	1,887	342	127	167	0	48	18	37	49	0	14

DDC＝出口中重复计算的国内增加值，FDC＝出口中重复计算的国外增加值，FVA_FIN＝以最终品出口的国外增加值，FVA_INF＝以中间品出口的国外增加值，VS＝垂直专业化。

资料来源：亚行多区域投入—产出表格数据库（ADB Multi Region Input – Output Tables Database）。

表 3.7a 垂直专业化指数：2000 年与 2005 年差额（百分点）

行业	中国	印度尼西亚	印度	日本	韩国	中国台北	孟加拉国	马来西亚	菲律宾	泰国	越南	蒙古国	斯里兰卡
农业、狩猎业、林业和渔业	2	2	0	3	1	6	1	1	1	2	5	(2)	(2)
采掘业	6	2	0	14	4	3	1	(2)	(2)	4	(1)	(3)	2
食品、饮料和烟草业	3	1	2	3	3	5	(0)	(0)	0	3	10	(4)	5
织物和纺织业	1	1	5	4	(0)	3	4	(18)	4	2	(11)	(3)	0
皮革、皮革制品和鞋类	1	0	1	2	1	12	(0)	(8)	7	3	(10)	(4)	12
木材与软木和木头制品	4	4	4	3	(0)	3	1	(4)	(0)	(13)	9	(7)	3
木浆、纸张、纸制品和印刷出版业	5	(2)	1	1	1	16	4	(9)	(3)	1	(7)	(3)	33
焦炭、精炼石油和核燃料	6	4	(20)	13	1	3	1	3	(26)	9	(17)	(24)	(19)
化工产品	7	7	2	7	4	7	(1)	2	5	0	(11)	(16)	(5)
橡胶和塑料	7	6	4	4	2	6	(1)	9	4	3	(6)	(4)	16
其他非金属制品	5	0	(2)	2	4	6	(11)	(7)	2	11	(14)	(17)	17
基本金属制品	9	1	4	5	3	10	0	3	10	3	(8)	(31)	31
机械设备（不另分类）	9	0	4	3	3	5	1	(7)	24	(2)	(13)	(15)	8
电光设备	12	(1)	2	2	(1)	5	1	(7)	(0)	2	(12)	50	11
运输设备	9	(4)	4	3	2	8	1	(1)					
制造业（不另分类）；回收业	4	2	23	3	2	8	4	(21)	6	9	(17)	(15)	(4)
电力、天然气和供水	6	8	5	6	8	18	(1)	8	(7)	12	(4)	(2)	17
建筑业	5	(1)	1	2	1	8	2	3	(0)	7	(14)	(8)	(2)
机动车辆和摩托车的销售、维护和维修；燃料零售													
批发贸易和经纪贸易（机动车辆和摩托车除外）	2	(3)	(0)	3	1	9	0	(31)	(4)		(17)	(11)	2
零售贸易（机动车辆和摩托车除外）；家庭用品修理	1	(3)	(0)	1	1	(2)	0	(3)	(6)	1	(4)	(3)	(3)
旅馆和餐饮业	3	(0)	2	2	1	1	0	(3)	(7)	1	(13)	(2)	(3)
内陆运输	4	(2)	2	6	(1)	3	(0)	(15)	1	2	2	(4)	(6)
水路运输	4	(2)	2	6	12	5	0	(30)	(5)	5	(7)	(7)	(5)
航空运输	9	(29)	8	6	(1)	14	2	1	(2)	14	(16)	(16)	(5)
其他支持性和辅助性运输方式；旅行社服务	6	(7)	(1)	1	(0)	2	1	(3)	(7)	3	(10)	(8)	2
邮政和电信	2	(1)	1	1	(2)	(0)	(0)	(19)	(6)	3	(3)	(7)	(3)
金融中介	2	(2)	1	0	(2)	(0)	(0)	(13)	(4)	2	(2)	(6)	3
房地产业	5	11	2	1	0	1	1	(24)	1	1	(11)	(3)	3
机械设备租赁及其他业务	5	(6)	2	1	2	(3)	1	9	(5)	2	(8)	(6)	(4)
服务													
公共管理和国防；社会保障	2	0	(0)	1	(1)	(3)	1	(5)	(3)	1	(12)	(7)	(1)
教育业	3	0	1	1	(0)	1	0	3	(4)	3	(7)	(6)	1
卫生与社会工作	4	(4)	0	2	(0)	2	1	(3)	(1)	3	(2)	(3)	(1)
其他社区、社会和个人服务	3	3	4	1	1	(2)	0	(7)	(2)	3	(2)	(5)	1
家庭服务业				...	...							(6)	(5)

... = 未获得相关数据。
() = 负数。
资料来源：亚行多区域投入-产出表格数据库（ADB Multi Region Input – Output Tables Database）。

表 3.7b 垂直专业化指数：2005 年与 2008 年差额（百分点）

行业	中国	印度尼西亚	印度	日本	韩国	中国台北	孟加拉国	马来西亚	菲律宾	泰国	越南	蒙古国	斯里兰卡
农业、狩猎业、林业和渔业	(0)	(1)	1	4	8	6	2	1	0	(0)	7	3	3
采掘业	0	(1)	1	17	4	(1)	14	(3)	2	0	5	(2)	(2)
食品、饮料和烟草业	0	(2)	1	5	11	7	(1)	(5)	(1)	(3)	10	(5)	14
织物和纺织品	(4)	7	2	3	6	6	5	(2)	6	5	10	(1)	10
皮革、皮革制品和鞋类	(3)	1	2	3	7	3	11	5	7	(1)	12	1	36
木材与软木头木制品	(1)	(3)	(0)	8	17	2	(4)	(0)	3	0	18	(5)	13
纸浆、纸张、纸制品和印刷出版业	7	(2)	2	5	8	6	22	5	4	(10)	18	(10)	16
焦炭、精炼石油和核燃料	(0)	(4)	4	12	10	16	42	(1)	21	(39)	19	(25)	23
化工产品	(0)	(6)	4	9	12	10	46	(3)	7	(6)	20	(15)	9
橡胶和塑料	(2)	(4)	4	6	9	6	3	3	5	(7)	19	(23)	17
其他非金属矿物	(0)	(3)	1	8	9	11	25	(1)	11	1	20	(10)	13
基本金属和金属制品	(0)	(3)	1	10	13	8	10	(2)	13	2	19	(11)	11
制造业（不另分类）	(4)	(2)	0	4	8	5	3	(5)	5	(1)	18	(16)	13
电光设备	(6)	1	1	5	6	(0)	(7)	6	10	(6)	18	(13)	15
运输设备	(3)	(3)	2	6	7	0	10		3	(5)	20	(70)	20
机械设备（不另分类）	(2)	(3)	1	7	9	9	25	2	8	(4)	19	(10)	13
回收业	1	(2)	2	13	22	29	2	3	3	(1)	4	(4)	(16)
电力、天然气和供水	(2)	(2)	1	5	8	4	(1)	4	5	5	16	10	(2)
建筑业			(0)	4	3	4	7	8	2	7	6	10	3
机动车辆和摩托车的销售、维护和维修；燃料零售	(2)	(1)	(0)	2	3	(2)	2	4	1	2	6	6	1
批发贸易和经纪贸易（机动车辆和摩托车除外）	(1)	(1)	(0)	1	4	2	14	4	1	7	4	3	5
零售贸易（机动车辆和辅助性运输方式；机动车辆和摩托车除外）	0	(1)	1	3	7	9	(8)	9	(2)	1	11	(5)	8
旅馆和餐饮业	(0)	(2)	3	2	12	3	(0)	3	4	(5)	16	9	6
内陆运输	(0)	(1)	2	6	14	3	37	3	5	(11)	16	(4)	(6)
水路运输	1	0	4	6	13	12	60	5	6	1	12	10	5
航空运输	(0)	0	1	2	8	2	(3)	6	2	5	4	(1)	3
其他支持性和辅助性运输方式；旅行社服务	(3)	(1)	1	1	6	1	(1)	8	2	11	0	(9)	(1)
邮政电信	(2)	(1)	3	3	3	1	7	7	1	3	0	0	(4)
金融中介	(1)	(2)	2	2	2	1	2	5	1	2	0	(5)	4
房地产业			(0)	2	2	1	2	(0)	0	15	3	(8)	2
机械设备租赁及其他业务服务	(2)	(1)	0	2	4	1	6	2	1	(1)	1	9	(1)
公共管理和国防；基本保障	(1)	(1)	0	2	2	1	5	1	0	1	1	10	-
教育业	(1)	(2)	2	2	4	2	(2)	(8)	1	(3)	13	(11)	(1)
卫生与社会工作；社会	(2)	(2)	(3)	2	5	1	5	5	3	7	7	(1)	5
其他社区、社会和个人服务													
家庭服务业													

... = 未获得相关数据。() = 负数。

资料来源：亚行多区域投入—产出表格数据库（ADB Multi Region Input – Output Tables Database）。

表 3.7c 垂直专业化指数：2008 年与 2011 年差额（百分点）

行业	中国	印度尼西亚	印度	日本	韩国	中国台北	孟加拉国	马来西亚	菲律宾	泰国	越南	蒙古国	斯里兰卡
农业、狩猎业、林业和渔业	(0)	(1)	(1)	(2)	1	(2)	4	(3)	(1)	(1)	(4)	(3)	(6)
采掘业	1	(1)	(2)	0	1	(11)	(6)	(1)	(3)	(3)	(5)	16	(3)
食品、饮料和烟草业	(0)	1	(1)	(1)	0	(1)	8	(9)	(1)	0	1	0	(24)
织物和纺织品	(1)	0	(2)	(3)	(1)	0	(12)	3	(7)	(10)	8	(4)	(26)
皮革、皮革制品和鞋类	(1)	(0)	(3)	(0)	(4)	2	(15)	(7)	(10)	(5)	9	(4)	(34)
木材与软木和木头制品	(0)	(2)	(3)	(5)	(1)	(2)	0	(5)	(3)	(2)	(1)	8	(20)
纸浆、纸张、纸制品和印刷出版业	0	(5)	(4)	(3)	(1)	(3)	(18)	(4)	(6)	(6)	(4)	16	(35)
焦炭、精炼石油和核燃料	2	(3)	(10)	(7)	0	(7)	(24)	(22)	(19)	(8)	(13)	11	(21)
化工产品	0	(1)	(7)	(4)	(0)	(3)	(32)	(4)	(5)	(3)	(13)	6	(8)
橡胶和塑料	(0)	(3)	(5)	0	(1)	(1)	4	(6)	(11)	4	(13)	9	(25)
其他非金属矿物	0	(1)	(3)	2	(3)	(0)	(28)	(10)	(12)	(1)	(8)	4	(23)
基本金属和金属制品	2	(5)	(3)	(1)	(2)	0	(14)	(7)	(7)	(0)	(11)	12	(9)
制造业（不另分类）	1	(0)	(2)	(1)	(4)	(1)	(7)	(4)	(11)	(4)	(11)	9	(27)
电光设备	(2)	(1)	(3)	(2)	(2)	3	27	(14)	(5)	(6)	(13)	13	(28)
运输设备	1	(2)	(3)	(2)	(2)	3	30	(9)	(5)	(6)	(13)	11	(25)
机械设备（不另分类）；回收业	(0)	(1)	5	(1)	(1)	2	13	(1)	(12)	(6)	(12)	3	(20)
电力、天然气和供水	0	(1)	(3)	(4)	(6)	(5)	2	(8)	(3)	(5)	(1)	4	(8)
建筑业	(0)	(2)	(2)	(1)	(1)	(2)	3	(14)	(7)	(5)	(9)	(4)	(3)
机动车辆和摩托车的销售、维护和维修；燃料零售	...	...	...	...	0	2	8	(1)	(2)	11	(2)	(10)	(3)
批发贸易和经纪贸易（机动车辆和摩托车除外）	0	(1)	(0)	(1)	0	0	(0)	(3)	(1)	(2)	3	(7)	(3)
零售贸易（机动车辆和摩托车除外）；	(0)	(1)	(0)	(1)	0	(0)	(9)	(2)	(1)	(7)	(0)	(5)	(4)
家庭用品修理	(0)	(1)	(0)	(0)	(1)	(0)	8	(7)	(0)	(2)	(0)	12	(11)
旅馆和餐饮业	(0)	(2)	(4)	(4)	(0)	(2)	1	8	(4)	(9)	(8)	(5)	(8)
内陆运输	(0)	(2)	(3)	(2)	(3)	5	(18)	(8)	(4)	(8)	(11)	(22)	(1)
水路运输	(0)	(1)	(1)	(0)	(1)	(10)	(32)	(8)	(7)	(14)	(5)	0	(21)
航空运输	(0)	(3)	(1)	(2)	0	0	(0)	(9)	(4)	(7)	(1)	12	(12)
其他支持性和辅助性运输方式；旅行社服务	(0)	(1)	(2)	(0)	(1)	(0)	6	(4)	(3)	(7)	7	1	(7)
邮政和电信	(0)	(1)	0	(0)	(1)	(0)	(1)	(2)	(2)	(9)	2	3	(4)
金融中介	(1)	(1)	(1)	0	(0)	(0)	(3)	(5)	(1)	(3)	2	(1)	(3)
房地产业	...	(2)	...	...	(0)	(0)	(0)	(9)	...	(1)	...	...	...
机械设备租赁及其他业务服务	(0)	(1)	(0)	0	0	(0)	1	(14)	2	(15)	0	6	(6)
公共管理和国防；社会基本保障	(0)	(2)	(0)	(0)	(1)	(0)	1	(14)	(1)	(0)	2	(39)	(1)
教育业	(0)	(1)	(2)	(0)	(0)	(0)	(6)	(8)	(2)	(2)	1	2	...
卫生与社会工作	(0)	(1)	(1)	(1)	(0)	(0)	0	4	(1)	(1)	(8)	6	(1)
其他社区、社会和个人服务	(1)	(1)	0	(1)	0	(0)	(0)	7	(4)	(8)	(4)	6	(7)
家庭服务业													

... = 未获得相关数据。
( ) = 负数。

资料来源：亚行多区域投入—产出表格数据库（ADB Multi Region Input – Output Tables Database）。

表 3.7d 垂直专业化指数：2011 年与 2015 年差额（百分点）

行业	中国	印度尼西亚	印度	日本	韩国	中国台北	孟加拉国	马来西亚	菲律宾	泰国	越南	蒙古国	斯里兰卡
农业、狩猎业、林业和渔业	(2)	(1)	2	(1)	(5)	(3)	3	4	1	2	4	(6)	2
采掘业	(4)	(2)	(0)	(30)	(6)	(2)	(3)	0	(4)	2	7	(8)	0
食品、饮料和烟草业	(3)	0	4	1	(6)	(3)	(1)	14	7	7	2	(6)	(3)
织物和纺织品	(4)	(21)	(0)	0	(10)	(5)	0	(0)	(0)	6	5	(7)	(3)
皮革、皮革制品和鞋类	(4)	(9)	4	3	(4)	(13)	3	(0)	(2)	(0)	13	(5)	0
木材与软木和木头制品	(1)	(2)	(2)	(4)	(19)	(4)	3	10	7	6	4	(8)	1
纸浆、纸张、纸制品和印刷出版业	2	(9)	(1)	1	(5)	(13)	(9)	(0)	5	3	3	(11)	7
焦炭、精炼石油和核燃料	(15)	(8)	(16)	(33)	(47)	(31)	(11)	4	(5)	3	(1)	(10)	(13)
化工产品	(7)	(14)	(4)	(4)	(18)	(13)	(4)	1	(8)	(4)	2	(9)	(1)
橡胶和塑料	(2)	(6)	(1)	0	(14)	(10)	(11)	8	(3)	2	(1)	(14)	0
其他非金属矿物	(3)	(7)	(2)	(7)	(8)	(3)	(0)	3	(13)	(21)	2	(7)	10
基本金属和金属制品	(4)	(29)	(4)	(7)	(11)	(10)	(6)	(6)	(5)	(17)	1	(10)	0
制造业（不另分类）	3	(17)	(4)	(1)	(7)	(6)	2	(10)	(4)	(13)	3	(11)	12
电光设备	(10)	(7)	(4)	0	(9)	(15)	(22)	(10)	(18)	(9)	3	(11)	10
运输设备	(2)	(7)	(4)	4	(3)	(8)	(31)	(9)	6	(7)	3	(7)	11
机械设备（不另分类）	1	(5)	(36)	1	(6)	(7)	(42)	(2)	(0)	2	(1)	(6)	4
回收业													
电力、天然气和供水	(3)	(7)	(2)	(12)	(24)	(23)	(3)	0	(1)	6	(1)	(4)	5
建筑业	(4)	(7)	(3)	(1)	(5)	(4)	(3)	1	(9)	(4)	0	(7)	(0)
机动车辆和摩托车的销售、维护和修理； 燃料零售	...	...	0	1	(1)	(7)	(4)	1	(3)	5	2	(9)	0
批发贸易和经纪贸易（机动车辆和摩托车除外）	(4)	(1)	0	(2)	(2)	0	1	1	4	2	(2)	(4)	(0)
零售贸易（机动车辆和摩托车除外）；家庭用品修理	(4)	(1)	0	2	(2)	8	(2)	1	3	1	1	(1)	(0)
旅舍和餐饮业	(3)	(1)	1	3	(2)	1	4	8	4	8	4	(12)	1
内陆运输	(2)	(8)	(5)	0	(12)	(4)	0	6	(4)	4	(2)	0	1
水路运输	(2)	(11)	(2)	(10)	(26)	(16)	(13)	5	(1)	6	(0)	18	7
航空运输	(5)	(4)	(14)	(5)	(15)	(13)	(24)	5	(3)	8	1	(1)	0
其他支持性和辅助性运输方式；旅行社服务	(2)	(3)	1	2	(4)	(3)	(2)	7	(4)	5	0	2	(0)
邮政和电信	(4)	1	(2)	3	(2)	0	3	5	(1)	4	(2)	1	(1)
金融中介	(2)	(1)	1	3	(6)	4	(0)	9	2	3	(0)	(8)	1
房地产业	(1)	(5)	0	1	(12)	3	1	6	1	2	1	0	1
机械设备租赁及其他业务服务	(6)	(3)	(1)	4	(0)	(2)	2	0	0	6	0	(3)	1
公共管理和国防；基本保障	(4)	(4)	(0)	1	(4)	0	(5)	3	(0)	(0)	(0)	...	0
教育	(5)	(3)	(5)	0	(2)	(1)	...	1	1	2	(0)	(2)	...
卫生与社会工作	(5)	(0)	(3)	0	(6)	(3)	3	(2)	0	(1)	1	(4)	(0)
其他社区、社会和个人服务；家庭服务业	(5)	(5)	(6)	2	(4)	5	(0)	3	0	0	1	(14)	1

... = 未获得相关数据。
( ) = 负数。

资料来源：亚行多区域投入—产出表格数据库（ADB Multi Region Input–Output Tables Database）。

第四部分
定义

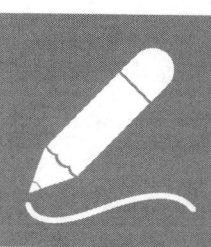

本部分介绍第一部分"可持续发展目标"和第二部分"区域趋势与表格"中所涉及的统计指标的定义。这些定义主要来自《亚洲开发银行发展指标参考手册》，包括许多国际组织和民间组织的网站和出版物，如联合国粮农组织（FAO）、国际劳工组织（ILO）、国际货币基金组织（IMF）、国际电信联盟（ITU）、经济合作与发展组织（OECD）、透明国际、联合国儿童基金会（UNICEF）、联合国教育科学及文化组织（UNESCO）、联合国人口司（UNPD）、联合国统计司（UNSD）、世界银行、世界卫生组织（WHO）和联合国世界旅游组织（UNWTO）等。在进行定义前，我们根据可持续发展目标指标各自的目标和具体目标对其作了分类，并根据区域趋势和表格各指标的主题和副题对其作了分组。在许多情况下，是对指标本身进行定义，而不是对指标的增长率或其与其他指标的比率进行定义。

可持续发展目标

目标和具体目标	统计指标	定义
目标1：在世界各地消除一切形式的贫困		
具体目标1.1： 到2030年，在全球所有人口中消除极端贫穷，目前极端贫穷的衡量标准是每人每日生活费不足1.25美元	1.1.1 按性别、年龄、就业状况、地理位置（城市/农村）分列的生活在国际贫困线以下的人口的比例	基于2011年国际价格计算的每日生活费不足1.90美元的人口比例，按购买力平价进行调整。注：私人消费的购买力平价换算系数是在国内市场上购买与在美国用1美元能够买到的相同数量的商品和服务所需的本国货币数量
		工作贫困是指在有家庭的就业人口中人均消费或收入低于每日1.9美元（基于2011年购买力平价）的人口比例 注：工作贫困人口占整体就业人口的比例（也称为工作贫困率）将家庭收入或消费的数据与按个人水平衡量的劳动力变量数据相结合
具体目标1.2： 到2030年，按各国标准界定的陷入各种形式贫困的各年龄段男女和儿童至少减半	1.2.1 按性别和年龄组分列的生活在国家贫困线以下的人口的比例	生活在国家贫困线以下的人口比例 注：国家贫困率是按各国当地货币所计算的贫困线确定的，实际计算中与每天1.90美元的国际贫困线标准有所差异。因此，国家贫困率无法在每个国家间或与每天1.90美元的国际贫困线加以比较
具体目标1.3： 执行适合本国国情的全民社会保障制度和措施，包括最低标准，到2030年在较大程度上覆盖穷人和弱势群体	1.3.1 按性别分列并区分儿童、失业者、老年人、残疾人、孕妇、新生儿、工伤受害者、穷人和弱势群体的受社会保障最低标准或系统覆盖的人口的比例	受社会保障最低标准或系统覆盖的人口比例，包括领取失业救济金的失业人员的比例，即领取失业救济金的失业人员除以失业人员总数再乘以100。注：社会保障最低标准是国家确定的一系列基本社会保障，应确保在公民的生命周期中，所有有需要的人都可以获得基本的医疗保障和基本收入保障，这些基本收入保障需确保公民能够获得国家定义的必需商品的服务。这至少应包括基本医疗保障、生育保障、对有儿童家庭的收入保障、无法获得足够收入的工作适龄人口的收入保障（特别是在疾病、失业、生育和残疾的情况下）以及老年人口的基本收入保障

目标和具体目标	统计指标	定义
目标 2：消除饥饿，实现粮食安全、改善营养和促进可持续农业		
具体目标 2.1： 到 2030 年，消除饥饿，确保所有人——特别是穷人和弱势群体，包括婴儿——全年都有安全、营养和充足的食物	2.1.1 营养不足发生率	其惯常粮食消费不足以提供维持正常健康生活所需的膳食能量水平的人口比例。 注： 营养不良被定义为一个人经常摄取不足以维持其正常、健康和有活力的生活所需的能量的粮食，该标准取决于他们自己的饮食能量需求
具体目标 2.2： 到 2030 年，消除一切形式的营养不良，包括到 2025 年实现 5 岁以下儿童发育迟缓和消瘦问题相关国际目标，解决青春期少女、孕妇、哺乳期妇女和老年人的营养需求	2.2.1 五岁以下儿童发育迟缓发生率（年龄标准身高小于世卫组织儿童生长发育标准中位数 -2 的标准差）	0—59 个月的年龄标准身高小于世卫组织儿童生长发育标准中位数 -2 的标准差的儿童比例
	2.2.2.a 五岁以下儿童营养不良（消瘦）发生率（身高标准体重小于世卫组织儿童生长发育标准中位数 -2 的标准差）	0—59 个月的身高标准体重小于世卫组织儿童生长发育标准中位数 -2 的标准差的儿童比例
	2.2.2b 五岁以下儿童营养不良（超重）发生率（身高标准体重大于世卫组织儿童生长发育标准中位数 $+2$ 的标准差）	0—59 个月的身高标准体重大于世卫组织儿童生长发育标准中位数 $+2$ 的标准差的儿童比例
具体目标 2. a： 通过加强国际合作等方式，增加对农村基础设施、农业研究和推广服务、技术开发、植物和牲畜基因库的投资，以增强发展中国家，特别是最不发达国家的农业生产能力	2. a.2 官方流向农业部门的总量（官方发展援助加上其他官方流量）	流向农业部门的由所有捐助者支付的官方发展援助总额（ODA）和其他官方流量（OOF）的总支出。 注： 向发展中国家提供的 ODA 和 OOF 量化了捐助者向发展中国家农业部门提供的公共支持（不包括出口信贷）
目标 3：确保健康的生活方式，促进各年龄段人群的福祉		
具体目标 3.1： 到 2030 年，全球孕产妇每 10 万例活产的死亡率降至 70 人以下	3.1.1 产妇死亡率	在同一时期内，每 10 万例活产产妇死亡人数。 注： 产妇死亡是指怀孕或分娩期间或怀孕终止后 42 天内由于与怀孕或其管理（不包括意外或偶然原因）相关或因其加重的任何原因造成的女性死亡人数，不论怀孕的持续时间和地点如何，以指定的时间内每 10 万例的活产死亡率表示
	3.1.2 专业医护人员接生的比例	特定时间段内由专业医护人员接生的活产比例，通常是指过去 5 年内。 注： 由专业医护人员接生的分娩比例用于评估孕妇是否得到了有保证的管理和服务

目标和具体目标	统计指标	定义
具体目标 3.2： 到 2030 年，消除新生儿和 5 岁以下儿童可预防的死亡，各国争取将新生儿每 1,000 例活产的死亡率至少降至 12 例，5 岁以下儿童每 1,000 例活产的死亡率至少降至 25 例	3.2.1 5 岁以下儿童死亡率	出生于特定年份或年龄的儿童在 5 岁之前死亡的概率，如果指该时间段内某一年龄具体死亡率，则按每 1,000 例的活产死亡率表示。 注： 严格来说，此处定义的 5 岁以下儿童死亡率并非一个比例值（即死亡人数除以一定时期内的死亡风险人口数目），而是取自生命统计表的死亡概率，并按每 1,000 例的活产死亡率表示
	3.2.2 新生儿死亡率	出生于特定年份或年龄的儿童在出生 28 天之前死亡的概率，如果指该时间段内某一年龄具体死亡率，则按每 1,000 例的活产死亡率表示。 注： 新生儿死亡（在出生后 28 天内死亡）可能还会细分为早期新生儿死亡和晚期新生儿死亡，前者即新生儿于出生后 7 天内死亡，后者为新生儿于出生 7 天之后、28 天之前死亡
具体目标 3.3： 到 2030 年，消除艾滋病、结核病、疟疾和被忽视的热带疾病等流行病，抗击肝炎、水传播疾病和其他传染病	3.3.1 每 1000 名未受感染者中新增艾滋病毒感染例数（按年龄、性别和主要群体分列）	每 1,000 名未感染者中艾滋病毒新感染病例数
	3.3.2 每 10 万人中结核病患病率	特定年份发生的新的和复发结核病例（各种形式的结核病，包括艾滋病毒携带者中的结核病例），按每 10 万人的结核病发生率表示
	3.3.3 每 1,000 人中疟疾患病率	每年每 1,000 人中新发疟疾病例数
具体目标 3.4： 到 2030 年，通过预防、治疗及促进身心健康，将非传染性疾病导致的过早死亡减少三分之一	3.4.1 心血管疾病、癌症、糖尿病或慢性呼吸道疾病死亡率	30 岁至 70 岁之间死于心血管疾病、癌症、糖尿病或慢性呼吸系统疾病的概率，定义为会在 70 岁之前死于心血管疾病、癌症、糖尿病或慢性呼吸道疾病的 30 岁以上人口的百分比，假设他/她在每个年龄段的死亡率都与目前相等，且他/她不会因任何其他原因（例如损伤或艾滋病）而死亡
具体目标 3.6： 到 2020 年，全球公路交通事故造成的死伤人数减半	3.6.1 公路交通事故受伤的死亡率	每 10 万人口的公路交通事故受伤死亡人数
具体目标 3.7： 到 2030 年，确保普及性健康和生殖健康保健服务，包括计划生育、信息获取和教育，将生殖健康纳入国家战略和方案	3.7.2 年龄组（10—14 岁；15—19 岁）中每 1000 名少女生育率	年龄在 10—14 岁或 15—19 岁的两个年龄组少女中每年每 1,000 名少女的生育率。 注： 10—14 岁或 15—19 岁女性的少女生育率也指 10—14 岁或 15—19 岁女性的特定年龄生育率
目标 4：确保包容、公平的优质教育，促进全民享有终身学习机会		
具体目标 4.1： 到 2030 年，确保所有男女童完成免费、公平和优质的中小学教育，并取得相关和有效的学习成果	4.1.1 小学毕业达到最低数学水平的儿童比例，按性别分列	小学结束时获得起码的数学能力的儿童百分比。 注： 起码水平将根据目前正在开发的新通用数学能力范围表来衡量。实际的可持续发展目标指标是儿童和青少年在以下阶段获得起码的阅读能力和数学能力的百分比：（a）二或三年级；（b）小学毕业时；（c）初中毕业时。该指标计算的是在相关受教育阶段达到或超过预定能力水平的儿童（或）青年人的百分比

目标和具体目标	统计指标	定义
具体目标 4.2： 到 2030 年，确保所有男女童获得优质幼儿发展、看护和学前教育，为他们接受初级教育做好准备	4.2.2 有组织学习（小学正式入学年龄前一年）的参与率，按性别分列	参加一个或多个有组织的学习项目（包括教育和看护结合的项目）的特定年龄范围内的儿童比例。 注：有组织的学习项目是由旨在实现预先确定的学习成果或完成特定教育任务而设计的一系列连贯的教学活动组成的课程，例如幼儿和小学教育计划。 正式小学入学年龄是指根据国家法律或政策儿童义务开始小学教育的年龄
具体目标 4.c： 到 2030 年，大幅增加合格教师人数，具体做法包括在发展中国家，特别是最不发达国家和小岛屿发展中国家开展师资培训方面的国际合作	4.c.1.a 至少接受过起码水平的有组织师资培训的学前教育中教师的百分比 4.c.1.b 至少接受过起码水平的有组织师资培训的小学教育中教师的百分比 4.c.1.c 至少接受过起码水平的有组织师资培训的初中教育中教师的百分比 4.c.1.d 至少接受过起码水平的有组织师资培训的高中教育中教师的百分比	至少接受过在特定国家特定教育程度任教的起码水平的有组织的任前和在职师资培训的教师比例，按接受教育程度分列（学前、小学、初中和高中）。 注：公共和私人机构的指标应分别计算
目标 5：实现性别平等，增强所有妇女和女童的权能		
具体目标 5.3： 消除童婚、早婚、逼婚及割礼等一切伤害行为	5.3.1 20 至 24 岁妇女中在 15 岁以前和 18 岁以前结婚或同居的比例	20 至 24 岁妇女中在 15 岁以前和 18 岁以前结婚或同居的比例。 注：本指标涵盖正式婚姻（即结婚）和非正式婚姻的妇女。非正式婚姻通常被定义为一对男女在一段时间内共同生活，双方有意建立持久的关系，但还未举行正式的民事或宗教仪式，即同居
具体目标 5.5： 确保妇女全面有效参与各级政治、经济和公共生活的决策，并享有进入以上各级决策领导层的平等机会	5.5.1 妇女在国家议会和地方政府所占席位比例	妇女在议院占有议会席位的百分比。 注： 各国的数据可能因议会的休会和解散而有所不同
目标 6：确保所有人享有水和环境卫生，实现水和环境卫生的可持续管理		
具体目标 6.1： 到 2030 年，人人普遍和公平地获得安全和负担得起的饮用水	6.1.1 享有安全饮用水服务的人口比例	使用位于房屋内的、现成的、无粪便（和主要化学品）污染的改善的基本饮用水源的人口比例。 注： 改善的饮用水源包括：住宅、院子或土地的管道供水；公共水龙头或立式水管；钻孔井或管井；有保护的挖井；有保护的地下水和雨水。如果家庭在其他家用用途上使用了改善的水源，则包装饮用水也将被视为改善的水源之一。 "世界卫生组织/联合国儿童基金会供水和环境卫生联合监测规划"通过在家庭调查和普查所得的一系列数据点中拟合回归线的方式，来估计各国的城市和农村地区获取基本服务情况。这一方法曾用于为千年发展目标（MDG）提供"改善用水"的使用报告。随着更多可用数据的出现，该联合监测规划正在对新的替代统计估计方法进行评估

目标和具体目标	统计指标	定义
具体目标 6.2： 到 2030 年，人人享有适当和公平的环境卫生和个人卫生，杜绝露天排便，特别注意满足妇女、女童和弱势群体在此方面的需求	6.2.1 享有安全环境卫生服务（包括提供肥皂和水的洗手设施）的人口比例	在住宅中使用改善的、不与其他家庭共享的基本卫生设施，且排泄物在现场或场外安全处置的人口比例。 注： "改善"包括冲洗或通过冲水马桶流向下水道系统，化粪池，通风改善的坑厕，带挡板的坑厕和堆肥厕所。洗手设施指能够容纳、输送或调节水流以便于使用肥皂和水洗手的装置
具体目标 6.4： 到 2030 年，所有行业大幅提高用水效率，确保可持续取用和供应淡水，以解决缺水问题，大幅减少缺水人数	6.4.2 水资源紧张水平：淡水取用量占可用淡水资源的比例	考虑到环境需水量后的各主要产业淡水取用总量与可再生淡水资源总量之比 注： 淡水取用总量（TWW）是从源头（河流、湖泊、地下含水层）中提取的作为农业、工业和市区之用的淡水量。淡水取用包括初级淡水（之前未取用）、次级淡水（取用后返回到河流和地下水中，例如排放废水和农业排水）及化石地下水。国际标准产业分类标准所界定的主要产业部门包括农业，林业和渔业，制造业，电力工业，服务业。环境需水量指维持淡水和河口生态系统所需的水量。此指标也称为取水强度
具体目标 6.a： 到 2030 年，扩大向发展中国家提供的国际合作和能力建设支持，帮助它们开展与水和卫生有关的活动和方案，包括雨水采集、海水淡化、提高用水效率、废水处理、水回收和再利用技术	6.a.1 作为政府协调开支计划组成部分的与水和环境卫生有关的官方发展援助数额	政府预算中列出的与水和环境卫生有关的官方发展援助数额的比例。 注： 与水和环境卫生有关的官方发展援助数额是可量化的衡量标准，是财务方面"国际合作和能力发展支持"的指标。 该指标的低值（接近 0%）表明国际捐助者正在对所在国政府范围以外的其他水和环境卫生有关的活动和计划进行投资。高值（近 100%）则表明捐助者与所在国政府及其国家水和环境卫生政策计划密切合作
目标 7：确保人人获得负担得起的、可靠和可持续的现代能源		
具体目标 7.1： 到 2030 年，确保人人都能获得负担得起的、可靠的现代能源服务	7.1.1 用电人口比例	能够用上电的人口的百分比。 电力的获取能够解决可持续发展各方面的重大问题。该具体目标的实现具有广泛的社会和经济影响，包括促进家庭收入活动的发展和减轻家务劳动的负担
具体目标 7.2： 到 2030 年，大幅增加可再生能源在全球能源结构中的比例	7.2.1 可再生能源占终端能源消耗的比例	终端能源消耗总量中可再生能源的百分比 注： 可再生能源消耗包括水电、固体生物燃料、风能、太阳能、液体生物燃料、沼气、地热能、海洋能和废物产生的能源等的消耗。终端能源消耗总量通过国家核算和统计计算得出，即终端消耗总量减去非能源消耗
具体目标 7.3： 到 2030 年，全球能效改善率提高一倍	7.3.1 以一次能源和 GDP 衡量的能源强度	每单位经济产出价值所消耗的能源。 注： 国际能源统计建议所定义的能源供应总量，是由生产加上净进口减去国际船舶和航空燃料加库存变化计算得出。为方便国际比较，国内生产总值（GDP）以购买力平价计算

目标和具体目标	统计指标	定义
目标 8：促进持久、包容、可持续的经济增长，实现充分和生产性就业，人人获得体面工作			
具体目标 8.1：根据各国国情维持人均经济增长，特别是将最不发达国家国内生产总值年增长率至少维持在 7%	8.1.1 实际人均 GDP 年增长率	连续两年实际人均 GDP 百分比变化。 注： 人均 GDP 将固定价格的 GDP 除以一个国家或地区的人口计算得出。实际 GDP 的数据以不变美元计量，以便于国家增长率的计算和国家数据的汇总
具体目标 8.2：通过多样化经营、技术升级和创新（包括重点发展高增加值和劳动密集型行业），实现更高水平的经济生产力	8.2.1 就业人员实际人均 GDP 年增长率	每位就业人员的实际 GDP 的年增长率反映了每位就业人员的实际 GDP 的年度变化百分比
具体目标 8.5：到 2030 年，所有男女，包括青年和残疾人实现充分和生产性就业，有体面工作，并做到同工同酬	8.5.2 失业率，按性别分列	劳动人口中失业人员的百分比
具体目标 8.6：到 2020 年，大幅减少未就业和未受教育或培训的青年人比例	8.6.1 15 至 24 岁青年中未接受教育、实现就业或接受培训者的比例	未实现就业和未接受教育或培训（NEET）的青年人（15 岁至 24 岁）所占百分比
具体目标 8.7：立即采取有效措施，根除强制劳动、现代奴隶制和贩卖人口，禁止和消除最恶劣形式的童工，包括招募和使用童兵，到 2025 年终止一切形式的童工	8.7.1 5 至 17 岁童工的比例和人数，按性别和年龄分列	报告中过去一周从事童工劳动的 5 至 17 岁的儿童人数除以 5 至 17 岁的儿童总数
具体目标 8.10：加强国内金融机构的能力，鼓励并扩大全民获得银行、保险和金融服务的机会	8.10.1 每 10 万成年人中商业银行支行和自动取款机（ATM）的数量	每 10 万名成年人的自动取款机数量是通过将报告中国家的自动取款机数量除以总成年人人数再乘以 10 万来计算的。 商业银行分支机构的数量是通过将报告中国家的分支机构数量除以总成年人人数再乘以 10 万来计算的。 注： 商业银行分支机构的数量包括商业银行、信用社和金融合作社以及所有多边金融机构
	8.10.2 在银行或其他金融机构或在移动金融服务提供商拥有账户的成年人（15 岁及以上者）的比例	在过去 12 个月内，报告自己拥有银行或其他类型金融机构的账户（自有或与他人一起）或亲自使用移动货币服务的成年人（15 岁以上）的百分比

目标和具体目标	统计指标	定义
具体目标 8.a： 增加向发展中国家，特别是最不发达国家提供的促贸援助支持，包括通过《为最不发达国家提供贸易技术援助的强化综合框架》提供上述支持	8.a.1 贸易援助承付款项和支付的款项	所有捐助者以贸易援助的目的提供的官方发展援助（ODA）总额的总支付和承诺
目标 9：建设有灾害抵御能力的基础设施，促进具有包容性和可持续的工业化，推动创新		
具体目标 9.1 发展优质、可靠、可持续和有抵御灾害能力的基础设施，包括区域和跨境基础设施，以支持经济发展和提升人类福祉，重点是人人可负担得起并公平利用上述基础设施	9.1.1 航空货运量（千吨）	客运量和货运量分别为航空飞机所运载的乘客人数和货物吨数的总和
	9.1.2 航空客运量（人数）	
具体目标 9.2： 促进包容可持续工业化，到 2030 年，根据各国国情，大幅提高工业在就业和国内生产总值中的比例，使最不发达国家的这一比例翻番	9.2.1 制造业增加值占国内生产总值的比例和人均值	扣除中期消费后商品和服务的总价值。通常计为参考期内所有正在运营的制造业单位所生产的增加值的总和。 注： 为了在不同时间和不同国家间进行比较，制造业增加值以美元的不变价格进行估算。现采取 2010 年价格常数
	9.2.2 制造业就业人数占总就业人数的比例	从事制造业的就业人数比例
具体目标 9.5： 在所有国家，特别是发展中国家，加强科学研究，提升工业部门的技术能力，包括到 2030 年，鼓励创新，大幅增加每 100 万人口中的研发人员数量，并增加公共和私人研发支出	9.5.1 研发支出占 GDP 的比例	研究和开发的总支出除以经济的总产量
	9.5.2 每 100 万居民中的研发人员（专职同等人员）数量	每 100 万人中研究和开发人员的数量（专职同等人员）
具体目标 9.a： 向非洲国家、最不发达国家、内陆发展中国家和小岛屿发展中国家提供更多的财政、技术和技能支持，以促进其开发有抵御灾害能力的可持续基础设施	9.a.1 用于基础设施的官方国际支持（官方发展援助和其他官方资金流）总额	用于支持基础设施建设的来自所有捐助方的官方发展援助和其他官方资金流的支出总额

目标和具体目标	统计指标	定义
具体目标 9.b： 支持发展中国家的国内技术开发、研究与创新，包括提供有利的政策环境，以实现工业多样化，增加商品附加值	9.b.1 中高科技产业的增加值占总增加值的比例	中高科技产业增加值在总增加值中的比例反映一个经济体的制造业的技术强度。 注： 根据技术强度不同，产业分为高、中高、中低、低科技产业。产业的技术强度取决于研发投入在制造业增加值中的占比。研发费用占比越高，意味着产业的技术强度越高
目标 10：减少国家内部和国家之间的不平等		
具体目标 10.1： 到 2030 年，逐步实现和维持最底层 40% 人口的收入增长，并确保其增长率高于全国平均水平	10.1.1.a 最底层 40% 人口的家庭人均支出或收入增长率	最底层 40% 人口的总福利增长率按人均实际消费年均增长率或按一个国家大约 5 年的住户调查中收入分配最底层 40% 人口的收入计算
	10.1.1.b 总人口的家庭人均支出或收入增长率	总福利的全国平均增长率按人均实际消费年均增长率或按一个国家大约 5 年的住户调查中总人口的收入计算
目标 11：建设包容、安全、有灾害抵御能力和可持续的城市和人类居住区		
具体目标 11.1： 到 2030 年，确保人人获得适当、安全和负担得起的住房和基本服务，并改造贫民窟	11.1.1 居住在贫民窟和非正规居民区或住房条件简陋的城市人口比例	居住在贫民窟和非正式居民区或住房条件简陋的城市人口比例目前以居住在贫民窟的城市人口比例来衡量。 该指标将联合国人类住区规划署在过去 15 年中于大部分发展中国家监测的贫民窟和非正规居住区因子与住房条件简陋这一因子相结合，后者多发生在发达国家。 将上述两个因子整合后的该指标具有普遍性，可同时适用于发展中国家和发达国家。住房条件简陋这一因子使得研究者能够对更发达的国家和更富有的城市中的非正规住房进行研究
具体目标 11.6： 到 2030 年，减少城市的人均负面环境影响，包括特别关注城市空气质量以及其他废物管理等	11.6.2.a PM2.5 空气污染，年度均值（微克每立方米）	直径小于 2.5 微米（PM2.5）的细小悬浮颗粒的年平均浓度是空气污染的常见指标。 注： 平均值为国家城市人口的人口加权平均数
	11.6.2.b 超过世卫组织指导值的 PM2.5 空气污染接触人群（占总人数的百分比）	暴露在超过世界卫生组织规定的 PM2.5 环境浓度指导值的人口百分比被定义为一个国家生活在 PM2.5 年平均浓度大于每立方米 10 微克环境中的人口比例，该值为世卫组织规定的因暴露在 PM2.5 污染中而引发不良健康影响的浓度范围的下限
目标 14：保护和可持续利用海洋和海洋资源以促进可持续发展		
具体目标 14.5： 到 2020 年，根据国内和国际法，并基于现有的最佳科学资料，保护至少 10% 的沿海和海洋区域	14.5.1 海洋区域中保护区范围	海洋区域中保护区范围指标显示出由指定保护区完全覆盖的保护海洋生物多样性的重要场所（即对全球生物多样性的持续具有重大贡献的地区）的百分比变化的时间趋势

目标和具体目标	统计指标	定义
目标 15：保护、恢复和促进可持续利用陆地生态系统，可持续管理森林，防治荒漠化，制止和扭转土地退化，遏制生物多样性的丧失		
具体目标 15.1：到 2020 年，根据国际协议规定的义务，保护、恢复和可持续利用陆地和内陆的淡水生态系统及其服务，特别是森林、湿地、山麓和旱地	15.1.1 森林面积占土地总面积的比例	森林面积占土地总面积的比例
具体目标 15.5：采取紧急重大行动来减少自然栖息地的退化，遏制生物多样性的丧失，到 2020 年，保护受威胁物种，防止其灭绝	15.5.1 红色名录指数	红色名录指数衡量各组物种的总灭绝风险的变化。它基于 IUCN 濒危物种红色名录（IUCN，2015 年）中各类存在灭绝风险的物种数量的真实变化得出，并通过从 0 到 1 的指数变化来表示。 注： 红色名录指数值范围从 1（该值的所有物种被归类为"无危"）到 0（该值的所有物种被归类为"灭绝"），通过数值变化来显示各组物种整体濒临灭绝的程度
目标 16：促进有利于可持续发展的和平和包容社会，为所有人提供诉诸司法的机会，在各级建立有效、负责和包容的机构		
具体目标 16.1：在全球大幅减少一切形式的暴力和相关的死亡率	16.1.1（每 10 万人中）蓄意谋杀的受害者数量	蓄意谋杀的受害者人数除以总人口再乘以 10 万。 蓄意谋杀被定义为以致对方死亡或严重伤害的意图造成对方非法死亡（犯罪统计的国际分类）；人口指的是某一特定国家的总居民人数。 这一指标在国家和国际层面应用广泛，被用于衡量暴力犯罪的最极端形式，也是安全缺失程度的直接反映
	16.1.3 过去 12 个月内遭受身体暴力、心理暴力或性暴力的人口比例	过去 12 个月内遭受身体暴力、心理暴力或性暴力侵害的人数占总人口的百分比
具体目标 16.9：到 2030 年，为所有人提供法律身份，包括出生登记	16.9.1 5 岁以下儿童在民政部门进行出生登记的比例	5 岁以下儿童在民政部门进行出生登记的比例
目标 17：加强执行手段，重振可持续发展全球伙伴关系		
具体目标 17.3：从多渠道筹集额外财政资源用于发展中国家	17.3.2 汇款数额（美元）占国内生产总值的比例	个人汇款流入占国内生产总值的百分比。 注： 个人汇款包括个人转账和雇员报酬。个人转账包括由居民家庭收到或发起的转给或来自非居民家庭的所有现金或类似现金的支付方式转账。因此，个人转账包括居民和非居民之间发生的所有转移。雇员报酬指的是在经济体中受雇的并非居民的边境、季节性和其他短期工作人员以及非居民实体雇用的居民的收入

目标和具体目标	统计指标	定义
具体目标 17.4: 通过政策协调，酌情推动债务融资、债务减免和债务重组，以帮助发展中国家实现长期债务可持续性，处理重债穷国的外债问题以减轻其债务压力	17.4.1 债务还本付息占商品和服务出口额的百分比	债务还本付息（本金和利息支付）占商品和服务出口的百分比。 注： 本指标涵盖的还本付息额仅涉及公共债务和公共担保债务
具体目标 17.6: 加强在科学、技术和创新领域的南北、南南、三方区域合作和国际合作，加强获取渠道，加强按相互商定的条件共享知识，包括加强现有机制间的协调，特别是在联合国层面以及通过全球技术促进机制加强协调	17.6.2 每100名居民中固定网络宽带用户数（按速度分列）	公共互联网固定宽带用户数量，以公布的下载速度分列。 注： 该指标目前按以下速度分列： ——大于 256 kbit/s 且小于 2 Mbit/s 的用户：指公布的下载速度等于或大于 256 kbit/s 且小于 2 Mbit/s 的所有固定宽带互联网用户。 ——大于 2 Mbit/s 且小于 10 Mbit/s 的用户：指公布的下载速度等于或大于 2 Mbit/s 且小于 10 Mbit/s 的所有固定宽带互联网用户。 ——等于或大于 10 Mbit/s 的用户（4213_G10）：指公布的下载速度等于或大于 10 Mbit/s 的所有固定宽带互联网用户

资料来源：联合国统计司可持续发展目标指标。http://unstats.un.org/sdgs/metadata/.

区域趋势与表格

指标	定义
人类	
人口	
年中人口	年中实际人口的估值。实际人口包括人口普查日当天身在某一国内的所有人员,包括当时在该国的外国人、军人和外交人员及随行家属,以及在该国或该国港口短暂停留的访客
人口增长率	由于人口的自然增长和净流动,在某一特定时间段内总人口中增加(或减少)的人数,以占给定时期的人口百分比表示
净国际移民率	一段时间内移入人数减去指定的移出人数再除以该期间接收国人口居住的人年数。以每1000名人口中移民净人数表示
城市人口	根据国家定义或最近人口普查中使用的定义中居住在城市的人口数。由于各国城市与农村的区分标准不同,因此无法通过一个单一的定义来概括所有国家的城乡人口差异。在各国的城乡差异定义中,最常见的是以地域大小差异为区分标准。非城市人口即被视作农村人口
城市人口(占总人口的百分比)	一个国家年中城市地区的人口估值占年中人口的百分比
年龄抚养比	非工作适龄人口与工作适龄人口之比。由于各国对工作年龄的定义有别,所以套用同一定义必将导致数据无法比较。因此,亚开行采用了以年龄分布计算年龄抚养比的联合国定义: $$\frac{(0-14\text{岁})+(65\text{岁及以上})\text{的人口}}{(15-64\text{岁})\text{的人口}} \times 100$$
劳动力和就业	
劳动力参与率	劳动力占工作适龄人口的百分比。劳动力是就业人口和正在求职的失业人口的总和。劳动力参与率反映了一个经济体中的经济活动工作适龄人口规模。 该值反映了一个经济体中可用于生产商品和服务的劳动力的相对规模。需要注意的是,工作适龄人口的定义因国家而异
失业率	失业人口占劳动力的百分比。失业人口指目前失业但可以工作且积极求职的人。这大概是最著名的失业率计算方法。 该值与就业率是反映一国劳动力市场状况的最广泛的指标。需要注意的是,各国对失业率的定义有所不同,有些国家并不考虑工作的可获性
15—24岁人群的失业率	15岁至24岁的失业人口除以同一年龄段的劳动人口
农业、林业和渔业就业	对应第1部分(《行业分类国际标准》[ISIC]修订版2),表格类别A和B(ISIC修订版3)和ISIC修订版4类别A
采掘业就业	对应第2部分(ISIC修订版2),表格类别C(ISIC修订版3)和ISIC修订版4类别B
制造业就业	对应第3部分(ISIC修订版2),表格类别D(ISIC修订版3)和ISIC修订版4类别C

指标	定义
电力、燃气、蒸汽和空调供应，供水、污水处理、废物管理和修复活动等行业的就业	对应第 4 部分（ISIC 修订版 2），表格类别 E（ISIC 修订版 3）以及 ISIC 修订版 4 类别 D 和 E
建筑业就业	对应第 5 部分（ISIC 修订版 2），表格类别 F（ISIC 修订版 3）以及 ISIC 修订版 4 的类别 F
批发和零售贸易及机动车和摩托车维修行业的就业	对应第 6 部分（ISIC 修订版 2），表格类别 G（ISIC 修订版 3）以及 ISIC 修订版 4 的类别 G
住宿和餐饮业就业	对应第 6 部分（ISIC 修订版 2，亚类 63），表格类别 H（ISIC 修订版 3）以及 ISIC 修订版 4 的类别 I
运输和仓储业就业	对应第 7 部分（ISIC 修订版 2，亚类 71），表格类别 I（ISIC 修订版 3，亚类 60–63）以及 ISIC 修订版 4 的类别 H
信息和通信业就业	对应第 7 部分（ISIC 修订版 2，亚类 72），表格类别 I（ISIC 修订版 3，亚类 64）以及 ISIC 修订版 4 的类别 J
金融和保险业就业	对应第 8 部分（ISIC 修订版 2，亚类 81~82），表格类别 J（ISIC 修订版 3，亚类 64）以及 ISIC 修订版 4 的类别 K
房地产业就业	对应第 8 部分（ISIC 修订版 2，亚类 83），表格类别 K（ISIC 修订版 3，亚类 70）以及 ISIC 修订版 4 的类别 L
其他服务业的就业	对应第零和第九部分（ISIC 修订版 2），表格类别 L 至 Q（ISIC 修订版 3）以及 ISIC 修订版 4 的类别 M 至 U
贫困指标	
每日生活费不足 1.90 美元的人口比例（基于 2011 年国际价格）	基于 2011 年国际价格计算的每日生活费不足 1.90 美元的人口比例
最高 20% 人口与最低 20% 人口的收入之比	最富有 20% 人口的收入或消费份额除以最低 20% 人口的收入份额
基尼系数或指数	衡量一个经济体收入分配公平程度的指标。值为 0 意味着收入分配完全平等，值为 1 意味着收入分配完全不平等
人类发展指数	结合寿命（按出生时预期寿命计算）、教育（按预期受教育年数和平均受教育年数衡量）和体面生活标准（按购买力平价调整过的以美元计人均收入）的综合指数
社会指标	
出生时预期寿命	在他/她出生时普遍存在的死亡方式在他/她的生命中没有发生变化的情况下新生儿预期生活的年数

指标	定义
毛出生率	一个特定时期的活产总数与同期年中总人口之比,以每1,000人中的出生数表示
毛死亡率	一年内的死亡人数与同期年中总人口之比,以每1,000人中的死亡数表示
总生育率	在一个女子能生活到其可生育年龄结束,并按照目前的年龄生育率生育子女的情况下,她所要生育的子女数量
初等教育完成率	不论年龄的前提下,上一年级小学新入学者的总数,以处在理论入学年龄的总人口占上一年级人口的百分比表示。这个指标也被称为"小学最后一年级的总入学率"。若超龄的和年龄不足的儿童推迟、提前进入小学或留级,这一比值可能超过100%
成人识字率	可以阅读、写作并理解与日常生活有关的简短陈述的15岁及以上的人口占比。一般来说,识字也包括算术能力,即进行简单计算的能力
小学学生与教师比	在给定学年,小学每名教师的平均学生人数。该指标通过比较教师人数与小学生人数来衡量小学教育的人力资源投入程度
中学学生与教师比	在给定学年,中学每名教师的平均学生人数。该指标通过比较教师人数与中学生人数来衡量中学教育的人力资源投入程度
医生	医生,包括全科医生和专科医生,以每1,000名人口中的医生数量表示
医院床位	在公共、私人、综合和专科医院及康复中心提供急性照护和慢性照护的病床床位,以每1,000人中的床位数表示
艾滋病病毒成年携带者人数	携带艾滋病病毒的成年人(年龄在15岁及以上的男性和女性),无论其是否已出现艾滋病症状
经济与产出	
国民核算	
国内生产总值	特定时期内一个国家经济领土内所有常驻生产者总生产活动的市价总额。计算该值时不将资产的折旧或自然资源的枯竭和退化计入其中。转移支付也被排除在国内生产总值(GDP)的计算之外。GDP可通过生产、支出和收入法来计算。 按生产法计算的GDP是一个经济体中所有常驻生产者的总增加值之和加上税款并减去不包括在产品价值中的补贴。总增加值是加上所有产出并减去中间投入后的行业净产值。 按收入法计算的GDP是雇员报酬、混合收入、营业盈余、固定资本消耗和税收减去生产和进口补贴的总和。 按支出法计算的GDP是家庭及为家庭服务的非营利机构和政府的最终消费支出总额、资本形成总额、出口额减去商品和服务进口额之和。 GDP还可以当前价格(本报告期时的价格)和不变价格(通过基期和环比物量表示值来得出)来计算
按购买力平价计算的GDP	使用购买力平价将GDP转换为共同货币,再以统一的价格水平对其进行估值。它们是一国在一个时间序列中的GDP的等价对象,以不变价格表示。在GDP水平方面,它们被用来比较各国的经济规模大小
按购买力平价计算的人均GDP	以购买力平价计算的GDP除以年中人口

指标	定义
以图谱法计算的人均GNI	用世界银行的图谱法转将国民总收入（GNI）转换成美元再除以年中人口。国民总收入是所有常驻生产者的增加值加上不包括在产出估值中的产品税（减去补贴）加上国外初级收入（雇员报酬和财产收入）的净收入之和。以本国货币计算的国民总收入通常以官方汇率折算成美元，以便于进行各经济体的比较，同时当官方汇率与国际交易中使用的实际汇率存在巨大差异时，将使用替代汇率进行计算。为了降低价格和汇率上的波动，世行采用了特殊的图谱法。该法使用了将给定年份和前两年汇率平均化的图表换算系数，并根据该国与五国集团（法国、德国、日本、英国和美国）之间通货膨胀率的差异作出调整
农业增加值	减去中间消费对应值的农业总产值。农业增加值由ISIC修订版4确定，其中农业对应ISIC第A节，包括农业、林业和渔业
工业增加值	减去中间消费对应值的工业总产值。工业增加值由ISIC修订版4确定，其中工业对应于ISIC第B—F节，包括采掘业（B）；制造业（C）；电力、燃气和空调供应（D）；供水、排污管理和修复活动（E）；建筑业（F）
服务业增加值	减去中间消费对应值的服务业总产值。服务业增加值由ISIC修订版4确定，其中服务业对应ISIC第G—U节，包括批发和零售贸易及机动车和摩托车修理（G）；运输和仓储业（H）；住宿和餐饮业（I）；信息和通信业（J）；财务和保险活动（K）；房地产业（L）；专业和科技活动（M）；行政和支持性服务活动（N）；公共管理和国防，社会基本保障（O）；教育业（P）；人类健康和社会工作活动（Q）；艺术、消遣和娱乐业（R）；其他服务活动（S）；家庭作为雇主的生产活动，无差别的商品和家庭作为自用的服务生产活动（T）；域外组织和机构的活动（U）
家庭消费支出	所有商品和服务的市场价值，包括家庭购买或收到的作为实物收入的耐用品（如汽车、洗衣机和家用电脑）。它不包括购房支出，但包括自住住房的估算租金。它还包括从政府处获取许可和执照的费用。在大多数经济体中，为家庭服务的非营利机构的支出通常被计为家庭消费
政府消费支出	包括所有用于购买商品和服务的支出（包括工资和薪酬）。它还包括国防和公共安全的大部分支出，但不包括作为公共投资一部分的政府军事支出
资本形成总值	固定资本形成总额、库存变化和贵重物品的获得减去其处置。固定资本形成总额是固定资本的获得减有形物品（如建筑物）和在几个会计期间用于生产的无形物品（电脑软件）的处置。库存变化指生产商品和中间消费品的库存的变化和正在进行的工作的价值净增值。贵重物品指因预期其将保值或增值而购入的贵金属和艺术品等商品
商品和服务出口	包括从居民到非居民的货物和服务的销售、易货或礼品、赠款。"国民经济核算体系"的出口处理与"国际收支手册"所述的国际收支账户的处理大致相同
商品和服务进口	包括从非居民到居民的货物和服务的购买、易货或收到礼品、赠款。"国民经济核算体系"的进口处理与"国际收支手册"所述的国际收支账户的处理大致相同
国内储蓄总值	GDP与最终消费支出之间的差异，其中最终消费支出为家庭、为家庭服务的非营利机构和政府的最终消费之和
生产	
农业生产指数	每年农业总产量与基期相比的相对水平。它是不同农产品的价格加权数量的总和减去以类似方式加权的种子和饲料。因此，所得总计代表了除了用作种子和饲料外任何用途的生产
制造业生产指数	该指数是一个涵盖制造业生产的指数。确切的覆盖范围、权数体系和计算方法因国而异，但这种差异的严重性小于价格和工资指标等其他指标中的国别差异

指标	定义
货币、金融与价格	
价格	
消费者价格指数	衡量家庭购买的一组商品和服务相较于参考期的价格变化的指标。根据消费者价格指数的使用目的，可以在计算时选择不同的商品和服务在宏观经济中，将使用范围广泛的一组商品和服务来表示家庭最终消费支出的相对价格变动
食品类消费者价格指数	衡量家庭以消费目的获得、使用或支付的食品和非酒精饮料商品的价格总体水平随时间变化的指标。这是通过衡量购买拥有固定质量和类似特征的一篮子消费者食品和饮料所需的成本来计算的，其中组内的产品被用于表示特定时期内的家庭支出
非食品类消费者价格指数	衡量家庭以消费目的获得、使用或支付的非食品商品的价格总体水平随时间变化的指标。非食品消费者物价指数包括服装、住房和维修、水、电、燃料、服务和杂货，以及食品和非酒精饮料以外的一篮子商品和服务中的所有物品
批发价格指数	该指数为商品在不同分销阶段（直到零售阶段）上价格变化的衡量标准。它可以包括中间和最终消费的原材料价格、中间或半成品的价格和成品的价格。商品通常以买方价格计价
生产者价格指数	该指数为商品和服务在出厂时或进入生产过程时价格变化的衡量标准，反映了国内生产者为其产出或为其中间投入所支付的价格的变动
GDP 平减物价指数	通过将当前价格的 GDP 除以不变价格的 GDP 来得出所选期间某经济体整体价格水平的年变动率。
货币与金融	
货币供应量	指在特定国家流通的货币的总额。货币供应有下列几种衡量方式： M1（狭义货币）是货币供给的衡量方式之一，包括所有硬币和纸币（M0）以及当前账户中的个人存款。M2（中间货币）是 M1 和存款账户中个人存款的总和。M3（广义货币）是 M2 和政府存款和其他存款的总和。根据经济合作与发展组织的界定，M3 包括货币、存款期限为两年及以内的存款、最短提前三个月通知可取的存款和回购协议、货币市场基金的股票等、期限为两年及以内的债务证券。 不是所有的国家的货币合计类型都相同，即便它们名称一致（例如 M1、M2、M3 等），它们的资产结构往往存在着明显差异。国家定义中低等级货币定义的国家间差异也源于特定货币合计类型中包含的不可转让存款的到期时限的差异。例如，一个国家对 M2 的定义可能包括期限为 1 年或以下的定期存款，而另一个国家对 M2 的定义可能包括期限为 2 年或以下的定期存款。 当货币政策战略包括货币供给目标时，对货币合计的定义的选择主要由两个因素决定。货币合计对利率变动应该要足够敏感，以便中央银行能够对后者进行控制，并使货币合计随着时间的推移与整体价格水平变动保持稳定的关系
储蓄存款利率	商业银行和类似银行所支付的储蓄存款利率
定期存款利率	商业银行和类似银行所支付的定期存款利率
借贷利率	符合私营部门短期和中期融资需求的银行利率。根据借款人的信誉和融资目的，利率也会有所不同
短期国库券收益率	短期证券在市场上发行或交易的利率
银行提供的国内信贷	包括除了中央政府的信贷（为净值）外所有贷款在各个部门的总额。银行部门包括金融当局、存款货币银行和其他可以提供数据的银行机构（包括不接受可转让存款但承担定期和储蓄存款等负债的机构）。其他银行机构的例子有储蓄和抵押贷款机构及建筑贷款协会

指标	定义
银行不良贷款占总贷款总额的比例	不良贷款的价值除以贷款组合的总值（包括扣除贷款损失准备金前的不良贷款）。记录为不良贷款的金额应为资产负债表中所记录的贷款总额，而不仅仅是欠款金额
证券市场价格指数	衡量证券交易所交易股票价格变动的指标。股票的价格变动通常以其市值加权
证券市场资本化	股价乘以流通股数（也称市值）
汇率	
官方汇率	国家政府确定的汇率或由法定货币交易市场规定的汇率。根据月平均值（当地货币与美元之比）计算为年平均值
购买力平价换算系数	在 B 国购买使用一个单位的 A 国货币在 A 国能够购买到的同样数量的商品或服务所需的 B 国货币单位数量
价格水平指数	相关购买力平价与汇率的比率。它表示为一个基数为 100 的指数。大于 100 的价格水平指数（PLI）表示，当全国平均价格以汇率折算时，所产生的价格会高于该地区的基准国家（或多个国家）的价格（反之亦然）。在国内生产总值层面，PLI 提供了国家总体价格水平差异的衡量标准。PLI 因此也被称为比较价格水平
全球化	
国际收支	
货物贸易差额	货物进出口差额
服务贸易差额	服务进出口差额
经常账目平衡	商品和服务的净出口、净收入和净流动资产总额
工人汇款与职工报酬收入	包括：（1）从作为所在国居民的移民工人向其原籍国接收者的经常转移。工人必须在所在国居住一年以上才可称为居民。（2）在所在国居住不到一年的移民工作者的报酬。(3) 移民的转移定义为预期在所在国停留超过 1 年的移民在移民期间从一个国家转移到另一个国家的净值
外国直接投资	指投资者为获得其所在经济体以外的经济体内经营的企业的长期经营权益（10% 或以上的投票权）所发生的投资净流入。是国际收支中股权资本、收益再投资、其他长期资本和短期资本的总和
对外贸易	
商品出口或进口	所有可移动商品（有一些特殊的例外）所有权在居民和外国人之间的变更。对于商品出口，它代表出口经济体的海关边境的商品和相关分配性服务的价值，即离岸价值。另一方面，商品进口包括其成本、保险和运费
货物贸易额	商品出口和商品进口的总额
国际储备	
国际储备	金融当局可以随时获得和控制的外部资产，以用于满足国际收支融资需求、干预汇率市场以影响货币汇率及其他相关目的（例如维持市场对货币和经济的信心，以及作为外债的基础），包括黄金储备、特别提款权（SDR）持有量、国际货币基金组织中的现金准备金头寸、货币和存款、证券（包括债务和产权证券）、金融衍生工具和其他债权（贷款和其他金融工具）
国际储备与进口之比	年末国际储备金与当年国际收支的商品进口之比，其中商品进口按月平均数计算。这是对受限进入资本市场的国家的储备需求的有用衡量标准

指标	定义
资本流动	
官方流量	以促进发展中国家经济发展和社会福利为主要目标的官方融资流量，至少需具有25%的赠款成分（使用固定的10%的折扣率）。按惯例，官方发展援助流量包括各级捐助国政府对发展中国家（"双边官方发展援助"）和多边机构的捐款。官方发展援助收入包括双边捐助者和多边机构的援助支出。纯粹为了促进出口的出口信贷机构的贷款不包括在内
净私人流量	发展援助委员会经济体的直接投资、证券投资和私人净出口信贷的总额。 直接投资是一个居民实体在一个经济体（直接投资者）中进行的国际投资，其目的是为在投资者（直接投资企业）以外的经济体中的企业中建立持久的利益。"持久的利益"意味着直接投资者与企业之间存在长期关系，且直接投资者能够对直接投资企业的管理产生重大影响。直接投资涉及两个实体之间的初始交易，以及发生在两个实体与所属企业（包括法人和非法人公司）的所有后续资本交易。 证券投资是涵盖产权和债务证券投资的国际投资，不包括任何被归类为直接投资或储备资产的投资工具
资源流入净额合计	净官方和私人资本流动的总和。净流量为支出减去偿还本金
外债	
外债总计	可用货币、商品或服务偿还的欠非居民的债务。它是长期公共债务、公共担保债务和私人非担保长期债务、IMF货款和短期外债的总和。短期债务包括初始到期日为一年及一年期以下的所有债务和长期债务到期未付的利息
公共债务和公共担保债务	公共和公共担保债务包括公共债务人的长期外部负债，包括国家政府、政治分支机构（或其任一中介）和自治公共机构以及由公共实体保证偿还的私人债务人的对外负债
外债占国民总收入的百分比	外债总额占国民总收入（GNI）的百分比。 GNI是所有居民生产者的增加值和不包括在产出估值中的产品税（减去补贴）加上国外营业收入净额（员工报酬和财产收入）之和
外债占商品和服务出口及营业收入的百分比	外债总额占商品、服务和收入出口的百分比。商品、服务和营业收入的出口构成商品和服务出口、非居民工作者的报酬和国外投资收入的总额
总偿债额	在货币、货物或服务上实际支付的长期债务、短期债务利息，以及偿还（通过回购和收费的形式）国际货币基金组织的本金还本付息和利息总额
总偿债额占商品和服务出口及营业收入的百分比	债务总额占商品、服务出口和营业收入的比例
旅游	
入境旅游人数	旅行到其通常居住的地区和常住环境以外的国家，时间不超过12个月，其访问的主要目的不是从访问国获取报酬的旅客（过夜旅客）人数
国际旅游收入	目的地国家从入境旅游中获得的收入，涵盖由国外游客支出所产生的所有旅游收入。以上收入包括住宿、食品和饮料、燃料、国内运输、娱乐、购物等。该定义包括隔夜产生和当日旅行的收入，但不包括与其他国家居民之间的与国际运输有关的收入（例如与国有企业同行的外国人带来的收入）

指标	定义
交通与通信	
交通	
道路交通死亡	在特定时间内由于道路交通事故造成的死亡人数，定义如下：24 小时内（阿塞拜疆、密克罗尼西亚联邦、所罗门群岛、东帝汶、瓦努阿图）；7 天（阿富汗、中国、基里巴斯、塔吉克斯坦、越南）；30 天（澳大利亚、不丹、文莱、柬埔寨、格鲁吉亚、印度尼西亚、哈萨克斯坦、韩国、马来西亚、马尔代夫、马绍尔群岛、缅甸、新西兰、巴基斯坦、新加坡、斯里兰卡）；35 天（尼泊尔）；1 年（日本、吉尔吉斯共和国、老挝、蒙古国、汤加）；无限期（亚美尼亚、孟加拉国、库克群岛、印度、帕劳、菲律宾、泰国）；其他国家无界定
公路网	公路网是指由亚洲内具有国际重要性的公路组成的亚洲公路网络，这些公路包括：大部分跨越一个以上次区的公路；连接周边次区的次区内部公路；可通往以下地点的成员国内部公路：(a) 首都或首府城市；(b) 主要工农业中心；(c) 主要航空、航海和河运港口；(d) 主要集装箱码头和存储站；(e) 主要旅游景点
机动车	包括汽车、公共汽车、货运车辆和二轮、三轮车
集装箱港口吞吐量	港口集装箱吞吐量衡量集装箱从陆运到海运的流量，反之亦然，以 20 英尺标准箱（TEU）为单位。数据指沿海航运和国际旅程。转运吞吐量以中途转运港的两次转运（卸运后再次向外转运）计算，其中包括空的运输单位
航空客运	客运量包括在该国注册的航空公司的国内和国际航班上的乘客
航空公司全球出港量	登记的航空公司全球出港量是一个国家的注册航空公司在国内和国外的起降量。
航空货运	航空货运量是每个飞行阶段（一架飞机从起飞到下一次着陆）中所运载的货物、快递和外交信袋的数量，以公吨数乘以行驶公里数计算
铁路线	铁路线是可用于火车服务的铁路线路的长度，不计平行轨道的数量
铁路网	铁路线长度除以土地面积（平方千米）
铁路客运量	铁路客运量是乘坐铁路的千米数乘以旅客人数
铁路货运量	铁路货运量是铁路货物的运输量，以吨数乘以行驶千米数计算
通信	
电话用户	固定电话用户数指模拟固定电话线路、IP 电话用户、固定无线本地环路用户、ISDN 话路等同物和固定公共收费电话的有效数量之和
移动电话用户	是过去 3 个月使用移动电话的个人的比例。移动（蜂窝）电话是指使用蜂窝技术订购公共移动电话服务的可接入 PSTN 的便携式电话。这包括模拟和数字蜂窝系统和技术，如 IMT－2000（3G）和 IMT－Advanced。用户包括后付费用户和预付账户用户
固定宽带用户	固定宽带用户指下行速度等于或大于 256 kbit/s 的高速访问公共互联网（TCP/IP 连接）的固定用户，包括电缆调制解调器用户、DSL、光纤到楼用户、其他固定（有线）—宽带用户、卫星宽带和地面固定无线宽带用户。对用户总数的测量没有考虑到其付款方式。总数中不包括通过移动蜂窝网络访问数据通信（包括因特网）的用户，但应包括固定 WiMAX 和任何其他固定无线技术用户。用户总数包括住宅用户和组织用户

指标	定义
互联网用户	过去3个月在任何地点使用互联网的个人使用互联网的频率。互联网是一个全球性的公共计算机网络。它提供对包括万维网在内的多种通信服务的访问,并传输电子邮件、新闻、娱乐和数据文件,不论其使用设备(除计算机外,也可能通过移动电话、平板电脑、PDA、游戏机、数字电视等)。互联网可通过固定或移动网络访问
能源与电力	
能源	
每单位能源使用创造的 GDP	GDP 与总能源消耗量的比率(以千克当量计算),GDP 按照购买力平价率转换为2011年不变国际美元价格。GDP 中一国际美元的购买力与美国一美元的购买力相同
能源生产	一次能源和一次电力,按石油当量计算。一次能源包括石油(原油、天然气液体和非常规来源的石油);天然气;固体燃料(煤、褐煤和其他衍生燃料)和可燃的可再生能源及废弃物。一次电力是核电、水电、风能和太阳能发电产生的电力
能源使用量	转用于其他最终用途的燃料之前的一次能源使用量,相当于本土生产加上进口和库存变化再减去供给从事国际运输的船舶和飞机的出口和燃料
能源出口,净值	按能源出口减进口来估算,均以石油当量计量
能源进口,净值	能源进口,按能源使用量减去产量来净估算,均以石油当量计量
电力	
电力生产	发电厂的总发电量。它包括自用电力以及输配电过程中的损失
电力来源	电力生产分为一次能源和二级能源。一次电力来自水力、风能、太阳能、潮汐能和波浪能等天然资源。二次电力由核燃料的核裂变热、地热和太阳能以及燃烧煤、天然气、石油以及可再生能源和废物等主要可燃燃料产生。电力生产出来后,通过国家或国际输配电网分配给最终消费者
人均电力消费	发电厂和热电联产的产电量减去输配、转换损失量、由热电厂自行使用的量再除以年中人口
家庭电气化率	有电力连接的家庭的百分比
环境	
土地	
农业土地或农业地区	适于耕种的长有永久性作物、永久性草地和牧场的耕地面积
可耕土地	种有临时农作物(多重耕地仅计算一次)的土地,供收割牧草或作为牧场的临时草地,建有市场和果菜园的土地以及暂时休耕的土地(未满5年)。不包括转移种植而被遗弃的土地。耕地数据并不意味着可以耕种的土地数量
永久基本农田	数年内不需改种的耕作长期作物的土地(如可可和咖啡);长有树木和灌木,生长花卉(如玫瑰和茉莉花)的土地;苗圃(长有林木的除外,后者应归类为"森林")。永久性草地和牧草不属于长有永久性作物的土地
森林砍伐率	天然林面积永久转换为其他用途的比例,包括轮垦、永久性农业、牧场、小村落和基础设施发展。毁林地区不包括被采伐但还可再生的地区和因为燃木聚集、酸雨或森林火灾而退化的地区。负数的砍伐率表示森林经历了重新造林或森林面积的增加
污染	
一氧化二氮排放	一氧化二氮排放主要来自化石燃料燃烧、肥料、热带雨林和动物废弃物。一氧化二氮是一种强大的温室气体,预计大气寿命为114年,而甲烷为12年。100年内,每千克一氧化二氮的全球变暖潜能值为二氧化碳的近310倍

指标	定义
甲烷排放	甲烷排放源自人类活动,如农业和工业中的甲烷生产。在 100 年内,一千克甲烷在地球大气层中捕获热量的效力是一千克二氧化碳在 100 年内捕捉热量效力的 21 倍
其他温室气体	氢氟碳化物、全氟化碳和六氟化硫的副产品排放
农业一氧化二氮排放	通过肥料(化肥和粪肥)、动物废弃物管理、农业废弃物燃烧(非能源的现场燃烧)和热带草原燃烧产生的排放物
农业甲烷排放	来自动物、动物废弃物、水稻生产、农业废弃物燃烧(非能源的现场燃烧)和热带草原燃烧产生的排放物
淡水	
内部可再生水资源	内部可再生水资源(IRWR)指内生性降水产生的河流长期平均年流量和蓄水层补给量。通过从地表水和地下水资源的总和中扣除两者的重叠部分,避免了对地表水和地下水资源的双重计数。以每年十亿立方米衡量的 IRWR 是指内部产生的地表水加上内部产生的地下水减去地表水与地下水的重叠部分。 每居民每年每立方米的 IRWR 的计算方式为年度内部可再生水资源总量除以总人口
年淡水取用量	地表水和地下水的取用量之和。 各部门相加的总淡水取用量减去:生产的脱盐水、处理废水的直接利用和农用排水的直接利用
水生产率	水生产率是农作物、林业、渔业、畜牧业和混合农业系统的净收益与用于产生这些收益的水的比例。它的计算方法为不变美元价格的 GDP 除以年总取水量
政府与治理	
政府财政	
财政收支平衡	总收入(包括赠款)与总支出(包括净贷款)之间的差额。这反映了政府的总体财务状况。当差额为正数时,财政状况为盈余;反之则为赤字
税收收入	用于公共目的支付给政府的强制转移。某些强制转移,包括罚款、罚金和大部分社会保险缴款都不计入其中。错误收取的税收的退款和修正被视为负收入
政府总收入	包括现行收入和资本收入。现行收入是税收所产生的收入,以及除外国政府和国际机构转移支付的所有现行非税收收入。非税收收入主要包括政府企业的收入、租金和特许权使用费、罚款、没收物、私人捐赠和偿还贷款中可以定义为净贷款的组成部分。资本收入构成出售非金融资产的所得收益
政府总支出	现行支出和资本支出之和。现行支出包括中央政府购买商品和服务,给非中央政府单位和家庭的转移,对生产者的补贴以及公共债务利息。另一方面,资本支出还包括资本资产收购或建设费用,以及向国内外收款人的转移。用于资本目的的贷款和预付款也包括在其中
政府教育支出	包括政府提供各级教育服务的支出
政府医疗卫生支出	包括政府提供医疗产品、电器和设备;门诊服务;医院服务;公共卫生服务等等的支出
政府社会保障与福利支出	包括政府为病患、残疾、老年人、幸存者或失业人员提供现金或实物补助的支出

指标	定义
治理	
成立企业程序成本	注册一家企业的成本，按人均国民总收入的方式将其归一化。包括所有官方费用及法律或专业服务的所有费用（若法律对这些服务存在相关规定）。如果法律对这些交易存在相关要求，则包括购买和合法化公司簿册的费用。虽然增值税登记可以算作单独的程序，但增值税不属于注册费用的一部分。公司法、商业法规、具体法规和费用一览表可作为成本计算的来源。在没有费用一览表的情况下，政府官员的估计将被作为官方来源。在没有政府官员估计的情况下，使用公司律师的估计。如果若干公司律师提供不同的估计，则应使用报告值的中位数。在任何情况下，成本都不包括贿赂
成立企业所需时间	完成合法开始企业经营的程序所需的自然天数。如果可以以额外的成本加快程序，则无视成本选择最快的程序
清廉指数	清廉指数根据国家和地区的公共部门在公众感知中的腐败程度进行排名。这是一个结合了民意调查的综合指数，包含各种信誉良好的机构收集的腐败相关数据。该指数反映了来自世界各地的观察员的意见，包括在被评估的国家和地区生活和工作的专家。评分范围从 0（非常腐败）到 100（非常清廉）。一个国家的排名表明其相对于该指数中包含的其他国家或地区的腐败程度。需注意的是，一个国家的排名会因为新的国家进入该名单或其他国家退出该名单而发生改变

全球价值链

全球价值链（GVC）：一个跨越国际边界的货物和服务的各阶段相互联系的生产网络。通常，GVC 将进口和国内生产的产品和服务合并成产品，然后出口后续生产阶段的中间产品或最终消费品。

国内增加值（DVA）：经济体总出口中货物和服务的国内投入。

国外增加值（FVA）：经济体总出口中货物和服务的国外投入。

纯重复计算部分（PDC）：在 GVC 中，一些商品或服务可能会跨越同一个国家边界三次或更多次。例如，美国可能会首先出口手机部件给中国进行装配；中国再出口组装手机到美国进行进一步加工；最后，美国将加工后的手机出口到中国进行最终消费。在这个过程中，美国生产的零件被视为出口了两次。这些部分的重复计算值被称为"纯重复计算部分"。

全球价值链参与度：衡量经济体在全球价值链中参与度的方法有很多种。一个简单的衡量方式是在出口总额中国外增加值的份额。它反映了一个经济在出口生产中运用国外投入的程度。一个更为严格的衡量方式是垂直专业化（VS）指数，即国外增加值和纯重复计算部分在总出口中的份额。

显示性比较优势（RCA）：这是巴拉夏（Balassa）发明的一个指数，用于计算经济体在任何给定商品或服务的出口方面的相对优势。如果一个经济体的某个产品的出口超过了它的"公平份额"，或超过了等于或大于该产品所代表的世界贸易总额的份额，那么该经济体就在该产品上拥有 RCA。

被国外吸收的国内增加值（VAX_G）：全部国内增加值均融合出口总额中，最终被国外吸收。

先出口而后返回本国的国内增加值（RDV_B）：最初出口最终回到国内作为国内消费的国内增加值。例如，菲律宾出口电子零件到中国，然后组装成笔记本电脑，最后返回菲律宾作为最终消费。

基于前向联系的增加值出口（VAX_F）：源自特定部门的国内增加值，最终通过源头经济体中各部门的出口被国外吸收。例如，除直接出口外，德国商业服务业增加值可能作为德国汽车的投入来出口。该指标有助于了解给定部门对经济体总出口的贡献。

基于后向联系的增加值出口（VAX_B）：增值源自各国内部门，最终通过源头经济体中特定部门的出口被国外吸收。例如，德国汽车出口的国内增加值包括所有德国部门（例如商业服务、电脑）的投入。